Can. Board of Registration and Statistics

Census of the Canadas

1860-61 - Volume 2

Can. Board of Registration and Statistics

Census of the Canadas
1860-61 - Volume 2

ISBN/EAN: 9783337189129

Printed in Europe, USA, Canada, Australia, Japan

Cover: Foto ©Suzi / pixelio.de

More available books at **www.hansebooks.com**

CENSUS

OF THE

CANADAS

1860-61.

Agricultural Produce, Mills, Manufactories, Houses, Schools, Public Buildings, Places of Worship, &c.

VOL. II.

QUEBEC:

PRINTED BY S. B. FOOTE, STEAM PRESS PRINTING ESTABLISHMENT,

MOUNTAIN HILL,

1864.

BUREAU OF AGRICULTURE AND STATISTICS.

CENSUS DEPARTMENT,

QUEBEC, February 24th, 1864,

To the Hon. Luc Letellier de St. Just,	*Members of the Board of Registration and Statistics.*
" " " W. P. Howland,	
" " " Fergusson Blair.	

GENTLEMEN,—I have now the honor to present to you the SECOND VOLUME of the Census for 1860-61. From circumstances which this Department could not control, the publication of this volume has been delayed much beyond the time anticipated.

I have the honor to be,

Gentlemen,

Yours with Respect,

EVELYN CAMPBELL,

Ass't. Sec'y.

APPENDICES TO THE REPORT

OF THE

Board of Registration

AND

STATISTICS.

Agricultural Produce, Mills, Manufactories, Houses, Schools, Public Buildings, Places of Worship, &c.

1861.

No. 11.—Return of Agricultural Produce, Upper Canada. Abstract of same.
No. 12.—Return of Agricultural Produce, Lower Canada. Abstract of same.
No. 13.—Return of Mills, Manufactories, &c., Upper Canada. Abstract of same.
No. 14.—Return of Mills, Manufactories, &c., Lower Canada. Abstract of same.
No. 15.—Return of Houses, Schools, Public Buildings, Places of Worship, &c., Upper Canada. Abstract of same.
No. 16.—Return of Houses, Schools, Public Buildings, Places of Worship, &c. Lower Canada. Abstract of same.

APPENDIX

TO

CENSUS OF CANADA.

No. 11.

UPPER CANADA.

Return of Agricultural Produce, &c., &c.

No. 11.

UPPER CANADA.

RETURN OF AGRICULTURAL PRODUCE, LANDS HELD, OCCUPIERS OF LAND, &c.

1. Brant.
2. Bruce.
3. Carleton.
4. Dundas.
5. Durham.
6. Elgin.
7. Essex.
8. Frontenac.
9. Glengary.
10. Grenville.
11. Grey.
12. Haldimand.
13. Halton.
14. Hastings.
15. Huron.
16. Kent.
17. Lambton.
18. Lanark.
19. Leeds.
20. Lennox and Addington.
21. Lincoln.
22. Middlesex.
23. Norfolk.
24. Northumberland.
25. Ontario.
26. Oxford.
27. Peel.
28. Perth.
29. Peterborough.
30. Prescott.
31. Prince Edward.
32. Renfrew.
33. Russell.
34. Simcoe.
35. Stormont.
36. Victoria.
37. Waterloo.
38. Welland.
39. Wellington.
40. Wentworth.
41. York.
42. Algoma, District.
43. Nipissing, District.

No. 11.—Upper Canada—Return of

COUNTY OF

TOWNSHIPS, &c.	Occupiers of Lands.							Lands—Acres.					
	Total.	10 acres and under.	10 to 20.	20 to 50.	50 to 100.	100 to 200.	Upwards of 200.	Amount held in Acres	Under cultivation.	Under crops.	Under pasture.	Under Gardens and Orchards.	Wood and Wild Lands.
	1	2	3	4	5	6	7	8	9	10	11	12	13
1. Brantford, Town of	......	......	.....	......	......	.....	......	....	....	....	....	.....	....
2. Brantford	671	31	27	134	263	184	32	64555	53358	43271	8854	1232	11198
3. Burford	332	4	5	162	231	102	28	52203	30372	22514	7284	574	21831
4. Dumfries, South	370	5	6	52	149	118	40	42728	33934	28837	4294	802	8794
5. Oakland	117	5	2	31	56	18	5	10401	7533	6555	819	159	2868
6. Onondaga	258	......	2	74	135	35	12	20762	14873	12630	2113	129	5389
7. Paris, Village	......	......	.....	......	......	.....	......	....	....	....	....	.....	....
8. Tuscarora	385	7	4	109	245	17	3	33333	8396	4665	3710	21	24936
Total of Brant	2333	52	46	562	1079	474	120	223982	143465	118474	27074	2916	75517

COUNTY OF

TOWNSHIPS, &c.	1	2	3	4	5	6	7	8	9	10	11	12	13
9. Albermarle	10	1	1	......	4	3	1	1071	57	51	....	6	1014
10. Amabel	33	......	.....	3	19	7	4	4291	522	484	35	3	3769
11. Arran	356	6	2	28	214	91	15	43682	8982	6176	2756	50	34700
12. Brant	481	3	5	102	242	114	15	53828	9673	8609	1053	11	44155
13. Bruce	371	......	1	28	252	85	5	43611	8065	6831	1196	38	35546
14. Carrick	509	21	9	102	235	126	16	51210	10782	8099	2656	27	40428
15. Culross	396	4	3	56	233	93	7	44594	5877	4890	961	26	38717
16. Elderslie	293	......	2	9	167	91	24	42632	5357	4229	1119	9	37275
17. Greenock	330	3	1	69	151	91	15	39565	5744	4389	1328	27	33821
18. Huron	436	4	.....	52	294	76	10	47104	9983	7406	2543	34	37121
19. Kincardine	451	2	.....	127	245	63	14	45293	12456	8114	4249	93	32837
20. Kincardine, Village	......	......	.....	......	......	.....	......	....	....	....	....	.....	....
21. Kinloss	324	1	2	62	192	60	7	34877	5966	4880	1063	23	28911
22. Saugeen	195	3	.....	13	99	65	15	26124	5766	4166	1564	36	20358
23. Southampton, Village	......	......	.....	......	......	.....	......	....	....	....	....	.....	....
Total of Bruce	4185	48	26	651	2347	965	148	477882	89230	68324	20523	333	388652

COUNTY OF

TOWNSHIPS, &c.	1	2	3	4	5	6	7	8	9	10	11	12	13
24. Fitzroy	360	5	1	80	161	78	35	48054	16871	13104	3742	25	31183
25. Gloucester	503	43	11	94	233	95	27	53744	18781	12769	5933	79	34963
26. Goulbourne	428	10	1	69	254	75	19	46775	18309	10925	7354	30	28466
27. Gower, North	306	24	5	76	146	49	6	28392	11685	7217	4460	8	16707
28. Huntley	373	16	19	69	198	56	15	39768	14581	7846	6710	25	25187
29. Marlborough	318	1	3	60	195	52	7	33027	10377	6896	3480	1	22650
30. March	184	9	1	27	105	32	10	21149	6925	4591	2313	21	14224
31. Nepean	482	23	17	101	208	107	26	50643	22057	14214	7786	57	28586
32. Osgoode	582	14	5	77	334	127	25	68446	25131	16078	9019	34	43315
33. Richmond, Village	73	48	12	11	1	1	......	1065	734	644	87	3	331
34. Torbolton	112	......	.....	4	72	26	10	15608	3595	2662	931	2	12013
Total of Carleton	3721	193	75	668	1907	698	180	406671	149046	96946	51815	285	257625

Agricultural Produce for 1861.

BRANT.

Cash value of Farm in Dollars.	Cash value of Farming Implements in Dollars.	Produce of Gardens and Orchards in Dollars.	Quantity of Land held by Townspeople, not being farmers.	Fall Wheat.		Spring Wheat.		Barley.		Rye.	
				Acres.	Bushels.	Acres.	Bushels.	Acres.	Bushels.	Acres.	Bushels.
14	15	16	17	18	19	20	21	22	23	24	25
....	....	....	1060	....	....	....	....	....	....	....	....
3048482	136914	20425	500	29574	211886	3609	64486	1223	32990	290	3832
1610060	55187	10058	1343	5573	90008	2450	32394	636	14420	102	981
2037649	72190	15055	73	8052	177194	1238	23062	1248	34470	14	330
402978	10915	2119	88	1574	30893	618	10648	191	4303	39	275
748265	34397	2445	98	2787	41161	1554	28393	853	26646	....	....
....	....	....	366	....	....	....	....	....	....	....	....
184241	9899	444	....	854	11121	890	13454	131	3097	14	139
8031675	339502	50546	3528	39414	561913	10359	172537	4282	115926	459	5557

BRUCE.

14	15	16	17	18	19	20	21	22	23	24	25
8162	104	50	....	7	140	20	325	....	....	....	....
15512	1217	34	....	10	220	263	3655	2	70	....	....
486805	14845	98	263	189	5390	3283	69086	38	047	....	....
606740	14137	296	154	29	642	3865	78591	169	4012	4	85
334225	6346	254	251	205	4958	2376	41216	43	891	....	....
619589	23238	359	148	168	4818	3884	81807	250	6676	27	584
367440	10973	....	87	50	1393	2664	49728	106	2096	....	....
294130	6447	68	54	31	330	2194	29695	52	1117	3	60
362170	6990	345	67	11	224	2283	33518	53	1334	1	8
348265	10586	391	54	272	6388	3217	58861	26	639	74	984
538010	18370	125	31	338	9255	3835	70208	65	1626	8	145
....	....	....	164	....	....	....	....	....	....	....	....
271430	7228	105	233	45	859	2250	43090	87	1832	4	80
388112	10825	898	161	462	10975	1726	36743	109	2852	....	....
....	....	....	79	....	....	....	....	....	....	....	....
4640590	131306	3023	1746	1817	45592	31860	596518	1000	24092	121	1946

CARLETON.

14	15	16	17	18	19	20	21	22	23	24	25
887084	41000	1019	69	805	13525	2327	45676	64	1671	10	125
884243	33310	1122	35	381	10084	1772	33528	47	1103	244	3608
562162	36556	254	16	549	10031	2350	40284	56	1638	71	1117
500680	18009	169	57	215	3966	2302	42063	23	512	19	331
438401	24678	119	10	320	5233	1810	32044	27	659	85	1096
281282	17433	68	3	38	611	2228	32355	14	272	11	158
176905	14768	190	....	91	1761	765	13611	57	1343	13	175
1185100	46509	2600	1191	861	19778	3061	56476	101	3233	243	3877
835276	39630	890	49	405	8695	3789	61452	88	1683	31	350
91445	1935	....	....	18	440	185	3538	14	405	17	416
160910	3739	....	....	178	2253	290	4073	....	....	9	127
6003488	277567	6431	1430	4062	76377	20881	365100	491	12519	753	11380

No. 11.—Upper Canada—Return of

COUNTY OF

	Peas.		Oats.		Buckwheat.		Indian Corn.		Potatoes.		Turnips.	
	Acres.	Bushels.	Acres.	Bushels.	Acres.	Bushels.	Acres.	Bushels.	Acres.	Bushels.	Acres.	Bushels.
	26	27	28	29	30	31	32	33	34	35	36	37
1 ..	....	....	....	....	....	....	....	....	....	....	....	....
2 ..	2942	94685	4017	107362	419	8827	1121	42150	1081	115791	474	190436
3 ..	2250	96937	2220	62508	437	8089	502	12510	574	65977	288	82963
4 ..	1933	44747	2056	70476	147	3591	257	7799	419	61783	344	161703
5 ..	444	8294	532	16606	120	2315	247	7418	194	18375	69	37577
6 ..	1412	22662	1415	46465	142	3210	80	2304	240	22403	62	13239
7 ..	....	....	....	....	....	....	....	....	....	....	....	....
8 ..	339	7888	487	13144	133	2110	413	10136	244	13774	8	357
	9403	225213	10727	* 316561	1398	28142	2620	82317	2752	298103	1245	486275

COUNTY OF

	Peas. Acres.	Peas. Bushels.	Oats. Acres.	Oats. Bushels.	Buckwheat. Acres.	Buckwheat. Bushels.	Indian Corn. Acres.	Indian Corn. Bushels.	Potatoes. Acres.	Potatoes. Bushels.	Turnips. Acres.	Turnips. Bushels.
9 ..	6	....	....	....	1	12	....	....	7	1000	9	2680
10 ..	15	347	60	1227	....	....	2	20	38	7043	36	6050
11 ..	384	7866	798	23380	4	55	3	222	311	38076	421	98855
12 ..	547	12485	1030	30184	4	90	3	36	383	44568	752	133334
13 ..	228	3948	635	15093	....	....	5	77	308	35359	208	31726
14 ..	545	15780	903	27281	13	170	2	27	414	48756	1034	190540
15 ..	296	5830	484	13824	2	37	2	28	297	30346	305	51885
16 ..	110	1830	419	9016	....	....	....	....	208	20776	286	47137
17 ..	205	4574	630	16284	4	52	2	47	257	31695	294	51012
18 ..	601	11916	794	21966	5	120	3	38	418	35380	434	65235
19 ..	774	17646	1159	29614	5	101	3	83	434	51605	366	53105
20 ..	....	....	....	....	....	....	....	....	....	....	....	....
21 ..	355	6943	499	12543	1	14	1	8	226	24084	281	51004
22 ..	283	6509	389	13173	5	110	14	330	163	21986	284	65840
23 ..	....	....	....	....	....	....	....	....	....	....	....	....
	4349	95674	7800	213585	44	761	40	916	3464	390674	4710	848403

COUNTY OF

	Peas. Acres.	Peas. Bushels.	Oats. Acres.	Oats. Bushels.	Buckwheat. Acres.	Buckwheat. Bushels.	Indian Corn. Acres.	Indian Corn. Bushels.	Potatoes. Acres.	Potatoes. Bushels.	Turnips. Acres.	Turnips. Bushels.
24 ..	1338	27563	3318	113383	2	40	29	1120	522	71554	93	38905
25 ..	1169	16021	5138	102841	148	2959	190	3570	725	82908	631	28890
26 ..	998	16458	3166	81312	191	3983	43	1065	874	109670	40	9594
27 ..	500	10013	1658	49886	73	1578	79	2525	438	59266	38	5560
28 ..	924	15581	3165	91069	23	605	77	1815	358	61984	95	23466
29 ..	354	5507	1988	43921	190	3463	70	1318	475	53095	26	3603
30 ..	351	5891	1074	31591	7	240	10	357	223	25043	17	5815
31 ..	1238	23264	3242	102055	37	791	81	2199	812	106217	51	57370
32 ..	893	15306	4003	104745	147	2736	215	4690	772	90229	56	9815
33 ..	44	1038	149	3930	3	70	....	6	38	3353	....	150
34 ..	262	3381	1757	11363	....	....	12	249	186	12555	5	1994
	8071	140023	28658	736096	821	16465	806	18914	5423	675874	1052	185162

Agricultural Produce for 1861.

BRANT.—(*Continued.*)

Carrots, Bushels.	Mangel Wurzel.		Beans, Bushels.	Clover, Timothy and other Grass Seeds, Bushels.	Hay, Tons.	Hops, lbs.	Maple Sugar, lbs.	Cider, Gallons.	Wool, lbs.	Fulled Cloth, Yards.	Flannel, Yards.	Flax and Hemp, lbs.	Linen, Yards.
	Acres.	Bushels.											
38	39	40	41	42	43	44	45	46	47	48	49	50	51
....	....	....	....	....	....	....	....	....	....	....	....	....	....
765	57	16981	230	476	7455	73565	17236	16506	36980	2271	6391	2183	10
20380	11	3450	142	575	4612	25	51470	17441	18022	2041	7489	290	....
77262	19	9173	183	943	4638	....	9997	19456	30550	1084	4555	4500	....
2586	....	....	40	147	1212	1	6385	7186	4054	453	1324	....	....
5402	10	2776	172	197	2336	1	5610	1091	9369	1027	2797	1785	....
....	....	....	....	....	....	....	....	....	....	....	....	....	....
211	....	....	558	9	675	4	33934	....	64	47	15	....	....
106606	97	32380	1325	2347	20928	73596	124632	61680	99039	6923	22571	8748	10

BRUCE.—(*Continued.*)

38	39	40	41	42	43	44	45	46	47	48	49	50	51
....	....	....	....	....	2	....	584	....	....	....	....	....	....
....	....	....	....	....	32	....	2305	....	35	....	10	35	10
61	....	....	4	44	1318	127	19206	....	3765	313	3347	130	....
7	....	....	....	15	1800	59	19152	....	4676	121	3092	346	....
149	....	....	5	36	1132	98	8071	....	2558	431	1131	220	10
71	....	16	18	88	1544	161	30437	25	3914	428	2236	785	91
169	....	....	95	144	872	130	21715	3	2198	123	1292	171	40
41	....	12	....	42	912	47	6621	....	1646	132	771	82	89
89	....	....	4	5	1029	13	12613	....	1852	108	1208	....	....
33	....	....	12	15	1295	47	11218	....	3019	227	1557	....	12
148	1	150	37	109	1992	207	18822	....	5302	1162	313	100	40
....	....	....	....	....	....	....	....	....	....	....	....	....	....
16	....	....	2	41	982	39	12073	....	2015	577	1095	30	....
25	....	40	2	47	842	58	7548	....	2406	340	1601	342	....
....	....	....	....	....	....	....	....	....	....	....	....	....	....
809	1	218	179	586	13752	986	170365	28	33386	3962	17653	2241	292

CARLETON.—(*Continued.*)

38	39	40	41	42	43	44	45	46	47	48	49	50	51
3355	4	4380	362	99	3638	165	2961	....	9018	1633	6456	....	....
13251	5	2482	154	55	4424	275	1675	....	6440	563	4891	100	....
847	....	1	20	40	2544	76	1850	....	9708	1554	6484	....	....
1206	....	....	8	12	2131	37	4952	....	7429	1331	5909	34	....
262	1	110	30	68	2381	....	911	....	6585	1453	4370	160	....
1158	4	1730	84	4	1555	7	7579	....	8162	1471	6119	80	86
1260	....	....	....	1	1618	3	....	....	3940	265	1928	....	....
6492	4	2218	110	11	4778	286	....	16	9224	1373	6198	....	....
1242	2	395	166	115	7286	298	10338	4	11597	3469	10102	....	20
....	....	8	....	....	164	....	....	....	344	17	66	....	....
276	....	10	92	36	815	76	....	....	1703	89	335	1	284
29349	20	11334	1026	441	31334	1223	30266	20	74150	13218	52858	375	390

No. 11.—Upper Canada—Return of

COUNTY OF

	Live Stock.											
	Bulls, Oxen and Steers.	Milch Cows.	Calves and Heifers.	Horses over 3 years old.	Value of same in Dollars.	Colts and Fillies.	Sheep.	Pigs.	Total value of Live Stock.	Butter, lbs.	Cheese, lbs.	Beef in Barrels of 200 lbs.
	52	53	54	55	56	57	58	59	60	61	62	63
1...	....	329	....	440	....	....	6	718	36354	....	....	....
2...	331	2795	2460	2219	157032	655	10472	4971	376292	232484	11079	596
3...	242	1916	1557	1411	93668	405	5966	3368	160102	123095	24435	132
4...	240	1706	1720	1322	115415	346	8553	2857	206653	105097	29759	299
5...	40	382	303	337	20105	115	1426	874	46177	26291	4312	59
6...	132	768	860	618	42670	196	3040	1805	93094	47315	3223	147
7...	....	178	....	152	....	....	88	225	16856	....	....	....
8...	183	373	407	260	19869	114	48	1362	37051	21885	220	20
	1168	8447	7313	6759	448759	1831	29599	16180	972579	556167	73028	1253

COUNTY OF

	52	53	54	55	56	57	58	59	60	61	62	63
9...	6	12	15	....	....	8	8	624	1150	....	....	4
10...	57	47	79	4	305	50	50	106	4552	3144	20	16
11...	529	777	976	193	15942	91	1282	1605	58544	42882	2515	161
12...	715	936	1507	255	18342	99	1418	2234	88184	51137	2285	142
13...	546	677	959	86	6386	40	915	1271	48503	28136	2750	127
14...	861	1047	1648	235	16690	123	1578	2753	90335	54314	1507	182
15...	541	654	1051	126	7680	67	742	1401	50563	31489	1225	121
16...	427	544	779	133	7807	58	677	896	42650	13851	1632	38
17...	428	543	793	100	7240	48	776	1114	46457	23812	2033	100
18...	682	796	1058	61	4195	35	1164	1323	54657	30535	852	132
19...	672	975	1263	217	16721	96	1882	1691	74349	29074	2357	169
20...	....	155	....	73	....	....	49	103	8392	....	....	....
21...	501	610	822	81	6100	201	788	1034	4748	29306	771	90
22...	309	431	604	130	8184	26	697	1162	50029	28197	2377	22
23...	....	72	....	27	....	....	5	64	4043	....	....	....
	6274	8276	11554	1721	115592	942	12031	17381	627156	365877	20324	1304

COUNTY OF

	52	53	54	55	56	57	58	59	60	61	62	63
24...	211	1571	1792	770	69351	319	2662	1921	125771	105900	3600	572
25...	137	1507	1196	992	69943	2655	1681	1349	101393	9241	6443	361
26...	107	1411	1421	752	55143	303	2837	1659	103485	94235	2316	414
27...	61	1017	976	577	40569	286	2201	1093	80149	70879	1196	410
28...	88	1290	1289	619	47262	295	2028	1450	91208	79971	....	205
29...	84	1055	1148	569	35311	228	2208	1042	7498	63760	520	252
30...	34	543	548	295	1948	151	1135	619	40818	40438	710	102
31...	112	1818	1536	1064	80339	505	2576	1815	165932	105274	1551	269
32...	265	1694	1855	990	65723	452	3654	2016	125848	104582	7490	391
33...	2	131	66	92	6030	26	94	154	8838	3625	....	13
34...	148	171	243	129	3787	314	298	11263	14242	6250	108	26
	1249	12208	12070	6849	475386	5534	21374	24381	865182	684175	23934	3105

AGRICULTURAL PRODUCE FOR 1861.

BRANT.—(*Continued.*)

Pork in Barrels of 200 lbs.	Fish.			Carriages kept for pleasure.	Value of same in Dollars.	Carriages kept for hire.	Value of same in Dollars.	Minerals.			
	Dried in Quintals.	Salted and Barrelled.	Sold Fresh, lbs.					Copper ore mined, Tons.	Value.	Iron ore mined, Tons.	Value.
64	65	66	67	68	69	70	71	72	73	74	75
....	....	....	....	116	6765	41	3410	....	....	....	....
2422	....	7	....	555	36277	....	....	....	....	....	....
1348	....	....	....	418	23747	22	65	....	....	....	....
1438	....	....	....	289	22596	....	....	....	....	....	....
378	....	....	....	103	6258	....	....	....	....	....	....
839	....	8	857	119	6525	....	....	....	....	....	....
....	....	....	....	96	5545	40	2130	....	....	....	....
274	....	....	....	17	1195	....	....	....	....	....	....
6699	....	15	857	1713	92464	103	5605	....	....	....	....

BRUCE.—(*Continued.*)

64	65	66	67	68	69	70	71	72	73	74	75
....	....	1	....	....	....	....	....	....	....	....	....
44	....	140	....	....	....	....	....	....	....	....	....
635	....	....	....	10	480	....	....	....	....	....	....
798	1	1	....	14	442	1	15	....	....	....	....
371	....	27	....	9	141	....	....	....	....	....	....
1098	....	....	....	3	170	....	....	....	....	....	....
465	....	....	....	4	285	....	....	....	....	....	....
125	....	....	....	8	221	....	....	....	....	....	....
261	....	....	....	7	313	....	....	....	....	....	....
551	....	39	....	2	55	....	....	....	....	....	....
576	80	333	600	11	710	1	75	....	....	....	....
....	....	....	....	56	1140	1	24	....	....	....	....
383	....	....	....	2	90	....	....	....	....	....	....
402	....	45	1100	7	292	2	85	....	....	....	....
....	....	....	....	5	210	....	....	....	....	....	....
5709	81	586	1700	138	4549	5	199	....	....	....	....

CARLETON.—(*Continued.*)

64	65	66	67	68	69	70	71	72	73	74	75
1678	....	....	....	124	5726	....	....	....	....	....	....
1034	8	....	....	115	7624	....	....	....	....	....	....
1159	....	....	....	77	5226	....	....	....	....	....	....
858	....	....	....	95	3555	....	....	....	....	....	....
1320	....	....	....	61	4161	....	....	....	....	....	....
594	....	1	600	35	1960	....	....	....	....	....	....
530	....	....	....	35	1620	....	....	....	....	....	....
1244	....	....	....	199	11285	....	....	....	....	....	....
1697	....	4	....	111	3390	....	....	....	....	....	....
68	....	....	....	32	1439	....	....	....	....	....	....
186	....	....	1201	28	1000	....	....	....	....	....	....
10568	8	5	1801	912	46986	....	....	....	....	....	....

No. 11.—Upper Canada—Return of

COUNTY OF

TOWNSHIPS, &c.	Occupiers of Lands. Total.	10 acres and under.	10 to 20.	20 to 50.	50 to 100.	100 to 200.	Upwards of 200.	Lands—Acres. Amount held in Acres.	Under cultivation.	Under crops.	Under pasture.	Under Gardens and Orchards.	Wood and Wild Lands.
	1	2	3	4	5	6	7	8	9	10	11	12	13
35. Iroquois, Village	8	......	......	......	5	3	......	900	543	375	153	15	357
36. Matilda	616	33	26	214	228	92	23	51738	23190	16663	6283	244	28548
37. Morrisburgh, Village	16	......	1	2	5	8	......	1820	1108	717	360	31	712
38. Mountain	495	42	14	71	161	165	42	40705	16696	10503	6127	66	24009
39. Williamsburgh	514	23	10	128	248	87	18	46993	19069	13322	5479	268	27924
40. Winchester	547	96	8	131	209	83	20	40768	16094	11589	4269	236	24674
Total of Dundas	2196	194	'59	546	856	438	103	182924	76700	53169	22671	860	106224

COUNTY OF

TOWNSHIPS, &c.	1	2	3	4	5	6	7	8	9	10	11	12	13
41. Bowmanville	39	5	4	14	14	2	......	1967	1595	1260	318	17	372
42. Cavan	468	8	6	65	262	95	32	57809	33154	19762	13153	239	24655
43. Cartwright	321	11	11	63	172	61	3	31127	16580	10687	5693	200	14547
44. Clarke	655	14	11	176	309	126	19	61271	42400	30273	11653	474	18871
45. Darlington	733	62	22	181	302	157	9	61047	44403	26003	17177	1223	16644
46. Hope	621	30	21	175	264	107	24	56596	35998	21961	13668	369	20598
47. Manvers	491	15	7	83	266	105	15	58009	29431	15583	13737	111	28578
48. Newcastle	28	3	5	8	6	6	......	1783	1365	1106	234	25	418
49. Port Hope, Town of	30	26	2	2	......	......	......	191	181	103	76	2	10
Total of Durham	3386	174	89	767	1595	659	102	329800	205107	126738	75709	2660	124693

COUNTY OF

TOWNSHIPS, &c.	1	2	3	4	5	6	7	8	9	10	11	12	13
50. Aldborough	344	5	5	66	159	87	22	42369	15654	6214	9281	159	26715
51. Bayham	570	9	16	160	279	83	23	55100	25580	14909	9887	784	29520
52. Dorchester	155	7	4	44	78	21	1	12973	7096	4648	2425	23	5877
53. Dunwich	549	6	42	289	199	13	......	44725	17947	9558	8176	213	26778
54. Malahide	594	20	39	152	261	99	23	52874	28092	14161	13197	734	24782
55. Southwold	404	15	27	83	196	74	9	62086	31557	19815	11145	597	30529
56. St. Thomas, Town of	......	......	......	......	......	......	......	....	....	....	....	......	....
57. Vienna, Village	......	......	......	......	......	......	......	....	....	....	....	......	....
58. Yarmouth	632	17	16	106	350	118	25	63928	40102	19553	19509	1040	23826
Total of Elgin	3248	79	149	900	1522	495	103	334055	166028	88858	73620	3550	168027

COUNTY OF

TOWNSHIPS, &c.	1	2	3	4	5	6	7	8	9	10	11	12	13
59. Amherstburgh, Town of	......	......	......	......	......	......	......	....	....	....	....	......	....
60. Anderdon	191	19	14	53	54	39	12	12511	5802	3838	1774	190	6709
61. Colchester	326	47	18	101	93	55	12	25195	10277	6799	3092	386	14918
62. Gosfield	309	10	9	85	105	71	29	31962	13059	9313	3343	403	18903
63. Maidstone	272	6	5	124	117	15	5	19817	5425	3565	1756	104	14392
64. Malden	258	31	25	82	69	42	9	20491	10069	7560	2213	296	10422
65. Mersea	290	1	4	64	154	55	12	29508	9352	6473	2577	302	20156
66. Sandwich, East	398	41	43	113	148	46	7	15837	9795	6936	2683	176	6042
67. Sandwich, West	191	10	13	63	54	39	12	14273	6142	3768	2076	298	8131

Agricultural Produce for 1861.

DUNDAS.

Cash value of Farm in Dollars.	Cash value of Farming Implements in Dollars.	Produce of Gardens and Orchards in Dollars.	Quantity of Land held by Townspeople, not being farmers.	Fall Wheat.		Spring Wheat.		Barley.		Rye.	
				Acres.	Bushels.	Acres.	Bushels.	Acres.	Bushels.	Acres.	Bushels.
14	15	16	17	18	19	20	21	22	23	24	25
55000	1320	388	113	....	....	82	1225	13	315	....	....
988830	46013	5934	3572	14	320	3828	48924	1046	26980	4	77
100500	3508	1490	34	6	60	181	2775	31	965	....	....
656490	32191	1853	1776	117	2340	4108	75375	187	4961	117	1758
867890	46792	5295	192	35	517	3589	49369	774	16898	25	530
651049	37650	2229	12	132	2923	3790	62963	298	7054	20	566
3319759	168074	17189	5699	304	6160	15578	240631	2349	57173	166	2931

DURHAM.

14	15	16	17	18	19	20	21	22	23	24	25
180080	3835	315	390	30	520	522	11555	29	885	16	280
1666047	53487	3026	364	4285	69880	5188	95508	181	4804	19	550
712237	20871	759	462	2302	52403	2775	46426	45	1082	39	760
2812545	61194	7775	546	3509	63869	8969	150014	356	10786	135	2833
2184943	82334	14238	2897	2919	45521	12639	241775	461	11969	184	2398
2186123	67929	6962	301	3492	52853	6689	116746	221	6909	157	2718
1242190	39890	976	639	4551	85346	4555	66035	103	2583	83	1069
123440	2722	430	62	47	559	386	8512	23	901	....	....
98550	....	220	145	10	230	10	219	....	....	....	....
11206155	332262	34701	5806	21145	371181	41733	736790	1419	39919	683	10608

ELGIN.

14	15	16	17	18	19	20	21	22	23	24	25
642905	24903	1804	346	866	11948	1405	17483	96	2155	58	686
1353710	54311	14538	495	2387	38236	2737	37250	122	3217	150	1811
271410	15038	805	5	728	8594	1313	25418	32	1023	10	97
604666	23739	3718	16	1182	15608	1726	25402	231	5519	50	580
1356020	53707	8906	274	2448	23037	2507	30733	183	4389	136	1389
1446815	54514	7502	316	2066	24782	2325	36357	1216	33357	169	2592
....	....	....	228	....	....	....	....	....	....	....	....
....	....	....	902	....	....	....	....	....	....	....	....
2024625	73295	14252	366	3599	33441	2790	42631	864	24271	212	2710
7700151	299507	50525	2948	13276	155666	14803	215274	2744	73931	785	9865

ESSEX.

14	15	16	17	18	19	20	21	22	23	24	25
....	....	....	228	....	....	....	....	....	....	....	....
298175	9826	1542	2	576	10942	199	3256	84	1971	1	15
496764	16123	3911	61	1464	26177	378	4624	7	156	176	2218
517274	2266	5616	95	1560	25076	295	4152	50	845	222	2758
193063	8679	466	75	154	2373	55	582	52	858	112	1493
559416	26767	3911	11	1258	24156	701	11166	97	2143	48	785
444434	12086	3025	43	857	14062	82	740	6	120	214	2050
381722	17542	3176	42	322	4198	388	4208	133	2758	149	2192
257745	11553	5264	63	588	9233	269	3470	95	1797	24	345

No. 11.—Upper Canada—Return of

COUNTY OF

	Peas.		Oats.		Buckwheat.		Indian Corn.		Potatoes.		Turnips.	
	Acres.	Bushels.	Acres.	Bushels.	Acres.	Bushels.	Acres.	Bushels.	Acres.	Bushels.	Acres.	Bushels.
	26	27	28	29	30	31	32	33	34	35	36	37
35 ..	26	425	70	2395	18	420	20	545	11	1470	....	....
36 ..	732	13095	4564	120064	292	5560	349	9727	643	67084	1	150
37 ..	28	670	227	5980	11	332	38	1207	29	3205	1	300
38 ..	558	10885	2633	74892	234	3869	391	7419	410	41582	7	1001
39 ..	582	9866	4037	104405	437	9142	241	5954	483	43269	4	181
40 ..	675	12313	2579	78263	224	3543	241	6219	541	44165	72	2529
	2601	47254	14110	385990	1216	22866	1280	31071	2117	200775	85	4161

COUNTY OF

	Peas.		Oats.		Buckwheat.		Indian Corn.		Potatoes.		Turnips.	
	Acres.	Bushels.	Acres.	Bushels.	Acres.	Bushels.	Acres.	Bushels.	Acres.	Bushels.	Acres.	Bushels.
41 ..	183	3931	128	5685	13	150	16	580	35	3698	33	9550
42 ..	2119	46101	7289	121513	20	372	19	465	618	64200	191	62862
43 ..	874	15950	2170	72289	1	24	11	223	440	54968	184	38955
44 ..	2128	49201	3620	134477	38	724	297	7886	866	93291	652	250445
45 ..	3493	74779	3856	145672	52	1018	205	7228	812	88406	720	300700
46 ..	3291	63991	3672	117891	51	1314	162	4124	862	88521	363	126668
47 ..	1547	29668	3332	86346	8	147	17	371	685	83915	243	55976
48 ..	114	2605	157	7015	....	....	9	340	30	2795	28	14737
49 ..	15	350	21	836	....	....	3	90	11	1000	....	150
	13764	286576	24245	691724	183	3749	739	21307	4359	480784	2414	860043

COUNTY OF

	Peas.		Oats.		Buckwheat.		Indian Corn.		Potatoes.		Turnips.	
	Acres.	Bushels.	Acres.	Bushels.	Acres.	Bushels.	Acres.	Bushels.	Acres.	Bushels.	Acres.	Bushels.
50 ..	1071	21059	1240	37684	155	2750	479	11474	344	35220	86	20934
51 ..	3163	71003	2963	101708	726	12413	822	22672	399	54356	192	64652
52 ..	1197	29909	1029	40096	133	1287	21	638	102	12392	34	11630
53 ..	1594	33782	1731	57180	82	1439	303	7171	341	25453	66	16411
54 ..	3275	70283	3092	97890	761	12206	1003	22962	422	40477	116	33752
55 ..	3981	90692	3905	151687	354	6213	627	14108	591	48577	174	39478
56 ..	....	....	....	....	....	....	....	....	....	....	....	....
57 ..	....	....	....	....	....	....	....	....	....	....	....	....
58 ..	5242	126414	3940	158121	513	8348	1164	28835	675	69724	365	115324
	19523	443142	17900	644366	2724	44656	4419	107860	2874	286199	1033	302181

COUNTY OF

	Peas.		Oats.		Buckwheat.		Indian Corn.		Potatoes.		Turnips.	
	Acres.	Bushels.	Acres.	Bushels.	Acres.	Bushels.	Acres.	Bushels.	Acres.	Bushels.	Acres.	Bushels.
59 ..	....	....	....	....	....	....	....	....	....	....	....	....
60 ..	172	2703	621	20622	22	248	904	30643	154	14182	6	592
61 ..	615	10162	726	24150	195	3174	1765	45907	227	25648	28	17629
62 ..	581	10393	964	32042	352	4490	2134	64569	337	36639	60	13418
63 ..	211	3011	706	16896	148	2115	1186	26909	217	18462	11	1554
64 ..	546	10224	832	31888	55	953	2389	70216	191	20664	9	1407
65 ..	577	10084	478	19289	424	5246	1205	24143	262	28558	75	8595
66 ..	464	7017	1780	51863	283	3127	1254	46633	312	25192	22	2056
67 ..	228	3643	1161	30787	188	4936	873	29411	315	17370	11	1172

AGRICULTURAL PRODUCE FOR 1861.

DUNDAS.—(*Continued.*)

Carrots, Bushels.	Mangel Wurzel. Acres.	Mangel Wurzel. Bushels.	Beans, Bushels.	Clover, Timothy and other Grass Seeds, Bushels.	Hay, Tons.	Hops, lbs.	Maple Sugar, lbs.	Cider, Gallons.	Wool, lbs.	Fulled Cloth, Yards.	Flannel, Yards.	Flax and Hemp, lbs.	Linen, Yards.
38	39	40	41	42	43	44	45	46	47	48	49	50	51
240	1	500	2	....	83	....	360	130	455	30	302	....	....
2382	....	294	64	111	4669	88	11195	1688	16381	2816	9150	365	256
595	....	....	....	95	270	....	1420	70	428	7	60	....	....
3206	1	180	45	48	2906	3346	16136	....	9688	2680	8956	50	47
2120	12	3366	125	172	3665	87	31039	104	14519	3063	9378	3238	1040
3404	....	843	141	131	3656	151	184113	....	10043	3002	8439	393	158
11947	14	5183	377	557	15249	3672	74203	1992	51514	11598	36285	4046	1501

DURHAM.—(*Continued.*)

Carrots, Bushels.	Mangel Wurzel. Acres.	Mangel Wurzel. Bushels.	Beans, Bushels.	Clover, Timothy and other Grass Seeds, Bushels.	Hay, Tons.	Hops, lbs.	Maple Sugar, lbs.	Cider, Gallons.	Wool, lbs.	Fulled Cloth, Yards.	Flannel, Yards.	Flax and Hemp, lbs.	Linen, Yards.
1535	4	2400	....	60	405	20	800	920	1202	35	52	....	10
26794	1	435	2026	9	2000	133	15753	662	19232	3053	4512	170	....
5148	5	1105	109	54	1241	126	27280	....	9485	1663	6219	127	....
42849	16	6760	159	160	4014	270	26546	7573	25183	4127	11283	·1510	. ...
82656	52	23550	1513	278	4344	226	32246	5101	32055	2438	8402	756	20
29523	16	5086	496	190	3626	362	10162	4138	25866	2520	7543	1341	134
12678	2	460	32	137	1038	305	28250	....	14390	2844	8593	555	....
2475	1	265	3	....	273	....	120	822	814	101	211	250	....
550	1	100	5	....	39	....	....	....	....	....	....	....	....
204208	98	40161	4343	888	16980	1442	141157	19216	128227	16781	46815	4709	164

ELGIN—(*Continued.*)

Carrots, Bushels.	Mangel Wurzel. Acres.	Mangel Wurzel. Bushels.	Beans, Bushels.	Clover, Timothy and other Grass Seeds, Bushels.	Hay, Tons.	Hops, lbs.	Maple Sugar, lbs.	Cider, Gallons.	Wool, lbs.	Fulled Cloth, Yards.	Flannel, Yards.	Flax and Hemp, lbs.	Linen, Yards.
41	....	50	174	116	2645	16	22919	5548	12108	1904	5973	16	25
14202	6	2514	190	166	5603	10	51979	19232	17624	2002	8191	275	....
4079	1	123	83	101	1207	....	59110	77	16399	945	5879	150	30
858	....	58	133	190	3202	17	53415	3976	17020	1342	6334	8	45
5834	2	602	186	918	5341	36	63315	24560	21872	1786	11857	920	202
4370	7	2040	89	878	6235	13	35091	20642	35786	1851	10548	257	20
....	....	....	....	....	....	....	....	....	....	....	....	....	....
....	....	....	....	....	....	....	....	....	....	....	....	....	....
20398	11	4115	131	1044	7587	2	64787	44192	42690	2781	9260	2934	25
49777	27	9502	986	3413	31820	94	350616	118227	163499	12611	58042	4560	347

ESSEX.—(*Continued.*)

Carrots, Bushels.	Mangel Wurzel. Acres.	Mangel Wurzel. Bushels.	Beans, Bushels.	Clover, Timothy and other Grass Seeds, Bushels.	Hay, Tons.	Hops, lbs.	Maple Sugar, lbs.	Cider, Gallons.	Wool, lbs.	Fulled Cloth, Yards.	Flannel, Yards.	Flax and Hemp, lbs.	Linen, Yards.
....	....	....	....	....	....	....	....	....	....	....	....	....	....
1464	....	....	88	....	839	700	496	1390	1692	134	119	....	....
7	1	25	199	25	1436	....	1615	11903	6953	395	4357	367	....
340	4	2317	109	24	1529	12	2710	30688	6655	1449	4553	580	78
3	....	....	35	21	1003	32	8	647	1907	....	431	....	36
275	....	79	113	5	1568	707	631	6860	5726	343	2710	243	877
108	....	....	18	10	1774	71	3776	15609	7148	1060	4180	....	89
313	1	946	245	9	2275	16	60	2180	3117	697	283	....	25
222	1	830	27	....	1324	....	....	8956	2284	289	137	....	....

No. 11.—Upper Canada—Return of

COUNTY OF

	Live Stock.											
	Bulls, Oxen and Steers.	Milch Cows.	Calves and Heifers.	Horses over 3 years old.	Value of same in Dollars.	Colts and Fillies.	Sheep.	Pigs.	Total value of Live Stock.	Butter, lbs.	Cheese, lbs.	Beef in Barrels of 200 lbs.
	52	53	54	55	56	57	58	59	60	61	62	63
35...	1	69	23	65	1645	10	132	65	6973	2670	100	13
36...	134	2736	1951	1351	74615	562	5026	1918	176021	196153	8805	449
37...	1	165	109	120	5870	42	174	91	15660	8900	294	34
38...	178	1704	1540	962	52198	417	3198	1532	103063	117530	2569	295
39...	69	2249	1648	1304	84616	487	4464	1677	160776	148483	3561	378
40...	144	1804	1544	936	57573	550	3129	1380	121744	134375	3048	243
	527	8727	6315	4738	276517	2068	16123	6663	584237	608110	18377	1412

COUNTY OF

	52	53	54	55	56	57	58	59	60	61	62	63
41...	7	438	123	275	10115	25	306	507	32925	3675	125	13
42...	225	1857	1432	1436	84083	474	5831	3841	159496	72167	3484	221
43...	190	936	791	695	41560	200	2576	2849	94510	38543	1096	173
44...	448	2236	1975	1826	110171	607	6907	3572	223237	120787	38156	340
45...	385	3021	2573	2330	149874	711	10677	4183	303653	148733	17909	487
46...	339	2295	1814	1762	129714	540	7952	2980	35362	90278	23415	282
47...	492	1797	1278	1257	67012	317	4165	3890	164314	69551	592	312
48...	13	203	110	174	7041	23	198	345	20893	2800	4150	....
49...	....	279	1	189	60	....	37	222	21180	....	....	....
	2099	13112	10097	9944	599630	2897	38649	22389	1055570	546534	88927	1828

COUNTY OF

	52	53	54	55	56	57	58	59	60	61	62	63
50...	334	1122	1977	524	33209	173	3586	2987	92201	75641	9735	178
51...	319	1793	1549	1055	58209	272	5924	2666	145877	116683	3538	400
52...	170	1050	1835	611	27485	240	3907	1911	101193	90380	4555	187
53...	318	1394	1704	682	41290	245	5428	2878	117787	81552	8326	243
54...	296	2710	2383	1410	78190	409	7073	3009	178448	161710	10307	325
55...	253	2650	3477	1558	75045	536	10321	4289	217570	162655	12370	384
56...	....	151	....	110	....	....	44	248	11008	....	....	....
57...	....	176	....	127	....	....	130	176	12957	....	....	....
58...	306	2556	3744	1802	113330	585	11176	5479	278391	180194	38097	295
	1996	13602	16609	7879	426758	2460	47589	23643	1155432	868815	86928	2012

COUNTY OF

	52	53	54	55	56	57	58	59	60	61	62	63
59...	....	247	....	236	19710	....	5	543	....	....	....	....
60...	70	524	355	441	23135	190	586	1452	47610	6175	5870	30
61...	157	789	1121	679	40346	328	2180	3457	94474	38980	5980	99
62...	196	1080	1466	877	46186	401	1997	4569	114167	48239	1941	57
63...	132	649	1007	416	16368	349	648	1777	40795	40020	815	74
64...	68	747	920	720	45574	345	2302	3688	134651	42007	3701	163
65...	262	759	1156	499	28094	246	1738	2489	75753	43019	1291	186
66...	79	944	1028	964	40041	515	1159	2855	58498	40466	210	48
67...	202	559	445	603	25297	262	1048	1876	40085	12513	1810	8

AGRICULTURAL PRODUCE FOR 1861.

DUNDAS.—(*Continued.*)

Pork in Barrels of 200 lbs.	Fish. Dried in Quintals.	Fish. Salted and Barrelled.	Fish. Sold Fresh, lbs.	Carriages kept for pleasure.	Value of same in Dollars.	Carriages kept for hire.	Value of same in Dollars.	Minerals. Copper ore mined, Tons.	Minerals. Value.	Minerals. Iron ore mined, Tons.	Minerals. Value.
64	65	66	67	68	69	70	71	72	73	74	75
38	....	....	....	56	2667	....	....	....	....	....	....
1437	....	....	....	372	17037	1	60	....	....	....	....
99	....	....	....	99	4846	21	757	....	....	....	....
1275	....	....	....	240	8949	2	70	....	....	....	....
1190	....	....	....	385	17992	1	30	....	....	....	....
1105	....	2	200	117	4999	....	....	....	....	....	....
5144	....	2	200	1263	56490	25	917	....	....	....	....

DURHAM.—(*Continued.*)

64	65	66	67	68	69	70	71	72	73	74	75
65	....	....	....	108	8480	2	120	....	....	....	....
1519	....	....	....	455	20966	7	210	....	....	....	....
925	2	....	603	93	4882	....	....	....	....	....	....
2012	....	9	....	465	24911	....	....	....	....	....	....
1869	....	3	....	481	27975	1	75	....	....	....	....
1735	....	....	....	482	21873	2	100	....	....	....	....
1298	....	....	....	266	8853	....	....	....	....	....	....
34	....	....	1200	66	4350	20	1500	....	....	....	....
9	....	....	3600	173	8803	34	3685	....	....	....	....
9486	2	12	5403	2589	131093	66	5690	....	....	....	....

ELGIN.—(*Continued.*)

64	65	66	67	68	69	70	71	72	73	74	75
753	....	23	....	22	906	....	....	....	....	....	....
1284	....	....	....	210	13142	11	109	....	....	....	....
1233	....	....	....	60	3887	....	....	....	....	....	....
658	....	2	....	74	4018	....	....	....	....	....	....
1370	....	....	....	374	21805	11	450	....	....	....	....
1745	....	7	....	290	17470	....	....	....	....	....	....
....	....	....	....	94	4305	22	1750	....	....	....	....
....	....	....	....	106	4659	....	23	....	....	....	....
1556	....	....	....	298	7300	1	50	....	....	....	....
8608	....	32	....	1528	77499	45	2382	....	....	....	....

ESSEX.—(*Continued.*)

64	65	66	67	68	69	70	71	72	73	74	75
....	....	....	....	42	1875	7	700	....	....	....	....
200	....	13	....	52	2590	....	....	....	....	....	....
1114	....	114	....	174	6525	....	....	....	....	....	....
648	....	1	....	146	5644	6	182	....	....	....	....
323	....	....	....	8	265	....	....	....	....	....	....
1105	....	114	....	172	6170	....	....	....	....	....	....
851	8	145	2500	46	2043	....	....	....	....	....	....
615	....	73	....	96	3273	....	....	....	....	....	....
121	....	788	....	69	2443	....	....	....	....	....	....

No. 11.—Upper Canada—Return of

COUNTY OF

TOWNSHIPS, &c.	Occupiers of Lands. Total.	10 acres and under.	10 to 20.	20 to 50.	50 to 100.	100 to 200.	Upwards of 200.	Lands—Acres. Amount held in Acres.	Under cultivation.	Under crops.	Under pasture.	Under Gardens and Orchards.	Wood and Wild Lands.
	1	2	3	4	5	6	7	8	9	10	11	12	13
68. Sandwich, Town of	24	......	6	5	7	4	2	1982	1275	834	407	34	707
69. Rochester	169	8	2	60	88	10	1	12933	3288	2154	1072	62	9645
70. Tilbury, West	149	5	3	56	69	15	1	11463	1701	1359	337	5	9762
71. Windsor, Town of	18	......	5	1	5	6	1	1148	920	602	227	91	228
Total of Essex	2595	178	147	807	963	397	103	197120	77105	53201	21557	2347	120015

COUNTY OF

TOWNSHIPS, &c.	1	2	3	4	5	6	7	8	9	10	11	12	13
72. Barrie and Clarendon	66	......	......	4	56	4	2	6785	458	434	17	7	6327
73. Bedford	213	4	3	20	117	59	10	27592	8116	6299	4786	31	19476
74. Hinchinbrooke	85	4	......	8	41	26	6	11305	2188	1673	511	4	9117
75. Kennebec	61	......	......	10	34	16	1	6938	1146	925	221	......	5792
76. Kingston	411	15	14	84	151	123	24	44920	25753	15447	10098	208	19167
77. Loughborough	278	15	6	56	114	65	22	31363	12638	7667	4788	183	18725
78. Miller and Canonto	3	......	......	......	......	3	......	544	6	6	......	......	538
79. Olden	84	......	......	......	51	25	8	13230	1092	925	162	5	12138
80. Oso	60	3	4	2	30	20	1	10007	2301	1118	1182	1	7706
81. Palmerston	21	......	......	......	6	15	......	3056	701	533	168	......	2355
82. Pittsburgh	414	10	9	122	170	70	33	49171	22078	13065	8820	193	27093
83. Portland	406	18	7	76	192	90	23	39273	15291	10522	4661	108	23982
84. Portsmouth, Village	......	......	......	......	......	......	......	......	......	......	......	......	......
85. Storrington	339	4	9	98	145	70	13	31767	16423	10827	5352	244	15343
86. Wolfe Island	366	17	7	140	135	54	13	31191	15643	11848	3678	117	15548
Total of Frontenac	2807	90	59	620	1242	640	156	307142	123834	81289	44444	1101	183307

COUNTY OF

TOWNSHIPS, &c.	1	2	3	4	5	6	7	8	9	10	11	12	13
88. Charlottenburgh	661	25	14	62	336	176	48	76698	31785	18851	12785	149	44913
89. Kenyon	661	19	6	74	360	181	21	76261	23263	12607	10618	38	52998
90. Lancaster	562	19	14	71	303	125	30	56744	19853	14210	5576	67	36891
91. Lochiel	592	17	4	62	364	127	18	67718	24979	12972	11966	41	42739
Total of Glengary	2476	80	38	269	1363	609	117	277421	99880	58640	40945	295	177541

COUNTY OF

TOWNSHIPS, &c.	1	2	3	4	5	6	7	8	9	10	11	12	13
92. Augusta	672	26	12	186	302	111	35	62902	33030	17954	14734	350	29863
93. Edwardsburg	668	19	34	198	304	88	25	57232	25618	15629	9714	275	31614
94. Gower, South	154	8	5	36	59	44	2	15353	6699	2888	3767	44	8654
95. Kemptville, Village	......	......	......	......	......	......	......	......	......	......	......	......	......
96. Merrickville, Village	9	......	2	2	2	1	2	894	438	161	275	2	456
97. Oxford	604	21	13	195	287	84	4	50519	23670	14576	8986	108	26849
98. Prescott, Town of	......	......	......	......	......	......	......	......	......	......	......	......	......
99. Wolford	371	7	5	93	184	73	9	35825	17534	10821	6588	124	18291
Total of Grenville	2478	81	71	710	1138	401	77	222725	106998	62029	44064	903	115727

Agricultural Produce for 1861.

ESSEX.—(*Continued.*)

Cash value of Farm in Dollars.	Cash value of Farming Implements in Dollars.	Produce of Gardens and Orchards in Dollars.	Quantity of Land held by Townspeople, not being farmers.	Fall Wheat.		Spring Wheat.		Barley.		Rye.	
				Acres.	Bushels.	Acres.	Bushels.	Acres.	Bushels.	Acres.	Bushels.
14	15	16	17	18	19	20	21	22	23	24	25
50720	1525	650	48	64	1083	53	684	15	227	4	80
127590	4796	452	46	147	2064	56	558	23	442	88	1319
92716	4396	2	2694	132	2407	85	899	15	227	16	221
110460	2165	2275	...	27	460	67	741	17	403	4	30
3530079	117724	30290	3408	7149	122231	2628	35080	594	11947	1058	13506

FRONTENAC.

14	15	16	17	18	19	20	21	22	23	24	25
25348	878	152	...	1	20	87	1089	7	76	10	118
108385	5225	20	...	112	1717	943	14531	11	170	218	2353
34540	3178	...	...	5	109	123	1946	1	12	98	1083
6984	578	...	...	...	...	165	2298	...	...	22	250
1396520	75362	5970	25	67	1091	3127	55619	497	12831	451	7551
365535	23400	2067	264	43	793	1402	23810	134	3394	760	11395
610	...	...	...	...	...	1	20	...	...	...	...
35370	2474	...	...	6	118	201	4181	3	48	16	195
11940	1087	...	712	9	125	132	2169	2	20	...	...
8190	910	...	...	12	230	69	1129	4	108	...	...
853536	43275	4381	57	75	1604	3120	55074	210	5574	196	3741
533895	44017	2197	35	97	1202	1894	37612	269	6316	1331	17122
...	...	...	...	...	...	...	...	...	...	...	...
436423	22771	4348	30	225	3255	1752	31179	153	3907	467	6280
572115	30509	3102	1494	19	328	4826	94298	565	20866	37	406
4389391	253664	22237	2617	671	10592	17842	324955	1856	53222	3606	50494

GLENGARY.

14	15	16	17	18	19	20	21	22	23	24	25
1968652	6078	3619	525	457	6847	3290	43111	412	8684	3	41
595414	32351	225	120	99	1208	2637	28519	158	2738	9	120
793422	47471	1356	123	40	553	2545	35989	504	10324	16	159
649464	42835	747	77	119	1881	2625	33522	270	4800	10	132
4006952	128735	5947	845	715	10489	11097	141141	1344	26546	38	452

GRENVILLE.

14	15	16	17	18	19	20	21	22	23	24	25
1185059	44071	6938	350	68	1068	3827	67698	261	6050	607	8172
1069550	45927	8873	194	9	194	2736	49863	260	5023	134	2215
235308	10496	997	7	28	418	1161	18812	33	1095	101	1155
...	...	...	66	...	...	...	...	...	...	...	...
19796	432	...	110	1	20	46	775	3	50	...	...
672582	33956	1682	60	13	157	5145	75740	191	3322	333	4208
...	...	...	...	...	...	...	...	...	...	...	...
579346	25453	1656	31	18	426	3774	53925	18	301	42	436
3761641	160335	20146	818	137	2283	16689	266813	766	16641	1217	16186

No. 11.—Upper Canada—Return of

COUNTY OF

	Peas.		Oats.		Buckwheat.		Indian Corn.		Potatoes.		Turnips.	
	Acres.	Bushels.	Acres.	Bushels.	Acres.	Bushels.	Acres.	Bushels.	Acres.	Bushels.	Acres.	Bushels.
	26	27	28	29	30	31	32	33	34	35	36	37
68 ..	17	166	282	7479	27	223	173	4053	35	3845	....	....
69 ..	225	3597	497	17208	77	1130	377	13991	140	10977	6	1330
70 ..	183	3469	513	7772	52	930	262	6746	65	5436	7	940
71 ..	18	216	179	4136	9	135	74	2865	12	1645	....	....
	3837	64685	10739	264432	1832	26716	12596	366086	2267	208318	235	48693

COUNTY OF

	Peas.		Oats.		Buckwheat.		Indian Corn.		Potatoes.		Turnips.	
	Acres.	Bushels.	Acres.	Bushels.	Acres.	Bushels.	Acres.	Bushels.	Acres.	Bushels.	Acres.	Bushels.
72 ..	16	215	119	1813	25	504	19	272	56	4810	41	4303
73 ..	346	4677	381	19316	64	1057	131	3052	276	26385	24	3330
74 ..	147	2236	294	8045	19	364	16	380	108	9194	12	1306
75 ..	25	279	53	948	5	95	20	617	64	4965	11	1080
76 ..	1984	38625	3586	119586	283	5516	147	4001	598	52433	9	1081
77 ..	1128	22535	1420	41651	306	6278	191	4886	345	27005	36	3525
78 ..	....	....	....	....	....	....	....	....	2	250	....	....
79 ..	14	251	129	3799	12	347	29	565	98	12092	76	12658
80 ..	45	635	140	3084	....	....	....	....	73	5110	6	890
81 ..	21	399	56	1520	....	....	7	102	21	1980	3	520
82 ..	1339	30190	3278	107365	60	1376	49	1895	564	56353	20	3983
83 ..	1755	30223	1832	62708	269	5772	115	2998	428	34312	41	6531
84 ..	....	....	....	....	....	....	....	....	....	....	....	....
85 ..	1155	22112	1616	49065	134	3737	206	4367	501	35346	15	1753
86 ..	978	22255	1878	72382	54	1367	172	3765	384	44752	5	1232
	8953	174632	14982	491282	1231	26413	1102	28900	3518	314987	299	42192

COUNTY OF

	Peas.		Oats.		Buckwheat.		Indian Corn.		Potatoes.		Turnips.	
	Acres.	Bushels.	Acres.	Bushels.	Acres.	Bushels.	Acres.	Bushels.	Acres.	Bushels.	Acres.	Bushels.
88 ..	1547	25406	6314	176076	487	9447	256	5877	618	74957	12	1830
89 ..	1348	15112	3998	91478	247	3687	62	1164	359	28638	6	428
90 ..	1400	21962	4316	121244	434	7008	149	3484	375	42453	22	2048
91 ..	1564	23811	3952	118823	195	3036	118	3093	336	34354	5	773
	5860	86201	18580	507621	1363	23178	585	13618	1688	180302	45	5079

COUNTY OF

	Peas.		Oats.		Buckwheat.		Indian Corn.		Potatoes.		Turnips.	
	Acres.	Bushels.	Acres.	Bushels.	Acres.	Bushels.	Acres.	Bushels.	Acres.	Bushels.	Acres.	Bushels.
92 ..	552	8006	4557	128080	670	11956	431	11731	1022	90680	32	7907
93 ..	236	4294	4422	114479	394	7549	219	6071	852	99836	18	2693
94 ..	118	2199	917	23245	179	2669	95	2066	158	16877	4	840
95 ..	....	....	....	....	....	....	....	....	....	....	....	....
96 ..	6	80	44	930	3	47	5	343	8	107	3	900
97 ..	356	5790	3124	69696	537	8509	174	3882	736	74252	47	10488
98 ..	....	....	....	....	....	....	....	....	....	....	....	....
99 ..	440	7433	1807	38086	307	4889	178	5206	459	46699	20	4558
	1708	27802	14871	373586	2090	35619	1102	29299	3235	328451	124	27386

Agricultural Produce for 1861.

ESSEX.—(*Continued.*)

Carrots, Bushels.	Mangel Wurzel. Acres.	Mangel Wurzel. Bushels.	Beans, Bushels.	Clover, Timothy and other Grass Seeds, Bushels.	Hay, Tons.	Hops, lbs.	Maple Sugar, lbs.	Cider, Gallons.	Wool, lbs.	Fulled Cloth, Yards.	Flannel, Yards.	Flax and Hemp, lbs.	Linen, Yards.
38	39	40	41	42	43	44	45	46	47	48	49	50	51
....	....	....	....	....	245	....	....	544	650	....	....	....	....
1	....	....	1	....	801	....	335	....	653	147	325	6	20
27	....	....	63	9	683	60	698	....	963	81	1002	25	90
10	....	....	4	6	134	....	....	660	107	....	25	....	....
2770	7	3697	902	109	13611	1598	10329	79637	37855	4595	18122	1221	1215

FRONTENAC.—(*Continued.*)

Carrots, Bushels.	Mangel Wurzel. Acres.	Mangel Wurzel. Bushels.	Beans, Bushels.	Clover, Timothy and other Grass Seeds, Bushels.	Hay, Tons.	Hops, lbs.	Maple Sugar, lbs.	Cider, Gallons.	Wool, lbs.	Fulled Cloth, Yards.	Flannel, Yards.	Flax and Hemp, lbs.	Linen, Yards.
13	2	185	23	19	33	1048	6680	....	103	....	76	22	....
9	....	10	9	1	1558	8	19966	....	3468	862	2885	10	....
93	....	....	1	....	681	120	7164	....	1329	248	942	....	....
22	....	....	2	....	178	....	6370	....	394	20	362	....	....
5274	4	962	86	44	5066	149	14239	73	18942	1920	4862	30	34
288	1	100	100	16	1905	66	18530	411	6953	1769	3211	....	....
....	....	....	....	....	....	....	....	....	....	....	....	....	....
80	....	26	17	6	191	10	9474	....	469	107	232	4	....
....	....	....	....	2	44	....	8310	....	780	30	581	....	....
10	....	40	1	5	184	6	2300	....	451	41	301	....	....
4333	11	1448	79	12	3701	128	2029	80	16336	1522	4295	....	116
1828	2	765	122	220	2734	261	28989	....	11310	2653	5699	412	....
....	....	....	....	....	....	....	....	....	....	....	....	....	....
721	2	210	67	9	2393	92	13780	2414	9896	2008	5515	50	....
1491	4	1346	476	17	2319	42	1498	....	11716	1626	3156	10	4
14162	26	5092	983	351	20987	1930	139329	2978	82147	12806	32117	538	154

GLENGARY.—(*Continued.*)

Carrots, Bushels.	Mangel Wurzel. Acres.	Mangel Wurzel. Bushels.	Beans, Bushels.	Clover, Timothy and other Grass Seeds, Bushels.	Hay, Tons.	Hops, lbs.	Maple Sugar, lbs.	Cider, Gallons.	Wool, lbs.	Fulled Cloth, Yards.	Flannel, Yards.	Flax and Hemp, lbs.	Linen, Yards.
14973	24	7643	414	275	5938	2062	59378	....	18886	5945	8249	1199	236
78	....	3	120	282	4525	15	23632	9	12991	5315	5594	524	43
16735	8	2572	423	204	3943	25	20953	....	12016	4707	5531	180	62
1382	1	670	12	263	4099	61	26436	....	12261	5407	6838	412	178
33165	33	10888	969	1024	18505	2163	130399	9	56154	21374	26212	2315	519

GRENVILLE.—(*Continued.*)

Carrots, Bushels.	Mangel Wurzel. Acres.	Mangel Wurzel. Bushels.	Beans, Bushels.	Clover, Timothy and other Grass Seeds, Bushels.	Hay, Tons.	Hops, lbs.	Maple Sugar, lbs.	Cider, Gallons.	Wool, lbs.	Fulled Cloth, Yards.	Flannel, Yards.	Flax and Hemp, lbs.	Linen, Yards.
10249	4	1358	151	62	5289	8810	22792	2036	17434	4505	9061	218	....
5089	3	1679	195	38	4760	67	19252	3207	12997	3462	9758	329	19
2289	....	....	11	17	902	20	3277	....	2876	635	2063	....	52
....	....	....	....	....	....	....	....	....	....	....	....	....	....
300	....	....	....	....	99	....	440	....	270	....	40	....	....
6828	3	503	105	64	3246	448	11857	3	13921	3126	10324	140	....
....	....	....	....	....	....	....	....	....	....	....	....	....	....
4089	....	50	100	42	2257	2822	18553	20	10236	1840	6084	20	38
37844	10	3590	562	223	16553	12167	76171	5266	57734	13569	37330	707	109

No. 11.—Upper Canada—Return of

COUNTY OF

	Live Stock.											
	Bulls, Oxen and Steers.	Milch Cows.	Calves and Heifers.	Horses over 3 years old.	Value of same in Dollars.	Colts and Fillies.	Sheep.	Pigs.	Total value of Live Stock.	Butter, lbs.	Cheese, lbs.	Beef in Barrels of 200 lbs.
	52	53	54	55	56	57	58	59	60	61	62	63
68...	14	141	71	181	3109	42	207	215	12373	3865	....	....
69...	128	368	539	297	15312	196	360	1000	31483	9913	175	27
70...	72	282	489	255	10169	186	354	1079	21498	9986	633	19
71...	11	56	46	58	3473	24	52	95	5399	1580	100	....
	1391	7145	8643	6226	316814	3084	12636	25095	676786	296763	22526	711

COUNTY OF

	52	53	54	55	56	57	58	59	60	61	62	63
72...	45	46	61	51	3378	1	11	42	4061	3575	....	20
73...	183	615	795	220	14700	112	1138	726	52005	32680	250	50
74...	110	237	247	129	10410	49	427	323	10669	15600	....	39
75...	49	87	51	7	440	....	152	66	4649	10240	....	3
76...	176	1876	1653	1137	77259	474	6513	1458	180661	112444	5165	240
77...	130	984	980	548	40271	232	2477	953	75925	75035	1950	135
78...	....	....	....	2	220	....	....	....	....	....	....	....
79...	76	88	115	29	2300	7	124	57	8632	17427	215	30
80...	59	162	225	47	2184	24	297	111	10764	9490	....	48
81...	14	53	85	13	646	13	118	53	4329	5450	500	12
82...	188	1428	1589	977	77671	440	4804	1413	136092	110947	1500	200
83...	317	1431	1660	814	56291	576	3671	1318	121048	102369	5816	264
84...	....	....	....	....	....	....	....	....	....	....	....	....
85...	129	1175	910	655	43659	242	3301	1447	85010	58057	895	106
86...	110	1400	1224	801	49422	302	3609	1032	108468	86138	2108	206
	1586	9582	9695	5430	378851	2472	26642	8999	808313	639452	18399	1353

COUNTY OF

	52	53	54	55	56	57	58	59	60	61	62	63
88...	111	3186	2578	1754	98867	849	5787	3107	222503	108408	35470	575
89...	47	2186	1635	1277	63078	691	5518	2664	138902	92462	26211	276
90...	63	2130	2064	1189	60148	657	4423	2344	145534	107276	28065	498
91...	49	2448	2072	1279	68612	749	6000	2795	153609	121515	32881	469
	270	9950	8349	5499	290705	2946	21728	10910	660548	429661	122627	1818

COUNTY OF

	52	53	54	55	56	57	58	59	60	61	62	63
92...	182	2727	2040	1440	83138	686	5271	1635	25617	166477	31758	214
93...	104	2447	1979	1211	66048	520	3744	1372	160353	190555	3678	483
94...	52	563	607	269	15260	141	741	404	37346	48037	1815	130
95...	....	105	....	84	....	....	37	81	7208	....	....	....
96...	....	133	....	119	....	....	80	109	11589	400	....	....
97...	217	2023	1773	1014	64450	561	3970	1548	127530	105574	2271	350
98...	....	160	....	131	....	....	29	148	13402	....	....	....
99...	132	1376	1087	741	43730	402	3109	1062	99092	100625	3709	251
	687	9534	7486	5009	272626	2310	16981	6359	482137	611668	43231	1428

AGRICULTURAL PRODUCE FOR 1861.

ESSEX.—(*Continued.*)

Pork in Barrels of 200 lbs.	Fish.			Carriages kept for pleasure.	Value of same in Dollars.	Carriages kept for hire.	Value of same in Dollars.	Minerals.			
	Dried in Quintals.	Salted and Barrelled.	Sold Fresh, lbs.					Copper ore mined, Tons.	Value.	Iron ore mined, Tons.	Value.
64	65	66	67	68	69	70	71	72	73	74	75
...	...	...	...	35	2079	1	36	...	...	...	...
287	3	3	...	16	1255	...	...	...	...	...	...
113	...	2	...	5	371	...	...	...	...	...	...
421	...	...	...	12	520	...	...	...	...	...	...
5798	11	1253	2500	873	35053	14	918	...	...	...	...

FRONTENAC.—(*Continued.*)

64	65	66	67	68	69	70	71	72	73	74	75
30	...	...	...	4	210	...	...	...	...	...	...
532	...	...	...	6	537	...	...	...	...	...	...
149	...	...	...	3	658	...	...	...	...	...	...
43	...	...	...	...	...	...	...	...	...	...	...
881	...	11	12	278	17446	...	...	...	...	...	...
610	...	...	...	123	6697	7	280	...	...	...	...
...	...	...	...	...	...	...	...	...	...	...	...
42	...	...	...	1	100	...	...	...	...	...	...
114	...	...	...	...	...	...	...	...	...	...	...
45	...	...	...	...	...	...	...	...	...	...	...
1007	...	...	...	85	5893	1	20	...	...	...	...
941	...	...	11	172	11316	...	...	...	...	...	...
...	...	...	...	...	...	...	...	...	...	...	...
497	...	4	...	86	4662	...	...	...	...	...	...
649	...	33	33	117	4288	...	...	...	...	...	...
5540	...	48	26	875	51807	8	300	...	...	...	...

GLENGARY.—(*Continued.*)

64	65	66	67	68	69	70	71	72	73	74	75
1213	...	...	...	553	22743	12	400	...	...	...	...
...	...	...	...	234	7776	...	...	...	...	...	...
1177	...	...	...	285	11612	3	116	...	...	...	...
930	...	...	...	254	10112	2	100	...	...	...	...
3320	...	...	...	1326	52243	17	616	...	...	...	...

GRENVILLE.—(*Continued.*)

64	65	66	67	68	69	70	71	72	73	74	75
1469	...	...	...	439	17920	...	...	...	...	...	...
1368	3	3	...	457	15093	...	...	...	...	...	...
448	...	...	...	102	3528	...	...	...	...	...	...
...	...	...	...	62	2023	8	200	...	...	...	...
4	...	...	...	71	2996	2	150	...	...	...	...
1331	...	...	...	347	12455	...	...	...	...	...	...
...	...	...	...	117	4937	47	2670	...	...	...	...
996	...	...	...	211	8820	1	20	...	...	...	...
5616	3	3	...	1806	67772	58	3040	...	...	...	...

No. 11.—Upper Canada—Return of

COUNTY OF

TOWNSHIPS, &c.	Occupiers of Lands.							Lands—Acres.					
	Total.	10 acres and under.	10 to 20.	20 to 50.	50 to 100.	100 to 200.	Upwards of 200.	Amount held in Acres.	Under cultivation.	Under crops.	Under pasture.	Under Gardens and Orchards.	Wood and Wild Lands.
	1	2	3	4	5	6	7	8	9	10	11	12	13
100. Artemesia	471	6	1	142	233	75	14	45380	10029	6747	3278	4	35351
101. Bentinck	567	1	3	104	275	177	7	51015	10803	8288	2511	4	40212
102. Collingwood	220	16	10	35	113	40	6	22394	5357	3911	1397	49	17037
103. Derby	200	6	3	35	110	37	9	22275	6469	5077	1335	57	15806
104. Egremont	528	3	.....	14	123	382	6	56345	10311	8278	2025	8	46034
105. Euphrasia	245	7	2	27	168	38	3	26297	6521	4944	1538	39	19776
106. Glenelg	486	......	1	5	141	330	9	49389	11677	8544	3127	6	37712
107. Holland	372	3	.....	72	207	80	10	40531	10452	6935	3508	9	30079
108. Keppel, Sarawak and Brooke	54	3	1	5	24	21	.....	4216	596	496	98	2	3620
109. Melancthon	226	......	1	71	105	39	10	23897	4172	2798	1374	......	19725
110. Normanby	597	6	8	18	212	348	5	54110	12322	9307	3011	4	41788
111. Osprey	402	5	3	16	65	311	2	41783	6835	5654	1172	9	34948
112. Owen Sound, Town of	......	......	.....	......	......	......	.....	....	....	....	......	......	....
113. Proton	252	1	.....	18	170	52	11	29161	4142	3410	732	......	25019
114. Sullivan	299	1	.....	36	178	80	4	34900	7013	5336	1673	4	27896
115. Sydenham	456	2	5	92	264	77	16	48532	15298	11987	3212	99	33234
116. St. Vincent	338	24	7	69	160	63	15	35463	11888	9410	2280	198	23575
Total of Grey	5713	84	45	759	2548	2150	127	585697	133885	101122	32271	492	451812

COUNTY OF

TOWNSHIPS, &c.	1	2	3	4	5	6	7	8	9	10	11	12	13
117. Canboro	172	8	5	53	66	30	10	18281	8371	6847	1401	123	9910
118. Cayuga, North	326	16	9	87	151	51	12	30308	14036	10144	3673	219	16272
119. Cayuga, South	143	5	3	34	61	37	3	13296	7172	5241	1713	218	6124
120. Dunn	104	......	.....	21	56	23	4	10458	4622	2915	1636	71	5836
121. Dunnville, Village	Included in Moulton and Sherbrooke.								....	....	....	.....	....
122. Moulton and Sherbrooke	240	8	7	90	94	30	11	18968	7297	4202	2872	223	11671
123. Oneida	348	6	11	71	186	72	2	34927	20894	15021	5472	401	14033
124. Rainham	269	8	6	89	113	49	13	23745	13255	10395	2706	154	10490
125. Seneca	341	5	1	75	185	59	16	35105	20206	13708	6231	267	14899
126. Walpole	686	35	14	202	324	93	18	60296	32592	22587	9668	337	27704
Total of Haldimand	2629	91	56	722	1236	435	89	245384	128445	91060	35372	2013	116939

COUNTY OF

TOWNSHIPS, &c.	1	2	3	4	5	6	7	8	9	10	11	12	13
127. Esquesing	552	16	7	15	129	356	29	57989	33804	20016	13100	688	24185
128. Georgetown, Village	8	......	1	1	2	3	1	1338	613	401	196	16	725
129. Milton, Town of	1	......	.....	......	1	......	.....	184	60	40	10	10	124
130. Nassagiweya	343	4	3	10	64	259	3	36402	19943	10978	8652	313	16459
131. Nelson	374	4	8	18	88	219	37	43302	29253	20785	7952	516	14049
132. Oakville, Village	4	......	.....	......	1	2	1	603	315	133	172	10	288
133. Trafalgar	595	9	9	22	159	374	22	64909	47221	31386	14906	929	17688
Total of Halton	1877	33	28	66	444	1213	93	204727	131209	83739	44988	2482	73518

AGRICULTURAL PRODUCE FOR 1861.

GREY.

Cash value of Farm in Dollars.	Cash value of Farming Implements in Dollars.	Produce of Gardens and Orchards in Dollars.	Quantity of Land held by Townspeople, not being farmers.	Fall Wheat.		Spring Wheat.		Barley.		Rye.	
				Acres.	Bushels.	Acres.	Bushels.	Acres.	Bushels.	Acres.	Bushels.
14	15	16	17	18	19	20	21	22	23	24	25
350198	12415	258	1325	4	64	3155	44658	77	1525	....	....
390990	15579	129	85	10	200	3717	65953	48	1165	4	66
282640	9246	....	687	402	11243	1262	26040	42	847	....	....
242606	14806	443	1552	48	895	1849	29500	28	510	....	....
459112	17902	10	97	48	1047	3910	55691	113	2708	....	....
316193	10325	30	844	211	5130	1924	40642	83	2218	....	....
344211	17211	337	67	4	68	3887	56590	62	1095	....	....
281730	11555	16	71	73	1200	2954	44889	64	973	....	....
36593	745	....	46	....	....	273	2883	....	....	....	....
170304	5950	....	10	2	8	1494	20061	44	684	3	40
504070	17934	....	372	61	1902	5010	78378	166	3448	3	50
363504	13325	20	102	4	118	2863	38733	154	2713	....	....
....	....	....	706	....	....	....	....	....	....	....	....
92491	2926	....	....	....	....	1680	15805	109	852	....	....
274115	11275	100	22	11	140	2362	38480	46	961	....	....
700274	28105	1667	643	183	5015	4243	92730	116	3124	....	....
529411	21442	1407	1289	229	6359	3148	67115	124	3438	....	....
5338508	210741	4417	7979	1290	33389	43731	718148	1276	26261	10	156

HALDIMAND.

14	15	16	17	18	19	20	21	22	23	24	25
440606	17511	1663	21	203	1509	754	10088	297	5753	103	890
565910	26920	3040	91	709	6032	1902	27404	680	15191	82	814
339080	13622	1888	5	479	3858	936	15547	410	9842	120	1070
284228	12408	895	82	352	2434	817	17462	209	6713	59	430
....	....	....	....	....	....	....	....	....	....	....	....
258516	13364	1999	154	395	2847	822	13372	252	5337	107	901
1037104	37408	6233	31	3430	39003	1960	27346	1122	28844	6	66
699732	29517	2560	46	581	5190	2089	34421	1000	21367	87	669
927069	38312	1971	187	2143	15059	2754	41293	1127	28955	43	320
1491918	58115	3425	306	2662	20918	4218	63093	2381	61320	99	783
6044163	247177	23674	923	10954	96850	16258	250026	7478	183322	706	5943

HALTON.

14	15	16	17	18	19	20	21	22	23	24	25
2034320	72761	10675	1546	6788	131133	2874	52477	809	21336	2	20
64500	2350	750	80	81	2194	43	890	....	....	....	....
10000	100	....	77	18	360	10	150	....	....	....	....
887204	36679	3136	158	2512	59805	1929	36555	175	4636	1	17
2054694	61270	12653	190	5302	86995	1977	32948	1191	30070	35	467
48000	670	....	349	44	660	12	222	23	368	....	....
3146362	105117	13799	584	8745	136106	3439	61503	2146	54451	145	1570
8245080	278947	41013	2984	23490	417253	10284	184745	4346	110861	183	2074

No. 11.—Upper Canada—Return of

COUNTY OF

	Peas.		Oats.		Buckwheat.		Indian Corn.		Potatoes.		Turnips.	
	Acres.	Bushels.	Acres.	Bushels.	Acres.	Bushels.	Acres.	Bushels.	Acres.	Bushels.	Acres.	Bushels.
	26	27	28	29	30	31	32	33	34	35	36	37
100.	579	9010	944	22176	1	20	....	2	392	43315	457	64355
101.	573	10744	1275	32932	2	31	....	3	443	48169	570	116901
102.	386	8279	526	15496	2	37	12	394	214	28687	88	16155
103.	369	7317	601	17579	1	26	7	42	190	23710	245	55380
104.	670	11235	1586	39887	....	12	1	22	408	46040	799	17739
105.	471	10848	473	13407	....	....	3	64	203	29821	203	44373
106.	398	7025	1229	32961	....	....	....	....	466	54454	312	121370
107.	575	8590	1204	28107	1	16	....	3	375	42362	416	63980
108.	3	35	18	345	1	25	2	32	41	4069	55	9215
109.	315	5160	439	10530	6	40	....	....	210	22274	299	60512
110	489	8261	1579	39160	....	....	....	....	614	37905	1134	171360
111.	442	5257	1020	19272	5	10	....	....	359	29872	436	75385
112.	....	....	....	....	....	....	....	....	....	....	....	....
113.	291	3660	478	9178	....	....	....	....	238	14266	369	54183
114.	342	6506	695	19112	....	....	....	....	252	30346	320	56572
115.	797	17040	1365	36017	9	304	9	237	362	48285	271	56765
116.	943	21198	956	31191	16	327	34	817	260	40844	218	38670
	7043	140165	14388	367350	44	848	68	1616	5027	544419	6191	1022915

COUNTY OF

	Peas.		Oats.		Buckwheat.		Indian Corn.		Potatoes.		Turnips.	
117.	591	9457	947	26767	341	5400	98	4148	115	14894	5	978
118.	1415	26622	1558	48545	255	4658	54	3125	216	23266	4	830
119.	694	13154	545	18591	153	2890	70	2029	89	12663	13	5029
120.	551	12136	426	18358	66	1065	64	2359	92	13077	6	3610
121.	....	....	....	....	....	....	....	....	....	....	....	....
122.	547	10631	750	14537	263	3849	188	5872	224	22822	28	5768
123.	1913	43218	1769	61312	259	5213	126	4014	337	39986	51	10375
124.	1585	33171	1476	49465	294	6098	97	2029	165	14647	14	2103
125.	2053	42317	2238	79858	251	5375	33	1105	290	30495	26	4865
126.	4367	105627	3930	140748	578	10878	109	3323	435	49175	75	16957
	13716	296328	13639	458181	2460	45426	839	28004	1963	221025	222	50510

COUNTY OF

	Peas.		Oats.		Buckwheat.		Indian Corn.		Potatoes.		Turnips.	
127.	2017	41613	2365	82272	51	965	17	746	490	73397	111	55539
128.	25	560	16	550	3	100	3	140	11	2175	1	1000
129.	....	....	1	40	....	....	....	....	....	80	....	....
130.	1266	28407	1509	52686	32	558	6	185	326	47620	364	134526
131.	1877	39126	1870	58472	324	7279	259	8944	383	49493	194	74250
132.	16	365	10	290	2	40	14	700	10	360	2	150
133.	3308	65345	3222	114913	874	20090	178	7576	582	70886	112	29511
	8509	175416	8993	309223	1286	29032	477	18291	1802	244011	784	294976

Agricultural Produce for 1861.

GREY.—(*Continued.*)

Carrots, Bushels.	Mangel Wurzel. Acres.	Mangel Wurzel. Bushels.	Beans, Bushels.	Clover, Timothy and other Grass Seeds, Bushels.	Hay, Tons.	Hops, lbs.	Maple Sugar, lbs.	Cider, Gallons.	Wool, lbs.	Fulled Cloth, Yards.	Flannel, Yards.	Flax and Hemp, lbs.	Linen, Yards.
38	39	40	41	42	43	44	45	46	47	48	49	50	51
80	....	50	6	32	1154	76	15266	....	3469	15	2502	64	....
65	....	....	39	20	1567	131	14534	....	4810	55	3930	3	....
275	....	....	....	36	1354	....	7630	....	2865	3174	3016	99	....
381	....	....	6	160	1322	131	9431	....	2747	506	2738	38	5
....	....	....	....	29	1015	6	10133	....	3306	311	2887	800	....
30	....	....	1	880	1307	62	11078	....	2730	564	344	13	....
26	....	....	....	8	1476	129	11321	....	5306	347	5016	46	3
9	....	....	....	174	1381	10	12485	....	5563	495	4141	5	....
64	....	....	2	....	49	10	2489	....	....	....	....	....	....
....	....	....	....	19	660	3	10946	....	1374	121	1247	....	....
....	....	....	....	46	1862	7	14694	17	3921	200	1820	....	38
....	....	....	....	7	675	....	8760	3	1766	288	1319	110	....
....	....	....	....	....	....	....	....	....	....	....	....	....	....
4	....	10	....	53	263	26	4609	....	919	92	686	3	7
16	....	....	50	93	1192	68	10939	....	4079	480	2692	2	25
976	....	....	22	304	3284	241	17319	....	8693	1331	6178	312	29
272	....	....	36	644	2323	132	32483	34	6639	2246	5215	76	20
2198	....	60	162	2505	20884	1032	194117	54	58187	10225	43731	1571	127

HALDIMAND.—(*Continued.*)

Carrots, Bushels.	Mangel Wurzel. Acres.	Mangel Wurzel. Bushels.	Beans, Bushels.	Clover, Timothy and other Grass Seeds, Bushels.	Hay, Tons.	Hops, lbs.	Maple Sugar, lbs.	Cider, Gallons.	Wool, lbs.	Fulled Cloth, Yards.	Flannel, Yards.	Flax and Hemp, lbs.	Linen, Yards.
1028	....	172	85	112	1808	....	3800	3413	4767	601	2254	....	....
565	2	370	117	320	2972	39	3917	280	6580	964	3139	950	....
849	1	223	123	1189	1248	8	9275	1147	3424	687	1810	1071	225
8	1	360	17	388	1272	1	739	120	3880	373	752	154	....
....	....	....	....	....	....	....	....	....	....	....	....	....	....
3067	....	50	97	136	1596	76	1002	5321	3873	396	1656	....	....
3226	3	1875	137	310	3491	15	9240	385	11341	1310	3805	360	....
514	1	277	233	1357	2166	64	25468	4566	7742	1291	4153	1003	698
5533	3	875	113	60	3578	22	2861	1262	10275	1112	4508	790	....
4537	9	2267	209	846	5779	63	39266	2370	19248	2198	8518	3496	304
19327	20	6469	1131	4718	23910	288	95568	18864	71130	8932	30595	7824	1317

HALTON.—(*Continued.*)

Carrots, Bushels.	Mangel Wurzel. Acres.	Mangel Wurzel. Bushels.	Beans, Bushels.	Clover, Timothy and other Grass Seeds, Bushels.	Hay, Tons.	Hops, lbs.	Maple Sugar, lbs.	Cider, Gallons.	Wool, lbs.	Fulled Cloth, Yards.	Flannel, Yards.	Flax and Hemp, lbs.	Linen, Yards.
4838	2	854	34	110	4808	2029	18037	3341	20031	2136	8468	293200	50
1	....	100	496	....	145	....	....	160	220	....	....	63000	....
....	....	....	....	....	80	....	50	....	76	20	8	....	....
1972	1	350	781	50	2238	92	13846	1006	11710	1171	4251	3701	30
16059	25	11455	229	64	4333	26	15649	6712	21923	752	4892	4985	....
235	1	60	....	....	40	....	....	....	380	....	89	....	....
13747	17	2773	199	396	5740	71	7136	13269	31056	1172	7716	15536	....
36852	46	15592	1739	620	17384	2218	54718	24488	85396	5251	25424	380422	80

No. 11.—Upper Canada—Return of

COUNTY OF

	Live Stock.											
	Bulls, Oxen and Steers.	Milch Cows.	Calves and Heifers.	Horses over 3 years old.	Value of same in Dollars.	Colts and Fillies.	Sheep.	Pigs.	Total value of Live Stock.	Butter, lbs.	Cheese, lbs.	Beef in Barrels of 200 lbs.
	52	53	54	55	56	57	58	59	60	61	62	63
100..	524	775	1037	509	19143	70	1166	1905	61548	33927	668	72
101..	716	974	1264	208	19861	59	1620	1444	60561	53463	3871	138
102..	256	524	546	202	15902	57	891	1028	45791	17951	298	93
103..	269	486	768	167	12162	68	959	626	45488	28925	2709	81
104..	789	978	1460	279	17670	119	1232	1829	84246	53606	2538	123
105..	355	552	626	169	11986	87	1085	1357	47900	22668	662	76
106..	668	1022	1429	190	11401	91	2057	1856	73223	40230	1527	52
107..	477	805	1090	170	10930	124	722	1230	61859	43610	1030	140
108..	53	68	86	11	550	....	6	66	5030	2205	....	....
109..	210	406	555	97	5902	35	518	997	29696	25705	365	99
110..	826	1165	1558	253	11363	77	1591	2317	77889	62062	865	220
111..	623	625	969	994	10588	143	950	8329	55414	19145	409	183
112..	....	259	....	148	....	....	52	130	16485	....	....	....
113..	335	416	575	62	9449	27	416	907	28426	16978	527	29
114..	628	607	899	145	9130	69	1174	873	47297	38505	2930	82
115..	663	1117	1706	341	24337	170	2436	1523	97197	72589	16387	297
116..	395	955	1164	444	44224	193	2302	1935	91130	59586	2605	235
	7787	11734	15732	4389	234598	1389	19177	28352	929180	591155	37441	1926

COUNTY OF

	52	53	54	55	56	57	58	59	60	61	62	63
117..	73	524	610	340	23885	121	1531	875	53066	44393	1348	82
118..	218	852	1090	628	35885	208	2428	2185	94525	51834	2952	76
119..	79	400	526	286	19988	99	1401	707	44359	32791	4752	47
120..	75	371	398	236	15335	104	1111	721	39035	24085	1625	52
121..	....	....	....	....	....	....	....	....	....	....	....	....
122..	119	663	721	490	20189	110	1475	1176	58634	35308	131	120
123..	318	1101	1464	749	56120	271	3277	2685	131749	68890	7753	192
124..	59	827	942	616	41005	219	2712	1865	81700	57135	3036	119
125..	148	1298	1286	964	59625	283	2844	2866	147524	87036	2717	100
126..	314	2012	2556	1377	94751	507	6103	4685	201680	152376	7225	423
	1403	8048	9593	5686	366783	1922	22882	17765	852272	553848	31539	1211

COUNTY OF

	52	53	54	55	56	57	58	59	60	61	62	63
127..	443	1953	2253	1410	93646	409	5697	3408	217983	127939	13305	602
128..	2	118	22	89	2340	7	63	101	9781	1906	....	8
129..	....	63	2	83	4960	2	52	77	8659	200	....	....
130..	517	1137	1538	672	54347	226	3242	1721	128484	95240	8629	35
131..	236	1722	1484	1214	85160	316	5579	2369	200148	152066	4488	657
132..	1	131	13	96	1181	5	307	164	13175	1125	....	....
133..	299	2445	2502	1797	130275	488	8640	3813	2371660	151511	11516	681
	1498	9569	7814	5361	371929	1453	23580	11653	2949890	530037	37938	1983

Agricultural Produce for 1861.

GREY.—(*Continued.*)

Pork in Barrels of 200 lbs.	Fish.			Carriages kept for pleasure.	Value of same in Dollars.	Carriages kept for hire.	Value of same in Dollars.	Minerals.			
	Dried in Quintals.	Salted and Barrelled.	Sold Fresh, lbs.					Copper ore mined, Tons.	Value.	Iron ore mined, Tons.	Value.
64	65	66	67	68	69	70	71	72	73	74	75
474	......	......	......	11	320	......	......	......	......	......	......
370	5	14	......	4	110	1	20	......	......	......	......
425	......	80	......	......	......	......	......	......	......	......	......
398	......	9	......	16	745	......	......	......	......	......	......
563	......	......	......	7	625	......	......	......	......	......	......
395	......	5	......	2	120	......	......	......	......	......	......
342	......	1	......	10	535	......	......	......	......	......	......
555	......	......	6	7	176	1	30	......	......	......	......
13	......	......	......	1	50	1	30	......	......	......	......
387	......	......	......	1	80	......	......	......	......	......	......
830	......	......	......	10	632	1	80	......	......	......	......
362	......	......	......	7	185	......	......	......	......	......	......
......	......	......	......	67	2701	26	1195	......	......	......	......
120	150	......	......	7	218	......	......	......	......	......	......
526	......	......	......	1	24	......	......	......	......	......	......
1217	......	412	24600	21	582	......	......	......	......	......	......
1080	......	560	2972	45	2021	26	1101	......	......	......	......
8057	155	1081	27578	217	9124	56	2456	......	......	......	......

HALDIMAND.—(*Continued.*)

64	65	66	67	68	69	70	71	72	73	74	75
475	......	......	......	51	3455	......	......	......	......	......	......
851	......	......	......	107	6454	12	900	......	......	......	......
471	......	......	......	47	2195	......	......	......	......	......	......
403	......	......	......	9	387	......	......	......	......	......	......
......	......	......	......	......	......	......	......	......	......	......	......
425	......	1	......	109	5199	110	4882	......	......	......	......
1263	......	......	......	139	7905	......	......	......	......	......	......
895	......	......	18041	151	6673	......	......	......	......	......	......
830	......	......	......	219	13085	38	3370	......	......	......	......
2597	......	12	18711	214	11464	2	50	......	......	......	......
8210	......	13	36752	1046	56817	162	9202	......	......	......	......

HALTON.—(*Continued.*)

No. 11.—Upper Canada—Return of

COUNTY OF

TOWNSHIPS, &c.	Occupiers of Lands. Total.	10 acres and under.	10 to 20.	20 to 50.	50 to 100.	100 to 200.	Upwards of 200.	Lands—Acres. Amount held in Acres	Under cultivation.	Under crops.	Under pasture.	Under Gardens and Orchards.	Wood and Wild Lands.
	1	2	3	4	5	6	7	8	9	10	11	12	13
134. Belleville, Town of	2	1	1	......	......	.....	......	20	20	5	13	2	....
135. Elzevir	137	1	.....	17	97	18	4	15294	3286	2092	1181	13	12008
136. Hastings Road	105	......	.....	......	98	4	3	11550	1208	1017	191	......	10342
137. Hungerford	539	5	4	90	348	84	8	56569	23067	13286	9625	156	33502
138. Huntingdon	386	14	22	65	183	90	12	38657	19491	9583	9671	237	19166
139. Madoc	414	19	1	89	237	59	9	39377	16802	10029	6718	55	22575
140. Marmora and Lake	154	......	10	35	76	31	2	17386	6353	3447	2793	113	11033
141. Rawdon	483	15	3	134	226	94	11	47491	23661	14343	9252	66	23830
142. Sterling, Village	14	4	.....	3	1	5	1	910	563	340	208	15	347
143. Sydney	500	13	5	65	226	159	32	59584	34095	22605	10616	374	25489
144. Thurlow	435	6	10	77	216	107	19	45877	27123	19107	7382	634	18754
145. Trenton, Village	......	......	.....	......	......	.....	......	....	....	....	....	......	....
146. Tudor and Lake	143	......	.....	4	124	13	2	15062	1973	1302	671	......	13089
147. Tyendinaga	786	27	11	139	458	130	21	77452	41340	21392	15663	4285	36112
Total of Hastings	4098	105	67	718	2290	794	124	425229	198082	118548	73984	6450	226247

COUNTY OF

TOWNSHIPS, &c.	1	2	3	4	5	6	7	8	9	10	11	12	13
148. Ashfield	408	14	4	83	268	37	2	36731	9196	6751	2283	162	27535
149. Biddulph	431	6	4	115	266	37	3	36639	16272	13062	2988	222	20417
150. Clinton, Village	......	......	.....	......	......	.....	......	....	....	....	....	......	....
151. Colborne	248	9	10	64	131	26	8	22103	8971	6398	1970	103	13132
152. Goderich	479	13	15	63	283	91	14	43129	20352	13198	6750	405	22776
153. Goderich, Town of	......	......	.....	......	......	.....	......	....	....	....	....	......	....
154. Grey	397	12	6	41	275	59	4	40001	6910	5759	11115	36	33091
155. Hay	436	13	10	124	249	58	2	34855	15133	10923	4070	140	19722
156. Howick	362	5	.....	39	227	77	14	43913	5669	4652	993	24	38244
157. Hullett	397	2	1	90	226	70	8	39110	13474	10926	2332	216	25636
158. McGillivray	572	3	5	168	367	26	3	49236	21287	12987	8224	76	27949
159. McKillop	357	10	6	120	196	23	2	29055	10287	8187	2033	67	18768
160. Morris	386	8	.....	54	254	65	5	40759	7169	6038	1083	48	33590
161. Stanley and Bayfield	449	7	8	112	258	60	4	38480	19670	13166	6343	161	18810
162. Stephen	320	7	4	105	200	4	......	25291	9718	7183	2478	57	15573
163. Tuckersmith	384	6	4	86	238	46	4	35845	18105	12519	5385	201	17740
164. Turnbury	229	2	.....	30	129	62	6	25021	2888	2296	589	3	22133
165. Usborne	447	5	3	127	268	40	4	39381	17517	12072	5288	157	21864
166. Wawanosh	513	11	2	74	353	66	7	52725	12706	9887	2691	126	40019
Total of Huron	6815	133	82	1495	4188	827	90	632324	215325	156504	66615	2206	416999

COUNTY OF

TOWNSHIPS, &c.	1	2	3	4	5	6	7	8	9	10	11	12	13
167. Camden and Gore	342	30	14	125	116	49	8	26573	10856	8845	1775	236	15717
168. Chatham, Town of	......	......	.....	......	......	.....	......	....	....	....	....	......	....
169. Chatham and Gore	444	24	16	134	201	57	10	37359	14311	8427	5506	378	23048
170. Dover	340	18	16	124	144	31	7	26903	9814	7282	2383	149	17089

Agricultural Produce for 1861.

HASTINGS.

Cash value of Farm in Dollars.	Cash value of Farming Implements in Dollars.	Produce of Gardens and Orchards in Dollars.	Quantity of Land held by Townspeople, not being farmers.	Fall Wheat.		Spring Wheat.		Barley.		Rye.	
				Acres.	Bushels.	Acres.	Bushels.	Acres.	Bushels.	Acres.	Bushels.
14	15	16	17	18	19	20	21	22	23	24	25
7000	10	473	286	....	....	....	....	....	....	....	....
71515	5441	209	1025	41	680	251	4586	60	946	65	1061
24170	1000	....	....	7	100	119	2864	7	146	1	30
439949	34991	2833	110	516	4876	2438	38241	211	4835	1217	14699
436865	27173	1983	368	390	2682	1766	29190	404	8932	1441	20115
477640	28674	1182	399	322	6520	2836	50314	87	1517	172	2305
89190	4817	1402	2	79	1134	1006	17704	49	1120	34	568
556656	35557	3902	16	442	3483	2441	44996	916	26956	1713	21734
15020	1029	314	38	....	....	79	1716	25	450	34	457
1402172	54440	15446	334	630	4664	2521	48383	995	29377	3161	40813
1138588	52381	7775	1247	362	3997	1887	37808	982	26465	2582	36987
....	....	....	96	....	....	....	....	....	....	....	....
49030	2169	....	....	12	223	740	7973	18	375	9	127
1133150	65280	3371	256	592	5978	3506	67140	1475	41473	3669	52457
5841445	312962	38890	4177	3393	34337	19640	350915	5229	142592	14116	191353

HURON.

14	15	16	17	18	19	20	21	22	23	24	25
378048	9940	417	21	78	1921	2729	62418	22	449	....	....
802236	29215	2911	124	60	1426	7054	146782	125	3220	....	....
....	....	....	39	....	....	....	....	....	....	....	....
579940	18469	1500	25	492	13587	2397	53170	40	1027	....	....
1049544	36614	6762	154	1613	45032	4885	102384	163	4587	7	84
....	....	....	114	....	....	....	....	....	....	....	....
421825	12103	45	21	5	130	2930	55186	30	763	....	....
725958	27835	274	35	1044	23976	4316	86954	107	3041	10	110
309444	7890	147	13	5	115	2334	46806	76	1679	1	20
827272	26494	592	25	84	2176	5020	110525	44	1218	....	....
900452	41495	272	27	41	940	7702	172251	248	6990	....	....
563860	20006	323	17	33	1062	3876	75792	33	821	....	....
380320	12001	69	84	10	260	3039	61578	36	1055	....	....
1017130	34580	1607	65	1838	41113	5993	154357	84	2357	1	14
344504	12714	999	71	53	773	3846	71205	21	647	....	....
909192	36393	3213	51	43	1442	5739	138167	57	1824	....	....
197258	3597	20	33	5	160	1306	25993	8	195	....	....
867460	37167	1315	53	75	1934	6992	154366	74	2120	....	....
706325	29578	893	27	184	4764	4723	105284	48	1428	....	....
10980858	396091	21359	999	5663	140831	74881	1623218	1216	33421	19	228

KENT.

14	15	16	17	18	19	20	21	22	23	24	25
579310	16829	3964	88	842	13836	962	3659	127	3270	30	494
....	....	....	594	....	....	....	....	....	....	....	....
726253	16224	5612	260	1437	25465	1162	17677	523	13576	52	665
374673	21658	4323	198	683	14732	1459	31874	914	26476	63	1089

No. 11.—Upper Canada—Return of

COUNTY OF

	Peas.		Oats.		Buckwheat.		Indian Corn.		Potatoes.		Turnips.	
	Acres.	Bushels.	Acres.	Bushels.	Acres.	Bushels.	Acres.	Bushels.	Acres.	Bushels.	Acres.	Bushels.
	26	27	28	29	30	31	32	33	34	35	36	37
134.	....	....	1	70	....	....	3	60	2	100	....	....
135.	329	5035	493	12178	79	1265	32	520	185	17483	47	6158
136.	8	175	193	6195	....	....	....	....	122	17110	95	17585
137.	2384	39698	2251	53267	383	5671	113	2617	686	55016	139	19336
138.	2149	36422	1733	49500	404	7033	236	4517	503	44814	50	13827
139.	2027	35750	2217	61746	264	5275	194	2327	510	69072	57	11210
140.	550	10651	627	17268	76	1390	4	75	197	20848	48	10010
141.	3192	70000	2557	74484	373	7238	273	7711	508	46863	77	19094
142.	93	1926	72	1935	6	119	26	684	11	1736	3	350
143.	4989	106633	2998	105818	1150	23216	773	19222	740	76268	78	21899
144.	3817	83671	2876	100520	744	16944	613	24549	664	56085	71	17034
145.	....	....	....	....	....	....	....	....	....	....	....	....
146.	50	1039	312	9405	14	294	6	105	190	18209	96	18868
147.	7555	89830	3807	118907	10370	18506	737	16820	1008	68542	51	11550
	27123	480830	20137	611293	13863	86951	3010	79207	5332	492146	812	166921

COUNTY OF

	26	27	28	29	30	31	32	33	34	35	36	37
148.	904	22563	811	22744	1	10	2	30	381	38911	375	68021
149.	977	21771	1881	55700	....	....	9	163	360	27101	515	57540
150.	....	....	....	....	....	....	....	....	....	....	....	....
151.	698	16820	1029	32979	5	195	6	137	207	30662	219	59460
152.	1273	30125	2265	66311	6	56	26	746	460	58451	189	37175
153.	....	....	....	....	....	....	....	....	....	....	....	....
154.	50	16898	597	16981	1	50	1	13	288	27618	457	86159
155.	1114	25605	1508	45118	13	255	18	376	280	26736	281	56285
156.	199	3767	392	10942	....	....	1	15	268	24503	488	91191
157.	1289	32115	1386	47807	3	104	2	80	236	29194	544	100105
158.	1457	36080	1821	58590	13	178	17	491	276	27607	469	80550
159.	1300	19333	1214	39512	....	....	....	15	301	30841	337	57191
160.	547	13687	517	16310	....	....	....	10	287	32821	536	94858
161.	1435	36675	1546	60213	2	67	20	496	287	39449	178	39416
162.	637	12526	658	16779	....	....	2	67	175	10647	297	32964
163.	1160	32496	1821	66947	....	....	1	90	235	26884	342	79790
164.	137	2889	190	5605	....	....	....	....	139	14891	246	54835
165.	1141	24729	1343	48770	....	....	3	29	275	25590	708	140331
166.	1133	26798	1136	39935	1	50	4	45	480	53330	543	108030
	15451	374877	20115	651243	45	965	112	2803	4935	525236	6724	1243901

COUNTY OF

	26	27	28	29	30	31	32	33	34	35	36	37
167.	1348	27155	1088	32991	345	6304	1117	25763	285	26391	102	17158
168.	....	....	....	....	....	....	....	....	....	....	....	....
169.	1677	35390	1355	45319	215	3796	1035	30052	441	42680	133	24001
170.	973	22650	1014	36429	190	2946	681	18160	308	25745	26	4105

Agricultural Produce for 1861.

(Hastings.—Continued.)

Carrots, Bushels.	Mangel Wurzel. Acres.	Mangel Wurzel. Bushels.	Beans, Bushels.	Clover, Timothy and other Grass Seeds, Bushels.	Hay, Tons.	Hops, lbs.	Maple Sugar, lbs.	Cider, Gallons.	Wool, lbs.	Fulled Cloth, Yards.	Flannel, Yards.	Flax and Hemp, lbs.	Linen, Yards.
38	39	40	41	42	43	44	45	46	47	48	49	50	51
250	1	400	....	....	....	....	....	200	....	....	....	....	....
176	....	....	43	3	488	57	13684	....	1105	246	1159	80	....
90	....	....	....	....	262	....	....	....	....	....	....	....	....
2161	5	310	55	369	3149	332	48248	....	11233	3286	9860	150	....
3196	2	295	102	8	1791	97	31643	205	[illegible]627	2279	7187	20	....
641	3	3610	59	101	2107	221	53455	....	7982	2126	7712	361	....
27	....	....	5	....	856	....	25310	....	9837	1131	2348	....	....
7376	1	355	163	230	2580	50	54029	128	12194	3287	8424	31	....
378	1	80	7	....	71	....	230	....	155	94	20	....	....
13393	7	4339	389	118	4220	163	44303	20274	17356	3455	8036	74	2
6149	7	1375	213	44	3297	6056	26198	6994	17605	2851	6771	260	42
....	....	....	....	....	....	....	....	....	....	....	....	....	....
....	....	....	....	....	337	....	7528	....	151	86	105	....	....
4576	9	2364	224	476	4139	157	44951	731	41724	4113	13600	189	56
38413	36	13128	1260	1349	23297	7133	349579	28532	127969	22954	65222	1165	100

HURON.—(Continued.)

Carrots, Bushels.	Mangel Wurzel. Acres.	Mangel Wurzel. Bushels.	Beans, Bushels.	Clover, Timothy and other Grass Seeds, Bushels.	Hay, Tons.	Hops, lbs.	Maple Sugar, lbs.	Cider, Gallons.	Wool, lbs.	Fulled Cloth, Yards.	Flannel, Yards.	Flax and Hemp, lbs.	Linen, Yards.
70	....	....	1	12	1167	75	13836	....	4217	464	2944	2	....
402	1	60	4	83	2067	38	23079	....	10163	621	6439	255	....
....	....	....	....	....	....	....	....	....	....	....	....	....	....
1200	2	20	....	28	1237	8	13901	32	4201	552	1650	170	20
883	2	630	90	3	2412	593	31681	66	12892	2003	5362	1549	73
....	....	....	....	....	....	....	....	....	....	....	....	....	....
24	....	....	7	3881	1099	191	1174	50	328	20	62	10	....
960	4	715	44	556	2025	199	28850	64	8337	1996	4281	1114	145
60	....	....	5	84	991	148	24043	....	1600	174	1505	8	....
34	....	....	4	304	2278	131	17584	....	7800	1054	4831	2026	....
175	1	160	....	253	2270	423	25165	....	15971	854	7332	....	....
51	....	....	1	241	1555	106	13011	....	6155	608	4001	80	....
106	....	....	1	137	[illegible]	115	17561	....	2026	260	2026	5	....
1118	....	....	8	118	2109	33	33928	5	13604	2240	7127	160	....
138	....	....	3	2823	1275	27	7938	120	4822	147	2195	323	50
1485	1	270	6	39	2469	59	21873	....	13083	1247	6299	2340	....
4	....	....	....	....	473	32	8363	....	770	....	356	....	....
540	....	....	23	499	2349	133	31109	12	13522	1090	6837	2412	....
359	1	10	5	120	1925	467	27240	....	5877	1029	4762	510	....
7609	12	1865	202	9181	29073	2778	345336	349	125368	14359	68009	10964	288

KENT.—(Continued.)

Carrots, Bushels.	Mangel Wurzel. Acres.	Mangel Wurzel. Bushels.	Beans, Bushels.	Clover, Timothy and other Grass Seeds, Bushels.	Hay, Tons.	Hops, lbs.	Maple Sugar, lbs.	Cider, Gallons.	Wool, lbs.	Fulled Cloth, Yards.	Flannel, Yards.	Flax and Hemp, lbs.	Linen, Yards.
347	....	150	212	16	1589	2	15231	8019	6902	1030	4608	36	36
....	....	....	....	....	....	....	....	....	....	....	....	....	....
864	1	66	457	91	2370	122	17168	6311	9183	1107	5081	154	....
372	1	490	125	15	1189	2	11963	5670	4881	646	1819	300	53

No. 11.—UPPER CANADA—RETURN OF

COUNTY OF

	Live Stock.											
	Bulls, Oxen and Steers.	Milch Cows.	Calves and Heifers.	Horses over 3 years old.	Value of same in Dollars.	Colts and Fillies.	Sheep.	Pigs.	Total value of Live Stock.	Butter, lbs.	Cheese, lbs.	Beef in Barrels of 200 lbs.
	52	53	54	55	56	57	58	59	60	61	62	63
134..	2	483	....	251	360	....	20	268	40694	560	....	....
135..	170	289	266	129	7202	55	398	577	22930	16163	46	104
136..	[illegible]0	73	38	18	1370	1	3	70	4366	....	....	....
137..	625	1629	1950	786	50919	299	4029	2438	123058	91630	5494	259
138..	318	1023	1182	588	35542	262	2773	1307	75272	61341	1618	190
139..	505	1267	1360	586	35638	266	2722	2129	102911	82595	7410	247
140..	249	428	413	223	14260	114	990	723	43894	31848	40	58
141..	466	1633	1685	950	62159	395	43530	2242	38496	100415	12137	269
142..	5	135	22	94	1610	12	56	186	8642	2860	80	5
143..	460	2499	2105	1419	99553	478	5533	3758	227187	140686	29930	427
144..	185	2161	1657	1488	88086	447	6930	2410	192349	111097	19011	231
145..	....	127	....	84	....	....	24	197	10656	....	....	....
146..	147	141	123	27	1715	9	68	244	10734	7675	....	16
147..	557	2860	2868	1819	107380	612	7709	3587	238255	151041	2213	453
	3729	14748	13669	8462	505794	2950	74785	20136	1139444	797911	77979	2259

COUNTY OF

	52	53	54	55	56	57	58	59	60	61	62	63
148..	593	762	879	172	23558	82	1427	1541	51847	26451	941	166
149..	302	1048	1213	671	47238	266	3314	3594	111670	49774	817	77
150..	....	85	....	61	....	....	38	99	6258	....	....	....
151..	310	688	994	331	31939	101	1308	1231	60293	33537	2170	154
152..	496	1388	1952	763	51731	280	3554	2903	134735	70439	3197	262
153..	....	157	....	121	....	....	12	93	12984	....	....	....
154..	67	103	125	31	920	4	126	196	8972	5051	648	16
155..	525	1026	1250	506	33010	209	2640	2278	96684	47824	3596	171
156..	518	645	959	132	8080	66	680	1360	54547	38462	1745	116
157..	634	956	1497	375	29521	183	2450	3260	106900	58989	4671	197
158..	516	1436	2230	919	66345	317	4850	3076	143688	57882	3164	128
159..	535	914	1202	304	24200	121	1804	1605	71246	54611	2415	153
160..	592	784	1106	167	9655	49	849	1579	62799	40159	1574	99
161..	552	1222	1509	690	48401	319	3971	2675	125333	35375	3468	85
162..	420	766	940	340	19377	146	2016	1535	66019	28107	339	41
163..	679	1241	1789	613	44575	246	3640	2306	126770	63124	9048	248
164..	307	366	475	64	2856	12	353	487	30164	17905	1343	49
165..	702	1189	1840	631	44682	289	4099	2597	117853	57993	4151	200
166..	842	1151	1499	312	24890	113	1938	2207	11812	63573	2361	134
	8590	15927	21459	7203	510978	2803	39069	34622	1400574	749256	45648	2296

COUNTY OF

	52	53	54	55	56	57	58	59	60	61	62	63
167..	217	907	1126	587	29566	201	2347	2955	84776	48184	2601	67
168..	....	342	....	280	....	....	198	542	25038	....	....	....
169..	360	1330	1714	830	42182	287	3110	4589	115576	75061	14171	121
170..	285	933	1195	825	43763	363	1642	3434	89133	36722	564	108

AGRICULTURAL PRODUCE FOR 1861.

HASTINGS.—(*Continued.*)

Pork in Barrels of 200 lbs.	Fish.			Carriages kept for pleasure.	Value of same in Dollars.	Carriages kept for hire.	Value of same in Dollars.	Minerals.			
	Dried in Quintals.	Salted and Barrelled.	Sold Fresh, lbs.					Copper ore mined, Tons.	Value.	Iron ore mined, Tons.	Value.
64	65	66	67	68	69	70	71	72	73	74	75
....	....	....	....	272	16178	43	1413	....	....	....	....
305	....	....	....	9	419	1	25	....	....	....	....
....	....	....	....	....	....	....	....	....	....	....	....
1523	....	4	1238	57	4145	2	80	....	....	....	....
1026	....	5	....	123	5431	....	....	....	....	....	....
1139	....	2	18	112	5060	....	....	....	....	3	60
493	....	....	....	9	385	....	....	....	....	....	....
1424	....	....	....	120	6200	....	....	....	....	....	....
36	....	....	....	40	2420	3	140	....	....	....	....
1736	....	100	1000	769	34135	....	....	....	....	....	....
1151	....	352	15500	534	22769	11	910	....	....	....	....
....	....	....	....	110	4637	34	1704	....	....	....	....
74	....	....	....	....	....	....	....	....	....	....	....
2367	....	192	3208	395	17478	2	60	....	....	....	....
11274	....	655	20964	2550	119257	96	4332	....	....	3	60

HURON.—(*Continued.*)

64	65	66	67	68	69	70	71	72	73	74	75
426	4	....	....	23	1228	....	....	....	....	....	....
937	4	....	....	18	825	2	200	....	....	....	....
....	....	....	....	40	1490	....	....	....	....	....	....
1004	....	....	....	37	2736	....	....	....	....	....	....
1412	....	....	....	77	4545	....	....	....	....	....	....
....	....	....	....	29	2001	23	1900	....	....	....	....
63	....	....	....	1	70	....	....	....	....	....	....
932	5	....	....	23	930	....	....	....	....	....	....
383	....	....	....	1	70	....	....	....	....	....	....
1170	....	....	....	6	245	....	....	....	....	....	....
1025	....	....	....	17	825	....	....	....	....	....	....
722	....	....	....	13	675	9	200	....	....	....	....
603	....	2	....	8	465	2	100	....	....	....	....
756	....	....	....	53	2385	....	....	....	....	....	....
548	....	....	....	65	2903	2	80	....	....	....	....
978	....	....	....	49	4075	4	286	....	....	....	....
244	....	....	....	3	65	....	....	....	....	....	....
1392	....	....	....	17	710	....	....	....	....	....	....
1047	2	3	....	3	131	1	60	....	....	....	....
13637	15	5	....	483	26374	43	2826	....	....	....	....

KENT.—(*Continued.*)

64	65	66	67	68	69	70	71	72	73	74	75
782	....	....	....	55	3007	5	375	....	....	....	....
....	....	....	....	76	4610	18	1140	....	....	....	....
1241	....	5	....	153	7787	18	1140	....	....	....	....
760	....	....	14100	59	1941	....	....	....	....	....	....

No. 11.—Upper Canada—Return of

COUNTY OF

TOWNSHIPS, &c.	Occupiers of Lands. Total.	10 acres and under.	10 to 20.	20 to 50.	50 to 100.	100 to 200.	Upwards of 200.	Lands—Acres. Amount held in Acres.	Under cultivation.	Under crops.	Under pasture.	Under Gardens and Orchards.	Wood and Wild Lands.
	1	2	3	4	5	6	7	8	9	10	11	12	13
171. Harwich	522	17	12	138	249	86	20	50328	21701	13881	7214	606	28627
172. Howard	462	8	7	101	245	82	19	47628	21345	13802	7163	380	26283
173. Orford	380	6	3	100	165	92	14	37043	11450	6634	4603	213	25593
174. Raleigh	538	28	13	220	207	60	10	44899	16887	11022	5506	359	28012
175. Romney	76	2	3	9	40	22	.....	7802	2671	2333	269	69	5131
176. Tilbury East	215	5	3	53	111	40	3	21243	3604	2173	1330	101	17639
177. Zone	134	......	.....	39	80	14	1	15474	3219	2640	528	51	12255
Total of Kent	3453	138	89	1043	1558	533	92	315252	115858	77039	36277	2542	199394

Township Howard produces 55,241 lbs. Tobacco. Tilbury East 228 barrels Potash, valued at $6413.

COUNTY OF

TOWNSHIPS, &c.	1	2	3	4	5	6	7	8	9	10	11	12	13
178. Bosanquet	324	4	2	75	156	76	11	31872	12037	8951	2986	100	19835
179. Brooke	251	11	3	34	159	40	4	25375	7633	5356	2227	50	17742
180. Dawn	135	2	6	43	70	14	.....	11653	3890	2526	1308	56	7763
181. Enniskillen	128	1	.....	17	80	25	5	15233	3577	1693	1881	3	11656
182. Euphemia	285	2	5	39	195	39	5	28972	12827	6135	6510	182	16145
183. Moore	377	5	6	51	258	51	6	36173	10998	8613	2209	176	25175
184. Plympton	489	6	3	105	285	81	9	50007	15294	11365	3621	308	34713
185. Sarnia	193	2	1	51	104	31	4	19133	6136	4701	1282	153	12997
186. Sarnia, Town of	......	......	.....	......	......	......	.....	....	....	....	....	......	....
187. Sombra, and Indian Reserves	225	9	3	74	104	27	8	26002	8187	4601	3433	153	17815
188. Warwick	462	9	3	148	229	65	8	47383	15513	11593	3803	117	31870
Total of Lambton	2869	51	32	637	1640	449	60	291803	96092	65534	29260	1298	195711

COUNTY OF

TOWNSHIPS, &c.	1	2	3	4	5	6	7	8	9	10	11	12	13
189. Bathurst	418	14	4	68	227	87	18	45348	23867	15293	8563	11	21481
190. Beckwith	270	4	2	9	91	109	55	49723	18191	9048	9105	38	31532
191. Burgess	195	11	2	21	8[illegible]	65	8	23506	8114	4015	4055	44	15392
192. Dalhousie	238	1	1	2	115	89	30	38100	14184	6972	7173	39	23916
193. Darling	122	1	1	5	68	43	4	16235	6685	3785	2876	4	9570
194. Drummond	390	4	4	35	219	99	29	50261	21766	11377	10352	37	28495
195. Elmsley	198	6	2	32	96	50	12	24046	9803	4762	5025	16	14243
196. Lanark	356	5	2	24	192	111	22	46879	16705	10009	6569	127	30174
197. Lavant	26	......	.....	......	20	4	2	3355	1151	425	726	......	2204
198. Montague	443	18	6	68	218	112	21	48385	16924	10429	6466	29	31461
199. Packenham	261	1	1	25	174	51	9	30179	10981	7968	2909	14	19198
200. Perth, Town of	14	4	2	3	1	4	.....	840	528	318	210	......	312
201. Ramsay	381	5	2	20	245	93	16	47207	23309	15397	7875	37	23898
202. Sherbrooke, North }	147	2	.....	7	71	52	15	21873	8078	2958	5102	18	13795
203. Sherbrooke, South }	......	......	.....	......	......	......	.....	....	....	....	....	......	....
204. Smith's Falls, Village	2	......	.....	......	1	1	.....	190	170	69	100	1	20
Total of Lanark	3461	76	29	319	1826	970	241	446127	180436	102825	77196	415	265691

Agricultural Produce for 1861.

KENT.—(*Continued.*)

Cash value of Farm in Dollars.	Cash value of Farming Implements in Dollars.	Produce of Gardens and Orchards in Dollars.	Quantity of Land held by Townspeople, not being farmers.	Fall Wheat.		Spring Wheat.		Barley.		Rye.	
				Acres.	Bushels.	Acres.	Bushels.	Acres.	Bushels.	Acres.	Bushels.
14	15	16	17	18	19	20	21	22	23	24	25
963592	46344	4360	191	1718	37316	1210	17770	333	8513	186	3064
1041195	80851	4287	280	1729	32104	938	11314	205	5254	169	2593
815490	21952	5888	70	1185	17791	543	6592	121	3009	45	454
706598	30200	6395	116	958	17942	1412	24133	417	11067	99	1343
140830	4976	70	....	312	6867	145	1828	62	1397	15	225
95353	6023	417	3	353	5377	233	2942	62	1301	....	....
141759	4244	424	71	198	3213	372	3937	83	1062	48	583
5585053	249301	35740	1871	9415	172643	8436	121735	2847	74925	707	10510

LAMBTON.

14	15	16	17	18	19	20	21	22	23	24	25
546350	21380	617	6	217	3857	3067	58421	92	2750	7	126
318440	7856	995	33	43	702	1830	30771	56	996	....	....
117770	5090	450	1	235	3650	513	8031	52	1050	5	93
220150	5858	95	9	22	410	828	14161	11	282	1	15
546260	21057	4451	53	431	6564	1284	16689	32	726	41	427
715071	32623	2475	66	72	1278	1799	32475	21	550	4	78
841661	27716	2084	32	159	2405	3212	63436	144	4004	3	83
365470	11649	781	....	18	208	698	12247	39	959	20	184
....	....	....	165	....	....	....	....	....	....	....	....
261850	11636	3209	21	246	5079	569	9973	88	1830	32	516
803304	23991	1089	66	194	2317	4301	97098	250	6499	....	....
4736326	168856	16246	452	1637	26970	18101	333302	785	19646	113	1522

LANARK.

14	15	16	17	18	19	20	21	22	23	24	25
758876	30091	261	6445	193	4044	2209	48622	140	2626	16	224
448020	30574	788	288	237	4598	1635	28493	65	1538	16	188
151451	8315	891	109	108	2045	842	14001	34	826	2	26
132244	14224	1190	322	177	2984	821	12327	32	526	19	201
31930	3828	77	....	263	4049	392	4606	5	80	21	256
498430	21100	378	20	48	744	3637	51359	196	4983	22	314
229342	17361	209	....	206	3517	930	17914	56	1123	35	417
206902	25068	2205	43	483	7487	1753	24475	18	304	75	753
5765	857	....	....	60	1044	73	1087	1	20	....	....
455704	19729	879	4	179	3107	2965	43918	14	229	22	339
331410	21831	23	533	391	6027	1441	21950	45	1066	15	169
51800	1065	....	287	13	280	60	474	9	302	....	....
568212	32860	974	26094	694	12168	2514	43346	71	1765	36	436
64360	9279	163	2	59	885	700	9418	14	217	11	142
....	....	....	....	....	....	....	....	....	....	....	....
11400	1200	....	52	21	328	....	....	....	....	....	....
3945846	237382	8038	34199	3132	53304	19972	321990	700	15605	290	3665

No. 11.—Upper Canada—Return of

COUNTY OF

	Peas.		Oats.		Buckwheat.		Indian Corn.		Potatoes.		Turnips.	
	Acres.	Bushels.	Acres.	Bushels.	Acres.	Bushels.	Acres.	Bushels.	Acres.	Bushels.	Acres.	Bushels.
	26	27	28	29	30	31	32	33	34	35	36	37
171.	2063	48073	2096	79774	280	5761	2016	67229	525	63752	68	24938
172.	1923	39784	2043	71466	453	7742	1679	44092	390	45026	79	28625
173.	889	18834	887	33189	304	4964	846	21428	255	26092	71	26025
174.	1315	26127	1914	69631	268	3772	2332	66304	396	36131	36	9399
175.	244	4845	137	4661	14	329	526	15610	25	3381	1	130
176.	349	6936	489	15782	72	1078	507	11865	177	9806	3	605
177.	239	4426	452	11755	104	1653	229	4351	136	11200	53	10425
	11020	234220	11475	400997	2245	38345	10968	304854	2938	290204	572	145411

COUNTY OF

178.	1131	27868	1157	39074	65	1218	116	2989	247	33491	252	54845
179.	705	14675	749	22597	35	645	71	1857	217	27318	95	21630
180.	260	5901	362	10532	48	721	167	4420	84	6171	23	2755
181.	338	6478	311	7338	17	285	16	260	97	9496	26	4515
182.	1214	22542	1678	55935	357	6667	593	12989	307	29006	72	14908
183.	954	22181	1925	63926	30	689	152	4266	303	31567	83	18588
184.	1392	33038	1777	63350	27	521	229	6879	393	52252	176	38546
185.	442	10493	772	25357	53	825	128	2189	193	25315	71	15522
186.	....	....	....	....	....	....	....	....	....	....	....	....
187.	426	9257	658	24363	92	2213	320	16277	216	23513	30	2779
188.	1744	41678	2256	80541	73	1384	103	2621	364	39893	150	24223
	8606	194111	11645	393013	797	15168	1895	54747	2421	278022	978	198311

COUNTY OF

189.	847	16186	2243	78818	4	47	25	642	522	68875	17	284
190.	918	15338	2324	60050	144	2356	70	1623	652	99202	82	15501
191.	216	4402	947	26684	8	136	27	681	235	25675	4	683
192.	511	6534	1231	27785	62	805	66	1138	293	41311	41	16922
193.	159	1476	587	10402	5	88	55	1127	146	20255	28	7260
194.	830	14294	2213	52521	24	466	25	610	519	64365	38	11015
195.	410	6620	994	27031	27	486	20	430	254	32606	18	4465
196.	716	8417	2176	44730	39	624	236	4540	491	60382	88	30627
197.	27	354	103	1830	4	35	1	6	30	3600	1	250
198.	597	9283	2490	49314	311	4343	95	2637	637	62417	49	9691
199.	580	10312	1576	38990	15	261	40	879	400	43452	25	5076
200.	10	330	48	1775	....	....	....	....	11	2595	2	280
201.	1322	26553	2557	64233	22	207	157	3914	540	50691	128	58190
202. }	222	3048	640	15243	2	26	19	311	207	23229	7	1610
203. }	....	....	....	....	....	....	....	....	....	....	....	....
204.	....	....	3	150	....	....	1	25	3	300	3	2500
	7365	123147	20132	499556	667	9880	837	18563	4940	598955	531	166914

AGRICULTURAL PRODUCE FOR 1861.

KENT.—(*Continued.*)

Carrots, Bushels.	Mangel Wurzel. Acres.	Mangel Wurzel. Bushels.	Beans, Bushels.	Clover, Timothy and other Grass Seeds, Bushels.	Hay, Tons.	Hops, lbs.	Maple Sugar, lbs.	Cider, Gallons.	Wool, lbs.	Fulled Cloth, Yards.	Flannel, Yards.	Flax and Hemp, lbs.	Linen, Yards.
38	39	40	41	42	43	44	45	46	47	48	49	50	51
3866	3	610	4686	131	3944	75	25781	9828	17518	2028	8561	100	144
2993	....	130	3397	199	3600	....	24986	15490	21266	1626	8260	125	....
160	6	971	770	102	2186	61	12126	7998	13375	1666	4227	....	100
2119	1	205	528	448	3227	122	7106	17502	10723	1164	3767	140	217
765	....	90	6	49	393	....	....	7230	1756	460	730	....	....
71	....	....	34	16	700	7	20	32	1832	238	874	....	....
2716	....	....	34	....	541	6	4109	147	1575	232	946	85	....
14273	12	2712	10249	1067	19739	397	118490	78227	89011	10197	38873	940	550

LAMBTON.—(*Continued.*)

821	3	622	83	74	2116	76	17819	....	10205	694	110	....	4480
16	....	....	39	14	1387	....	18436	....	5002	905	3537	....	....
104	....	....	66	1	723	4	4845	1114	2804	356	1513	....	....
....	....	....	1	....	767	2	3855	....	1311	82	739	100	....
79	....	63	98	19	2120	4	16618	3831	9784	1446	7342	29	6
2022	2	810	182	71	3088	91	5039	....	10223	67	1080	1140	....
957	4	1252	248	251	3030	174	17586	....	14705	732	4418	1840	....
1265	2	615	47	12	1916	....	1690	....	3789	276	1697	....	....
....	....	....	....	....	....	....	....	....	....	....	....	....	....
209	....	....	655	4	1627	3	5560	451	4139	274	782	10	2
880	2	590	115	40	2476	37	45498	....	12016	1170	7549	75	18
6353	13	3952	1534	486	19250	391	136946	5396	73978	6002	28767	3194	4506

LANARK.—(*Continued.*)

141	1	122	10	....	3720	....	5452	....	12120	1718	6506	....	....
153	....	....	49	62	2498	204	8407	....	11328	1690	4906	....	48
921	....	....	9	31	932	167	7250	....	3728	639	2143	....	....
467	2	210	47	4	1853	251	18905	....	6935	1323	5107	....	....
29	....	....	8	21	751	88	12020	....	1259	309	2002	....	....
2117	1	235	....	27	2935	15	6412	14	11996	1293	4814	50	....
28	....	30	11	16	1582	34	5030	20	7210	1256	3036	150	25
1698	6	1681	110	34	1853	87	16170	207	10663	1487	7020	3	....
....	....	....	....	....	172	....	5620	....	463	130	30	....	....
837	....	....	23	4	2560	72	30472	....	10911	2893	8378	....	....
1463	1	70	2	9	1484	28	4972	....	6361	976	3159	....	....
97	2	225	....	....	97	....	....	....	206	....	12	....	....
802	3	2440	122	39	2711	4	11461	....	10110	1081	3920	....	....
50	....	5	12	13	1336	79	8939	....	3393	874	3093	12	....
....	....	....	....	....	....	....	....	....	....	....	....	....	....
....	....	....	....	....	6	....	....	....	....	....	....	....	....
8803	16	5018	403	260	24490	1029	141110	241	96683	15669	54126	215	73

No. 11.—Upper Canada—Return of

COUNTY OF

	Live Stock.											
	Bulls, Oxen and Steers.	Milch Cows.	Calves and Heifers.	Horses over 3 years old.	Value of same in Dollars.	Colts and Fillies.	Sheep.	Pigs.	Total value of Live Stock.	Butter, lbs.	Cheese, lbs.	Beef in Barrels of 200 lbs.
	52	53	54	55	56	57	58	59	60	61	62	63
171..	306	1811	2333	1131	67514	442	5593	5956	175139	99554	11555	272
172..	330	1674	2347	1055	63675	383	6686	5413	183989	97591	5120	200
173..	271	908	1305	535	35878	184	4031	2782	102964	60966	7502	161
174..	225	1655	2141	1086	54118	550	3297	5375	142608	126980	6711	162
175..	62	206	268	153	9969	54	565	1554	24006	11230	276	42
176..	160	463	779	355	12304	213	571	2059	36649	21310	697	14
177..	148	305	398	141	5688	47	625	729	23408	16283	60	41
	2364	10534	13606	6978	364657	2724	28665	35388	1003286	593881	49257	1188

COUNTY OF

	52	53	54	55	56	57	58	59	60	61	62	63
178..	379	869	1294	449	32481	168	2797	1618	90378	52035	1449	224
179..	195	550	915	255	1500	118	1547	1966	49154	37205	788	76
180..	91	262	451	148	8595	48	846	771	25245	13558	705	55
181..	156	334	521	132	8170	67	478	641	28349	19275	....	37
182..	132	847	1359	548	30841	223	3353	2486	80832	94331	2035	128
183..	260	1140	1988	537	32972	260	3122	1892	111456	82644	14917	160
184..	459	1313	2246	528	33005	250	4471	2603	118355	78856	5224	247
185..	126	536	914	246	16585	108	1225	760	50280	45411	1992	103
186..	....	221	....	139	....	....	20	152	15244	....	....	....
187..	347	725	1144	569	21815	345	1384	2304	58618	41075	1345	106
188..	289	1304	2171	771	48781	312	3795	2901	113161	93426	3293	230
	2434	8101	13003	4322	234745	1899	23038	18094	741072	557816	31748	1366

COUNTY OF

	52	53	54	55	56	57	58	59	60	61	62	63
189..	181	1745	2021	764	53575	319	3809	1225	123081	128732	5221	507
190..	52	1681	1683	670	41063	284	3369	1544	102825	77337	5508	40
191..	113	655	796	240	14873	117	1288	486	11606	12410	550	4
192..	255	975	1624	350	21604	122	2535	946	73440	62694	6049	367
193..	132	377	495	[illegible]	5754	46	782	322	17128	27160	2000	88
194..	97	1552	1611	678	38101	262	3858	1474	89813	100140	1938	347
195..	20	811	869	383	34989	154	2072	601	49937	66804	1005	250
196..	227	1472	1763	643	33580	251	2417	1466	95087	80876	4212	317
197..	52	54	94	23	1230	7	134	54	4468	3640	....	18
198..	60	1869	1680	906	53325	435	3472	1341	120978	149225	2080	231
199..	143	992	906	588	30686	165	1915	1361	75216	66487	1435	358
200..	....	298	14	183	....	3	238	178	23696	30	....	2
201..	123	1864	1666	881	47380	280	3799	1671	112261	121929	6915	631
202.. }	120	532	716	197	9994	95	1309	439	34018	31106	618	111
203.. }	....	....	....	....	....	....	....	....	....	....	....	....
204..	2	114	6	88	....	6	5	87	13118	....	....	....
	1577	14991	15944	7060	386154	2546	31002	13195	946672	928570	37531	3680

Agricultural Produce for 1861.

KENT.—(*Continued.*)

Pork in Barrels of 200 lbs.	Fish. Dried in Quintals.	Fish. Salted and Barrelled.	Fish. Sold Fresh, lbs.	Carriages kept for pleasure.	Value of same in Dollars.	Carriages kept for hire.	Value of same in Dollars.	Minerals. Copper ore mined, Tons.	Minerals. Value.	Minerals. Iron ore mined, Tons.	Minerals. Value.
64	55	66	67	68	69	70	71	72	73	74	75
1310	20	1	135	102	5768	18	620	...	...	...	...
1243	...	...	...	109	5982	17	1035	...	...	...	...
791	...	1	100	49	3635	2	55	...	...	...	...
1554	...	...	15000	57	2860	1	50	...	...	...	...
467	...	...	...	14	671	...	...	...	...	...	...
196	...	...	50	13	488	6	117	...	...	...	...
219	...	1	...	15	468	...	...	...	...	...	...
8563	20	8	29385	702	37223	85	4532	...	...	...	...

LAMBTON.—(*Continued.*)

64	55	66	67	68	69	70	71	72	73	74	75
1026	...	...	...	18	980	...	...	...	...	...	...
603	...	...	...	2	170	...	...	...	...	...	...
241	...	...	...	16	532	...	...	...	...	...	...
307	...	...	...	5	246	...	...		300 barrels Coal Oil,		$840
711	...	...	...	35	1456	2	100	...	...	...	...
939	...	...	...	47	2499	5	166	...	...	...	...
1309	...	...	...	38	1528	...	...	...	...	...	...
489	321	525	...	15	505	...	...	...	...	...	...
...	...	...	...	29	2931	32	2050	...	...	...	...
471	501	7	...	36	1300	4	80	...	...	...	...
1341	...	...	...	224	7447	...	...	...	...	...	...
7437	822	532	...	465	19594	43	2396	...	...	...	—

LANARK.—(*Continued.*)

64	55	66	67	68	69	70	71	72	73	74	75
1178	...	...	...	178	7569	...	...	...	...	...	...
1612	...	...	...	168	7326	7	275	...	...	...	...
107	...	...	...	113	3270	...	...	...	...	...	...
641	...	...	...	84	3061	3	150	...	...	...	...
228	...	...	...	4	195	...	...	...	...	...	...
1207	...	...	...	131	5399	...	...	...	...	...	...
582	1	4	...	26	1181	...	...	...	...	...	...
1198	...	...	...	142	5928	3	80	...	...	...	...
38	...	...	...	...	...	...	...	...	...	...	...
1081	...	2	...	184	6817	...	...	...	...	...	...
934	...	...	...	137	6494	...	...	...	...	...	...
6	...	...	...	101	6147	41	1720	...	...	...	...
2333	...	...	...	263	10121	28	1150	...	...	...	...
294	1	...	...	22	658	...	...	...	...	...	...
...	...	...	...	...	...	...	...	...	...	...	...
...	...	...	...	36	2380	2	70	...	...	...	...
11438	2	6	...	1589	66546	84	3445	...	...	...	...

No. 11.—Upper Canada—Return of

COUNTY OF

TOWNSHIPS, &c.	Occupiers of Lands. Total.	10 acres and under.	10 to 20.	20 to 50.	50 to 100.	100 to 200.	Upwards of 200.	Lands—Acres. Amount held in Acres	Under cultivation.	Under crops.	Under pasture.	Under Gardens and Orchards.	Wood and Wild Lands.
	1	2	3	4	5	6	7	8	9	10	11	12	13
205. Bastard	461	34	7	92	157	137	34	48076	23955	15807	7876	272	2412
206. Brockville, Town of	18	9	2	4	1	1	1	977	407	248	153	6	570
207. Burgess	61	1	.....	8	31	14	7	6932	2444	1746	665	33	4488
208. Crosby, North	255	16	.....	56	115	66	2	27638	8824	4468	4288	68	18814
209. Crosby, South	234	13	3	35	99	62	22	27981	9633	6331	3217	85	18348
210. Elmsley	186	12	3	28	101	36	6	19705	10709	6251	4455	3	8996
211. Elizabethtown	675	56	30	134	244	172	39	67398	37584	20702	16614	268	29814
212. Escott	223	11	6	48	87	56	15	22771	8640	6173	2369	98	14131
213. Kitley	431	5	6	95	206	90	29	44925	24705	13316	11349	40	20220
214. Lansdowne	444	14	3	113	193	85	36	46187	17872	12812	4958	102	28315
215. Leeds	311	5	.....	77	129	76	24	35594	12313	7433	4810	70	23281
216. Yonge	407	9	5	52	166	141	34	50222	23148	15346	7625	177	27074
Total of Leeds	3706	185	65	742	1529	936	249	398406	180234	110633	68379	1222	218172

COUNTY OF

TOWNSHIPS, &c.	1	2	3	4	5	6	7	8	9	10	11	12	13
217. Adolphustown	89	10	1	3	36	30	9	11820	8705	6171	2178	356	3115
218. Amherst, Insland	144	3	.....	44	59	34	4	14403	10921	6602	4252	67	3482
219. Anglesea	35	.....	.....	1	30	4	.....	3661	329	285	43	1	3332
220. Camden	713	19	12	150	337	149	46	76829	42276	24577	17243	456	34553
221. Denbigh and Abinger	36	.....	.....	.....	31	5	.....	3742	159	159	.....	.....	3583
222. Ernestown	530	28	12	92	195	160	43	59494	35326	24305	10143	878	24168
223. Fredericksburgh	387	16	12	51	173	114	21	41887	27673	21034	6182	457	14214
224. Kaladar	121	.....	.....	4	74	35	8	16722	1520	1172	343	5	15202
225. Napanee, Village	5	1	1	1	2	.....	.....	215	184	128	56	.....	31
226. Richmond	421	11	11	76	198	113	12	44059	20501	12889	7372	240	23558
227. Sheffield	348	8	.....	80	185	62	13	36881	14966	8433	6493	40	21915
Total of Lennox and Addington	2829	96	49	502	1320	706	156	309713	162560	105755	54305	2500	147153

COUNTY OF

TOWNSHIPS, &c.	1	2	3	4	5	6	7	8	9	10	11	12	13
228. Caistor	306	19	16	73	135	51	12	27569	13549	9793	3595	161	14020
229. Clinton	283	14	15	53	131	56	14	25210	16141	7772	7650	719	9069
230. Gainsborough	492	25	16	173	169	75	34	34964	18912	10510	7849	553	16052
231. Grantham	196	7	7	35	88	50	9	18264	13493	9611	3420	462	4771
232. Grimsby	317	14	7	62	133	68	33	33685	18768	13362	5023	383	14917
233. Louth	198	4	5	42	105	33	9	18580	13438	9700	3148	590	5142
234. Niagara	201	9	2	55	72	48	15	19477	14797	10247	3908	642	4480
235. Niagara, Town of	.....	.....	.....	.....	.....	.....	.....	.....	.....	.....	.....	.....	.....
236. St. Catherines, Town of	.....	.....	.....	.....	.....	.....	.....	.....	.....	.....	.....	.....	.....
Total of Lincoln	1993	92	68	493	833	381	126	177549	109098	70995	34593	3510	68451

AGRICULTURAL PRODUCE FOR 1861.

LEEDS.

Cash value of Farm in Dollars.	Cash value of Farming Implements in Dollars.	Produce of Gardens and Orchards in Dollars.	Quantity of Land held by Townspeople, not being farmers.	Fall Wheat.		Spring Wheat.		Barley.		Rye.	
				Acres.	Bushels.	Acres.	Bushels.	Acres.	Bushels.	Acres.	Bushels.
14	15	16	17	18	19	20	21	22	23	24	25
778040	35478	6645	594	406	4982	3826	53961	35	767	206	2512
54306	1315	464	97	...	...	67	1357	8	219	...	...
60955	2682	427	...	176	2437	387	4471	...	...	5	47
184847	7419	1327	48	266	3846	1312	21663	2	32	89	823
311730	10418	1505	47	341	4914	1460	21992	1	20	99	1455
263430	13747	25	8	248	3242	1260	18703	29	606	30	329
1402897	43429	11085	455	108	1525	6405	94455	292	4540	146	677
257438	14997	3047	61	86	790	1424	20663	57	1138	148	1559
662002	29247	858	124	160	1944	4252	61042	11	230	110	1288
505282	21856	1342	13	312	3359	3555	56250	105	2420	127	1478
376107	20474	1694	479	274	3350	2483	42716	36	1513	104	1220
706365	31799	5031	672	139	1591	3514	49306	115	2453	120	2033
5563399	234352	33450	2598	2516	31980	29945	446579	711	13938	1184	13421

LENNOX AND ADDINGTON.

14	15	16	17	18	19	20	21	22	23	24	25
385950	16651	4171	...	13	140	687	14341	444	12268	1068	17462
317544	16561	501	360	1	10	1887	30531	987	25193	350	4397
11950	654	...	...	...	...	88	1323	1	35	6	80
1329998	68815	8671	265	224	2320	3884	63004	1595	34512	3807	51534
7507	452	...	4700	...	...	13	206	4	70	...	...
1653229	72346	14195	1071	17	200	4379	85310	1750	43817	2042	43941
1199210	54207	9773	116	33	408	3110	58628	1916	59050	3106	46761
68529	2267	54	...	77	799	289	3389	14	155	48	519
1485	750	...	305	...	...	37	788	8	197	10	200
714763	38849	5223	142	24	180	2415	36809	881	19724	1707	23812
318571	19761	1047	54	177	1746	1471	24283	377	8838	892	11170
6008736	291313	43635	7013	566	6803	18260	318612	7977	203859	13036	199876

LINCOLN.

14	15	16	17	18	19	20	21	22	23	24	25
577295	25057	1598	23	200	1273	1534	22503	655	15509	66	483
993746	38829	12985	70	1410	14106	1687	23179	701	16907	331	3521
915784	39820	5568	158	801	4158	2175	26347	660	13169	592	5116
1092220	33000	13435	310	1065	14317	1079	14181	744	16424	217	3094
1305820	43939	7893	230	889	7956	2803	32638	970	24881	211	2076
949500	42811	7040	173	1229	10938	847	8351	611	10370	272	3243
855909	39388	11815	163	873	10899	931	15065	573	11624	232	3254
...	...	...	220	...	...	...	...	...	...	...	...
...	...	...	216	...	...	...	...	...	...	...	...
6690274	262844	60334	1563	6467	63647	11056	142264	4914	108884	1721	20787

No. 11.—Upper Canada—Return of

COUNTY OF

	Peas.		Oats.		Buckwheat.		Indian Corn.		Potatoes.		Turnips.	
	Acres	Bushels.	Acres.	Bushels.	Acres.	Bushels.	Acres.	Bushels.	Acres.	Bushels.	Acres.	Bushels.
	26	27	28	29	30	31	32	33	34	35	36	37
205.	1003	15646	2728	76757	163	3143	387	9879	363	59662	20	3395
206.	5	110	24	1120	1	36	5	270	7	945	2	860
207.	102	1308	314	6695	6	111	34	752	79	10000	....	....
208.	392	7058	793	27715	49	828	162	4272	269	26390	5	1032
209.	461	8779	930	30775	42	513	257	6471	233	19550	14	6626
210.	483	7193	1070	28841	27	494	61	1493	239	28595	28	11075
211.	1130	17919	4414	112088	504	10234	471	3045	891	67413	22	7078
212.	410	7340	734	19669	63	1168	85	2190	247	22595	5	439
213.	975	16243	3052	72977	262	4532	150	4501	576	62150	20	4944
214.	876	15909	2357	60549	85	1369	137	3683	385	32842	15	2798
215.	694	12434	1606	49281	60	1057	118	2711	278	24538	27	5346
216.	951	15155	2117	61356	308	5739	311	8462	441	37908	9	1678
	7482	125094	20139	547823	1570	29224	2178	41729	4008	392588	167	45271

COUNTY OF

	Peas Acres	Peas Bushels	Oats Acres	Oats Bushels	Buckwheat Acres	Buckwheat Bushels	Indian Corn Acres	Indian Corn Bushels	Potatoes Acres	Potatoes Bushels	Turnips Acres	Turnips Bushels
217.	1136	26711	594	13039	289	6517	71	2006	108	10245	2	300
218.	434	11496	1373	34422	45	818	144	4876	238	21780	....	50
219.	22	365	48	1477	....	....	2	45	39	3361	30	3438
220.	3784	64023	3711	95515	784	14523	399	8862	1003	70761	62	12277
221.	3	39	32	878	15	259	10	139	25	2652	31	5245
222,	2608	42148	3421	101790	1126	23468	489	14459	567	47214	8	1233
223.	2348	42822	2116	78642	922	19605	436	13347	448	36977	7	2200
224.	144	2319	261	5429	53	267	39	559	145	11543	36	3145
225.	23	603	20	670	....	....	....	....	11	765	....	....
226.	2009	26177	2069	56928	897	12045	311	7867	425	29042	23	4090
227.	1379	22331	1260	29966	201	2061	111	2174	408	31924	27	4150
	13890	239034	14905	418756	4332	79563	2012	54334	3417	266264	226	36128

COUNTY OF

	Peas Acres	Peas Bushels	Oats Acres	Oats Bushels	Buckwheat Acres	Buckwheat Bushels	Indian Corn Acres	Indian Corn Bushels	Potatoes Acres	Potatoes Bushels	Turnips Acres	Turnips Bushels
228.	1101	19734	2113	63752	340	6672	119	3228	119	19832	1	150
229.	747	12726	1266	44059	464	9815	845	31643	187	21295	14	6492
230.	1169	15559	2271	57761	740	13944	164	4712	239	21760	2	260
231.	386	7440	1521	45688	207	4246	1164	37419	449	57822	125	49095
232.	1304	23280	2108	75772	482	9573	655	26378	230	22814	12	4332
233.	295	5847	1031	32924	421	7918	1189	26241	322	39244	48	19110
234.	407	7029	1495	44296	405	7730	1082	37444	443	48228	64	21919
235.	....	....	....	....	....	....	....	....	....	....	....	....
236.	....	....	....	....	....	....	....	....	....	....	....	....
	5409	91615	11805	364247	3059	59898	5218	167065	1989	230995	266	101358

Agricultural Produce for 1861.

LEEDS.—(*Continued.*)

Carrots, Bushels.	Mangel Wurzel.		Beans, Bushels.	Clover, Timothy and other Grass Seeds, Bushels.	Hay, Tons.	Hops, lbs.	Maple Sugar, lbs.	Cider, Gallons.	Wool, lbs.	Fulled Cloth, Yards.	Flannel, Yards.	Flax and Hemp, lbs.	Linen, Yards.
	Acres.	Bushels.											
38	39	40	41	42	43	44	45	46	47	48	49	50	51
741	4	....	158	43	3665	10	43004	3076	15918	4040	11012	30	60
530	....	110	....	5	129	....	130	....	79	....	....	....	....
....	....	....	....	22	360	....	2345	....	1672	431	1520	....	....
59	....	....	6	....	1758	....	8701	453	5475	1916	4324	....	....
352	9	7115	743	16	2166	....	22916	670	7303	1600	4176	....	6
409	....	....	44	38	1402	91	11877	....	7750	1311	4111	....	....
12845	5	1325	203	93	5756	170	36900	1382	19795	3998	10538	10	....
1294	....	16	94	171	1788	114	14247	110	5244	1344	3186	39	....
3880	....	125	100	51	3004	3210	31433	....	18011	3287	10849	....	....
978	....	20	93	65	3813	5	20483	328	10923	2829	7027	51	....
2045	2	660	106	75	2757	122	14064	91	8034	1734	4060	1006	....
3275	3	1095	198	17	3510	1111	51803	1570	13066	3128	7084	....	....
26408	23	10466	1745	596	30108	4833	257903	7680	113270	25668	67887	1136	66

LENNOX AND ADDINGTON.—(*Continued.*)

1910	....	320	10	215	1106	20	5300	5517	4947	585	1630	....	40
920	....	220	....	3	556	....	....	....	7265	170	988	....	....
....	....	....	....	....	38	8	2873	....	....	....	16	....	....
10409	....	2163	277	152	5469	815	46710	15	23529	6468	12252	285	....
10	....	....	....	....	9	....	1920	....	....	....	....	....	....
4864	....	1815	197	363	6110	277	29732	10663	25181	2374	5968	310	173
7428	....	3402	186	428	3499	258	27185	4461	15471	2398	4231	3725	38
58	....	3	17	6	55	39	9058	....	311	139	268	....	....
60	....	50	....	16	16	....	....	....	....	....	....	....	....
4355	....	1515	193	30	3227	102	19355	693	12658	2188	6924	350	25
575	....	245	81	48	1925	217	15913	....	7189	2308	5516	24	....
30679	....	9733	961	1261	22010	1736	158046	21349	96551	16630	37793	4694	276

LINCOLN.—(*Continued.*)

632	....	465	152	229	2710	11	14506	1665	7481	901	4234	210	....
6934	....	2552	68	1759	3329	11	23314	68562	13487	1389	3249	669	80
144	....	207	197	397	3542	5	15937	13688	10872	1509	4389	466	80
21024	....	2184	1875	43	2583	....	122	12731	9088	301	679	100	....
6289	....	376	183	630	2991	27	11462	22212	11843	725	2699	258	....
7655	....	900	112	323	2570	2	1119	25210	1624	566	1285	340	30
16285	....	6415	121	62	2156	21	50	15434	10434	321	745	270	46
....	....	....	....	....	....	....	....	....	....	....	....	....	....
....	....	....	....	....	....	....	....	....	....	....	....	....	....
58963	....	13100	2708	3443	19881	77	66510	159502	64829	5712	17280	2313	236

No. 11.—Upper Canada—Return of

COUNTY OF

	Live Stock.											
	Bulls, Oxen and Steers.	Milch Cows.	Calves and Heifers.	Horses over 3 years old.	Value of same in Dollars.	Colts and Fillies.	Sheep.	Pigs.	Total value of Live Stock.	Butter, lbs.	Cheese, lbs.	Beef in Barrels of 200 lbs.
	52	53	54	55	56	57	58	59	60	61	62	63
205..	197	2131	2091	1017	67092	532	5355	1510	179654	154700	6956	415
206..	5	265	....	209	1840	5	186	138	23698	925	....	20
207..	51	184	234	85	6005	32	465	208	15313	13770	200	26
208..	202	889	992	327	56033	137	1762	957	55955	71301	250	24
209..	102	938	787	474	25071	193	2274	871	66236	47452	5370	65
210..	83	875	993	339	19335	161	2005	677	61419	62490	2060	173
211..	102	3085	2159	1662	95431	692	7945	1793	202895	202433	16190	349
212..	73	942	940	476	22670	144	1490	616	57970	75915	360	139
213..	142	2176	2434	1063	56033	422	5006	1548	141433	145124	6775	257
214..	132	1801	1674	790	45503	345	395	1253	104254	107671	7099	217
215..	194	1641	1364	704	35393	270	2561	1072	86774	72266	2326	206
216..	96	2192	1815	1064	59397	395	3804	1247	137667	174700	40673	384
	1379	17119	15483	8210	490303	3328	33248	11890	1133268	1128747	88259	2275

COUNTY OF

	52	53	54	55	56	57	58	59	60	61	62	63
217..	44	511	379	348	27615	143	1686	425	50806	38575	3175	86
218..	46	550	365	434	27236	154	1968	665	58912	18360	188	45
219..	24	33	19	8	610	....	8	48	2891	2745	....	8
220..	809	3262	3452	1979	109918	705	7697	3222	287319	293074	7732	859
221..	14	25	15	33	30680	....	15	13	5661	710	....	7
222..	210	7740	1914	1705	112042	607	8000	1684	235828	185689	5400	467
223..	357	1752	1130	1311	80725	488	4217	1599	159174	125795	16941	283
224..	132	132	169	62	3860	2	115	271	11263	9110	1545	135
225..	....	180	....	177	400	2	15	79	21550	....	....	....
226..	210	1631	1642	985	58891	351	4148	1477	124377	115980	8909	307
227..	285	1065	1358	1035	31925	210	2394	1444	67182	76500	400	110
	2131	11886	10443	8077	483902	2662	30263	10927	1024963	866538	44290	2307

COUNTY OF

	52	53	54	55	56	57	58	59	60	61	62	63
228..	66	956	1057	648	43985	164	2650	1642	93259	62735	6290	168
229..	119	1284	1050	859	55325	278	3644	2086	109346	84265	19949	193
230..	172	1297	1443	905	58795	279	3786	1938	121860	78537	3334	153
231..	38	972	770	902	53925	215	2470	1991	141060	77014	1060	122
232..	106	1170	1063	878	65702	207	3951	2343	135712	66799	6043	131
233..	66	763	633	758	48015	208	3279	1588	104048	82132	6930	69
234..	86	865	767	806	51632	248	2761	2067	120425	70539	2072	106
235..	....	168	....	110	....	....	8	164	12050	....	....	....
236..	....	260	....	283	....	....	27	238	36795	....	....	....
	653	7735	6783	6149	377579	1599	22576	14057	874555	522021	45678	942

Agricultural Produce for 1861.

LEEDS.—(*Continued.*)

Pork in Barrels of 200 lbs.	Fish.			Carriages kept for pleasure.	Value of same in Dollars.	Carriages kept for hire.	Value of same in Dollars.	Minerals.			
	Dried in Quintals.	Salted and Barrelled.	Sold Fresh, lbs.					Copper ore mined, Tons.	Value.	Iron ore mined, Tons.	Value.
64	65	66	67	68	69	70	71	72	73	74	76
1514		10	200	471	17974	12	445				
19				167	7586	68	2192				
155		16		21	520						
545		1		53	3085						
639		1		101	5155						
670				76	3204						
1701				408	20374	4	333				
503	5		3150	110	3673						
1154				220	10085						
1028		10	7	196	7785						
757				160	7750	12	445				
1279		606		391	16424	4	115				
9964	5	644	3357	2374	103615	100	3530				

LENNOX AND ADDINGTON.—(*Continued.*)

64	65	66	67	68	69	70	71	72	73	74	76
354		59		2	140						
154											
28											
2067		1		179	10040	13	625				
2		19		1	120						
1375				106	7230	9	400				
1094				6	245						
136				1	100						
				60	5215	6	200				
1197		23		21	900						
832		1		34	1505	4	86				
7239		103		410	25495	32	1311				

LINCOLN.—(*Continued.*)

64	65	66	67	68	69	70	71	72	73	74	76
675				165	7654						
1513		4		353	19409	1	80				
901	123			275	9842	2	70				
977				160	14267	2	200				
609		1	200	274	17779						
778				232	8189						
661				150	11192						
				66	3588	25	1500				
				125	12970	52	7375				
6114	123	5	200	1306	104890	82	9225				

No. 11.—Upper Canada—Return of

COUNTY OF

TOWNSHIPS, &c.	Occupiers of Lands.							Lands—Acres.					
	Total.	10 acres and under.	10 to 20.	20 to 50.	50 to 100.	100 to 200.	Upwards of 200.	Amount held in Acres.	Under cultivation.	Under crops.	Under pasture.	Under Gardens and Orchards.	Wood and Wild Lands.
	1	2	3	4	5	7	6	8	9	10	11	12	13
237. Adelaide	380	14	10	117	181	52	6	34280	12690	9920	2558	212	21590
238. Carradoc	492	17	10	131	267	49	18	44898	18116	12587	5033	496	26782
239. Delaware	227	41	24	70	69	20	3	14659	6931	5497	1324	110	7728
240. Dorchester, North	501	20	15	191	213	55	7	39469	20028	15398	4240	390	19441
241. Ekfrid	372	9	7	50	236	68	2	37154	15165	10431	4474	260	21989
242. Lobo	429	23	11	74	237	67	17	42194	18663	13835	4420	408	23531
243. London	1166	138	56	262	535	149	26	92489	48749	35684	11903	1162	43740
244. Metcalf	276	5	6	61	146	42	16	27721	8044	5028	2861	155	19677
245. Mosa	349	7	5	59	219	47	12	30760	14033	8904	4894	235	16727
246. Nissouri	440	7	8	130	233	54	8	37280	16238	13247	2703	288	21042
247. Strathroy, Village	16	......	.....	4	5	7	.....	1691	789	480	300	9	902
248. Williams, East	315	7	4	45	189	51	19	32194	10425	7758	2611	56	21769
249. Williams, West	305	5	3	98	162	30	7	27175	8127	5368	2681	78	19048
250. Westminster	662	21	19	177	301	124	20	59389	35674	24609	10183	882	23715
Total of Middlesex	5930	314	178	1469	2993	815	161	521353	233672	168746	60185	4741	287681

COUNTY OF

TOWNSHIPS, &c.	1	2	3	4	5	7	6	8	9	10	11	12	13
251. Charlotteville	401	47	12	91	127	94	30	39838	22941	15444	6716	781	16897
252. Houghton	280	18	3	110	109	35	5	23154	9161	5918	3010	233	13993
253. Middleton	340	9	7	127	133	57	7	28229	10848	7893	2714	241	17381
254. Simcoe, Town of	......	......	.....	......	......	......	.....	....	....	....	....	......	....
255. Townsend	611	16	12	143	288	127	25	60281	39397	27156	11129	1112	20884
256. Walsingham	412	2	3	122	198	75	12	38917	18710	12738	5334	638	20207
257. Windham	478	10	16	118	220	76	38	50007	26692	18883	6965	844	23315
258. Woodhouse and Gore	297	2	27	87	115	56	10	28864	17804	13079	4187	538	11060
Total of Norfolk	2819	104	80	798	1190	520	127	269290	145553	101111	40055	4387	123737

COUNTY OF

TOWNSHIPS, &c.	1	2	3	4	5	7	6	8	9	10	11	12	13
259. Alnwick	145	1	.....	49	69	22	4	13594	7824	4720	3015	89	5770
260. Brighton, Village	30	......	3	10	11	4	2	2667	1824	1213	563	48	843
261. Brighton	389	9	6	91	208	69	6	36231	20235	15580	4111	544	15996
262. Cobourg, Town of	19	1	3	7	6	2	.....	1029	1009	727	259	23	20
263. Colborne, Village	12	......	.....	4	7	......	1	926	756	497	221	38	170
264. Cramahe	367	5	4	94	165	80	19	37727	21464	11385	9791	288	16263
265. Haldimand	572	14	21	135	239	113	50	61925	38980	28795	9653	532	22945
266. Hamilton	532	2	8	122	253	120	27	54602	40891	29456	10732	703	13711
267. Monaghan, South	136	1	.....	18	69	39	9	17160	10641	6431	4094	116	6519
268. Murray	425	18	22	97	197	67	24	41459	21523	15244	5830	449	19936
269. Percy	427	4	4	97	231	78	13	46754	20747	11683	8937	127	26007
270. Seymour	443	4	8	102	251	64	14	46408	21006	13070	7774	162	25402
Total of Northumberland	3497	50	79	826	1706	658	169	360482	206900	138801	64980	3119	153582

Agricultural Produce for 1861.

MIDDLESEX.

Cash value of Farm in Dollars.	Cash value of Farming Implements in Dollars.	Produce of Gardens and Orchards in Dollars.	Quantity of Land held by Townspeople, not being farmers.	Fall Wheat.		Spring Wheat.		Barley.		Rye.	
				Acres.	Bushels.	Acres.	Bushels.	Acres.	Bushels.	Acres.	Bushels.
14	15	16	17	18	19	20	21	22	23	24	25
633960	25419	2356	112	150	2153	4424	90095	100	2707	5	200
910520	31260	5051	11	641	8492	2757	47231	230	5103	34	379
314510	9388	1404	111	64	1027	959	16663	44	1354	8	128
1102272	33311	3555	107	1180	16530	3819	72872	177	4833	35	374
687990	25640	3039	132	256	3475	2106	38575	328	8228	6	80
1164670	39283	4302	123	288	3664	4528	103586	502	16677	12	200
3366617	92337	25439	492	525	7666	13334	265165	941	16977	46	558
513236	20833	1757	40	198	2810	2305	39873	57	1354	....	....
480680	21250	3425	172	414	6003	2442	38792	128	2878	68	820
784330	42241	....	28	253	5125	4876	104066	126	3644	....	....
71300	1915	290	527	33	456	88	1498	6	135	1	12
552250	20020	805	S	13	192	3516	71610	133	3425	....	....
408204	11278	122	15	9	114	2975	59761	28	613	4	35
2270635	66196	15622	626	1696	18575	5082	96309	863	28803	55	639
13201174	440371	67167	2404	5720	70282	53211	1046096	3663	96731	274	3625

NORFOLK.

Cash value of Farm in Dollars.	Cash value of Farming Implements in Dollars.	Produce of Gardens and Orchards in Dollars.	Quantity of Land held by Townspeople, not being farmers.	Fall Wheat Acres.	Fall Wheat Bushels.	Spring Wheat Acres.	Spring Wheat Bushels.	Barley Acres.	Barley Bushels.	Rye Acres.	Rye Bushels.
1084218	40722	12121	365	4305	67247	395	4063	86	1672	690	7660
356085	12480	2815	12	1270	18451	486	4055	55	860	219	2173
392245	20521	5514	1312	1579	23520	535	5511	24	560	80	1007
....	....	....	120	....	....	....	....	....	....	....	....
2427110	64422	21404	493	6917	97161	1779	21516	1135	32960	214	2098
835455	28145	5677	2469	2395	33033	773	7006	145	2527	148	1636
1299888	50325	11183	1480	5442	92258	1184	12591	291	5685	397	4475
986760	32281	6103	623	3010	46713	802	10488	626	12728	256	2983
7381761	248896	64817	6875	24918	378383	5954	65230	2362	56992	2004	22032

NORTHUMBERLAND.

Cash value of Farm in Dollars.	Cash value of Farming Implements in Dollars.	Produce of Gardens and Orchards in Dollars.	Quantity of Land held by Townspeople, not being farmers.	Fall Wheat Acres.	Fall Wheat Bushels.	Spring Wheat Acres.	Spring Wheat Bushels.	Barley Acres.	Barley Bushels.	Rye Acres.	Rye Bushels.
258120	13654	828	71	997	15429	920	13999	17	385	11	330
127730	3632	1290	85	11	140	183	3240	27	590	89	1052
644210	28721	7523	408	1046	12043	2246	39724	667	16955	1113	14111
177350	3483	675	403	4	80	281	4037	3	110	6	240
43870	1071	405	107	....	....	142	2389	7	170	12	144
781770	39307	6178	343	1657	22264	2578	38841	357	8701	717	8114
1681618	70394	7628	370	2459	40344	7735	121705	257	6709	158	2832
2254929	87274	15251	1331	2107	32781	7713	153148	300	7696	163	2168
557000	11370	271	71	1277	18966	1292	20250	68	1836	....	....
842850	30588	7856	447	1084	9069	1588	26465	498	13437	1445	18608
722446	20522	2172	209	2286	29309	1940	25980	402	9612	365	4267
573955	30421	2555	73	2303	19272	1684	25730	819	21591	529	6190
8655848	340497	52632	3918	15231	199697	28302	475558	3422	87792	4608	58056

No. 11.—Upper Canada—Return of

COUNTY OF

	Peas.		Oats.		Buckwheat.		Indian Corn.		Potatoes.		Turnips.	
	Acres.	Bushels.	Acres.	Bushels.	Acres.	Bushels.	Acres.	Bushels.	Acres.	Bushels.	Acres.	Bushels.
	26	27	28	29	30	31	32	33	34	35	36	37
237.	1402	38031	1545	52595	68	826	78	1355	358	38391	272	37090
238.	2233	45470	2121	62500	404	6396	517	11286	575	63883	253	63259
239.	797	17505	767	24467	87	1740	244	6209	156	17819	93	39487
240.	2204	56089	1920	70449	115	2498	157	3044	606	66543	490	121950
241.	2392	51520	2401	58751	122	2252	233	7200	424	39642	115	6692
242.	1585	33681	2091	74024	104	1877	145	3685	337	40383	462	118387
243.	3794	88013	7993	230641	167	2445	388	8589	1235	132604	1237	355041
244.	1080	22169	880	28848	26	408	56	1156	211	27714	249	69431
245.	1466	32228	1756	54580	322	5576	421	11960	312	30353	97	17507
246.	1242	28915	2118	74638	14	318	61	1438	427	52094	574	159990
247.	58	1262	90	2910	20	390	28	594	18	3150	14	4900
248.	732	15341	1154	34476	9	228	6	159	225	28600	157	38585
249.	635	13590	628	17344	16	185	48	1425	228	22471	181	29185
250.	3993	86170	4336	154969	257	5282	301	7310	699	76598	772	307805
	23613	529984	29800	941192	1731	30421	2683	65410	5811	640201	4966	1369309

COUNTY OF

	26	27	28	29	30	31	32	33	34	35	36	37
251.	1106	16017	1418	34372	1017	16577	844	17308	417	53199	225	56693
252.	956	12799	572	14031	397	4594	382	7558	253	26471	104	23701
253.	728	13373	730	19543	397	6173	400	12992	328	36568	145	43343
254.	....	....	....	....	....	....	....	....	....	....	....	....
255.	3314	71926	3343	110230	1049	20306	1001	26652	594	73494	282	111544
256.	1415	23873	1317	26249	791	13308	530	11596	310	34102	128	30816
257.	1523	25687	1477	37201	904	17110	1097	23948	554	72024	249	76993
258.	1520	30361	1337	47922	551	11203	441	12812	289	34328	125	5561
	10562	194036	10194	289548	5106	89271	4695	112866	2745	330186	1258	348671

COUNTY OF

	26	27	28	29	30	31	32	33	34	35	36	37
259.	831	16001	706	19359	22	342	40	715	149	15743	60	13582
260.	177	3278	121	3871	80	1446	64	2057	35	3575	10	3640
261.	2719	26753	1629	42167	756	14672	322	11286	417	51618	73	20891
262.	102	1770	122	4260	3	140	21	795	31	3220	22	7000
263.	58	1075	72	1650	4	90	12	410	9	1090	5	[illegible]380
264.	2597	47843	1998	53761	526	8589	373	7946	395	49353	147	49240
265.	3978	81012	3445	101534	357	5771	362	9841	786	96890	395	162200
266.	4422	79279	3075	102693	83	1831	451	11726	854	84215	387	146046
267.	768	17210	1494	45436	2	32	6	140	149	16383	34	6925
268.	3230	69750	1580	54570	1116	20552	450	12846	437	49749	50	18488
269.	2607	46625	1903	47020	374	4856	167	4211	414	46240	66	17585
270.	2047	31463	1954	58179	185	2892	97	2145	415	46298	133	32481
	23536	422059	18099	534500	3508	61213	2365	64118	4091	464374	1382	479458

AGRICULTURAL PRODUCE FOR 1861.

MIDDLESEX.—(*Continued.*)

Carrots, Bushels.	Mangel Wurzel.		Beans, Bushels.	Clover, Timothy and other Grass Seeds, Bushels.	Hay, Tons.	Hops, lbs.	Maple Sugar, lbs.	Cider, Gallons.	Wool, lbs.	Fulled Cloth, Yards.	Flannel, Yards.	Flax and Hemp, lbs.	Linen, Yards.
	Acres.	Bushels.											
38	39	40	41	42	43	44	45	46	47	48	49	50	51
1619	2	350	27	377	2426	70	40986	180	9741	1352	5011	1347	40
744	1	165	87	128	3264	79	29801	3085	14910	2180	6728	415	....
1265	1	529	162	....	1502	....	13003	130	5225	262	955	....	....
5501	3	296	114	94	3084	5456	72806	319	14783	1545	6228	410	....
549	....	15	243	14	2395	153	22560	970	16386	1934	4552	360	....
3365	7	1360	105	116	2952	12	33480	5839	17715	1573	6426	1300	12
16863	9	3809	283	93	7480	10103	93907	11419	47280	2754	15160	860	18
467	3	692	34	28	1719	34	21399	3343	7474	1155	3875	905	....
362	1	91	161	232	2152	106	15861	8640	9324	1653	3137	352	65
7151	6	3282	13	27	3084	15053	48580	700	15491	1341	7782	....	35
3170	....	200	4	35	163	8	2650	110	422	31	231	....	....
137	1	150	87	13	1998	93	13082	....	13980	838	2003	....	....
194	....	....	29	393	1306	14	19579	21	5810	840	2807	....	39
11657	5	2450	125	322	5657	35	50933	23204	33432	2298	9265	1380	....
56044	39	14187	1474	1872	39188	31216	478627	57960	211973	19756	74160	7329	209

NORFOLK.—(*Continued.*)

Carrots, Bushels.	Mangel Wurzel, Acres.	Mangel Wurzel, Bushels.	Beans, Bushels.	Clover, Timothy and other Grass Seeds, Bushels.	Hay, Tons.	Hops, lbs.	Maple Sugar, lbs.	Cider, Gallons.	Wool, lbs.	Fulled Cloth, Yards.	Flannel, Yards.	Flax and Hemp, lbs.	Linen, Yards.
7660	1	257	136	690	4092	158	7197	31398	12326	2156	5356	150	30
1873	1	135	98	33	1276	23	12940	900	4062	637	2746	....	....
3580	2	192	78	177	2002	145	17109	2274	4760	1062	3647	62	....
....	....	....	....	....	....	....	....	....	....	....	....	....	....
14696	9	3090	306	1311	6554	14	53704	31541	25174	3032	10493	275	10493
7509	1	253	261	519	4282	66	24354	10228	10884	1479	5816	61	....
12291	....	190	250	915	4569	219	23320	19731	13067	1905	6844	530	60
1041	1	390	347	761	3677	8	17391	25365	12483	1476	3441	165	....
48650	15	4507	1476	4406	26452	633	156015	141437	82756	11747	38343	1243	10583

NORTHUMBERLAND.—(*Continued.*)

Carrots, Bushels.	Mangel Wurzel, Acres.	Mangel Wurzel, Bushels.	Beans, Bushels.	Clover, Timothy and other Grass Seeds, Bushels.	Hay, Tons.	Hops, lbs.	Maple Sugar, lbs.	Cider, Gallons.	Wool, lbs.	Fulled Cloth, Yards.	Flannel, Yards.	Flax and Hemp, lbs.	Linen, Yards.
3197	....	112	64	90	769	141	6265	....	3865	464	2198	276	....
1264	1	590	82	30	424	....	1538	846	447	161	214	....	....
8943	3	505	353	57	2144	8166	45095	4480	10249	2348	6260	....	....
3000	6	2950	....	....	150	....	....	890	374	50	80	....	....
540	....	....	2	....	89	....	200	1130	309	....	40	....	....
10115	5	1290	235	65	2239	56	40560	1600	9576	1932	4945	120	100
2526	11	4440	216	154	5288	241	22309	5790	21828	2538	10041	10	25
72877	46	25989	155	254	4544	432	2890	5356	28461	1629	5443	14892	13
6014	1	509	....	3	723	....	4855	346	8140	537	2775	....	....
5873	1	263	213	19	2421	....	41918	1061	9933	2356	5904	1900	26
2441	4	1075	27	107	2215	....	46663	32	10376	3104	7125	....	....
4469	3	1257	59	159	2075	124	48046	412	11917	1749	5621	180	....
121259	83	38980	1406	938	23081	9160	260339	21943	115475	16868	50646	17378	164

No. 11.—UPPER CANADA—RETURN OF

COUNTY OF

	Live Stock.											
	Bulls, Oxen and Steers.	Milch Cows.	Calves and Heifers.	Horses over 3 years old.	Value of same in Dollars.	Colts and Fillies.	Sheep.	Pigs.	Total value of Live Stock.	Butter, lbs.	Cheese, lbs.	Beef in Barrels of 200 lbs.
	52	53	54	55	56	57	58	59	60	61	62	63
237..	291	1044	1749	605	36825	256	3239	3344	91239	47802	637	121
238..	351	1472	2063	783	48868	349	4483	4088	138588	93177	5241	180
239..	107	591	781	379	20435	152	1607	1226	59079	34781	4020	91
240..	243	1456	1963	969	62788	413	4850	2912	141622	92171	9134	237
241..	205	1344	1691	536	48314	310	4722	4737	105051	94712	6830	115
242..	250	1347	1751	784	43238	468	4367	2271	106769	74807	11221	159
243..	487	3750	4506	2467	190972	942	13908	6945	378198	239434	9919	471
244..	287	756	1322	361	26600	172	2473	2533	84057	48484	2439	107
245..	183	1123	1264	622	30384	213	3209	2936	93783	50007	6615	123
246..	292	1691	1800	773	47330	355	5108	2851	129746	84470	1960	166
247..	2	112	34	91	1890	10	150	278	10175	6400	30	....
248..	306	983	1370	516	42120	244	4108	1933	82809	35032	6614	83
249..	373	636	840	357	30303	92	2037	1755	59352	16967	350	87
250..	188	2601	3367	1807	125325	699	9941	4839	296228	163551	14090	617
	3565	19006	24501	11050	755392	4675	52202	42648	1776694	1081805	79100	2557

COUNTY OF

	52	53	54	55	56	57	58	59	60	61	62	63
251..	276	1132	1123	891	60869	252	3581	2493	129518	88722	8221	363
252..	254	628	692	384	22770	98	1188	1258	51704	51412	1550	220
253..	364	846	880	464	30550	264	1595	1359	67271	5631	4449	312
254..	....	146	....	175	....	....	71	314	19045	....	....	....
255..	372	2182	2412	1644	117503	593	7263	4472	227655	181112	16370	400
256..	365	1333	1327	862	50857	181	3573	2720	136282	83801	14127	198
257..	376	1513	1803	1101	72342	306	4649	2908	169390	120790	2766	363
258..	144	1132	1035	838	51440	291	3924	2118	120774	77211	8914	354
	2151	8912	9272	6409	406331	1985	25844	17642	921639	608679	56397	2210

COUNTY OF

	52	53	54	55	56	57	58	59	60	61	62	63
259..	204	436	448	260	17839	77	1287	896	45847	20350	645	115
260..	28	226	132	171	12400	36	248	260	22488	9490	640	254
261..	290	1452	1367	949	57424	270	3377	2054	131250	80995	7558	283
262..	26	413	40	331	30160	18	96	403	57086	4695	675	7
263..	3	144	36	105	6075	13	29	135	10347	2406	595	3
264..	361	1267	1068	900	56416	264	3357	1822	127126	69951	3150	457
265..	623	2319	2230	1613	112162	558	6212	3589	246264	140315	29951	890
266..	365	2634	1978	1711	120991	526	7472	3550	305969	108962	32301	956
267..	50	515	598	442	26840	202	2330	748	57219	23085	800	214
268..	289	1431	1281	911	62520	288	3142	1802	127449	107720	12565	267
269..	442	1197	1214	716	40875	285	3452	1862	105484	60106	3007	219
270..	581	1379	1941	715	44756	236	3942	2089	119966	72073	16356	274
	3262	13413	12333	8824	568458	2773	34994	19210	1356495	700148	108273	3939

Agricultural Produce for 1861.

MIDDLESEX.—(*Continued.*)

Pork in Barrels of 200 lbs.	Fish.			Carriages kept for pleasure.	Value of same in Dollars.	Carriages kept for hire.	Value of same in Dollars.	Minerals.			
	Dried in Quintals.	Salted and Barrelled.	Sold Fresh, lbs.					Copper ore mined, Tons.	Value.	Iron ore mined, Tons.	Value.
64	55	66	67	68	69	70	71	72	73	74	75
493	......	......	......	56	2672	......	......	......	......	......	......
923	......	......	......	63	3425	......	......	......	......	......	......
480	......	......	......	55	2815	1	35	......	......	......	......
1322	......	......	......	146	6946	......	......	......	......	......	......
559	......	......	......	35	2468	1	20	......	......	......	......
526	......	......	......	170	6663	1	40	......	......	......	......
2631	......	......	......	632	17334	5	1010	......	......	......	......
700	......	......	......	13	594	......	......	......	......	......	......
557	......	......	......	57	2586	14	1080	......	......	......	......
1344	......	......	......	41	3079	......	......	......	......	......	......
......	......	......	......	27	1335	......	......	......	......	......	......
272	......	......	......	6	280	4	240	......	......	......	......
391	......	......	......	2	110	......	......	......	......	......	......
2359	......	......	......	319	19119	14	444	......	......	......	......
12557	......	......	......	1622	69426	40	2869	......	......	......	......

NORFOLK.—(*Continued.*)

64	55	66	67	68	69	70	71	72	73	74	75
1153	......	......	......	235	16494	1	40	......	......	......	......
668	......	......	......	46	2940	......	......	......	......	......	......
771	......	......	......	83	4949	3	80	......	......	......	......
......	......	......	......	95	7825	43	1900	......	......	......	......
2428	......	......	......	462	33681	1	50	......	......	......	......
1126	......	......	......	132	10023	7	445	......	......	......	......
1643	......	......	......	260	16124	1	50	......	......	......	......
1020	......	......	......	365	20210	28	1170	......	......	......	......
8809	......	......	......	1683	112246	84	3735	......	......	......	......

NORTHUMBERLAND.—(*Continued.*)

64	55	66	67	68	69	70	71	72	73	74	75
494	......	......	......	69	2379	......	......	......	......	......	......
143	......	34	......	94	4338	......	......	......	......	......	......
1261	......	169	21	309	14020	......	......	......	......	......	......
20	......	......	......	92	8690	59	3383	......	......	......	......
25	......	......	......	85	3365	14	430	......	......	......	......
1377	......	40	18	317	14937	4	180	......	......	......	......
2512	......	7	......	581	24938	2	75	......	......	......	......
2219	......	......	......	690	37749	......	......	......	......	......	......
496	......	......	......	125	5831	......	......	......	......	......	......
1233	......	77	9375	358	13503	1	18	......	......	......	......
1261	......	......	......	110	5361	......	......	......	......	......	......
1341	......	10	......	105	3813	......	......	......	......	......	......
112382	......	337	9414	2935	138924	80	4086	......	......	......	......

No. 11.—Upper Canada—Return of

COUNTY OF

TOWNSHIPS, &c.	Occupiers of Lands. Total.	10 acres and under.	10 to 20.	20 to 50.	50 to 100.	100 to 200.	Upwards of 200.	Lands—Acres. Amount held in Acres.	Under cultivation.	Under crops.	Under pasture.	Under Gardens and Orchards.	Wood and Wild Lands.
	1	2	3	4	5	6	7	8	9	10	11	12	13
271. Brock	525	21	4	11	110	362	17	60235	31363	20107	10854	402	28872
272. Mara	232	2	6	7	77	138	2	22124	9326	7172	2645	9	12298
273. Oshawa, Village	18	1	1	3	3	10	.....	1317	1022	860	134	28	295
274. Pickering	721	7	4	52	325	329	4	64889	47298	34658	11764	876	17591
275. Rama	94	5	3	3	28	55	.....	8420	2771	1820	922	29	5649
276. Reach	581	11	17	57	186	305	5	52376	28300	20110	7993	197	24076
277. Scott	256	3	9	42	137	59	6	33981	15185	9532	5508	145	16796
278. Scugog Island	2	.....	.....	.....	1	1	.....	130	115	94	20	1	65
279. Thora	179	3	.....	8	44	120	4	20319	7676	5362	2252	62	12643
280. Uxbridge	397	2	11	133	203	41	7	33688	16119	10425	5515	179	17569
281. Whitby, East	338	14	10	32	113	160	9	29873	23454	18823	4193	438	6419
282. Whitby, West	267	3	3	23	84	149	5	27849	19395	14657	4365	373	8454
283. Whitby, Town of	35	1	1	12	12	7	2	3376	2829	1766	964	99	547
Total of Ontario	3645	73	69	383	1323	1736	61	358627	205353	145386	57129	2838	153274

COUNTY OF

TOWNSHIPS, &c.	1	2	3	4	5	6	7	8	9	10	11	12	13
284. Blandford	210	1	2	58	101	35	13	23148	13274	8605	4477	192	9874
285. Blenheim	578	8	16	159	236	140	19	57136	37973	26118	11200	655	19163
286. Dereham	546	8	5	182	244	86	21	55082	28817	19431	9060	326	26265
287. Embro, Village	13	.....	.....	4	7	2	.....	1029	622	375	246	1	407
288. Ingersoll, Village	8	.....	.....	4	3	1	.....	605	515	370	89	56	90
289. Nissouri, East	514	75	10	151	204	63	11	39735	19832	14342	5209	281	19903
290. Norwich, North	360	7	11	96	161	74	11	33313	23253	15024	7350	879	10060
291. Norwich, South	298	14	7	117	116	43	11	25376	13102	10021	2706	375	12274
292. Oxford, North	212	6	15	62	93	33	3	19771	9328	6965	2140	223	10443
293. Oxford, East	319	4	5	82	139	77	12	31637	19534	12212	6789	533	12103
294. Oxford, West	198	4	13	41	71	52	17	21131	11953	7858	3752	343	9178
295. Woodstock, Town of	5	.....	1	2	2	.....	.....	227	139	84	51	4	88
296. Zorra, East	547	15	13	169	269	74	7	49101	28015	18718	9010	287	21086
297. Zorra, West	545	16	3	161	281	66	18	50618	24701	17886	6331	484	25917
Total of Oxford	4353	158	101	1378	1927	746	143	407909	231058	158009	68410	4639	176851

COUNTY OF

TOWNSHIPS, &c.	1	2	3	4	5	6	7	8	9	10	11	12	13
298. Albion	574	20	6	158	311	69	10	52085	30064	22250	7309	505	22021
299. Brampton, Village	9	.....	.....	.....	6	3	.....	970	795	612	161	22	175
300. Caledon	497	5	3	74	296	101	18	55303	30215	19818	10046	351	25088
301. Chinguacousy	675	10	8	104	367	147	39	77252	52964	42972	8985	1007	24288
302. Streetville, Village	10	.....	2	4	1	2	1	836	624	380	223	21	212
303. Toronto	571	35	14	94	289	115	24	59324	42711	32433	9314	964	16613
304. Toronto Gore	173	.....	3	28	95	42	5	18330	13664	11076	2437	151	4666
Total of Peel	2509	70	36	462	1365	497	97	264100	171037	129541	38475	3021	93063

Agricultural Produce for 1861.

ONTARIO.

Cash value of Farm in Dollars.	Cash value of Farming Implements in Dollars.	Produce of Gardens and Orchards in Dollars.	Quantity of Land held by Townspeople, not being farmers.	Fall Wheat.		Spring Wheat.		Barley.		Rye.	
				Acres.	Bushels.	Acres.	Bushels.	Acres.	Bushels.	Acres.	Bushels.
14	15	16	17	18	19	20	21	22	23	24	25
1782386	57984	3934	4962	1587	40176	8336	143139	147	4526	18	345
237247	10007	....	181	52	1045	1373	32435	22	556	....	....
98000	3568	705	193	26	132	399	8440	69	2105	....	....
3126974	107029	11298	229	4611	73255	6792	129257	1123	34195	110	1657
120990	3696	10	....	100	2380	863	17632	3	190	....	....
1187540	63146	1510	1560	3282	70762	6680	120521	99	2751	....	....
701472	29222	3200	31	2312	59981	2465	46755	64	1761	7	147
7000	250	....	....	4	100	24	420	....	....	....	....
330250	26330	583	110	120	3035	2474	41946	13	338	....	....
742817	37086	2137	4958	2324	48004	2492	40344	99	2302	58	1059
1698607	70581	8376	221	1883	33295	5678	102838	434	14238	18	192
1484556	50402	6730	636	1227	19809	3633	77854	374	12500	6	200
369743	9585	996	330	49	570	826	16949	41	1640	....	....
10887582	468686	39479	13411	17577	352544	42035	784530	2488	77102	217	3600

OXFORD.

14	15	16	17	18	19	20	21	22	23	24	25
811469	25445	2689	30	1692	33724	1658	32289	177	5144	1	20
1997420	76338	9031	754	7559	161425	2648	43620	459	12517	61	1002
1639595	61916	4796	166	2218	33806	4490	91334	568	17496	19	466
62500	1195	....	30	40	717	124	2443	9	270	....	....
34300	785	240	391	50	900	132	2395	8	190	....	....
1059097	43011	5590	173	804	15313	5335	101949	278	7356	'10	65
1216375	40723	13377	75	1710	17730	2881	51197	874	26520	41	483
634784	20510	4121	586	1315	17263	1108	21792	257	7838	48	482
614028	20235	1599	27	375	4062	1658	30807	180	5060	2	32
1173510	42827	7568	63	1937	24328	3427	67455	613	19517	9	42
780127	23477	4873	144	1122	13197	1607	27441	353	9379	14	218
18700	300	40	55	15	166	25	384	9	140	....	....
1464149	61296	6290	254	2685	40428	4645	91724	357	9619	16	157
1282202	52546	7305	79	1594	23173	5157	93074	313	8693	....	....
12788256	470604	67519	2827	23116	386232	34895	657904	4455	129739	221	2967

PEEL.

14	15	16	17	18	19	20	21	22	23	24	25
1247565	75112	6610	346	6289	118485	3981	67467	738	17262	2	40
63200	1432	350	76	119	2215	49	973	68	1790	....	....
1229715	51105	3537	236	2720	52650	7895	130831	258	5275	4	50
3814250	140096	14546	268	12542	230820	5211	100994	2626	67263	27	380
36950	1720	50	133	163	2625	39	620	23	540	....	....
2805836	106186	15881	414	9409	144572	2129	32945	3110	73270	35	610
1095199	35548	3413	105	2568	36066	888	12876	1353	38130	....	....
10292715	411199	44387	1578	33810	587433	20192	346706	8176	203530	68	1080

No. 11.—Upper Canada—Return of

COUNTY OF

	Peas.		Oats.		Buckwheat.		Indian Corn.		Potatoes.		Turnips.	
	Acres	Bushels.	Acres.	Bushels.	Acres.	Bushels.	Acres.	Bushels.	Acres.	Bushels.	Acres.	Bushels.
	26	27	28	29	30	31	32	33	34	35	36	37
271.	2153	48272	3056	118143	14	361	70	2162	576	74830	433	127242
272.	476	8822	948	29360	3	90	2	65	320	35375	165	25852
273.	45	1130	68	2840	....	....	33	1200	13	1530	7	2010
274.	4603	113164	5139	222555	54	1375	172	5477	1018	87830	1046	401546
275.	178	4156	255	12420	....	....	28	1065	116	12745	36	7190
276.	2081	47003	3113	170166	44	1118	23	611	569	75830	753	214687
277.	1420	32518	1819	70502	17	462	40	871	313	42128	403	120473
278.	10	250	17	700	....	....	1	20	3	620	2	900
279.	517	9461	958	32612	4	92	2	84	193	22692	60	18575
280.	1716	32689	2452	74589	111	3807	20	477	383	43609	375	90784
281.	1395	31210	2002	77338	17	426	429	12634	341	33970	446	200022
282.	1463	35214	2058	74282	9	267	140	4527	277	30969	617	247179
283.	250	6550	301	13080	5	122	38	1625	16	7600	84	35205
	16337	371039	22186	909590	278	8120	998	30818	4183	469728	4427	1501265

COUNTY OF

	26	27	28	29	30	31	32	33	34	35	36	37
284.	1048	26061	1653	64926	25	666	34	973	217	28065	245	92288
285.	2341	59354	3486	127806	102	2301	228	6379	544	79145	495	157945
286.	3449	96033	3193	124812	122	2140	446	12714	439	56151	446	190375
287.	47	1075	93	3515	1	30	9	190	13	1663	10	1890
288.	49	1258	65	2185	5	80	16	320	11	1025	7	2600
289.	1620	37766	2908	89540	49	1118	128	3298	474	60869	404	66059
290.	2313	56475	2335	93035	232	5465	457	9978	304	25743	182	77935
291.	1133	24938	1060	35480	293	3860	463	9965	245	29652	135	40730
292.	873	18996	1229	41430	32	507	84	1205	249	30505	194	65574
293.	2248	56462	2205	86607	96	2319	162	3895	369	41879	302	114217
294	1457	27455	1653	44150	61	1224	188	4976	216	25359	179	61929
295	35	780	24	710	....	....	2	50	6	1000	7	3900
296.	2828	70559	3591	122165	30	728	87	2127	457	59744	567	229318
297.	2097	45751	4697	130340	37	625	65	1582	477	50816	370	108886
	21547	522963	28192	966701	1085	21063	2369	57652	4021	491616	3543	1213446

COUNTY OF

	26	27	28	29	30	31	32	33	34	35	36	37
298.	2784	54980	2648	67500	1	10	....	....	586	65463	233	42695
299.	41	775	62	2590	....	....	1	30	13	1910	6	2365
300.	2554	34327	3204	94952	13	182	4	133	026	89699	140	34145
301.	3851	84512	4390	156035	129	3240	14	692	679	105177	288	76114
302.	30	570	39	1110	5	140	6	210	13	2200	3	400
303.	2681	58672	3404	107622	307	7045	90	2705	626	72914	86	22680
304.	1164	25897	1264	43595	....	....	....	....	171	27755	52	13635
	13105	259733	15011	473404	455	10617	115	3770	2714	365118	808	92034

Agricultural Produce for 1861.

ONTARIO.—(*Continued.*)

Carrots, Bushels.	Mangel Wurzel.		Beans, Bushels.	Clover, Timothy and other Grass Seeds, Bushels.	Hay, Tons.	Hops, lbs.	Maple Sugar, lbs.	Cider, Gallons.	Wool, lbs.	Fulled Cloth, Yards.	Flannel, Yards.	Flax and Hemp, lbs.	Linen, Yards.
	Acres.	Bushels.											
38	39	40	41	42	43	44	45	46	47	48	49	50	51
5590	7	2920	80	15	2131	239	30074	1899	16995	3667	8152	1570	55
....	....	....	....	....	784	92	5604	....	1751	483	1156	70	82
1030	8	4296	19	....	135	1600	510	381	1019	35	357	....	....
58820	44	17892	100	183	5577	278	20956	14938	32129	3304	10909	9398	28
2	....	....	2	....	395	4	8616	....	388	90	168	1	....
11407	5	1145	24	64	3401	130	28139	86	16365	1748	5108	2975	177
3982	2	359	44	....	1554	143	32899	....	6661	1298	4147	1128	....
....	....	....	....	....	28	2	750	....	140	....	30	....	....
393	....	....	5	9	715	106	7102	....	5793	1633	2254	193	....
3713	3	468	6	14	1642	776	41069	1475	8029	1078	3992	434	....
31842	32	15955	396	347	3479	3025	18388	11145	19269	586	3432	6000	96
21413	37	11534	86	86	2677	136	4957	4539	18259	523	2337	3112	....
5840	9	4600	175	44	436	1	702	1260	1166	50	20	150	....
144032	147	59169	937	762	22954	6532	199766	35723	127964	14495	47170	25031	438

OXFORD.—(*Continued.*)

38	39	40	41	42	43	44	45	46	47	48	49	50	51
10227	2	660	67	46	1759	66	19870	4197	10419	404	2178	1252	....
18989	9	2950	130	206	5353	11	34367	7072	24898	2010	6790	18663	24
15003	9	5122	553	19	5301	87	80248	1022	19052	2940	9677	520	....
840	....	....	12	....	139	....	700	370	395	83	140	....	....
320	1	200	....	37	73	22	300	640	957	12	20	....	....
3689	3	580	287	8	2745	77	72063	2456	12776	2592	8151	283	20
23722	8	3986	89	136	3326	....	71497	26740	15284	2340	6523	380	....
12979	4	1810	172	73	1922	20	32098	8737	6192	1087	3535	2300	....
3091	3	1023	128	51	1259	17079	33275	711	9380	602	2334	....	....
17020	8	2421	169	251	2536	34	50341	7351	18324	800	5960	444	2
7216	9	3051	157	50	2053	24	37705	12363	11930	588	2396	....	30
75	....	100	....	....	16	....	....	150	171	....	....	....	....
19535	12	5520	213	79	3776	130	49818	4674	22045	2753	7394	1683	217
5055	3	1261	123	26	3465	....	56091	3952	19574	3022	6910	2347	....
137761	71	28684	2100	982	33723	17540	538373	80435	172297	19233	62008	27872	293

PEEL.—(*Continued.*)

38	39	40	41	42	43	44	45	46	47	48	49	50	51
1841	5	575	1	66	2497	93	8503	140	15066	1493	7385	2714	....
380	1	200	9	....	....	153	....	595	474	9	62	50	....
1462	3	328	6	13	2746	93	38409	784	13926	2526	9816	288	....
10298	47	7188	38	128	6553	48	10526	7014	31683	2917	10034	157356	30
....	1	600	....	....	34	....	....	220	....	20	25	230	....
20157	21	5627	146	230	4552	5704	460	17110	25438	933	4528	23532	11
4080	8	2755	....	71	1195	....	100	1648	9919	154	1598	3853	44
38238	86	17273	200	508	17577	6091	51998	27511	96506	8052	33448	188023	85

No. 11.—UPPER CANADA—RETURN OF

COUNTY OF

	Live Stock.											
	Bulls, Oxen and Steers.	Milch Cows.	Calves and Heifers.	Horses over 3 years old.	Value of same in Dollars.	Colts and Fillies.	Sheep.	Pigs.	Total value of Live Stock.	Butter, lbs.	Cheese, lbs.	Beef in Barrels of 200 lbs.
	52	53	54	55	56	57	58	59	60	61	62	63
271..	636	1998	2067	1576	109130	391	5404	4280	426062	75154	7188	357
272..	193	394	471	142	9222	58	685	811	34365	16510	545	34
273..	4	210	50	229	....	27	240	235	29317	3700	950	8
274..	449	3300	3242	2439	175382	790	17551	5208	367463	202813	25049	477
275..	66	71	78	29	1245	12	122	155	6209	3129	70	12
276..	379	1794	4028	1342	92161	409	4675	3214	194273	96076	5263	388
277..	335	965	1135	670	52997	184	2063	2556	123706	70873	8338	124
278..	1	10	12	5	700	2	49	12	925	300	300	....
279..	191	626	595	363	24148	126	2248	1394	57348	17192	2857	156
280..	230	1140	1231	904	52076	238	2752	2378	122677	58365	2550	151
281..	167	1493	1565	1162	147241	331	4186	1701	182802	69877	40460	255
282..	202	1383	1507	1011	66638	243	3315	1703	163783	75855	14759	60
283..	20	472	196	379	....	45	490	384	49236	8756	2524	18
	2373	13856	16177	10282	813940	2856	45780	22031	1758166	679200	110853	2040

COUNTY OF

	52	53	54	55	56	57	58	59	60	61	62	63
284..	137	796	1073	529	38676	156	3075	1346	91350	57704	15230	137
285..	406	2214	2631	1483	94372	454	7407	3437	224072	162164	20589	391
286..	268	2585	2476	1287	92473	449	6005	3922	224141	129802	194700	384
287..	....	101	39	65	....	9	245	189	8750	940	63	7
288..	3	306	37	206	....	8	390	372	33089	450	....	5
289..	269	1418	2154	878	58451	353	4176	3260	155371	77534	23159	99
290..	148	1663	1893	1134	75823	409	5597	2605	170877	117345	75372	164
291..	174	1047	980	606	34955	155	2091	1661	88298	60742	17582	181
292..	145	854	1048	465	29210	168	3063	1324	72175	57995	10265	99
293..	197	1334	1710	935	66813	312	5619	2403	85176	86442	13354	279
294..	57	1024	861	613	34932	154	4518	1453	97608	46138	39345	188
295..	....	285	4	214	....	....	95	333	22383	356	....	....
296..	335	2132	2422	1257	83929	486	8838	4294	209146	117023	1170	216
297..	335	2033	2697	1117	92735	367	6983	3455	203273	121599	46519	405
	2474	17702	20025	10789	702369	3480	58102	30054	1685709	1036234	457348	2555

COUNTY OF

	52	53	54	55	56	57	58	59	60	61	62	63
298..	364	1646	1482	1238	81367	329	4837	4813	174164	112307	2915	374
299..	3	137	51	139	....	13	167	282	14789	2150	1540	3
300..	557	1775	1990	1108	93477	390	4265	4146	172149	132703	3371	418
301..	313	2889	3215	2069	156326	591	9203	5052	318996	231682	12729	804
302..	2	162	5	177	....	6	38	301	18607	2500	....	14
303..	199	2369	1840	1732	106441	516	7208	3586	242574	182914	8358	723
304..	71	831	646	609	44864	207	2619	1696	103062	76844	4095	208
	1509	9809	9229	7072	482475	2052	28337	19876	1044341	741100	33008	2544

Agricultural Produce for 1861.

ONTARIO.—(*Continued.*)

Pork in Barrels of 200 lbs.	Fish.			Carriages kept for pleasure.	Value of same in Dollars.	Carriages kept for hire.	Value of same in Dollars.	Minerals.			
	Dried in Quintals.	Salted and Barrelled.	Sold Fresh, lbs.					Copper ore mined, Tons.	Value.	Iron ore mined, Tons.	Value.
64	65	66	67	68	69	70	71	72	73	74	75
1359	....	....	....	333	15683	....	....	....	....	....	....
224	....	9	....	15	585	....	....	....	....	....	....
34	....	....	....	127	9440	43	2778	....	....	....	....
2081	100	301	....	552	48980	41	1980	....	....	....	....
65	....	2	28	10	305	....	....	....	....	....	....
1355	....	....	....	276	19947	1	40	....	....	....	....
1744	....	....	....	77	2679	2	80	....	....	....	....
16	....	....	....	....	....	....	....	....	....	....	....
517	....	....	....	42	1494	4	155	....	....	....	....
1141	....	10	....	194	8884	6	229	....	....	....	....
1061	....	....	....	477	21118	9	435	....	....	....	....
651	....	....	....	348	18361	1	100	....	....	....	....
134	....	....	....	173	13082	....	....	....	....	....	....
10382	100	322	28	2624	60558	107	5977	....	....	....	....

OXFORD.—(*Continued.*)

64	65	66	67	68	69	70	71	72	73	74	75
843	....	....	....	104	4506	....	....	....	....	....	....
2069	....	....	....	277	14737	....	....	....	....	....	....
2278	....	....	....	211	13740	10	550	....	....	....	....
13	....	....	....	21	952	....	....	....	....	....	....
14	....	....	....	120	5596	28	1375	....	....	....	....
830	....	....	....	52	2953	....	....	....	....	....	....
1038	....	....	....	288	18505	....	....	....	....	....	....
830	....	....	....	181	9437	20	800	....	....	....	....
520	....	....	....	82	3573	7	166	....	....	....	....
1406	....	....	....	169	10958	....	....	....	....	....	....
621	....	....	....	185	10763	5	370	....	....	....	....
3	....	....	....	116	4952	25	1500	....	....	....	....
1344	....	....	....	273	13188	....	....	....	....	....	....
953	....	....	....	202	10418	....	....	....	....	....	....
12762	....	....	....	2281	124278	95	4761	....	....	....	....

PEEL.—(*Continued.*)

64	65	66	67	68	69	70	71	72	73	74	75
2044	....	....	....	204	9934	1	20	....	....	....	....
24	....	....	....	107	6640	9	600	....	....	....	....
2024	....	....	....	157	7165	4	400	....	....	....	....
3562	....	....	....	528	32701	2	200	....	....	....	....
53	....	....	....	104	6520	59	2600	....	....	....	....
2651	....	....	....	480	37430	1	20	....	....	....	....
878	....	....	....	171	7198	....	....	....	....	....	....
11236	....	....	....	1751	107588	76	3840	....	....	....	....

No. 11.—Upper Canada—Return of

COUNTY OF

TOWNSHIPS, &c.	Occupiers of Lands.							Lands—Acres.					
	Total.	10 acres and under.	10 to 20.	20 to 50.	50 to 100.	100 to 200.	Upwards of 200.	Amount held in Acres.	Under cultivation.	Under crops.	Under pasture.	Under Gardens and Orchards.	Wood and Wild Lands.
	1	2	3	4	5	6	7	8	9	10	11	12	13
305. Blanchard	576	29	18	124	313	91	1	46825	22531	16445	5926	160	24294
306. Downie	494	17	6	98	303	65	5	43893	20865	15386	5252	227	23028
307. Easthope, North	357	20	9	35	211	76	6	37773	22383	13644	8407	332	15390
308. Easthope, South	257	26	4	50	156	19	2	20779	11989	8667	3090	732	8790
309. Ellice	301	17	4	80	176	22	2	25537	12118	8686	3206	226	13419
310. Elma	390	5	2	66	206	97	14	41116	7445	6540	859	46	33671
311. Fullarton	405	7	5	89	230	71	3	36566	18633	12904	5576	153	17933
312. Hibbert	424	4	.....	166	227	26	1	37140	14006	11014	2925	77	23124
313. Logan	335	2	.....	135	185	13	.....	26557	7970	6836	1080	54	18587
314. Mitchell, Village	45	8	6	9	16	2	.....	2396	1307	1029	268	10	1089
315. Mornington	468	23	5	84	288	61	7	43496	14638	12026	2599	13	28858
316. St. Mary's, Village	34	9	2	6	9	7	1	1915	1070	824	224	22	845
317. Stratford, Town of	10	1	1	6	......	2	.....	508	281	188	87	6	227
318. Wallace	421	10	3	72	262	64	10	43437	11173	9471	1612	90	32264
Total of Perth	4513	178	65	1020	2582	616	52	407938	166419	123660	41111	1648	241519

COUNTY OF

TOWNSHIPS, &c.	1	2	3	4	5	6	7	8	9	10	11	12	13
319. Ashburton	......	......	.....	......	......	......	.....	....	....	....	....	......	....
320. Asphodel	250	11	2	36	140	38	23	34985	16399	10402	5898	99	18586
321. Belmont and Methuen	99	......	.....	8	56	32	3	13035	3423	1980	1441	2	9612
322. Douro	318	8	6	60	200	37	7	29712	15119	10922	4120	77	14583
323. Dummer	229	1	3	26	134	55	10	29287	11495	6716	4692	87	17792
324. Ennismore	149	......	9	31	88	16	5	13584	4976	3815	1127	34	8608
325. Galway	88	......	.....	1	74	11	2	10695	768	680	86	2	9927
326. Harvey	167	1	.....	16	100	38	3	19788	7245	4703	2527	15	12543
327. Minden, Stanhope and Dysart	45	......	.....	......	33	9	3	6155	201	198	....	3	5954
328. Monaghan, North	110	3	5	29	39	29	5	11341	5148	3414	1677	57	6!93
329. Otonabee	454	22	8	41	239	110	34	56091	26373	16908	9133	272	29718
330. Peterborough, Town of	......	......	.....	......	......	......	.....	....	....	....	....	......	....
331. Smith	280	57	13	28	88	72	22	29787	15605	8546	6863	196	14182
332. Snowden	52	......	.....	......	17	33	2	5792	286	286	....	......	5506
Total of Peterborough	2241	103	46	276	1217	480	119	260252	107038	68630	37564	844	153204

COUNTY OF

TOWNSHIPS, &c.	1	2	3	4	5	6	7	8	9	10	11	12	13
333. Alfred	152	......	2	68	63	19	.....	12122	3536	2292	1240	4	8586
334. Caledonia	120	1	.....	14	78	22	5	13932	4051	2740	1287	24	9881
335. Hawkesbury, East	383	6	6	102	187	60	22	37500	16019	9323	6617	79	21461
336. Hawkesbury, West	184	4	1	29	99	42	9	20269	9770	5781	3946	43	10499
337. Hawkesbury, Village	30	.....	1	4	12	9	4	5231	2049	1209	829	11	3182
338. Longueuil	121	......	2	33	50	29	7	12312	6766	4474	2246	46	5546
339. Plantagenet, North	281	3	5	95	132	34	12	29209	7315	5334	1967	14	21894
340. Plantagenet, South	141	7	2	39	57	30	6	14648	4428	3321	1105	2	10220
Total of Prescott	1412	21	19	384	678	245	65	145223	53934	34474	19237	223	91289

AGRICULTURAL PRODUCE FOR 1861.

PERTH.

Cash value of Farm in Dollars.	Cash value of Farming Implements in Dollars.	Produce of Gardens and Orchards in Dollars.	Quantity of Land held by Townspeople, not being farmers.	Fall Wheat.		Spring Wheat.		Barley.		Rye.	
				Acres.	Bushels.	Acres.	Bushels.	Acres.	Bushels.	Acres.	Bushels.
14	15	16	17	18	19	20	21	22	23	24	25
1328707	51482	1894	141	108	3231	8036	177240	175	5646	....	....
1183990	46949	1579	14	448	10579	7002	139827	112	3540	....	....
1311250	52802	3408	320	2263	52566	4850	102361	100	2752	7	154
731789	44358	3079	601	1375	24398	2933	59906	113	3418	....	....
544645	25272	1358	739	217	5683	3846	81606	46	1438	....	....
441878	13179	75	87	2	40	2992	48162	32	709	....	....
1000846	38132	728	20	243	6437	5985	130540	72	2061	1	40
699860	26370	415	28	36	1223	5787	133760	30	942	....	....
355762	12280	....	2296	19	490	3137	68113	26	572	1	15
93600	4227	208	522	....	....	403	10084	1	30	....	....
592995	22166	73	161	46	910	5875	105156	32	693	2	50
96110	1771	72	641	20	200	355	7815	4	140	....	....
23810	1155	245	667	....	....	85	2070	....	....	....	....
408040	10904	....	6	....	....	3112	58403	89	1742	....	....
8813282	351356	13134	6243	4777	105757	54398	1125043	832	23683	11	259

PETERBOROUGH.

Cash value of Farm in Dollars.	Cash value of Farming Implements in Dollars.	Produce of Gardens and Orchards in Dollars.	Quantity of Land held by Townspeople, not being farmers.	Fall Wheat. Acres.	Fall Wheat. Bushels.	Spring Wheat. Acres.	Spring Wheat. Bushels.	Barley. Acres.	Barley. Bushels.	Rye. Acres.	Rye. Bushels.
....	....	....	544	....	....	....	....	....	....	....	....
587241	22844	741	713	1555	23053	1588	22323	90	2057	95	1556
69150	2859	....	....	125	1889	446	6568	15	287	37	542
523399	24000	1097	26	2262	34314	880	9039	133	2979	3	50
345922	15846	139	17	1294	21310	846	11213	21	435	....	....
170986	6946	1058	1	395	7059	1017	11667	46	1009	....	....
27960	238	....	....	9	211	220	3731	....	....	....	....
252498	10096	553	....	1235	24576	377	4853	....	....	....	....
11530	390	65	....	1	12	38	584	1	20	....	....
389931	9855	1401	281	698	12492	643	11001	61	1515	....	....
1415403	54862	5034	50	4005	57500	1734	29219	195	5424	22	312
....	....	....	140	....	....	....	....	....	....	....	....
891940	34422	4642	246	2426	47127	1235	19668	33	887	26	375
13140	401	....	....	....	6	50	840	1	15	....	....
4699100	182759	14730	2018	14005	229549	9074	130706	596	14628	183	2835

PRESCOTT.

Cash value of Farm in Dollars.	Cash value of Farming Implements in Dollars.	Produce of Gardens and Orchards in Dollars.	Quantity of Land held by Townspeople, not being farmers.	Fall Wheat. Acres.	Fall Wheat. Bushels.	Spring Wheat. Acres.	Spring Wheat. Bushels.	Barley. Acres.	Barley. Bushels.	Rye. Acres.	Rye. Bushels.
74596	3058	....	106	6	95	444	4795	53	642	18	242
154698	7326	918	17	2	30	433	5716	44	820	....	....
633480	23347	3140	40	72	1463	1194	16420	319	5674	87	1305
345036	17399	958	81	74	1820	556	8204	133	3037	2	48
64085	3145	....	54	21	488	56	966	35	944	7	80
213659	10104	390	170	22	537	659	6433	98	1608	....	....
247700	9822	412	847	34	419	701	9554	69	1052	114	1798
113130	6769	30	388	....	....	419	5888	20	344	27	369
1846384	80970	5848	1703	231	4852	4462	57976	771	14121	255	3842

No. 11.—Upper Canada—Return of

COUNTY OF

	Peas.		Oats.		Buckwheat.		Indian Corn.		Potatoes.		Turnips.	
	Acres.	Bushels.	Acres.	Bushels.	Acres.	Bushels.	Acres.	Bushels.	Acres.	Bushels.	Acres.	Bushels.
	26	27	28	29	30	31	32	33	34	35	36	37
305.	1984	48181	2366	79853	1	20	16	535	445	42050	732	165175
306.	1565	41504	2090	82438	4	71	1	35	406	44768	357	99629
307.	1466	39802	2918	102326	1	20	1	32	426	67980	333	111523
308.	944	25421	2184	49722	2	47	3	86	240	26762	195	40765
309.	936	23533	1180	38001	3	51	1	35	311	35765	150	28315
310.	564	8694	697	18091	....	....	3	20	264	15689	816	64944
311.	1307	30629	1972	68677	1	25	2	56	270	28799	478	110695
312.	1054	25302	1465	52066	1	10	1	20	342	31301	602	111935
313.	692	15431	804	24689	1	10	....	....	260	18957	375	42710
314.	105	2601	151	4978	....	....	....	....	30	3310	60	14105
315.	1049	21324	1452	44862	....	....	....	....	328	25962	254	32400
316.	126	3380	111	3947	....	....	8	223	37	6820	25	10900
317.	10	298	44	1135	....	....	....	....	10	2040	4	2535
318.	664	11499	881	24946	....	....	....	4	252	20660	398	69747
	12466	297599	18315	595731	14	254	36	1046	3630	370869	4779	905378

COUNTY OF

	26	27	28	29	30	31	32	33	34	35	36	37
319.	....	....	....	....	....	....	....	....	....	....	....	....
320.	1674	31334	1971	61113	52	899	20	557	341	40214	156	38410
321.	242	3782	459	9938	37	543	29	634	106	10315	38	8110
322.	1181	22106	2298	74003	1	8	3	80	419	49949	159	41092
323.	1051	18531	1972	66760	49	797	9	147	294	33142	90	20020
324.	612	12282	724	19661	1	13	....	....	175	19435	61	10180
225.	2	119	74	1679	....	....	1	13	107	13188	92	15756
326.	561	10748	752	27079	2	30	....	....	137	18365	59	15805
327.	5	113	24	902	3	40	13	148	63	6710	25	3400
328.	447	8038	783	24365	11	192	14	165	150	16345	71	2675
329.	2577	55408	3725	138924	10	181	29	1045	564	72110	186	61440
330.	....	....	....	....	....	....	....	....	....	....	....	....
331.	1482	33573	1844	73458	2	25	6	230	279	36366	247	106047
332.	3	44	18	605	4	60	5	45	42	4625	26	5944
	9837	196078	14644	498487	172	2788	129	3064	2677	320764	1210	328879

COUNTY OF

	26	27	28	29	30	31	32	33	34	35	36	37
333.	205	3950	771	18660	69	813	29	591	111	13900	3	270
334.	176	2936	866	29359	27	420	66	1929	175	22571	13	4830
335.	993	17369	2896	89432	231	3575	200	6771	447	58387	18	5686
336.	264	4862	1551	50213	72	1533	214	6002	303	36285	27	6983
337.	38	894	345	12518	9	163	42	1453	68	9470	8	2240
338.	316	3518	1262	24506	46	781	146	4475	136	20100	13	3995
339.	441	7451	1665	46833	122	2030	76	1764	27	33038	27	2617
340.	206	3241	1264	36847	32	518	28	587	183	22190	6	805
	2729	44221	10620	308368	608	9833	801	23572	1450	215941	115	27426

AGRICULTURAL PRODUCE FOR 1861.

PERTH.—(*Continued.*)

Carrots, Bushels.	Mangel Wurzel.		Beans, Bushels.	Clover, Timothy and other Grass Seeds, Bushels.	Hay, Tons.	Hops, lbs.	Maple Sugar, lbs.	Cider, Gallons.	Wool, lbs.	Fulled Cloth, Yards.	Flannel, Yards.	Flax and Hemp, lbs.	Linen, Yards.
	Acres	Bushels											
38	39	40	41	42	43	44	45	46	47	48	49	50	51
4799	1	160	10	148	3692	414	35208	....	15647	1417	8975	874	....
7238	2	560	222	30	3414	22	22746	....	12364	1340	3976	1630	165
1580	3	735	226	89	3057	273	14370	468	14023	2538	14322	7263	152
1403	2	190	10	128	1493	47	5870	1146	6491	1892	2172	2472	119
937	1	150	30	148	1680	247	10274	....	4066	703	2489	1825	34
29	2	50	3	214	947	74	19010	1831	1416	144	1334	....	17
1111	1	150	2	206	2738	191	27546	....	10921	1106	5891	3864	....
815	1	200	5	308	2041	295	25580	....	7906	1015	6074	910	40
9	....	....	1	157	1042	22	8284	....	2718	514	1550	21	87
....	....	....	....	7	194	....	1660	....	600	....	258	350	....
37	6	225	....	163	1465	10	14090	10	4404	797	3465	....	....
173	....	5	5	....	194	66	1782	....	892	177	344	241	....
12	....	....	3	....	67	10	14	....	388	....	....	....	....
82	....	....	....	4	1132	3	20852	....	2783	260	3128	....	30
18225	19	2425	517	1598	23156	1674	207286	3455	84619	11903	53978	19450	644

PETERBOROUGH.—(*Continued.*)

Carrots, Bushels.	Mangel Wurzel, Acres	Mangel Wurzel, Bushels	Beans, Bushels.	Clover, Timothy and other Grass Seeds, Bushels.	Hay, Tons.	Hops, lbs.	Maple Sugar, lbs.	Cider, Gallons.	Wool, lbs.	Fulled Cloth, Yards.	Flannel, Yards.	Flax and Hemp, lbs.	Linen, Yards.
....	....	....	....	....	....	....	....	....	....	....	....	....	....
1624	3	382	19	44	1535	250	17568	500	9117	1665	4640	1120	....
150	....	....	11	10	577	67	19161	....	1526	336	1445	....	....
4205	....	....	....	34	1159	16	8319	....	8210	1350	3635	....	....
1537	....	....	....	7	1094	....	19934	....	7141	1167	3691	....	....
113	....	....	10	474	743	31	5065	....	4303	725	2709	1050	....
....	....	....	....	29	15	....	2489	....	15	....	....	....	....
2610	....	....	....	12	870	20	5294	....	4331	684	1767	....	....
....	....	....	21	40	1	16	203	....	2	....	....	....	....
8063	2	630	6	....	780	89	4135	....	4944	444	1170	270	....
16260	8	2125	46	330	3008	171	19946	128	20640	2943	7413	110	50
....	....	....	....	....	....	....	....	....	....	....	....	....	....
17734	3	560	8	67	2247	94	11894	....	12647	1156	3730	810	....
....	....	....	....	....	9	....	....	....	2907	....	....	....	....
52296	16	3697	130	1047	12038	754	114008	628	75783	10470	30200	3360	50

PRESCOTT.—(*Continued.*)

Carrots, Bushels.	Mangel Wurzel, Acres	Mangel Wurzel, Bushels	Beans, Bushels.	Clover, Timothy and other Grass Seeds, Bushels.	Hay, Tons.	Hops, lbs.	Maple Sugar, lbs.	Cider, Gallons.	Wool, lbs.	Fulled Cloth, Yards.	Flannel, Yards.	Flax and Hemp, lbs.	Linen, Yards.
100	....	....	5	101	446	....	495	....	1349	706	1299	....	17
1982	8	2800	2	119	1148	20	2118	538	2397	572	1613	237	27
2669	1	140	37	417	3314	4	7852	....	8201	3111	6008	10	65
5087	4	1349	59	169	2488	64	6210	....	484:	1405	3686	200	....
1727	4	830	13	35	567	21	240	....	888	216	805	....	....
136	....	....	24	326	1562	....	12929	....	2108	725	1643	....	....
316	....	....	137	40	1607	4	2123	....	3172	933	2217	62	66
116	....	....	14	....	1148	29	2485	....	1281	279	1092	10	12
12133	17	5119	291	1207	12280	142	34452	538	24246	7947	18363	519	187

No. 11.—Upper Canada—Return of

COUNTY OF

	Live Stock.											
	Bulls, Oxen and Steers.	Milch Cows.	Calves and Heifers.	Horses over 3 years old.	Value of same in Dollars.	Colts and Fillies.	Sheep.	Pigs.	Total value of Live Stock.	Butter, lbs.	Cheese, lbs.	Beef in Barrels of 200 lbs.
	52	53	54	55	56	57	58	59	60	61	62	63
305..	542	1500	2286	846	62693	382	4890	4241	169815	105689	8943	264
306..	478	1421	2071	772	66906	1155	3759	2974	156754	87726	5985	146
307..	560	1373	2053	804	100898	341	4028	2976	134756	86476	14294	265
308..	265	874	1082	510	41670	236	2222	1781	88093	39158	3620	84
309..	471	777	975	380	25679	175	1434	2226	72964	40828	813	120
310..	610	748	810	248	21502	1172	696	1430	34846	33513	5603	139
311..	594	1154	1783	575	42867	274	3088	2222	120180	76704	4101	407
312..	072	1044	1419	388	29347	144	2334	2203	107617	58092	1770	172
313..	537	709	850	185	7172	60	1051	1843	56798	23184	325	22
314..	40	220	128	112	....	22	2640	292	17824	8002	150	7
315..	594	948	1178	410	33834	169	1600	2037	82376	40090	1154	81
316..	21	337	98	170	6112	16	322	536	24628	3565	....	11
317..	6	357	27	200	....	4	187	308	23078	3315	....	2
318..	506	739	822	261	18247	91	1103	1477	67418	38800	667	94
	5896	12201	15582	5861	456927	4241	29354	26546	1157353	645142	47425	1814

COUNTY OF

	52	53	54	55	56	57	58	59	60	61	62	63
319..	....	196	....	124	....	....	70	123	14150	....	....	....
320..	394	1177	1291	559	35513	165	2849	2077	111330	54660	7510	293
321..	131	224	286	70	4186	23	500	357	15535	12695	350	27
322..	253	960	915	478	40890	163	2351	1548	98593	60812	948	198
323..	356	824	868	403	38982	156	2163	1203	78259	51595	2920	206
324..	199	309	561	167	12345	87	1256	1104	38340	25865	130	180
325..	48	71	64	3	940	....	5	67	4374	5059	....	9
326..	196	406	464	199	17691	83	1150	539	43272	30043	5070	120
327..	13	16	6	4	240	....	....	24	953	790	....	10
328..	48	442	346	296	20177	132	1437	575	36883	18370	1200	74
329..	766	1746	1854	1939	75556	346	5546	2666	195071	102215	18595	556
330..	....	227	....	193	....	....	33	238	23165	....	....	....
331..	212	989	1139	685	53443	218	3498	1357	126280	63899	18876	399
332..	22	26	15	1	50	....	....	15	2149	1526	....	13
	2638	7709	7809	5121	300013	1373	20858	11893	788354	427520	55599	2085

COUNTY OF

	52	53	54	55	56	57	58	59	60	61	62	63
333..	14	377	293	253	11009	50	498	292	21019	11705	260	64
334..	14	468	354	268	13411	113	925	537	29468	24805	1632	44
335..	47	1052	1459	858	45690	386	2754	1510	112420	115790	12992	332
336..	17	988	832	478	25681	230	1613	728	62818	58680	6389	230
337..	56	240	182	161	6520	53	277	181	18749	9200	2550	23
338..	21	561	342	377	14311	91	769	458	34962	20927	8450	71
339..	19	728	502	476	22638	198	1222	781	46800	41506	1156	158
340..	19	402	264	254	13869	66	553	588	28403	26058	1007	57
	207	5416	4228	3125	153129	1187	8611	5075	354639	308671	34436	984

Agricultural Produce for 1861.

PERTH.—(*Continued.*)

Pork in Barrels of 200 lbs.	Fish.			Carriages kept for pleasure.	Value of same in Dollars.	Carriages kept for hire.	Value of same in Dollars.	Minerals.			
	Dried in Quintals.	Salted and Barrelled.	Sold Fresh, lbs.					Copper ore mined, Tons.	Value.	Iron ore mined, Tons.	Value.
64	65	66	67	68	69	70	71	72	73	74	75
2659	.....	.....	.....	47	1501	.....	.....	.....	.....	.....	.....
576	.....	.....	.....	41	2247	.....	.....	.....	.....	.....	.....
1011	.....	.....	.....	104	5257	.....	.....	.....	.....	.....	.....
676	.....	.....	.....	66	3915	.....	.....	.....	.....	.....	.....
828	.....	.....	.....	27	1005	.....	.....	.....	.....	.....	.....
499	.....	.....	.....	10	453	2	41	.....	.....	.....	.....
1023	.....	.....	.....	52	1857	1	50	.....	.....	.....	.....
1051	.....	.....	.....	8	371	.....	.....	.....	.....	.....	.....
336	.....	.....	.....	1	30	.....	.....	.....	.....	.....	.....
19	.....	.....	.....	52	2236	16	950	.....	.....	.....	.....
804	.....	.....	.....	17	830	4	250	.....	.....	.....	.....
67	.....	.....	.....	50	2420	36	1400	.....	.....	.....	.....
4	.....	.....	.....	84	3975	55	1995	.....	.....	.....	.....
782	.....	.....	.....	10	550	.....	.....	.....	.....	.....	.....
10335	.....	.....	.....	569	26647	114	4686	.....	.....	.....	.....

PETERBOROUGH.—(*Continued.*)

64	65	66	67	68	69	70	71	72	73	74	75
.....	.....	.....	.....	57	2775	.....	.....	.....	.....	.....	.....
936	.....	.....	.....	79	4568	.....	.....	.....	.....	.....	.....
269	.....	.....	.....	8	430	.....	.....	.....	.....	.....	.....
888	.....	.....	.....	50	2570	.....	.....	.....	.....	.....	.....
672	.....	.....	.....	35	1919	.....	.....	.....	.....	.....	.....
660	.....	4	15	3	112	.....	.....	.....	.....	.....	.....
24	.....	.....	.....	.....	.....	.....	.....	.....	.....	.....	.....
519	.....	.....	.....	40	1672	.....	.....	.....	.....	.....	.....
4	.....	26	100	.....	.....	.....	.....	.....	.....	.....	.....
369	300	.....	.....	97	5128	.....	.....	.....	.....	.....	.....
1923	.....	.....	.....	139	9413	.....	.....	.....	.....	.....	.....
.....	.....	.....	.....	70	4094	25	980	.....	.....	.....	.....
1205	.....	.....	.....	197	10128	26	2120	.....	.....	.....	.....
3	.....	.....	.....	.....	.....	.....	.....	.....	.....	.....	.....
7472	300	30	115	784	42809	51	3100	.....	.....	.....	.....

PRESCOTT.—(*Continued.*)

64	65	66	67	68	69	70	71	72	73	74	75
205	.....	.....	.....	68	1566	.....	.....	.....	.....	.....	.....
187	.....	.....	.....	66	2667	5	120	.....	.....	.....	.....
1219	.....	25	3800	310	9546	1	16	.....	.....	.....	.....
558	.....	.....	.....	230	8349	6	142	.....	.....	.....	.....
60	.....	.....	.....	84	2635	23	450	.....	.....	.....	.....
233	.....	.....	.....	145	5128	23	1024	.....	.....	.....	.....
480	.....	.....	.....	95	3844	.....	.....	.....	.....	.....	.....
258	.....	.....	.....	112	3102	.....	.....	.....	.....	.....	.....
3200	.....	25	3800	1110	36837	58	1752	.....	.....	.....	.....

No. 11.—Upper Canada—Return of

COUNTY OF

TOWNSHIPS, &c.	Occupiers of Lands. Total.	10 acres and under.	10 to 20.	20 to 50.	50 to 100.	100 to 200.	Upwards of 200.	Lands—Acres. Amount held in Acres	Under cultivation.	Under crops.	Under pasture.	Under Gardens and Orchards.	Wood and Wild Lands.
	.1	2	3	4	5	6	7	8	9	10	11	12	13
341. Ameliasburgh	330	6	5	45	136	105	33	39913	26037	18753	6758	526	13876
342. Athol	209	7	6	18	104	61	13	23391	15088	9894	4845	349	8303
343. Hallowell	369	19	8	38	145	130	29	41765	28014	14994	11767	253	13751
344. Hillier	264	1	1	23	107	115	17	32975	24664	16527	7691	446	8311
345. Marysburgh	438	12	11	55	235	103	22	46442	28191	18143	9134	914	18251
346. Picton, Town of	9	1	.....	2	4	2	.....	852	561	299	257	5	291
347. Sophiasburgh	284	......	2	13	110	115	44	42603	28171	19393	8106	672	14432
Total of Prince Edward	1903	46	33	194	841	631	158	227041	150726	99003	48558	3165	77215

COUNTY OF

TOWNSHIPS, &c.	1	2	3	4	5	6	7	8	9	10	11	12	13
348. Admaston	265	4	.....	4	172	71	14	34988	7331	3253	4078	......	27657
349. Alice	125	1	.....	1	70	44	9	17333	2699	2177	521	1	14634
350. Algona	74	......	.....	2	38	34	.....	9914	1083	541	542	......	8831
351. Arnprior	......	......	.....	......	......	......	.....	....	....	....	....	......	....
352. Bagot and Brougham	223	2	.....	7	147	46	21	30318	9320	4727	4602	.....	20989
353. Blithfield	19	......	.....	1	13	4	1	2320	689	453	235	1	1631
354. Bromley	192	......	.....	3	113	50	17	28145	6647	4495	2146	6	21498
355. Brudenell, Raglan and Radcliffe	155	5	1	5	88	45	11	19643	1980	1557	417	6	17663
356. Grattan	168	3	2	9	82	62	10	21967	4900	2933	1966	1	17067
357. Horton	162	1	4	5	85	58	9	23431	8507	4408	4073	26	14924
358. McNab	238	......	.....	6	136	87	9	33195	9700	5391	4308	1	23495
359. Pembroke	78	5	2	8	42	17	4	8871	3134	1287	1847	......	5737
360. Pembroke, Village	......	......	.....	......	......	......	.....	....	....	....	....	......	....
361. Pettawawa, Buchanan and McKay	Included in Rolph and Wylie.							....	....	....	....	......	....
362. Renfrew, Village	......	......	.....	......	......	......	.....	....	....	....	....	......	....
363. Rolph and Wylie	78	1	7	1	34	22	13	11408	2460	2078	375	7	8948
364. Ross	194	2	.....	9	117	63	3	24628	6682	5408	1274	......	17946
365. Sebastopol and Griffith	103	1	.....	4	66	27	5	13010	1406	839	567	......	11604
366. Stafford	86	1	.....	1	56	21	7	12306	4436	3303	1125	8	7870
367. Westmeath	325	18	1	18	179	89	20	43719	8652	6627	1996	29	35067
368. Wilberforce	194	1	.....	13	97	71	12	25451	5826	3925	1883	18	19625
Total of Renfrew	2679	45	17	97	1535	820	165	360647	85461	53402	31955	104	275186

COUNTY OF

TOWNSHIPS, &c.	1	2	3	4	5	6	7	8	9	10	11	12	13
369. Cambridge	58	1	.....	17	21	15	4	8248	1980	1068	909	3	6268
370. Clarence	210	1	3	81	88	33	4	19239	4555	3607	936	12	14684
371. Cumberland	221	1	.....	31	137	44	8	26020	8530	4945	3537	48	17490
372. Russell	201	2	3	73	86	34	3	19208	5647	4478	1168	1	13561
Total of Russell	690	5	6	202	332	126	19	72715	20712	14098	6550	64	52003

AGRICULTURAL PRODUCE FOR 1861.

PRINCE EDWARD.

Cash value of Farm in Dollars.	Cash value of Farming Implements in Dollars.	Produce of Gardens and Orchards in Dollars.	Quantity of Land held by Townspeople, not being farmers.	Fall Wheat.		Spring Wheat.		Barley.		Rye.	
				Acres.	Bushels.	Acres.	Bushels.	Acres.	Bushels.	Acres.	Bushels.
14	15	16	17	18	19	20	21	22	23	24	25
1106830	41067	11410	250	462	3242	1355	29625	1573	46587	3399	52476
541182	19184	4222	25	349	3128	829	12786	665	17451	1905	29648
1392270	41393	5432	297	150	1501	1857	36479	2268	66847	2891	44067
1139826	34349	5209	180	443	4347	1736	31555	3532	93906	2464	32071
1057178	43666	15147	86	161	1417	2677	44514	860	21603	3731	33038
68300	1065	....	90	....	....	64	1040	30	874	58	1900
983578	38973	8061	85	125	946	1244	23800	1692	52957	2882	56344
6289164	219697	49481	1013	1690	14581	9812	179799	10620	30225	17330	249544

RENFREW.

Cash value of Farm in Dollars.	Cash value of Farming Implements in Dollars.	Produce of Gardens and Orchards in Dollars.	Quantity of Land held by Townspeople, not being farmers.	Fall Wheat.		Spring Wheat.		Barley.		Rye.	
				Acres.	Bushels.	Acres.	Bushels.	Acres.	Bushels.	Acres.	Bushels.
111269	3527	....	....	256	4547	1014	12982	114	1724	1	10
57700	2068	....	....	232	3486	179	2530	2	24	42	483
18690	1430	30	....	107	2098	128	1968	10	256	....	....
....	....	....	716	....	....	....	....	....	....	....	....
132026	6526	....	....	117	2068	824	10826	40	725	14	147
2980	160	12	....	21	339	44	472	....	....	....	....
111800	6919	....	33	188	3617	682	10586	16	248	1	10
63716	4622	30	....	59	1509	365	7467	18	488	....	....
62911	4989	138	2	141	2391	585	9817	38	734	6	66
204750	7010	387	71	552	11389	466	6546	20	426	9	162
135825	10099	10	376	489	9701	701	11826	42	848	....	....
114330	6899	....	23	137	2079	200	6015	10	147	2	50
....	....	....	28	....	....	....	....	....	....	....	....
....	....	....	....	....	....	....	....	....	....	....	....
....	....	....	153	....	....	....	....	....	....	....	....
39333	2431	....	....	6	100	116	1621	5	57	15	242
175526	6987	106	40	391	6383	744	11108	26	613	23	263
27246	1945	....	....	84	1590	262	5841	29	635	5	57
58182	2561	241	....	240	4337	226	2775	10	171	1	15
317129	10713	2723	6	642	10961	1068	16137	71	1482	16	183
114613	5526	476	....	426	7925	530	7726	18	270	5	49
1748026	84412	4153	1448	4088	75020	8134	126343	469	8848	140	1737

RUSSELL.

Cash value of Farm in Dollars.	Cash value of Farming Implements in Dollars.	Produce of Gardens and Orchards in Dollars.	Quantity of Land held by Townspeople, not being farmers.	Fall Wheat.		Spring Wheat.		Barley.		Rye.	
				Acres.	Bushels.	Acres.	Bushels.	Acres.	Bushels.	Acres.	Bushels.
73724	2020	213	100	3	54	252	2919	23	350	6	116
149955	6399	213	....	43	687	425	5795	51	883	83	935
385270	15345	955	13	182	3225	754	14253	28	545	3	55
139522	13055	146	273	131	2187	721	10269	29	619	1	10
798471	36819	1527	386	359	6153	2152	33236	131	2397	93	1116

No. 11.—Upper Canada—Return of

COUNTY OF

	Peas.		Oats.		Buckwheat.		Indian Corn.		Potatoes.		Turnips.	
	Acres.	Bushels.	Acres.	Bushels.	Acres.	Bushels.	Acres.	Bushels.	Acres.	Bushels.	Acres.	Bushels.
	26	27	28	29	30	31	32	33	34	35	36	37
341.	3523	71960	1045	38161	1976	46754	917	22440	399	38785	19	6651
342.	1641	40392	581	18364	799	15857	509	11282	237	21127	15	3723
343.	3742	95863	1497	54539	1275	30335	939	26521	454	43675	21	5332
344.	3573	79914	1140	36577	1843	35039	1020	23185	409	37295	41	6660
345.	3063	64722	1305	37147	2135	49252	713	18755	484	42478	18	4418
346.	47	905	50	1995	23	380	17	290	17	1320	....	....
347.	3655	75397	867	31940	1782	42437	908	23055	283	22737	45	4080
	19244	429153	6494	218723	9833	220054	5023	125528	2283	207417	159	30864

COUNTY OF

	Peas.		Oats.		Buckwheat.		Indian Corn.		Potatoes.		Turnips.	
348.	452	5459	1057	443[illegible]6	7	87	11	295	299	37721	7	1290
349.	240	3918	464	8540	....	....	....	....	98	11278	1	100
350.	10	98	192	4195	....	....	1	25	52	7970	9	2050
351.	....	....	....	....	....	....	....	....	....	....	....	....
352.	217	2589	811	18897	7	115	27	508	324	42631	14	2030
353.	7	87	36	883	....	....	2	110	22	3340	1	70
354.	264	3270	1291	27515	....	....	....	....	176	22228	9	1410
355.	21	299	468	14577	....	....	8	72	132	19024	56	10825
356.	136	1665	609	13986	4	37	15	433	206	24322	22	2988
257.	456	8393	1136	30625	13	295	18	491	187	30585	35	4178
358.	411	5353	1119	29568	....	....	28	625	307	43048	16	3345
359.	137	4378	410	16239	3	70	10	230	96	14567	11	1700
360.	....	....	....	....	....	....	....	....	....	....	....	....
361.	....	....	....	....	....	....	....	....	....	....	....	....
362.	....	....	....	....	....	....	....	....	....	....	....	....
363.	88	1359	257	6383	....	....	1	35	72	10990	3	886
364.	410	6350	1144	25033	16	264	10	255	212	32349	19	3903
365.	28	392	265	8156	2	40	11	275	109	15084	43	6348
366.	112	1484	423	9590	....	....	2	36	75	10032	7	817
367.	492	7729	1877	49299	18	243	40	1199	295	42713	31	7220
368.	220	3489	942	20509	36	649	12	310	213	35970	15	2496
	3701	56312	12501	329231	106	1800	191	4899	2870	403862	299	51656

COUNTY OF

	Peas.		Oats.		Buckwheat.		Indian Corn.		Potatoes.		Turnips.	
369.	86	1072	425	6894	26	352	8	89	47	3737	2	195
370.	199	2801	900	21159	64	905	35	813	160	16717	52	4188
371.	391	7591	1436	42847	47	1035	78	1684	264	33344	76	11335
372.	339	6396	877	21462	80	1613	4	72	158	16903	31	3692
	1015	17860	3638	92362	217	3005	125	2658	629	70701	161	19410

Agricultural Produce for 1861.

PRINCE EDWARD.—(*Continued.*)

Carrots, Bushels.	Mangel Wurzel.		Beans, Bushels.	Clover, Timothy and other Grass Seeds, Bushels.	Hay, Tons.	Hops, lbs.	Maple Sugar, lbs.	Cider, Gallons.	Wool, lbs.	Fulled Cloth, Yards.	Flannel, Yards.	Flax and Hemp, lbs.	Linen, Yards.
	Acres.	Bushels.											
38	39	40	41	42	43	44	45	46	47	48	49	50	51
9125	1	683	139	53	2115	....	49848	3573	13148	2280	5644	1970	....
5169	1	326	117	122	1024	8	26297	4806	7654	1106	5129	170	20
7479	2	1070	148	218	2676	9200	51461	14446	14218	2126	7354	161	73
3851	4	517	218	823	1656	46	31821	6870	11561	2214	5431	20	....
1771	1	453	201	203	2428	10	31862	1247	15266	1680	10262	30	6
980	3	540	....	....	23	....	1665	50	38	....	....	....	....
3631	1	526	179	387	2637	34500	25866	9845	14203	2057	6098	222	11
32006	13	4115	1002	1806	12559	43764	218820	40837	76088	11463	40118	2573	110

RENFREW.—Continued.)

38	39	40	41	42	43	44	45	46	47	48	49	50	51
2	....	....	4	....	1113	16	975	....	3714	683	2841	3	....
....	....	....	....	....	373	....	80	....	805	....	687	....	....
....	....	....	....	1	144	....	1200	....	322	5	395	....	....
....	....	....	....	....	....	....	....	....	....	....	....	....	....
16	....	....	....	....	1177	4	8062	....	3978	729	2666	....	....
....	....	....	....	....	50	2	1075	....	206	17	245	....	....
120	....	....	10	....	963	39	1130	....	1837	514	2127	....	60
13	....	....	....	28	262	2	2071	....	361	....	385	4	....
21	....	....	6	104	774	91	4923	60	2075	74	1742	....	....
....	....	....	2	4	1247	107	710	100	3643	824	1819	....	40
94	....	....	....	24	1154	95	2915	....	4774	1174	1825	....	....
....	....	....	....	....	604	....	....	25	1002	157	844	....	....
....	....	....	....	....	....	....	....	....	....	....	....	....	....
....	....	....	....	....	....	....	....	....	....	....	....	....	....
....	....	....	....	....	....	....	....	....	....	....	....	....	....
14	....	....	11	2	482	9	....	....	513	....	....	....	....
50	....	....	6	....	1063	....	2342	....	3045	474	1805	....	....
8	....	....	12	....	265	....	3250	....	488	10	545	....	....
23	....	....	17	....	342	127	590	....	1138	10	1035	....	....
1000	1	20	132	5	1670	54	4332	....	3772	433	2578	....	....
41	1	2	76	82	923	197	5345	....	2733	257	2401	5	11
1402	2	22	276	250	12606	743	39000	185	34406	5361	23940	12	111

RUSSELL.—(*Continued.*)

38	39	40	41	42	43	44	45	46	47	48	49	50	51
23	....	....	9	50	517	25	3920	....	473	205	398	17	....
493	2	36	76	43	1397	97	8604	....	1140	150	635	75	40
535	....	....	2	35	2308	77	1890	....	1882	550	1859	....	72
159	....	....	9	144	1202	46	3667	....	2012	601	2031	331	....
1210	2	36	96	272	5424	245	18081	....	5507	1506	4923	423	112

No. M.—Upper Canada—Return of

COUNTY OF

	Live Stock.											
	Bulls, Oxen and Steers.	Milch Cows.	Calves and Heifers.	Horses over 3 years old.	Value of same in Dollars.	Colts and Fillies.	Sheep.	Pigs.	Total value of Live Stock.	Butter, lbs.	Cheese, lbs.	Beef in Barrels of 200 lbs.
	52	53	54	55	56	57	58	59	60	61	62	63
341..	280	1575	1256	1190	70508	410	4337	1483	147688	118671	6038	328
342..	121	724	828	628	40280	206	2077	606	76065	45440	3601	144
343..	143	1626	1301	1202	84838	441	4530	1276	131435	103303	34589	103
344..	215	1218	789	1033	68930	310	3587	930	127222	80080	8354	255
345..	187	1776	1638	1224	79503	433	4554	1618	162929	128889	3606	378
346..	2	196	6	175	....	1	75	152	16451	275	....	1
347..	234	1379	1278	1178	80844	431	4706	1320	134686	56165	24413	286
	1191	8494	7096	6630	424903	2232	23866	7385	796476	532823	80601	1495

COUNTY OF

	52	53	54	55	56	57	58	59	60	61	62	63
348..	208	548	561	186	12472	99	1218	614	30772	24705	865	103
349..	85	165	274	59	3500	37	318	262	13854	6732	....	46
350..	60	91	102	23	1662	10	106	151	7087	4710	....	26
351..	....	53	....	66	....	....	3	35	6172	....	....	....
352..	109	479	692	143	10872	65	1237	659	39997	32605	600	118
353..	14	26	33	13	788	8	77	52	2501	1555	....	15
354..	113	396	360	189	13202	76	688	454	31177	22141	420	103
355..	166	135	157	94	8077	20	123	274	20018	6446	....	22
356..	125	344	364	132	9533	58	622	523	27181	19196	300	79
357..	117	476	494	205	12386	104	1117	592	39403	15576	1595	141
358..	128	709	681	319	22874	101	1656	855	51015	25150	6280	233
359..	33	185	152	130	12275	57	334	205	18694	11212	300	56
360..	....	62	....	49	....	....	40	76	5916	....	....	....
361..	....	....	....	....	....	....	....	....	....	....	....	....
362..	....	134	....	112	....	....	18	161	13324	....	....	....
363..	30	128	97	89	9434	21	117	139	15497	3753	....	45
364..	203	470	624	163	8107	84	722	578	35984	32810	893	167
365..	68	124	143	103	3640	11	195	213	17441	7074	....	77
366..	58	174	167	70	10502	34	380	198	13022	9460	30	33
367..	208	583	684	275	18394	134	963	806	45311	24880	512	143
368..	113	411	509	148	22317	78	818	467	29141	32670	378	130
	1898	5693	6095	2568	180035	997	10752	7314	469507	280675	12173	1537

COUNTY OF

	52	53	54	55	56	57	58	59	60	61	62	63
369..	27	434	140	75	6982	36	181	141	9165	5452	654	30
370..	90	420	386	271	14663	104	389	337	31926	19015	1000	135
371..	135	604	582	423	30644	174	875	636	72292	60060	1306	213
372..	82	479	452	296	20469	124	603	463	42575	24395	1356	122
	334	1937	1560	1065	72758	438	2048	1577	155958	108922	4316	500

Agricultural Produce for 1861.

PRINCE EDWARD.—(*Continued.*)

Pork in Barrels of 200 lbs.	Fish.			Carriages kept for pleasure.	Value of same in Dollars.	Carriages kept for hire.	Value of same in Dollars.	Minerals.			
	Dried in Quintals.	Salted and Barrelled.	Sold Fresh, lbs.					Copper ore mined, Tons.	Value.	Iron ore mined, Tons.	Value.
64	65	66	67	68	69	70	71	72	73	74	75
1110	......	394	3700	570	23297	......	......	......	......	......	......
419	......	953	3400	253	11710	......	......	......	......	......	......
902	......	637	3500	660	30186	......	......	......	......	......	......
1012	......	1020	3690	518	22643	8	635	......	......	......	......
1305	......	784	1564	502	21231	......	......	......	......	......	......
14	......	......	......	117	7351	22	995	......	......	......	......
792	......	199	65	505	24730	1	60	......	......	......	......
5554	......	3992	15919	3125	141148	31	1695	......	......	......	......

RENFREW.—(*Continued.*)

64	65	66	67	68	69	70	71	72	73	74	75
525	......	......	......	10	286	......	......	......	......	......	......
140	......	......	......	......	......	......	......	......	......	......	......
88	......	......	......	......	......	......	......	......	......	......	......
......	......	......	......	35	1030	3	968	......	......	......	......
395	......	......	......	5	230	......	......	......	......	......	......
32	......	......	......	1	12	......	......	......	......	......	......
266	......	......	......	8	345	......	......	......	......	......	......
109	......	......	......	4	114	......	......	......	......	......	......
298	......	......	......	......	......	......	......	......	......	......	......
479	......	......	......	3	200	......	......	......	......	......	......
724	......	......	......	16	830	......	......	......	......	......	......
168	......	......	......	9	510	......	......	......	......	......	......
......	......	......	......	24	1075	1	40	......	......	......	......
......	......	......	......	......	......	......	......	......	......	......	......
......	......	......	......	36	1629	3	160	......	......	......	......
62	......	......	......	......	......	......	......	......	......	......	......
492	......	......	......	2	140	......	......	......	......	......	......
132	......	......	......	3	115	......	......	......	......	......	......
139	......	......	......	1	146	......	......	......	......	......	......
572	......	......	......	42	1205	......	......	......	......	......	......
352	......	......	......	6	216	......	......	......	......	......	......
4973	......	......	......	205	8083	7	1168	......	......	......	......

RUSSELL.—(*Continued.*)

64	65	66	67	68	69	70	71	72	73	74	75
76	......	......	......	5	390	......	......	......	......	......	......
187	......	......	......	43	1188	......	......	......	......	......	......
420	......	......	......	131	5532	24	1200	......	......	......	......
333	......	......	......	22	11	45	1800	......	......	......	......
1016	......	......	......	201	7121	69	3000	......	......	......	......

No. 11.—UPPER CANADA—RETURN OF

COUNTY OF

TOWNSHIPS, &c.	Occupiers of Lands.							Lands—Acres.					
	Total.	10 acres and under.	10 to 20.	20 to 50.	50 to 100.	100 to 200.	Upwards of 200.	Amount held in Acres.	Under cultivation.	Under crops.	Under pasture.	Under Gardens and Orchards.	Wood and Wild Lands.
	1	2	3	4	5	6	7	8	9	10	11	12	13
373. Adjala	340	2	1	60	221	46	10	35198	17361	12557	4678	126	17837
374. Barrie, Town of	......	......	......	......	......	......	......	......	......	......	......	......	......
375. Bradford, Village	8	......	......	1	3	4	......	825	425	302	114	9	400
376. Collingwood, Town of	......	......	......	......	......	......	......	......	......	......	......	......	......
377. Essa	353	12	9	53	212	53	14	39188	18758	14462	4197	99	20430
378. Flos	128	......	......	40	76	11	1	11256	4197	3619	578	......	7059
379. Gwillimbury, West	335	6	2	51	198	56	22	37276	23864	19929	3649	286	13412
380. Innisfil	421	......	5	113	256	45	2	38763	20333	16359	3860	114	18430
381. Medonte	225	7	1	77	102	27	11	23599	7231	4353	2843	35	16368
382. Mono	550	21	15	58	391	56	9	54177	24402	16171	8047	184	29775
383. Morrison and Muskoka	74	......	......	6	63	5	......	7122	173	166	......	7	6949
384. Mulmer	266	6	11	34	184	29	2	25580	10828	9189	1582	57	14752
385. Nottawasaga	421	4	11	93	252	54	7	41108	14716	11086	3567	63	26392
386. Orillia and Matchedash	109	1	1	40	42	22	3	10647	3002	1994	980	28	7645
387. Oro	438	8	3	119	254	39	15	40627	15139	10342	4729	68	25488
388. Sunnidale	90	......	......	16	51	20	3	17765	2801	2147	651	3	14964
389. Tay and Tiny	126	2	3	53	57	7	4	11135	3566	2341	1224	1	7569
390. Tecumseth	487	7	11	100	272	86	11	48129	26635	20907	5453	275	21494
391. Tossorontio	110	2	......	18	70	12	2	12149	4672	3980	645	47	7477
392. Reformatory Prison	......	......	......	......	......	......	......	......	......	......	......	......	......
393. Vespra	133	2	......	41	71	19	......	12150	4209	3608	572	29	7941
Total of Simcoe	4614	80	73	973	2781	591	116	466694	202312	153512	47369	1431	264382

COUNTY OF

TOWNSHIPS, &c.	1	2	3	4	5	6	7	8	9	10	11	12	13
394. Cornwall, Town of	......	......	......	......	......	......	......	......	......	......	......	......	......
395. Cornwall, Township	534	20	10	85	288	104	27	57203	27631	11877	15557	197	29572
396. Finch	294	7	1	57	168	58	3	31477	12312	5843	6450	19	19165
397. Osnabruck	558	20	18	119	260	128	13	52777	25966	14957	10744	265	26811
398. Roxborough	433	8	5	67	209	129	15	51723	14162	9370	4788	4	37561
Total of Stormont	1819	55	34	328	925	419	58	193180	80071	42047	37539	485	113109

COUNTY OF

TOWNSHIPS, &c.	1	2	3	4	5	6	7	8	9	10	11	12	13
399. Anson	68	1	......	......	63	4	......	7099	94	64	28	2	7005
400. Bexley	12	......	......	......	8	3	1	1663	135	87	48	......	1528
401. Carden	99	1	......	4	56	30	8	14356	1111	842	269	......	13245
402. Dalton	13	12	1	......	......	......	......	85	73	71	2	......	12
403. Digby	12	......	......	......	......	12	......	1421	26	26	......	......	1395
404. Eldon	314	4	3	26	204	72	5	36479	12232	7528	4692	12	24247
405. Emily	469	11	5	97	258	79	19	51066	24116	14555	9280	281	26950
406. Fenelon	277	15	1	44	161	50	6	28618	9159	5923	3212	24	19459
407. Hindon	6	......	......	......	6	......	......	600	......	......	......	......	600
408. Laxton	66	......	......	......	4	29	33	9379	396	369	26	1	8983
409. Lindsay, Town of	......	......	......	......	......	......	......	......	......	......	......	......	......
410. Lutterworth	44	......	......	2	25	16	1	4831	362	267	95	......	4469
411. Macauley and Draper	13	......	......	......	12	......	1	1500	38	38	......	......	1462
412. Mariposa	640	19	10	121	370	114	6	62698	33813	20748	12934	131	28885
413. Ops	374	10	3	57	220	64	20	42351	19969	14891	4989	89	22382
414. Somerville	65	......	......	5	32	24	4	8798	543	392	151	......	8255
415. Verulam	179	......	......	18	106	52	3	21821	6767	3928	2824	15	15054
Total of Victoria	2651	73	23	374	1525	549	107	292765	108834	69729	38550	555	183931

AGRICULTURAL PRODUCE FOR 1861.

SIMCOE.

Cash value of Farm in Dollars.	Cash value of Farming Implements in Dollars.	Produce of Gardens and Orchards in Dollars.	Quantity of Land held by Townspeople, not being farmers.	Fall Wheat.		Spring Wheat.		Barley.		Rye.	
				Acres.	Bushels.	Acres.	Bushels.	Acres.	Bushels.	Acres.	Bushels.
14	15	16	17	18	19	20	21	22	23	24	25
581380	36871	1559	92	2502	58486	2932	58686	57	1526	....	....
....	....	....	562	....	....	....	....	....	....	....	....
37500	1085	....	38	89	2380	93	2345	....	....	....	....
....	....	....	80	....	....	....	....	....	....	....	....
715840	42008	1217	1940	2046	57370	4492	86946	39	1092	....	....
147860	7090	....	122	48	929	1149	22715	1	22	....	....
1556429	68272	5409	345	3317	84705	5079	111880	36	1150	1	20
866930	38154	224	434	1373	36527	4614	89425	10	205	5	50
242650	16656	932	193	114	2044	1242	23446	9	259	2	26
255290	34336	1052	36	1595	34899	5646	98783	147	2778	....	....
12831	601	268	1332	....	....	40	558	1	14	....	....
259840	13111	760	....	721	18057	2128	38008	40	836	1	15
785820	32559	538	1356	607	16748	4682	95749	121	3278	1	18
147420	5459	180	497	42	865	542	8991	12	315	2	16
550051	25413	839	23	140	2712	3246	61803	16	333	1	20
97318	5290	40	106	1	25	552	10099	14	265	....	....
116250	5588	542	488	16	346	681	16406	1	14	....	....
1494145	75784	2471	594	4225	117799	4694	123180	89	3245	....	....
152720	7100	198	564	675	19042	816	16682	6	196	....	....
....	....	....	198	....	....	....	....	....	....	....	....
173040	8878	710	127	64	1257	1172	24840	7	156	3	50
8193314	124255	16939	9127	15575	454191	43800	891542	600	15684	16	215

STORMONT.

14	15	16	17	18	19	20	21	22	23	24	25
....	....	210	....	....	....	....	....	....	....	....	....
846208	49294	1549	95	316	4726	2663	35208	227	4930	5	104
280538	20603	1266	8	12	133	1763	23330	80	1204	2	11
751886	39892	3960	285	111	1640	3584	86188	370	7505	28	431
369517	21906	308	231	33	600	1783	22699	74	1118	14	272
2248149	131695	7293	619	472	7099	9793	167425	751	14757	49	818

VICTORIA.

14	15	16	17	18	19	20	21	22	23	24	25
15400	215	....	....	....	....	11	150	....	....	....	....
9300	290	....	400	....	....	13	200	....	....	....	....
74040	1440	....	....	23	628	472	10900	....	....	....	....
1260	67	....	....	9	200	24	490	1	19	....	....
2630	130	....	....	....	....	19	430	....	....	....	....
530316	20375	125	1241	96	2466	4229	73550	15	437	....	....
895205	44544	2971	131	1734	33510	6165	99950	127	3235	11	160
394142	16492	660	286	465	9862	2602	41345	36	726	2	45
900	....	....	....	....	....	....	....	....	....	....	....
41000	1959	....	249	28	745	139	3030	4	115	....	....
....	....	195	195	....	....	....	....	....	....	....	....
10050	268	....	....	3	50	40	818	....	7	....	....
1500	90	....	....	....	....	....	....	....	....	....	....
1658980	66344	2329	625	2754	70916	10508	188235	46	1105	4	78
1074050	47309	1969	48	455	10839	6159	128085	131	4474	....	....
26100	454	....	....	39	835	171	2306	....	....	....	....
168140	6791	171	117	522	10336	1391	18473	8	170	....	....
5903013	206768	8420	3292	6128	140387	31943	567962	368	10288	17	283

No. 11.—Upper Canada—Return of

COUNTY OF

	Peas.		Oats.		Buckwheat.		Indian Corn.		Potatoes.		Turnips.	
	Acres	Bushels.	Acres.	Bushels.	Acres.	Bushels.	Acres.	Bushels.	Acres.	Bushels.	Acres.	Bushels.
	26	27	28	29	30	31	32	33	34	35	36	37
373.	969	19912	1756	53825	....	....	2	---- 32	401	50960	141	31131
374.	....	....	....	....	....	....	....	....	....	....	....	....
375.	38	935	32	1200	....	....	....	....	6	950	8	4300
376.	....	....	....	....	....	....	....	....	....	....	....	....
377.	1468	34679	1933	64447	3	21	....	....	377	50930	275	83830
378.	427	8228	670	21395	7	134	14	335	163	20600	215	45706
379.	2283	52318	2289	86284	6	64	3	124	360	43822	276	101650
380.	1608	36454	2026	67291	1	8	....	....	432	57926	341	62650
381.	719	9966	926	26514	34	397	49	775	279	31330	247	50555
282.	1375	22872	2429	59654	5	96	1	25	685	90965	263	46435
383.	2	32	8	160	....	....	8	61	51	5123	51	5613
384.	508	9882	956	27032	2	27	3	51	274	39805	152	31655
385.	1050	22477	1438	46858	1	100	3	90	487	79710	292	70115
386.	196	3845	373	9802	1	14	4	82	100	15603	100	21831
387.	1259	24482	2047	63791	10	309	57	1263	450	65030	513	133405
388.	122	2323	275	7343	....	....	....	....	108	11575	95	14815
389.	315	6092	410	15313	4	40	8	71	126	14436	160	32305
390.	2291	63481	2864	93515	2	57	3	111	482	61658	269	80996
391.	461	6053	419	13961	1	40	2	27	107	13059	50	10385
392.	....	....	....	....	....	....	....	....	....	....	....	....
393.	456	10882	574	19804	....	....	3	43	183	21878	178	45555
	15547	334913	21425	678189	77	1307	160	3090	5100	675360	3626	873932

COUNTY OF

	26	27	28	29	30	31	32	33	34	35	36	37
394.	....	....	....	....	....	....	....	....	....	....	....	....
395.	919	14374	4259	114559	499	10903	408	9991	526	51678	4	605
396.	665	10095	1691	37563	143	2075	72	1515	276	25710	5	864
397.	1236	20065	4825	121413	671	14270	327	9214	520	49927	2	125
398.	661	9929	2390	58211	237	4514	39	771	351	34710	9	735
	3481	54463	13165	331746	1550	31852	846	21491	1673	162025	20	2329

COUNTY OF

	26	27	28	29	30	31	32	33	34	35	36	37
399.	2	60	12	350	....	....	....	....	21	2270	16	1650
400.	....	....	10	260	....	....	....	....	11	1100	3	800
401.	20	485	75	3210	....	....	16	409	102	17418	104	30060
402.	....	6	8	340	....	....	4	44	10	1080	13	3010
403.	....	....	....	....	....	....	....	....	3	500	2	400
404.	730	13111	1607	53065	3	30	1	25	306	42256	103	19255
405.	1526	29874	3243	107698	6	138	10	156	642	73785	189	27340
406.	678	15288	992	34982	7	88	25	268	263	40028	163	40065
407.	....	....	....	....	....	....	....	....	....	....	....	....
408.	8	185	38	940	6	75	36	620	50	7350	56	12550
409.	....	....	....	....	....	....	....	....	....	....	....	....
410.	5	150	22	833	2	80	11	400	49	7370	30	7145
411.	....	....	....	....	....	....	....	....	....	....	....	....
412.	2408	64238	3503	138142	6	114	27	455	663	82073	575	127940
413.	1398	33119	2423	90222	....	10	10	242	539	63890	92	19060
414.	20	430	63	1575	2	20	4	79	64	8797	63	13790
415.	466	9321	785	22381	9	106	8	121	182	26295	82	17470
	6261	166267	12781	453998	41	661	152	2819	2905	374212	1491	320535

Agricultural Produce for 1861.

SIMCOE.—(*Continued.*)

Carrots, Bushels.	Mangel Wurzel. Acres.	Mangel Wurzel. Bushels.	Beans, Bushels.	Clover, Timothy and other Grass Seeds, Bushels.	Hay, Tons.	Hops, lbs.	Maple Sugar, lbs.	Cider, Gallons.	Wool, lbs.	Fulled Cloth, Yards.	Flannel, Yards.	Flax and Hemp, lbs.	Linen, Yards.
38	39	40	41	42	43	44	45	46	47	48	49	50	51
390	...	...	...	16	1007	19	10456	2800	7495	1077	6683	...	...
...	...	...	...	...	...	...	...	...	...	...	...	...	...
760	...	...	...	...	59	...	60	...	600	30	40	...	...
...	...	...	...	...	...	...	...	...	...	...	...	...	...
565	1	100	...	6	1605	36	15669	...	7573	1241	6308	...	...
3	1	200	...	...	635	...	13905	...	1330	262	1243	10	...
7532	3	1070	49	1	1954	18	14091	3547	13375	2162	6510	600	...
525	...	...	...	...	2426	10	19024	...	8533	1153	6984	610	...
37	...	...	5	...	1218	15	16973	...	3106	421	2274	270	...
331	2	34	7	292	1759	225	29232	...	10657	1482	9626	...	25
...	...	...	...	...	4	...	912	...	...	...	...	205	...
21	...	...	1	7	977	16	17403	...	3418	649	3366	95	...
239	...	10	...	41	2442	89	16980	...	6603	1385	4481	...	...
...	...	...	...	...	476	...	5620	...	1196	20	421	98	...
282	1	300	...	17	2058	109	36487	...	7514	653	4332	1248	...
...	...	...	...	...	274	...	3645	...	907	...	...	...	...
90	...	76	...	5	482	...	20342	...	1682	259	829	...	...
3917	5	1582	5	20	2290	9	23154	1418	11989	2313	8825	2024	...
22	...	...	...	...	341	2	5381	...	1931	225	1846	...	...
...	...	...	...	...	...	...	...	...	...	...	...	...	...
...	...	200	...	...	734	...	9295	...	1456	112	731	...	...
14714	13	4472	67	405	18747	548	253629	7765	89365	14044	64499	5160	25

STORMONT.—(*Continued.*)

Carrots, Bushels.	Mangel Wurzel. Acres.	Mangel Wurzel. Bushels.	Beans, Bushels.	Clover, Timothy and other Grass Seeds, Bushels.	Hay, Tons.	Hops, lbs.	Maple Sugar, lbs.	Cider, Gallons.	Wool, lbs.	Fulled Cloth, Yards.	Flannel, Yards.	Flax and Hemp, lbs.	Linen, Yards.
...	...	...	...	...	...	...	...	...	...	...	...	...	...
3113	5	1630	74	53	4514	...	58048	850	15010	3572	5059	20	67
1217	1	315	21	41	2043	50	21597	...	5343	1487	3205	40	45
2920	6	1757	86	204	3856	217	46575	...	13906	1388	5535	319	177
1439	...	11	48	375	2836	66	23541	9	7739	2691	4687	305	30
8689	12	3713	229	673	13249	333	149761	859	41998	9138	18486	684	319

VICTORIA.—(*Continued.*)

Carrots, Bushels.	Mangel Wurzel. Acres.	Mangel Wurzel. Bushels.	Beans, Bushels.	Clover, Timothy and other Grass Seeds, Bushels.	Hay, Tons.	Hops, lbs.	Maple Sugar, lbs.	Cider, Gallons.	Wool, lbs.	Fulled Cloth, Yards.	Flannel, Yards.	Flax and Hemp, lbs.	Linen, Yards.
...	...	...	...	...	...	...	...	...	...	...	...	...	...
...	...	...	...	...	...	...	320	...	70	...	46	...	...
...	...	...	...	...	...	...	6730	...	91	86	128	...	26
...	...	...	...	...	3	...	590	...	8	...	...	...	...
...	...	...	...	...	...	...	100	...	...	...	...	...	...
101	...	...	...	1	648	23	9764	...	6136	2167	3165	...	...
5208	11	1450	144	57	1920	406	26940	502	12233	2521	6615	156	...
228	...	15	10	...	1072	332	18554	...	4294	940	2528	...	...
...	...	...	...	...	...	...	...	...	...	...	...	...	...
...	...	...	...	...	10	...	4310	...	...	...	...	...	...
...	...	...	...	...	...	...	...	...	...	...	...	...	...
75	...	...	9	...	18	...	3420	...	...	...	...	...	...
...	...	...	...	...	...	...	...	...	...	...	...	...	...
1732	2	520	82	29	2460	122	51046	...	18483	4430	9680	1282	110
3892	5	770	73	6	1874	115	23405	...	10461	2215	5068	4	40
...	3	100	...	2	16	...	3607	...	...	...	20	...	...
10	...	...	...	17	793	84	14305	...	2230	403	1412	...	...
1246	21	2855	318	112	8814	1082	163091	502	54006	12762	28668	1442	176

No. 11.—Upper Canada—Return of

COUNTY OF

	Live Stock.											
	Bulls, Oxen and Steers.	Milch Cows.	Calves and Heifers.	Horses over 3 years old.	Value of same in Dollars.	Colts and Fillies.	Sheep.	Pigs.	Total value of Live Stock.	Butter, lbs.	Cheese, lbs.	Beef in Barrels of 200 lbs.
	52	53	54	55	56	57	58	59	60	61	62	63
373..	289	982	1265	621	48550	247	2826	3891	101779	48010	740	220
374..	....	240	....	246	....	....	55	370	25043	....	....	....
375..	3	98	27	74	....	10	205	158	11476	1820	....	3
376..	....	85	....	68	....	....	8	183	7339	....	....	....
377..	336	966	1191	705	58270	251	2521	3992	116370	59537	768	172
378..	171	302	363	125	8970	52	485	836	27049	14360	1800	17
379..	136	1376	1545	1093	83870	406	4284	4697	178825	95264	9625	352
380..	298	1325	1166	865	61910	242	2871	3089	147920	86638	3906	201
381..	241	532	579	229	18357	87	1307	1190	46503	25705	842	173
382..	442	1368	1424	749	56357	287	3481	4010	82924	67190	1327	176
383..	19	23	14	10	2181	....	....	38	2294	1575	....	....
384..	271	552	882	236	16007	123	1341	2100	47776	28980	996	105
385..	398	1046	1067	525	38895	182	2274	2700	102369	72313	1820	242
386..	117	280	213	154	7375	31	403	445	25220	16975	350	33
387..	519	1073	1364	541	58570	226	2241	2019	110302	60572	8146	139
388..	109	177	139	176	11530	3	191	391	23327	7049	....	21
389..	140	301	304	138	6445	46	532	737	26064	11525	....	34
390..	237	1798	1872	1288	102647	520	4187	5120	209639	104049	6631	190
391..	86	294	336	170	12130	64	682	984	23982	10155	290	89
392..	....	11	....	3	....	....	46	11	853	....	....	....
393..	125	337	358	204	15610	63	478	786	34703	22695	508	72
	3937	13166	14109	8220	607674	2840	30418	37747	1352257	734412	37749	2259
												COUNTY OF
394..	....	210	....	171	....	....	84	179	16017	....	....	....
395..	55	2467	1913	1412	77812	681	5140	2104	171109	141466	8367	534
396..	58	1040	879	566	32812	233	1655	996	71284	52792	6725	232
397..	42	2411	2134	1531	73315	613	3963	2065	179738	106966	2435	350
398..	31	1278	1247	827	44947	422	2479	1275	92606	59903	4496	267
	186	7406	6173	4507	228886	1949	13321	6619	530754	361217	22023	1383
												COUNTY OF
399..	8	6	7	2	200	....	....	7	795	150	....	1
400..	10	13	19	27	2400	....	38	24	3680	800	....	....
401..	120	117	138	13	1300	7	53	182	9197	7980	....	37
402..	14	10	7	....	....	....	3	15	807	450	....	9
403..	4	8	11	12	1100	....	14	11	1500	450	....	....
404..	285	800	807	580	31892	197	2543	1907	81760	24085	3515	208
405..	363	1236	1180	815	67781	324	4078	3123	138000	89850	1442	296
406..	356	582	632	328	22335	92	1349	1137	60449	33341	1000	141
407..	....	....	....	....	....	....	....	....	....	....	....	....
408..	48	39	53	83	7935	1	1	52	11505	2950	200	17
409..	....	212	....	161	....	....	82	332	17732	....	....	....
410..	12	20	18	1	70	....	....	20	1291	810	....	3
411..	....	....	....	....	....	....	....	....	....	....	....	....
412..	577	2087	2063	1454	110374	463	5913	4523	233935	97505	8184	550
413..	311	1078	1230	769	69095	227	2936	2551	134706	67805	2430	385
414..	52	63	63	11	701	3	23	68	5301	4080	....	18
415..	246	404	451	184	12210	63	757	778	36921	19950	168	88
	2406	6725	6679	4440	327413	1377	17790	14730	737599	350206	16939	1753

AGRICULTURAL PRODUCE FOR 1861.

SIMCOE.—(*Continued.*)

Pork in Barrels of 200 lbs.	Fish.			Carriages kept for pleasure.	Value of same in Dollars.	Carriages kept for hire.	Value of same in Dollars.	Minerals.			
	Dried in Quintals.	Salted and Barrelled.	Sold Fresh, lbs.					Copper ore mined, Tons.	Value.	Iron ore mined, Tons.	Value.
64	65	66	67	68	69	70	71	72	73	74	75
1567	...	...	...	59	2975	...	...	...	...	...	...
...	...	...	...	94	5349	10	600	...	...	...	...
12	...	...	...	46	2945	2	130	...	...	...	...
...	...	...	...	17	1095	2	45	...	...	...	...
1411	...	...	...	66	3847	...	...	...	...	...	...
318	...	...	...	8	390	...	...	...	...	...	...
1738	...	...	...	281	16231	1	80	...	...	...	...
1385	...	...	...	84	3427	1	60	...	...	...	...
687	...	...	...	15	438	4	150	...	...	...	...
1104	...	...	...	34	2065	...	...	...	...	...	...
...	...	...	...	...	...	...	...	...	...	...	...
741	...	...	...	...	...	...	...	...	...	...	...
1285	...	...	...	21	1345	1	10	...	...	...	...
194	...	...	...	51	2385	28	1470	...	...	...	...
1056	...	...	...	33	2416	1	20	...	...	...	...
228	...	...	...	4	115	...	...	...	...	...	...
244	...	275	2040	39	1327	...	...	...	...	...	...
1269	...	...	...	277	15544	...	...	...	...	...	...
409	...	...	...	15	516	...	...	...	...	...	...
...	...	...	...	...	...	...	...	...	...	...	...
317	...	...	...	33	1608	...	...	...	...	...	...
13965	...	275	2040	1177	64018	50	2565	...	...	...	...

STORMONT.—(*Continued.*)

64	65	66	67	68	69	70	71	72	73	74	75
...	...	...	...	154	7793	26	803	...	...	...	...
1150	...	...	4200	376	1409	...	...	...	...	...	...
566	...	...	...	63	2488	...	...	...	...	...	...
1331	...	...	...	526	18899	15	319	...	...	...	...
578	...	...	...	119	3858	...	...	...	...	...	...
3625	...	...	4200	1238	34447	41	1122	...	...	...	...

VICTORIA.—(*Continued.*)

64	65	66	67	68	69	70	71	72	73	74	75
6	...	...	...	...	...	...	...	...	...	...	...
12	...	...	...	...	...	...	...	...	...	...	...
89	...	...	...	...	...	...	...	...	...	...	...
6	...	...	...	...	...	...	...	...	...	...	...
4	...	...	...	...	...	...	...	...	...	...	...
659	...	...	...	33	1422	...	...	...	...	...	...
1515	...	...	...	84	5618	...	...	...	...	...	...
776	...	...	...	13	782	4	220	...	...	...	...
...	...	...	...	...	...	...	...	...	...	...	...
24	...	...	...	...	...	...	...	...	...	...	...
...	...	...	...	41	1850	28	950	...	...	...	...
6	...	11	...	...	...	...	...	...	...	...	...
...	...	...	...	...	...	...	...	...	...	...	...
2398	...	3	...	212	10044	...	...	...	...	...	...
1974	...	...	...	50	3016	...	...	...	...	...	...
21	...	7	...	...	...	...	...	...	...	...	...
432	...	...	...	7	185	...	...	...	...	...	...
7922	...	21	...	440	22917	32	1170	...	...	...	...

No. 11.—Upper Canada—Return of

County of

TOWNSHIPS, &c.	Occupiers of Lands. Total.	10 acres and under.	10 to 20.	20 to 50.	50 to 100.	100 to 200.	Upwards of 200.	Lands—Acres. Amount held in Acres.	Under cultivation.	Under crops.	Under pasture.	Under Gardens and Orchards.	Wood and Wild Lands.
	1	2	3	4	5	6	7	8	9	10	11	12	13
416. Berlin, Village	12	......	......	......	5	5	2	1964	1166	621	494	51	798
417. Dumfries, North	364	13	9	31	134	143	34	44174	30751	18495	11681	575	13423
418. Galt, Town of	12	4	......	5	2	1	......	516	349	185	152	12	167
419. Hamburg, Village	3	1	......	......	1	1	......	213	177	105	69	3	36
420. Hespeler, Village	19	3	3	2	6	4	1	2202	1215	80[illegible]	373	39	987
421. Preston, Village	6	......	......	4	1	......	1	592	357	228	105	24	235
422. Waterloo, Village	11	......	......	2	1	4	4	1784	953	584	341	28	831
423. Waterloo, North	347	39	28	60	73	104	56	37870	21918	15[illegible]	5995	600	15952
424. Waterloo, South	330	15	13	36	121	116	29	36133	22725	11036	8082	607	13408
425. Wellesley	659	11	10	136	386	105	11	63212	37145	28601	8170	374	26067
426. Wilmot	531	11	14	78	266	142	20	56754	37814	26212	10712	890	18940
427. Woolwich	498	36	29	79	155	172	27	49861	29043	18645	9955	443	20818
Total of Waterloo	2792	133	106	423	1151	794	185	295275	183613	123838	56129	3646	111662

County of

TOWNSHIPS, &c.	1	2	3	4	5	6	7	8	9	10	11	12	13
428. Bertie	309	15	6	52	119	92	25	33379	20074	14876	4501	697	13305
429. Chippawa, Village	8	......	4	3	1	......	......	118	118	69	46	3	......
430. Clifton, Village	7	1	......	3	1	2	......	488	408	111	278	19	80
431. Crowland	195	21	3	50	77	26	12	17266	10620	6993	3362	274	6637
432. Fort Erie, Village	9	......	1	6	2	......	......	370	358	147	205	6	12
433. Humberstone	304	22	12	87	108	58	17	26275	11868	8798	2702	368	14407
434. Pelham	382	41	14	127	146	51	3	28029	17980	11796	5432	758	10043
435. Stamford	215	16	13	46	83	45	12	19757	13940	9771	3633	536	5817
436. Thorold	250	9	6	49	123	54	9	23671	16795	13913	2328	554	6876
437. Thorold, Village	......	......	......	......	......	......	......	......	......	......	......	......	......
438. Wainfleet	295	9	14	80	104	60	28	32182	13242	10454	2405	383	18940
439. Welland, Village	10	1	......	4	4	1	......	578	380	289	67	24	198
440. Willoughby	197	7	3	72	78	32	5	16846	10733	8550	1930	253	6113
Total of Welland	2181	142	76	585	846	421	111	198959	116531	85767	26889	3875	82428

County of

TOWNSHIPS, &c.	1	2	3	4	5	6	7	8	9	10	11	12	13
441. Amaranth	174	1	1	23	120	28	1	18744	6625	5536	1089	......	12119
442. Arthur	555	51	2	87	346	57	12	49617	13034	9778	3247	9	36583
443. Elora Village	......	......	......	......	......	......	......	......	......	......	......	......	......
444. Eramosa	351	14	12	44	198	68	[illegible]5	33174	19653	11874	7536	243	13521
445. Erin	695	68	8	107	373	122	1[illegible]	60753	32743	20127	12492	124	28010
446. Fergus, Village	......	......	......	......	......	......	......	......	......	......	......	......	......
447. Garafraxa	567	2	3	103	390	61	8	54429	24520	18378	6117	25	29909
448. Guelph	344	......	5	64	153	104	18	34207	22953	15077	7608	268	11254
449. Guelph, Town of	......	......	......	......	......	......	......	......	......	......	......	......	......
450. Luther	136	......	......	19	73	43	1	1[illegible]514	2046	1750	296	......	14468
451. Maryborough	396	9	3	69	232	77	6	43[illegible]52	14056	10521	3126	409	29696
452. Minto	420	1	3	51	239	102	24	524[illegible]39	7440	5900	1540	......	44999
453. Nichol	247	2	4	40	85	105	11	2494[illegible]	15233	8880	6348	5	9709
454. Peel	625	7	10	105	434	62	7	60913	25032	18551	6396	85	35881
455. Pilkington	358	6	6	115	186	39	6	27508	16127	12889	3177	61	11381
456. Puslinch	539	8	3	51	381	84	12	55679	32884	17596	14904	384	22795
Total of Wellington	5407	169	60	878	3210	952	138	532671	232[illegible]346	156857	73876	1613	300325

Agricultural Produce for 1861.

WATERLOO.

Cash value of Farm in Dollars.	Cash value of Farming Implements in Dollars.	Produce of Gardens and Orchards in Dollars.	Quantity of Land held by Townspeople, not being farmers.	Fall Wheat.		Spring Wheat.		Barley.		Rye.	
				Acres.	Bushels.	Acres.	Bushels.	Acres.	Bushels.	Acres.	Bushels.
14	15	16	17	18	19	20	21	22	23	24	25
81100	2275	697	387	211	4121	82	1445	9	290	5	130
4389736	81294	13428	1943	7336	176520	765	12681	565	15216	111	1909
40560	1760	230	260	42	1010	22	394	10	274	14	210
10550	922	25	450	22	575	30	812	....	....	....	....
72970	3465	643	892	205	5830	63	773	12	280	12	204
35280	2180	320	670	63	1075	75	1365	12	208	4	35
73640	2447	401	1203	156	2541	117	1679	29	379	54	710
1244107	48438	8451	1178	3983	80553	3725	43982	195	4333	111	1730
1132548	51407	8771	1561	3379	74488	1864	25993	176	3539	370	5221
1675213	82702	1707	413	2296	48896	11759	226244	355	10202	45	1040
2013910	86242	10006	2180	6680	129649	4604	83014	314	7718	250	3438
1626917	62494	5489	522	3670	90905	5055	102632	364	10470	63	1137
12446531	425626	50168	11659	27843	616163	28161	501034	2041	52969	1048	15764

WELLAND.

Cash value of Farm in Dollars.	Cash value of Farming Implements in Dollars.	Produce of Gardens and Orchards in Dollars.	Quantity of Land held by Townspeople, not being farmers.	Fall Wheat Acres.	Fall Wheat Bushels.	Spring Wheat Acres.	Spring Wheat Bushels.	Barley Acres.	Barley Bushels.	Rye Acres.	Rye Bushels.
1060554	34019	10208	347	1238	13170	1281	21930	1518	35335	354	4443
29100	910	200	44	4	80	....	....	....	....	....	....
29600	831	630	125	8	150	28	350	15	120	10	200
578632	21348	5087	138	501	4932	1015	10243	422	10398	252	2906
14900	1280	192	95	23	340	22	284	19	350	....	....
703970	20742	6772	293	726	5183	1156	19276	878	23038	375	3924
948853	35100	13042	106	1610	15806	1080	15179	480	10313	440	3795
889210	20564	8459	479	817	11032	933	13850	683	14023	107	1380
799105	28637	6862	557	1471	12802	935	13928	581	13351	302	2514
....	....	....	36	....	....	....	....	....	....	....	....
724217	26555	4349	40	940	5309	1208	17903	386	9850	344	3754
29300	1365	435	92	10	20	43	620	18	362	6	99
562385	21868	4159	52	455	5652	803	15044	798	21597	118	1277
6369585	213219	60415	2404	7803	74476	8504	128607	5798	138737	2308	24292

WELLINGTON.

Cash value of Farm in Dollars.	Cash value of Farming Implements in Dollars.	Produce of Gardens and Orchards in Dollars.	Quantity of Land held by Townspeople, not being farmers.	Fall Wheat Acres.	Fall Wheat Bushels.	Spring Wheat Acres.	Spring Wheat Bushels.	Barley Acres.	Barley Bushels.	Rye Acres.	Rye Bushels.
333400	12780	....	....	7	250	2323	37666	107	2155	....	....
599720	25443	....	....	2	28	4412	55849	51	948	....	....
....	....	....	302	....	....	....	....	....	....	....	....
967425	46984	3310	102	1027	31621	3480	72895	249	6387	....	....
1248974	49441	1153	56	1896	41742	8262	141420	135	2990	6	155
....	....	....	106	....	....	....	....	....	....	....	....
1250110	55301	300	337	70	2215	8111	162086	369	9491	8	120
1585340	56865	5548	373	1225	44127	3222	71135	169	4619	14	220
....	....	....	810	....	....	....	....	....	....	....	....
105820	2049	....	....	....	....	844	12832	57	1055	....	....
858500	51171	....	....	10	260	5366	96398	75	1590	....	....
416650	11504	....	175	15	503	3345	50187	72	1998	....	....
1226516	49706	....	242	185	3425	4052	83052	212	5572	17	360
1318570	56530	77	52	89	2310	9515	185850	201	5209	....	....
939150	31789	....	52	401	11158	3088	80344	122	2970	....	....
1636625	76468	601	525	4235	96292	2445	48979	354	9073	42	669
12486800	526031	10989	3132	9160	233931	58465	1098693	2173	54057	87	1524

No. 11.—Upper Canada—Return of

COUNTY OF

	Peas.		Oats.		Buckwheat.		Indian Corn.		Potatoes.		Turnips.	
	Acres.	Bushels.	Acres.	Bushels.	Acres.	Bushels.	Acres.	Bushels.	Acres.	Bushels.	Acres.	Bushels.
	26	27	28	29	30	31	32	33	34	35	36	37
416.	48	973	160	4140	....	....	8	210	23	3040	21	6340
417.	1031	23392	1917	62897	11	229	52	1904	494	82[illegible]50	486	252087
418.	24	462	22	575	....	....	1	56	8	1[illegible]00	9	4075
419.	20	600	20	800	....	....	....	....	5	1100	9	900
420.	40	850	89	2758	2	20	4	55	28	4410	13	5700
421.	15	456	26	815	....	....	2	100	10	1560	2	700
422.	58	961	133	3495	....	....	1	23	21	1970	14	2310
423.	1206	25856	2499	79488	18	438	97	2400	574	72821	412	113005
424.	1291	26406	1949	57418	68	1406	102	2313	510	60836	406	153674
425.	2215	51452	3980	140749	1	15	1	24	638	76344	470	74675
426.	2219	52628	4447	136125	10	236	29	770	693	81049	634	137907
427.	1679	38411	3494	126918	15	304	4	496	567	67113	687	238387
	9846	222447	18736	616178	125	2648	301	8351	3571	453793	3163	980760

COUNTY OF

	Peas. Acres.	Peas. Bushels.	Oats. Acres.	Oats. Bushels.	Buckwheat. Acres.	Buckwheat. Bushels.	Indian Corn. Acres.	Indian Corn. Bushels.	Potatoes. Acres.	Potatoes. Bushels.	Turnips. Acres.	Turnips. Bushels.
428.	547	10195	2182	89188	621	11612	681	34490	287	24886	6	837
429.	....	....	12	400	4	60	8	460	17	1170	....	....
430.	12	160	44	1730	8	167	20	1035	6	660	1	250
431.	471	8905	1327	48666	314	6654	272	12163	156	17094	6	908
432.	3	38	39	1107	9	256	21	460	5	500	....	....
433.	445	8332	1750	64843	483	8661	418	13846	236	14252	5	1562
434.	631	9718	1552	46170	518	8752	792	28288	431	34070	45	20094
435.	474	7988	1729	63055	314	5424	546	22934	318	39824	35	10087
436.	689	11104	1790	64033	444	7071	486	18487	298	28592	25	5480
437.	....	....	....	....	....	....	....	....	....	....	....	....
438.	903	16586	1130	42497	506	10180	336	9483	184	14529	16	3565
439.	19	259	52	1676	21	330	16	444	9	850	....	38
440.	421	7205	1806	68252	226	3514	265	8930	170	15782	3	1225
	4615	80490	13413	491617	3468	62681	3861	151020	2117	192209	142	44046

COUNTY OF

	Peas. Acres.	Peas. Bushels.	Oats. Acres.	Oats. Bushels.	Buckwheat. Acres.	Buckwheat. Bushels.	Indian Corn. Acres.	Indian Corn. Bushels.	Potatoes. Acres.	Potatoes. Bushels.	Turnips. Acres.	Turnips. Bushels.
441.	947	11510	815	28370	1	20	....	....	198	24950	285	63430
442.	912	13767	1706	44961	....	....	1	20	318	19767	506	69765
443.	....	....	....	....	....	....	....	....	....	....	....	....
444.	1680	38814	2638	92628	20	608	1	35	344	46990	802	251713
445.	1926	35868	3482	98031	44	600	1	20	625	98320	428	113595
446.	....	....	....	....	....	....	....	....	....	....	....	....
446.	1935	41725	4536	148450	17	300	....	....	645	72725	1299	355970
448.	2206	57858	2650	107747	4	30	2	60	421	67093	1074	491623
449.	....	....	....	....	....	....	....	....	....	....	....	....
450.	108	1470	180	4431	....	....	....	....	86	5520	190	21350
451.	1246	26779	1447	55578	....	....	....	....	218	11214	957	138616
452.	390	6899	759	18650	....	....	....	....	282	21294	702	125950
453.	958	21578	2602	78896	....	....	....	....	284	36892	810	282088
454.	2032	45272	2935	86760	....	....	1	30	404	39755	869	169352
455.	1097	25948	2532	88318	....	6	....	....	278	31546	613	287700
456.	1825	59883	3385	104571	....	....	....	....	749	110731	967	357639
	17271	387371	29667	957391	86	1564	6	165	4852	587701	9502	2729391

AGRICULTURAL PRODUCE FOR 1861.

WATERLOO.—(*Continued.*)

Carrots, Bushels.	Mangel Wurzel.		Beans, Bushels.	Clover, Timothy and other Grass Seeds, Bushels.	Hay, Tons.	Hops, lbs.	Maple Sugar, lbs.	Cider, Gallons.	Wool, lbs.	Fulled Cloth, Yards.	Flannel, Yards.	Flax and Hemp, lbs.	Linen, Yards.
	Acres.	Bushels.											
38	39	40	41	42	43	44	45	46	47	48	49	50	51
500	....	....	....	24	235	....	1750	2540	645	79	232	3200	....
68557	7	2354	344	359	4208	224	1820	11714	31219	1760	3497	11188	102
348	1	260	1	....	61	2	....	70	1330	....	....	....	....
20	....	....	....	....	31	....	20	40	101	31	58	....	....
100	....	....	....	4	261	....	565	994	909	118	361	1400	10
....	....	....	....	....	59	....	20	642	120	25	20	....	....
101	....	....	1	....	153	....	1130	1357	635	182	196	1370	25
7775	3	852	91	485	3255	60	40976	27004	12463	3139	4284	27706	2082
19578	11	2950	26	473	3323	50	31552	21110	13903	1870	5186	160994	763
2082	2	302	27	212	3777	178	51488	....	18124	5909	9978	25920	564
7529	8	2369	228	385	4868	54	38792	17460	29086	5598	6016	77599	2205
7813	2	640	50	406	2275	12	50014	4886	19304	4340	4579	59866	3633
94403	34	9727	768	2348	22506	580	218077	87826	127929	23051	34407	369243	9480

WELLAND.—(*Continued.*)

38	39	40	41	42	43	44	45	46	47	48	49	50	51
1517	1	280	141	417	3728	62	9071	44864	13276	698	4213	2065	120
....	....	....	....	....	15	....	....	....	240	....	....	....	....
1411	1	220	217	3	84	....	....	260	130	....	....	....	....
1014	2	402	158	221	1944	26	4111	16307	7074	615	2237	622	9
....	....	....	....	12	123	....	....	300	140	....	50	....	....
914	7	1941	155	186	2191	75	6120	36932	6292	437	3523	595	340
6508	6	590	231	893	3484	36	5408	38776	10751	1016	2592	16	....
9496	7	3515	19	308	4071	3310	444	21933	7715	252	689	200	....
4425	5	2655	289	668	3892	56	1071	23000	9781	1118	1345	1260	1
....	....	....	....	....	....	....	....	....	....	....	....	....	....
3430	2	395	240	452	3071	25	8026	22905	7999	845	3166	90	....
237	....	115	25	....	98	51	....	290	186	....	....	....	....
615	3	2189	63	390	1856	51	1247	15441	5734	497	1658	862	42
29567	34	12292	1538	3550	24557	3692	38398	221008	69318	5478	19473	5710	512

WELLINGTON.—(*Continued.*)

38	39	40	41	42	43	44	45	46	47	48	49	50	51
....	....	....	....	....	865	....	11295	....	2251	143	2470	....	....
121	....	....	....	266	1176	48	12360	....	5668	734	4275	10	10
....	....	....	....	....	....	....	....	....	....	....	....	....	....
2456	3	1005	300	35	2094	....	19257	220	12149	667	4471	4325	45
2103	....	100	157	51	2965	45	46352	....	15392	2868	8320	465	75
....	....	....	....	....	....	....	....	....	....	....	....	....	....
101	....	....	1	1	2386	164	31949	....	9593	1655	5688	988	....
2290	5	2450	....	....	2989	12	13842	....	16260	713	2078	9130	....
....	....	....	....	....	....	....	....	....	....	....	....	....	....
....	....	....	....	....	242	....	7508	....	384	....	362	....	....
....	....	....	....	597	3334	77	26222	....	13602	1106	6065	29836	....
42	....	....	....	77	1051	21	16997	....	2023	117	1523	112	....
1510	1	150	....	200	1415	....	1975	....	8365	588	2114	....	....
30	....	....	10	5	2448	....	24295	....	10351	1753	6527	15116	104
120	1	600	....	....	1277	....	84915	....	6941	442	2475	1258	....
2628	2	700	....	92	3090	62	20248	335	23510	1946	5776	1670	260
11401	12	5005	468	1324	25332	429	317215	555	126498	12732	52144	62910	494

No. 11.—Upper Canada—Return of

COUNTY OF

	Live Stock.											
	Bulls, Oxen and Steers.	Milch Cows.	Calves and Heifers.	Horses over 3 years old.	Value of same in Dollars.	Colts and Fillies.	Sheep.	Pigs.	Total value of Live Stock.	Butter, lbs.	Cheese, lbs.	Beef in Barrels of 200 lbs.
	52	53	54	55	56	57	58	59	60	61	62	63
416..	11	269	74	142	....	27	232	295	18115	3885	70	2
417..	242	1505	1847	1157	84302	321	7829	2015	184455	119570	38065	285
418..	12	213	....	164	....	1	101	221	18234	1086	400	....
419..	3	118	19	65	....	2	122	200	7952	350	....	....
420..	38	156	212	66	....	17	274	501	17886	12753	1350	103
421..	9	181	24	125	....	3	55	295	12379	1766	100	3
422..	14'	244	53	125	....	16	253	285	15903	3950	....	15
423..	309	1283	1435	958	52930	443	4139	2754	132383	76531	2261	290
424..	231	1620	1399	943	58731	346	4335	2193	148013	85036	17041	224
425..	736	2173	2401	1327	95124	616	6439	5072	208617	98968	8478	156
426..	710	2527	2572	1043	98222	667	7121	4874	222387	101006	4230	147
427..	523	2065	2296	1217	81612	603	6037	3416	195207	98621	7325	441
	2838	12414	12332	7932	470921	3062	36937	22121	11181531	604116	79320	1066
												COUNTY OF
428..	170	1231	1168	929	62568	265	4020	2121	128655	79281	4455	148
429..	....	94	6	94	....	....	64	102	9103	....	....	....
430..	1	108	13	93	....	3	79	101	10140	1350	....	1
431..	80	511	514	490	35915	144	2145	915	70810	44372	590	113
432..	4	134	17	59	....	4	62	135	6474	900	....	1
433..	134	986	1030	659	38958	194	1921	1492	92293	49950	2482	138
434..	135	955	1001	827	56700	.238	4390	1520	120313	83798	8731	113
435..	30	891	735	844	38243	192	2586	1447	122943	63383	2966	344
436..	62	841	773	881	49403	226	3243	1585	110477	77984	2390	339
437..	....	105	....	128	....	....	....	73	12876	....	....	....
438..	169	821	1106	615	58728	189	2621	1378	29752	69905	744	93
439..	....	105	27	83	....	7	92	117	9999	1640	....	3
440..	35	540	611	406	22350	108	1819	1046	67497	49110	1155	86
	820	7322	7001	6168	372865	1570	23042	12032	797332	521673	23513	1379
												COUNTY OF
441..	245	394	520	188	11910	65	718	1054	37080	101760	400	84
442..	630	1075	1151	427	31666	199	1970	2244	84257	50577	1220	213
443..	....	159	....	62	....	....	19	100	8749	....	....	....
444..	393	1159	1571	674	49260	212	3194	1819	132978	93564	6043	527
445..	684	1771	2271	1072	84155	419	4935	5867	233081	91125	8164	312
446..	....	122	....	93	....	....	19	100	12414	....	....	....
447..	858	1457	2402	793	64665	243	2660	3608	175565	58757	4395	207
448..	469	1223	1724	897	67900	380	4267	3163	187247	74505	13326	71
449..	....	569	....	397	....	....	31	574	49586	....	....	....
450..	192	219	329	30	1277	14	258	617	12596	10823	245	2
451..	538	975	1358	476	37425	253	2000	2191	96466	80740	4293	74
452..	659	757	1112	167	10700	72	705	1578	60282	46111	2605	211
453..	251	1131	1435	634	47129	198	2522	1655	125604	46010	9711	287
454..	713	1395	1823	976	78632	398	3797	3485	165377	47032	1936	112
455..	383	970	1360	596	41762	231	2390	1886	114352	64922	8144	112
456..	591	1863	2338	1190	98592	380	6449	3359	237809	100789	19965	396
	6606	15239	19484	8672	625073	3065	35934	33246	1734043	866715	80447	2608

Agricultural Produce for 1861.

WATERLOO.—(*Continued.*)

Pork in Barrels of 200 lbs.	Fish.			Carriages kept for pleasure.	Value of same in Dollars.	Carriages kept for hire.	Value of same in Dollars.	Minerals.			
	Dried in Quintals.	Salted and Barrelled.	Sold Fresh, lbs.					Copper ore mined, Tons.	Value.	Iron ore mined, Tons.	Value.
64	65	66	67	68	69	70	71	72	73	74	75
35	.....	.....	.....	83	5399	6	200	.....	.....	.....	.....
859	.....	.....	.....	427	22002	9	70	.....	.....	.....	.....
1	.....	.....	.....	50	5075	32	1365	.....	.....	.....	.....
4	.....	.....	.....	33	1630	.....	.....	.....	.....	.....	.....
266	.....	.....	.....	22	1130	8	220	.....	.....	.....	.....
6	.....	.....	.....	17	3212	4	250	.....	.....	.....	.....
53	.....	.....	.....	82	4323	.....	.....	.....	.....	.....	.....
1663	.....	.....	.....	357	14605	1	30	.....	.....	.....	.....
1082	.....	.....	.....	323	14544	2	110	.....	.....	.....	.....
1518	.....	.....	.....	222	8900	2	70	.....	.....	.....	.....
1476	.....	.....	.....	399	4967	1	40	.....	.....	.....	.....
1868	.....	.....	.....	500	18106	2	40	.....	.....	.....	.....
8831	.....	.....	.....	2548	104493	67	2395	.....	.....	.....	.....

WELLAND.—(*Continued.*)

Pork in Barrels of 200 lbs.	Dried in Quintals.	Salted and Barrelled.	Sold Fresh, lbs.	Carriages kept for pleasure.	Value of same in Dollars.	Carriages kept for hire.	Value of same in Dollars.	Copper ore mined, Tons.	Value.	Iron ore mined, Tons.	Value.
856	.....	.....	.....	246	9606	1	30	.....	.....	.....	.....
.....	.....	.....	.....	33	2730	12	415	.....	.....	.....	.....
25	.....	.....	.....	19	1470	21	2400	.....	.....	.....	.....
279	869	.....	.....	74	4494	1	30	.....	.....	.....	.....
6	.....	.....	.....	17	1140	.....	.....	.....	.....	.....	.....
736	.....	.....	.....	92	4633	.....	.....	.....	.....	.....	.....
741	.....	.....	1480	191	11878	2	116	.....	.....	.....	.....
642	.....	.....	.....	241	14162	34	3433	.....	.....	.....	.....
1182	.....	.....	.....	215	13110	10	205	.....	.....	.....	.....
.....	.....	.....	.....	31	1980	12	900	.....	.....	.....	.....
641	.....	.....	.....	42	2835	.....	.....	.....	.....	.....	.....
19	.....	.....	.....	22	1327	.....	.....	.....	.....	.....	.....
555	.....	.....	.....	93	4633	.....	.....	.....	.....	.....	.....
5682	869	.....	1480	1316	73998	93	7529	.....	.....	.....	.....

WELLINGTON.—(*Continued.*)

Pork in Barrels of 200 lbs.	Dried in Quintals.	Salted and Barrelled.	Sold Fresh, lbs.	Carriages kept for pleasure.	Value of same in Dollars.	Carriages kept for hire.	Value of same in Dollars.	Copper ore mined, Tons.	Value.	Iron ore mined, Tons.	Value.
582	.....	.....	.....	9	620	.....	.....	.....	.....	.....	.....
1051	.....	.....	.....	13	370	2	150	.....	.....	.....	.....
.....	.....	.....	.....	70	2946	25	1374	.....	.....	.....	.....
1332	.....	.....	.....	118	7120	.....	.....	.....	.....	.....	.....
1415	.....	.....	.....	125	7433	.....	.....	.....	.....	.....	.....
.....	.....	.....	.....	51	2520	31	2140	.....	.....	.....	.....
935	.....	.....	.....	13	900	1	100	.....	.....	.....	.....
251	.....	.....	.....	174	10720	.....	.....	.....	.....	.....	.....
.....	.....	.....	.....	209	13148	47	4755	.....	.....	.....	.....
111	.....	.....	.....	.....	.....	.....	.....	.....	.....	.....	.....
1210	.....	.....	.....	54	2172	2	70	.....	.....	.....	.....
831	.....	.....	.....	1	50	.....	.....	.....	.....	.....	.....
705	.....	.....	.....	64	3442	19	1020	.....	.....	.....	.....
1205	.....	.....	.....	107	4570	1	30	.....	.....	.....	.....
428	.....	.....	.....	58	3857	1	30	.....	.....	.....	.....
1745	.....	.....	.....	29	8507	.....	.....	.....	.....	.....	.....
11801	.....	.....	.....	1095	71381	129	9669	.....	.....	.....	.....

No. 11.—Upper Canada—Return of

TOWNSHIPS, &c.	Occupiers of Lands. Total.	10 acres and under.	10 to 20.	20 to 50.	50 to 100.	100 to 200.	Upwards of 200.	Lands—Acres. Amount held in Acres.	Under cultivation.	Under crops.	Under pasture.	Under Gardens and Orchards.	Wood and Wild Lands.
	1	2	3	4	5	6	7	8	9	10	11	12	13
COUNTY OF													
457. Ancaster	414	12	21	78	172	106	25	42606	29312	24019	4795	498	13294
458. Barton	163	17	14	42	68	21	1	11676	9080	7220	1514	346	2596
459. Binbrook	210	2	.....	24	110	57	17	25073	15768	13237	2329	202	9305
460. Beverley	608	6	9	176	271	115	31	60120	36657	23512	12414	731	23463
461. Dundas, Town of	......	......	.....	......	......	......	.....	....	....	....	....	......	....
462. Flamboro, East	305	10	12	62	139	64	18	30312	18448	9706	8451	291	11664
463. Flamboro, West	295	7	9	92	113	61	13	27177	18136	14817	2997	322	9041
464. Glanford	196	4	5	36	76	68	7	20920	13183	9167	3764	252	7737
465. Saltfleet	255	7	4	54	99	80	11	26408	18083	14037	3663	383	8325
Total of Wentworth	2446	65	74	564	1048	572	123	244292	158667	115715	39927	3025	85625
COUNTY OF													
466. Etobicoke	273	5	8	72	116	56	16	25687	20223	16857	3036	330	5464
467. Georgina	146	3	3	34	61	31	14	16293	6098	4204	1866	28	10195
468. Gwillimbury, East	355	5	5	74	176	88	7	35747	20923	17209	3355	359	14824
469. Gwillimbury, North	21[illegible]	1[illegible]	9	64	72	35	16	19998	8394	6763	1454	177	11604
470. Holland Landing, Village	12	2	1	4	1	4	.....	756	491	394	89	8	265
471. King	790	14	22	165	410	157	22	75178	46115	37574	8035	506	29063
472. Markham	705	25	13	160	333	156	18	64881	49567	40054	8535	978	15314
473. Scarborough	437	14	11	98	222	70	22	38881	28394	22405	5550	439	10487
474. Vaughan	621	16	8	99	333	130	35	62667	41928	34896	6287	745	20739
475. Whitchurch	570	36	13	121	309	85	6	49020	29999	22659	6929	411	19021
476. York	570	50	30	120	204	152	20	54469	40081	32045	7013	1033	14388
477. Yorkville, Village	......	......	.....	......	......	......	.....	....	....	....	....	......	....
Total of York	4697	186	123	1011	2237	964	176	443577	292213	235060	52149	5004	151364
DISTRICT OF													
478. Sault Ste. Marie, Village	119	87	5	6	12	6	3	22089	1534	644	881	9	20555
479. Algoma District	4	2	.....	......	......	1	1	376	285	35	250	......	91
Total of Algoma	123	89	5	6	12	7	4	22465	1819	679	1131	9	20646
DISTRICT OF													
480. Nipissing	94	3	3	3	43	25	17	16619	2823	2405	418	......	13796
CITIES OF													
A. Hamilton	......	......	.....	......	......	......	.....	....	....	....	....	......	....
B. Kingston	......	......	.....	......	......	......	.....	....	....	....	....	......	....
C. London	......	......	.....	......	......	......	.....	....	....	....	....	......	....
D. Ottawa	......	......	.....	......	......	......	.....	....	....	....	....	......	....
E. Toronto	......	......	.....	......	......	......	.....	....	....	....	....	......	....

AGRICULTURAL PRODUCE FOR 1861.

WENTWORTH.

Cash value of Farm in Dollars.	Cash value of Farming Implements in Dollars.	Produce of Gardens and Orchards in Dollars.	Quantity of Land held by Townspeople, not being farmers.	Fall Wheat.		Spring Wheat.		Barley.		Rye.	
				Acres.	Bushels.	Acres.	Bushels.	Acres.	Bushels.	Acres.	Bushels.
14	15	16	17	18	19	20	21	22	23	24	25
2085430	77004	11280	442	5020	72250	1751	30764	1532	45589	18	375
2033930	24110	5967	882	713	5823	1154	21613	371	10005	40	1072
823100	34873	2815	82	1149	5520	1458	21613	1105	28318	74	951
1638484	79349	8339	836	6061	116763	2817	46610	1003	24752	....	20
....	....	....	225	....	....	....	....	....	....	....	....
1163717	38211	6565	505	2935	53575	1562	26199	398	11965	11	199
1231240	43097	9577	436	2570	47403	1507	29540	542	13671	47	836
876635	29527	4277	59	1183	8613	1585	26077	1023	33044	36	369
1420107	44319	12224	284	1250	8512	2021	26955	1037	26856	99	1328
11272643	370580	61044	3751	20881	318459	13855	229377	7011	194200	331	5150

YORK.

14	15	16	17	18	19	20	21	22	23	24	25
1565475	64856	6436	320	2882	45644	1043	13631	1964	49375	....	....
314460	14319	463	88	533	12461	1545	31061	11	345	....	....
1377255	54942	5591	365	3163	74769	3433	68601	134	3952	2	40
557296	22281	2753	35	993	22901	2248	43402	89	2245	....	....
31000	4555	170	1157	78	1952	116	2597	....	....	....	....
2866765	123934	7892	499	7889	178097	5978	121803	590	17612	12	124
4357035	138998	17077	1260	7227	129531	5082	89123	1810	57264	11	190
2462910	83956	9023	392	4255	54880	1425	18890	610	17922	59	778
3029174	120250	8685	1026	7713	141876	3448	51923	1225	33442	11	267
2247752	98576	6848	627	3469	82461	4069	91653	442	13755	14	200
4310720	116621	30929	1521	5923	92353	1969	28180	1276	34137	30	383
....	....	....	177	....	....	....	....	....	....	....	....
23119842	843238	95867	7465	44125	836925	30356	560864	7881	230049	139	1982

ALGOMA.

14	15	16	17	18	19	20	21	22	23	24	25
10950	390	105	....	7	46	3	130	2	85	....	....
500	30	....	....	....	....	....	....	4	60	....	....
11450	420	105	....	7	46	3	130	6	145	....	....

NIPISSING.

14	15	16	17	18	19	20	21	22	23	24	25
80655	3357	....	....	....	....	102	1640	2	58	....	....

UPPER CANADA.

14	15	16	17	18	19	20	21	22	23	24	25
....	....	....	768	....	....	....	....	....	....	....	....
....	....	....	693	....	....	....	....	....	....	....	....
....	....	....	855	....	....	....	....	....	....	....	....
....	....	....	400	....	....	....	....	....	....	....	....
....	....	....	1020	....	....	....	....	....	....	....	....

No. 11.—Upper Canada—Return of

COUNTY OF

	Peas. Acres	Peas. Bushels	Oats. Acres	Oats. Bushels	Buckwheat. Acres	Buckwheat. Bushels	Indian Corn. Acres	Indian Corn. Bushels	Potatoes. Acres	Potatoes. Bushels	Turnips. Acres	Turnips. Bushels
	26	27	28	29	30	31	32	33	34	35	36	37
457.	1835	42025	3038	103447	485	12148	256	10832	505	54928	260	127076
458.	457	13651	543	24448	150	4001	174	11905	154	14823	65	36318
459.	4041	38693	2271	80626	437	8878	57	3023	193	16294	27	6130
460.	2477	51647	4089	140974	180	4073	94	2912	743	98415	589	224992
461.	....	....	....	....	....	....	....	....	....	....	....	....
462.	1157	25338	1062	35442	194	4506	139	1880	561	69705	234	100650
463.	1252	25759	1291	39290	222	5479	82	3460	449	63462	319	122544
464.	1358	31797	1820	69291	407	10121	90	4479	210	20692	61	21351
465.	1507	33211	1798	67057	380	7212	683	41240	243	18389	47	15667
	14084	262121	15912	560575	2455	56418	1575	79731	3058	356708	1602	654728

COUNTY OF

	Peas. Acres	Peas. Bushels	Oats. Acres	Oats. Bushels	Buckwheat. Acres	Buckwheat. Bushels	Indian Corn. Acres	Indian Corn. Bushels	Potatoes. Acres	Potatoes. Bushels	Turnips. Acres	Turnips. Bushels
466.	1615	35981	2179	72329	36	567	30	1049	442	53793	124	55190
467.	558	12011	690	24425	5	52	17	395	118	17110	134	46157
468.	1733	42248	2639	88770	44	966	23	715	401	50617	435	149200
469.	654	16223	983	38637	15	221	49	1261	152	20006	126	37765
470.	43	999	45	1790	....	6	....	....	10	1380	7	2850
471.	4547	105544	4675	167453	11	209	13	354	1146	92686	504	171490
472.	4932	132540	6761	294966	61	1698	103	3043	851	95713	491	145473
473.	2663	71116	2833	130708	25	486	65	2113	709	72473	143	47123
474.	4135	98515	4673	159610	22	630	15	429	735	91564	202	49880
475.	2800	73976	4090	155967	62	1587	25	755	476	54512	651	204275
476.	4384	96050	5210	168582	99	1874	98	2892	1045	132069	190	65520
477.	....	....	....	....	....	....	....	....	....	....	....	....
	28064	685203	34778	1303237	380	8302	438	13006	6085	682823	3007	974932

DISTRICT OF

	Peas. Acres	Peas. Bushels	Oats. Acres	Oats. Bushels	Buckwheat. Acres	Buckwheat. Bushels	Indian Corn. Acres	Indian Corn. Bushels	Potatoes. Acres	Potatoes. Bushels	Turnips. Acres	Turnips. Bushels
478.	20	536	85	5025	....	....	146	3715	234	20842	27	3999
479.	....	....	....	....	....	....	....	....	11	8757	....	....
	20	536	85	5025	....	....	146	3715	245	29599	27	3999

DISTRICT OF

	Peas. Acres	Peas. Bushels	Oats. Acres	Oats. Bushels	Buckwheat. Acres	Buckwheat. Bushels	Indian Corn. Acres	Indian Corn. Bushels	Potatoes. Acres	Potatoes. Bushels	Turnips. Acres	Turnips. Bushels
480.	31	419	696	18150	....	....	....	....	87	12376	5	920

CITIES OF

	Peas. Acres	Peas. Bushels	Oats. Acres	Oats. Bushels	Buckwheat. Acres	Buckwheat. Bushels	Indian Corn. Acres	Indian Corn. Bushels	Potatoes. Acres	Potatoes. Bushels	Turnips. Acres	Turnips. Bushels
A ...	....	....	....	....	....	....	....	....	....	....	....	....
B ...	....	....	....	....	....	....	....	....	....	....	....	....
C ...	....	....	....	....	....	....	....	....	....	....	....	....
D ...	....	....	....	....	....	....	....	....	....	....	....	....
E ...	....	....	....	....	....	....	....	....	....	....	....	....

Agricultural Produce for 1861.

WENTWORTH.—(*Continued.*)

Carrots, Bushels.	Mangel Wurzel. Acres.	Mangel Wurzel. Bushels.	Beans, Bushels.	Clover, Timothy and other Grass Seeds, Bushels.	Hay, Tons.	Hops, lbs.	Maple Sugar, lbs.	Cider, Gallons.	Wool, lbs.	Fulled Cloth, Yards.	Flannel, Yards.	Flax and Hemp, lbs.	Linen, Yards.
38	39	40	41	42	43	44	45	46	47	48	49	50	51
30828	13	7542	121	380	5850	37	14038	23502	16504	1047	5623	1315	....
7717	8	3543	44	23	1972	....	850	15441	4116	576	817	300	30
3267	1	296	110	137	2952	28	9217	379	8665	633	3223	80	....
28266	13	5535	62	57	4302	46	24579	11760	23623	2159	8178	....	....
....	....	....	....	....	....	....	....	....	....	....	....	....	....
8078	7	3530	16	88	2367	10	2863	6172	11660	431	3070	2081	....
12129	15	6275	150	148	3010	58	6997	11134	9952	432	2711	970	44
8027	10	3671	193	42	2745	....	10186	3890	9050	826	2916	2100	....
10517	9	3738	206	753	4030	12	3999	12335	11934	961	3753	505	....
108829	76	34130	902	1628	27228	191	72729	84613	95504	7065	30291	7351	74

YORK.—(*Continued.*)

Carrots, Bushels.	Mangel Wurzel. Acres.	Mangel Wurzel. Bushels.	Beans, Bushels.	Clover, Timothy and other Grass Seeds, Bushels.	Hay, Tons.	Hops, lbs.	Maple Sugar, lbs.	Cider, Gallons.	Wool, lbs.	Fulled Cloth, Yards.	Flannel, Yards.	Flax and Hemp, lbs.	Linen, Yards.
17286	20	8153	30	64	2785	112	100	2227	10760	146	965	7220	....
1030	....	100	....	10	433	12	7650	176	3745	523	1596	440	....
6190	5	890	14	66	2034	63	33044	14057	12861	1767	4942	757	....
1709	....	80	9	....	688	....	19860	1836	4700	837	1673	....	....
200	....	200	....	....	53	....	530	83	428	40	....	....	20
21189	25	6490	4	177	4037	151	31805	3928	24706	2645	9551	5959	30
61240	109	31563	52	115	4069	140	43673	44950	29682	2991	8625	5737	132
41667	41	14791	242	73	3913	118	2512	10066	16485	1110	3273	4099	44
14576	22	7104	44	50	3652	86	9346	19938	21938	2345	6846	7908	....
26309	21	5554	55	144	3255	159	39971	9365	17023	2492	4861	2318	423
41567	57	17495	752	8	4633	69	3271	13690	18006	517	2205	1805	20
....	....	....	....	....	....	....	....	....	....	....	....	....	....
232963	300	92420	1202	707	29552	910	194762	120316	160394	15413	44537	36253	669

ALGOMA.—(*Continued.*)

Carrots, Bushels.	Mangel Wurzel. Acres.	Mangel Wurzel. Bushels.	Beans, Bushels.	Clover, Timothy and other Grass Seeds, Bushels.	Hay, Tons.	Hops, lbs.	Maple Sugar, lbs.	Cider, Gallons.	Wool, lbs.	Fulled Cloth, Yards.	Flannel, Yards.	Flax and Hemp, lbs.	Linen, Yards.
9	....	3	....	....	117	....	76994	....	187	....	....	....	....
6	....	....	....	....	10	10	....	....	870	....	....	....	....
15	....	3	....	....	127	10	76994	....	1057	....	....	....	....

NIPISSING.—(*Continued.*)

Carrots, Bushels.	Mangel Wurzel. Acres.	Mangel Wurzel. Bushels.	Beans, Bushels.	Clover, Timothy and other Grass Seeds, Bushels.	Hay, Tons.	Hops, lbs.	Maple Sugar, lbs.	Cider, Gallons.	Wool, lbs.	Fulled Cloth, Yards.	Flannel, Yards.	Flax and Hemp, lbs.	Linen, Yards.
....	....	....	....	....	949	....	400	....	....	....	....	....	....

UPPER CANADA.—(*Continued.*)

Carrots, Bushels.	Mangel Wurzel. Acres.	Mangel Wurzel. Bushels.	Beans, Bushels.	Clover, Timothy and other Grass Seeds, Bushels.	Hay, Tons.	Hops, lbs.	Maple Sugar, lbs.	Cider, Gallons.	Wool, lbs.	Fulled Cloth, Yards.	Flannel, Yards.	Flax and Hemp, lbs.	Linen, Yards.
....	....	....	....	....	....	....	....	....	....	....	....	....	....
....	....	....	....	....	....	....	....	....	....	....	....	....	....
....	....	....	....	....	....	....	....	....	....	....	....	....	....
....	....	....	....	....	....	....	....	....	....	....	....	....	....
....	....	....	....	....	....	....	....	....	....	....	....	....	....

No. 11.—Upper Canada—Return of

	Live Stock.											
	Bulls, Oxen and Steers.	Milch Cows.	Calves and Heifers.	Horses over 3 years old.	Value of same in Dollars.	Colts and Fillies.	Sheep.	Pigs.	Total value of Live Stock.	Butter, lbs.	Cheese, lbs.	Beef in Barrels of 200 lbs.
	52	53	54	55	56	57	58	59	60	61	62	63
COUNTY OF												
457..	224	1718	1283	1436	96325	391	5152	2880	194128	111761	10799	260
458..	29	768	310	588	38750	130	1236	1296	94215	31841	1742	117
459..	90	884	796	629	47917	195	2802	1568	102384	71713	10006	127
460..	518	2438	2562	1521	92716	467	7011	3721	224010	145674	33795	453
461..	....	196	....	151	....	....	21	246	16928	....	....	....
462..	277	1220	973	812	51561	161	2960	1832	138252	105560	3449	191
463..	223	1163	914	823	73830	202	2616	2238	138619	97160	7875	136
464..	92	864	805	659	47286	192	3902	1560	99617	65066	5609	208
465..	110	1065	678	836	59945	245	3918	2118	104589	68600	10283	212
	1563	10326	8327	7455	508330	1983	29638	17459	1112742	697395	83518	1704
COUNTY OF												
466..	125	1389	929	947	66800	273	3161	2076	149474	102346	2553	53
467..	181	459	433	312	18531	88	1228	1054	51268	23848	3304	166
468..	259	1442	1303	1049	70127	350	4143	2702	158107	78115	11197	197
469..	174	590	591	431	29920	180	1436	1028	55942	24555	2326	60
470..	1	178	30	132	....	2	289	236	14105	1300	100	....
471..	356	2766	2384	2172	152073	706	8368	6098	323065	176343	17570	620
472..	216	3011	2096	2544	185561	749	8877	7304	378053	179947	23458	584
473..	167	2068	1134	1354	101325	439	4900	3065	207295	130255	28051	299
474..	278	2674	1943	2076	144383	589	6935	5436	249123	125712	111028	343
475..	264	2058	1452	1678	111987	538	5743	3522	267502	121045	13482	297
476..	193	2845	1365	2192	143251	533	5253	4537	304451	140209	5396	555
477..	....	66	....	73	....	....	....	50	7710	....	....	....
	2214	19546	13660	14960	1024858	4447	50333	37108	2166095	1103675	218465	3174
DISTRICT OF												
478..	65	181	59	120	8838	18	82	291	18857	1415	....	31
479..	45	251	14	2	700	1	87	1527	1919	300	60	....
	110	432	73	122	9538	19	169	1818	20776	1715	60	31
DISTRICT OF												
480..	135	98	68	313	35157	3	31	71	52571	3210	....	6
CITIES OF												
A ...	....	608	....	647	....	....	20	840	68142	....	....	....
B ...	....	886	....	431	....	....	10	369	60086	....	....	....
C ...	....	707	....	530	....	....	105	616	58167	....	....	....
D ...	....	450	....	836	....	....	33	527	76228	....	....	....
E ...	....	1102	....	1278	....	....	59	1368	130716	....	....	....

Agricultural Produce for 1861.

WENTWORTH.—(*Continued.*)

Pork in Barrels of 200 lbs.	Fish. Dried in Quintals.	Fish. Salted and Barrelled.	Fish. Sold Fresh, lbs.	Carriages kept for pleasure.	Value of same in Dollars.	Carriages kept for hire.	Value of same in Dollars.	Minerals. Copper ore mined, Tons.	Minerals. Value.	Minerals. Iron ore mined, Tons.	Minerals. Value.
64	65	66	67	68	69	70	71	72	73	74	75
1489	...	...	...	405	26493	2	80	...	...	...	...
560	...	...	...	288	21865	256	5383	...	...	...	...
976	...	...	...	104	6319	...	...	...	...	...	...
1923	...	...	...	336	17012	1	70	...	...	...	...
...	...	...	...	121	7710	32	2530	...	...	...	...
1170	...	...	...	226	11529	6	200	...	...	...	...
620	...	...	...	178	14260	2	90	...	...	...	...
1043	...	...	...	201	8269	24	565	...	...	...	...
860	...	...	...	204	12251	15	370	...	...	...	...
8641	...	...	...	2063	125713	338	9288	...	...	...	...

YORK.—(*Continued.*)

64	65	66	67	68	69	70	71	72	73	74	75
518	...	...	...	156	11053	1	10	...	...	...	...
610	...	...	...	70	2684	8	330	...	...	...	...
1779	...	...	...	437	21686	13	489	...	...	...	...
565	...	...	...	104	4817	...	...	...	...	...	...
1	...	...	...	28	1615	...	...	...	...	...	...
3634	...	...	...	471	25796	4	100	...	...	...	...
3396	...	...	...	830	55319	15	1275	...	...	...	...
1685	...	...	...	310	16091	...	...	...	...	...	...
2520	...	...	...	578	29575	...	...	...	...	...	...
1805	...	...	...	544	32495	14	865	...	...	...	...
2031	...	...	...	1575	37782	50	1706	...	...	...	...
...	...	...	...	36	2656	17	1284	...	...	...	...
18534	...	...	...	5139	241569	122	6059	...	...	...	...

ALGOMA.—(*Continued.*)

64	65	66	67	68	69	70	71	72	73	74	75
28	...	2182	6505	6	170	...	...	1011	328000	...	...
1	...	5843	...	...	...	...	...	...	...	...	...
29	...	8025	6505	6	170	...	...	1011	328000	...	...

NIPISSING.—(*Continued.*)

64	65	66	67	68	69	70	71	72	73	74	75
9	...	...	...	1	30	...	...	...	...	...	...

UPPER CANADA.—(*Continued.*)

64	65	66	67	68	69	70	71	72	73	74	75
...	...	...	...	248	22674	102	9801	...	...	...	...
...	...	...	...	277	28010	64	6429	...	...	...	...
...	...	...	...	212	18801	110	6328	...	...	...	...
...	...	...	...	255	16837	145	7964	...	...	...	...
...	...	...	...	556	58170	265	24688	...	...	...	...

GENERAL ABSTRACT OF AGRICULTURAL

TOWNSHIPS, &c.	Occupiers of Lands.							Lands—Acres.				
	Total.	10 acres and under.	10 to 20.	20 to 50.	50 to 100.	100 to 200.	Upwards of 200.	Amount held in Acres.	Under cultivation.	Under crops.	Under pasture.	Under Gardens and Orchards.
	1	2	3	4	5	6	7	8	9	10	11	12
1. Brant	2333	52	46	562	1079	474	120	223982	148465	118474	27074	2917
2. Bruce	4185	48	26	651	2347	965	148	477882	89230	68324	20523	383
3. Carleton	3721	193	75	668	1907	698	180	406671	149046	96946	51815	285
4. Dundas	2196	194	59	546	856	438	103	182924	76700	53169	22671	860
5. Durham	3386	174	89	767	1595	659	102	329800	205107	126738	75709	2660
6 Elgin	3248	79	149	900	1522	495	103	334055	166028	88858	73620	3550
7. Essex	2595	178	147	807	963	397	103	197120	77105	53201	21557	2347
8. Frontenac	2807	90	59	620	1242	640	156	307142	123834	81289	41444	1101
9. Glengary	2476	80	38	269	1363	609	117	277421	99880	58640	40945	295
10. Grenville	2478	81	71	710	1138	401	77	222725	106998	62029	44064	903
11. Grey	5713	84	45	759	2548	2150	127	585697	133885	101122	32271	492
12. Haldimand	2629	91	56	722	1236	435	89	245384	128445	91060	35372	2013
13. Halton	1877	33	28	66	444	1213	93	204727	131209	83739	44988	2482
14. Hastings	4098	105	67	718	2290	794	124	425229	198982	118548	73984	6450
15. Huron	6815	133	82	1495	4188	827	90	632324	215325	156504	66615	2206
16. Kent	3453	138	89	1043	1558	533	92	315252	115858	77039	36277	2542
17. Lambton	2869	51	32	637	1040	449	60	291803	96092	65534	29260	1298
18. Lanark	3461	76	29	319	1826	970	241	446127	180436	102825	77196	415
19. Leeds	3706	185	65	742	1529	936	249	398406	180234	110633	68379	1222
20. Lennox and Addington	2829	96	40	502	1320	706	156	309713	162560	105755	54305	2500
21. Lincoln	1993	92	68	493	833	381	126	177549	109098	70995	34593	3510
22. Middlesex	5930	314	178	1469	2903	815	161	521353	233672	168746	60185	4741
23. Norfolk	2819	104	80	798	1190	520	127	269290	145553	101111	40055	4387
24. Northumberland	3497	59	79	826	1706	658	169	360482	206900	138801	64980	3119
25. Ontario	3645	73	69	383	1323	1736	61	358627	205353	145386	57129	2838
26. Oxford	4453	158	101	1378	1927	746	143	407909	231058	158009	68410	4639
27. Peel	2509	70	36	462	1365	479	97	264100	171037	129541	38475	3021
28. Perth	4513	178	65	1020	2582	616	52	407938	166419	123660	41111	1648
29. Peterborough	2241	103	46	276	1217	480	119	260252	107048	68630	37564	854
30. Prescott	1412	21	19	384	678	245	65	145223	53934	34484	19237	213
31. Prince Edward	1903	46	33	194	841	631	158	227941	150726	99003	48558	3165
32. Renfrew	2679	45	17	97	1535	820	165	360647	85461	53402	31955	104
33. Russell	690	5	6	202	332	126	19	72715	20712	14098	6550	64
34. Simcoe	4614	80	73	973	2781	591	116	466694	202312	153512	47369	1431
35. Stormont	1819	55	34	328	925	419	58	193180	80071	42047	37539	485
36. Victoria	2651	73	23	374	1525	549	107	292765	108834	69729	38550	555
37. Waterloo	2792	133	106	423	1151	794	185	295275	183613	123838	56129	3646
38. Welland	2181	142	76	585	846	421	111	198959	116531	85767	26889	3875
39. Wellington	5407	169	60	878	3210	952	138	532671	232346	156857	73876	1613
40. Wentworth	2446	65	74	564	1048	572	123	244292	158667	115715	39927	3025
41. York	4697	186	123	1011	2237	964	176	443577	292213	235060	52149	5004
42. Algoma District	123	89	5	6	12	7	4	22465	1819	679	1131	9
43. Nipissing District	94	3	3	3	43	25	17	16619	2823	2405	418	....
A. Hamilton, City	....	....	....	....	....	....	....	....	....	....	....	....
B. Kingston, City	....	....	....	....	....	....	....	....	....	....	....	....
C. London, City	....	....	....	....	....	....	....	....	....	....	....	....
D. Ottawa, City	....	....	....	....	....	....	....	....	....	....	....	....
E. Toronto, City	....	....	....	....	....	....	....	....	....	....	....	....
TOTAL	131983	4424	2075	26630	64891	28336	5027	13354907	6051619	4101902	1860848	88869

PRODUCE, &c., OF UPPER CANADA FOR 1861.

Wood and Wild Lands.	Cash value of Farm in Dollars.	Cash value of Farming Implements in Dollars.	Produce of Gardens and Orchards in Dollars.	Quantity of Land held by Townspeople, not being farmers.	Fall Wheat.		Spring Wheat.		Barley.	
					Acres.	Bushels.	Acres.	Bushels.	Acres.	Bushels.
13	14	15	16	17	18	19	20	21	22	23
75517	8031675	339502	50546	3528	39414	561913	10359	172547	4282	115920
388652	4640590	131306	3023	1746	1817	45592	31860	596518	1000	24092
257625	6003488	277567	6431	1430	4062	76377	20881	365100	491	12519
106224	3319759	168074	17189	5699	304	6160	15578	240631	2349	57173
124693	11206155	332262	34701	5806	21145	371181	41733	736790	1419	39919
168027	770015[illegible]	299507	50725	2948	13276	155666	14803	215274	2744	73931
120015	3530079	117724	30290	3408	7149	122231	2628	35080	594	11947
183308	4389391	253664	22237	2617	671	10592	17842	324955	1856	53222
177541	4006952	128735	5947	845	715	10489	11097	141141	1344	26546
115727	3761641	160335	20146	818	137	2283	16689	266813	766	16641
451812	5338508	210741	4417	7919	1290	33389	43731	718148	1276	26261
116939	6044163	247177	23674	923	10954	96850	16258	250026	7478	163322
73518	8245080	278947	41013	2984	23490	417253	10284	184745	4346	110861
226247	5841445	312962	38890	4177	3393	34337	19640	350915	5229	142592
416999	10980858	396091	21359	999	5663	140831	74881	1623218	1216	33421
199394	5585053	249301	35740	1871	9415	172643	8436	121735	2847	74925
195711	4736326	168856	16246	452	1637	26970	18101	333302	785	19646
265691	3945846	237382	8038	34199	3132	53304	19972	321990	700	15605
218172	5563399	234852	33450	2598	2516	31980	29945	446579	711	13938
147153	6008736	291313	43635	7013	566	5803	18260	318612	7977	203859
68451	6690274	262844	60334	1563	6467	63647	11056	142264	4914	108884
287681	13761174	440371	67167	3404	5720	76282	53211	1046096	3663	96731
123737	7381761	248896	64817	6875	24918	378383	5954	65230	2302	56992
153582	8655848	340497	52632	3918	15231	199697	28302	475558	3422	87792
153274	10887582	468686	39479	13411	17577	352544	42035	784530	2488	77102
176850	12788256	470604	67519	2827	23116	386232	34895	657904	4455	129739
93063	10292715	411199	44387	1578	33810	587433	20182	346706	8176	203530
241519	8813282	351056	13134	6243	4777	105757	54398	1125043	832	23683
153204	4699100	182759	14730	2018	14005	229549	9074	130706	596	14628
9128[illegible]	1846384	80970	5848	1703	231	4852	4462	57976	771	14121
77215	6289164	219697	49481	1013	1690	14561	9812	179799	10620	30225
275186	1748026	84412	4153	1448	4088	75020	8134	126343	469	3848
52003	798471	36819	1527	386	359	6153	2152	33236	131	2397
264382	8193314	124255	16939	9127	15575	454191	43800	891542	600	15684
113109	2248149	131695	7293	619	472	7099	9793	167425	751	14757
183931	5903013	206768	8420	3292	6128	140387	31943	567962	368	10288
111662	12446531	425626	50168	11659	27843	616163	28161	501034	2041	52969
82428	6369586	213219	60415	2404	7803	74476	8504	123607	5798	138737
300325	12486800	526031	10989	3132	9160	233931	58465	1098693	2173	54057
85625	11272643	370580	61044	3751	20881	318459	13855	229377	7011	194200
151364	23119842	843288	95867	7465	44125	836925	30356	560864	7681	230049
20646	10450	420	105	....	7	46	3	130	6	145
13796	80655	3357	....	....	....	....	102	1640	2	58
....	....	....	....	768	....	....	....	....	....	....
....	....	....	....	693	....	....	....	....	....	....
....	....	....	....	855	....	....	....	....	....	....
....	....	....	....	400	....	....	....	....	....	....
....	....	....	....	1020	....	....	....	....	....	....
7303288	295162315	11280347	1304145	182552	434729	7537651	951637	17082774	118940	2821962

General Abstract of Agricultural

	Rye.		Peas.		Oats.		Buckwheat.		Indian Corn.		Potatoes.	
	Acres.	Bushels.	Acres.	Bushels.	Acres.	Bushels.	Acres.	Bushels.	Acres.	Bushels.	Acres.	Bushels.
	24	25	26	27	28	29	30	31	32	33	34	35
1...	459	5557	9403	225213	10727	316561	1398	28142	2620	82317	2752	298103
2...	121	1946	4349	95674	7800	213585	44	761	40	916	3464	390674
3...	753	11380	8071	140023	28658	736096	821	16465	806	18914	5423	675874
4...	166	2931	2601	47254	14110	385990	1216	22866	1289	31071	2117	200775
5...	683	10608	13764	286576	24245	691724	183	3749	739	21307	4359	480784
6...	785	9865	19523	443142	17900	644366	2724	44656	4419	107860	2874	286199
7...	1058	13506	3837	64685	8739	264432	1833	26716	12596	366086	2267	208318
8...	3606	50494	8953	174632	14982	491282	1231	26413	1102	28900	3518	314987
9...	38	452	5860	86291	18581	507621	1363	23178	585	13618	1688	180302
10...	1217	16186	1708	27802	14871	373586	2090	35619	1102	99294	3235	328451
11...	10	156	7043	140165	14388	367350	44	848	68	1616	5027	544419
12...	706	5943	13716	296328	13639	458181	2460	45426	839	28004	1963	221025
13...	183	2074	8509	175416	8993	309223	1286	29035	477	18291	1802	244011
14...	14118	191353	27123	480830	20137	611293	13863	86951	3010	79207	5332	492146
15...	19	228	15451	374877	20115	651243	45	965	112	2803	4935	525236
16...	707	10510	11020	234220	11475	400997	2245	38345	10968	304854	2938	290204
17...	113	1522	8606	194111	11645	393013	797	15168	1895	54747	2421	278022
18...	290	3665	7365	123147	20132	499556	667	9880	837	18563	4940	598955
19...	1184	13421	7482	125094	20139	547823	1570	29224	2178	47729	4008	392588
20...	13036	199876	13890	239034	14905	418756	4332	79563	2012	54334	3417	266264
21...	1721	20767	5409	91615	11805	364247	3059	59898	5218	167065	1989	230995
22...	274	3625	23613	529984	29800	941192	1731	30421	2683	65410	5811	640201
23...	2004	22032	10562	194036	10194	289548	5106	89271	4695	112866	2745	330186
24...	4608	58056	23536	422059	18099	534500	3508	61213	2365	64118	4091	464374
25...	217	3600	16337	371039	22186	909596	278	8120	998	30818	4183	469728
26...	221	2967	21547	522963	28192	966701	1085	21063	2369	57652	4021	491616
27...	68	1080	13105	259733	15011	473404	455	10617	115	3770	2714	365118
28...	15	259	12466	297509	18315	595731	14	254	36	1046	3630	370869
29...	183	2835	9837	196078	14644	498487	172	2788	129	3064	2677	320764
30...	255	3842	2729	44221	10620	308368	608	9833	801	23572	1450	215941
31...	17330	249544	19244	429153	6494	218723	9833	220054	5023	125528	2283	207417
32...	140	1737	3701	56312	12501	329231	106	1800	191	4899	2870	403862
33...	93	1116	1015	17860	3638	92362	217	3905	125	2658	629	70701
34...	16	215	15547	334913	21425	678189	77	1307	160	3090	5100	675360
35...	49	818	3481	54463	13165	331746	1550	31852	846	21491	1673	162025
36...	17	283	6261	166267	12781	453998	41	661	152	2819	2905	374212
37...	1048	15764	9846	222447	18736	616178	125	2648	301	8351	3571	453793
38...	2308	24292	4615	80490	13413	491617	3468	62681	3861	151020	2117	192209
39...	87	1524	17271	387371	29667	957391	86	1564	6	165	4852	587706
40...	331	5150	14084	262121	15912	560575	2455	56418	1575	79731	3058	356708
41...	139	1982	28064	685203	34778	1303237	380	8302	438	13006	6085	682823
42...	....	....	20	536	85	5025	....	....	146	3715	245	29599
43...	....	....	31	410	696	18150	....	....	....	....	87	12376
A. ..	....	....	....	....	....	....	....	....	....	....	....	....
B. ..	....	....	....	....	....	....	....	....	....	....	....	....
C. ..	....	....	....	....	....	....	....	....	....	....	....	....
D. ..	....	....	....	....	....	....	....	....	....	....	....	....
E. ..	....	....	....	....	....	....	....	....	....	....	....	....
	70376	973181	460595	9601396	678337	21220874	74565	1248637	79918	2256290	137266	15325920

Produce of Upper Canada for 1861.—(*Continued.*)

Turnips.			Mangel Wurzel.									
Acres.	Bushels.	Carrots, Bushels.	Acres.	Bushels.	Beans, Bushels.	Clover, Timothy and other Grass Seeds, Bushels.	Hay, Tons.	Hops, lbs.	Maple Sugar, lbs.	Cider, Gallons.	Wool, lbs.	Fulled Cloth, Yards.
36	37	38	39	40	41	42	43	44	45	46	47	48
1245	48675	106606	97	32380	1325	2347	20928	73596	124632	61680	99039	6923
4710	848403	809	1	218	179	586	13752	986	170365	28	33386	3962
1052	185162	29349	20	11334	1026	441	31334	1223	30266	20	74150	13218
85	4161	11947	14	5183	377	557	15249	3672	74203	1902	51514	11598
2414	860043	204208	98	40161	4343	888	16980	1442	141157	19216	128227	16781
1033	302181	49777	27	9502	986	3413	31620	94	350616	118227	163499	12611
235	48693	2770	7	3697	902	109	13611	1598	10329	79637	37855	4595
299	42192	14162	26	5092	983	351	20987	1930	139329	2978	82147	12806
45	5079	33165	33	10888	969	1024	18505	2163	130399	9	56154	21374
124	27386	37844	10	3590	562	223	16553	12167	76171	5266	57734	13569
6191	1022915	2198	....	60	162	2503	20884	1032	194117	54	58187	10225
222	50510	19327	20	6469	1131	4718	23910	288	95568	18864	71130	8932
784	294976	36852	46	15592	1739	620	17384	2218	54718	24488	85396	5251
814	166921	38413	36	13128	1260	1349	23297	7133	349579	28532	127969	22954
6724	1243901	7609	12	1865	202	9181	29073	2778	345336	349	125368	14359
572	145411	14273	12	2712	10249	1067	19739	397	118490	78227	89011	10197
978	198311	6353	13	3952	1534	486	19250	391	136946	5396	73978	6002
531	166914	8803	16	5018	403	260	24490	1029	141110	241	96683	15669
167	45271	26408	23	10466	1745	596	30108	4833	257903	7680	113270	25668
226	36128	30679	....	9733	961	1261	22010	1736	158046	21349	96551	16630
266	101358	58963	....	13100	2708	3443	19881	77	66510	159502	64829	5712
4966	1369309	50044	39	14187	1474	1872	39188	31216	478627	57960	211973	19756
1258	348671	48650	15	4507	1476	4406	26452	633	156015	141437	82756	11747
1382	479458	121259	83	38980	1406	938	23081	9160	260339	21948	115475	16868
4427	1501265	144032	147	59169	937	702	22954	6532	190760	35723	127964	14495
3543	1213446	137761	71	28684	2100	982	33723	17540	538373	80435	172297	19233
808	92034	38238	86	17273	200	508	17577	6091	51998	27511	96506	8052
4779	905378	18225	10	2425	517	1598	23156	1674	207286	3455	84619	11903
1210	328879	52296	16	3697	130	1047	12038	754	114008	628	75783	10470
115	27426	12133	17	5119	291	1207	12280	142	34452	538	24246	7947
159	30864	32006	13	4115	1002	1806	12559	43764	218820	40837	76088	11463
299	51656	1402	2	22	276	250	12606	743	39000	185	34406	5361
161	19410	1210	2	36	96	272	5424	245	18081	....	5507	1506
3626	873032	14714	13	4472	67	405	18747	548	258629	7765	89365	14044
20	2329	8689	12	3713	229	673	13249	333	149761	859	41998	9138
1491	320535	1246	21	2855	318	112	8814	1082	163091	502	54006	12762
3163	989760	94403	34	9727	768	2348	22506	580	218077	87826	127929	23051
142	44046	29567	34	12292	1538	3550	24557	3692	36398	221008	69318	5478
9502	2729391	11401	12	5005	468	1324	25332	429	317215	555	126498	12732
602	54728	103829	76	34130	902	1628	27228	191	72729	84613	95504	7065
3007	974932	232963	300	92420	1202	707	29552	910	194762	120316	160394	15413
27	3999	15	....	3	....	....	127	10	76994	....	1057	....
5	929	....	....	....	....	....	949	....	400	....	....	....
....	....	....	....	....	....	....	....	....	....	....	....	....
....	....	....	....	....	....	....	....	....	....	....	....	....
....	....	....	....	....	....	....	....	....	....	....	....	....
....	....	....	....	....	....	....	....	....	....	....	....	....
....	....	....	....	....	....	....	....	....	....	....	....	....
73409	18206959	1905598	1523	546971	49143	61818	861844	247052	6970605	1567831	3659766	497520

GENERAL ABSTRACT OF AGRICULTURAL

	Flannel, Yards.	Flax and Hemp, lbs.	Linen, Yards.	Live Stock. Bulls, Oxen and Steers.	Milch Cows.	Calves and Heifers.	Horses over 3 years old.	Value of same in Dollars.	Colts and Fillies.	Sheep.	Pigs.	Total value of Live Stock.	Butter, lbs.
	49	50	51	52	53	54	55	56	57	58	59	60	61
1...	22571	8756	10	1168	8447	7313	6759	448759	1831	29599	16180	972570	556167
2...	17653	2241	292	6274	8276	11554	1721	115592	942	12031	17381	627156	365877
3...	52858	375	390	1249	12208	12070	6849	475386	5534	21374	24381	865182	684175
4...	36285	4046	1501	527	8727	6815	4738	276517	2068	16123	6663	584237	606110
5...	46815	4709	164	2090	13112	10097	9944	599630	2897	38049	22389	1055570	546534
6...	58042	4560	347	1996	13602	16669	7879	426758	2460	47589	23643	1155432	868815
7...	18122	1221	1215	1391	7145	8643	6226	316814	3084	12636	25095	676786	296763
8...	32117	538	154	1586	9582	9695	5430	378851	2472	20642	8999	808313	639452
9...	26212	2315	519	270	9950	8349	5499	290705	2946	21728	10910	660548	429661
10...	37330	707	109	687	9534	7486	5009	272626	2310	10981	6359	482137	611668
11...	43731	1571	127	7787	11734	15732	4389	234598	1389	19177	28352	929180	591155
12...	30595	7824	1317	1403	6048	9593	5686	366783	1922	22882	17765	852272	553848
13...	25424	380422	80	1498	9569	7814	5361	371929	1453	23580	11653	2949890	530037
14...	65222	1165	100	3729	14748	13669	8462	505794	2950	74785	20136	1139444	797911
15...	68009	10964	288	8500	15927	21459	7203	510978	2803	39069	34622	1400574	749256
16...	38873	940	550	2364	10534	13606	6978	364657	2724	28665	35388	1003286	593881
17...	28767	3194	4506	2434	8101	13003	4322	234745	1899	23038	18094	741072	557816
18...	54126	215	73	1577	14991	15994	7060	386154	2546	31002	13195	946672	928570
19...	67887	1136	66	1379	17119	15483	8210	490303	3328	33248	11890	1133268	1128747
20...	37793	4694	276	2131	11886	10443	8077	483902	2662	30263	10927	1024963	866538
21...	17280	2313	236	653	7735	6783	6149	377579	1599	22576	14057	874555	522021
22...	74160	7329	209	3565	19006	24501	11050	713039	4675	52202	42648	1776694	1081805
23...	38343	1243	10583	2151	8912	9272	6409	406331	1985	25844	17042	921639	608679
24...	50646	17378	164	3262	13413	12383	8824	568458	2773	34994	19210	1356495	700148
25...	47170	25031	438	2873	13856	16177	10282	813940	2856	45780	22031	1758166	679200
26...	62008	27872	293	2474	17792	20025	10789	702369	3480	58102	30054	1685709	1036234
27...	33448	188023	85	1509	9809	9229	7072	482475	2052	28337	19876	1044341	741100
28...	53978	19450	644	5896	12201	15582	5861	456927	4241	29354	26546	1157353	645142
29...	30200	3360	50	2638	7709	7809	5121	300013	1373	20858	11893	788354	427529
30...	18363	579	187	207	5416	4228	3125	153129	1187	8611	5075	354639	308671
31...	40116	2573	110	1191	8494	7096	6630	424903	2232	23866	7385	796476	532823
32...	28940	12	111	1898	5693	6095	2568	180035	997	10752	7314	469507	280675
33...	4923	423	112	334	1937	1560	1065	72758	435	2048	1577	155958	108922
34...	64499	5160	25	3937	13166	14109	8220	607674	2840	30418	37747	1352257	734412
35...	18486	684	319	186	7406	6173	4507	228886	1949	13826	6619	530754	361217
36...	28668	1442	176	2406	6725	6679	4440	327413	1377	17790	14730	737599	350206
37...	34407	369243	9480	2838	12414	12332	7932	470921	3062	36937	22121	11181531	604116
38...	19473	5710	512	820	7322	7001	6168	372865	1570	23042	12032	797332	521673
39...	52144	62910	494	6606	15239	19484	8672	625073	3065	35934	33246	1734043	866715
40...	30291	7351	74	1563	10326	8327	7455	508330	1983	29636	17459	1112742	1703395
41...	44537	36253	669	2214	19546	13660	14960	1024858	4447	50333	37108	2166095	1103675
42...	....	....	....	110	432	73	122	9538	19	169	1818	20776	1715
43...	....	....	....	135	98	68	313	35157	3	31	71	52571	3210
A. ..	....	....	....	....	608	....	647	....	....	20	840	68142	....
B. ..	....	....	....	....	886	....	481	....	....	10	369	60086	....
C. ..	....	....	....	....	707	....	580	....	....	105	616	58167	....
D. ..	....	....	....	....	450	....	836	....	....	33	527	76228	....
E. ..	....	....	....	....	1102	....	1278	....	....	59	1308	130716	....
	1505514	1225934	37055	99605	451640	464083	277258	17414152	100423	1170225	776001	53227486	26828264

Produce of Upper Canada for 1861.—(*Continued.*)

Cheese, lbs.	Beef in Barrels of 200 lbs.	Pork in Barrels of 200 lbs.	Fish. Dried in Quintals.	Fish. Salted and Barrelled.	Fish. Sold Fresh, lbs.	Carriages kept for pleasure.	Value of same in Dollars.	Carriages kept for hire.	Value of same in Dollars.	Minerals. Copper ore mined, Tons.	Minerals. Value.	Minerals. Iron ore mined, Tons.	Minerals. Value.
62	63	64	65	66	67	68	69	70	71	72	73	74	75
73028	1253	6699	....	15	857	1713	92464	103	5605	....	....	....	....
20324	....	5709	81	586	1700	138	4549	5	199	....	....	....	....
23934	....	10568	8	5	1801	912	46986	......	....	....	....	....	....
18377	....	5144	....	2	200	1263	56490	25	917	....	....	....	....
88927	....	9486	2	12	5403	2589	131093	66	5690	....	....	....	....
86928	....	8608	....	32	....	1528	77499	45	2382	....	....	....	....
22526	....	5798	11	1253	2500	873	35053	14	918	....	....	....	....
18399	1353	5540	....	48	26	875	51807	8	300	....	....	....	....
122627	1818	3320	....	....	....	1326	52243	17	616	....	....	....	....
43231	1428	5616	3	3	....	1806	67772	58	3040	....	....	....	....
37441	1926	8057	155	1081	27578	217	9124	56	2456	....	....	....	....
31539	1211	8210	....	13	30752	1046	50817	162	9202	....	....	....	....
37938	1083	6382	1	3	....	1418	80958	49	2905	....	581	....	....
77979	2259	11274	....	655	20964	2550	119257	96	4332	....	....	3	60
45648	2296	13637	15	5	....	483	26374	43	2826	....	....	....	....
49257	1188	8563	20	8	29385	702	37223	85	4532	....	....	....	....
31748	1366	7437	822	532	....	465	19594	43	2396	....	....	....	....
37531	3680	11439	2	6	....	1589	66546	84	3445	....	....	....	....
88259	2275	9964	5	644	3357	2374	103015	100	3530	....	....	....	....
44290	2307	7239	....	103	....	410	25495	32	1311	....	....	....	....
45678	942	6114	123	5	200	1806	104890	82	9225	....	....	....	....
79100	2557	12557	....	....	....	1622	69426	40	2869	....	....	....	....
56397	2210	8809	....	....	....	1683	112246	84	3735	....	....	....	....
108273	3939	12382	....	337	9414	2935	138924	80	4086	....	....	....	....
110853	2040	10382	100	322	28	2624	60558	142	5797	....	....	....	....
457348	2555	12762	....	....	....	2281	124278	95	4761	....	....	....	....
33008	2544	11236	....	....	....	1751	107588	76	3840	....	....	....	....
47425	1814	10335	....	....	....	569	26647	114	4686	....	....	....	....
55599	2085	7472	300	30	115	784	42809	51	3100	....	....	....	....
34436	984	3200	....	25	3800	1110	36837	58	1752	....	....	....	....
80601	1495	5554	....	3992	15919	3125	141148	31	1695	....	....	....	....
12173	1537	4973	....	....	....	203	8083	7	1168	....	....	....	....
4316	500	1016	....	....	....	201	7121	69	3000	....	....	....	....
37749	2259	13965	....	275	2040	1177	64018	50	2565	....	....	....	....
22023	1383	3625	....	....	4200	1238	34447	41	1122	....	....	....	....
16939	1753	7922	....	21	....	440	22917	32	1170	....	....	....	....
79320	1666	8831	....	....	....	2548	104493	67	2395	....	....	....	....
23513	1379	5682	869	....	1480	1316	73098	93	7529	....	....	....	....
80447	2608	11801	....	....	....	1095	71381	129	9069	....	....	....	....
83518	1704	864	....	....	....	2063	125713	338	9286	....	....	....	....
218465	3174	18534	....	....	....	5139	241569	122	6059	....	....	....	....
60	31	29	....	....	8025	6505	6	170	....	1011	328000	....	....
....	6	9	....	....	....	1	30	......	....	....	....	....	....
....	....	....	....	....	....	248	22674	102	9801	....	....	....	....
....	....	....	....	....	....	277	28019	64	6429	....	....	....	....
....	....	....	....	....	....	212	18801	110	6328	....	....	....	....
....	....	....	....	....	....	255	16837	145	7964	....	....	....	....
....	....	....	....	....	....	556	58170	265	24688	....	....	....	....
2687172	67508	336744	2517	10013	175744	68043	3024587	3748	201323	1011	328581	3	60

APPENDIX

TO

CENSUS OF CANADA.

No. 12.

LOWER CANADA.

Return of Agricultural Produce, &c., &c.

No. 12.

LOWER CANADA.

RETURN OF AGRICULTURAL PRODUCE, LANDS HELD, OCCUPIERS OF LAND, &c.

COUNTIES.

1. L'Assomption.
2. Argenteuil.
3. Arthabaska.
4. Bagot.
5. Beauce.
6. Beauharnois.
7. Bellechasse.
8. Berthier.
9. Bonaventure.
10. Brome.
11. Chambly.
12. Champlain.
13. Charlevoix.
14. Chateauguay.
15. Chicoutimi.
16. Compton.
17. Dorchester.
18. Drummond.
19. Gaspé.
20. Hochelaga.
21. Huntingdon.
22. Iberville.
23. L'Islet.
24. Jacques Cartier.
25. Joliette.
26. Kamouraska.
27. Laprairie.
28. Laval.
29. Levis.
30. Lotbiniere.
31. Maskinongé.
32. Megantic.
33. Missisquoi.
34. Montcalm.
35. Montmorency.
36. Montmagny.
37. Napierville.
38. Nicolet.
39. Ottawa.
40. Pontiac.
41. Portneuf.
42. Quebec.
43. Richelieu.
44. Richmond.
45. Rimouski.
46. Rouville.
47. Saguenay.
48. Shefford.
49. Soulanges.
50. St Hyacinthe.
51. St. Johns.
52. St. Maurice.
53. Stanstead.
54. Temiscouata.
55. Terrebonne.
56. Two Mountains.
57. Vaudreuil.
58. Verchères.
59. Wolfe.
60. Yamaska.

A. Montreal, City.
B. Quebec, City.
C. Three Rivers, City.
D. Sherbrooke, Town.

No. 12.—Lower Canada—Return of

COUNTY OF

TOWNSHIPS, PARISHES, &c.	Occupiers of Lands. Total.	10 acres and under.	10 to 20.	20 to 50.	50 to 100.	100 to 200.	Upwards of 200.	Lands—Acres. Amount held in Acres.	Under cultivation.	Under crops.	Under pasture.	Under Gardens and Orchards.	Wood and Wild Lands.
	1	2	3	4	5	6	7	8	9	10	11	12	13
1. L'Assomption, Village	......	......	......	......	......	......	......	....	....	....	....	......	....
2. L'Assomption, Parish	226	13	1	8	78	95	31	27013	22879	12105	10611	163	4134
3. L'Assomption, College	......	......	......	......	......	......	......	110	110	53	57	......	....
4. L'Epiphanie	137	1	5	17	59	45	10	13841	10814	6580	4190	44	3027
5. Lachenaie	78	5	2	6	21	31	13	10555	7267	3831	3436	......	3288
6. Repentigny	80	2	5	12	39	21	1	6223	5070	3239	1794	37	1153
7. St. Henri de Mascouche	301	63	15	38	59	89	37	31218	18724	10419	8187	118	12494
8. St. Lin	269	......	5	39	113	95	17	27824	16726	8841	7878	7	11098
9. St. Roch	415	77	25	69	102	113	29	33591	21667	11993	9536	138	11924
10. St. Paul l'Ermite	100	12	8	8	28	34	10	9728	6938	4269	2614	55	2790
11. St. Sulpice	104	......	5	17	49	29	4	9065	7658	4048	3565	45	1407
Total of L'Assomption	1710	173	71	214	548	552	152	169168	117853	65378	51868	607	51315

COUNTY OF

TOWNSHIPS, PARISHES, &c.	1	2	3	4	5	6	7	8	9	10	11	12	13
12. Arundel	5	......	......	......	4	1	......	600	45	23	22	......	555
13. Chatham	407	1	30	87	174	96	19	44886	18509	9736	8756	17	26357
14. De Salaberry	......	......	......	......	......	......	......	....	....	....	....	......	....
15. Grenville	233	9	2	55	102	53	12	33472	12007	6550	5454	3	21465
16. Gore	113	......	1	......	78	29	5	14850	4992	2231	2760	1	9858
17. Harrington	54	......	......	......	53	1	......	5500	744	528	216	......	4756
18. Morin	69	......	......	7	47	10	5	7896	2076	1389	687	......	5820
19. Montcalm	3	......	......	......	3	......	......	300	19	9	10	......	281
20. St. Jérusalem	197	......	2	40	99	51	5	27937	13661	4482	9174	5	14276
21. St. Andrews	177	3	2	19	89	50	14	22068	12588	5085	7464	39	9480
22. St. Jérôme	50	1	......	......	23	20	6	12786	3550	1925	1624	1	9236
23. Wentworth	60	......	......	......	31	28	1	8820	1268	584	679	5	7552
Total of Argenteuil	1368	14	37	208	703	339	67	179095	69459	32542	36846	71	109636

COUNTY OF

TOWNSHIPS, PARISHES, &c.	1	2	3	4	5	6	7	8	9	10	11	12	13
24. Arthabaska	264	1	6	143	84	26	4	20156	6989	4392	2555	42	13167
25. Arthabaskaville	38	3	1	25	6	1	2	2445	1334	760	570	4	1111
26. Aston	56	......	......	10	32	8	6	6120	1113	620	490	3	5007
27. Blandford	46	2	1	10	22	9	2	3936	897	521	364	12	3039
28. Bulstrode	73	......	......	35	32	5	1	6241	1357	988	366	3	4884
29. Chester, East	233	3	1	85	121	21	2	16904	6281	3653	2587	41	10623
30. Chester, West	302	7	1	104	159	27	4	22962	5873	4067	1759	47	17089
31. Horton	31	......	......	3	21	6	1	3530	575	416	157	2	2955
32. Maddington	8	......	......	......	6	1	1	2428	280	185	91	4	2148
33. Stanfold	216	2	3	107	70	30	4	16732	6740	4272	2441	27	9992
34. Tingwick	408	2	......	151	208	45	2	34532	7699	5271	2428	......	26833
35. Warwick	168	1	1	70	74	17	5	14388	4475	2878	1572	25	9913
Total of Arthabaska	1843	21	14	743	835	196	34	150374	43613	28023	15380	210	106761

Agricultural Produce for 1861.

L'ASSOMPTION.

Cash value of Farm in Dollars.	Cash value of Farming Implements in Dollars.	Produce of Gardens and Orchards in Dollars.	Quantity of Land held by Townspeople, not being farmers.	Fall Wheat.		Spring Wheat.		Barley.		Rye.	
				Acres.	Minots.	Acres.	Minots.	Acres.	Minots.	Acres.	Minots.
14	15	16	17	18	19	20	21	22	23	24	25
...	...	...	125	...	...	...	...	...	...	...	...
870807	48443	4562	5	5	79	27	372	814	17257	531	4935
...	...	...	...	...	...	...	...	3	50	8	120
339484	19510	2474	...	2	21	141	1497	370	5982	294	2744
317282	7390	741	33	13	61	91	977	570	12465	18	94
206470	6852	1410	4853	...	...	69	636	322	6708	56	573
685158	22831	2672	100	46	429	573	4701	434	6590	364	2744
559897	19772	8179	194	5	39	675	4674	409	4161	15	142
892931	39684	2586	...	11	70	806	7227	708	9416	67	689
298075	9509	1663	23	1	31	146	1337	333	5703	72	666
299530	14153	1647	29	7	26	57	591	478	8791	37	389
4469634	188144	25934	5362	90	756	2585	22012	4441	77123	1462	13093

ARGENTEUIL.

14	15	16	17	18	19	20	21	22	23	24	25
925	60	...	...	...	...	...	...	...	...	...	...
290731	22356	785	189	4	39	411	5182	226	3485	89	1187
...	...	...	...	...	...	...	...	...	...	...	...
142219	13280	13	76	16	197	192	2303	101	1546	50	661
56300	4482	...	...	...	...	44	576	12	131	2	14
15192	569	...	...	...	...	1	20	3	53	...	...
26778	1022	...	...	...	...	2	26	37	544	4	33
600	13	...	...	...	...	...	...	...	...	...	...
289680	23572	...	221	2	30	220	2416	140	1911	135	1484
349868	22842	1230	141	8	98	549	5739	344	5720	34	346
31836	1801	20	...	...	...	14	170	19	347	...	...
14200	4232	...	...	...	...	33	394	18	235	1	27
1218329	94229	2048	627	30	364	1466	16826	900	13972	315	3757

ARTHABASKA.

14	15	16	17	18	19	20	21	22	23	24	25
305990	13337	442	76	3	32	553	6537	187	2553	420	6178
60175	993	65	118	1	10	94	947	26	395	124	374
53140	881	41	...	...	...	61	585	12	120	3	38
32323	1375	126	...	...	...	58	854	32	439	5	64
39152	1662	...	...	...	...	147	1703	30	332	30	296
121695	4736	851	...	...	...	256	3092	206	3031	410	5573
134667	3827	270	232	5	12	261	2724	267	3541	441	4811
10990	771	71	...	3	34	26	264	36	364	22	204
17700	617	48	...	...	...	19	247	4	50	7	75
267060	8764	625	66	...	...	681	7785	287	2995	104	1164
218014	10743	...	...	...	10	470	14129	38	941	182	3483
80765	2982	505	13	...	...	390	5008	54	867	173	2120
1341671	50688	3044	505	12	98	3016	43875	1179	15628	1921	24380

No. 12.—Lower Canada—Return of

COUNTY OF

	Peas.		Oats.		Buckwheat.		Indian Corn.		Potatoes.		Turnips.	
	Acres	Minots.	Acres.	Minots.	Acres.	Minots.	Acres.	Minots.	Acres.	Minots.	Acres.	Minots.
	26	27	28	29	30	31	32	33	34	35	36	37
1...	....	....	....	....	....	....	....	....	....	....	....	....
2...	981	11581	5845	102713	168	2181	53	1571	392	44026	1	190
3...	3	39	25	1000	2	16	3	30	5	520	....	228
4...	925	11379	3290	37905	161	1072	27	246	423	21043	....	4
5...	395	5088	2590	38475	47	568	20	313	75	6420	....	....
6...	382	3725	1511	25861	37	691	30	556	148	18862	....	60
7...	828	8795	5364	62084	136	1457	16	276	340	30886	1	270
8...	1044	8592	4759	61634	298	2555	1	25	219	20969	1	149
9...	1601	15154	6139	89608	421	5105	6	241	96	19357	....	20
10...	414	3452	1937	33985	61	713	28	591	121	16282	....	....
11...	444	4997	2618	33101	74	1022	22	421	110	15797	....	....
	7017	72802	34078	486366	1405	15380	206	4270	1929	194162	3	921

COUNTY OF

	26	27	28	29	30	31	32	33	34	35	36	37
12...	....	....	16	410	1	30	....	....	6	30	....	....
13...	313	4451	3180	69029	236	3801	220	5807	588	42402	37	5567
14...	....	....	....	....	....	....	....	....	....	....	....	....
15...	249	2957	2505	60376	64	1239	91	1821	419	46481	49	4705
16...	12	157	982	16976	145	2489	2	22	212	18847	5	762
17...	2	12	306	7825	43	875	1	40	48	5120	....	....
18...	30	359	537	8482	126	1865	....	....	120	9725	16	943
19...	....	....	4	107	1	6	1	5	4	502	1	20
20...	242	2872	2945	56298	293	4501	54	1015	411	37960	21	3700
21...	329	4673	2465	43931	163	2420	163	3890	265	24488	11	1638
22...	9	74	514	11125	92	1596	....	....	148	13366	19	1748
23...	23	317	361	6426	45	931	1	30	89	5559	12	1313
	1209	15872	13815	280975	1209	19753	533	12630	2310	204480	171	20396

COUNTY OF

	26	27	28	29	30	31	32	33	34	35	36	37
24...	228	2182	1198	30482	164	2461	6	106	323	32098	14	1337
25...	54	344	220	4341	27	396	2	28	45	4790	1	290
26...	55	481	324	5006	76	1054	....	4	76	7371	4	403
27...	41	408	235	5201	67	753	....	....	39	3758	1	204
28...	42	335	402	8428	86	1356	....	2	100	6723	1	60
29...	114	1071	768	13177	202	3074	....	11	217	20909	25	1853
30...	112	857	660	12933	315	3760	1	7	316	27429	43	3489
31...	12	102	139	2869	36	689	2	29	40	3810	2	254
32...	7	62	84	2035	21	250	....	....	11	1412	1	114
33...	298	2663	1390	33058	153	1864	4	31	253	24090	6	1345
34...	26	480	1329	64532	534	22305	15	406	654	73011	46	6915
35...	83	958	805	19365	167	3162	6	135	192	19965	26	5248
	1072	9943	7554	201427	1848	41124	36	759	2275	225364	170	21512

Agricultural Produce for 1861.

L'ASSOMPTION.—(*Continued.*)

Carrots, Minots.	Mangel Wurzel. Acres.	Mangel Wurzel. Minots.	Beans, Minots.	Clover, Timothy and other Grass Seeds, Minots.	Hay, Tons.	Hops, lbs.	Maple Sugar, lbs.	Cider, Gallons.	Wool, lbs.	Fulled Cloth, Yards.	Flannel, Yards.	Flax and Hemp, lbs.	Linen, Yards.
38	39	40	41	42	43	44	45	46	47	48	49	50	51
....	....	....	....	....	....	....	....	....	....	....	....	....	....
5576	27	4660	24	6	2800	....	25974	....	7199	3793	4396	7583	....
1044	2	432	....	....	90	....	....	....	20	10	22	40	26
345	6	468	60	265	993	....	1702	....	3745	1948	2042	2748	3230
....	1	185	4	....	640	....	3819	....	2594	751	1072	845	524
520	4	1290	22	....	576	....	550	....	1933	556	997	992	094
....	....	40	22	75	1325	....	4828	....	5850	2352	3097	3425	3369
166	2	187	1	285	1685	10	20770	....	3015	1861	3125	3165	3305
20	1	530	2	421	1749	6	35053	....	6547	3326	4986	4997	5676
418	2	279	44	....	656	....	1692	....	2099	857	1465	1685	1825
....	2	1033	....	11	976	....	8002	....	3127	1471	1706	2356	1756
8089	47	9104	179	1063	11490	16	102390	....	36129	16925	22908	27836	20705

ARGENTEUIL.—(*Continued.*)

38	39	40	41	42	43	44	45	46	47	48	49	50	51
14	....	....	....	....	....	....	....	....	18	....	10	....	....
4733	5	1180	109	56	3052	20	3281	51	7506	2478	4538	230	176
....	....	....	....	....	....	....	....	....	....	....	....	....	....
540	1	200	....	1	1988	....	6645	....	5471	1782	4726	....	....
1791	....	....	6	1	938	....	700	....	2403	1189	1875	60	15
....	....	....	....	....	50	....	846	....	393	155	82	....	....
....	....	....	....	44	296	....	1476	25	596	181	601	62	123
....	....	....	....	....	7	6	70	....	9	4	....	....	....
6656	3	440	37	77	2023	47	5115	....	4784	1822	1928	133	22
15368	8	1915	36	12	1779	46	3406	....	6033	1003	1436	33	86
113	....	....	1	....	467	....	1230	....	1039	545	1386	10	....
470	....	....	....	....	327	....	1530	....	756	513	'673	....	40
29685	17	3735	189	191	10927	125	24299	76	29008	9672	17255	528	462

ARTHABASKA.—(*Continued.*)

38	39	40	41	42	43	44	45	46	47	48	49	50	51
32	6	31	15	52	1129	1	30170	....	3228	2007	2604	6400	3546
12	1	54	3	1	181	20	2590	....	543	227	413	635	312
....	....	....	....	16	92	....	2438	....	408	252	331	260	633
....	....	....	....	....	677	....	500	....	549	316	299	660	773
....	....	....	....	....	93	....	3629	....	545	351	341	283	762
....	....	....	2	24	766	....	34046	....	2605	1266	2541	2940	3225
4	....	....	4	67	897	....	29840	54	1721	998	1164	1355	1249
3	....	....	....	....	82	....	3220	....	267	168	191	225	359
....	....	....	....	2	77	....	560	....	208	91	210	173	193
....	....	....	5	31	772	....	18394	....	2977	'1817	2483	2273	4009
11	....	....	4	....	2360	....	55450	....	4024	336	4541	425	....
98	....	20	9	65	590	....	18146	....	2328	1019	1522	764	781
160	7	105	42	258	7716	21	198983	54	19423	8348	10640	16399	15842

No. 12.—Lower Canada—Return of

COUNTY OF

	Live Stock.											
	Bulls, Oxen and Steers.	Milch Cows.	Calves and Heifers.	Horses over 3 years old.	Value of same in Dollars.	Colts and Fillies.	Sheep.	Pigs.	Total value of Live Stock.	Butter, lbs.	Cheese, lbs.	Beef in Barrels of 200 lbs.
	52	53	54	55	56	57	58	59	60	61	62	63
1...	....	107	....	121	....	....	7	140	15674	....	....	....
2...	1751	1691	1153	627	47898	353	2049	044	112604	86942	171	353
3...	10	9	26	5	290	5	11	17	1068	500	36	4
4...	62	621	359	356	21307	143	889	421	25180	40345	90	193
5...	474	470	453	321	15082	141	1039	352	19358	13935	51	103
6...	398	404	317	238	11383	106	595	332	25661	13385	230	89
7...	1206	1208	1234	645	33746	342	1811	700	49750	52695	....	319
8...	1200	1123	899	597	28173	322	1646	666	78906	45812	50	275
9...	565	1384	1006	753	43415	353	2194	990	104586	77625	789	344
10...	32	545	425	276	13158	166	612	352	35893	23752	180	102
11...	717	613	403	350	16294	153	1095	452	37053	13471	40	....
	6415	8175	6275	4289	230246	2084	11948	5426	505733	368262	1637	1782

COUNTY OF

	52	53	54	55	56	57	58	59	60	61	62	63
12...	2	3	....	3	127	....	7	12	347	280	....	1
13...	76	1756	1072	744	34915	306	2591	1090	86549	84287	9867	203
14...	....	....	....	....	....	....	....	....	....	....	....	....
15...	57	1008	779	461	26637	139	1782	865	67866	70691	870	352
16...	....	528	310	169	9374	63	890	409	24007	32430	150	45
17...	18	135	91	96	3363	11	176	163	6610	4473	70	7
18...	6	160	164	75	4225	27	237	154	10744	10465	....	17
19...	2	2	....	2	130	....	4	3	190	190	....	....
20...	5	1169	628	453	23505	173	1285	736	66000	75170	6610	417
21...	20	1070	687	545	38091	210	1512	643	64047	53116	5258	259
22...	243	263	....	91	5005	31	373	176	14820	18685	....	80
23...	143	194	....	69	3091	26	266	119	9981	12381	....	40
	572	6288	3731	2708	148463	986	9123	4370	351161	362078	22825	1421

COUNTY OF

	52	53	54	55	56	57	58	59	60	61	62	63
24...	212	539	517	251	20591	55	1310	659	43200	28108	....	96
25...	20	105	73	55	3031	9	237	96	8893	3525	....	2
26...	30	70	94	48	2514	8	172	100	5662	1086	....	5
27...	104	86	123	44	2650	12	219	104	4164	3454	....	1
28...	139	103	102	64	5915	21	226	172	11624	1262	....	....
29...	170	344	444	153	9937	35	979	480	31189	18146	....	....
30...	379	311	439	151	8793	30	798	530	27555	7841	425	48
31...	20	41	67	30	1730	6	118	74	4089	390	....	....
32...	38	28	29	13	1200	3	84	24	1700	1275	36	2
33...	492	494	514	289	16032	68	1214	623	42357	14894	....	27
34...	367	670	1155	238	13785	137	1304	649	70378	61525	195	43
35...	188	335	411	153	9038	53	831	359	27568	14650	525	31
	2159	3126	3968	1489	95216	437	7492	3870	278370	156156	1181	255

Agricultural Produce for 1861.

L'ASSOMPTION.—(*Continued.*)

Pork in Barrels of 200 lbs.	Fish. Dried in Quintals.	Fish. Salted and Barrelled.	Fish. Sold Fresh, lbs.	Carriages kept for pleasure.	Value of same in Dollars.	Carriages kept for hire.	Value of same in Dollars.	Minerals. Copper ore mined, Tons.	Minerals. Value.	Minerals. Iron ore mined, Tons.	Minerals. Value.
64	65	66	67	68	69	70	71	72	73	74	75
...	...	...	...	93	3384	2	80	...	...	...	...
897	...	...	...	419	12301	...	...	...	...	...	...
6	...	...	...	...	...	...	...	...	...	...	...
412	...	...	...	237	6116	...	...	...	...	...	...
330	...	...	...	108	2791	...	...	...	...	...	...
200	...	...	...	157	3328	10	61	...	...	...	...
819	...	...	...	351	10295	2	15	...	...	...	...
709	...	...	...	485	15270	4	65	...	...	...	...
1051	...	...	...	454	11639	...	...	...	...	...	...
268	...	...	...	211	5163	39	388	...	...	...	...
305	...	...	...	234	3861	48	135	...	...	...	...
4997	...	...	...	2749	74148	105	744	...	...	...	...

ARGENTEUIL.—(*Continued.*)

Pork in Barrels of 200 lbs.	Fish. Dried in Quintals.	Fish. Salted and Barrelled.	Fish. Sold Fresh, lbs.	Carriages kept for pleasure.	Value of same in Dollars.	Carriages kept for hire.	Value of same in Dollars.	Minerals. Copper ore mined, Tons.	Minerals. Value.	Minerals. Iron ore mined, Tons.	Minerals. Value.
2	...	...	...	...	...	...	...	...	...	...	...
392	...	...	...	309	6732	4	30	...	...	...	...
...	...	...	...	...	...	...	...	...	...	...	...
556	...	...	...	46	1653	1	60	...	...	...	...
146	...	...	...	24	454	...	...	...	...	...	...
20	...	...	...	...	...	...	...	...	...	...	...
128	...	...	...	4	150	...	...	...	...	...	...
...	...	...	...	...	...	...	...	...	...	...	...
768	...	...	...	131	4839	1	40	...	...	...	...
652	...	...	...	176	5152	3	200	...	...	...	...
145	...	...	...	2	34	...	...	...	...	...	...
23	...	...	...	10	154	...	...	...	...	...	...
2832	...	...	...	702	19168	9	330	...	...	...	...

ARTHABASKA.—*Continued.*)

Pork in Barrels of 200 lbs.	Fish. Dried in Quintals.	Fish. Salted and Barrelled.	Fish. Sold Fresh, lbs.	Carriages kept for pleasure.	Value of same in Dollars.	Carriages kept for hire.	Value of same in Dollars.	Minerals. Copper ore mined, Tons.	Minerals. Value.	Minerals. Iron ore mined, Tons.	Minerals. Value.
467	...	...	...	355	6397	...	...	...	...	...	...
43	...	...	...	45	1048	...	...	...	...	...	...
37	...	...	...	64	744	...	...	...	...	...	...
22	...	...	...	37	677	...	...	...	...	...	...
63	...	...	...	61	718	...	...	...	...	...	...
207	...	...	...	129	1771	...	...	...	...	...	...
483	...	...	...	55	843	...	...	...	...	...	...
28	...	...	...	15	253	...	...	...	...	...	...
15	...	...	...	12	351	...	...	...	...	...	...
301	...	...	...	377	6207	...	...	...	...	...	...
239	...	...	...	59	1931	...	...	...	...	...	...
217	...	...	...	54	1485	...	...	...	...	...	...
2122	...	...	...	1263	22425	...	...	...	...	...	...

No. 12.—LOWER CANADA—RETURN OF

COUNTY OF

TOWNSHIPS, PARISHES, &c.	Occupiers of Lands.							Lands—Acres.					
	Total.	10 acres and under.	10 to 20.	20 to 50.	50 to 100.	100 to 200.	Upwards of 200.	Amount held in Acres	Under cultivation.	Under crops.	Under pasture.	Under Gardens and Orchards.	Wood and Wild Lands.
	1	2	3	4	5	6	7	8	9	10	11	12	13
36. Acton	163	3	1	93	44	14	8	13852	2856	2038	780	38	10996
37. St. Dominique	281	6	6	37	199	33	.....	18534	6768	4374	2216	178	11766
38. Ste. Hélène	265	4	5	102	122	21	11	20308	2756	1481	1164	111	17552
39. St. Hugues	304	7	4	55	163	57	18	30305	13138	9353	3607	178	17167
40. St. Liboire	164	......	2	77	63	15	7	19620	1851	1274	546	31	17769
41. St. Pie	627	64	29	187	296	48	3	34212	25388	15993	9134	261	8824
42. Ste. Rosalie	213	5	11	23	127	38	9	17831	11488	8172	3226	90	6343
43. St. Simon	195	5	2	26	112	35	15	17552	10405	7346	3046	13	7147
44. Upton	98	2	3	28	42	8	15	20465	1798	1221	526	51	18667
Total of Bagot	2310	96	63	628	1168	269	86	192679	76448	51252	24245	951	116231

COUNTY OF

TOWNSHIPS, PARISHES, &c.	1	2	3	4	5	6	7	8	9	10	11	12	13
45. Aylmer	140	......	.....	4	87	39	10	14540	4353	1529	2792	32	10187
46. Adstock	8	......	.....	5	2	1	.....	650	33	21	12	......	617
47. Dorset	1	......	.....	......	......	1	.....	200	7	7	....	......	193
48. Forsyth	106	......	.....	73	29	4	.....	7233	2955	739	2216	......	4278
49. Gayhurst	18	......	.....	......	4	13	1	1465	351	172	177	2	1114
50. Jersey	27	......	.....	8	4	10	5	3760	694	478	216	......	3066
51. Lambton	89	......	.....	34	26	23	6	9973	3843	1821	1988	34	6130
52. Linière	65	......	1	3	22	17	22	13994	2400	1640	760	......	11594
53. Marlow	6	......	.....	......	......	1	5	1935	194	132	61	1	1741
54. Price	9	......	2	4	3	......	.....	398	244	103	137	4	154
55. Ste. Marie de la Beauce	350	5	3	18	103	171	50	48057	32117	16236	15850	31	15940
56. St. Joseph	325	......	.....	9	122	118	76	43629	20326	10028	10174	124	23303
57. St. Frederick	132	......	5	10	52	44	21	17938	8196	4244	3915	37	9742
58. St. Elzéar	276	......	6	43	125	81	21	28885	20561	13369	7103	89	6324
59. St. Georges	246	10	1	20	127	73	15	26380	13115	3132	9919	64	13265
60. St. François	419	9	6	47	184	114	59	49030	20007	11024	8910	73	29023
61. Shenley	46	9	1	4	26	5	1	4373	498	301	196	1	3875
62. Tring	330	1	1	193	111	15	9	25039	9723	3267	6385	71	15316
Total of Beauce	2593	34	26	475	1027	730	301	297479	139617	68243	70811	563	157862

COUNTY OF

TOWNSHIPS, PARISHES, &c.	1	2	3	4	5	6	7	8	9	10	11	12	13
63. Beauharnois	6	2	1	1	2	......	.....	207	197	129	67	1	10
64. Ste. Cécile	129	6	3	72	40	8	.....	7068	4169	2514	1574	81	2899
65. St. Clément	371	21	9	115	143	69	14	30146	25046	18970	5775	301	5100
66. St. Louis de Gonzaque	474	94	10	165	168	36	1	28097	20004	14307	5509	198	8083
67. St. Stanislas de Kotska	137	2	3	79	41	11	1	8835	3794	2269	1456	69	5041
68. St. Timothée	254	21	16	96	79	36	6	17638	13609	10103	3360	146	4029
Total of Beauharnois	1371	146	42	528	473	160	22	91991	66829	48292	17741	796	25162

Agricultural Produce for 1861.

BAGOT.

Cash value of Farm in Dollars.	Cash value of Farming Implements in Dollars.	Produce of Gardens and Orchards in Dollars.	Quantity of Land held by Townspeople, not being farmers.	Fall Wheat.		Spring Wheat.		Barley.		Rye.	
				Acres.	Minots.	Acres.	Minots.	Acres.	Minots.	Acres.	Minots.
14	15	16	17	18	19	20	21	22	23	24	25
162125	4957	1038	13118	3	27	190	2093	52	658	44	431
411459	30724	4630	7	......	......	931	11040	261	3835	165	1198
206379	4969	1180	158.	......	......	122	1512	53	890	45	463
568965	20583	3027	125	......	......	1524	16215	603	11902	8	54
199858	4495	398	12	......	......	196	2034	72	977	21	231
795306	26478	3836	147	......	......	4049	42728	756	13981	81	888
444393	20052	2148	171	2	11	1006	9927	542	9453	34	286
545780	38249	3748	12	......	......	1071	14222	365	7383	21	270
178288	3691	578	......	......	......	50	881	32	452	3	18
3513053	154198	20583	13750	5	38	9148	100652	2736	49531	422	3839

BEAUCE.

14	15	16	17	18	19	20	21	22	23	24	25
114030	5448	1627	......	......	......	25	449	320	8132	334	8585
830	......	......	......	......	......	......	......	13	200	......	......
150	......	......	......	......	......	......	......	1	45	......	......
57755	766	......	2	......	......	24	257	99	1574	119	1604
9850	300	80	......	......	......	......	......	35	1008	22	428
8030	431	......	......	......	......	4	31	23	248	1	9
142800	6105	1656	10	......	......	51	969	183	3855	241	6148
23635	1681	......	......	......	......	6	54	63	714	......	......
2450	43	......	......	......	......	......	......	9	115	......	......
4850	570	164	......	......	......	......	......	20	379	15	311
407350	13244	1520	17	......	......	248	2494	384	6213	11	155
425760	14746	3178	28	......	......	40	377	496	6181	20	200
176810	3820	886	6	......	......	36	663	232	2722	2	14
327205	10316	1241	62	......	......	331	2770	364	4620	46	56.
182054	3262	876	10	......	......	128	1180	241	3370	55	597
477425	27293	3000	......	......	......	69	752	328	4855	21	349
14957	1000	6	......	......	......	13	150	86	1923	43	698
161440	9880	4615	......	......	......	47	522	509	8202	310	5234
2538301	98905	18849	135	......	......	1022	10668	3406	54356	1240	24899

BEAUHARNOIS.

14	15	16	17	18	19	20	21	22	23	24	25
1340	......	......	43	......	......	12	19	10	387	......	......
106151	10288	1827	94	......	......	476	5100	378	7322	25	299
1357089	130981	7678	68	......	......	2045	20058	1514	28525	65	457
976012	243289	11382	53	98	1323	2441	31130	1253	25231	13	114
220114	5269	1312	23	......	......	575	5010	138	1998	......	......
593900	62760	5218	101	......	......	1805	19892	1033	19128	4	34
3354606	499587	27417	382	99	1223	7354	81209	4326	82591	107	904

No. 12.—Lower Canada—Return of

COUNTY OF

	Peas.		Oats.		Buckwheat.		Indian Corn.		Potatoes.		Turnips.	
	Acres.	Minots.	Acres.	Minots.	Acres.	Minots.	Acres.	Minots.	Acres.	Minots.	Acres.	Minots.
	26	27	28	29	30	31	32	33	34	35	36	37
36...	143	1749	546	8388	98	1306	22	319	184	16925	20	2141
37...	768	7446	1625	26806	126	2122	88	664	419	28009	14	1042
38...	114	1398	556	13109	26	593	3	53	114	11655	2	112
39...	894	9122	3137	57737	128	1736	21	355	202	20286	9	1143
40...	92	935	317	6790	71	752	5	58	117	8911	15	1332
41...	1973	25264	4276	60646	206	4479	170	2160	381	46320	1	160
42...	991	10114	2354	35050	59	779	23	536	95	12966	....	....
43...	955	13473	2263	48349	64	1260	11	556	93	11991	4	1026
44...	89	993	408	7636	43	672	1	18	83	8175	3	262
	6019	70494	15482	264511	821	13699	344	4719	1688	165238	68	7218

COUNTY OF

	Peas. Acres.	Peas. Minots.	Oats. Acres.	Oats. Minots.	Buckwheat. Acres.	Buckwheat. Minots.	Indian Corn. Acres.	Indian Corn. Minots.	Potatoes. Acres.	Potatoes. Minots.	Turnips. Acres.	Turnips. Minots.
45...	59	1204	315	11581	53	3117	....	....	100	5927	....	....
46...	1	8	....	....	....	....	1	20	....	....	....	....
47...	....	....	4	80	....	....	....	....	1	85	....	....
48...	47	408	369	3380	11	181	....	....	63	5196	....	....
49...	....	....	18	595	2	158	....	....	7	1955	....	....
50...	15	113	87	2010	....	....	....	....	37	1357	1	12
51...	89	1641	569	16521	124	977	....	....	80	14038	....	....
52...	67	567	499	9370	....	....	....	....	63	3055	6	900
53...	3	18	16	273	....	....	....	....	5	275	....	....
54...	3	61	192	405	2	50	....	....	6	1051	....	....
55...	445	3933	4053	78243	30	527	1	28	276	28813	122	2019
56...	245	2364	4281	61104	32	319	....	....	420	16762	....	....
57...	140	863	1494	21872	29	365	....	....	97	7700	1	18
58...	418	3154	3698	17331	194	1344	1	9	228	18458	5	204
59...	282	2378	2106	36292	4	66	2	15	520	12702	1	25
60...	424	3377	4823	80210	1	20	....	....	145	26471	1	60
61...	8	53	105	1423	177	122	....	....	17	2791	....	....
62...	206	1744	1931	36797	32	649	....	....	227	26623	....	....
	2452	21886	24560	377487	691	7895	5	72	2292	173319	137	3238

COUNTY OF

	Peas. Acres.	Peas. Minots.	Oats. Acres.	Oats. Minots.	Buckwheat. Acres.	Buckwheat. Minots.	Indian Corn. Acres.	Indian Corn. Minots.	Potatoes. Acres.	Potatoes. Minots.	Turnips. Acres.	Turnips. Minots.
63 ..	29	550	22	230	....	....	1	48	....	122	....	....
64 ..	263	3772	622	13861	69	806	24	336	85	5497	....	39
65 ..	4186	71119	3951	78623	606	4635	55	1135	234	24228	2	117
66 ..	2977	57643	3093	68335	180	1803	74	1456	418	35446	13	1407
67 ..	539	7837	707	13962	80	283	10	196	86	7089	6	348
68 ..	1799	23965	2526	52084	344	2405	70	834	317	21550	2	50
	9784	164886	10921	227095	1279	9932	234	4505	1140	93932	23	2011

Agricultural Produce for 1861.

BAGOT.—(*Continued.*)

Carrots, Minots.	Mangel Wurzel.		Beans, Minots.	Clover, Timothy and other Grass Seeds, Minots.	Hay, Tons.	Hops, lbs.	Maple Sugar, lbs.	Cider, Gallons.	Wool, lbs.	Fulled Cloth, Yards.	Flannel, Yards.	Flax and Hemp, lbs.	Linen, Yards.
	Acres.	Minots.											
38	39	40	41	42	43	44	45	46	47	48	49	50	51
88	....	10	18	39	384	5	15997	....	1136	773	938	624	900
51	6	432	1	27	822	4	26853	755	5177	3923	3477	2296	4241
155	1	112	2	48	225	3	17460	....	919	765	995	1107	1089
48	....	....	12	87	1253	....	19272	....	6661	3102	4892	2031	4482
....	....	....	2	....	223	....	11046	....	972	798	737	83	531
1374	1	259	69	162	2799	6	39078	13	10474	5971	6601	4460	5348
126	....	....	....	55	1182	....	29061	....	6035	3006	3582	3964	3330
111	3	480	28	179	1264	50	21514	385	6801	3314	4998	4520	6049
180	....	....	1	35	281	5	7478	....	547	254	496	339	217
2133	11	1293	133	632	8433	73	187759	1153	38722	21906	26716	19424	26187

BEAUCE.—(*Continued.*)

Carrots, Minots.	Mangel Wurzel, Acres.	Mangel Wurzel, Minots.	Beans, Minots.	Clover, Timothy and other Grass Seeds, Minots.	Hay, Tons.	Hops, lbs.	Maple Sugar, lbs.	Cider, Gallons.	Wool, lbs.	Fulled Cloth, Yards.	Flannel, Yards.	Flax and Hemp, lbs.	Linen, Yards.
....	....	....	....	10	548	....	42600	....	1919	946	1074	940	1525
....	6	625	....	....	....	....	750	....	12	....	6	....	....
....	....	....	....	....	....	....	500	....	....	....	....	....	....
....	....	....	....	....	347	....	16425	....	672	485	578	391	140
....	....	....	....	....	87	....	1850	....	54	9	48	24	36
....	....	....	....	3	125	....	6810	....	237	65	163	110	24
....	....	....	....	....	573	....	27540	....	1732	1013	1301	1236	1815
....	....	....	....	....	431	....	15450	....	927	447	412	781	288
....	....	....	....	....	58	....	....	....	34	20	18	....	....
....	....	....	....	....	39	....	2350	....	129	111	84	102	84
74	....	....	24	....	3850	....	44550	....	9604	4874	8362	5116	7071
....	....	....	1	4	5738	6	115465	....	9955	4581	9025	6069	7649
....	....	....	....	14	1409	....	65348	....	3346	1654	3158	1916	2730
14	2	20	30	8	2495	....	49608	....	5971	3055	5346	4445	4821
2	....	....	1	12	1938	....	46350	....	4468	2326	3967	374	2262
4	....	....	....	16	4791	....	296570	....	18759	5491	8992	5150	7384
....	....	....	....	....	30	....	1400	....	32	7	43	76	14
....	....	....	....	....	1722	....	96475	....	3147	2272	3130	3467	4390
94	8	645	56	67	24181	6	830041	....	58998	27356	45707	30197	40733

BEAUHARNOIS.—(*Continued.*)

Carrots, Minots.	Mangel Wurzel, Acres.	Mangel Wurzel, Minots.	Beans, Minots.	Clover, Timothy and other Grass Seeds, Minots.	Hay, Tons.	Hops, lbs.	Maple Sugar, lbs.	Cider, Gallons.	Wool, lbs.	Fulled Cloth, Yards.	Flannel, Yards.	Flax and Hemp, lbs.	Linen, Yards.
10	....	68	....	....	6	....	....	....	26	16	....	....	....
114	6	149	25	10	326	33	4136	....	1201	781	578	195	87
3239	11	2413	354	342	2018	129	7861	120	7832	3782	5496	1200	1332
4243	10	498	75	266	1166	368	15867	110	9900	4457	5904	1217	808
177	1	111	24	8	312	61	2501	....	1243	586	855	406	100
1	3	64	46	90	942	....	6153	....	5257	2496	2446	272	137
7784	31	3303	524	716	4770	591	36518	230	25459	12118	15279	3290	2464

No. 12.—Lower Canada—Return of

COUNTY OF

	Live Stock.											
	Bulls, Oxen and Steers.	Milch Cows.	Calves and Heifers.	Horses over 3 years old.	Value of same in Dollars.	Colts and Fillies.	Sheep.	Pigs.	Total value of Live Stock.	Butter, lbs.	Cheese, lbs.	Beef in Barrels of 200 lbs.
	52	53	54	55	56	57	58	59	60	61	62	63
36...	68	260	165	225	9550	37	397	200	22935	10983	600	90
37...	619	516	512	456	52097	125	1201	547	66314	36308	161	241
38...	21	271	196	158	7978	37	300	222	19501	16783	....	94
39...	53	967	926	569	31641	274	2032	945	76109	25500	160	197
40...	227	196	168	124	6869	24	249	144	16446	5455	....	40
41...	472	1623	1329	951	69552	540	3757	1307	115207	36235	60	150
42...	65	814	702	451	22877	156	1712	614	55837	37618	100	392
43...	766	727	713	403	28153	172	1859	680	64392	64387	423	372
44...	42	102	98	84	4461	16	145	122	4989	5135	....	14
	2333	5476	4809	3241	233178	1381	11652	4781	441730	238409	1504	1590

COUNTY OF

	52	53	54	55	56	57	58	59	60	61	62	63
45...	79	210	183	130	13083	14	505	302	26299	20625	....	....
46...	5	5	5	2	55	....	14	7	219	....	....	....
47...	1	1	....	....	....	2	3	2	129	....	....	....
48...	204	152	113	98	5439	2	367	207	11321	3547	....	5
49...	3	15	5	14	1400	2	18	15	2024	1400	....	....
50...	14	40	40	19	1247	5	116	25	2613	1610	....	5
51...	115	226	215	57	13976	11	693	302	65315	10800	....	....
52...	97	138	159	62	4082	10	430	100	9082	5062	359	19
53...	....	12	10	4	245	....	16	9	475	750	50	....
54...	2	9	30	10	1013	3	44	17	1689	910	....	....
55...	630	1594	1895	1249	39490	94	3705	1031	99174	60960	60	142
56...	2076	1601	2054	485	99187	104	3754	873	118885	63534	....	187
57...	232	481	623	181	11394	38	1460	381	32375	18267	....	32
58...	1429	1075	....	359	22136	80	2624	999	62174	34543	16	64
59...	899	621	777	270	19824	64	2247	445	32303	27790	....	1
60...	668	1830	1243	519	91345	115	4776	1087	107343	48742	....	77
61...	40	37	13	22	1299	....	61	52	2498	10	....	....
62...	330	572	516	290	20585	42	1732	654	22853	17659	....	1
	6824	8619	7881	3771	345800	586	22565	6508	596771	316209	485	533

COUNTY OF

	52	53	54	55	56	57	58	59	60	61	62	63
63...	1	123	1	132	....	1	86	48	10105	....	....	24
64...	235	374	308	359	10493	120	508	499	35288	9098	....	13
65...	573	1228	1231	1023	67818	571	2040	1214	108125	56265	1365	154
66...	69	1396	1142	1027	62998	513	2375	1154	94362	73069	3286	274
67...	7	307	294	257	8813	119	454	324	13540	12755	....	58
68...	88	890	790	721	49315	328	1726	1007	48756	23071	50	125
	973	4318	3766	3519	199437	1652	7189	4246	310176	174258	4701	648

Agricultural Produce for 1861.

BAGOT.—(*Continued.*)

Pork in Barrels of 200 lbs.	Fish. Dried in Quintals.	Fish. Salted and Barrelled.	Fish. Sold Fresh, lbs.	Carriages kept for pleasure.	Value of same in Dollars.	Carriages kept for hire.	Value of same in Dollars.	Minerals. Copper ore mined, Tons.	Minerals. Value.	Minerals. Iron ore mined, Tons.	Minerals. Value.
64	65	66	67	68	69	70	71	72	73	74	75
178	.....	.....	.....	158	2887	41	554	3114	155700	.....	.....
460	.....	.....	.....	466	9639	4	40	.....	.....	.....	.....
167	.....	.....	.....	153	3006	5	79	.....	.....	.....	.....
662	.....	.....	.....	641	12964	89	740	.....	.....	.....	.....
156	.....	.....	.....	99	1750	.....	.....	.....	.....	.....	.....
898	.....	.....	.....	982	20475	.....	.....	.....	.....	.....	.....
627	.....	.....	.....	426	11337	74	891	.....	.....	.....	.....
776	.....	.....	.....	528	9697	1	3	.....	.....	.....	.....
96	.....	.....	.....	59	1551	.....	.....	179	6479	.....	.....
4020	.....	.....	.....	3512	73306	214	2307	3293	162179	.....	.....

BEAUCE.—(*Continued.*)

64	65	66	67	68	69	70	71	72	73	74	75
274	.....	.....	.....	123	2605	.....	.....	.....	.....	.....	.....
1	.....	.....	.....	.....	.....	.....	.....	.....	.....	.....	.....
1	.....	.....	.....	.....	.....	.....	.....	.....	.....	.....	.....
108	.....	.....	.....	20	333	.....	.....	.....	.....	.....	.....
18	.....	.....	.....	23	398	.....	.....	.....	.....	.....	.....
22	.....	.....	.....	.....	.....	.....	.....	.....	.....	.....	.....
248	.....	.....	.....	169	4505	.....	.....	.....	.....	.....	.....
70	.....	.....	.....	.....	.....	.....	.....	.....	.....	.....	.....
4	.....	.....	.....	.....	.....	.....	.....	.....	.....	.....	.....
18	.....	.....	.....	7	175	.....	.....	.....	.....	.....	.....
1009	.....	.....	.....	809	15399	54	725	.....	.....	.....	.....
825	.....	.....	.....	292	7687	14	225	.....	.....	.....	.....
354	.....	.....	.....	48	1166	.....	.....	.....	.....	.....	.....
763	.....	.....	.....	510	7247	.....	.....	.....	.....	.....	.....
374	.....	.....	.....	250	4050	.....	.....	.....	.....	.....	.....
591	.....	.....	.....	696	11746	.....	.....	.....	.....	.....	.....
25	.....	.....	.....	.....	.....	.....	.....	.....	.....	.....	.....
470	.....	.....	.....	462	9446	.....	.....	.....	.....	.....	.....
5175	.....	.....	.....	3409	64757	68	950	.....	.....	.....	.....

BEAUHARNOIS.—(*Continued.*)

64	65	66	67	68	69	70	71	72	73	74	75
70	.....	.....	.....	269	7665	30	608	.....	.....	.....	.....
214	3	18	.....	220	3728	1	30	.....	.....	.....	.....
929	8	282	395	815	23061	78	1234	.....	.....	.....	.....
998	1	2	56	596	16545	99	1622	.....	.....	.....	.....
187	1	.....	.....	151	2763	18	168	.....	.....	.....	.....
783	.....	202	66	521	14028	78	7152	.....	.....	.....	.....
3181	13	505	517	2572	67790	304	10814	.....	.....	.....	.....

No. 12.—Lower Canada—Return of

COUNTY OF

TOWNSHIPS, PARISHES, &c.	Occupiers of Lands.							Lands—Acres.					
	Total.	10 acres and under.	10 to 20.	20 to 50.	50 to 100.	100 to 200.	Upwards of 200.	Amount held in Acres.	Under cultivation.	Under crops.	Under pasture.	Under Gardens and Orchards.	Wood and Wild Lands.
	1	2	3	4	5	6	7	8	9	10	11	12	13
69. Armagh	150	......	.....	10	67	63	10	16200	2158	1465	691	2	14042
70. Beaumont	102	......	3	4	26	56	13	12793	8817	4629	4086	102	3976
71. Buckland and Mailloux	171	......	....	34	123	11	3	16438	1848	830	1017	1	14640
72. St. Charles	252	13	14	19	80	103	23	27115	16936	8858	7939	139	10179
73. St. Gervais	266	......	2	15	100	118	31	25988	18493	10567	7575	351	7495
74. St. Lazare	398	28	.....	77	197	74	22	34145	12708	4133	8549	26	21437
75. St. Michel	143	4	2	4	70	55	8	15917	12388	7010	5236	142	3529
76. St. Raphaël	300	14	2	58	131	83	12	24132	9118	3717	5284	117	15014
77. St. Valier	128	2	3	8	74	37	4	11966	11110	6602	4392	116	856
Total of Bellechasse	1910	61	26	229	868	600	126	184744	93576	47811	44769	996	91168
COUNTY OF													
78. Berthier	293	68	6	37	64	82	36	29636	23241	17771	5351	119	6395
79. Berthier, Village	2	......	1	......	1	......	.....	273	253	165	60	28	20
80. Brandon	75	2	.....	38	27	8	.....	4782	2845	1841	982	22	1937
81. Isle du Pads	119	25	17	22	34	16	5	6948	5687	4126	1534	27	1261
82. Lanoraie	202	2	12	35	45	83	25	23680	12426	7344	4998	84	11254
83. Lavaltrie	227	11	35	52	57	53	19	19247	10220	5988	4189	43	9027
84. St. Barthélemi	299	53	16	54	94	66	16	22040	13023	7488	5478	57	9017
85. St. Cuthbert	508	107	26	121	111	102	41	38224	21732	15274	6401	57	16492
86. St. Gabriel	528	3	14	149	245	91	26	47408	14458	10287	4169	2	32950
87. St. Norbert	271	13	66	47	88	40	17	18645	13151	9837	3272	42	5494
Total of Berthier	2524	284	193	555	766	541	185	210883	117036	80121	36434	481	93847
COUNTY OF													
88. Carleton	114	8	7	61	26	10	2	6939	2346	1106	1213	27	4593
89. Cox	260	71	45	77	34	24	9	15960	2594	1783	775	36	13366
90. Daniel (Port)	162	6	5	62	70	14	5	12482	1930	1596	329	5	10552
91. Hamilton	198	7	4	65	76	33	13	18217	3441	2558	849	34	14776
92. Hope	130	4	13	57	41	13	2	8261	1520	1303	216	1	6741
93. Mann	102	47	7	12	20	9	7	8434	1934	517	1415	2	6500
94. Maria	233	14	6	67	105	34	7	20670	4840	3216	1577	47	15830
95. Matapedia	32	......	.....	......	11	15	6	6200	1330	281	1049	......	4870
96. New Richmond	215	1	4	55	105	42	8	20801	5770	3120	2632	18	15031
97. Nouvelle and Shoolbreds	240	......	7	72	91	64	6	22250	4480	2295	2182	3	17779
98. Ristigouche	74	......	.....	3	16	35	20	18551	3104	1827	1277	......	15447
Total of Bonaventure	1760	158	98	531	595	293	85	158774	33289	19602	13514	173	125485
COUNTY OF													
99. Bolton	434	12	14	93	188	93	34	50899	18654	11577	7018	59	32245
100. Brome	426	3	9	131	153	99	31	46894	21547	11939	9462	146	25347
101. Farnham	259	6	16	77	86	51	23	27974	10135	5705	4334	96	17839
102. Potton	290	......	4	65	110	77	34	35681	14323	8543	5654	126	21358
103. Sutton	482	20	14	140	175	97	36	46108	20275	11066	9029	180	25833
Total of Brome	1891	41	57	506	712	417	158	207556	84934	48830	35497	607	122622

Agricultural Produce for 1861.

BELLEHCHASSE.

Cash value of Farm in Dollars.	Cash value of Farming Implements in Dollars.	Produce of Gardens and Orchards in Dollars.	Quantity of Land held by Townspeople, not being farmers.	Fall Wheat.		Spring Wheat.		Barley.		Rye.	
				Acres.	Minots.	Acres.	Minots.	Acres.	Minots.	Acres.	Minots.
14	15	16	17	18	19	20	21	22	23	24	25
57262	8685	....	....	1	10	43	539	255	3287	130	1408
312450	14170	1151	66	....	....	163	1282	20	390	206	2187
104064	1735	365	....	....	....	109	880	299	2024	41	558
478790	21287	3854	14	....	....	141	1796	48	817	500	6238
470140	50895	4394	94	....	....	583	5266	140	2011	414	3804
249455	9341	1688	34	....	....	226	1280	169	2751	190	2064
477380	23846	4968	47	....	....	317	2523	83	884	449	4129
238513	10153	3204	....	....	....	78	1004	119	2144	154	2525
288657	11910	2410	28	....	....	370	2864	76	845	219	2050
2676711	152022	22034	283	1	10	2030	17434	1215	15113	2306	24954

BERTHIER.

14	15	16	17	18	19	20	21	22	23	24	25
1229760	43865	7947	284	5	37	200	2296	170	2570	333	2199
196239	690	1237	167	4	103	3	30	3	103	....	16
88336	6312	2032	....	....	....	45	519	25	397	50	567
301814	7059	961	6561	....	....	....	2147	....	518	....	165
365756	14980	3698	35	1	9	97	1067	103	1876	2273	13851
410440	18393	1505	9493	3	20	30	386	190	3747	1518	112583
631349	47646	1566	....	....	....	360	4399	144	2307	30	335
1450508	9432	2477	....	....	....	241	2075	371	4252	87	770
301067	8642	50	52	16	160	163	1402	236	2889	640	5275
276893	7681	1841	....	....	....	111	1055	73	1052	82	886
5461162	164700	23314	16592	29	329	1250	15376	1315	19711	5013	136617

BONAVENTURE.

14	15	16	17	18	19	20	21	22	23	24	25
53919	2364	347	....	....	....	78	568	116	1718	103	1115
235291	15027	1884	4351	4	40	135	2395	267	6080	....	....
87957	4222	153	6047	....	....	193	2587	198	2835	....	....
252786	8543	2167	....	....	....	163	2030	246	4252	96	1198
82982	2909	....	....	....	....	202	3465	132	1939	....	....
37026	2474	....	167	....	....	35	468	30	352	86	1131
128269	10598	289	....	19	239	65	614	129	1545	280	3053
7900	1951	....	....	....	....	12	185	28	517	....	....
105147	7059	1088	337	....	....	132	1244	256	3024	72	699
86479	6014	....	....	....	12	101	1353	242	4242	179	2251
46925	4310	....	....	....	....	16	252	57	1482	28	501
1124681	65471	5028	10902	23	291	1132	15161	1701	27986	844	10008

BRÒME.

14	15	16	17	18	19	20	21	22	23	24	25
450683	16687	2906	243	....	....	344	5762	106	2950	41	770
587486	21933	1095	368	2	46	310	5420	119	2837	98	1303
400060	15111	1659	337	....	....	186	3897	54	1292	9	146
417550	19477	3651	24	....	....	217	4363	91	2312	91	1503
483225	25932	5743	2	....	....	448	7532	119	3217	49	828
2339004	99140	15054	974	2	46	1514	26974	489	12608	288	4645

No. 12.—Lower Canada—Return of

COUNTY OF

	Peas.		Oats.		Buckwheat.		Indian Corn.		Potatoes.		Turnips.	
	Acres.	Minots.	Acres.	Minots.	Acres.	Minots.	Acres.	Minots.	Acres.	Minots.	Acres.	Minots.
	26	27	28	29	30	31	32	33	34	35	36	37
69 ..	23	80	369	5910	95	1186	....	....	114	5817	2	115
70 ..	106	1078	2098	37578	13	223	3	49	351	50780	5	977
71 ..	67	218	242	1980	71	1406	....	....	131	6206	2	137
72 ..	173	2215	4132	71302	2	22	....	....	532	67477	7	934
73 ..	201	1941	4358	69958	71	1528	6	105	347	57138	6	629
74 ..	170	1891	2523	10300	470	7710	....	....	387	35099	2	63
75 ..	203	1625	2623	45156	10	132	....	....	348	46951	1	140
76 ..	58	660	1840	44370	323	7635	1	19	500	33173	3	232
77 ..	70	669	2214	41377	14	182	....	....	205	24129	2	610
	1071	10377	20399	327931	1069	20030	10	173	2915	326770	30	3837

COUNTY OF

	Peas Acres.	Peas Minots.	Oats Acres.	Oats Minots.	Buckwheat Acres.	Buckwheat Minots.	Indian Corn Acres.	Indian Corn Minots.	Potatoes Acres.	Potatoes Minots.	Turnips Acres.	Turnips Minots.
78...	591	6852	6268	126948	359	5804	80	960	275	36821	2	250
79...	3	80	56	1031	....	16	3	87	8	1867	....	....
80...	130	1725	422	16770	86	923	1	28	83	9574	10	1082
81...	....	1934	....	39180	....	2589	....	268	....	13585	....	53
82...	161	1542	2796	[illegible]	130	2018	27	650	264	39197	2	175
83...	145	1879	2165	28707	118	1967	21	443	168	15791	....	....
84...	536	7656	5814	157018	264	3799	17	310	160	24375	1	345
85...	1674	12889	9550	192198	555	9691	28	434	273	20842	1	25
86...	810	7381	3440	61235	576	5389	1	25	377	39900	14	559
87...	823	9814	4538	64077	387	4911	7	120	233	19222	1	71
	4879	51758	34999	737573	2475	37107	185	3325	1841	230174	31	2560

COUNTY OF

	Peas Acres.	Peas Minots.	Oats Acres.	Oats Minots.	Buckwheat Acres.	Buckwheat Minots.	Indian Corn Acres.	Indian Corn Minots.	Potatoes Acres.	Potatoes Minots.	Turnips Acres.	Turnips Minots.
88...	21	136	489	7860	2	13	....	....	209	29703	3	146
89...	8	215	426	10426	1	12	....	....	271	33824	13	5389
90...	7	82	346	8349	1	12	....	1	250	20240	21	3182
91...	8	108	580	15841	....	....	....	....	365	54197	11	1254
92...	1	8	273	6081	....	....	....	....	156	25244	1	261
93...	20	155	204	4304	....	....	1	6	131	14001	6	505
94...	14	107	667	14529	3	40	4	100	428	55273	4	221
95...	7	71	131	4260	13	291	....	....	61	9405	14	2363
96...	23	225	801	20118	....	....	....	....	449	51099	27	981
97...	39	294	806	16467	4	48	....	....	328	48300	6	823
98...	12	218	297	13726	1	40	....	....	103	18189	17	3902
	160	1619	5020	121961	25	461	5	107	2751	368535	123	19027

COUNTY OF

	Peas Acres.	Peas Minots.	Oats Acres.	Oats Minots.	Buckwheat Acres.	Buckwheat Minots.	Indian Corn Acres.	Indian Corn Minots.	Potatoes Acres.	Potatoes Minots.	Turnips Acres.	Turnips Minots.
99.	27	408	995	33090	427	11348	135	4936	302	47483	15	4126
100.	44	985	1534	50025	375	8128	500	14966	299	47419	27	6087
101.	66	1199	1051	34608	[illegible]	8161	232	8175	178	26390	20	6448
102.	66	1060	767	26375	296	8325	237	6888	240	40628	28	8144
103.	23	526	1515	48928	304	8331	384	9425	616	53112	34	9009
	220	4184	5862	193026	1537	39293	1488	44390	1635	215032	124	33814

Agricultural Produce for 1861.

BELLECHASSE.—(*Continued.*)

Carrots, Minots.	Mangel Wurzel.		Beans, Minots.	Clover, Timothy and other Grass Seeds, Minots.	Hay, Tons.	Hops, lbs.	Maple Sugar, lbs.	Cider, Gallons.	Wool, lbs.	Fulled Cloth, Yards.	Flannel, Yards.	Flax and Hemp, lbs.	Linen, Yards.
	Acres.	Minots.											
38	39	40	41	42	43	44	45	46	47	48	49	50	51
....	....	....	....	18	13	....	15275	....	370	207	485	231	312
15	....	....	31	149	1204	....	4275	....	1751	2391	2395	1734	2271
2	34	3206	143	13	246	....	29818	....	204	80	146	230	47
....	....	....	....	44	2378	....	23975	....	6139	2556	4406	3069	4621
....	....	....	91	243	2930	....	46663	....	7505	4792	5963	6547	8285
....	....	....	....	29	1798	....	52815	....	3514	2255	2909	3790	4553
....	....	....	15	135	2477	....	7839	....	5872	3626	4638	3153	4642
....	....	....	12	87	2554	....	59035	....	3307	2579	2738	3636	4068
....	....	....	....	47	2372	....	3000	....	4618	2317	3873	3027	3357
17	34	3206	295	765	15972	....	242755	....	33280	20803	27556	25417	32150

BERTHIER.—(*Continued.*)

38	39	40	41	42	43	44	45	46	47	48	49	50	51
472	47	5091	39	140	4172	9	38844	....	7986	2898	4659	6282	6685
....	....	15	....	....	66	....	....	....	41	18	25	40	30
12	....	8	....	119	448	....	11735	....	1140	787	1243	1301	2929
9	....	1715	18	304	1272	....	1843	....	3044	1117	2211	1706	2740
3	64	694	17	....	807	....	20625	....	3876	2413	2770	3631	3387
....	4	885	10	7	1353	....	26109	....	2840	1764	1944	1927	2264
....	....	....	....	280	2723	....	17840	....	6072	3026	5674	8260	12425
12	8	640	....	....	5634	....	14567	....	17090	3354	4798	8298	10563
24	....	5	1	420	1692	....	54008	....	4164	2682	3835	7630	8642
63	3	182	7	25	1362	....	16980	50	3528	1581	2157	5145	5070
595	126	9235	92	1301	19529	9	202551	50	49781	19640	29316	41220	54735

BONAVENTURE.—(*Continued*)

38	39	40	41	42	43	44	45	46	47	48	49	50	51
1	....	2	7	....	297	28	280	....	1853	4193	1646	258	535
60	1	49	28	....	747	181	1650	....	1964	1288	48	....	....
....	....	....	7	....	368	....	7222	....	2281	3098	1277	....	....
....	....	....	....	7	728	....	1200	....	2402	2922	2507	1016	2815
....	....	....	....	....	386	....	5856	....	1206	1159	548	....	....
6	....	....	1	4	690	29	5750	....	768	1888	390	....	....
13	....	14	7	53	730	4	13445	....	3502	2047	2311	817	1494
....	....	....	....	....	379	....	100	....	931	960	....	....	....
....	....	....	11	37	1321	36	....	....	3363	5919	1587	259	168
....	....	....	....	3	1104	33	40	....	3592	461	2086	214	....
....	....	....	....	29	1242	166	2578	....	2222	....	1845	....	....
80	1	65	61	133	7992	477	38121	....	24084	23935	14245	2564	5012

BROME.—(*Continued.*)

38	39	40	41	42	43	44	45	46	47	48	49	50	51
186	....	....	301	483	5573	8068	87794	1	9896	1838	5360	178	182
2112	....	77	338	152	6534	10	74399	60	9667	547	5620	112	74
1507	2	892	385	24	3115	382	51127	....	5271	537	2118	1260	129
1354	....	20	469	272	4748	4032	87003	....	7995	585	3308	96	148
1229	3	54	333	140	6923	....	113994	34	11185	1177	6901	205	75
6688	5	1043	1826	1071	26893	12492	414317	95	44014	4684	23307	1851	608

8*

No. 12.—Lower Canada—Return of

COUNTY OF

	Live Stock.											
	Bulls, Oxen and Steers.	Milch Cows.	Calves and Heifers.	Horses over 3 years old.	Value of same in Dollars.	Colts and Fillies.	Sheep.	Pigs.	Total value of Live Stock.	Butter, lbs.	Cheese, lbs.	Beef in Barrels of 200 lbs.
	52	53	54	55	56	57	58	59	60	61	62	63
69...	151	124	74	87	5399	1	150	190	10167	4880	....	....
70...	703	505	237	201	12531	25	774	488	37491	33338	....	100
71...	67	156	36	94	5532	3	142	165	9617	8570	....	....
72...	1219	902	1161	365	22943	71	1769	1039	66984	46717	....	148
73...	1796	1257	1366	455	31910	109	2144	1282	98477	79660	....	168
74...	941	686	803	317	19118	77	1421	700	44357	31450	8	73
75...	1039	725	695	270	18521	61	1372	748	61160	53646	....	156
76...	852	641	677	301	37906	59	1003	792	46864	35123	....	72
77...	258	759	469	280	18414	60	1155	695	56262	47025	....	112
	7626	5755	5518	2370	172274	466	9930	6099	431379	340409	8	829

COUNTY OF

	52	53	54	55	56	57	58	59	60	61	62	63
78...	1335	1114	977	698	39037	253	2850	989	84674	40384	467	50
79...	6	72	5	110	....	....	82	91	7322	150	....	131
80...	217	166	153	118	7930	42	429	204	15897	9030	....	39
81...	585	470	451	267	14809	88	1474	491	33702	16971	340	1
82...	744	678	536	428	25176	96	1491	762	50845	21880	....	139
83...	668	577	522	338	19635	117	1086	482	41138	38639	....	101
84...	1030	920	742	638	37994	247	2351	918	36088	37454	310	284
85...	147	1163	1260	864	50854	275	2867	1105	99232	45866	350	388
86...	1062	809	829	518	26952	147	1784	993	53086	19601	25	214
87...	713	480	400	348	21875	122	1428	528	41140	10902	100	88
	6507	6449	5875	4327	244262	1387	15854	6563	463124	240877	1592	1435

COUNTY OF

	52	53	54	55	56	57	58	59	60	61	62	63
88...	224	176	10	109	9969	12	703	359	15937	4307	....	46
89...	404	432	238	255	17810	28	999	1032	38080	16533	30	160
90...	236	204	242	73	5686	20	823	539	17080	10172	188	50
91...	479	320	159	179	12619	56	1089	1069	35250	12941	....	109
92...	148	157	163	72	4208	29	539	492	17971	5586	....	87
93...	82	132	183	38	3648	19	274	163	14627	11000	50	68
94...	563	368	177	173	15612	48	1225	627	30719	16588	200	262
95...	19	98	89	42	420[illegible]	9	302	76	9454	7096	234	73
96...	237	468	72	205	14783	72	1357	538	27820	26845	1305	217
97...	128	494	448	131	14591	62	1419	514	36259	17972	822	246
98...	60	197	216	50	4340	38	513	162	19778	16623	952	233
	2580	3016	1917	1377	107496	393	9243	5571	262975	145663	3871	1551

COUNTY OF

	52	53	54	55	56	57	58	59	60	61	62	63
99..	426	1145	1621	393	30963	236	2738	428	108955	105711	8952	330
100..	380	1709	2233	524	31695	261	2884	433	128050	156370	15045	....
101..	158	1139	1019	382	24022	169	1389	272	78410	91335	59860	143
102..	340	1052	1322	311	21661	231	2098	317	85163	102478	5130	296
103..	522	2156	2166	555	42160	295	3166	455	143590	208213	10355	378
	1826	7201	8361	2165	153501	1492	12575	1905	544177	664113	99342	1147

Agricultural Produce for 1861.

BELLECHASSE.—(*Continued.*)

Pork in Barrels of 200 lbs.	Fish. Dried in Quintals.	Fish. Salted and Barrolled.	Fish. Sold Fresh, lbs.	Carriages kept for pleasure.	Value of same in Dollars.	Carriages kept for hire.	Value of same in Dollars.	Minerals. Copper ore mined, Tons.	Minerals. Value.	Minerals. Iron ore mined, Tons.	Minerals. Value.
64	65	66	67	68	69	70	71	72	73	74	75
83	...	...	...	53	657	...	...	...	...	...	...
487	...	...	...	381	10993	3	36	...	...	...	...
117	...	...	...	76	696	...	...	...	...	...	...
1214	...	...	...	509	10153	6	64	...	...	...	...
1239	...	...	...	745	13375	...	...	...	...	...	...
498	...	...	...	347	5289	2	10	...	...	...	...
997	...	...	...	325	6944	2	100	...	...	...	...
535	...	...	...	382	6415	...	...	...	...	...	...
960	...	...	...	353	5806	...	...	...	...	...	...
6130	...	...	...	3171	60328	13	210	...	...	...	...

BERTHIER.—(*Continued.*)

64	65	66	67	68	69	70	71	72	73	74	75
41	...	...	...	724	18672	...	...	...	...	...	...
219	...	...	...	134	3834	40	592	...	...	...	...
192	...	...	...	120	1676	...	...	...	...	...	...
190	...	8	27	202	3501	...	...	...	...	...	...
463	...	...	...	448	9418	13	69	...	...	...	...
335	...	...	...	337	5986	1	12	...	...	...	...
802	...	5	356	329	9468	...	...	...	...	...	...
945	9	...	...	161	6243	...	...	...	...	...	...
613	...	1	10	427	4557	23	137	...	...	...	...
362	...	...	...	106	3706	...	...	...	...	...	...
4162	9	14	393	3057	67001	77	830	...	...	...	...

BONAVENTURE.—(*Continued.*)

64	65	66	67	68	69	70	71	72	73	74	75
118	802	5902	37	101	2343	...	...	...	...	...	...
316	4526	70461	408	167	6152	1	28	...	...	...	...
145	2736	2631	38	117	4787	...	...	...	...	...	...
356	1175	6360	87	148	2105	...	...	...	...	...	...
169	430	754	...	43	836	...	...	...	...	...	...
90	...	19	...	...	...	...	...	...	...	...	...
421	287	11317	5788	126	3216	...	...	...	...	...	...
84	...	...	...	...	...	...	...	...	...	...	...
369	...	4193	...	163	2934	...	...	...	...	...	...
294	60	381	29	88	1275	...	...	...	...	...	...
164	...	18	...	26	556	...	...	...	...	...	...
2526	10076	102336	6387	979	24204	1	28	...	...	...	...

BROME.—(*Continued.*)

64	65	66	67	68	69	70	71	72	73	74	75
562	...	...	...	361	11704	...	...	...	...	...	...
...	...	...	...	488	13488	...	...	...	...	...	...
301	...	...	...	347	10858	1	20	...	...	...	...
487	...	...	...	295	8557	1	40	...	...	...	...
845	...	...	...	561	18017	...	...	...	...	...	...
2195	...	...	...	2052	62621	2	60	...	...	...	...

No. 12.—Lower Canada—Return of

COUNTY OF

TOWNSHIPS, PARISHES, &c.	Occupiers of Lands.							Lands—Acres.					
	Total.	10 acres and under.	10 to 20.	20 to 50.	50 to 100.	100 to 200.	Upwards of 200.	Amount held in Acres.	Under cultivation.	Under crops.	Under pasture.	Under Gardens and Orchards.	Wood and Wild Lands.
	1	2	3	4	5	6	7	8	9	10	11	12	13
104. Boucherville	206	6	7	18	82	78	15	21855	18843	14038	4748	57	3012
105. Boucherville, Village	14	1	2	2	7	1	1	1202	1040	859	177	4	162
106. Chambly	233	3	4	30	66	97	33	28781	20490	13419	6988	83	8291
107. Chambly, Village	......	......	......	......	......	......	......	......	......	......	......	......	......
108. Longueuil	104	5	2	1	34	50	12	13128	10861	8882	1916	63	2267
109. Longueuil, Village	21	6	1	5	5	2	2	1464	1100	784	300	16	364
110. St. Bruno	172	12	13	43	50	43	11	16202	10838	8087	2691	60	5364
111. St. Hubert	122	1	......	8	24	59	30	19643	16570	13350	3100	120	3073
112. St. Lambert	21	1	1	2	3	11	3	2566	2156	1857	202	7	410
Total of Chambly	893	35	30	109	271	341	107	104841	81898	61276	20212	410	22943

COUNTY OF

TOWNSHIPS, PARISHES, &c.	1	2	3	4	5	6	7	8	9	10	11	12	13
113. Batiscan	100	1	4	13	31	40	11	11996	6165	3874	2278	13	5831
114. Cap de la Magdeleine	107	......	2	21	39	32	13	12521	4013	2411	1601	1	8508
115. Champlain	221	4	11	26	80	76	24	25108	8766	5847	2886	33	16342
116. Mont Carmel	74	......	2	11	41	17	3	6983	960	781	178	1	6023
117. Ste. Anne	280	6	9	58	92	89	26	29695	13399	8329	4999	71	16296
118. Ste. Flore	56	......	......	2	25	19	10	7881	709	660	49	......	7172
119. Ste. Geneviève de Batiscan	291	2	12	61	98	76	42	33371	10261	6810	3400	51	23110
120. St. Maurice	385	......	6	91	184	87	17	39403	9801	7547	2225	29	29602
121. St. Narcisse	149	......	2	58	51	32	6	12934	3376	2187	1184	6	9558
122. St. Prosper	131	1	2	45	45	30	8	12165	5235	3606	1622	7	6930
123. St. Stanislas	316	3	4	77	143	65	24	31174	8845	5047	3797	1	22329
124. St. Tite	154	1	1	6	104	31	11	16109	2186	1657	516	13	13923
Total of Champlain	2264	18	55	469	933	594	195	239340	73716	48756	24735	225	165624

COUNTY OF

TOWNSHIPS, PARISHES, &c.	1	2	3	4	5	6	7	8	9	10	11	12	13
125. Bay St. Paul	470	97	9	38	105	127	94	64592	28016	12519	15124	373	36576
126. Callières	49	......	......	......	45	4	......	5300	625	390	235	......	4675
127. De Sales	66	......	......	4	33	23	6	7386	2269	810	1448	11	5117
128. Eboulements	255	7	4	10	69	100	65	42306	18287	8254	9931	102	24019
129. Isle-aux-Coudres	75	5	1	7	22	38	2	7914	4774	2535	2174	65	3140
130. Petite Rivière St. François-Xavier	92	3	1	5	25	25	33	30991	2710	1097	1584	29	28281
131. Ste. Agnes	173	6	1	3	51	92	20	22712	9336	4321	4984	31	13376
132. Settrington	81	1	......	3	55	16	6	12248	2314	1173	1141	......	9934
133. St. Etienne, (Murray Bay)	419	114	5	25	114	118	43	44502	19063	9575	9322	166	25439
134. St. Fidèle	150	3	......	......	112	31	4	16772	3913	2168	1740	5	12859
135. St. Irénée	96	8	......	4	32	35	17	13050	6302	2824	3447	31	6748
136. St. Urbain	117	15	......	7	31	35	29	17885	6072	2301	3738	33	11813
Total of Charlevoix	2043	250	21	106	694	644	319	285658	103681	47967	54868	846	181977

AGRICULTURAL PRODUCE FOR 1861.

CHAMBLY.

Cash value of Farm in Dollars.	Cash value of Farming Implements in Dollars.	Produce of Gardens and Orchards in Dollars.	Quantity of Land held by Townspeople, not being farmers.	Fall Wheat. Acres.	Fall Wheat. Minots.	Spring Wheat. Acres.	Spring Wheat. Minots.	Barley. Acres.	Barley. Minots.	Rye. Acres.	Rye. Minots.
14	15	16	17	18	19	20	21	22	23	24	25
965600	28747	2107	......	......	......	200	2309	1314	20377	......	......
84500	2350	65	106	......	......	6	63	37	951	......	......
681807	24690	2988	15	......	......	286	3056	774	14772	......	......
......	......	......	174	......	......	......	......	......	......	......	......
656256	13653	1350	42	......	......	171	1897	387	8000	......	......
90300	1224	333	112	......	......	5	83	49	719	......	......
515439	19848	2318	54	......	......	414	4026	806	15568	3	49
804357	24925	1474	30	......	......	186	1973	756	13257	......	......
134180	4135	468	36	......	......	6	87	101	1992	......	......
3932499	119572	11103	569	......	......	1283	13517	4254	75636	3	49

CHAMPLAIN.

14	15	16	17	18	19	20	21	22	23	24	25
225613	7825	......	107	......	......	245	2979	28	523	145	749
165315	2601	373	24	......	......	207	2225	49	937	89	922
192375	13792	596	33	......	......	435	5390	117	1859	210	2089
37070	1665	18	......	......	......	92	1019	23	252	25	231
507583	14175	1000	38	......	......	434	5555	123	1988	47	620
33741	1007	0	......	......	......	15	120	96	1517	6	100
326361	14047	1808	......	......	......	391	4419	168	3009	311	2791
419155	20032	681	11	......	......	749	7609	121	1529	110	734
148124	3480	203	......	......	......	253	2893	93	1335	73	717
102075	4303	158	5	......	......	419	5540	41	676	11	81
264865	12297	41	365	......	......	356	3821	272	2967	68	628
94710	3741	372	2	......	......	68	945	181	2203	47	531
2606987	98965	5259	585	......	......	3714	42515	1312	18795	1142	10193

CHARLEVOIX.

14	15	16	17	18	19	20	21	22	23	24	25
676236	43240	10531	39	......	......	2124	13565	858	11059	3493	26941
6735	870	......	......	......	......	70	482	112	1022	70	591
26716	2303	94	......	......	......	240	1832	99	1464	128	1115
276354	20497	4178	84	......	......	2978	16760	333	5395	970	5468
218730	2174	1812	3	......	......	205	1331	193	2535	685	4147
72189	4910	1257	......	......	......	128	1029	86	892	318	1687
123512	11264	824	7	......	......	1717	11127	318	3888	549	4029
36421	2517	......	4	......	......	292	2038	163	2312	282	1898
496703	20229	3056	22	......	......	3278	19324	446	4548	1084	7324
88820	8255	70	3	......	......	718	5909	333	2713	247	1613
111895	4507	797	13	......	......	1385	9729	140	2321	179	1350
106714	5454	1246	1	......	......	218	1823	126	2285	931	7476
2241025	126310	23865	176	......	......	13383	84949	3207	40434	8936	63669

No. 12.—Lower Canada—Return of

COUNTY OF

	Peas.		Oats.		Buckwheat.		Indian Corn.*		Potatoes.		Turnips.	
	Acres	Minots.	Acres.	Minots.	Acres.	Minots.	Acres.	Minots.	Acres.	Minots.	Acres.	Minots.
	26	27	28	29	30	31	32	33	34	35	36	37
104.	1191	15202	5792	81737	48	596	89	1714	154	13140	....	....
105.	61	711	170	4074	7	112	15	352	21	1855	....	....
106.	3404	30515	3909	65482	188	2825	23	534	131	17158	....	....
107.	....	....	....	....	....	....	....	....	....	....	....	....
108.	587	6659	1992	37438	42	513	14	418	78	8889	....	....
109.	23	505	209	3895	....	....	1	35	17	1701	....	....
110.	815	10051	1133	42112	34	672	12	246	126	7732	....	....
111.	1240	15302	2751	52895	361	2673	17	361	91	10015	....	....
112.	95	1343	381	6402	11	76	4	73	22	2405	....	2
	7410	89288	16337	294635	691	7467	175	3733	640	62895	....	2

COUNTY OF

	Peas Acres	Peas Minots	Oats Acres	Oats Minots	Buckwheat Acres	Buckwheat Minots	Indian Corn Acres	Indian Corn Minots	Potatoes Acres	Potatoes Minots	Turnips Acres	Turnips Minots
113.	124	1709	1650	44375	177	3791	11	132	69	9728	8	854
114.	121	1408	1345	26419	185	2303	4	83	96	13071	6	1643
115.	224	2852	2703	68495	321	5171	25	319	201	27227	7	589
116.	72	648	210	4435	111	1587	7	115	74	7234	12	732
117.	117	1365	4421	89925	346	5941	20	387	207	21965	6	905
118.	11	100	239	4727	66	817	1	17	75	9460	21	1429
119.	222	2581	2636	47143	423	5514	30	273	154	20606	12	1996
120.	571	6976	2320	49400	308	3953	12	129	352	42425	44	5405
121.	138	1430	666	14669	107	1370	....	....	110	10865	8	894
122.	91	1148	1148	23996	183	2584	2	28	69	6886	1	124
123.	283	3187	2476	48974	215	2670	....	8	180	22189	35	2644
124.	155	2054	482	9605	35	595	....	....	117	13361	23	2270
	2129	25458	20296	432163	2477	36296	112	1491	1704	205017	178	19485

COUNTY OF

	Peas Acres	Peas Minots	Oats Acres	Oats Minots	Buckwheat Acres	Buckwheat Minots	Indian Corn Acres	Indian Corn Minots	Potatoes Acres	Potatoes Minots	Turnips Acres	Turnips Minots
125.	680	4811	2169	28887	313	3676	....	....	591	58170	....	....
126.	39	294	22	200	....	....	....	....	16	1246	....	....
127.	118	880	71	680	....	....	....	....	49	2507	....	....
128.	556	4491	1529	17753	66	1076	....	....	286	33243	1	104
129.	107	670	609	9075	....	10	....	....	234	30257	1	159
130.	25	118	165	1170	24	236	....	....	55	4840	....	....
131.	444	2428	359	3848	9	180	....	....	145	13852	2	56
132.	213	917	93	660	11	123	....	....	32	3988	....	....
133.	1132	7025	2014	19282	....	....	1	10	357	40331	1	56
134.	168	1372	230	2099	....	....	....	....	100	9926	....	....
135.	219	1614	420	4831	2	64	....	....	130	14435	....	....
136.	[illegible]	[illegible]	378	7326	66	1135	....	....	87	10352	....	....
[illegible]	[illegible]	[illegible]	[illegible]	[illegible]	[illegible]	6500	1	10	2082	223147	5	375

Agricultural Produce for 1861.

CHAMBLY.—(*Continued.*)

Carrots, Minots.	Mangel Wurzel. Acres.	Mangel Wurzel. Minots.	Beans, Minots.	Clover, Timothy and other Grass Seeds, Minots.	Hay, Tons.	Hops, lbs.	Maple Sugar, lbs.	Cider, Gallons.	Wool, lbs.	Fulled Cloth, Yards.	Flannel, Yards.	Flax and Hemp, lbs.	Linen, Yards.
38	39	40	41	42	43	44	45	46	47	48	49	50	51
35	....	150	60	116	3366	....	....	....	5504	2347	2402	1116	596
1300	2	1550	12	3	401	....	....	....	77	18	....	64	50
2321	5	1966	72	142	2014	....	860	....	8117	2384	2591	990	805
....	....	....	....	....	....	....	....	....	....	....	....	....	....
286	3	16	18	176	2521	....	910	....	2593	917	695	387	188
164	....	90	4	6	211	....	100	....	100	18	15	....	....
....	....	300	2	310	1559	....	3330	....	4278	1814	2555	2241	2026
20	4	770	9	179	3013	....	....	....	4572	1612	1101	710	462
310	4	680	26	60	403	....	....	....	292	119	119	79	60
4436	18	5522	203	992	13488	....	5200	....	25533	9229	9568	5587	4257

CHAMPLAIN.—(*Continued.*)

78	2	35	4	....	1231	....	6531	....	2903	1511	1870	3362	3029
95	....	6	10	1	448	....	16458	....	1567	752	1036	1028	2069
384	1	33	22	....	1236	....	10332	....	4845	1650	2188	5254	4361
....	....	....	....	....	83	....	8626	....	250	91	148	320	134
55	....	16	2	14	2226	30	49904	....	6000	3148	3649	5878	7897
....	....	....	....	....	66	....	5684	....	71	16	63	32	67
93	....	88	20	....	1646	....	17766	....	4825	2112	3189	6854	5772
223	4	82	28	32	1674	....	50172	....	4195	1757	2555	5342	4197
10	....	37	....	....	664	....	10320	....	2004	1091	1735	1757	2801
15	....	22	1	....	1054	....	23120	....	2777	1008	1180	2094	1772
....	....	....	....	....	2054	....	28225	....	4195	2656	3010	5054	5599
....	....	....	....	....	596	....	9885	....	1161	632	1008	1541	2025
953	7	319	87	47	12978	30	237023	....	34793	16424	21931	38516	39733

CHARLEVOIX.—(*Continued*)

9	....	....	23	14	4555	....	38765	....	14569	7968	7370	4213	5691
....	....	....	....	....	43	....	....	....	258	225	186	125	96
....	....	....	....	....	54	....	....	....	784	941	621	278	725
....	....	....	....	....	1694	....	2229	....	8434	5442	5766	4222	5414
3	....	....	11	....	551	....	2280	....	3747	1605	2943	1234	3103
3	....	3	16	....	362	....	51867	....	1363	1413	1458	701	1801
....	....	12	10	....	383	....	....	....	4207	3432	3316	1933	3394
....	....	....	....	....	72	....	....	....	749	810	615	431	523
1	1	8	4	1	1311	....	....	....	12086	7802	4829	3482	4088
....	....	....	....	....	215	....	2464	....	2032	1436	1480	873	1157
....	....	....	....	....	405	....	....	....	3815	2360	1278	1062	1145
....	....	....	....	....	662	....	1250	....	2534	1583	1648	1150	1670
16	1	23	64	15	10290	....	98855	....	54578	35017	31519	19704	28807

No. 12.—LOWER CANADA—RETURN OF

COUNTY OF

	Live Stock.											
	Bulls, Oxen and Steers.	Milch Cows.	Calves and Heifers.	Horses over 3 years old.	Value of same in Dollars.	Colts and Fillies.	Sheep.	Pigs.	Total value of Live Stock.	Butter, lbs.	Cheese, lbs.	Beef in Barrels of 200 lbs.
	52	53	54	55	56	57	58	59	60	61	62	63
104..	962	915	684	679	47663	441	1801	926	114091	43135	2006	....
105..	36	98	14	77	....	15	22	84	11957	7760	750	....
106..	1011	995	819	808	48146	426	2581	693	104586	45449	394	125
107..	....	143	....	144	....	....	29	67	13742	....	....	....
108..	115	551	153	408	30132	240	785	985	57177	33185	718	10
109..	4	136	5	191	....	17	19	118	15852	1620	....	....
110..	687	738	548	536	34182	125	1203	663	62897	39510	421	101
111..	51	673	303	583	39113	290	1278	587	80198	40454	20	....
112..	92	112	52	100	5525	51	82	77	12801	8870	....	....
	2958	4361	2578	3535	204763	1605	7800	4200	473301	219983	4309	236

COUNTY OF

	52	53	54	55	56	57	58	59	60	61	62	63
113..	506	436	293	173	12032	35	1051	346	20608	9382	....	....
114..	353	330	272	136	9440	34	619	324	20444	8544	....	31
115..	378	759	442	325	27151	50	1654	539	46846	18059	35	144
116..	32	83	43	71	3722	5	94	132	6864	2209	....	6
117..	1400	1254	898	448	26378	80	2067	722	64989	36260	767	....
118..	50	42	50	28	1433	1	28	71	2946	853	....	3
119..	853	758	566	307	21343	68	1688	803	46498	17305	145	169
120..	198	825	510	485	30037	59	1401	925	56598	24526	314	123
121..	342	269	215	137	9668	34	744	376	21426	4182	....	55
122..	466	382	391	153	16032	53	856	409	21775	7711	....	....
123..	810	851	526	386	23952	64	1864	923	48911	12385	....	164
124..	248	217	262	882	30197	18	422	309	39261	4899	15	51
	5636	6206	4468	3531	211435	501	12488	5870	403166	146315	1276	745

COUNTY OF

	52	53	54	55	56	57	58	59	60	61	62	63
125..	2353	1295	1848	579	43392	226	4580	1403	135219	83650	....	327
126..	59	47	25	25	1030	1	121	50	4307	2400	....	34
127..	133	88	106	67	3496	10	367	106	20548	569	....	75
128..	1444	703	720	352	22768	111	3213	591	67098	30692	....	223
129..	379	257	313	149	9052	47	1755	333	25574	4202	....	59
130..	324	211	207	100	5446	21	452	173	12782	8239	....	50
131..	561	380	445	232	13630	69	1477	412	34662	16633	....	71
132..	162	122	106	74	4522	14	237	149	8678	1895	....	12
133..	1754	1055	1237	521	36929	161	6078	1207	113354	47248	....	358
134..	374	194	115	130	11874	26	817	210	23108	9454	....	92
135..	526	292	362	169	8810	50	1395	275	22648	5633	....	4
136..	533	261	391	126	8484	45	971	280	24450	19880	....	41
	8402	4905	5975	2525	170333	784	21472	5189	492428	230495	....	1346

AGRICULTURAL PRODUCE FOR 1861.

CHAMBLY.—(*Continued.*)

Pork in Barrels of 200 lbs.	Fish.			Carriages kept for pleasure.	Value of same in Dollars.	Carriages kept for hire.	Value of same in Dollars.	Minerals.			
	Dried in Quintals.	Salted and Barrolled.	Sold Fresh, lbs.					Copper ore mined, Tons.	Value.	Iron ore mined, Tons.	Value.
64	65	66	67	68	69	70	71	72	73	74	75
380	....	....	....	487	11384	....	....	....	....	....	....
28	....	....	....	124	22406	7	150	....	....	....	....
497	....	....	....	554	14094	31	524	....	....	....	....
....	....	....	....	164	4439	67	1412	....	....	....	....
269	....	....	....	283	7828	11	94	....	....	....	....
33	....	....	....	212	5646	215	2492	....	....	....	....
429	....	....	....	495	11012	....	....	....	....	....	....
437	....	....	....	409	14203	7	89	....	....	....	....
51	....	....	....	85	2810	7	91	....	....	....	....
2124	....	....	....	2813	93822	345	4852	....	....	....	....

CHAMPLAIN.—(*Continued.*)

64	65	66	67	68	69	70	71	72	73	74	75
230	....	4	....	265	4491	....	....	....	....	....	....
221	....	13	....	153	1809	....	....	....	....	....	....
542	....	28	....	345	5762	....	....	....	....	500	....
52	....	....	....	47	509	....	....	....	....	2742	....
162	....	....	....	618	11583	6	284	....	....	....	....
33	....	....	....	19	202	....	....	....	....	....	4663
705	....	....	....	401	5687	....	....	....	....	....	....
664	....	....	....	874	6781	....	....	....	....	14635	....
264	....	....	....	160	2468	....	....	....	....	....	....
113	....	....	....	195	3091	....	....	....	....	....	....
529	3	5	....	467	7240	....	....	....	....	....	....
209	....	....	....	46	623	....	....	....	....	....	....
3724	3	50	....	3096	50246	6	284	....	....	17877	4663

CHARLEVOIX.—(*Continued.*)

64	65	66	67	68	69	70	71	72	73	74	75
555	420	620	189	769	16964	....	....	....	....	....	....
36	....	16	....	3	40	....	....	....	....	....	....
33	....	....	....	74	1050	....	....	....	....	....	....
610	....	60	....	482	9779	....	....	....	....	....	....
290	....	99	639	198	2129	....	....	....	....	....	....
105	....	251	....	139	2582	....	....	....	....	....	....
223	....	....	....	268	4894	....	....	....	....	....	....
53	....	....	....	97	1109	....	....	....	....	....	....
698	....	144	177	610	13239	....	....	....	....	....	....
197	....	16	9	120	2283	....	....	....	....	....	....
151	....	....	....	187	3389	....	....	....	....	....	....
207	....	....	....	169	1993	....	....	....	....	....	....
3463	420	1206	1014	3125	59251	....	....	....	....	....	....

No. 12.—Lower Canada—Return of

COUNTY OF

TOWNSHIPS, PARISHES, &c.	Occupiers of Lands. Total.	10 acres and under.	10 to 20.	20 to 50.	50 to 100.	100 to 200.	Upwards of 200.	Lands—Acres. Amount held in Acres	Under cultivation.	Under crops.	Under pasture.	Under Gardens and Orchards.	Wood and Wild Lands.
	1	2	3	4	5	6	7	8	9	10	11	12	13
137. St. Antoine	146	28	2	74	36	6	...	7303	3638	1683	1049	6	3755
138. St. Jean Chrysostôme	560	13	25	228	241	48	5	39137	19505	10472	8921	112	19632
139. St. Joachim de Chateauguay	150	...	3	40	57	34	7	14243	9607	4775	4544	288	4636
140. St. Malachie	348	2	...	74	157	96	19	37883	24617	14880	9694	43	13206
141. Ste. Martine	301	2	3	84	160	49	3	23534	21113	14854	6115	144	2421
142. Ste. Philomène	180	3	10	61	81	22	3	13282	12161	8318	3642	201	1121
143. St. Urbain Premier	294	34	27	132	85	15	1	15393	10779	8696	2004	79	4614
Total of Chateauguay	1979	82	70	702	817	270	38	150865	101420	63678	36869	873	49445
COUNTY OF													
144. Bagot	258	4	...	49	116	68	21	32881	14621	5212	9374	35	18260
145. Bourgette	...	...	...	...	...	...	...	...	...	...	...	...	...
146. Caron	38	...	...	3	22	11	2	5234	399	106	293	...	4835
147. Charlevoix	16	...	...	...	6	5	5	2525	235	150	80	5	2290
148. Chicoutimi	308	1	13	124	137	27	6	26637	10657	4988	5632	37	15980
149. Delisle	...	...	...	...	...	...	...	...	...	...	...	...	...
150. Harvey	...	...	...	...	...	...	...	2605	702	475	205	22	1903
151. Jonquière	49	...	...	6	31	10	2	7472	2012	975	1037	...	5460
152. Kinogami	...	...	...	...	...	...	...	...	...	...	...	...	...
153. Labarre	52	1	2	1	37	6	5	6909	1144	732	393	19	5765
154. Laterrière	100	1	...	24	40	26	9	11865	4463	2212	2249	2	7402
155. Mésy	34	1	...	1	20	7	5	5918	756	545	208	3	5162
156. Metabetchouan	8	1	4	2	[illegible]	...	...	418	188	53	133	2	230
157. Plessis	1	...	1	...	...	...	...	12	12	6	6	...	...
158. Roberval	32	...	...	...	6	14	12	6589	512	344	157	11	6077
159. Simard	25	...	...	13	6	3	3	4133	1106	691	402	13	3027
160. Signay	3	...	...	1	1	1	...	300	64	64	...	...	236
161. St. Jean	48	...	...	...	39	7	2	6030	781	349	430	2	5249
162. Tableau	...	...	...	...	...	...	...	...	...	...	...	...	...
163. Taché	...	...	...	...	...	...	...	...	...	...	...	...	...
164. The Indian Reserves	2	2	...	...	...	...	...	100	10	6	4	...	90
165. Tremblay	71	3	...	22	30	13	3	8041	2753	1516	1179	58	5288
Total of Chicoutimi	1045	14	20	246	492	198	75	127669	40415	18424	21782	209	87254
COUNTY OF													
166. Bury	163	...	1	9	86	60	7	20249	5286	3168	2115	3	14963
167. Clifton	96	...	...	3	20	68	5	13696	3604	2572	1023	9	10092
168. Compton	341	1	2	8	92	214	24	43545	23562	13009	10518	35	19983
169. Eaton	267	6	3	4	59	143	52	39812	17578	9680	7845	53	22234
170. Hampden	16	...	...	...	8	8	...	1415	162	155	7	...	1253
171. Hereford	65	1	...	3	8	44	9	9747	3549	2331	1218	...	6198
172. Lingwick	73	1	...	...	40	31	1	7408	1996	1403	593	...	5412
173. Marston	13	...	...	...	...	13	...	2600	120	120	...	...	2480
174. Newport and Auckland	74	...	1	1	14	55	3	9045	3836	2256	1556	24	5209
175. Westbury	51	1	...	...	17	30	3	5613	1614	1014	600	...	3999
176. Winslow	236	2	1	8	101	122	2	22395	5468	4308	1260	...	16927
177. Whitton	47	...	...	...	7	40	...	5460	508	490	18	...	4952
Total of Compton	1442	12	8	36	452	828	106	180985	67283	40506	26753	124	113702

AGRICULTURAL PRODUCE FOR 1861.

CHATEAUGUAY.

Cash value of Farm in Dollars.	Cash value of Farming Implements in Dollars.	Produce of Gardens and Orchards in Dollars.	Quantity of Land held by Townspeople, not being farmers.	Fall Wheat.		Spring Wheat.		Barley.		Rye.	
				Acres.	Minots.	Acres.	Minots.	Acres.	Minots.	Acres.	Minots.
14	15	16	17	18	19	20	21	22	23	24	25
111560	3234	...	...	...	3	358	3850	86	1044	14	89
803417	25675	878	80	...	...	2119	25492	575	10462	2	40
438770	25890	4933	161	...	...	124	1446	551	13822	...	...
834226	61935	...	60	...	...	2260	30289	481	10659	4	75
548060	36960	3796	96	...	...	1007	11931	1098	15004	...	...
463861	26727	2566	62	...	...	596	6847	959	16541	4	30
523839	17570	1630	39	...	...	1341	14807	789	14447	...	...
3723733	197991	13803	498	...	3	7805	94662	4539	82579	24	234

CHICOUTIMI.

14	15	16	17	18	19	20	21	22	23	24	25
292487	16302	4891	44	...	...	571	6485	647	8592	1809	16323
...	...	...	...	...	...	...	...	...	...	...	...
8535	457	26	...	...	...	1	10	31	366	34	303
6255	509	61	...	...	...	56	449	38	469	3	36
313838	9000	130	126	...	...	80	625	762	12967	1274	10523
...	...	...	...	...	...	...	...	...	...	...	...
12182	701	...	...	...	...	55	336	42	361	70	586
37120	3359	...	...	...	...	25	228	199	2117	221	2055
...	...	...	...	...	...	...	...	...	...	...	...
34940	2862	460	3	...	...	6	94	124	1597	86	1882
82206	4805	...	7	...	...	28	187	384	6765	660	5940
21380	1081	...	4	...	...	3	20	150	1991	144	1411
3820	398	...	...	...	...	7	70	3	79	2	15
...	...	...	...	...	...	...	...	...	...	1	10
19394	635	172	100	...	...	114	1359	85	1325	11	106
20910	974	...	...	...	...	2	18	87	573	78	613
230	80	20	...	...	...	...	...	17	280	10	95
18200	1326	...	...	...	...	69	629	58	710	103	1140
...	...	...	...	...	...	...	...	...	...	...	...
...	...	...	...	...	...	...	...	...	...	...	...
235	...	...	...	...	...	3	39	...	...	...	...
72110	1635	...	...	...	...	29	363	179	1730	209	1433
943842	44724	5760	284	...	...	1049	10012	2806	39922	4721	42471

COMPTON:

14	15	16	17	18	19	20	21	22	23	24	25
165236	4856	442	...	...	...	161	2293	145	3027	4	70
62060	2732	220	...	...	...	112	1613	84	1893	19	364
685395	24344	1530	100	...	...	378	7283	334	9755	34	819
418360	23698	1760	119	...	4	389	6894	156	4356	31	620
3270	198	...	...	...	...	...	...	37	1340	...	...
55950	2740	390	27	...	...	14	196	24	667	21	342
47600	2451	8	42	...	...	47	602	169	3069	...	...
3575	167	...	...	...	...	...	...	25	1290	2	...
70240	5568	442	1	1	6	117	1023	78	1770	12	199
33095	1348	...	...	1	20	38	507	17	337	21	286
125383	4446	...	14	...	...	28	329	603	16495	203	2374
11338	436	...	...	...	...	1	10	96	4798	...	...
1682102	72984	4798	303	2	30	1285	21680	1768	48797	347	5074

No. 12.—Lower Canada—Return of

COUNTY OF

	Peas.		Oats.		Buckwheat.		Indian Corn.		Potatoes.		Turnips.	
	Acres.	Minots.	Acres.	Minots.	Acres.	Minots.	Acres.	Minots.	Acres.	Minots.	Acres.	Minots.
	26	27	28	29	30	31	32	33	34	35	36	37
137.	345	4582	427	6331	70	758	94	656	162	12529	....	....
138.	1809	31000	327	52290	134	1292	47	2231	406	36438	2	98
139.	1373	24485	2048	44360	438	10717	180	4476	247	20508	19	3295
140.	2723	54220	3620	75321	15	235	23	445	393	35777	2	473
141.	2953	36689	3172	45584	100	3359	20	259	689	16972	....	....
142.	1310	10964	2543	47402	402	6915	73	1392	157	12332	....	39
143.	1513	20742	2191	41179	115	824	10	184	184	15555	....	....
	12026	188682	14328	312467	1334	24100	447	9643	2238	150131	23	3905

COUNTY OF

	Peas.		Oats.		Buckwheat.		Indian Corn.		Potatoes.		Turnips.	
	Acres.	Minots.	Acres.	Minots.	Acres.	Minots.	Acres.	Minots.	Acres.	Minots.	Acres.	Minots.
144.	994	10313	887	14037	17	410	2	100	285	32908	2	500
145.	....	....	....	....	....	....	....	....	....	....	....	....
146.	9	60	7	70	....	....	....	....	12	473	....	....
147.	20	108	14	240	....	....	....	....	17	1328	1	50
148.	910	6232	660	9764	....	....	....	....	305	25058	1	26
149.	....	....	....	....	....	....	....	....	....	....	....	....
150.	53	351	25	343	....	....	....	....	26	3304	....	....
151.	194	1070	172	1909	....	....	....	....	106	3219	....	....
152.	....	....	....	....	....	....	....	....	....	....	....	....
153.	92	825	59	582	2	8	1	16	69	3891	1	25
154.	337	2254	483	6372	....	....	....	....	104	10723	1	25
155.	17	226	146	876	2	8	1	16	69	3891	....	25
156.	5	45	29	439	....	....	....	....	9	980	....	....
157.	....	....	2	20	....	....	....	....	3	113	....	....
158.	24	195	72	833	....	....	....	....	30	2385	1	70
159.	86	433	61	721	....	....	....	....	34	3343	1	70
160.	3	15	5	60	9	25	....	....	8	640	....	100
161.	41	465	31	455	....	....	....	....	15	2646	....	....
162.	....	....	....	....	....	....	....	....	....	....	....	....
163.	....	....	....	....	....	....	....	....	....	....	....	....
164.	....	....	....	....	....	....	....	....	2	92	....	....
165.	155	1115	151	2595	....	....	....	....	28	6386	....	....
	2940	23707	2804	39316	30	451	4	132	1122	101382	8	891

COUNTY OF

	Peas.		Oats.		Buckwheat.		Indian Corn.		Potatoes.		Turnips.	
	Acres.	Minots.	Acres.	Minots.	Acres.	Minots.	Acres.	Minots.	Acres.	Minots.	Acres.	Minots.
166.	8	229	668	20621	318	9971	1	35	107	15567	25	4639
167.	2	64	526	16849	159	4580	6	129	78	13532	5	2013
168.	23	518	2548	89956	857	25140	113	3844	355	34758	26	12131
169.	33	648	1661	68183	316	10323	44	1238	218	40376	17	5389
170.	....	....	17	794	8	244	....	....	20	1627	10	983
171.	....	8	249	10735	165	5919	3	99	76	13740	3	541
172.	....	....	271	4642	121	2840	....	....	87	6958	1	100
173.	....	....	17	419	6	121	....	....	23	1333	....	....
174.	6	215	438	14257	57	1635	3	75	40	6501	7	1268
175.	9	100	219	6780	99	2404	11	171	46	5978	10	2047
176.	46	403	486	9082	122	2211	....	....	272	22565	56	4332
177.	....	....	49	1533	16	379	....	....	64	4304	24	1532
	127	2185	7149	243851	2244	65767	181	5591	1386	197239	184	34975

Agricultural Produce for 1861.

CHATEAUGUAY.—(*Continued.*)

Carrots, Minots.	Mangel Wurzel. Acres.	Mangel Wurzel. Minots.	Beans, Minots.	Clover, Timothy and other Grass Seeds, Minots.	Hay, Tons.	Hops, lbs.	Maple Sugar, lbs.	Cider, Gallons.	Wool, lbs.	Fulled Cloth, Yards.	Flannel, Yards.	Flax and Hemp, lbs.	Linen, Yards.
38	39	40	41	42	43	44	45	46	47	48	49	50	51
...	...	...	...	...	831	...	3020	...	1924	853	464	518	168
1800	2	539	15	127	1468	...	7101	3	8097	2558	3364	2228	405
5450	28	7300	45	561	605	174	14735	...	5114	2091	1347	281	148
8536	11	2190	113	88	2111	49	1270	...	11591	1580	2126	400	...
1274	7	214	4	176	1205	...	660	...	6858	5016	4010	977	50
734	8	2133	113	43	1019	75	9039	...	4110	1585	2531	728	729
10	...	71	26	86	927	28	7879	...	5045	2176	2738	2874	1808
17804	56	12456	316	1081	8256	326	43704	3	44739	15859	16580	8006	3308

CHICOUTIMI.—(*Continued.*)

38	39	40	41	42	43	44	45	46	47	48	49	50	51
244	1	240	15	...	1731	...	0	40	6811	4256	5521	2386	2549
...	...	...	...	...	...	...	...	...	...	...	...	...	...
...	...	...	...	...	4	...	...	...	23	...	41	44	...
...	...	...	...	...	...	...	...	...	156	54	132	...	...
...	...	...	...	...	740	...	...	...	3750	2520	3127	1148	1674
...	...	...	...	...	...	...	...	...	...	...	...	...	...
...	...	...	...	...	129	...	140	...	407	256	485	100	241
...	...	...	...	...	80	...	...	...	619	544	772	26	166
...	...	...	...	...	...	...	...	...	...	...	...	...	...
5	...	10	...	...	101	...	...	8	298	107	603	341	503
...	...	...	...	...	280	...	...	...	1364	1104	1002	776	914
5	...	10	...	...	44	...	25	...	193	46	467	62	107
...	...	...	...	...	4	...	...	...	15	...	...	...	...
...	...	...	...	...	...	...	...	...	...	...	...	...	...
...	...	...	...	...	6	...	...	...	129	114	87	29	...
...	...	...	...	...	67	...	...	...	371	147	398	20	13
...	...	...	3	...	3	...	...	...	2	...	...	10	12
...	...	...	...	...	64	...	...	...	465	...	447	...	140
...	...	...	...	...	...	...	...	...	...	...	...	...	...
...	...	...	...	...	...	...	...	...	...	...	...	...	...
...	...	...	...	...	...	...	...	...	...	...	...	...	...
...	...	...	...	...	395	...	...	...	792	434	958	131	280
254	1	260	18	...	3648	...	171	48	15395	9582	14040	5073	6659

COMPTON.—(*Continued.*)

38	39	40	41	42	43	44	45	46	47	48	49	50	51
...	...	...	...	74	1215	...	27035	...	2700	404	1820	40	...
...	...	...	13	156	769	...	28445	...	2072	896	1412	10	20
329	...	638	538	92	5471	4350	117661	...	17495	829	3645	...	34
526	...	68	169	76	3867	...	107949	...	9163	1657	7277	265	424
420	...	...	...	11	40	...	250	...	123	113	51	...	...
...	...	8	15	327	1116	...	16050	...	1373	231	745	150	45
...	...	...	...	...	565	...	7610	...	1330	556	523	...	...
...	...	...	...	11	25	...	428	...	75	38	8	...	...
...	...	...	21	17	911	11	29802	...	2297	501	1836	60	79
4	...	...	16	118	394	17	19700	...	581	189	745	116	60
15	...	...	1	305	1035	...	36521	...	2125	1592	843	366	302
7	...	...	...	16	120	...	775	...	225	92	92	...	...
1301	...	714	773	1204	15528	4378	392226	...	39619	7098	18997	1006	964

No. 12.—Lower Canada—Return of

COUNTY OF

	Live Stock.											
	Bulls, Oxen and Steers.	Milch Cows.	Calves and Heifers.	Horses over 3 years old.	Value of same in Dollars.	Colts and Fillies.	Sheep.	Pigs.	Total value of Live Stock.	Butter, lbs.	Cheese, lbs.	Beef in Barrels of 200 lbs.
	52	53	54	55	56	57	58	59	60	61	62	63
137..	25	319	265	203	8026	110	616	179	21878	6326	....	16
138..	64	1633	1441	1003	48145	482	2894	822	122535	58922	3048	167
139..	99	741	558	600	29135	250	1664	637	81155	23370	1775	62
140..	74	1787	1408	904	104066	484	3293	918	143088	75992	16358	212
141..	50	1170	888	897	54409	457	2407	845	107707	34957	1930	174
142..	39	695	563	575	34325	348	1275	573	83429	23348	770	78
143..	24	734	602	598	35478	342	1625	756	73256	18712	223	95
	394	7079	5785	4780	314484	2482	13774	4730	633108	240627	24104	804

COUNTY OF

	52	53	54	55	56	57	58	59	60	61	62	63
144..	851	851	924	421	41792	91	2513	1026	73731	27394	....	193
145..	50	....	....	....	....	....	....	....	....	....	....	....
146..	15	12	4	7	603	....	6	20	1099	....	....	5
147..	839	29	....	15	1747	4	76	41	2375	....	....	....
148..	....	806	776	444	22989	64	1668	1015	63182	13827	....	5
149..	....	....	....	11	764	....	....	....	....	....	....	....
150..	100	65	61	29	1920	3	170	51	4968	2290	....	180
151..	21	110	135	59	3710	22	....	144	9937	1724	....	36
152..	....	....	....	3	200	....	....	....	200	....	....	....
153..	71	61	60	45	3080	4	130	106	6695	2925	....	16
154..	367	250	198	135	8392	29	576	414	21553	5791	....	....
155..	57	53	31	28	2390	6	78	65	4977	2145	....	20
156..	1	4	....	8	113	....	6	7	1055	....	....	....
157..	....	5	....	1	....	....	....	....	....	....	....	....
158..	20	54	5	31	3972	1	76	72	4568	....	....	....
159..	....	50	59	31	2072	7	183	70	4751	1272	....	22
160..	3	3	3	18	101	....	1	5	1446	60	....	....
161..	13	66	50	39	3750	3	179	71	4582	819	....	26
162..	....	....	....	....	....	....	....	....	....	....	....	....
163..	....	....	....	11	902	....	....	....	....	....	....	....
164..	....	1	....	1	70	....	....	....	....	....	....	....
165..	210	165	175	77	4984	17	401	189	12555	3530	....	54
	2627	2605	2481	1414	103640	251	6063	3305	217674	61777	....	557

COUNTY OF

	52	53	54	55	56	57	58	59	60	61	62	63
166..	174	308	452	131	8750	58	1338	168	33791	26549	....	124
167..	106	193	379	91	6950	43	794	108	22879	13218	629	47
168..	495	1205	2066	679	47603	299	5027	519	164799	83690	12804	204
169..	413	967	1349	414	29600	195	2990	379	107869	60360	40815	169
170..	12	33	56	2	180	1	63	35	1928	1215	....	1
171..	90	179	321	63	4965	41	371	74	18840	13040	6321	68
172..	135	228	255	60	4024	14	499	129	17329	12211	....	67
173..	4	25	....	2	200	2	28	19	1065	1323	....	2
174..	110	195	355	176	5972	48	615	77	23508	13258	5960	48
175..	48	82	118	34	2520	18	210	53	8263	4330	1710	12
176..	159	442	574	130	8614	39	879	568	31996	17354	130	46
177..	24	88	131	7	760	....	118	56	6153	3515	....	3
	1760	3945	6086	1789	120138	758	12932	2185	439020	250063	68369	791

Agricultural Produce for 1861.

CHATEAUGUAY.—(*Continued.*)

Pork in Barrels of 200 lbs.	Fish. Dried in Quintals.	Fish. Salted and Barrelled.	Fish. Sold Fresh, lbs.	Carriages kept for pleasure.	Value of same in Dollars.	Carriages kept for hire.	Value of same in Dollars.	Minerals. Copper ore mined, Tons.	Minerals. Value.	Minerals. Iron ore mined, Tons.	Minerals. Value.
64	65	66	67	68	69	70	71	72	73	74	75
113	...	...	...	52	1452	...	...	...	...	...	...
425	...	...	...	452	11766	86	1192	...	...	...	...
519	2	19	20	395	13161	56	766	...	...	...	...
201	...	...	...	390	14074	...	...	...	...	...	...
598	...	...	...	525	15448	...	...	...	...	...	...
478	...	3	...	318	7841	60	585	...	...	...	...
489	...	...	...	299	7826	6	68	...	...	...	...
2823	2	22	20	2431	71568	208	2611	...	...	...	...

CHICOUTIMI.—(*Continued.*)

Pork in Barrels of 200 lbs.	Fish. Dried in Quintals.	Fish. Salted and Barrelled.	Fish. Sold Fresh, lbs.	Carriages kept for pleasure.	Value of same in Dollars.	Carriages kept for hire.	Value of same in Dollars.	Minerals. Copper ore mined, Tons.	Minerals. Value.	Minerals. Iron ore mined, Tons.	Minerals. Value.
530	...	...	...	394	7663	...	...	...	...	...	...
...	...	...	...	...	...	...	...	...	...	...	...
5	...	...	...	2	24	...	...	...	...	...	...
...	...	...	...	5	48	...	...	...	...	...	...
156	...	...	...	317	6011	...	...	...	...	...	...
...	...	...	...	...	...	...	...	...	...	...	...
252	...	...	...	19	199	...	...	...	...	...	...
77	...	...	...	61	986	...	...	...	...	...	...
...	...	...	...	...	...	...	...	...	...	...	...
60	...	...	...	16	418	...	...	...	...	...	...
88	...	...	...	...	2134	...	...	...	...	...	...
46	...	...	...	11	465	...	...	...	...	...	...
...	...	...	...	...	...	...	...	...	...	...	...
...	...	...	...	...	...	...	...	...	...	...	...
...	...	...	...	16	147	...	...	...	...	...	...
43	...	...	...	5	74	...	...	...	...	...	...
2	...	...	...	...	...	...	...	...	...	...	...
37	...	...	...	...	...	...	...	...	...	...	...
...	...	...	...	...	...	...	...	...	...	...	...
...	...	...	...	...	...	...	...	...	...	...	...
...	...	...	...	...	...	...	...	...	...	...	...
84	...	...	...	46	668	...	...	...	...	...	...
1380	...	...	...	892	18837	...	...	...	...	...	...

COMPTON.—(*Continued.*)

No. 12.—Lower Canada—Return of

COUNTY OF

TOWNSHIPS, PARISHES, &c.	Occupiers of Lands. Total.	10 acres and under.	10 to 20.	20 to 50.	50 to 100.	100 to 200.	Upwards of 200.	Lands—Acres. Amount held in Acres.	Under cultivation.	Under crops.	Under pasture.	Under Gardens and Orchards.	Wood and Wild Lands.
	1	2	3	4	5	6	7	8	9	10	11	12	13
178. Buckland	81	......	.....	26	47	7	1	6782	923	678	242	3	5859
179. Cranbourne	72	......	.....	4	54	10	4	8931	1607	996	611	......	7324
180. Frampton	447	6	2	106	226	77	30	49620	14390	7783	6598	9	35230
181. St. Anselme	339	43	2	28	166	93	7	28521	19445	9606	9698	141	9076
182. St. Bernard	247	1	2	22	168	45	9	22099	10380	6342	3980	58	11719
183. Ste. Claire	331	28	5	37	172	81	8	27000	13852	7776	5973	103	13148
184. Ste. Hénédine	163	14	6	23	81	37	2	12520	8284	3948	4290	46	4236
185. St. Isidore	350	27	5	23	227	56	12	28481	15006	8029	6815	162	13475
186. Ste. Marguerite	262	27	4	33	140	48	10	21236	9155	5057	4045	53	12081
187. Standon	59	......	.....	14	34	11	.....	5256	1193	667	526	......	4063
188. Ware	4	......	.....	......	3	1	.....	428	113	63	50	......	315
Total of Dorchester	2355	146	26	316	1318	466	83	210874	94348	50945	42828	575	116526

COUNTY OF

TOWNSHIPS, PARISHES, &c.	1	2	3	4	5	6	7	8	9	10	11	12	13
189. Durham	468	2	4	139	185	62	16	39404	15947	9968	5952	27	23457
190. Grantham	325	......	1	142	121	39	20	30843	7378	4766	2528	84	23465
191. Kingsey	327	3	2	133	120	46	23	32673	15069	8825	6269	15	17604
192. Simpson	37	......	.....	6	13	14	4	4939	871	451	420	......	4068
193. Upton	399	2	.....	207	160	22	8	25242	9243	6583	2623	37	15998
194. Wendover	54	......	.....	3	33	13	5	5801	1055	683	371	1	4746
195. Wickham	121	4	12	57	20	22	6	12282	3866	2229	1637	......	8416
Total of Drummond	1669	11	19	687	652	218	82	151184	53429	33505	19800	164	97754

Upton—774 lbs. Tobacco.

COUNTY OF

TOWNSHIPS, PARISHES, &c.	1	2	3	4	5	6	7	8	9	10	11	12	13
196. Cap Chat	58	1	1	6	18	28	4	6660	1554	970	573	11	5106
197. Cap Rosier	151	5	5	54	75	6	6	11890	1181	1023	134	24	10709
198. Douglas	168	16	31	74	31	14	2	8652	803	803	....	......	7849
199. Fox	88	3	16	31	21	13	4	5356	515	264	251	......	4841
200. Gaspé Bay, North	88	......	.....	8	30	47	3	8238	435	320	15	100	7803
201. Gaspé Bay, South	55	......	1	14	26	8	6	6242	685	597	86	2	5557
202. Grand River	106	21	35	43	7	......	.....	2415	1017	941	76	......	1398
203. Grande Vallée des Monts, St. Anse de l'Etang, and Sydenham, North	73	3	3	28	30	8	1	5172	481	348	130	3	4691
204. Malbaie	156	19	10	42	38	42	5	13918	595	536	59	......	13323
205. Mont Louis	Included in Grande Vallée.							....	....	....	....	......	....
206. Newport	54	......	10	25	16	3	.....	2715	232	232	....	......	2483
207. Pabos	105	3	10	34	40	16	2	7615	665	618	47	......	6950
208. Percé	342	31	57	156	82	10	.....	15697	3304	2865	428	11	12393
209. Ste. Anne	118	2	.....	16	90	7	3	9489	3783	1382	2401	......	5706
210. Sydenham, South	Included in Gaspé Bay, North.							....	....	....	....	......	....
211. York	35	......	.....	8	12	10	5	4945	305	263	37	5	4640
Magdalen Islands	372	211	87	51	16	5	2	7233	5130	747	4292	91	2103
Total of Gaspé	1969	315	266	590	532	223	43	116237	20685	11909	8529	247	95552

20,674 gallons Seal and 111,358 gallons Cod Oil.—Furs valued at $3,390.—74 schooners of 1760 tons, and

Agricultural Produce for 1861.

DORCHESTER.

Cash value of Farm in Dollars.	Cash value of Farming Implements in Dollars.	Produce of Gardens and Orchards in Dollars.	Quantity of Land held by Townspeople, not being farmers.	Fall Wheat.		Spring Wheat.		Barley.		Rye.	
				Acres.	Minots.	Acres.	Minots.	Acres.	Minots.	Acres.	Minots.
14	15	16	17	18	19	20	21	22	23	24	25
18421	738	18	747	...	...	7	80	114	1475	3	40
32350	811	...	28	...	...	18	187	39	491	...	...
236514	11133	416	...	...	...	154	1482	477	5836	19	278
496820	9912	3265	...	...	...	659	5494	153	1834	78	710
215592	3969	1162	18	...	...	177	1933	146	1989	54	667
354882	17599	3745	17	...	...	223	2496	234	3447	35	395
193395	4974	1233	2	...	...	249	2571	80	1168	42	443
500225	33964	4855	9	3	30	309	3244	118	1583	...	7
196242	5259	931	4	...	...	266	30136	163	2147	25	359
16160	744	17	...	...	...	6	55	129	1629	2	18
4140	115	...	...	...	...	2	15	6	39	6	72
2264741	89218	15642	825	3	30	2070	47693	1659	21638	264	2989

DRUMMOND.

14	15	16	17	18	19	20	21	22	23	24	25
439525	16917	383	...	1	9	966	16214	46	636	119	1872
338714	12732	877	9662	...	...	702	7458	50	679	94	568
375570	13729	399	356	...	...	548	8332	100	1662	226	2930
32506	293	...	...	...	...	22	230	11	122	7	53
527106	10160	992	101	...	...	1748	18895	176	2645	36	434
69000	2048	10	...	...	...	58	573	11	144	22	247
123860	4084	159	403	1	4	263	3683	10	128	102	1215
1906281	59963	2820	10522	2	13	4307	55391	404	6016	606	7319

GASPÉ.

14	15	16	17	18	19	20	21	22	23	24	25
31130	1128	...	...	...	...	73	651	147	2104	175	1306
91388	4366	2338	...	...	...	53	864	60	1123	...	...
24714	1857	...	...	...	...	15	240	40	911	...	...
48615	668	98	...	...	...	3	28	38	[illegible]	...	...
20000	2245	585	...	...	...	20	565	12	[illegible]	...	...
59780	1486	80	...	...	...	11	290	10	[illegible]	...	...
68539	1770	...	...	...	...	76	944	107	1612	...	...
38298	383	88	...	2	32	46	301	34	524	46	297
100525	1234	668	...	...	...	1	42	19	448	...	...
...	...	...	...	...	...	...	...	...	...	...	...
15330	262	...	...	...	...	27	334	11	155	...	...
33330	654	...	...	...	...	77	1502	51	903	1	16
194501	5030	1184	...	...	17	124	2416	186	4948	...	...
67936	11729	400	...	...	...	100	1078	277	3427	407	4483
...	...	...	...	...	...	...	...	...	...	...	...
33250	903	115	...	...	...	3	95	10	209	...	...
39041	3696	5243	...	...	...	70	1148	125	4180	...	...
866377	37411	10799	...	2	49	609	10498	1127	21740	629	6102

boats 1048.

No. 12.—Lower Canada—Return of

COUNTY OF

	Peas.		Oats.		Buckwheat.		Indian Corn.		Potatoes.		Turnips.	
	Acres.	Minots.	Acres.	Minots.	Acres.	Minots.	Acres.	Minots.	Acres.	Minots.	Acres.	Minots.
	26	27	28	29	30	31	32	33	34	35	36	37
178.	22	132	211	3591	42	355	....	....	57	4186	4	159
179.	10	77	205	6156	....	....	....	2	102	7919	10	550
180.	134	814	2176	43449	50	583	....	36	585	40929	65	1984
181.	339	2828	5269	75358	33	394	....	....	324	42513	3	551
182.	289	2503	2248	39701	123	1472	....	3	216	22470	4	254
183.	300	2686	3106	77779	53	863	....	....	306	33334	7	376
184.	139	1335	1625	27414	25	362	....	....	107	17092	1	80
185.	316	3292	3890	63047	40	476	....	....	276	28545	5	540
186.	189	1704	1995	33888	22	267	....	....	200	22190	....	....
187.	18	145	232	3544	9	104	....	....	64	4262	12	191
188.	....	....	10	104	....	....	....	....	4	225	3	140
	1756	15516	20967	374031	397	4876	....	41	2241	223665	114	4825

COUNTY OF

	Peas.		Oats.		Buckwheat.		Indian Corn.		Potatoes.		Turnips.	
	Acres.	Minots.	Acres.	Minots.	Acres.	Minots.	Acres.	Minots.	Acres.	Minots.	Acres.	Minots.
189.	95	1402	2905	84058	478	12779	146	3216	505	65376	169	31530
190.	241	2261	1730	25237	413	5287	13	147	326	32628	35	6433
191.	240	2801	2378	64976	309	9759	63	1341	360	46135	68	19856
192.	10	99	213	4183	41	688	....	....	31	305	1	300
193.	618	8103	2365	44165	277	2861	21	120	254	20805	23	4160
194.	15	155	227	4032	52	709	2	43	49	6201	2	550
195.	76	754	823	13022	207	4397	50	510	392	19275	51	9000
	1327	15665	10647	240573	1777	36480	205	5377	1917	190725	349	71829

COUNTY OF

	Peas.		Oats.		Buckwheat.		Indian Corn.		Potatoes.		Turnips.	
	Acres.	Minots.	Acres.	Minots.	Acres.	Minots.	Acres.	Minots.	Acres.	Minots.	Acres.	Minots.
196.	72	551	79	1375	....	....	....	....	70	8176	....	....
197.	4	59	89	2272	....	....	....	....	103	16259	26	1414
198.	....	....	139	3193	....	....	....	....	131	20147	3	316
199.	....	6	50	531	....	....	....	....	76	6171	2	41
200.	....	....	30	1043	....	....	....	....	81	8826	15	706
201.	....	30	71	2083	....	....	....	....	54	9109	4	826
202.	....	....	136	2567	....	....	....	....	125	18265	24	3759
203.	42	344	27	349	....	....	....	....	64	6540	3	210
204.	1	13	66	1888	....	....	....	....	114	11176	9	754
205.	....	....	....	....	....	....	....	....	....	....	....	....
206.	....	3	24	627	....	....	....	....	71	9585	....	30
207.	....	....	104	2957	....	....	....	....	118	14742	6	432
208.	1	36	273	8636	....	....	....	....	247	28043	49	6127
209.	228	1710	248	3737	....	....	....	....	143	21181	....	....
210.	....	....	....	....	....	....	....	....	....	....	....	....
211.	....	....	36	850	....	....	....	....	20	3532	2	167
	2	45	260	8381	....	....	....	....	284	21532	54	2840
	350	2797	1612	40498	....	....	....	....	1701	203284	197	17625

Agricultural Produce for 1861.

DORCHESTER.—(*Continued.*)

Carrots, Minots.	Mangel Wurzel.		Beans, Minots.	Clover, Timothy and other Grass Seeds, Minots.	Hay, Tons.	Hops, lbs.	Maple Sugar, lbs.	Cider, Gallons.	Wool, lbs.	Fulled Cloth, Yards.	Flannel, Yards.	Flax and Hemp, lbs.	Linen, Yards.
	Acres.	Minots.											
38	39	40	41	42	43	44	45	46	47	48	49	50	51
10	...	...	...	3	108	...	9947	...	162	63	134	73	100
...	...	...	...	17	340	...	1200	...	429	23	252	...	...
52	...	...	12	40	2182	20	43308	...	3593	1457	3167	1526	1059
7	...	...	54	53	2124	...	23385	...	7749	4056	5374	5690	7755
...	...	...	...	46	926	...	8927	...	3035	11780	2269	3365	3539
15	2	50	25	55	2153	2	25262	...	6745	3915	5770	8450	8290
...	...	...	...	15	959	...	9103	...	3333	1151	1957	2070	2427
...	...	...	...	223	2017	...	535	...	5440	3436	6267	26838	6395
...	...	...	...	15	1345	...	22226	...	3283	1804	2900	2809	2739
13	...	...	...	...	195	...	4655	...	420	138	337	173	88
...	...	...	...	...	17	...	50	...	30	...	20	...	...
97	2	50	91	467	12366	22	148598	...	34209	27823	28447	50999	32392

DRUMMOND.—(*Continued.*)

38	39	40	41	42	43	44	45	46	47	48	49	50	51
1639	...	12	182	92	2749	169	55433	...	10422	1378	7379	712	768
121	17	226	13	39	803	17	18337	...	3023	1772	2903	2568	3651
329	...	...	111	43	2140	16	27597	...	7584	1328	4555	630	1298
...	...	...	...	...	98	...	3597	...	302	43	10	...	...
31	...	...	5	23	714	...	24400	...	4604	2548	3040	1982	3600
...	...	...	...	...	209	...	5784	...	368	128	423	65	26
99	...	...	21	7	325	600	22778	...	2308	1400	1852	626	1199
2219	17	238	332	206	7041	802	157926	...	28611	9097	20162	6583	10540

GASPÉ.—(*Continued.*)

38	39	40	41	42	43	44	45	46	47	48	49	50	51
...	...	...	...	...	15	...	2365	...	747	527	439	80	126
17	...	...	4	...	601	3	660	...	888	...	9	...	...
...	...	...	2	2	749	188	...	...	1109	...	588	...	...
...	...	...	...	...	173	4	1218	...	307	...	...	...	...
...	...	...	...	...	218	...	...	...	349	...	...	...	...
60	...	10	9	...	442	...	...	...	557	158	...	...	...
...	...	...	...	...	303	...	...	...	571	...	1381	...	...
...	...	2	...	...	8	...	7985	...	315	...	184	...	5
13	...	1	...	...	577	74	...	...	695	87	185	...	...
...	...	...	...	...	80	...	...	...	...	...	...	...	...
...	...	...	...	...	...	...	...	...	302	...	702	...	...
...	...	...	...	...	252	...	...	...	1014	...	1060	...	...
...	...	...	...	...	1586	34	...	...	2658	494	260	...	...
...	...	...	...	...	23	...	7475	...	1141	904	1455	277	145
...	...	...	...	...	...	...	...	...	...	...	...	...	...
6	...	...	3	...	230	10	...	...	330	107	...	...	...
...	...	...	...	...	2259	10	...	...	8146	7946	753	...	...
96	...	13	18	2	7521	323	19703	...	19129	10223	7016	557	276

No. 12.—Lower Canada—Return of

COUNTY OF

	Live Stock.											
	Bulls, Oxen and Steers.	Milch Cows.	Calves and Heifers.	Horses over 3 years old.	Value of same in Dollars.	Colts and Fillies.	Sheep.	Pigs.	Total value of Live Stock.	Butter, lbs.	Cheese, lbs.	Beef in Barrels of 200 lbs.
	52	53	54	55	56	57	58	59	60	61	62	63
178..	103	72	49	39	1870	9	92	92	4145	2017	....	....
179..	154	141	110	42	2798	10	136	123	6716	7965	....	16
180..	353	1173	902	427	24528	64	1476	1172	67684	63756	86	135
181..	1806	1252	1328	413	26759	84	2241	1234	79025	63155	25	129
182..	906	622	551	257	14953	33	1196	647	38032	20304	....	....
183..	1365	973	1087	336	22375	88	1976	1036	65362	64164	....	56
184..	835	563	517	157	10011	39	1578	716	33152	32485	20	....
185..	1475	1082	1008	363	27804	54	1918	1005	81788	87788	....	157
186..	952	712	715	247	13628	43	1218	604	37675	37071	....	50
187..	125	108	90	45	2001	10	150	91	5393	4700	....	....
188..	9	9	8	3	211	2	18	4	510	650	....	....
	8083	6707	6365	2329	146998	436	11999	6724	419482	384055	131	443

COUNTY OF

	52	53	54	55	56	57	58	59	60	61	62	63
189..	348	1405	1592	475	34822	224	2434	970	113768	109767	1438	246
190..	481	589	299	370	22005	84	1203	469	45120	22586	....	82
191..	259	917	1491	457	27445	169	2327	689	83354	54239	1913	126
192..	70	53	65	35	1600	....	110	50	3512	1050	....	3
193..	319	770	680	543	27237	88	1682	919	55295	17938	....	38
194..	15	84	78	51	3026	14	104	80	6705	1870	....	1
195..	252	304	363	138	9217	42	696	230	21127	20363	400	116
	1744	4122	4568	2069	125352	621	8616	3407	328881	227813	3751	612

COUNTY OF

	52	53	54	55	56	57	58	59	60	61	62	63
196..	101	85	85	45	3100	14	357	152	6746	2250	....	23
197..	84	180	195	41	2832	10	351	255	16430	13127	....	10
198..	92	201	184	82	5908	19	585	349	18177	7593	....	33
199..	35	52	66	26	5452	8	141	100	6027	2171	....	6
200..	32	99	48	39	2385	3	148	124	6555	3785	....	....
201..	29	142	107	54	4595	12	230	96	11687	11840	....	65
202..	177	85	87	38	2918	13	311	410	11560	3202	....	17
203..	29	65	49	3	3068	2	113	102	3816	2809	20	....
204..	113	123	86	55	3916	3	322	242	13180	5912	60	5
205..	....	....	....	....	....	....	....	....	....	....	....	....
206..	24	37	50	17	1242	3	153	186	4536	1585	....	23
207..	40	86	71	32	2652	14	307	288	9594	3106	....	38
208..	255	404	274	214	14406	26	983	895	42722	17104	75	199
209..	167	151	95	82	7172	24	532	267	14663	5042	....	80
210..	....	....	....	....	....	....	....	....	....	....	....	....
211..	37	53	61	24	2200	7	112	58	5358	3915	....	22
	216	667	330	375	17201	58	3438	1050	5368	19930	1570	187
	1431	2430	1788	1127	79047	216	8083	4574	176419	103371	1725	708

AGRICULTURAL PRODUCE FOR 1861.

DORCHESTER.—(*Continued.*)

Pork in Barrels of 200 lbs.	Fish.			Carriages kept for pleasure.	Value of same in Dollars.	Carriages kept for hire.	Value of same in Dollars.	Minerals.			
	Dried in Quintals.	Salted and Barrelled.	Sold Fresh, lbs.					Copper ore mined, Tons.	Value.	Iron ore mined, Tons.	Value.
64	65	66	67	68	69	70	71	72	73	74	75
...	...	...	...	...	...	...	...	...	...	...	...
62	...	...	...	...	...	...	...	...	...	...	...
448	...	...	...	31	1105	...	...	...	...	...	...
1029	...	...	...	434	8450	...	...	...	...	...	...
414	...	...	...	305	4206	...	...	...	...	...	...
808	...	...	...	239	4524	...	...	...	...	...	...
217	...	...	...	157	2354	...	...	...	...	...	...
1239	...	...	...	603	13212	...	...	...	...	...	...
272	...	...	...	286	3717	...	...	...	...	...	...
...	...	...	...	...	...	...	...	...	...	...	...
...	...	...	...	...	...	...	...	...	...	...	...
4489	...	...	...	2055	37577	...	...	...	...	...	...

DRUMMOND.—(*Continued.*)

64	65	66	67	68	69	70	71	72	73	74	75
549	...	2	...	332	11863	...	...	...	...	...	...
332	...	5	...	332	6201	24	778	...	...	...	...
469	...	2	...	359	8307	...	...	...	...	...	...
25	...	...	...	22	350	...	...	...	...	...	...
469	...	1	3	452	10121	11	59	...	...	...	...
10	...	...	...	27	596	...	...	...	...	...	...
229	...	1	...	109	331	...	...	...	...	...	...
2083	...	11	3	1633	37769	35	837	...	...	...	...

GASPÉ.—(*Continued.*)

64	65	66	67	68	69	70	71	72	73	74	75
61	101	117	836	41	456	...	...	...	...	...	...
159	16303	677	...	35	517	...	...	...	...	...	...
146	4896	696	543	54	497	...	...	...	...	...	...
33	8410	565	1131	31	322	...	...	...	...	...	...
...	861	115	...	19	470	...	...	...	...	...	...
95	...	142	...	...	...	...	...	...	...	...	...
126	4879	1063	...	11	390	...	...	...	...	...	...
...	6534	606	240	...	...	...	...	...	...	...	...
15	16214	1168	...	32	602	...	...	...	...	...	...
...	...	...	...	...	...	...	...	...	...	...	...
52	2169	410	...	12	240	...	...	...	...	...	...
95	3170	600	...	25	326	...	...	...	...	...	...
157	37860	2203	...	212	5298	...	...	...	...	...	...
227	3132	6147	33	79	1717	...	...	...	...	...	...
...	...	...	...	...	...	...	...	...	...	...	...
51	...	2	...	10	555	...	...	...	...	...	...
206	9150	7271	...	211	2756	...	...	...	...	...	...
1423	113690	21782	2783	772	14146	...	...	...	...	...	...

No. 12.—Lower Canada—Return of

COUNTY OF

TOWNSHIPS, PARISHES, &c.	Occupiers of Lands.							Lands—Acres.					
	Total.	10 acres and under.	10 to 20.	20 to 50.	50 to 100.	100 to 200.	Upwards of 200.	Amount held in Acres.	Under cultivation.	Under crops.	Under pasture.	Under Gardens and Orchards.	Wood and Wild Lands.
	1	2	3	4	5	6	7	8	9	10	11	12	13
212. Longue Pointe	88	1	1	11	23	45	7	8995	7450	5610	1814	17	1545
213. Montreal, Parish	298	71	28	34	63	55	47	20160	16366	11065	4436	865	3794
214. Côte St. Louis, Village	18	1	1	5	8	3	.....	1463	1146	761	353	32	317
215. St. Jean-Baptiste, Village	34	25	3	4	2	.....	.....	371	371	155	179	37	....
216. Pointe-aux-Trembles	141	49	5	16	47	24	.....	8349	7347	5300	1954	84	1002
217. Rivière des Prairies	71	1	10	26	29	5	.....	7349	5858	4101	1726	31	1491
218. Sault au Récollet	171	16	11	32	81	30	1	12878	10690	7182	3459	49	2188
Total of Hochelaga	821	164	59	128	253	162	55	59565	49228	34192	13921	1115	10337

COUNTY OF

TOWNSHIPS, PARISHES, &c.	1	2	3	4	5	6	7	8	9	10	11	12	13
219. Elgin	158	3	4	41	71	34	5	15406	9905	4261	5625	19	5501
220. Franklin	167	1	3	37	87	34	5	15779	8628	5000	3509	119	7151
221. Hemmingford	572	5	11	168	246	119	23	52739	23387	12117	11095	175	29352
222. Hinchinbrooke	359	14	5	89	179	64	8	32234	16131	8693	7282	156	16103
223. Huntingdon, Village, and Godmanchester	318	1	2	65	195	45	10	31328	13735	5888	7790	57	17593
224. St. Anicet	436	22	23	115	189	67	20	41978	14091	6772	7177	142	27887
225. St. Régis and Dundee	135	......	3	17	59	35	21	20475	9657	4781	4765	111	10818
Total of Huntingdon	2145	46	51	532	1026	398	92	209939	95534	47512	47243	779	114405

COUNTY OF

TOWNSHIPS, PARISHES, &c.	1	2	3	4	5	6	7	8	9	10	11	12	13
226. Iberville, Town of	......	......	.....	......	......	......	.....	....	....	....	....	......	....
227. St. Alexandre	306	19	10	99	136	37	5	22603	10931	8132	2748	51	11732
228. St. Athanase	356	17	9	98	156	69	7	25508	19678	14895	4507	210	5830
229. Ste. Brigitte	263	35	5	37	154	28	4	18090	8412	5464	2883	66	9677
230. St. George de Henryville	388	19	9	61	162	119	18	37584	31371	23738	7505	128	6213
231. St. Grégoire	341	34	11	49	200	42	5	22430	16283	11374	4762	147	6147
Total of Iberville	1654	124	44	344	808	295	39	126275	86676	63603	22465	608	39599

COUNTY OF

TOWNSHIPS, PARISHES, &c.	1	2	3	4	5	6	7	8	9	10	11	12	13
232. Ashford	158	74	2	13	23	30	16	11567	4581	2405	2127	49	6986
233. L'Islet	301	28	10	39	85	95	44	34990	16376	9591	6763	22	18614
234. St. Aubert and Fournier	163	28	4	7	62	48	14	16882	5497	3166	2290	41	11385
235. St. Cyrille	101	1	.....	8	80	12	.....	8684	2723	1524	1198	1	5961
236. St. Jean	350	118	12	12	54	83	71	42197	20042	9989	9907	146	22155
237. St. Rochs	283	117	10	12	21	68	60	32800	17153	8863	8126	164	15647
Total of L'Islet	1361	366	38	91	325	336	205	147120	66372	35538	30411	423	80748

Agricultural Produce for 1861.

Cash value of Farm in Dollars.	Cash value of Farming Implements in Dollars.	Produce of Gardens and Orchards in Dollars.	Quantity of Land held by Townspeople, not being farmers.	Fall Wheat. Acres.	Fall Wheat. Minots.	Spring Wheat. Acres.	Spring Wheat. Minots.	Barley. Acres.	Barley. Minots.	Rye. Acres.	Rye. Minots.
14	15	16	17	18	19	20	21	22	23	24	25
HOCHELAGA.											
286445	11465	965	....	....	....	92	1347	714	13400	....	....
1904866	48359	29675	5549	....	....	143	3869	1388	32095	4	12
150400	7495	2300	103	....	....	19	297	103	1941	....	....
98300	20300	150	215	....	....	10	350	17	506	....	....
429419	13970	2947	25	1	14	291	3360	492	11126	....	....
311552	18104	2175	88	3	12	140	1391	360	5088	....	....
620328	17615	4310	337	15	129	495	2490	855	16381	....	....
3801310	137308	42522	6317	19	155	1190	13104	3929	80537	4	12
HUNTINGDON.											
192805	9833	65	12	....	....	588	9735	155	4006	30	450
237475	11898	3445	68	....	....	347	4637	14	250	40	823
689710	27061	3902	221	....	....	927	11620	184	3049	4	71
420158	25901	2661	37	9	89	1092	16012	117	2707	60	669
394141	23819	199	146	....	....	1039	15286	299	7164	38	563
491737	28140	1205	32	3	60	935	15529	114	1886	190	2531
318230	14381	1517	47	....	....	806	9906	88	1826	....	....
2744256	141033	12994	563	12	149	5734	82725	971	20888	362	5107
IBERVILLE.											
....	....	....	....	....	....	....	....	....	....	....	....
550669	16349	1744	21	....	....	1648	19245	163	3146	44	480
625587	35555	2709	25	....	....	1728	13834	460	7976	7	53
440484	20021	2066	161	....	....	1451	17540	142	2488	12	126
1215100	79595	2847	815	....	....	2717	35538	861	20199	42	557
657032	31616	4213	15	....	....	2134	22294	381	6890	11	124
3488872	183136	13579	1037	....	....	9678	108451	2007	40708	116	1340
L'ISLET.											
164629	6455	862	....	....	....	372	4281	140	1868	145	1222
621184	26984	2552	442	....	....	1185	10042	224	4112	1013	6224
130753	13653	956	9	....	....	451	3103	219	2681	218	1566
51650	3958	375	2	....	....	88	647	144	1504	124	751
509850	40269	2837	16	....	....	2117	15994	236	3498	520	3193
760199	28820	5729	....	....	....	1625	16662	282	4274	375	3014
2328265	120139	13311	460	....	....	5838	50729	1245	17937	2395	15970

No. 12.—LOWER CANADA—RETURN OF

COUNTY OF

	Peas.		Oats.		Buckwheat.		Indian Corn.		Potatoes.		Turnips.	
	Acres	Minots.	Acres.	Minots.	Acres.	Minots.	Acres.	Minots.	Acres.	Minots.	Acres.	Minots.
	26	27	28	29	30	31	32	33	34	35	36	37
212.	530	7778	1386	23346	51	799	....	....	266	33950	....	....
213.	638	9600	2023	40323	76	1161	36	995	1295	169784	17	3106
214.	10	160	124	2960	3	285	1	155	97	14820	....	....
215.	....	....	22	550	....	....	1	60	25	8820	2	400
216.	532	4471	1460	26902	134	1718	78	1160	226	21337	....	....
217.	651	7215	1207	20410	56	1321	27	459	103	11326	1	52
218.	984	11085	2158	34569	202	3243	47	1229	710	65925	2	110
	3345	40309	8380	158060	522	8527	190	4058	2722	325962	22	3668

COUNTY OF

219.	215	4738	1059	30947	31	584	120	3004	135	17701	5	1810
220.	20	319	349	6929	168	3873	150	3995	225	27907	18	2784
221.	272	3622	2935	61820	334	6526	200	5270	687	85413	41	6998
222.	717	14275	1856	42624	148	2445	392	8245	373	38938	21	3815
223.	6258	10830	1606	44919	19	375	123	2478	292	35025	11	2641
224.	417	7341	2013	52785	130	2164	134	2770	460	49868	6	1780
225.	232	3595	1167	30058	27	502	106	2614	180	23390	1	180
	8131	44720	10985	270082	857	16469	1225	28468	2352	278242	103	20008

COUNTY OF

226.	....	....	....	....	....	....	....	....	....	....	....	....
227.	1015	11581	3535	72046	153	1869	9	196	312	38135	17	1503
228.	1747	20131	4567	74225	226	3727	30	537	323	37512	3	1210
229.	1038	12236	1748	37450	158	1949	7	146	228	26434	2	142
230.	1474	25055	7880	22278	367	7504	159	3706	1218	72120	8	1025
231.	2969	11241	3256	51260	104	1558	31	607	304	36860	4	632
	8243	80244	20995	257259	1008	16607	236	5192	2385	211070	34	4512

COUNTY OF

Agricultural Produce for 1861.

HOCHELAGA.—(*Continued.*)

Carrots, Minots.	Mangel Wurzel.		Beans, Minots.	Clover, Timothy and other Grass Seeds, Minots.	Hay, Tons.	Hops, lbs.	Maple Sugar, lbs.	Cider, Gallons.	Wool, lbs.	Fulled Cloth, Yards.	Flannel, Yards.	Flax and Hemp, lbs.	Linen, Yards.
	Acres.	Minots.											
38	39	40	41	42	43	44	45	46	47	48	49	50	51
3400	13	5570	114	60	1087	....	730	....	1070	320	307	....	....
13647	50	15256	850	4	1647	26	1240	....	380	40	137	190	187
600	2	290	....	....	56	....	....	....	26	....	....	....	....
1730	5	3180	116	....	60	....	....	....	....	....	....	....	....
3452	10	601	135	42	914	37	2750	....	1932	923	993	377	512
16	14	2382	65	59	260	....	5101	....	2011	673	1021	332	523
1565	9	1706	22	12	624	10	1290	....	1759	466	640	....	....
24470	103	28985	1302	177	4648	73	11111	....	7178	2422	3098	899	1222

HUNTINGDON.—(*Continued.*)

Carrots, Minots.	Mangel Wurzel, Acres.	Mangel Wurzel, Minots.	Beans, Minots.	Clover, Timothy and other Grass Seeds, Minots.	Hay, Tons.	Hops, lbs.	Maple Sugar, lbs.	Cider, Gallons.	Wool, lbs.	Fulled Cloth, Yards.	Flannel, Yards.	Flax and Hemp, lbs.	Linen, Yards.
10105	4	1457	128	....	1552	....	3425	....	6071	188	1640	....	....
1312	2	370	....	76	1585	1349	9665	755	3088	896	1456	....	....
5710	3	446	200	12	3082	152	12461	40	10321	2795	4649	214	....
11701	6	2040	410	40	2508	122	11161	15	8878	951	3066	160	....
14741	4	1290	87	....	1919	49	4456	....	8393	487	2278	....	....
2057	2	405	27	23	1737	1051	2055	....	7615	1548	5023	1670	958
505	....	....	73	312	1289	2813	2525	31	3733	299	1365	8	....
46131	21	6008	925	463	13672	5536	45748	841	48099	7164	19477	2052	958

IBERVILLE.—(*Continued.*)

Carrots, Minots.	Mangel Wurzel, Acres.	Mangel Wurzel, Minots.	Beans, Minots.	Clover, Timothy and other Grass Seeds, Minots.	Hay, Tons.	Hops, lbs.	Maple Sugar, lbs.	Cider, Gallons.	Wool, lbs.	Fulled Cloth, Yards.	Flannel, Yards.	Flax and Hemp, lbs.	Linen, Yards.
....	....	....	....	....	....	....	....	....	....	....	....	....	....
224	1	135	4	47	933	6	2213	....	5974	2968	3440	3530	3194
430	1	180	40	83	1363	14	2148	....	7850	3613	5004	2658	2882
430	1	79	26	169	490	32	1828	....	4107	2084	2647	4457	1909
584	44	1255	154	....	3744	....	11367	....	13808	5565	6410	3618	4084
....	7	2820	....	30	1488	25	28697	....	8344	3600	4929	5339	4957
1668	54	4469	224	329	8018	77	46253	....	40083	17830	22430	19602	17026

L'ISLET.—(*Continued.*)

Carrots, Minots.	Mangel Wurzel, Acres.	Mangel Wurzel, Minots.	Beans, Minots.	Clover, Timothy and other Grass Seeds, Minots.	Hay, Tons.	Hops, lbs.	Maple Sugar, lbs.	Cider, Gallons.	Wool, lbs.	Fulled Cloth, Yards.	Flannel, Yards.	Flax and Hemp, lbs.	Linen, Yards.
7	....	....	....	....	574	....	19506	....	1748	1437	1709	945	1331
144	1	83	34	4	2847	3	68818	....	8760	4795	6920	3343	4060
....	....	....	....	....	524	....	45036	....	2133	1242	1362	662	625
....	....	....	....	....	454	....	22585	....	1126	720	1160	881	911
4	2	22	18	9	2641	....	83534	....	9324	5093	6307	2716	2945
104	1	122	....	....	2817	....	25368	....	7051	5115	6262	2677	3274
259	4	227	52	13	9857	3	264847	....	30142	18402	23720	11224	13152

No. 12.—Lower Canada—Return of

COUNTY OF

	Live Stock.											
	Bulls, Oxen and Steers.	Milch Cows.	Calves and Heifers.	Horses over 3 years old.	Value of same in Dollars.	Colts and Fillies.	Sheep.	Pigs.	Total value of Live Stock.	Butter, lbs.	Cheese, lbs.	Beef in Barrels of 200 lbs.
	52	53	54	55	56	57	58	59	60	61	62	63
212..	53	594	285	334	22140	153	144	311	22973	35240	....	71
213..	857	2032	442	1314	....	263	412	1057	163716	72178	1080	154
214..	137	195	16	205	....	3	10	220	15379	4425	....	6
215..	67	124	17	133	....	5	....	93	22854	....	....	....
216..	526	599	351	387	....	159	713	525	34721	25309	5724	79
217..	419	509	294	304	....	92	855	820	54194	27920	655	2
218..	143	844	411	650	....	192	463	590	49056	35832	630	32
	2262	4897	1816	3327	22140	867	2597	3616	363787	200904	8089	344

COUNTY OF

	52	53	54	55	56	57	58	59	60	61	62	63
219..	15	832	1114	337	25127	179	1692	439	64822	30341	650	8
220..	46	710	711	302	17235	150	1131	253	28837	47181	1300	104
221..	100	1712	1595	972	54105	459	3118	692	125888	101123	667	720
222..	81	1486	1607	604	2486	337	2805	800	112469	92276	6030	259
223..	39	1504	1584	706	47865	291	2673	809	111071	74549	3356	246
224..	46	1476	1238	667	42640	278	2577	1068	100505	78306	1435	202
225..	61	940	803	368	21414	134	1157	524	57822	61446	3673	154
	368	8660	8652	3956	210872	1837	15153	4585	601414	485322	17111	1693

COUNTY OF

	52	53	54	55	56	57	58	59	60	61	62	63
226..	....	85	....	60	....	....	29	44	5511	....	....	....
227..	752	692	748	606	32799	196	1827	784	67179	14013	6	14
228..	735	960	1076	733	43057	396	2748	1046	74870	30902	80	120
229..	75	550	508	369	29981	146	1271	544	38047	23770	....	53
230..	238	1704	1880	1257	95046	598	4254	1506	148148	145731	1198	318
231..	997	910	1080	537	39451	293	2495	873	86414	35399	....	200
	2797	4901	5292	3562	240334	1634	12624	4797	420169	249815	1284	705

COUNTY OF

	52	53	54	55	56	57	58	59	60	61	62	63
232..	41	345	297	153	9871	32	899	549	24791	20458	....	101
233..	131	1415	843	593	30023	68	3795	1383	79236	67379	....	371
234..	70	419	218	162	9758	23	936	648	26771	23474	....	88
235..	16	170	114	110	5195	10	531	187	11782	7572	....	43
236..	169	1445	853	482	26[illegible]21	99	4251	2133	83652	79926	....	282
237..	195	1259	964	470	32429	86	3364	1847	91164	78817	....	590
	622	5053	3289	1970	116797	318	13776	6747	317396	277626	....	1475

Agricultural Produce for 1861.

HOCHELAGA.—(*Continued.*)

Pork in Barrels of 200 lbs.	Fish.			Carriages kept for pleasure.	Value of same in Dollars.	Carriages kept for hire.	Value of same in Dollars.	Minerals.			
	Dried in Quintals.	Salted and Barrelled.	Sold Fresh, lbs.					Copper ore mined, Tons.	Value.	Iron ore mined, Tons.	Value.
64	65	66	67	68	69	70	71	72	73	74	75
489	…	…	…	165	4385	1	12	…	…	…	…
423	…	…	…	685	36545	2[illegible]	3940	…	…	…	…
38	…	…	…	105	5564	…	…	…	…	…	…
28	…	…	…	341	7100	…	…	…	…	…	…
234	…	…	…	210	8576	22	1019	…	…	…	…
183	…	…	…	247	6138	53	463	…	…	…	…
360	…	…	…	472	15106	78	598	…	…	…	…
1755	…	…	…	2425	83414	402	6032	…	…	…	…

HUNTINGDON.—(*Continued.*)

64	65	66	67	68	69	70	71	72	73	74	75
212	…	…	…	314	7232	…	…	…	…	…	…
119	…	…	…	202	6432	…	…	…	…	…	…
793	…	…	…	509	12668	…	…	…	…	…	…
366	…	…	…	399	12516	…	…	…	…	…	…
407	…	…	…	369	12592	…	…	…	…	…	…
521	…	…	…	361	10504	…	…	…	…	…	…
281	…	…	…	224	6348	…	…	…	…	…	…
2699	…	…	…	2278	68292	…	…	…	…	…	…

IBERVILLE.—(*Continued.*)

64	65	66	67	68	69	70	71	72	73	74	75
…	…	…	…	77	1970	65	650	…	…	…	…
407	…	…	…	350	10844	26	340	…	…	…	…
515	…	53	60	540	13000	2	40	…	…	…	…
180	…	…	…	309	6978	3	80	…	…	…	…
943	…	101	300	983	14677	54	871	…	…	…	…
707	…	…	…	475	28301	2	15	…	…	…	…
2752	…	154	360	2734	75770	152	1996	…	…	…	…

L'ISLET.—(*Continued.*)

64	65	66	67	68	69	70	71	72	73	74	75
263	…	…	…	178	3018	…	…	…	…	…	…
1213	…	…	…	1092	17622	98	433	…	…	…	…
224	…	…	…	182	3714	…	…	…	…	…	…
137	…	…	…	115	1328	…	…	…	…	…	…
417	…	183	…	754	14714	…	…	…	…	…	…
1027	…	38	…	579	12553	…	…	…	…	…	…
3281	…	221	…	2900	52949	98	433	…	…	…	…

No. 12.—Lower Canada—Return of

COUNTY OF

TOWNSHIPS, PARISHES, &c.	Occupiers of Lands.							Lands—Acres.					
	Total.	10 acres and under.	10 to 20.	20 to 50.	50 to 100.	100 to 200.	Upwards of 200.	Amount held in Acres	Under cultivation.	Under crops.	Under pasture.	Under Gardens and Orchards.	Wood and Wild Lands.
	1	2	3	4	5	6	7	8	9	10	11	12	13
238. Lachine, Parish	96	2	9	9	42	29	5	9347	7275	5194	1857	224	2072
239. Lachine, Village	4	......	.....	1	1	1	1	509	400	167	147	86	109
240. La Pointe Claire	126	2	.....	8	68	43	5	12461	11514	8190	2991	33	947
241. Ste. Anne	62	......	2	9	26	21	4	6532	4758	3217	1436	105	1774
242. Ste. Geneviève, Parish	121	6	4	12	72	25	2	10177	9158	7112	1933	113	1019
243. Ste. Geneviève, Village	18	......	1	2	9	5	1	1659	1478	1080	357	41	181
244. St. Laurent	238	14	9	31	109	66	9	21345	18664	13714	4767	183	2681
245. St. Raphaël and Isle Bizard	83	3	1	10	54	14	1	6208	5214	3138	2009	67	994
Total of Jacques Cartier	748	27	26	82	381	204	23	68238	58461	42112	15497	852	9777

COUNTY OF

TOWNSHIPS, PARISHES, &c.	1	2	3	4	5	6	7	8	9	10	11	12	13
246. Cathcart	243	6	1	50	139	44	3	23128	6975	3824	3151	......	16153
247. 248. 249. Joliette	27	......	.....	3	21	3	.....	2850	452	352	100	......	2398
250. Kildare	304	35	21	45	128	60	15	23461	11904	6611	5287	6	11557
251. St. Ambroise	Included in Kildare.					......	.....	....	....	....	....	......	....
252. St. Charles Borromée	184	2	7	55	77	36	7	14657	9237	5793	3413	31	5420
253. 254. Ste. Elizabeth	358	......	3	53	158	121	23	36226	24049	15319	8720	10	12177
255. St. Félix de Valois	275	50	6	84	101	30	4	16448	9947	6264	3637	46	6501
256. St. Jean de Martha	198	8	.....	75	77	37	1	13541	5690	3875	1800	15	7851
257. Ste. Mélanie	384	27	6	95	167	74	15	34305	10067	5857	4194	16	24238
258. St. Paul	205	......	2	11	95	91	6	21302	16706	8233	8473	......	4596
259. St. Thomas	171	......	.....	29	84	49	9	17808	12888	7664	5224	......	4920
Total of Joliette	2349	128	46	500	1047	545	83	203726	107915	63792	43999	124	95811

COUNTY OF

TOWNSHIPS, PARISHES, &c.	1	2	3	4	5	6	7	8	9	10	11	12	13
260. Ixworth	86	2	2	24	43	12	3	5821	2911	2125	774	12	2910
261. Kamouraska, Village	......	......	.....	......	......	......	.....	....	....	....	....	......	....
262. Mont Carmel	98	3	2	13	63	14	3	8198	1232	812	416	4	6966
263. Rivière Ouelle	168	13	11	29	44	47	24	17169	11196	4253	6017	26	5973
264. St. Alexandre	189	2	5	22	85	47	28	21302	7500	4810	2647	43	13802
265. St. André	167	4	10	13	62	55	23	20624	15671	5556	10037	78	4953
266. Ste. Anne	238	11	14	44	115	44	10	18777	12810	6672	5968	170	5967
267. St. Denis	137	6	5	14	60	47	5	12884	11540	9376	2085	79	1344
268. Ste. Hélène	132	3	2	9	72	35	11	14075	6727	3537	3018	172	7348
269. St. Louis	152	5	1	22	74	42	8	15070	13057	6831	6158	68	2013
270. St. Pacôme	148	4	8	16	58	49	13	15586	6497	5045	1403	49	9089
271. St. Paschal	224	7	5	25	109	58	20	22530	13942	8131	5712	99	8588
272. Woodbridge	93	......	2	7	34	43	7	10291	1420	1004	390	26	8871
Total of Kamouraska	1832	60	67	238	819	493	155	182327	104503	58152	45525	826	77824

Agricultural Produce for 1861.

JACQUES CARTIER.

Cash value of Farm in Dollars.	Cash value of Farming Implements in Dollars.	Produce of Gardens and Orchards in Dollars.	Quantity of Land held by Townspeople, not being farmers.	Fall Wheat.		Spring Wheat.		Barley.		Rye.	
				Acres.	Minots.	Acres.	Minots.	Acres.	Minots.	Acres.	Minots.
14	15	16	17	18	19	20	21	22	23	24	25
585700	36089	6689	....	6	83	163	1868	724	15320	....	....
30000	3060	100	....	....	....	7	104	52	1292	....	....
500566	39152	482	....	9	68	407	4062	961	15266	12	60
322600	8818	3458	30	4	115	317	5645	412	9366	4	90
419600	19495	2742	....	16	183	415	3596	659	11377	....	....
91386	3296	588	....	8	93	104	1228	94	1710	....	....
861046	31462	7018	3	7	75	77	777	1863	34212	1	4
202600	6166	189	....	....	....	440	3508	538	7015	....	....
3013498	147538	21266	33	50	617	1930	20788	5303	95558	17	154

JOLIETTE.

14	15	16	17	18	19	20	21	22	23	24	25
78673	3638	....	....	....	....	44	415	132	1446	61	508
8450	1490	....	....	....	....	....	....	42	516	53	632
343400	10293	....	....	2	22	282	1771	239	1887	179	1646
....	....	....	....	....	....	....	....	....	....	....	....
312900	12244	899	169	....	....	66	651	193	2277	342	2913
603943	15835	270	25	20	159	266	2028	290	4213	777	3690
273783	19324	4646	54	5	40	130	1108	161	1537	407	2722
136504	4199	296	2	....	....	30	150	139	1773	373	2906
297867	9602	478	6	3	22	232	2240	238	3552	814	6501
435510	13828	....	10	....	....	106	771	432	5769	396	4022
499344	37600	....	72	....	....	132	1288	90	1212	1722	7966
2990374	128053	6589	338	30	243	1288	10422	1956	24182	5124	33506

KAMOURASKA.

14	15	16	17	18	19	20	21	22	23	24	25
41278	471	34	107	....	....	154	910	55	343	172	1154
....	....	....	33	....	....	....	....	....	....	....	....
48350	2590	163	....	....	....	188	1314	160	1346	184	1214
444526	10031	1797	66	....	....	1058	9923	397	7193	372	2718
208420	21134	1366	32	....	....	449	2869	419	4493	595	3413
400939	31008	6987	53	....	....	1138	10471	414	7714	546	4988
575388	30384	5962	103	....	....	1697	17920	251	4363	501	3280
395826	9825	2439	40	....	....	1436	16997	482	10213	159	1480
241698	9037	2516	60	....	....	658	5590	363	5652	305	2031
535800	12233	1191	43	....	....	1482	13670	1586	8634	320	2102
120520	2544	496	....	....	....	546	4997	252	3311	458	3054
441666	13975	2994	79	....	....	2103	17784	398	6148	623	4459
30218	1203	135	....	....	....	102	698	49	438	325	1940
3484629	144435	26080	616	....	....	11011	102943	4826	59848	4560	31833

No. 12.—Lower Canada—Return of

COUNTY OF

	Peas.		Oats.		Buckwheat.		Indian Corn.		Potatoes.		Turnips.	
	Acres.	Minots.	Acres.	Minots.	Acres.	Minots.	Acres.	Minots.	Acres.	Minots.	Acres.	Minots.
	26	27	28	29	30	31	32	33	34	35	36	37
238.	408	5291	1330	25830	127	1560	22	385	347	35650	7	2220
239.	13	234	52	1125	....	....	....	....	24	3700	3	1076
240.	1027	9819	2361	35545	219	1774	28	798	265	23907	12	1155
241.	333	5858	824	15321	127	3092	57	1836	229	21963	3	405
242.	708	6694	1810	27138	334	3165	15	28	310	25169	1	55
243.	94	1217	250	4549	45	559	16	341	65	7330	....	....
244.	819	8527	4131	60403	443	4705	94	1786	888	90260	26	2284
245.	435	4080	1087	15024	263	3932	44	497	312	23830	....	....
	3837	41720	11845	184935	1558	18787	276	5671	2440	231899	52	7195

COUNTY OF

	Peas. Acres.	Peas. Minots.	Oats. Acres.	Oats. Minots.	Buckwheat. Acres.	Buckwheat. Minots.	Indian Corn. Acres.	Indian Corn. Minots.	Potatoes. Acres.	Potatoes. Minots.	Turnips. Acres.	Turnips. Minots.
246.	140	1225	1713	33245	90	951	....	....	245	20855	4	263
247. 248. 249.	5	35	113	1473	53	199	....	....	42	4002	8	856
250.	1323	6968	3509	61567	53	624	3	32	251	16600	....	....
251.	....	....	....	....	....	....	....	....	....	....	....	....
252.	333	2970	3243	47700	152	1910	4	173	235	23311	....	80
253. 254.	2212	25540	6559	90906	360	3187	24	284	205	22644	1	101
255.	411	5275	3388	93116	168	1819	14	276	183	20231	3	312
256.	213	1754	1171	25314	141	1444	2	19	415	16164	4	261
257.	413	5023	270	42142	114	1255	24	413	261	31512	1	540
258.	600	10604	3245	66999	90	910	74	713	473	23857	....	....
259.	364	4109	4381	57793	146	2037	....	....	141	13850	....	....
	6014	63503	27592	520255	1367	14336	145	1910	2451	193026	21	2413

COUNTY OF

	Peas. Acres.	Peas. Minots.	Oats. Acres.	Oats. Minots.	Buckwheat. Acres.	Buckwheat. Minots.	Indian Corn. Acres.	Indian Corn. Minots.	Potatoes. Acres.	Potatoes. Minots.	Turnips. Acres.	Turnips. Minots.
260.	67	434	173	1499	1	16	....	....	72	6194	....	....
261.	....	....	....	....	....	....	....	....	....	....	....	....
262.	183	1055	20	261	7	55	....	....	67	7197	....	....
263.	133	1638	2078	46236	....	....	....	....	221	27867	4	660
264.	402	3096	622	8861	1	20	....	....	206	31594	....	....
265.	317	3452	895	18537	2	18	....	....	237	47186	....	....
266.	126	1403	2014	43642	....	....	....	....	337	55508	29	1060
267.	142	1463	1417	33853	....	....	2	13	168	27447	2	337
268.	277	2292	406	8394	....	....	....	....	189	23585	2	351
269.	160	1443	1914	53376	1	19	....	....	307	49674	3	463
270.	131	1153	209	4833	....	....	....	....	142	20504	....	....
271.	326	3279	1140	13756	287	4497	6	90	312	51775	111	17892
272.	145	968	128	1094	2	32	....	....	81	7733	1	14
	2409	21676	11016	234332	301	4657	8	103	2339	356354	152	21417

Agricultural Produce for 1861.

JACQUES CARTIER.—(*Continued.*)

Carrots, Minots.	Mangel Wurzel. Acres.	Mangel Wurzel. Minots.	Beans, Minots.	Clover, Timothy and other Grass Seeds, Minots.	Hay, Tons.	Hops, lbs.	Maple Sugar, lbs.	Cider, Gallons.	Wool, lbs.	Fulled Cloth, Yards.	Flannel, Yards.	Flax and Hemp, lbs.	Linen, Yards.
38	39	40	41	42	43	44	45	46	47	48	49	50	51
6992	21	7975	183	9	1193	....	1950	5000	1742	222	480	80	....
610	3	1310	25	....	61	400	....	....	90	....	....	....	....
1928	....	....	....	....	504	....	....	....	3366	961	1822	404	124
190	3	1300	....	....	453	....	5682	....	1685	794	926	239	264
985	6	1215	36	....	381	....	6145	....	3209	1544	1941	....	60
212	....	150	1	....	114	....	2360	....	496	220	285	124	80
8223	21	7406	....	34	1233	....	1165	....	3782	1204	1381	1357	20
115	2	207	....	....	189	18	3591	....	1880	1030	1077	51	....
19255	56	19563	245	43	4128	418	20893	5000	16250	5975	7912	2255	548

JOLIETTE.—(*Continued.*)

Carrots, Minots.	Mangel Wurzel. Acres.	Mangel Wurzel. Minots.	Beans, Minots.	Clover, Timothy and other Grass Seeds, Minots.	Hay, Tons.	Hops, lbs.	Maple Sugar, lbs.	Cider, Gallons.	Wool, lbs.	Fulled Cloth, Yards.	Flannel, Yards.	Flax and Hemp, lbs.	Linen, Yards.
....	....	....	....	10	852	....	7468	....	2315	985	2096	128	1306
....	....	....	....	....	35	....	2326	....	34	....	58	35	176
....	....	....	....	3	1274	....	8225	....	3587	2615	2993	2455	4300
....	....	....	....	....	....	....	....	....	....	....	....		....
312	2	53	22	28	1141	77	22100	....	2217	1276	1679	2686	2468
89	4	269	6	74	2299	....	119998	....	7600	3054	6221	7487	11980
141	1	47	92	20	1050	350	83490	....	3527	2522	3822	2673	5668
....	....	15	....	1	721	....	31421	....	1827	862	1204	2171	1951
1611	....	20	17	5	1342	....	29806	....	3499	2069	2458	2925	3793
....	....	....	....	....	1611	....	24645	....	4762	2588	3413	2300	5901
....	....	....	....	....	1117	....	41450	....	3675	2600	2764	2924	6914
2153	7	404	137	141	11442	427	370929	....	33043	18511	26708	25784	44457

KAMOURASKA.—(*Continued.*)

Carrots, Minots.	Mangel Wurzel. Acres.	Mangel Wurzel. Minots.	Beans, Minots.	Clover, Timothy and other Grass Seeds, Minots.	Hay, Tons.	Hops, lbs.	Maple Sugar, lbs.	Cider, Gallons.	Wool, lbs.	Fulled Cloth, Yards.	Flannel, Yards.	Flax and Hemp, lbs.	Linen, Yards.
....	....	....	....	2	184	....	7624	....	769	555	605	380	661
....	....	....	....	....	....	....	....	....	....	....	....	....	....
....	1	26	2	....	152	....	10687	....	783	1041	1367	486	1392
....	1	225	7	3	1425	....	4080	....	4177	3311	4417	1558	3005
....	....	....	....	....	1145	....	13495	....	4174	2618	5525	2389	4358
....	....	....	....	....	2451	....	11705	....	5385	5242	4580	2939	4252
571	2	400	3	....	2192	....	12267	....	5383	3861	5472	3616	6297
....	1	145	5	....	1367	....	4904	....	4791	5211	4891	2512	3995
....	....	....	....	....	850	....	6030	....	2806	2039	3636	1667	2778
....	....	....	6	....	1741	....	300	....	4838	3743	5730	2663	1687
....	....	....	....	....	1415	....	9367	....	2266	2188	2447	1374	1421
20	1	30	5	....	2187	....	12363	....	7135	4663	7465	2737	4866
1	....	....	3	....	108	....	2275	....	756	672	954	448	1373
592	6	826	31	5	15217	....	95097	....	43263	35144	47089	22769	36085

No. 12.—Lower Canada—Return of

COUNTY OF

	Live Stock.											
	Bulls, Oxen and Steers.	Milch Cows.	Calves and Heifers.	Horses over 3 years old.	Value of same in Dollars.	Colts and Fillies.	Sheep.	Pigs.	Total value of Live Stock.	Butter, lbs.	Cheese, lbs.	Beef in Barrels of 200 lbs.
	52	53	54	55	56	57	58	59	60	61	62	63
238..	600	566	379	321	7975	168	299	298	102456	39841	752	125
239..	22	159	28	151	....	12	18	110	17931	4360	320	13
240..	839	655	571	479	....	258	911	564	76397	26800	85	110
241..	346	393	233	253	14280	104	588	367	35141	24820	....	152
242..	130	545	330	417	26847	273	925	551	50668	18840	....	122
243..	102	119	70	67	....	32	162	97	7713	5260	36	31
244..	1186	1684	819	1151	....	427	1194	1041	101074	153119	585	186
245..	342	316	281	250	11935	109	642	329	26245	13020	....	69
	3567	4437	2711	3089	61037	1383	4739	3357	417625	286060	1778	808

COUNTY OF

	52	53	54	55	56	57	58	59	60	61	62	63
246..	130	620	475	232	10196	59	952	470	2712	2621	....	52
247.. 248.. 249..	1	53	21	20	1473	1	....	....	1732	590	....	....
250..	84	580	549	480	35684	112	1341	588	62010	36462	....	17
251..	....	....	....	....	....	....	....	....	....	....	....	....
252..	33	735	351	455	16378	102	891	540	55813	25870	....	91
253.. 254..	95	1108	1107	771	37405	252	2894	984	76741	23401	174	250
255..	574	583	420	365	21815	95	1382	528	41101	26320	1310	256
256..	382	350	303	228	9600	65	718	398	11255	7071	300	50
257..	738	707	689	459	22430	175	1405	792	43992	23363	300	108
258..	1117	982	866	512	27848	205	1892	805	22589	26811	....	135
259..	851	746	523	454	35785	117	1607	629	64925	26410	....	166
	4005	6464	5304	3976	218614	1183	13082	5734	382870	198919	2084	1125

COUNTY OF

	52	53	54	55	56	57	58	59	60	61	62	63
260..	88	196	30	101	4157	23	351	181	9850	6645	30	82
261..	....	46	....	34	....	....	20	73	3570	....	....	....
262..	152	159	79	87	4479	21	381	189	9988	5367	....	67
263..	898	905	663	394	25806	70	2043	674	34374	33821	....	200
264..	595	598	383	261	17202	61	1291	461	40480	35527	....	276
265..	955	831	699	310	21873	103	2272	1107	71631	78000	....	273
266..	1180	1208	856	552	30274	127	3651	2337	81605	76803	....	350
267..	847	909	536	379	25124	113	2169	647	57150	43068	6	246
268..	73	485	331	200	12971	53	1078	410	30524	23552	....	4
269..	1025	987	846	437	27772	128	2133	876	67256	5453	....	257
270..	405	390	287	215	12229	58	1124	372	23988	12824	....	112
271..	106	1126	195	500	31055	129	2716	868	70121	62562	....	381
272..	139	126	17	78	4005	17	295	152	7631	3992	....	50
	6462,	8016	4972	3548	216947	903	19524	8347	508168	392614	36	2298

AGRICULTURAL PRODUCE FOR 1861.

JACQUES CARTIER.—(*Continued.*)

Pork in Barrels of 200 lbs.	Fish.			Carriages kept for pleasure.	Value of same in Dollars.	Carriages kept for hire.	Value of same in Dollars.	Minerals.			
	Dried in Quintals.	Salted and Barrelled.	Sold Fresh, lbs.					Copper ore mined, Tons.	Value.	Iron ore mined, Tons.	Value.
64	65	66	67	68	69	70	71	72	73	74	75
310	...	...	...	235	8667	...	...	...	...	...	...
21	...	...	...	111	3828	60	1155	...	...	...	...
332	...	...	...	124	3025	51	515	...	...	...	...
269	...	...	...	186	5970	...	...	...	...	...	...
367	...	...	...	326	6801	...	...	...	...	...	...
65	...	...	...	50	1375	1	18	...	...	...	...
622	...	...	...	689	18701	191	2346	...	...	...	...
230	...	...	...	165	2978	16	104	...	...	...	...
2216	...	...	...	1886	53345	319	4138	...	...	...	...

JOLIETTE.—(*Continued.*)

64	65	66	67	68	69	70	71	72	73	74	75
128	...	...	...	18	232	...	...	...	...	...	...
12	...	...	...	...	...	...	...	...	...	...	...
263	...	...	...	9	310	...	...	...	...	...	...
...	...	...	...	...	...	...	...	...	...	...	...
491	...	...	...	345	11433	12	472	...	...	...	...
686	...	...	...	819	10031	15	500	...	...	...	...
452	...	...	...	413	7495	...	...	...	...	...	...
146	...	...	...	168	1912	...	...	...	...	...	...
457	...	...	...	329	4508	...	...	...	...	...	...
842	...	...	...	...	...	...	...	...	...	...	...
364	...	...	...	314	8469	...	...	...	...	...	...
3841	...	...	...	2415	44390	27	972	...	...	...	...

KAMOURASKA.—(*Continued.*)

64	65	66	67	68	69	70	71	72	73	74	75
49	...	...	...	80	648	...	...	...	...	...	...
...	...	...	...	65	2315	...	...	...	...	...	...
95	...	...	...	109	1317	...	...	...	...	...	...
161	...	454	...	443	10007	11	125	...	...	...	...
414	...	...	...	332	5282	10	77	...	...	...	...
517	16	462	2976	417	8526	...	...	...	...	...	...
905	...	...	...	702	13175	...	...	...	...	...	...
473	...	...	65	501	9987	...	...	...	...	...	...
127	...	75	...	73	2513	...	...	...	...	...	...
589	...	...	...	509	11026	...	...	...	...	...	...
270	...	...	...	101	2585	...	...	...	...	...	...
721	...	74	250	517	11212	...	...	...	...	...	...
87	...	...	...	79	758	...	...	...	...	...	...
4741	16	1065	3291	3928	79451	21	202	...	...	...	...

No. 12.—Lower Canada—Return of

COUNTY OF

TOWNSHIPS, PARISHES, &c.	Occupiers of Lands.							Lands—Acres.					
	Total.	10 acres and under.	10 to 20.	20 to 50.	50 to 100.	100 to 200.	Upwards of 200.	Amount held in Acres.	Under cultivation.	Under crops.	Under pasture.	Under Gardens and Orchards.	Wood and Wild Lands.
	1	2	3	4	5	6	7	8	9	10	11	12	13
273. Laprairie, Village	30	14	7	4	2	3	.....	942	816	737	70	9	126
274. Laprairie	238	18	13	40	79	57	31	25209	21505	17299	4076	130	3704
275. St. Constant	249	7	5	51	119	60	7	21373	20071	14338	5574	159	1302
276. St. Isidore	201	16	3	31	98	47	6	16352	14279	9434	4698	147	2073
277. St. Jacques le Mineur	203	8	8	36	89	45	17	19175	16140	11541	4464	135	3035
278. St. Philippe	231	11	4	29	100	62	25	26420	23038	16852	5938	248	3382
279. Sault St. Louis	167	31	24	49	33	24	6	10460	4654	4654	....	......	5806
Total of Laprairie	1319	105	64	240	520	298	92	119931	100503	74855	24820	828	19428

COUNTY OF

TOWNSHIPS, PARISHES, &c.	1	2	3	4	5	6	7	8	9	10	11	12	13
280. St. François de Sales	132	45	5	3	28	45	6	10691	8398	5208	3137	53	2293
281. St. Martin	252	4	14	48	105	71	10	22971	18238	12588	5534	116	4733
282. Ste. Rose	264	59	6	29	97	62	11	19391	15197	10157	4984	56	4194
283. 284. 285. St. Vincent de Paul	259	74	13	22	70	72	8	18457	13616	9376	4162	78	4841
Total of Laval	907	182	38	102	300	250	35	71510	55449	37329	17817	303	16061

COUNTY OF

TOWNSHIPS, PARISHES, &c.	1	2	3	4	5	6	7	8	9	10	11	12	13
286. Notre Dame de la Victoire	147	4	14	32	49	35	13	13525	9190	4498	4679	13	4335
287. St. Joseph de la Pointe Lévis	159	4	5	18	64	51	17	16748	10113	4292	5761	60	6635
288. St. Etienne de Lauzon	100	......	1	10	59	25	5	10797	2398	1038	1354	6	8399
289. St. Henri	295	7	3	29	111	117	28	34238	20738	11083	9647	8	13500
290. St. Jean Chrysostôme	188	......	.....	10	84	81	13	26342	10442	6084	4272	86	15900
291. St. Lambert	241	......	1	13	174	40	13	23438	6784	3525	3175	84	16654
292. St. Nicholas	210	2	3	4	65	87	49	33467	13594	7458	6004	132	19873
293. St. Romuald d'Etchemin	49	......	3	8	14	13	11	6575	2802	1574	1197	31	3773
Total of Lévis	1389	17	30	124	620	449	149	165130	76061	39552	36089	420	89069

COUNTY OF

TOWNSHIPS, PARISHES, &c.	1	2	3	4	5	6	7	8	9	10	11	12	13
294. Lotbinière	513	87	11	45	250	100	20	40138	22367	11057	11172	138	17771
295. Ste. Agathe	223	......	.....	4	80	125	14	26637	8074	4645	3423	6	18563
296. St. Antoine	263	33	6	8	90	96	30	25578	14420	8208	6104	108	11158
297. St. Apollinaire	219	8	2	31	127	42	9	16404	5550	3287	2243	20	10854
298. Ste. Croix	292	24	6	21	124	73	44	32771	15282	8793	6384	105	17489
299. St. Flavien	140	......	.....	4	85	46	5	13667	2930	1644	1251	35	10737
300. St. Giles	175	......	.....	14	109	33	19	21771	5458	2939	2496	23	16313
301. St. Jean Deschaillons	252	22	6	95	92	37	.....	15171	6572	3925	2635	12	8599
302. St. Sylvester	536	2	2	30	361	116	25	58585	26973	12615	14212	146	31612
Total of Lotbinière	2613	176	33	252	1318	668	166	250722	107626	57113	49920	593	143096

AGRICULTURAL PRODUCE FOR 1861.

LAPRAIRIE.

Cash value of Farm in Dollars.	Cash value of Farming Implements in Dollars.	Produce of Gardens and Orchards in Dollars.	Quantity of Land held by Townspeople, not being farmers.	Fall Wheat.		Spring Wheat.		Barley.		Rye.	
				Acres.	Minots.	Acres.	Minots.	Acres.	Minots.	Acres.	Minots.
14	15	16	17	18	19	20	21	22	23	24	25
...	...	5	2	...	...	...	...	68	1515	...	...
1060295	38206	4752	13	...	...	164	2144	1046	21389	...	...
825762	28846	3083	60	...	...	600	6751	1114	19968	...	...
1163635	23634	1939	34	...	...	1036	9756	1214	20332	...	...
767135	31084	2180	...	3	20	978	10611	361	7592	...	...
949550	35680	2171	11	...	...	532	7145	662	11720	...	...
223397	5004	528	3	...	...	10	82	118	2124	...	...
4989774	162454	14658	123	3	20	3320	36489	4583	84640	...	...

LAVAL.

14	15	16	17	18	19	20	21	22	23	24	25
416327	12697	1882	...	113	1048	88	1020	406	8077	5	32
878285	26116	2716	1335	186	1312	166	1565	1148	18128	18	184
812049	40679	2432	134	387	3094	223	1717	768	12244	58	656
839236	27018	4036	3335	108	857	224	1258	801	10274	...	...
2945897	106510	11066	4804	794	6311	701	5560	3123	48723	81	872

LEVIS.

14	15	16	17	18	19	20	21	22	23	24	25
682125	20790	1000	587	...	...	87	553	29	317	7	52
459460	12659	2725	8931	...	...	40	451	25	350	90	766
85066	2884	379	900	2	20	41	426	20	253	54	336
563389	16244	3585	52	...	...	249	2304	108	1471	51	550
303075	19582	2298	4863	...	...	82	1056	43	615	9	131
222358	9094	4264	5253	...	...	125	2360	49	847	74	1148
456289	26020	4073	119	...	...	210	1933	48	575	575	5602
150800	7620	1660	187	...	...	21	413	2	83	4	45
2922562	114893	19984	20892	2	20	855	9496	324	4511	864	8630

LOTBINIÈRE.

14	15	16	17	18	19	20	21	22	23	24	25
623979	28124	2938	12	...	...	1103	11479	149	1928	12	143
144575	6800	170	4	...	...	206	2334	145	1852	241	3050
340425	11426	5429	...	...	...	305	3101	104	1586	210	1778
107227	5104	411	...	...	...	118	1538	39	594	307	2625
459355	15225	2351	...	184	1564	406	3961	99	1157	12	152
105175	3851	367	...	...	...	253	2536	59	682	56	598
145080	6478	281	...	...	...	193	2242	109	1396	73	894
208784	6300	1070	57	5	50	474	5055	86	1147	30	320
521749	18177	884	34	...	...	525	7262	736	10854	222	3208
2656349	101485	13901	107	189	1614	3583	39508	1526	21196	1163	12768

No. 12.—Lower Canada—Return of

COUNTY OF

	Peas.		Oats.		Buckwheat.		Indian Corn.		Potatoes.		Turnips.	
	Acres.	Minots.	Acres.	Minots.	Acres.	Minots.	Acres.	Minots.	Acres.	Minots.	Acres.	Minots.
	26	27	28	29	30	31	32	33	34	35	36	37
273.	80	1283	140	2392	8	87	1	56	6	935	....	....
274.	2785	33431	3829	69955	247	3993	23	469	154	19133	....	66
275.	2706	43616	3817	65562	211	3420	13	197	84	8471	....	....
276.	1335	16860	3068	50148	251	4553	28	402	191	16282	....	50
277.	1602	23118	4562	91331	271	5069	23	569	348	43775	5	700
278.	4549	50634	4408	76937	268	4928	16	309	202	23969	....	14
279.	197	2609	289	6534	33	314	149	2495	88	4320	....	....
	14255	171552	20113	362859	1289	22364	253	4497	1073	116885	5	830
COUNTY OF												
280.	859	9172	1657	33664	164	2327	16	296	162	20123	1	60
281.	782	9051	4367	77135	692	9295	121	1694	578	55034	1	146
282.	865	7822	4274	63954	559	9263	63	1122	436	41636	1	188
283. 284. 285. }	1597	13315	3338	52202	310	4131	80	1199	319	28749	9	....
	4103	39360	13636	226955	1725	25016	280	4311	1495	145542	12	394
COUNTY OF												
286.	197	1174	2161	35681	9	98	1	39	208	20669	9	1322
287.	134	1199	1908	30536	11	149	....	8	244	24018	12	2234
288.	42	442	712	13030	26	340	....	....	108	10413	2	325
289.	287	2555	5650	82158	20	159	....	....	384	41877	15	2247
290.	147	1757	2349	44612	7	109	....	24	202	30572	17	4130
291.	265	3869	1746	52784	203	4890	3	133	249	30618	3	287
292.	381	2931	3268	56887	21	282	13	131	385	43230	10	650
293.	10	230	334	9791	4	64	....	....	31	6665	3	1100
	1463	14157	18134	325479	361	6091	17	335	1811	208062	71	12295
COUNTY OF												
294.	453	4365	6852	116074	478	6692	14	385	390	41133	4	665
295.	152	1319	1542	28769	190	3263	....	....	347	30913	28	3435
296.	352	3382	4166	78774	64	900	13	147	357	35326	5	667
297.	110	996	1630	25878	43	534	....	14	241	18870	....	6
298.	326	2642	4875	75806	151	2103	8	150	346	24958	3	343
299.	94	852	632	14481	25	339	1	2	118	10331	1	12
300.	93	806	1144	19300	6	99	....	....	177	20328	3	330
301.	255	2884	1752	31728	147	2212	2	55	105	17757	2	357
302.	322	4039	4847	90690	237	4776	....	....	800	85494	65	15389
	2157	21285	27440	481500	1341	20918	38	753	2881	285110	111	21204

AGRICULTURAL PRODUCE FOR 1861.

LAPRAIRIE.—(*Continued.*)

Carrots, Minots.	Mangel Wurzel.		Beans, Minots.	Clover, Timothy and other Grass Seeds, Minots.	Hay, Tons.	Hops, lbs.	Maple Sugar, lbs.	Cider, Gallons.	Wool, lbs.	Fulled Cloth, Yards.	Flannel, Yards.	Flax and Hemp, lbs.	Linen, Yards.
	Acres.	Minots.											
38	39	40	41	42	43	44	45	46	47	48	49	50	51
6	1	90	5	....	....	....	....	....	....	83	....	....	....
331	3	950	70	259	23	....	....	....	7033	1999	....	....	60
203	4	446	3	12	13	....	660	....	1027	4515	2813	3997	1389
240	2	355	368	112	9	2	5432	....	5340	2761	3667	1955	1928
550	1	360	5	10	8	6	7606	....	6377	2520	1971	1744	896
4	4	392	3	235	13	10	2312	....	7341	2327	2310	2999	670
71	1	154	113	....	4	8	17645	....	103	6	3032	....	....
1405	16	2747	567	628	70	26	33655	....	27349	14211	13793	10695	4943

LAVAL.—(*Continued*)

Carrots, Minots.	Mangel Wurzel, Acres.	Mangel Wurzel, Minots.	Beans, Minots.	Clover, Timothy and other Grass Seeds, Minots.	Hay, Tons.	Hops, lbs.	Maple Sugar, lbs.	Cider, Gallons.	Wool, lbs.	Fulled Cloth, Yards.	Flannel, Yards.	Flax and Hemp, lbs.	Linen, Yards.
150	10	4155	22	61	938	....	7550	....	2983	1020	1421	906	848
398	5	1486	167	101	1351	....	12842	....	4247	2650	3457	2712	2122
195	6	1076	12	36	1413	....	17927	....	4673	2497	3917	3015	3003
27	7	1043	98	17	1192	....	13488	....	3836	2000	2137	1086	1634
770	28	7760	299	215	4894	....	51807	....	15739	8167	10932	7719	7607

LEVIS.—(*Continued.*)

Carrots, Minots.	Mangel Wurzel, Acres.	Mangel Wurzel, Minots.	Beans, Minots.	Clover, Timothy and other Grass Seeds, Minots.	Hay, Tons.	Hops, lbs.	Maple Sugar, lbs.	Cider, Gallons.	Wool, lbs.	Fulled Cloth, Yards.	Flannel, Yards.	Flax and Hemp, lbs.	Linen, Yards.
63	....	19	....	....	1641	....	1440	....	2257	1732	955	1077	1032
52	1	33	75	13	2314	22	300	....	2566	1990	2306	5835	1599
3	1	10	13	....	394	....	60	15	776	570	360	706	784
....	....	....	....	28	3516	....	19040	....	8200	4439	6840	3367	5288
599	2	184	60	90	2187	4	4550	....	4132	2742	3260	2827	3476
108	1	84	105	54	909	....	19298	....	2479	2227	2348	1913	2185
80	....	16	155	12	2371	6	5375	....	6277	4251	3255	2958	3331
....	....	....	....	18	1016	....	....	....	1012	855	530	555	485
905	5	346	408	215	14348	32	50063	15	27699	18806	19854	19238	18180

LOTBINIÈRE.—(*Continued.*)

Carrots, Minots.	Mangel Wurzel, Acres.	Mangel Wurzel, Minots.	Beans, Minots.	Clover, Timothy and other Grass Seeds, Minots.	Hay, Tons.	Hops, lbs.	Maple Sugar, lbs.	Cider, Gallons.	Wool, lbs.	Fulled Cloth, Yards.	Flannel, Yards.	Flax and Hemp, lbs.	Linen, Yards.
107	2	529	163	5	343	....	6958	9	9770	5110	5120	5612	7676
....	....	....	....	....	1075	....	7908	....	2581	1363	1536	1037	790
130	4	379	90	4	2115	....	1100	....	7012	3884	3509	3236	4466
5	....	6	10	....	713	....	2430	....	2332	1692	932	2158	2145
9	9	122	60	73	2260	22	872	....	7544	4145	3590	5003	6860
....	....	....	....	....	363	....	1175	....	1311	917	617	1074	1729
26	....	7	....	19	904	3	2381	....	1811	931	1227	1031	744
4	....	....	....	3	1314	2	5632	....	2813	1809	1171	2429	3423
84	1	33	8	162	3268	....	42394	....	9998	4962	6511	1828	1211
365	16	1076	331	266	12355	27	70850	9	45172	24813	24213	23408	29044

No. 12.—Lower Canada—Return of

COUNTY OF

	Live Stock.											
	Bulls, Oxen and Steers.	Milch Cows.	Calves and Heifers.	Horses over 3 years old.	Value of same in Dollars.	Colts and Fillies.	Sheep.	Pigs.	Total value of Live Stock.	Butter, lbs.	Cheese, lbs.	Beef in Barrels of 200 lbs.
	52	53	54	55	56	57	58	59	60	61	62	63
273..	8	121	1	144	2410	312	59	132	14451	562	....	800
274..	1113	1077	700	994	71070	500	2105	892	136289	62420	2000	150
275..	83	1605	1035	1269	87373	673	3330	1039	91078	37684	....	136
276..	72	773	715	684	37788	439	1804	757	140701	30861	....	84
277..	189	922	741	815	44264	377	2217	853	98171	18447	100	177
278..	219	1192	834	1033	73362	466	2674	1058	115991	31931	....	128
279..	105	211	143	228	15182	63	76	431	22144	2030	....	5
	1789	5901	4169	5167	331449	2830	12266	5162	618825	183935	2100	1480

COUNTY OF

	52	53	54	55	56	57	58	59	60	61	62	63
280..	68	464	440	330	18404	147	1039	362	28913	31150	48	111
281..	973	1393	769	908	....	333	1399	1106	92749	65692	286	113
282..	915	1044	710	676	39308	348	1356	933	85407	42023	....	173
283.. 284.. 285..	590	651	526	655	43525	294	1295	638	68292	44055	3810	268
	2546	3552	2445	2569	101237	1122	5089	3039	275361	182920	4144	665

COUNTY OF

	52	53	54	55	56	57	58	59	60	61	62	63
286..	149	686	260	405	43718	8	740	613	69946	51975	185	48
287..	805	669	311	250	15778	9	775	561	49525	37752	60	7
288..	184	144	158	84	10642	3	271	240	12862	4650	216	....
289..	1706	1238	1139	444	23376	83	2087	1114	82217	66060	....	42
290..	363	515	428	250	18903	24	1845	1077	74894	48195	251	159
291..	882	505	268	240	17724	33	1043	719	28896	36794	160	101
292..	1065	746	932	336	24950	61	2037	911	78543	50620	....	149
293..	226	188	100	109	6360	8	298	225	18576	11845	....	30
	5380	40[illegible]1	3596	2118	161451	229	9096	5460	415459	307891	872	536

COUNTY OF

	52	53	54	55	56	57	58	59	60	61	62	63
294..	1401	1421	1764	689	43654	104	4000	1422	72431	82352	....	285
295..	129	495	540	200	11256	45	857	716	25934	31977	22	111
296..	482	781	896	332	25927	68	2118	864	75270	49534	179	164
297..	534	365	377	176	11176	10	901	480	24914	17058	....	20
298..	859	979	1192	426	26819	81	2390	803	61366	54400	88	130
299..	102	243	212	104	4382	4	495	310	12630	14710	....	52
300..	510	47	186	175	11139	15	668	504	22522	17454	....	29
301..	568	461	546	254	15332	22	1392	592	18757	27563	....	99
302..	527	1753	1826	582	40661	138	3505	1641	124251	97939	1196	297
	5112	6545	7539	2938	190346	487	16326	7332	438575	392987	1485	1187

AGRICULTURAL PRODUCE FOR 1861.

LAPRAIRIE.—(*Continued.*)

Pork in Barrels of 200 lbs.	Fish.			Carriages kept for pleasure.	Value of same in Dollars.	Carriages kept for hire.	Value of same in Dollars.	Minerals.			
	Dried in Quintals.	Salted and Barrelled.	Sold Fresh, lbs.					Copper ore mined, Tons.	Value.	Iron ore mined, Tons.	Value.
64	65	66	67	68	69	70	71	72	73	74	75
1571	...	...	...	132	2647	88	409	...	...	...	...
729	...	10	163	554	14379	...	...	...	...	...	...
745	...	1	...	444	12685	...	...	...	...	...	...
701	...	...	...	467	12815	1	11	...	...	...	...
689	...	...	...	429	14274	20	205	...	...	...	...
577	...	...	...	425	12234	...	...	...	...	...	...
64	...	...	...	79	1635	5	270	...	...	...	...
5076	...	11	163	2530	80669	114	895	...	...	...	...

LAVAL.—(*Continued.*)

64	65	66	67	68	69	70	71	72	73	74	75
397	...	...	...	177	4413	...	...	...	...	...	...
824	...	...	...	692	18167	150	2597	...	...	...	...
512	...	...	...	426	9709	39	175	...	...	...	...
507	...	...	...	593	14973	49	358	...	...	...	...
2240	...	...	...	1888	47262	238	3130	...	...	...	...

LEVIS.—(*Continued.*)

64	65	66	67	68	69	70	71	72	73	74	75
524	...	...	...	910	59179	40	2622	...	...	...	...
234	...	...	...	400	9856	67	2365	...	...	...	...
103	...	...	...	144	2286	22	900	...	...	...	...
940	...	...	...	854	14875	2	24	...	...	...	...
598	...	...	...	498	17666	1	50	...	...	...	...
569	...	...	...	458	11890	2	58	...	...	...	...
560	...	...	...	566	10894	15	114	...	...	...	...
127	...	...	...	172	7607	4	150	...	...	...	...
3655	...	...	...	4002	134253	153	6283	...	...	...	...

LOTBINIÈRE.—(*Continued.*)

64	65	66	67	68	69	70	71	72	73	74	75
838	...	...	...	1023	16655	1	5	...	...	...	...
389	...	...	...	180	2690	...	...	...	...	...	...
557	...	...	...	596	10552	...	...	...	...	...	...
286	...	...	...	212	1703	...	...	...	...	...	...
510	...	...	...	671	10329	...	...	...	...	...	...
98	...	...	...	58	1554	...	...	...	...	...	...
241	...	...	...	21	841	...	...	...	...	...	...
497	...	...	...	366	4861	...	...	...	...	...	...
912	...	...	...	402	6180	...	...	...	...	...	...
4328	...	...	...	3529	55365	1	5	...	...	...	...

No. 12.—Lower Canada—Return of

COUNTY OF

TOWNSHIPS, PARISHES, &c.	Occupiers of Lands.							Lands—Acres.					
	Total.	10 acres and under.	10 to 20.	20 to 50.	50 to 100.	100 to 200.	Upwards of 200.	Amount held in Acres.	Under cultivation.	Under crops.	Under pasture.	Under Gardens and Orchards.	Wood and Wild Lands.
	1	2	3	4	5	6	7	8	9	10	11	12	13
303. Hunterstown	50	......	.....	14	25	10	1	41423	1218	686	532	......	40205
304. Maskinongé	183	5	6	32	71	63	6	17266	11480	8135	3292	53	5786
305. Rivière du Loup	287	35	16	46	86	88	16	27876	18650	12658	5694	298	9226
306. St. Didace	244	17	6	61	108	42	10	19274	5107	3462	1631	14	14167
307. St. Justin	225	36	5	24	70	84	6	18670	10378	6244	4065	69	8292
308. St. Léon	258	18	9	37	95	80	19	25647	15597	10378	5176	43	10050
309. St. Paulin	147	17	4	37	58	25	6	10515	4332	2767	1516	49	6183
310. Ste. Ursule	295	41	8	67	108	62	9	44685	13531	8864	4565	102	31154
Total of Maskinongé	1689	169	54	318	621	454	73	205356	80293	53194	26471	628	125063

COUNTY OF

TOWNSHIPS, PARISHES, &c.	1	2	3	4	5	6	7	8	9	10	11	12	13
311. Broughton	264	1	1	88	128	37	9	23565	6761	3955	2783	23	16804
312. Halifax, North	338	7	4	183	117	25	2	22005	9799	6140	3639	20	12206
313. Halifax, South	345	4	6	153	155	26	1	25217	10598	6815	3712	71	14619
314. Inverness	345	......	.....	25	213	88	19	46174	16981	9768	7169	44	29193
315. Ireland	158	1	.....	24	79	27	27	23308	6641	4018	2602	21	16657
316. Leeds	355	2	.....	7	266	63	17	42253	14898	8745	6137	16	27355
317. Nelson	167	8	.....	41	70	41	7	16103	4110	2305	1803	2	11993
318. Somerset North	173	7	1	47	88	24	6	13376	5517	3059	2420	38	7859
319. Somerset, South	260	6	3	69	136	36	10	41839	9795	6043	3659	93	32044
320. Thetford	50	......	.....	......	44	6	.....	5333	1008	616	392	......	4325
Total of Megantic	2455	36	15	637	1296	373	98	259173	86108	51468	34316	328	173065

COUNTY OF

TOWNSHIPS, PARISHES, &c.	1	2	3	4	5	6	7	8	9	10	11	12	13
321. Dunham	460	3	7	111	186	115	38	58993	29162	15480	13213	469	24831
322. Farnham	218	17	12	71	70	36	12	19180	7100	4474	2523	103	12080
323. Notre Dame des Anges	80	6	1	32	26	14	1	4907	3963	3249	622	92	944
324. Philipsburgh, Village	......	......	.....	......	......	......	.....	....	....	....	....	......	....
325. St. Armand, West	157	......	4	32	61	44	16	17850	11559	6367	4988	204	6291
326. St. Armand, East	196	4	3	18	71	61	39	28119	17217	8708	8216	293	10902
327. St. George de Clarenceville	200	2	5	36	80	64	13	20182	14085	7481	6345	259	6097
328. Stanbridge	494	16	8	188	169	89	24	45308	23091	14160	8681	250	22217
329. St. Thomas	99	2	.....	20	48	22	7	9605	7537	3171	4212	154	2068
Total of Missisquoi	1904	50	40	508	711	445	150	199144	113714	63090	48800	1824	85430

COUNTY OF

TOWNSHIPS, PARISHES, &c.	1	2	3	4	5	6	7	8	9	10	11	12	13
330. Chertsey	148	6	.....	19	93	18	12	16630	3393	2314	1079	......	13237
331. Doncaster	1	......	.....	......	......	......	1	500	12	12	....	......	488
332. Kilkenny	250	5	1	59	115	50	20	29001	8200	5127	3073	......	20801
333. Rawdon	244	1	.....	14	133	58	38	35792	14126	6596	7530	......	21666
334. St. Alexis	151	......	4	25	88	34	.....	11932	9697	6339	3357	1	2235
335. St. Esprit	156	2	2	22	87	39	4	14601	11701	5976	5725	......	2900

Agricultural Produce for 1861.

MASKINONGÉ.

Cash value of Farm in Dollars.	Cash value of Farming Implements in Dollars.	Produce of Gardens and Orchards in Dollars.	Quantity of Land held by Townspeople, not being farmers.	Fall Wheat. Acres.	Fall Wheat. Minots.	Spring Wheat. Acres.	Spring Wheat. Minots.	Barley. Acres.	Barley. Minots.	Rye. Acres.	Rye. Minots.
14	15	16	17	18	19	20	21	22	23	24	25
187717	54101	…	…	…	…	7	83	7	112	…	…
605515	19243	1359	177	4	18	688	6662	142	2471	41	510
860351	23185	4271	79	2	40	690	7454	258	4873	109	1226
130516	6172	291	35	…	…	74	729	90	913	213	1763
467797	19544	3143	51	…	…	486	4722	60	1040	40	298
618515	37441	2474	55	…	…	779	7494	149	1944	39	345
147145	6779	814	…	…	…	182	1647	55	520	35	362
434694	33393	3135	124	…	…	915	7447	112	1432	615	4672
3452250	199858	15487	521	6	58	3821	36238	873	13305	1092	9176

MEGANTIC.

14	15	16	17	18	19	20	21	22	23	24	25
150041	2973	433	2	…	…	32	380	608	11237	66	885
218862	14512	819	91	46	237	436	5783	400	6216	648	9220
229955	7225	2016	337	…	…	149	1840	315	5383	390	5587
373205	17304	1130	17	1	9	281	4728	282	6018	155	2915
73010	4295	786	…	…	…	66	761	65	1135	64	819
281518	9869	858	252	…	…	258	4239	503	10096	61	1176
89555	2331	35	…	17	138	51	546	66	887	234	3079
174409	10967	…	…	…	…	151	2187	77	1187	380	5055
390570	14980	…	…	6	71	752	8024	247	3010	311	4088
19320	415	…	…	…	…	9	125	105	2240	30	526
2000445	84871	6077	699	70	455	2185	28613	2668	47409	2339	33350

MISSISQUOI.

14	15	16	17	18	19	20	21	22	23	24	25
994895	32613	6547	227	…	…	567	11242	185	13178	20	372
322990	5315	1704	1169	…	…	347	5255	46	901	8	86
191700	2511	1107	…	…	…	312	9134	83	2472	3	40
…	…	…	39	…	…	…	…	…	…	…	…
523729	19721	2834	48	2	30	353	4879	48	937	8	100
595665	18882	4473	190	…	…	291	5172	33	887	2	34
534985	19299	4375	52	3	20	443	6619	163	3538	83	890
1124875	32767	7712	1297	2	32	1130	16972	213	4652	91	971
275280	8310	2519	…	…	…	194	2663	150	2956	26	443
4564119	139148	31271	3022	7	82	3637	61941	921	29521	241	2936

MONTCALM.

14	15	16	17	18	19	20	21	22	23	24	25
31850	1259	…	…	1	14	9	82	58	847	5	44
600	100	…	…	…	…	…	…	1	30	…	…
149177	9831	…	…	14	112	43	351	64	803	49	309
260900	8646	20	410	6	48	33	405	113	1611	40	347
371220	10566	…	96	5	64	275	2871	333	6054	25	170
460600	4536	…	105	10	111	409	5252	430	6504	10	89

No. 12.—Lower Canada—Return of

COUNTY OF

	Peas.		Oats.		Buckwheat.		Indian Corn.		Potatoes.		Turnips.	
	Acres	Minots.	Acres.	Minots.	Acres.	Minots.	Acres.	Minots.	Acres.	Minots.	Acres.	Minots.
	26	27	28	29	30	31	32	33	34	35	36	37
303.	22	270	135	3853	57	670	....	....	84	7439	6	1076
304.	277	2737	5103	114173	260	3625	20	225	119	10669	1	124
305.	553	6111	6516	135274	480	6819	23	440	483	12329	2	282
306.	256	1821	1399	25254	477	5190	3	26	261	20794	19	1054
307.	590	8072	4295	64834	232	3257	14	262	126	13506	....	....
308.	1060	12814	5114	85239	422	4548	3	124	187	17694	2	169
309.	166	1708	1154	23058	139	2037	....	4	164	16480	5	248
310.	552	5780	3773	53715	392	5794	17	157	293	24262	6	187
	3476	39313	27489	505400	2459	31940	80	1238	1717	123173	41	3140

COUNTY OF

	26	27	28	29	30	31	32	33	34	35	36	37
311.	71	503	850	13199	85	1202	....	....	213	20529	17	1473
312.	212	1964	1206	27677	378	6396	2	20	403	38317	27	2645
313.	206	2308	1270	24760	459	9426	1	10	387	44647	43	5184
314.	109	1687	2448	66632	267	7238	....	....	482	77145	117	22665
315.	77	744	676	13933	376	8988	1	28	193	22697	43	5862
316.	74	920	1783	42405	212	5961	....	....	438	63927	95	19361
317.	96	760	725	13836	83	1247	10	75	212	23382	28	2772
318.	211	2356	1007	20161	75	646	1	14	206	23347	22	4525
319.	306	3493	1887	43597	174	2647	6	58	354	34520	32	5008
320.	1	22	122	2647	15	326	....	....	52	6058	4	610
	1363	14757	11974	268847	2124	44077	21	206	2940	354569	428	70105

COUNTY OF

	26	27	28	29	30	31	32	33	34	35	36	37
321.	63	1309	1785	57307	241	5473	472	17025	375	59686	18	3806
322.	252	3462	1065	25578	103	1769	93	2838	184	24784	5	2184
323.	125	3421	709	32618	45	1939	4	130	170	20959	29	2448
324.	....	....	....	....	....	....	....	....	....	....	....	....
325.	83	1474	996	26762	241	5755	284	9891	163	20048	8	1242
326.	9	157	743	27650	57	1234	251	10347	177	30155	5	2458
327.	241	1238	2719	88047	267	6197	299	8024	371	36053	1	600
328.	505	8782	2410	81731	353	7541	506	16596	864	62921	13	2572
329.	205	3579	1549	53448	217	4893	137	2401	120	15421	1	287
	1483	23422	11976	393141	1524	34801	2046	67252	2424	270027	80	15597

COUNTY OF

	26	27	28	29	30	31	32	33	34	35	36	37
380.	41	484	715	13150	168	1055	....	....	153	14783	....	72
331.	9	90	....	....	....	....	....	....	1	150	....	....
332.	99	944	2032	31660	323	3959	....	18	223	19215	11	666
333.	291	3485	3183	58367	252	3758	....	4	391	50492	9	1166
334.	232	2795	3064	44079	177	1220	6	100	81	9091	....	....
335.	840	4965	4113	68400	104	1300	8	137	139	11034	....	....

Agricultural Produce for 1861.

MASKINONGÉ.—(*Continued.*)

Carrots, Minots.	Mangel Wurzel. Acres.	Mangel Wurzel. Minots.	Beans, Minots.	Clover, Timothy and other Grass Seeds, Minots.	Hay, Tons.	Hops, lbs.	Maple Sugar, lbs.	Cider, Gallons.	Wool, lbs.	Fulled Cloth, Yards.	Flannel, Yards.	Flax and Hemp, lbs.	Linen, Yards.
38	39	40	41	42	43	44	45	46	47	48	49	50	51
96	....	....	....	....	245	....	9150	....	126	213	128	326	493
15	....	70	4	152	1874	19	14107	....	3862	2404	2293	5433	9047
96	2	879	15	122	3588	....	19305	....	8605	3316	5297	3244	8600
11	1	4	1	2	541	....	30143	....	1482	918	1508	3547	5219
.508	....	....	66	583	1421	40	24971	10	3971	2277	2753	7401	13369
105	1	485	9	112	2115	10	31625	....	7469	3608	6313	7916	11917
39	....	46	....	....	571	....	30468	....	1679	943	1389	3537	4509
56	4	76	4	26	1196	1	31124	....	5320	2227	4554	6406	11333
926	8	1560	99	997	11551	70	190893	10	32514	15906	24235	37810	64487

MEGANTIC.—(*Continued.*)

Carrots, Minots.	Mangel Wurzel. Acres.	Mangel Wurzel. Minots.	Beans, Minots.	Clover, Timothy and other Grass Seeds, Minots.	Hay, Tons.	Hops, lbs.	Maple Sugar, lbs.	Cider, Gallons.	Wool, lbs.	Fulled Cloth, Yards.	Flannel, Yards.	Flax and Hemp, lbs.	Linen, Yards.
....	....	....	....	10	1014	....	77588	....	1988	1007	1809	2237	894
64	....	....	4	109	1247	....	48167	....	4116	2164	3422	3872	3844
144	....	67	20	563	1938	28	49805	....	4989	2611	3193	4514	3333
147	....	17	1	105	3741	84	26005	....	9380	2692	5409	581	308
79	....	....	18	51	1469	88	11565	....	3099	1266	1839	438	154
49	....	....	2	210	3275	31	14088	....	5171	1400	2605	299	25
....	....	....	....	27	472	....	4440	....	1201	380	659	442	172
13	....	....	11	63	599	....	9038	....	2695	1456	1329	1906	2333
5	....	13	23	26	1196	....	21924	....	4870	2325	3051	3940	4452
....	....	....	....	133	162	....	10330	....	287	121	241	....	3
501	....	97	79	1297	15113	231	272950	....	37796	15422	23557	18229	15518

MISSISQUOI.—(*Continued.*)

Carrots, Minots.	Mangel Wurzel. Acres.	Mangel Wurzel. Minots.	Beans, Minots.	Clover, Timothy and other Grass Seeds, Minots.	Hay, Tons.	Hops, lbs.	Maple Sugar, lbs.	Cider, Gallons.	Wool, lbs.	Fulled Cloth, Yards.	Flannel, Yards.	Flax and Hemp, lbs.	Linen, Yards.
5428	....	198	609	296	7801	122	101958	575	12114	2726	4385	10	20
573	....	....	101	13	1024	10	2896	....	2225	964	1320	389	311
....	4	160	....	....	506	....	2070	....	1937	1171	1169	1376	1839
....	....	....	....	....	....	....	....	....	....	....	....	....	....
1332	....	....	258	60	1888	....	34347	308	7087	249	636	....	11
916	....	8	145	87	5526	....	70679	....	5636	1062	1124	....	255
2910	....	376	538	205	1519	44	1050	221	7593	472	1941	81	8
2280	....	131	663	132	4798	62	30516	4	9977	2243	4560	974	812
1480	1	625	130	40	817	....	3890	294	4351	431	629	115	....
14919	5	1498	2444	833	23879	238	247406	1402	50920	9318	15764	2945	3526

MONTCALM.—(*Continued.*)

Carrots, Minots.	Mangel Wurzel. Acres.	Mangel Wurzel. Minots.	Beans, Minots.	Clover, Timothy and other Grass Seeds, Minots.	Hay, Tons.	Hops, lbs.	Maple Sugar, lbs.	Cider, Gallons.	Wool, lbs.	Fulled Cloth, Yards.	Flannel, Yards.	Flax and Hemp, lbs.	Linen, Yards.
20	....	....	....	233	304	....	14017	....	496	331	387	350	341
....	....	....	....	....	....	....	200	....	....	....	....	....	....
69	1	15	3	377	988	....	....	....	1498	1023	1412	1873	2550
....	....	....	....	152	1942	....	13546	....	3829	1792	2542	801	410
....	....	....	3	468	1381	....	91193	....	3446	1496	2071	2996	3665
....	....	100	....	523	1256	....	33990	....	4251	2017	2708	2233	4184

No. 12.—LOWER CANADA—RETURN OF

COUNTY OF

	Live Stock.											
	Bulls, Oxen and Steers.	Milch Cows.	Calves and Heifers.	Horses over 3 years old.	Value of same in Dollars.	Colts and Fillies.	Sheep.	Pigs.	Total value of Live Stock.	Butter, lbs.	Cheese, lbs.	Beef in Barrels of 200 lbs.
	52	53	54	55	56	57	58	59	60	61	62	63
303..	19	49	23	79	5303	....	70	94	9685	74	....	....
304..	742	798	809	527	26347	119	1985	902	59789	27339	140	152
305..	637	1091	1233	290	36717	222	2674	947	88245	59406	371	404
306..	459	298	292	221	12035	51	662	443	21341	6920	30	113
307..	609	650	751	396	28261	164	1693	639	55862	22738	124	238
308..	31	850	882	420	36575	158	2171	698	56823	40385	....	359
309..	230	223	246	162	10676	37	589	283	31474	19192	....	34
310..	240	718	794	470	38398	174	1501	777	76534	44962	....	252
	2967	4677	5030	2565	194312	925	11345	4783	399753	221076	665	1544

COUNTY OF

	52	53	54	55	56	57	58	59	60	61	62	63
311..	89	479	360	218	13350	39	977	539	31342	19090	....	66
312..	287	579	691	294	18177	96	1723	882	56369	24393	72	68
313..	284	585	950	258	18337	99	1764	895	58430	32564	260	51
314..	445	1147	1578	300	24791	109	2604	1067	110458	88795	2859	290
315..	151	370	719	133	9940	47	890	343	35354	26582	480	60
316..	370	1006	1289	324	22463	107	1679	984	84804	74186	1611	322
317..	83	251	342	120	6356	30	490	414	19661	10060	90	90
318..	182	303	336	159	10434	25	952	468	32195	13655	227	46
319..	349	618	725	346	24747	105	2054	858	61296	19571	25	77
320..	21	79	59	31	2132	5	122	96	5708	4425	160	8
	2261	5417	7049	2183	150727	662	13255	6546	495617	313321	5784	1078

COUNTY OF

	52	53	54	55	56	57	58	59	60	61	62	63
321..	406	2993	1785	843	53949	338	2973	593	168866	261506	44627	1162
322..	182	703	366	377	21069	92	724	403	46535	43787	328	278
323..	78	363	254	152	9127	94	573	236	17497	28545	....	66
324..	....	51	....	47	....	....	9	20	5545	....	....	....
325..	92	974	532	366	24295	162	1699	234	69074	90190	13155	854
326..	249	1934	1061	365	23067	136	991	402	106144	167243	100339	700
327..	95	855	917	527	34748	237	2040	355	72399	57012	5471	78
328..	331	2170	1648	945	52500	315	2587	815	167382	188650	28069	927
329..	33	395	488	279	18340	136	1474	145	37795	32226	3128	....
	1466	10438	7051	3901	237095	1510	13070	3203	691237	869159	195117	4065

COUNTY OF

	52	53	54	55	56	57	58	59	60	61	62	63
330..	38	255	201	94	3995	19	239	213	5948	22600	1100	56
331..	1	2	1	1	25	....	....	....	62	....	....	....
332..	141	456	16	269	13701	54	601	302	27403	28368	170	44
333..	57	1244	852	458	43037	153	1287	629	14016	72784	25	223
334..	900	779	623	413	19321	201	1312	416	46202	30010	....	77
335..	167	848	584	502	30549	241	1550	665	38502	27295	....	161

Agricultural Produce for 1861.

MASKINONGÉ.—(*Continued.*)

Pork in Barrels of 200 lbs.	Fish. Dried in Quintals.	Fish. Salted and Barrelled.	Fish. Sold Fresh, lbs.	Carriages kept for pleasure.	Value of same in Dollars.	Carriages kept for hire.	Value of same in Dollars.	Minerals. Copper ore mined, Tons.	Minerals. Value.	Minerals. Iron ore mined, Tons.	Minerals. Value.
64	65	66	67	68	69	70	71	72	73	74	75
...	...	...	...	35	571	8	841	...	...	...	...
472	4	...	...	461	10996	26	79	...	...	...	...
799	...	3	3	750	15700	...	...	...	...	...	...
230	...	...	...	138	2247	3	32	...	...	...	...
532	...	...	...	172	4976	...	...	...	...	...	...
489	...	...	...	591	16749	2	40	...	...	...	...
108	...	1	602	160	2888	...	...	...	...	...	...
554	...	...	200	472	10592	...	...	...	...	...	...
3184	4	4	805	2779	64719	39	992	...	...	...	...

MEGANTIC.—(*Continued.*)

64	65	66	67	68	69	70	71	72	73	74	75
346	...	...	...	167	1808	...	...	...	...	...	...
586	...	...	...	280	4687	...	...	...	...	...	...
554	...	...	...	289	3006	9	11	...	...	...	...
1095	...	...	...	252	3713	...	...	...	...	...	...
263	...	...	...	102	1589	...	...	...	...	...	...
878	...	...	...	160	2734	...	...	...	...	...	...
195	...	...	...	66	857	...	...	...	...	...	...
292	...	...	...	178	2672	...	...	...	...	...	...
551	...	...	...	414	7405	...	...	...	...	...	...
68	...	...	...	13	161	...	...	...	...	...	...
4828	...	...	...	1921	28632	9	11	...	...	...	...

MISSISQUOI.—(*Continued.*)

64	65	66	67	68	69	70	71	72	73	74	75
1036	...	...	...	832	28048	...	...	...	...	...	...
308	...	...	...	367	7793	44	535	...	...	...	...
217	...	...	...	293	5274	...	...	...	...	...	...
...	...	...	...	61	3214	...	...	...	...	...	...
457	...	...	...	346	10715	...	...	...	...	...	...
704	...	...	...	442	14290	...	...	...	...	...	...
262	...	...	...	361	11565	...	...	...	...	...	...
965	...	...	...	810	27446	15	600	...	...	...	...
188	...	...	...	159	4833	...	...	...	...	...	...
4137	...	...	...	3671	113178	59	1135	...	...	...	...

MONTCALM.—(*Continued.*)

64	65	66	67	68	69	70	71	72	73	74	75
52	...	...	...	104	181	...	...	...	...	...	...
...	...	...	...	1	12	...	...	...	...	...	...
157	...	...	...	92	1561	...	...	...	...	...	...
525	...	...	...	44	992	...	...	...	...	...	...
388	...	...	...	187	3765	10	80	...	...	...	...
449	...	...	...	79	1888	...	...	...	...	...	...

No. 12.—Lower Canada—Return of

COUNTY OF

TOWNSHIPS, PARISHES, &c.	Occupiers of Lands.							Lands—Acres.					
	Total.	10 acres and under.	10 to 20.	20 to 50.	50 to 100.	100 to 200.	Upwards of 200.	Amount held in Acres	Under cultivation.	Under crops.	Under pasture.	Under Gardens and Orchards.	Wood and Wild Lands.
	1	2	3	4	5	6	7	8	9	10	11	12	13
336. St. Jacques	322	9	2	56	167	83	5	27651	20867	13475	7370	22	6784
337. Ste. Julienne	199	1	6	44	85	59	4	21173	6897	3477	3396	24	14276
338. St. Liguori	248	14	10	98	112	14	.....	12843	7405	4729	2676	......	5438
339. Wexford	107	......	.....	13	76	12	6	6200	1168	857	311	......	5032
Total of Montcalm	1826	38	25	350	956	367	90	176323	83466	48902	34517	47	92857
COUNTY OF													
340. Berthier	81	7	2	13	35	18	6	7176	6397	3989	2329	79	779
341. Grosse Isle	1	......	.....	......	......	......	1	1200	90	10	80	......	1110
342. Isle aux Grues	42	7	3	6	11	11	4	4065	3268	2236	1020	12	797
343. Isle aux Oies	9	......	.....	1	......	3	5	1993	1748	1074	674	......	245
344. Isle aux Canots	1	......	.....	......	......	1	.....	125	75	55	20	......	50
345. Isle Ste Marguerite	1	......	.....	......	1	......	.....	60	36	21	15	......	24
346. Montmagny, Village	9	1	.....	......	4	4	.....	834	604	308	287	9	230
347. Montmini, Township	150	......	.....	24	112	5	9	13348	1097	744	944	9	11651
348. St. François	172	2	3	14	55	73	25	22342	12313	8201	4000	112	10029
349. St. Ignace	279	34	15	47	66	85	32	30816	12760	7990	4474	296	18056
350. St. Pierre	125	5	6	8	25	57	24	19401	9580	6453	3065	62	9821
351. St. Thomas	361	79	25	45	73	102	37	32787	16916	8318	8267	331	15871
Total of Montmagny	1231	135	54	158	382	359	143	134147	65484	39399	25175	910	68663
COUNTY OF													
352. Ange Gardien	76	2	2	4	8	15	45	19611	4176	1985	2118	73	15435
353. Château Richer	130	6	1	4	17	34	68	28790	7967	4335	3568	64	20823
354. Laval	103	......	2	11	67	21	2	10018	2328	969	1358	1	7690
355. Ste. Anne	108	5	3	29	12	16	43	17665	5548	2703	2772	73	12117
356. Ste. Famille	77	......	2	4	41	18	12	9418	4591	2597	1949	45	4827
357. St. Féréol	156	14	7	29	51	37	18	15296	3856	1475	2380	1	11440
358. St. François	69	5	5	4	23	26	6	9076	7105	1906	5104	95	1971
359. St. Jean	92	......	2	2	19	62	7	11768	8564	4329	4146	89	3204
360. St. Joachim	186	4	13	35	79	34	21	20502	5879	2194	3650	35	14623
361. St. Laurent	57	......	.....	2	5	40	10	9430	6588	2915	3606	67	2892
362. St. Pierre	78	......	2	4	31	.37	4	8180	4882	2449	2376	57	3298
Total of Montmorency	1132	36	39	128	353	340	236	159804	61484	27857	33027	600	98320
COUNTY OF													
363. St. Cyprien	457	94	23	60	181	89	10	28443	21637	15267	6157	213	6806
364. St. Edward	227	31	20	90	63	21	2	12358	9239	5466	3605	168	3119
365. St. Michel	284	24	23	101	88	45	3	17502	12460	8538	3814	108	5042
366. St. Rémi	337	48	11	84	141	41	12	21850	15403	10684	4545	174	6447
367. Sherrington	317	6	40	116	111	34	10	21829	9342	4615	4702	25	12487
Total of Napierville	1622	203	117	451	584	230	37	101982	68081	44570	22823	688	33901

AGRICULTURAL PRODUCE FOR 1861.

MONTCALM.—(*Continued.*)

Cash value of Farm in Dollars.	Cash value of Farming Implements in Dollars.	Produce of Gardens and Orchards in Dollars.	Quantity of Land held by Townspeople, not being farmers.	Fall Wheat.		Spring Wheat.		Barley.		Rye.	
				Acres.	Minots.	Acres.	Minots.	Acres.	Minots.	Acres.	Minots.
14	15	16	17	18	19	20	21	22	23	24	25
717869	22100	622	55	7	62	192	2174	520	10044	190	1248
198900	7765	539	151	2	21	130	1363	80	1176	24	174
273145	3535	186	46	1	11	21	235	114	1752	51	347
4111	1250	....	....	....	....	4	38	13	166	2	25
2468372	69588	1367	863	46	443	1116	12771	1726	28987	396	2753

MONTMAGNY.

14	15	16	17	18	19	20	21	22	23	24	25
144574	16372	979	84	....	....	199	1627	33	229	94	612
4000	....	....	....	....	....	....	....	....	....	....	....
118560	5547	601	....	....	....	178	1864	19	283	157	1336
57100	1620	....	....	....	....	113	1218	....	....	66	444
2000	200	....	....	....	....	3	25	....	....	6	40
1250	36	....	....	....	....	2	15	2	45	2	36
77000	1800	450	49	1	22	51	678	7	326	....	....
57649	1122	....	8	1	21	46	358	243	2469	34	199
482030	26545	4528	63	....	....	550	4510	58	901	97	944
473720	18438	3244	69	1	22	955	8305	79	869	325	2671
390227	7645	1348	49	....	....	414	3896	60	840	62	538
588002	24018	6225	47	1	20	713	7452	154	3042	352	3050
2396112	103543	17375	369	4	85	3224	29948	655	9004	1195	9870

MONTMORENCY.

14	15	16	17	18	19	20	21	22	23	24	25
217378	9868	1564	206	....	....	397	5018	4	65	4	15
170805	10240	1861	290	....	....	482	4686	92	1408	48	405
28152	1307	32	....	8	63	32	273	17	190	5	43
167410	7426	681	....	....	....	468	5038	81	1141	118	1204
205400	3277	1480	42	....	....	223	2487	94	843	161	1213
88908	2600	....	....	....	....	78	874	84	1070	228	2995
141460	2310	1660	7	....	....	72	634	54	1166	448	3254
213110	4387	2111	208	....	....	351	2223	34	364	690	4048
339990	10135	1010	47	....	....	400	4795	90	1810	109	1270
60350	5641	1222	147	....	....	140	1134	14	186	140	1202
178200	3103	1197	88	....	....	139	696	29	297	60	605
1811663	60294	12818	1035	8	63	2782	27658	593	8540	2011	16254

NAPIERVILLE.

14	15	16	17	18	19	20	21	22	23	24	25
1065063	35209	3948	12307	....	....	2351	28928	546	11372	....	....
472630	16841	2210	7	....	....	1013	11626	277	5059	....	....
592449	20203	2517	2	....	....	1047	12247	434	8172	....	....
749001	31969	2907	30	....	....	1603	18439	1092	19874	....	....
536189	11763	1129	12	....	....	959	11164	164	2955	1	14
3416232	115985	12711	12358	....	....	6973	77404	2513	47432	1	14

No. 12.—Lower Canada—Return of

COUNTY OF

	Peas.		Oats.		Buckwheat.		Indian Corn.		Potatoes.		Turnips.	
	Acres.	Minots.	Acres.	Minots.	Acres.	Minots.	Acres.	Minots.	Acres.	Minots.	Acres.	Minots.
	26	27	28	29	30	31	32	33	34	35	36	37
336.	765	8286	6550	97676	363	3399	59	608	233	31208	1	94
337.	225	3124	1526	25832	52	762	6	96	114	15589	....	50
338.	105	2222	3077	55972	121	1373	12	278	130	19215	7	587
339.	11	96	386	7915	100	1814	....	....	83	7512	1	50
	2618	26491	24646	403051	1660	18640	91	1241	1548	178289	20	2685

COUNTY OF

	Peas. Acres.	Peas. Minots.	Oats. Acres.	Oats. Minots.	Buckwheat. Acres.	Buckwheat. Minots.	Indian Corn. Acres.	Indian Corn. Minots.	Potatoes. Acres.	Potatoes. Minots.	Turnips. Acres.	Turnips. Minots.
340.	18	125	1511	18113	....	....	....	....	127	14867	2	700
341.	....	....	....	....	....	....	....	....	....	....	....	....
342.	12	124	145	3229	....	....	....	....	79	10892	1	150
343.	3	17	231	4320	....	....	....	....	15	2330	....	....
344.	....	....	9	160	....	....	....	....	1	100	....	....
345.	....	2	4	120	....	....	....	....	2	500	....	....
346.	....	....	141	3154	....	....	....	....	10	1330	2	1040
347.	3	25	233	2338	[illegible]	155	2	16	116	6542	8	462
348.	52	583	1741	3431[illegible]	6	51	....	2	187	22384	....	8
349.	106	760	2030	37483	....	....	....	....	311	53829	2	218
350.	55	575	1740	31026	....	....	....	....	151	17388	....	60
351.	70	841	3334	65075	7	53	3	77	346	46296	7	1775
	319	3052	11119	199328	25	259	5	95	1345	176458	22	4413

COUNTY OF

	Peas. Acres.	Peas. Minots.	Oats. Acres.	Oats. Minots.	Buckwheat. Acres.	Buckwheat. Minots.	Indian Corn. Acres.	Indian Corn. Minots.	Potatoes. Acres.	Potatoes. Minots.	Turnips. Acres.	Turnips. Minots.
352.	32	350	942	20526	....	....	....	....	63	7437	3	1516
353.	73	609	1610	25189	34	355	3	42	147	16695	7	1126
354.	2	13	367	8024	....	....	....	....	228	17685	6	233
355.	114	998	1108	19791	2	22	....	10	76	7570	6	823
356.	126	1336	515	21254	11	244	2	12	508	14482	39	5081
357.	18	114	815	12760	....	....	....	....	118	7958	....	....
358.	280	1956	901	10582	10	70	5	88	113	13171	13	823
359.	313	2471	2688	27179	13	39	4	23	214	33089	10	719
360.	46	518	1409	31409	28	345	....	....	74	6957	....	13
361.	137	1298	2178	16533	6	112	....	....	151	8298	2	345
362.	62	416	1429	20946	3	46	....	13	96	8565	17	709
	1203	10079	13962	214193	107	1233	14	188	1788	141907	103	11388

COUNTY OF

	Peas. Acres.	Peas. Minots.	Oats. Acres.	Oats. Minots.	Buckwheat. Acres.	Buckwheat. Minots.	Indian Corn. Acres.	Indian Corn. Minots.	Potatoes. Acres.	Potatoes. Minots.	Turnips. Acres.	Turnips. Minots.
363.	1023	13730	6157	134746	957	8513	38	821	448	42754	8	754
364.	777	9546	2034	39129	174	2832	25	213	231	22225	4	20
365.	1117	12103	3070	52697	381	3813	23	374	265	33999	4	80
366.	1039	13716	3246	59689	513	4867	33	532	775	29102	....	22
367.	519	7355	2435	49132	181	2184	19	231	309	25468	3	528
	4475	56450	16942	335393	2206	22209	138	2171	2028	153546	19	1404

AGRICULTURAL PRODUCE FOR 1861.

MONTCALM.—(*Continued.*)

Carrots, Minots.	Mangel Wurzel. Acres.	Mangel Wurzel. Minots.	Beans, Minots.	Clover, Timothy and other Grass Seeds, Minots.	Hay, Tons.	Hops, lbs.	Maple Sugar, lbs.	Cider, Gallons.	Wool, lbs.	Fulled Cloth, Yards.	Flannel, Yards.	Flax and Hemp, lbs.	Linen, Yards.
38	39	40	41	42	43	44	45	46	47	48	49	50	51
820	3	725	2	1877	2922	....	6622	....	6868	3396	4232	7347	9738
65	....	19	....	153	653	....	62260	....	1697	914	1341	1264	2062
582	....	28	4	323	852	....	10625	....	2014	964	1416	1592	2519
....	....	....	....	194	153	....	22769	....	133	115	264	153	194
1556	4	887	12	4300	10451	....	255222	....	24232	12048	16373	18609	25663

MONTMAGNY.—(*Continued.*)

38	39	40	41	42	43	44	45	46	47	48	49	50	51
....	....	....	....	....	1222	....	1113	....	1915	1119	1335	1170	1227
....	....	....	....	....	10	....	....	....	....	....	....	....	....
....	....	....	....	....	1572	....	3912	....	1457	362	1080	277	304
....	....	....	....	....	501	3	633	....	962	156	477	258	101
....	....	....	....	....	32	....	....	....	45	18	36	....	....
....	....	....	....	....	20	....	....	....	1	18	....	45	....
65	1	302	4	6	314	....	....	....	194	47	71	50	55
....	....	....	....	....	177	....	9430	....	....	68	135	101	61
....	....	....	....	....	3154	....	23185	....	4576	3372	[illegible]724	3172	4720
....	....	75	....	11	3669	....	56945	....	5643	3593	3744	3093	3991
....	....	....	....	5	2404	....	7664	....	3862	1814	[illegible]	1868	2199
39	....	45	56	114	4704	25	27655	....	7030	3698	[illegible]89	3900	4706
104	1	422	60	136	17779	28	130537	....	25685	14265	18438	14024	17373

MONTMORENCY.—(*Continued.*)

38	39	40	41	42	43	44	45	46	47	48	49	50	51
18	....	4	57	....	1106	....	45672	....	2030	1211	759	2217	1569
10	....	36	64	25	978	....	102182	....	3387	1902	2186	2908	3359
....	....	....	....	4	329	....	2395	....	302	68	114	36	....
2	....	2	37	2	1066	....	42622	....	3030	1395	1803	1742	3184
19	6	54	67	....	496	....	17960	....	2338	1542	1362	1739	2269
....	....	....	....	....	210	....	29210	....	1057	773	585	1366	1625
....	....	4	50	....	688	....	4180	....	2179	886	1146	487	305
5	1	9	33	12	730	....	12368	....	2235	1409	1445	1624	1696
20	....	3	106	....	1616	....	46738	....	2504	1255	1896	2028	2078
....	....	....	25	....	477	....	8960	....	1710	941	561	1220	1292
1	2	32	33	4	1142	....	11345	....	1809	1437	933	2015	2278
75	9	144	472	47	8838	....	323632	....	22581	12819	12790	17362	19655

NAPIERVILLE.—(*Continued.*)

38	39	40	41	42	43	44	45	46	47	48	49	50	51
2678	2	850	40	14	1349	30	8666	....	8495	3576	3846	3518	3969
775	1	163	125	1	597	....	4586	....	4212	2005	1798	8283	1113
21	4	600	102	1	611	14	5016	....	5250	2885	2534	9686	1903
770	6	1214	93	2	876	48	8675	....	7871	3457	3758	2160	1626
2154	4	356	41	....	389	13	812	....	4033	1393	1962	388	467
6698	17	3192	401	18	3822	105	27755	....	29861	13316	13898	24035	9078

No. 12.—LOWER CANADA—RETURN OF

COUNTY OF

	Live Stock.											
	Bulls, Oxen and Steers.	Milch Cows.	Calves and Heifers.	Horses over 3 years old.	Value of same in Dollars.	Colts and Fillies.	Sheep.	Pigs.	Total value of Live Stock.	Butter, lbs.	Cheese, lbs.	Beef in Barrels of 200 lbs.
	52	53	54	55	56	57	58	59	60	61	62	63
336..	1517	1519	1556	795	37472	377	2520	1055	72568	53770	103	237
337..	500	515	307	254	12408	75	606	246	29799	26935	143	72
338..	541	566	557	337	16283	137	793	473	33865	19891	45	62
339..	109	91	93	42	3837	7	87	77	4430	5556	....	14
	3971	6295	4790	3165	180628	1264	8995	4076	272795	287209	1586	946

COUNTY OF

	52	53	54	55	56	57	58	59	60	61	62	63
340..	82	381	244	136	9088	19	660	322	30333	18038	....	94
341..	....	....	....	....	....	....	....	....	....	....	....	....
342..	35	221	194	95	6497	29	359	136	15064	20380	50	60
343..	53	115	141	36	2022	8	260	51	6737	9750	....	18
344..	5	10	14	3	200	1	10	3	574	500	....	1
345..	1	10	7	2	190	1	....	6	498	800	....	1
346..	11	153	29	63	....	10	65	187	13899	4725	....	10
347..	81	108	74	58	2795	1	75	140	6083	2231	....	5
348..	327	857	750	353	19775	74	1142	779	65606	76538	....	1021
349..	168	1174	664	452	26553	77	1529	945	61439	67650	....	270
350..	148	834	429	290	15872	72	856	553	46255	54380	....	767
351..	235	1541	803	523	33177	123	1668	1028	92732	127816	49	377
	1146	5404	3347	2011	116169	415	6624	4150	339220	382808	99	2624

COUNTY OF

	52	53	54	55	56	57	58	59	60	61	62	63
352..	446	267	392	137	8774	42	606	189	26869	19685	182	84
353..	735	523	715	235	11613	46	1958	630	29633	16440	100	70
354..	20	205	55	68	1918	7	110	221	8318	11540	....	51
355..	234	410	418	194	22339	22	1001	209	30246	15515	....	....
356..	699	462	713	153	8874	34	1016	313	22324	11629	482	77
357..	148	248	244	113	5538	19	477	204	13344	22510	....	24
358..	452	278	385	109	6212	38	734	245	16115	6762	27	51
359..	682	458	564	140	9141	32	704	572	34144	13757	237	175
360..	389	485	632	219	10304	39	1936	308	31748	30031	....	74
361..	550	389	349	107	6229	21	529	342	20766	11605	575	78
362..	636	452	374	125	7250	36	657	288	21008	12132	3332	41
	4991	4177	4841	1600	98192	336	9728	3521	254515	171606	4935	725

COUNTY OF

	52	53	54	55	56	57	58	59	60	61	62	63
363..	1171	1286	1351	1095	51184	456	2935	1415	125075	31211	72	292
364..	259	607	322	565	31482	261	1523	534	57444	16608	....	60
365..	756	715	627	659	36893	279	1723	734	73397	14086	90	97
366..	779	1019	903	847	54032	455	2086	762	100207	22468	15	83
367..	17	680	462	506	25840	180	1195	466	52431	27069	20	121
	2982	4307	3665	3672	199431	1631	9462	3911	408554	111442	197	653

AGRICULTURAL PRODUCE FOR 1861.

MONTCALM.—(*Continued.*)

Pork in Barrels of 200 lbs.	Fish. Dried in Quintals.	Fish. Salted and Barrelled.	Fish. Sold Fresh, lbs.	Carriages kept for pleasure.	Value of same in Dollars.	Carriages kept for hire.	Value of same in Dollars.	Minerals. Copper ore mined, Tons.	Minerals. Value.	Minerals. Iron ore mined, Tons.	Minerals. Value.
64	65	66	67	68	69	70	71	72	73	74	75
938				587	8874						
184				179	3218						
209				245	3802						
28				92	1561						
2930				1610	25854	10	80				

MONTMAGNY.—(*Continued.*)

Pork in Barrels of 200 lbs.	Fish. Dried in Quintals.	Fish. Salted and Barrelled.	Fish. Sold Fresh, lbs.	Carriages kept for pleasure.	Value of same in Dollars.	Carriages kept for hire.	Value of same in Dollars.	Minerals. Copper ore mined, Tons.	Minerals. Value.	Minerals. Iron ore mined, Tons.	Minerals. Value.
248				169	3269						
189		34		67	1120						
80		34		33	606						
8		10									
6											
59	3470	193		133	5528	9	436				
83				15	214						
865				602	13211						
996				344	11659						
675	3000	75		388	7654						
1449	5467	181	63	774	13590						
4658	11937	527	63	2525	56851	9	436				

MONTMORENCY.—(*Continued.*)

Pork in Barrels of 200 lbs.	Fish. Dried in Quintals.	Fish. Salted and Barrelled.	Fish. Sold Fresh, lbs.	Carriages kept for pleasure.	Value of same in Dollars.	Carriages kept for hire.	Value of same in Dollars.	Minerals. Copper ore mined, Tons.	Minerals. Value.	Minerals. Iron ore mined, Tons.	Minerals. Value.
186				97	2546						
42				110	3128						
94				4	178						
103				145	2676						
79				22	886						
152											
128				11	70						
330				159	5982						
320				11	630						
11				94	1985						
208				29	1030						
1653				682	19111						

NAPIERVILLE.—(*Continued.*)

Pork in Barrels of 200 lbs.	Fish. Dried in Quintals.	Fish. Salted and Barrelled.	Fish. Sold Fresh, lbs.	Carriages kept for pleasure.	Value of same in Dollars.	Carriages kept for hire.	Value of same in Dollars.	Minerals. Copper ore mined, Tons.	Minerals. Value.	Minerals. Iron ore mined, Tons.	Minerals. Value.
875				788	20857	171	2760				
373				391	10834						
452				361	9208						
500				568	15309	65	840				
296				202	4933	19	389				
2496				2310	61141	255	3989				

No. 12.—Lower Canada—Return of

COUNTY OF

TOWNSHIPS, PARISHES, &c.	Occupiers of Lands.							Lands—Acres.					
	Total.	10 acres and under.	10 to 20.	20 to 50.	50 to 100.	100 to 200.	Upwards of 200.	Amount held in Acres.	Under cultivation.	Under crops.	Under pasture.	Under Gardens and Orchards.	Wood and Wild Lands.
	1	2	3	4	5	6	7	8	9	10	11	12	13
368. Bécancour	357	17	16	112	125	67	20	27107	14028	8925	5026	77	13079
369. Blandford	29	......	......	2	20	5	2	3116	793	492	301	......	2323
370. Gentilly	312	4	8	56	149	84	11	30401	13145	9049	4096	......	17256
3 1. Nico'e	222	1	2	31	81	80	27	27167	16835	11952	4875	8	10332
372. St. Célestin	185	4	......	39	103	32	7	19040	4986	3384	1601	1	14054
373. Ste. Gertrude	195	2	2	49	86	45	11	18109	4714	2657	2057	......	13395
374. St. Grégoire	348	2	2	44	179	110	11	32738	20348	12359	7989	......	12390
375. Ste. Monique	395	1	4	85	235	53	.17	30575	12222	6886	5329	7	18353
376. St. Pierre	185	4	......	39	103	32	7	19040	4986	3384	1601	1	14054
Total of Nicolet	2228	35	34	457	1081	508	113	207293	92057	59088	32975	94	115236

COUNTY OF

TOWNSHIPS, PARISHES, &c.	1	2	3	4	5	6	7	8	9	10	11	12	13
377. Addington	......	......	......	......	......	......	......	......	......	......	......	......	......
378. Aumond	6	......	......	......	3	2	1	1097	83	77	6	......	1014
379. Aylmer, Village	193	178	......	4	6	5	......	1929	864	519	270	75	1065
380. Aylwin	54	......	......	......	12	20	22	13918	1300	1103	197	......	12618
381. Bidwell	......	......	......	......	......	......	......	......	......	......	......	......	......
382. Bigelow	9	......	......	1	4	3	1	665	65	64	......	......	601
383. Blake	4	......	......	......	......	3	1	900	108	83	25	......	792
384. Bowman	12	1	......	......	6	4	1	1738	314	164	143	7	1424
385. Bouchette	35	......	......	......	19	13	3	5486	459	381	78	......	5027
386. Bouthillier	......	......	......	......	......	......	......	......	......	......	......	......	......
387. Buckingham, Village	8	6	......	......	......	......	2	1070	543	364	176	3	526
388. Buckingham	228	1	......	34	127	59	7	27014	3841	2164	1535	142	23173
389. Cameron	39	......	......	......	15	18	6	5834	652	517	135	......	5182
390. Denholm	28	......	......	......	2	20	6	6400	367	266	101	......	6033
391. Derry, East and West	12	......	......	......	6	3	3	2258	278	215	63	......	1980
392. Dudley	2	......	......	......	1	1	......	300	18	16	2	......	282
393. Eardley	126	2	2	24	67	31	......	14068	3611	2777	810	24	10457
394. Egan	25	......	......	2	6	11	6	4750	786	541	245	......	3964
395. Hartwell	41	......	1	4	32	3	1	4027	804	641	162	1	3223
396. Hincks	37	......	......	3	18	11	5	6791	629	502	125	2	6162
397. Hull	346	4	2	28	187	98	27	49173	13310	7654	5574	62	35863
398. Killaly and Sicotte	1	......	......	......	......	......	1	400	87	68	19	......	313
399. Kiamica	......	......	......	......	......	......	......	......	......	......	......	......	......
400. Kensington	24	......	......	2	4	15	3	3832	468	400	68	......	3364
401. Lochaber	221	......	......	27	131	61	2	25581	5283	3047	2226	10	20298
402. Low	149	......	......	......	41	74	34	29849	3018	2304	714	......	26831
403. Maniwaky and McGill	24	......	......	9	8	5	2	2629	321	395	26	......	2308
404. Masham	246	......	1	24	139	61	21	20515	5295	3876	1416	3	15220
405. Northfield	39	......	......	......	19	20	......	5910	852	846	......	6	5058
406. Petite Nation	286	11	......	22	113	129	11	27518	4988	4014	961	13	22530
407. Portland	35	......	......	1	22	10	2	5116	467	211	255	1	4649
408. Preston	1	......	......	......	......	......	1	300	90	20	69	1	210
409. Rippon	119	......	......	3	92	24	......	12897	2002	1479	518	5	10896
410. Suffolk, Wells and Villeneuve	20	......	......	1	15	4	......	2310	318	183	134	1	1992
411. Ste. Angélique	352	33	7	50	133	85	44	29012	5831	3380	2389	62	23181
412. Templeton	207	4	9	33	113	45	3	23379	5392	3562	1811	19	17987
413. Wabasse and Wright	69	......	1	26	28	11	3	8383	1520	1409	110	1	6863
414. Wakefield	138	15	......	3	51	51	18	17078	5099	3243	1851	5	11979
Total of Ottawa	3136	255	23	301	1420	900	237	362127	69062	46385	22214	463	293065

Agricultural Produce for 1861.

NICOLET.

Cash value of Farm in Dollars.	Cash value of Farming Implements in Dollars.	Produce of Gardens and Orchards in Dollars.	Quantity of Land held by Townspeople, not being farmers.	Fall Wheat.		Spring Wheat.		Barley.		Rye.	
				Acres.	Minots.	Acres.	Minots.	Acres.	Minots.	Acres.	Minots.
14	15	16	17	18	19	20	21	22	23	24	25
727232	12675	3377	38	.....	.....	1058	10355	187	3539	333	3896
33600	1600	.....	1	.....	.....	63	667	5	49	2	9
528190	15972	60	12	.....	.....	1435	14143	105	1319	99	1064
512010	13040	.....	88	.....	.....	656	5843	179	2585	194	1795
216488	6342	416	12	.....	.....	586	5496	89	915	25	169
208520	10374	57	5	.....	.....	534	6259	77	1092	121	1395
637420	13272	.....	61	.....	.....	1328	12174	164	2418	149	1642
298112	4776	.....	7	.....	.....	1167	9681	245	2762	176	1526
216488	6342	1827	5	.....	.....	586	5496	89	915	25	169
3378060	84395	5737	229	.....	.....	7413	70114	1140	15594	1124	11665

OTTAWA.

14	15	16	17	18	19	20	21	22	23	24	25
.....	.....	.....	.....	.....	.....	.....	.....	.....	.....	.....	.....
1100	44	.....	.....	.....	.....	8	81	1	30	.....	.....
292795	3704	927	1097	2	30	133	2325	.....	.....	.....	.....
40920	1954	.....	.....	10	153	32	484	1	20	.....	.....
.....	.....	.....	.....	.....	.....	.....	.....	.....	.....	.....	.....
1125	110	.....	.....	.....	.....	.....	.....	.....	.....	.....	.....
1400	48	.....	.....	.....	.....	7	105	.....	.....	.....	.....
2825	93	.....	.....	.....	.....	1	5	1	10	.....	.....
9703	403	.....	.....	1	25	15	215	5	125	.....	.....
.....	.....	.....	.....	.....	.....	.....	.....	.....	.....	.....	.....
12800	950	93	24	.....	.....	.....	.....	.....	.....	.....	.....
166580	5710	.....	.....	29	349	91	1682	4	216	18	296
9214	819	.....	.....	.....	.....	49	577	2	38	.....	.....
6633	2366	.....	.....	5	120	24	368	.....	.....	.....	.....
5531	1243	.....	.....	.....	.....	.....	.....	.....	.....	.....	.....
650	30	.....	.....	.....	.....	.....	.....	.....	.....	.....	.....
175708	9917	93	17	21	297	473	7419	18	252	3	25
18390	728	.....	.....	6	90	38	278	5	14	.....	.....
10470	215	.....	.....	7	81	34	338	60	841	34	343
9530	726	.....	.....	1	25	71	744	1	22	.....	.....
1058010	39491	1043	419	182	2773	1060	16058	8	174	55	727
500	50	.....	.....	.....	.....	.....	.....	.....	.....	.....	.....
.....	.....	.....	.....	.....	.....	.....	.....	.....	.....	.....	.....
668	167	.....	.....	10	125	55	596	16	140	.....	.....
97735	8523	46	2621	5	85	253	3378	32	514	13	156
59529	2747	.....	.....	70	1014	113	1458	2	25	.....	.....
6576	371	.....	.....	.....	.....	25	256	1	20	.....	.....
81570	9526	.....	.....	52	1083	455	4562	58	612	39	414
12662	1008	.....	.....	18	235	6	110	5	46	.....	.....
89467	5375	730	20	20	170	73	630	237	2865	293	2704
12187	595	66	.....	1	25	40	495	4	57	.....	.....
1000	300	.....	.....	.....	.....	.....	.....	.....	.....	.....	.....
19810	700	.....	.....	29	396	43	438	177	2277	173	1982
3490	45	.....	.....	.....	.....	2	10	17	155	.....	10
148472	6000	1856	.....	6	35	310	2230	98	129	93	562
144610	9000	511	1307	13	105	516	7941	.....	65	5	80
19213	1171	.....	.....	.....	.....	13	252	14	265	.....	.....
468501	3303	.....	.....	161	2046	183	2258	8	110	6	68
2989374	117432	5365	5505	649	9262	4123	55293	775	9022	732	7397

No. 12.—Lower Canada—Return of

COUNTY OF

	Peas.		Oats.		Buckwheat.		Indian Corn.		Potatoes.		Turnips.	
	Acres.	Minots.	Acres.	Minots.	Acres.	Minots.	Acres.	Minots.	Acres.	Minots.	Acres.	Minots.
	26	27	28	29	30	31	32	33	34	35	36	37
368.	262	2768	2924	67443	289	5250	27	881	176	21512	1	250
369.	23	195	213	4085	10	97	1	4	64	3165	......	......
370.	410	3705	2748	48052	263	4397	31	229	380	22407	1	25
371.	688	6723	4563	77696	602	6686	46	881	226	31865	10	1987
372.	150	1205	1637	22318	232	2413	5	87	168	16392	7	815
373.	245	2596	967	20114	170	2384	1	5	156	15042	......	......
374.	451	5237	6193	94992	339	4893	47	681	339	40183	8	661
375.	588	4498	2952	50918	465	6296	43	547	339	33395	7	447
376.	150	1205	1637	22318	232	2413	5	87	168	16392	6	765
	2967	28132	23834	407936	2602	34829	206	3402	2016	200353	40	4950

COUNTY OF

	Peas. Acres.	Peas. Minots.	Oats. Acres.	Oats. Minots.	Buckwheat. Acres.	Buckwheat. Minots.	Indian Corn. Acres.	Indian Corn. Minots.	Potatoes. Acres.	Potatoes. Minots.	Turnips. Acres.	Turnips. Minots.
377.	......	......	......	......	......	......	......	......	......	......	......	......
378.	......	7	17	320	......	......	......	......	4	506	......	20
379.	24	539	120	4918	1	20	32	1193	57	6822	7	1201
880.	21	341	380	11913	......	......	1	3	72	8069	29	6361
381.	......	......	......	......	......	......	......	......	......	......	......	......
382.	10	265	12	228	......	......	......	......	2	110	......	......
383.	1	5	67	705	......	......	......	......	6	570	2	300
484.	7	131	63	1063	3	30	1	30	14	910	......	......
385.	6	128	202	4920	4	48	......	......	26	1848	15	2333
386.	......	......	......	......	......	......	......	......	......	......	......	......
387.	11	170	94	3300	2	80	......	......	23	2630	3	320
388.	506	11856	956	25610	63	1304	11	409	313	22034	22	1217
389.	24	223	223	5365	......	......	......	12	41	3576	......	......
390.	......	......	140	1970	......	......	......	......	23	1770	9	730
391.	1	20	83	2760	......	......	......	......	19	2372	......	......
392.	12	320	4	80	......	......	......	......	2	190	2	19
393.	227	3547	643	16731	18	366	44	1125	199	25792	20	8381
394.	10	158	244	5222	......	......	......	......	33	2981	4	412
395.	31	296	198	5180	27	493	3	29	50	4350	......	20
396.	23	233	143	2314	5	90	1	15	36	2330	12	1300
397.	440	6488	2714	64781	42	799	155	4755	336	54719	240	13833
398.	......	......	40	1309	20	536	3	240	......	......	......	......
399.	......	......	......	......	......	......	......	......	......	......	......	......
400.	6	56	169	3483	......	......	......	......	22	2810	7	680
401.	165	2669	1692	33854	10	261	20	1110	178	26304	40	4004
402.	102	1559	592	13269	1	6	1	8	137	14735	53	7905
403.	2	34	81	1629	......	......	......	......	20	2117	1	90
404.	360	3549	1781	33287	3	32	1	80	283	28976	13	4187
405.	36	423	243	5131	......	......	......	......	54	4075	16	2436
406.	367	3678	845	16936	142	2731	36	467	163	14846	24	2545
407.	39	549	164	3564	6	79	2	23	40	3254	4	570
408.	......	......	20	500	......	......	......	......	1	200	......	......
409.	107	1089	439	8982	54	1102	......	4	89	9415	14	1082
410.	10	78	67	1207	14	356	9	126	10	720	......	......
411.	273	3190	882	15934	105	1328	100	2012	129	14799	13	2671
412.	255	3297	908	23406	53	1188	13	340	149	12277	12	1177
413.	75	1108	548	12571	6	49	1	49	102	7441	10	1175
414.	209	3020	1029	21523	12	236	1	30	166	15247	29	3575
	3330	49026	15803	353065	591	11134	435	12060	2799	298795	601	68544

Agricultural Produce for 1861.

NICOLET.—(*Continued.*)

Carrots, Minots.	Mangel Wurzel. Acres.	Mangel Wurzel. Minots.	Beans, Minots.	Clover, Timothy and other Grass Seeds, Minots.	Hay, Tons.	Hops, lbs.	Maple Sugar, lbs.	Cider, Gallons.	Wool, lbs.	Fulled Cloth, Yards.	Flannel, Yards.	Flax and Hemp, lbs.	Linen, Yards.
38	39	40	41	42	43	44	45	46	47	48	49	50	51
....	....	....	5	....	6307	....	46386	....	8635	4146	6028	9918	10571
....	....	....	....	....	85	....	1125	....	485	256	332	636	....
....	....	....	....	2	1314	....	22555	....	8347	3287	4629	10124	10272
408	4	257	25	22	2673	10	36282	....	6628	2654	4035	3141	3695
....	....	....	....	....	517	....	12360	....	2815	1299	2319	1500	3480
....	....	....	....	....	576	....	15357	....	2771	1530	2120	4878	4784
96	1	20	3	....	2771	....	33110	....	10925	4551	6429	4471	8122
174	....	9	....	....	1218	....	17567	....	5305	2509	2866	1972	2872
99	....	46	13	27	2886	....	14800	....	5937	3439	3966	7888	10045
777	5	332	46	51	18347	10	199542	....	51848	23671	32724	44528	53841

OTTAWA.—(*Continued.*)

Carrots, Minots.	Mangel Wurzel. Acres.	Mangel Wurzel. Minots.	Beans, Minots.	Clover, Timothy and other Grass Seeds, Minots.	Hay, Tons.	Hops, lbs.	Maple Sugar, lbs.	Cider, Gallons.	Wool, lbs.	Fulled Cloth, Yards.	Flannel, Yards.	Flax and Hemp, lbs.	Linen, Yards.
....	....	....	....	....	....	....	....	....	....	....	....	....	....
....	....	....	....	....	10	....	....	....	12	....	....	....	....
3978	2	735	46	....	230	....	....	....	430	40	184	....	....
214	....	....	....	....	319	....	....	....	22	....	100	12	....
....	....	....	....	....	....	....	....	....	....	....	....	....	....
....	....	....	....	....	58	....	....	....	....	....	....	....	....
....	....	....	....	....	29	....	....	....	....	....	....	....	....
....	....	....	....	....	384	....	....	....	72	....	....	....	....
80	....	....	....	....	109	....	80	....	14	....	....	....	....
....	....	....	....	....	....	....	....	....	....	....	....	....	....
....	....	....	....	....	....	....	....	....	....	....	....	....	....
19	....	....	....	....	80	....	32	....	3736	617	1330	....	10
....	....	....	....	....	144	....	10	....	98	....	....	....	....
....	6	830	....	....	162	....	....	....	191	50	167	....	....
....	....	....	....	....	96	....	....	....	5	....	10	....	....
....	....	....	....	....	....	....	....	....	....	....	....	....	....
2989	1	316	64	....	908	....	3260	....	1479	328	1121	....	....
....	....	....	....	....	169	....	100	....	54	....	15	....	....
....	....	....	....	....	57	....	2092	....	128	32	59	....	....
26	....	....	....	....	144	....	....	....	....	....	60	....	....
7310	3	2017	....	....	4104	....	1315	....	8402	1907	5468	....	....
....	....	....	....	....	25	....	....	....	....	....	....	....	....
....	....	....	....	....	....	....	....	....	....	....	....	....	....
274	2	448	13	....	1905	....	....	....	29	....	....	....	....
274	20	4014	20	9	1805	8	770	....	3170	782	2687	....	....
394	1	130	20	....	795	....	....	....	1043	25	1275	....	....
....	....	....	....	....	104	....	1110	....	24	20	28	....	....
58	....	89	6	7	1495	....	4553	....	3484	380	4312	36	....
....	....	....	2	....	193	....	300	....	116	....	....	....	....
4	....	....	....	34	997	....	9391	....	1700	911	1485	568	137
57	....	....	3	....	195	15	729	....	132	....	168	....	....
....	....	....	....	....	25	....	....	....	....	....	....	....	....
....	....	....	2	....	178	....	5841	....	443	129	355	....	....
....	....	....	....	....	74	....	....	....	173	15	40	....	....
184	....	....	....	....	1207	....	5325	36	3359	1287	2606	102	49
207	....	....	....	....	1435	....	4140	....	1480	286	1145	13	....
....	....	1477	7	....	278	....	....	....	82	....	....	....	....
1110	....	....	7	....	1147	....	....	....	2520	344	2608	....	....
17178	35	10056	190	50	18861	23	39048	36	32388	6853	25223	731	196

No. 12.—Lower Canada—Return of

COUNTY OF

	Live Stock.											
	Bulls, Oxen and Steers.	Milch Cows.	Calves and Heifers.	Horses over 3 years old.	Value of same in Dollars.	Colts and Fillies.	Sheep.	Pigs.	Total value of Live Stock.	Butter, lbs.	Cheese, lbs.	Beef in Barrels of 200 lbs.
	52	53	54	55	56	57	58	59	60	61	62	63
368..	1438	1258	1210	624	35393	120	3225	878	85540	54255	30	234
369..	19	58	78	31	2060	7	138	104	4858	2765	....	....
370..	203	1008	987	448	29982	105	2597	833	70589	41028	....	....
371..	1290	998	1194	522	30473	171	2635	793	74282	38296	....	35
372..	134	390	360	211	11974	63	879	373	27936	9123	....	69
373..	509	433	378	198	12708	38	999	364	27913	7561	....	113
374..	1809	1531	1421	644	37184	240	3938	1118	97130	50047	100	....
375..	921	821	969	474	24845	166	1954	805	55877	20267	....	....
376..	984	849	1040	389	25739	97	2206	848	53237	30067	10	187
	7297	7346	7637	3541	210358	1007	18571	6116	497377	253409	140	638

COUNTY OF

	52	53	54	55	56	57	58	59	60	61	62	63
377..	....	....	....	....	....	....	....	....	....	....	....	....
378..	6	4	3	2	160	1	4	9	568	....	....	....
370..	3	223	67	314	....	36	147	357	43884	11630	300	19
380..	82	99	130	50	3508	11	71	134	10604	....	....	12
381..	....	....	....	....	....	....	....	....	....	....	....	....
382..	4	7	2	5	380	2	....	12	780	....	....	....
383..	5	7	7	23	1292	5	38	19	1671	....	....	....
384..	1	23	....	13	5000	10	26	31	5578	....	....	....
385..	75	28	37	38	1984	1	4	38	6263	1160	....	5
386..	....	....	....	....	....	....	....	....	....	....	....	....
387..	....	....	....	....	....	....	....	....	....	....	....	....
388..	342	807	303	795	....	135	1768	689	89766	4490	....	46
389..	28	87	56	77	....	16	59	95	9209	3700	453	7
390..	34	28	35	75	11025	2	60	34	14590	1942	....	19
391..	27	19	5	68	6970	7	1	25	8572	370	....	....
392..	....	....	....	....	....	....	....	....	....	....	....	....
393..	60	313	368	166	16480	77	425	343	33157	24482	50	50
394..	21	46	37	21	1982	1	22	52	4286	2460	....	14
395..	32	52	31	28	1335	3	46	49	2493	700	....	....
396..	40	52	61	35	2325	13	101	66	4861	....	....	....
397..	69	1377	856	835	65832	348	2556	1091	124478	94828	520	325
308..	6	2	1	8	....	....	....	....	548	....	....	....
399..	....	....	....	....	....	....	....	....	....	....	....	....
400..	12	26	24	12	1977	1	23	57	2168	....	....	1
401..	82	651	347	292	17154	106	1066	472	39785	20952	1740	118
402..	149	209	331	63	4480	24	406	250	17600	10252	....	96
403..	2	19	18	28	2074	1	6	16	2906	765	....	4
404..	365	517	713	301	22695	142	1226	916	44794	27130	1052	87
405..	40	42	4	39	1875	4	44	57	3057	550	....	2
406..	109	319	87	191	10588	60	565	434	22258	18561	....	54
407..	18	50	44	26	1200	6	56	68	3910	1439	100	8
408..	66	3	....	30	1800	....	....	12	3486	200	....	12
409..	77	125	113	75	3380	7	193	154	7567	....	....	....
410..	21	27	17	16	475	1	37	20	1580	690	90	4
411..	585	567	571	487	27865	157	1175	597	36558	27229	1530	440
412..	58	511	338	382	19420	123	574	387	48273	17940	524	115
413..	47	89	72	90	5959	17	59	91	11969	600	....	....
414..	63	358	406	195	13874	83	855	350	25884	24451	30	144
	2529	6687	5136	4780	253089	1400	11615	6915	633103	296521	6389	1582

AGRICULTURAL PRODUCE FOR 1861.

NICOLET.—(*Continued.*)

Pork in Barrels of 200 lbs.	Fish. Dried in Quintals.	Fish. Salted and Barrelled.	Fish. Sold Fresh, lbs.	Carriages kept for pleasure.	Value of same in Dollars.	Carriages kept for hire.	Value of same in Dollars.	Minerals. Copper ore mined, Tons.	Minerals. Value.	Minerals. Iron ore mined, Tons.	Minerals. Value.
64	65	66	67	68	69	70	71	72	73	74	75
1091	...	...	...	648	12492	...	...	...	...	...	...
38	...	...	...	52	1306	...	...	...	...	...	...
466	...	...	...	567	18600	...	...	...	...	...	...
722	...	...	...	402	10616	4	132	...	...	...	...
289	...	...	...	329	6225	...	...	...	...	...	...
183	...	...	...	307	6727	...	...	...	...	...	...
597	...	...	...	718	13679	...	...	...	...	...	...
395	...	...	...	231	4337	2	50	...	...	...	...
418	...	...	...	49	2290	...	...	...	...	...	...
4199	...	...	...	3303	76272	6	182	...	...	...	...

OTTAWA.—(*Continued.*)

Pork in Barrels of 200 lbs.	Fish. Dried in Quintals.	Fish. Salted and Barrelled.	Fish. Sold Fresh, lbs.	Carriages kept for pleasure.	Value of same in Dollars.	Carriages kept for hire.	Value of same in Dollars.	Minerals. Copper ore mined, Tons.	Minerals. Value.	Minerals. Iron ore mined, Tons.	Minerals. Value.
...	...	...	...	...	...	...	...	...	...	...	...
3	...	...	...	...	...	...	...	...	...	...	...
116	...	...	...	89	5225	15	800	...	...	...	...
34	...	...	...	...	...	...	...	...	...	...	...
...	...	...	...	...	...	...	...	...	...	...	...
...	...	...	...	...	...	...	...	...	...	...	...
...	...	...	...	...	...	...	...	...	...	...	...
...	...	...	...	...	...	...	...	...	...	...	...
5	...	...	...	...	...	...	...	...	...	...	...
...	...	...	...	...	...	...	...	...	...	...	...
...	...	...	...	...	...	...	...	...	...	...	...
80	...	...	...	125	4158	...	...	...	...	...	...
56	...	...	...	7	310	2	60	...	...	...	...
31	...	...	...	...	200	...	...	...	...	...	...
2	...	...	...	2	56	...	...	...	...	...	...
...	...	...	...	...	...	...	...	...	...	...	...
264	...	...	...	72	2193	...	...	...	...	...	...
17	...	...	...	...	...	...	...	...	...	...	...
5	...	...	...	...	...	...	...	...	...	...	...
...	...	...	...	...	...	...	...	...	...	...	...
835	...	...	...	127	8100	17	423	...	...	...	...
...	...	...	...	...	...	...	...	...	...	...	...
...	...	...	...	...	...	...	...	...	...	...	...
19	...	...	...	...	...	...	...	...	...	...	...
270	...	...	...	8	357	...	...	...	...	...	...
146	...	...	...	2	50	...	...	...	...	...	...
7	...	...	...	4	70	...	...	...	...	...	...
314	...	...	...	8	346	...	...	...	...	...	...
...	...	...	...	...	...	...	...	...	...	...	...
269	...	...	...	48	1158	...	...	...	...	...	...
16	...	...	...	...	...	...	...	...	...	...	...
20	...	...	...	...	...	...	...	...	...	...	...
89	...	...	...	7	135	...	...	...	...	...	...
10	...	...	...	...	...	...	...	...	...	...	...
401	...	...	...	66	1168	...	...	...	...	...	...
271	...	...	...	9	250	1	30	...	...	...	...
11	...	...	...	...	...	...	...	...	...	...	...
254	...	...	...	14	581	...	...	...	...	...	...
3545	...	...	...	588	24357	35	1313	...	...	...	...

No. 12.—Lower Canada—Return of

COUNTY OF

TOWNSHIPS, PARISHES, &c.	Occupiers of Lands. Total.	10 acres and under.	10 to 20.	20 to 50.	50 to 100.	100 to 200.	Upwards of 200.	Lands—Acres. Amount held in Acres.	Under cultivation.	Under crops.	Under pasture.	Under Gardens and Orchards.	Wood and Wild Lands.
	1	2	3	4	5	6	7	8	9	10	11	12	13
415. Aberdeen	5	......	......	......	......	4	1	1100	139	134	5	......	961
415½ Aberford	8	......	......	......	5	3	......	1100	84	84	......	......	1016
416. Aldfield	29	......	......	2	28	2	......	2900	265	212	53	......	2635
417. Allumettes	195	10	......	8	108	52	17	24867	7434	5425	2008	1	17433
418. Bristol	262	2	......	25	192	39	4	28734	9052	6439	2609	4	19682
418½ Cawood	9	......	......	......	2	7	......	1600	50	50	......	......	1550
419. Clarendon	350	7	1	38	192	98	14	45028	14869	11658	3187	24	30159
420. Chichester	56	......	......	5	30	15	6	7432	1462	800	661	1	5970
421. Isle du Calumet	128	1	......	19	72	30	6	14690	3067	555	1411	1	10723
421½ Huddersfield	5	......	......	......	......	5	......	1000	175	175	......	......	825
422. Leslie	14	......	......	......	1	13	......	2700	119	117	2	......	2581
423. Litchfield	144	2	1	1	91	37	12	20639	4402	[illegible]231	1155	16	16237
424. Mansfield	49	......	......	1	24	19	5	7041	1764	[illegible]303	460	1	5277
425. Onslow	172	3	......	6	124	36	3	20639	4499	[illegible]550	931	18	16140
426. Pontefract	1	......	......	......	......	......	1	400	130	130	......	......	270
427. Portage du Fort	......	......	......	......	......	......	......	......	......	......	......	......	......
428. Sheen	41	......	......	......	15	19	7	8350	2067	1573	494	......	6283
429. Thorne	68	......	......	......	19	42	7	12400	1604	1045	556	3	10796
430. Waltham	79	2	......	1	40	28	8	11606	2533	2111	414	8	9073
Total of Pontiac	1615	27	2	106	940	449	91	212226	54615	40592	13946	77	157611

COUNTY OF

TOWNSHIPS, PARISHES, &c.	1	2	3	4	5	6	7	8	9	10	11	12	13
431. Cap Santé	320	4	6	34	103	123	50	45574	16009	7915	8020	74	29565
432. Deschambault	241	10	2	12	128	69	20	26036	12542	7018	5488	36	13494
433. Ecureuils	50	......	......	5	23	19	3	5097	3464	1722	1592	150	1633
434. Grondines	152	5	1	9	43	64	30	20739	8593	4721	3815	57	12146
435. Pointe-aux-Trembles	514	4	9	53	238	166	44	60172	22725	11843	10796	86	37447
436. St. Alban	187	12	4	19	92	47	13	17359	4667	3171	1481	15	12692
437. St. Augustin	198	2	5	15	52	100	24	24793	13030	7914	4990	126	11763
438. St. Bazile	289	2	4	92	116	60	15	27849	9487	4070	5373	44	18362
439. St. Casimir	291	15	21	61	128	55	11	26325	6793	3748	3041	4	19532
440. Ste. Catherine	254	4	11	39	111	65	24	31385	10104	5156	4948	......	21281
441. St. Raymond	168	1	1	15	115	32	4	15452	3536	1672	1844	20	1[illegible]916
Total of Portneuf	2664	59	64	354	1149	800	238	300781	110950	58950	51368	612	189831

COUNTY OF

TOWNSHIPS, PARISHES, &c.	1	2	3	4	5	6	7	8	9	10	11	12	13
442. Ancienne Lorette	238	4	13	54	106	54	7	19613	15982	[illegible]0753	5210	19	3631
443. Beauport	291	23	42	60	84	72	10	22109	8475	554[illegible]	2142	186	18634
444. Charlesbourg	409	82	36	99	110	73	9	2485[illegible]	11693	7745	3719	229	13159
445. General Hospital	......	......	......	......	......	......	......	......	......	......	......	......	......
446. Lunatic Asylum	1	......	......	......	......	1	......	175	100	45	50	5	75
447. Notre Dame de Québec	13	1	4	5	3	......	......	590	476	284	179	13	114
448. St. Ambroise	402	20	64	84	132	80	22	31332	12312	6838	5231	243	19020
449. St. Colomb	59	28	10	12	6	2	1	1575	709	207	468	34	866
450. St. Dunstan	79	......	2	10	40	19	8	7535	1747	779	967	1	5788

Agricultural Produce for 1861.

PONTIAC.

Cash value of Farm in Dollars.	Cash value of Farming Implements in Dollars.	Produce of Gardens and Orchards in Dollars.	Quantity of Land held by Townspeople, not being farmers.	Fall Wheat.		Spring Wheat.		Barley.		Rye.	
				Acres.	Minots.	Acres.	Minots.	Acres.	Minots.	Acres.	Minots.
14	15	16	17	18	19	20	21	22	23	24	25
1480	285	....	....	....	....	12	204	....	....	....	....
2450	265	....	....	....	....	8	106	....	....	....	....
4257	230	13	....	9	110	32	401	....	7	....	....
112552	7097	....	....	277	4451	812	11769	44	735	101	1191
232910	15045	115	11	337	6405	1062	17980	11	325	20	370
1500	102	....	....	....	....	13	255	....	....	....	....
292916	18398	....	9	348	5454	1598	25905	31	606	19	252
20397	1124	17	....	42	618	144	2155	11	139	36	334
103194	4675	....	....	33	736	611	9218	38	618	34	410
4450	276	....	....	....	....	3	40	....	....	....	....
3750	185	....	....	14	116	32	392	4	92	....	....
172320	9766	....	....	105	2460	792	14491	47	1224	3	46
29074	2669	....	....	26	347	265	3994	23	360	14	166
117985	5647	204	7	107	1656	455	5275	12	244	25	265
1500	260	....	....	....	....	....	....	....	....	....	....
....	....	....	....	....	....	....	....	....	....	....	....
17975	1245	....	....	15	265	161	2250	7	85	....	....
27820	1543	....	....	3	55	128	1981	9	212	....	....
44870	2842	134	....	149	2903	206	2798	25	464	49	633
1191400	71654	483	27	1465	25576	6334	99214	262	5111	301	3667

PORTNEUF.

14	15	16	17	18	19	20	21	22	23	24	25
392137	15311	1187	426	....	....	556	5240	71	1580	205	1959
424549	18274	1774	39	....	....	442	5909	43	678	79	840
100100	2005	159	29	....	....	223	1615	10	98	13	118
271917	29887	2000	6	....	....	301	3924	53	833	8	99
554854	38110	5408	58	....	....	1140	8009	100	1054	367	3247
149315	4324	551	....	....	....	130	1554	31	447	227	2993
591590	8437	2003	24	....	....	286	1749	48	584	3	19
145867	5605	803	6	....	....	199	1711	95	1119	230	2075
258279	6841	44	4	....	....	121	1534	102	1419	47	517
204060	7620	....	11	....	....	290	2813	15	195	15	153
72268	2232	318	585	....	....	106	856	42	365	168	1723
3164936	138646	14247	1188	....	....	3794	34914	610	8372	1362	13743

QUEBEC.

14	15	16	17	18	19	20	21	22	23	24	25
560424	12025	66	....	....	....	33	274	32	479	4	43
564417	17696	13763	150	....	....	268	3879	65	1408	....	6
1062042	27404	19216	21	....	....	43	571	69	1676	1	15
....	....	....	....	....	....	....	....	....	....	....	....
26000	....	....	175	....	....	....	....	6	200	....	....
116600	1320	200	384	....	....	6	150	....	17	....	....
687275	24769	7211	18	1	8	49	639	38	699	3	31
346400	3335	2986	4314	....	....	6	128	22	718	....	....
31074	2609	....	....	....	....	6	92	....	....	....	....

No. 12.—Lower Canada—Return of

COUNTY OF

	Peas.		Oats.		Buckwheat.		Indian Corn.		Potatoes.		Turnips.	
	Acres	Minots.	Acres.	Minots.	Acres.	Minots.	Acres.	Minots.	Acres.	Minots.	Acres.	Minots.
	26	27	28	29	30	31	32	33	34	35	36	37
415.	6	113	30	565	....	....	....	....	6	515	6	515
415½	6	135	50	1360	....	....	....	....	4	730	....	....
416.	2	15	56	1355	....	....	1	17	31	2573	4	240
417.	500	7869	1655	37987	42	442	15	264	256	45632	14	5820
418.	661	11527	1846	47815	4	73	45	876	392	51108	10	2770
418½	2	55	9	290	....	....	1	75	4	1030	....	....
419.	825	11043	3746	86317	6	65	8	225	517	68642	60	7235
420.	83	1016	370	7580	15	221	13	220	71	7765	8	1120
421.	284	3634	775	15202	10	146	36	810	151	18449	15	2226
421½	11	236	69	1960	....	....	....	....	6	950	....	350
422.	2	42	43	1020	1	18	2	38	12	1720	1	225
423.	368	7593	934	29215	2	80	8	225	198	37006	4	2400
424.	144	2224	322	6871	2	12	1	50	55	5214	6	1700
425.	298	3469	754	17482	13	270	17	409	233	25409	41	5993
426.	15	300	100	2000	....	....	....	....	2	300	1	100
427.	....	....	....	....	....	....	....	....	....	....	....	....
428.	126	1567	482	8120	....	....	3	50	109	9905	9	605
429.	82	1225	630	21035	....	....	....	....	83	10850	34	4750
430.	100	1609	741	15349	7	105	3	69	97	15616	2	160
	3515	53672	12612	301523	102	1432	153	3328	2227	303434	215	36209

COUNTY OF

	Peas. Acres	Peas. Minots.	Oats. Acres.	Oats. Minots.	Buckwheat. Acres.	Buckwheat. Minots.	Indian Corn. Acres.	Indian Corn. Minots.	Potatoes. Acres.	Potatoes. Minots.	Turnips. Acres.	Turnips. Minots.
431.	176	1709	4564	74640	223	2935	16	275	306	23672	42	5005
432.	150	1500	3839	74511	252	4076	4	87	201	21246	27	3844
433.	70	581	1190	15890	59	610	....	....	38	2972	5	377
434.	103	1059	2753	45105	194	2958	8	104	139	14339	....	....
435.	484	4099	6164	84608	574	4315	13	216	751	68577	44	1923
436.	187	1734	1430	29830	178	2139	....	....	208	20390	31	2506
437.	191	1540	3765	65448	108	1191	5	76	213	13980	8	988
438.	169	1271	3071	51602	204	1705	....	4	328	26116	38	2047
439.	158	1946	1940	39319	168	2676	....	....	224	21920	4	229
440.	60	588	2478	44710	68	979	1	10	723	83656	23	2400
446.	32	283	852	11818	200	2156	....	1	265	26761	25	826
	1780	16310	32046	537481	2228	25740	47	773	3396	323629	247	20145

COUNTY OF

	Peas. Acres	Peas. Minots.	Oats. Acres.	Oats. Minots.	Buckwheat. Acres.	Buckwheat. Minots.	Indian Corn. Acres.	Indian Corn. Minots.	Potatoes. Acres.	Potatoes. Minots.	Turnips. Acres.	Turnips. Minots.
442.	52	792	3823	58837	36	510	7	91	257	22321	33	4676
443.	149	2100	1837	42734	4	78	4	74	147	15425	13	2574
444.	63	950	2225	51110	11	202	5	163	260	31339	38	5345
445.	....	....	....	....	....	....	....	....	....	....	....	....
446.	....	....	10	250	....	....	....	....	....	....	4	600
447.	....	20	41	1538	....	....	....	....	41	5340	17	4845
448.	39	477	2798	44150	25	373	11	180	389	37162	31	3931
449.	....	....	663	2949	....	....	....	....	34	2648	25	7420
450.	....	....	325	6352	....	....	....	....	161	13435	17	476

Agricultural Produce for 1861.

PONTIAC.—(*Continued.*)

Carrots, Minots.	Mangel Wurzel. Acres.	Mangel Wurzel. Minots.	Beans, Minots.	Clover, Timothy and other Grass Seeds, Minots.	Hay, Tons.	Hops, lbs.	Maple Sugar, lbs.	Cider, Gallons.	Wool, lbs.	Fulled Cloth, Yards.	Flannel, Yards.	Flax and Hemp, lbs.	Linen, Yards.
38	39	40	41	42	43	44	45	46	47	48	49	50	51
......	......	......	......	......	30	......	......	......	......	......	......	......	......
......	......	......	......	......	17	......	150	......	56	......	87	......	......
......	......	......	......	1	57	......	......	......	72	......	109	......	......
......	1	52	74	......	1382	......	100	......	3146	86	2274	......	......
773	1	120	16	......	1643	8	2785	......	4532	623	5431	......	......
......	......	......	......	......	17	......	......	......	......	......	......	......	......
149	......	......	3	28	2399	233	1075	......	5615	212	6028	......	......
......	......	......	2	......	522	......	165	......	754	......	686	......	......
44	1	320	14	27	719	50	3980	......	1104	110	1392	56	......
......	......	......	......	......	4	......	......	......	......	......	......	......	......
......	......	......	......	......	10	......	......	......	......	......	......	......	30
10	......	......	......	......	902	......	1840	......	2174	436	1781	......	......
......	......	......	......	......	379	......	......	......	806	......	743	......	......
707	......	145	26	12	1346	34	3660	12	2041	303	2625	......	25
......	......	......	......	......	20	......	......	......	......	......	......	......	......
......	......	......	......	......	......	......	......	......	......	......	......	......	......
7	......	......	7	......	444	......	185	......	792	......	410	......	......
......	......	......	......	......	274	......	......	......	......	......	......	......	......
......	......	......	......	1	546	......	301	......	296	40	366	......	......
1690	3	637	142	69	10711	325	14241	12	21388	1810	21932	56	55

PORTNEUF.—(*Continued.*)

38	39	40	41	42	43	44	45	46	47	48	49	50	51
363	22	941	12	......	2255	......	36234	......	5628	2558	2006	3418	3452
3	1	45	3	......	2139	......	36984	......	6475	3663	3386	3818	5949
85	......	......	1	......	375	......	4953	......	1283	859	223	927	771
......	......	......	......	......	1571	......	24323	......	4877	2414	2873	3708	4996
8	1	184	93	......	2368	57	25578	......	6284	2446	3590	19437	4189
......	......	......	2	7	555	......	20615	......	1857	868	1149	1469	1380
9	2	176	18	36	3012	......	14886	......	4256	1259	2113	2991	2231
46	......	......	6	19	1308	......	19969	8	3598	1258	1693	2679	2633
80	......	......	......	1714	......	6	23596	......	3158	1816	2157	3847	4123
......	......	......	......	......	1096	......	10625	......	1841	540	621	222	215
3	......	......	......	40	655	......	24074	......	308	222	140	9762	1193
597	26	1346	135	1816	15344	63	241837	8	39565	17903	19951	52288	31132

QUEBEC.—(*Continued.*)

38	39	40	41	42	43	44	45	46	47	48	49	50	51
24	3	91	110	11	4962	1	880	......	4065	1711	1957	3173	1761
603	4	778	148	5	2284	......	1386	......	3047	1840	1020	1141	672
582	6	355	178	13	5003	......	4958	......	3066	2033	1126	2271	1323
......	......	......	......	......	......	......	......	......	......	......	......	......	......
......	4	2000	......	......	160	......	......	......	......	......	......	......	......
160	......	15	25	......	258	......	......	......	......	......	......	......	......
57	1	37	......	1	3531	254	2400	......	2578	1146	461	1790	584
320	3	800	1	......	308	......	......	......	......	......	......	......	......
50	......	......	......	......	365	......	......	......	278	73	44	25	14

No. 12.—Lower Canada—Return of

COUNTY OF

	Live Stock.											
	Bulls, Oxen and Steers.	Milch Cows.	Calves and Heifers.	Horses over 3 years old.	Value of same in Dollars.	Colts and Fillies.	Sheep.	Pigs.	Total value of Live Stock.	Butter, lbs.	Cheese, lbs.	Beef in Barrels of 200 lbs.
	52	53	54	55	56	57	58	59	60	61	62	63
415..	13	13	11	13	1250	....	11	11	1432	1050	....	4
415½	15	17	17	28	2660	4	23	20	4410	1120	....	....
416..	4	22	33	8	492	7	35	33	1387	760	....	....
417..	150	501	547	242	19922	109	876	758	25265	32045	....	206
418..	171	673	883	302	23827	123	1321	1049	65009	51751	1505	206
418½	7	6	9	5	500	3	3	17	1500	....	....	....
419..	259	1026	1245	459	36652	225	1953	1500	92515	76556	814	292
420..	69	208	207	97	8067	35	205	283	19013	10440	210	106
421..	111	300	365	143	11920	74	419	391	32764	15979	243	134
421½	30	12	3	33	3280	1	....	7	5330	830	....	21
422..	14	20	14	7	360	1	15	26	1667	1485	....	....
423..	110	429	427	221	30776	74	611	641	46534	30375	975	201
424..	61	125	150	75	6706	17	236	171	14593	5815	240	78
425..	170	417	476	155	11711	96	638	495	36475	22891	410	70
426..	....	3	....	8	800	....	....	....	920	....	....	....
427..	....	....	....	....	....	....	....	....	....	....	....	....
428..	16	119	141	56	8658	33	218	146	10905	4283	40	50
429..	88	110	128	32	1923	9	44	183	10502	1450	....	....
430..	24	105	136	71	8436	28	107	169	10455	5382	160	32
	1312	4106	4792	1955	177940	839	6715	5900	380676	262212	4597	1400

COUNTY OF

	52	53	54	55	56	57	58	59	60	61	62	63
431..	1140	1044	808	532	40208	82	2019	711	144304	42705	50	2
432..	917	865	899	418	26782	61	2332	582	61964	26861	....	128
433..	221	215	241	101	6077	8	390	272	15200	1492	....	95
434..	744	303	611	269	17523	50	1709	424	41751	25438	....	124
435..	1045	1293	1703	350	38648	76	2133	1282	95586	52436	36	278
436..	328	180	298	173	10343	17	668	328	20899	9629	....	67
437..	1156	807	894	300	19761	49	1390	435	44367	34557	....	125
438..	766	654	607	313	17839	73	1222	524	41717	27918	50	9
439..	603	480	408	245	15246	43	1613	479	31811	12250	....	124
440..	742	683	533	301	17560	55	608	736	43026	43135	....	180
441..	217	188	155	127	6648	15	176	316	14698	9692	24	19
	7689	6712	7157	3129	216635	529	14260	6089	555323	286113	160	1141

COUNTY OF

	52	53	54	55	56	57	58	59	60	61	62	63
442..	988	885	664	447	28488	67	1481	936	71218	26120	18	62
443..	490	506	304	444	23647	40	1474	806	56623	18784	1118	12
444..	516	877	140	447	57295	80	1127	1074	78069	35041	939	....
445..	....	....	....	....	....	....	....	....	....	....	....	....
446..	....	24	....	5	....	....	....	6	1560	....	....	....
447..	1	107	6	80	....	....	5	38	14062	....	....	....
448..	1050	920	427	452	26817	31	567	489	33135	41676	20	....
449..	12	118	10	192	....	....	65	212	25782	....	....	....
450..	3	269	107	70	3307	9	80	90	28612	14983	....	21

Agricultural Produce for 1861.

PONTIAC.—(*Continued.*)

Pork in Barrels of 200 lbs.	Fish.			Carriages kept for pleasure.	Value of same in Dollars.	Carriages kept for hire.	Value of same in Dollars.	Minerals.			
	Dried in Quintals.	Salted and Barrelled.	Sold Fresh, lbs.					Copper ore mined, Tons.	Value.	Iron ore mined, Tons.	Value.
64	65	66	67	68	69	70	71	72	73	74	75
....	....	....	....	....	....	....	....	....	....	....	....
....	....	....	....	....	....	....	....	....	....	....	....
10	....	....	....	3	33	....	....	....	....	....	....
454	....	....	....	29	807	....	....	....	....	....	....
886	....	....	....	9	221	1	30	....	....	....	....
9	....	....	....	....	....	....	....	....	....	....	....
1174	....	....	....	46	1658	....	....	....	....	....	....
171	....	....	....	16	339	....	....	....	....	....	....
277	....	400	460	30	1136	....	....	....	....	....	....
2	....	....	....	....	....	....	....	....	....	....	....
15	....	....	....	....	....	....	....	....	....	....	....
400	....	....	....	....	....	....	....	....	....	....	....
118	....	....	....	13	374	....	....	....	....	....	....
311	....	....	....	71	1581	4	36	....	....	....	....
....	....	....	....	....	....	....	....	....	....	....	....
....	....	....	....	....	....	....	....	....	....	....	....
84	....	....	....	4	115	....	....	....	....	....	....
....	....	....	....	....	....	....	....	....	....	....	....
79	....	....	....	6	505	....	....	....	....	....	....
3990	....	400	460	227	6766	5	66	....	....	....	....

PORTNEUF.—(*Continued.*)

64	65	66	67	68	69	70	71	72	73	74	75
											....
436	....	....	....	724	12171	....	....	....	....	....	....
399	....	....	....	644	12912	....	....	....	....	....	....
154	....	....	....	133	2035	....	....	....	....	....	....
503	....	....	....	431	7494	....	....	....	....	....	....
981	....	....	....	506	11220	42	334	....	....	....	....
208	....	....	....	212	2937	....	....	....	....	....	....
267	....	....	....	595	7092	....	....	....	....	....	....
224	....	....	....	240	2891	....	....	....	....	....	....
309	....	....	....	244	4869	....	....	....	....	....	....
301	....	....	....	80	1945	....	....	....	....	....	....
170	....	....	....	32	550	....	....	....	....	....	....
4042	....	....	....	3841	66116	42	334	....	....	....	....

QUEBEC.—(*Continued.*)

64	65	66	67	68	69	70	71	72	73	74	75
426	....	....	....	750	12410	....	....	....	....	....	....
301	....	....	....	375	11975	6	238	....	....	....	....
579	....	....	....	482	12140	....	....	....	....	....	....
....	....	....	....	....	....	....	....	....	....	....	....
....	....	....	....	3	300	....	....	....	....	....	....
....	....	....	....	128	14415	....	....	....	....	....	....
409	....	....	....	389	9903	....	....	....	....	....	....
2	....	....	....	193	17392	118	4314	....	....	....	....
19	....	....	....	30	615	....	....	....	....	....	....

No. 12.—LOWER CANADA—RETURN OF

TOWNSHIPS, PARISHES, &c.	OCCUPIERS OF LANDS.							LANDS—Acres.					
	Total.	10 acres and under.	10 to 20.	20 to 50.	50 to 100.	100 to 200.	Upwards of 200.	Amount held in Acres	Under cultivation.	Under crops.	Under pasture.	Under Gardens and Orchards.	Wood and Wild Lands.
	1	2	3	4	5	6	7	8	9	10	11	12	13
COUNTY OF													
451. St. Edmond	120	4	.....	6	59	37	12	17187	3209	2222	985	2	13978
452. Ste. Foye	117	13	5	32	46	20	1	7424	4704	3128	1550	26	2720
453. St. Gabriel	264	13	.....	18	117	88	28	33001	12267	8024	4243	......	20734
454. St. Roch	63	2	7	10	24	19	1	5621	5059	3745	1299	15	562
Total of Quebec	2056	190	183	392	727	465	99	171014	76733	49317	26643	773	94281
COUNTY OF													
455. St. Aimé	347	2	6	98	174	58	9	27794	18226	14879	3347	......	9568
456. St. Marcel	166	3	7	32	81	35	8	14033	7415	5106	2212	97	6618
457. St. Ours, Village	......	......	.....	......	......	......	.....	....	....	....	....	......	....
458. St. Ours	212	9	4	40	77	74	8	21050	14315	7921	6335	59	6735
459. St. Robert	221	17	12	70	96	23	3	12558	8637	6269	2368	......	3921
460. St. Roch	78	2	1	9	33	24	9	8467	5641	3348	2256	37	2826
461. Sorel	338	3	11	111	135	64	14	27097	14781	8785	5996	......	12316
462. Sorel, Town of	31	6	2	5	11	7	.....	2082	1020	576	433	11	1062
463. Ste. Victoire	176	1	.....	50	87	34	4	14091	7433	5081	2348	4	6658
Total of Richelieu	1569	43	43	415	694	319	55	127172	77468	51965	25295	208	49704
COUNTY OF													
464. Brompton	64	1	1	14	21	22	5	7251	2757	1575	1182	......	4494
465. Cleveland	218	1	4	75	77	43	18	23746	9174	5315	3848	11	14572
466. Danville	12	......	.....	2	4	3	3	1840	700	299	395	6	1140
467. Melbourne	290	......	6	75	127	69	13	29676	12916	7562	5326	28	16760
468. Melbourne, Village	5	......	1	1	3	......	.....	336	304	173	131	......	32
469. Shipton	319	5	3	94	129	73	15	31758	12181	7215	4942	24	19577
470. Stoke	16	......	1	3	10	2	.....	1239	220	173	46	1	1019
471. Windsor	194	2	.....	62	97	30	3	17871	5425	3500	1924	1	12446
Total of Richmond	1118	9	16	326	468	242	57	113717	43677	25812	17794	71	70040
COUNTY OF													
472. Bic	286	5	3	27	179	61	11	25346	9466	5089	4078	299	15880
473. MacNider	198	......	2	19	130	39	8	18665	3854	2144	1710	......	14811
474. Macpés	13	......	.....	......	10	2	1	1290	386	283	103	......	904
475. Matane, Township	89	1	.....	5	50	24	9	11412	1619	994	625	......	9793
476. Matane, Parish	189	2	.....	10	72	78	27	25556	7762	3811	3940	11	17794
477. Métis	300	4	4	31	122	116	23	33683	8292	4981	3178	133	25391
478. St. Anaclet	127	1	1	4	60	42	19	15976	5859	3101	2701	57	10117
479. St. Denis	111	1	3	7	59	30	11	12345	2850	1084	1766	......	9495
480. St. Fabien	212	1	1	11	134	56	9	20198	8174	4144	4019	11	12024
481. Ste. Flavie	260	3	.....	24	143	66	24	28200	8972	5827	3144	1	19228
482. St. Germain	252	2	1	6	84	96	63	41007	25255	20359	4858	38	15752
483. Ste. Luce	257	3	.....	10	112	79	53	34375	11776	6599	4722	455	22599
484. St. Simon	273	5	3	14	139	85	27	31309	8894	4923	3945	26	22415
Total of Rimouski	2567	28	18	168	1294	774	285	299362	103159	63339	38789	1031	196203

Agricultural Produce for 1861.

QUEBEC.—(*Continued.*)

Cash value of Farm in Dollars.	Cash value of Farming Implements in Dollars.	Produce of Gardens and Orchards in Dollars.	Quantity of Land held by Townspeople, not being farmers.	Fall Wheat.		Spring Wheat.		Barley.		Rye.	
				Acres.	Minots.	Acres.	Minots.	Acres.	Minots.	Acres.	Minots.
14	15	16	17	18	19	20	21	22	23	24	25
71084	2820	66	......	......	......	29	354	14	153	9	105
295660	8459	......	243	......	......	9	133	40	931	......	......
273160	10240	......	......	......	......	42	573	......	......	......	......
474400	9931	2045	396	......	......	9	260	15	669	......	......
4508536	120608	45553	5701	1	8	500	7053	301	6950	17	200

RICHELIEU.

14	15	16	17	18	19	20	21	22	23	24	25
648870	36562	......	......	......	......	2273	22216	297	5497	39	513
294860	15207	536	......	......	......	1200	13084	188	3065	4	39
......	......	......	......	......	......	......	......	......	......	......	......
525731	27682	4515	......	......	......	170	1535	615	10117	123	1314
305028	9802	......	......	......	......	697	6340	62	1015	157	1471
216904	4391	734	......	......	......	43	650	176	3738	290	2803
784785	34180	120	......	......	......	910	7169	105	1420	1136	9461
53230	2281	446	......	......	......	13	135	11	169	106	828
278940	13160	......	......	......	......	416	4381	149	2261	236	2709
3108348	143265	6351	......	......	......	5722	55510	1603	27282	2091	19138

RICHMOND.

14	15	16	17	18	19	20	21	22	23	24	25
67675	3819	......	1	......	......	9	199	29	699	29	673
281875	10304	......	121	......	......	242	3690	68	1469	78	1187
32950	1295	......	19	......	......	13	262	8	180	2	22
377945	18765	......	1893	......	......	270	4957	134	2720	31	534
16400	720	15	28	......	......	......	......	2	29	2	40
424055	16241	......	560	......	......	500	8151	154	3238	72	1334
6700	259	......	......	1	21	3	40	5	76	2	24
98235	4287	780	3	......	......	178	2366	69	1248	120	2228
1305335	55690	795	2625	1	21	1215	18665	469	9659	336	6042

RIMOUSKI.

14	15	16	17	18	19	20	21	22	23	24	25
287574	6627	1674	......	......	......	387	3384	511	8955	1058	8778
95370	2074	928	14	......	......	438	4855	520	6572	309	2948
2804	95	......	......	......	......	12	125	23	285	14	148
37380	1095	349	......	1	10	230	1815	298	2776	58	458
140837	4174	406	45	......	......	665	5094	462	4573	594	4375
210659	6658	789	160	3	45	359	3230	726	8721	708	5691
157350	9748	736	2	......	......	778	4414	279	2513	327	2620
40120	558	......	......	......	......	154	1350	246	2217	230	1999
165380	10850	717	120	......	......	170	1678	377	4835	555	7131
231405	23265	200	4	1	24	883	2785	1131	3602	1267	3541
422694	10133	2070	17	......	......	1587	13469	496	6230	851	7293
317643	12308	18576	30	......	......	1262	7199	391	5051	1043	6915
239156	6903	1532	......	1	3	379	3611	603	8357	748	6158
2348372	94488	27977	392	6	82	7304	53009	6063	64687	7762	58055

No. 12.—Lower Canada—Return of

COUNTY OF

	Peas.		Oats.		Buckwheat.		Indian Corn.		Potatoes.		Turnips.	
	Acres.	Minots.	Acres.	Minots.	Acres.	Minots.	Acres.	Minots.	Acres.	Minots.	Acres.	Minots.
	26	27	28	29	30	31	32	33	34	35	36	37
451.	9	95	620	12342	35	387	....	....	393	40377	44	1767
452.	40	546	894	17662	3	86	1	37	423	52113	109	21915
453.	7	74	2480	61643	10	153	....	....	1408	145183	32	1829
454.	....	7	721	21090	....	....	....	....	29	2211	65	16335
	359	5061	16437	320657	124	1789	28	545	3542	367554	428	71713

COUNTY OF

	Peas. Acres.	Peas. Minots.	Oats. Acres.	Oats. Minots.	Buckwheat. Acres.	Buckwheat. Minots.	Indian Corn. Acres.	Indian Corn. Minots.	Potatoes. Acres.	Potatoes. Minots.	Turnips. Acres.	Turnips. Minots.
455.	431	4498	4523	105288	442	5453	36	750	277	29307	13	2010
456.	495	4668	2176	31699	79	850	18	194	116	11379	....	10
457.	....	....	....	....	....	....	....	....	....	....	....	....
458.	1782	20012	4227	74938	128	1718	41	670	147	16767	7	420
459.	124	1170	2586	41173	433	4318	20	206	122	16542	8	739
460.	371	4400	1298	26660	81	984	9	165	80	9297	7	420
461.	425	4802	3061	75890	702	9596	54	834	332	40230	1	556
462.	32	425	222	4703	29	417	8	147	88	10920	4	441
463.	140	1804	2050	41754	211	3086	17	241	117	19623	3	455
	3806	41779	20143	402105	2105	26422	203	3207	1279	154065	43	5051

COUNTY OF

	Peas. Acres.	Peas. Minots.	Oats. Acres.	Oats. Minots.	Buckwheat. Acres.	Buckwheat. Minots.	Indian Corn. Acres.	Indian Corn. Minots.	Potatoes. Acres.	Potatoes. Minots.	Turnips. Acres.	Turnips. Minots.
464.	6	131	456	13280	161	4218	30	785	57	10021	21	6532
465.	48	747	1151	32963	303	7810	19	470	259	35416	65	17130
466.	4	47	111	3520	10	215	4	100	9	1395	3	928
467.	31	420	1499	50549	33	10933	19	519	306	43064	78	22857
468.	....	....	22	980	11	314	15	101	3	470	3	950
469.	84	1512	1740	35093	423	11908	64	1771	311	50282	60	14401
470.	1	14	42	1380	23	572	1	10	14	1600	1	50
471.	48	602	780	22380	300	8705	17	498	224	22982	56	6195
	222	3473	5801	160145	1269	44675	169	4254	1183	165230	287	69043

COUNTY OF

	Peas. Acres.	Peas. Minots.	Oats. Acres.	Oats. Minots.	Buckwheat. Acres.	Buckwheat. Minots.	Indian Corn. Acres.	Indian Corn. Minots.	Potatoes. Acres.	Potatoes. Minots.	Turnips. Acres.	Turnips. Minots.
472.	729	6082	369	5518	5	84	....	....	298	43357	2	160
473.	252	2233	145	1442	....	....	....	....	159	29224	1	365
474.	16	177	3	37	....	....	....	....	4	467	....	....
475.	137	935	50	456	....	....	....	....	96	16502	3	160
476.	365	2804	308	3748	....	....	....	....	188	28430	....	....
477.	423	3589	437	7032	....	....	....	....	285	44433	1	147
478.	378	2970	327	5071	....	....	....	....	198	32165	....	....
479.	97	761	94	1012	....	....	....	....	83	7547	....	....
480.	409	3368	340	5908	1	6	....	....	168	43401	3	405
481.	1212	3092	1451	5091	....	....	....	....	579	42315	1	566
482.	861	8579	787	12612	6	134	....	....	466	48740	114	290
483.	515	4024	733	10764	....	....	....	....	499	82034	....	....
484.	414	3185	728	12620	....	....	....	....	271	38756	1	10
	5808	41799	5772	71311	12	224	....	....	3294	457371	126	2103

Agricultural Produce for 1861.

QUEBEC.—(*Continued.*)

Carrots, Minots.	Mangel Wurzel.		Beans, Minots.	Clover, Timothy and other Grass Seeds, Minots.	Hay, Tons.	Hops, lbs.	Maple Sugar, lbs.	Cider, Gallons.	Wool, lbs.	Fulled Cloth, Yards.	Flannel, Yards.	Flax and Hemp, lbs.	Linen, Yards.
	Acres.	Minots.											
38	39	40	41	42	43	44	45	46	47	48	49	50	51
68	....	....	1	27	683	....	....	....	520	168	190	162	77
173	....	....	97	1	1571	....	4227	....	913	372	355	335	160
125	....	....	....	....	1755	....	....	....	1463	413	393	....	13
567	4	770	3	....	1786	....	....	....	....	....	....	....	....
2729	25	4846	563	58	22666	255	13851	....	15930	7757	5546	8897	4604

RICHELIEU.—(*Continued.*)

Carrots, Minots.	Mangel Wurzel, Acres.	Mangel Wurzel, Minots.	Beans, Minots.	Clover, Timothy and other Grass Seeds, Minots.	Hay, Tons.	Hops, lbs.	Maple Sugar, lbs.	Cider, Gallons.	Wool, lbs.	Fulled Cloth, Yards.	Flannel, Yards.	Flax and Hemp, lbs.	Linen, Yards.
....	....	15	42	42	1803	....	7994	....	6459	4339	4457	4615	8023
22	1	29	1	526	512	....	6978	....	3150	1517	2164	1402	2216
....	....	....	....	....	....	....	....	....	....	....	....	....	....
136	2	277	32	146	713	....	5717	....	3550	1758	2037	7255	3383
14	1	50	12	43	781	....	1545	....	3147	1592	1981	2628	3841
136	2	277	32	25	532	....	11780	....	2628	1113	1769	699	1434
328	....	....	26	....	....	....	10658	....	8228	3826	4980	5130	6857
....	1	131	12	27	128	....	600	....	329	181	215	529	297
14	....	55	9	104	1184	....	34965	....	7883	5627	4887	4678	6396
650	7	834	166	913	5653	....	80237	....	35374	19953	22490	26936	32447

RICHMOND.—(*Continued.*)

Carrots, Minots.	Mangel Wurzel, Acres.	Mangel Wurzel, Minots.	Beans, Minots.	Clover, Timothy and other Grass Seeds, Minots.	Hay, Tons.	Hops, lbs.	Maple Sugar, lbs.	Cider, Gallons.	Wool, lbs.	Fulled Cloth, Yards.	Flannel, Yards.	Flax and Hemp, lbs.	Linen, Yards.
162	....	....	10	....	715	3	10920	....	1492	33	860	100	14
1151	1	50	63	15	2091	12	26885	....	5606	281	2652	139	20
162	....	....	10	....	715	3	2200	....	255	....	15	....	....
982	1	40	101	10	3554	....	52647	....	8943	657	4074	80	36
50	....	....	5	....	75	....	720	....	225	....	30	....	....
673	1	141	126	52	2847	49	73293	10	6647	695	4855	341	276
....	....	....	2	6	58	....	5565	....	47	14	24	....	....
277	....	....	63	94	1177	20	33571	....	2435	[illegible]	1317	....	979
3457	3	231	380	177	11232	87	205801	10	25650	2444	13827	660	1325

RIMOUSKI.—(*Continued.*)

Carrots, Minots.	Mangel Wurzel, Acres.	Mangel Wurzel, Minots.	Beans, Minots.	Clover, Timothy and other Grass Seeds, Minots.	Hay, Tons.	Hops, lbs.	Maple Sugar, lbs.	Cider, Gallons.	Wool, lbs.	Fulled Cloth, Yards.	Flannel, Yards.	Flax and Hemp, lbs.	Linen, Yards.
....	....	....	1	....	1045	....	14810	....	5554	3994	4322	116	2080
....	....	....	....	....	180	....	23065	....	1432	960	1683	205	237
....	....	....	....	....	7	....	2200	21	52	77	77	....	....
....	....	....	....	....	126	....	8963	....	633	542	516	63	73
....	....	....	....	....	602	....	17560	....	2564	1857	2283	617	194
5	....	....	....	4	958	....	66859	....	4217	2152	3845	1061	1057
....	....	....	....	....	339	....	19665	665	2584	2034	3349	638	1172
....	....	....	....	....	77	....	14110	12	518	491	438	88	90
101	1	110	44	....	809	....	32025	....	2870	2438	3747	952	1591
70	1	500	4	....	825	62	16102	....	3754	2559	2857	2365	1878
4	1	1	5	41	1762	1	33807	....	6466	4650	5213	2001	2066
3	....	....	16	1	917	....	27335	....	4833	3563	5145	2035	1724
2	1	10	3	2	1010	....	55375	....	5542	3306	6313	2547	4441
185	4	621	73	48	8657	63	281877	698	41019	28623	39788	12688	16603

No. 12.—Lower Canada—Return of

COUNTY OF

	Live Stock.											
	Bulls, Oxen and Steers.	Milch Cows.	Calves and Heifers.	Horses over 3 years old.	Value of same in Dollars.	Colts and Fillies.	Sheep.	Pigs.	Total value of Live Stock.	Butter, lbs.	Cheese, lbs.	Beef in Barrels of 200 lbs.
	52	53	54	55	56	57	58	59	60	61	62	63
451..	20	292	260	118	5514	13	121	221	14475	16395	291	56
452..	316	319	197	246	24295	21	208	325	176514	24014	....	5
453..	71	1104	706	332	18356	87	489	789	46495	49214	500	143
454..	66	398	73	360	....	9	32	269	36175	4098	....	....
	3533	5819	2894	3193	187719	357	5649	5255	582720	230325	2886	299

COUNTY OF

	52	53	54	55	56	57	58	59	60	61	62	63
455..	111	1135	1089	736	36239	278	2926	1075	83799	....	....	....
456..	43	426	430	284	18633	88	1149	410	36643	10635	....	70
457..	....	47	....	48	....	....	87	15	6959	....	....	....
458..	27	550	464	354	18515	132	1502	544	39845	11999	....	78
459..	24	483	645	340	15971	163	1344	487	34554	11592	25	79
460..	340	332	294	186	13091	89	899	253	24172	11518	232	97
461..	156	1176	1018	685	68768	309	3741	1424	96648	27344	....	181
462..	31	244	53	224	....	21	216	352	27280	2117	....	26
463..	48	894	780	497	37480	234	3633	558	79886	78043	354	521
	780	5287	4773	3354	208697	1314	15497	5118	429786	153248	611	552

COUNTY OF

	52	53	54	55	56	57	58	59	60	61	62	63
464..	66	67	257	165	6745	18	372	80	17509	15066	650	33
465..	135	645	863	264	24289	104	1347	354	56785	44760	2101	132
466..	15	65	59	52	1650	5	57	23	8678	2675	....	10
467..	254	1101	1103	328	20580	129	2220	296	80414	88582	3380	125
468..	17	32	17	31	520	4	30	3	4786	1260	....	2
469..	271	833	1458	342	24849	162	1932	603	81751	73999	10839	133
470..	6	17	32	11	540	2	33	9	1715	100	....	....
471..	254	31[illegible]	439	122	7228	20	637	210	25803	21852	3220	37
	1018	3076	4228	1315	86401	444	6637	1578	277441	248294	20190	472

COUNTY OF

	52	53	54	55	56	57	58	59	60	61	62	63
472..	569	535	317	310	22001	70	1642	586	42131	31539	....	357
473..	35	206	31	154	6477	24	715	362	10962	5541	....	93
474..	16	11	9	6	432	....	30	17	875	150	....	13
475..	17	71	30	65	3596	14	318	163	5145	2268	....	12
476..	265	324	274	215	13147	51	1257	435	28910	6345	....	83
477..	365	525	465	301	20084	89	1835	675	42143	16440	1085	216
478..	383	821	75	157	12804	39	1040	334	14123	16824	....	186
479..	92	94	71	74	4554	17	358	176	8193	590	....	5
480..	428	414	317	201	15595	74	1128	382	33464	21805	....	242
481..	601	536	440	311	12032	114	1988	705	34384	17166	....	12
482..	944	847	592	459	31639	129	2786	895	39796	38370	....	484
483..	708	595	567	328	22447	106	2142	793	61045	23364	4	226
484..	743	706	403	302	20727	88	2803	573	22467	40654	....	277
	5166	5185	3591	2883	185536	815	18051	6096	343638	221056	1089	2206

AGRICULTURAL PRODUCE FOR 1861.

QUEBEC.—(*Continued.*)

Pork in Barrels of 200 lbs.	Fish.			Carriages kept for pleasure.	Value of same in Dollars.	Carriages kept for hire.	Value of same in Dollars.	Minerals.			
	Dried in Quintals.	Salted and Barrelled.	Sold Fresh, lbs.					Copper ore mined, Tons.	Value.	Iron ore mined, Tons.	Value.
64	65	66	67	68	69	70	71	72	73	74	75
104	....	....	....	14	182	....	....	....	....	....	....
91	....	....	....	284	8465	1	10	....	....	....	....
138	....	....	....	22	1028	....	....	....	....	....	....
1775	....	....	....	73	5608	4	396	....	....	....	....
3844	....	....	....	2743	94433	129	4958	....	....	....	....

RICHELIEU.—(*Continued.*)

64	65	66	67	68	69	70	71	72	73	74	75
....	....	....	....	712	14659	....	....	....	....	....	....
325	....	....	....	320	7600	....	....	....	....	....	....
....	....	....	....	110	3332	....	....	....	....	....	....
356	....	....	....	313	5780	....	....	....	....	....	....
322	....	....	....	326	3713	....	....	....	....	....	....
232	....	....	....	175	3912	18	156	....	....	....	....
507	....	....	....	509	11416	....	....	....	....	....	....
67	....	....	....	285	11138	162	3055	....	....	....	....
730	....	....	....	685	18024	....	....	....	....	....	....
2539	....	....	....	3435	79574	180	3211	....	....	....	....

RICHMOND.—(*Continued.*)

64	65	66	67	68	69	70	71	72	73	74	75
62	....	....	....	96	2736	....	....	....	....	....	....
355	....	....	....	205	7347	1	15	....	....	....	....
18	....	....	....	55	2370	6	575	....	....	....	....
227	....	....	....	276	7641	5	180	....	....	....	....
6	....	....	....	20	982	10	370	....	....	....	....
460	....	....	....	309	10078	....	....	....	....	....	....
....	....	....	....	....	....	2	100	....	....	....	....
129	....	....	....	75	1439	....	....	....	....	....	....
1257	....	....	....	1045	32593	24	1240	....	....	....	....

RIMOUSKI.—(*Continued.*)

64	65	66	67	68	69	70	71	72	73	74	75
360	1256	....	....	32	1253	....	....	....	....	....	....
248	87	452	719	7	256	4	42	....	....	....	....
6	....	6	....	2	17	....	....	....	....	....	....
95	11	125	266	8	394	....	....	....	....	....	....
200	133	154	191288	90	1672	....	....	....	....	....	....
331	30	457	73	295	4387	4	38	....	....	....	....
229	6	120	5	163	4350	....	....	....	....	....	....
65	55	76	196636	10	118	....	....	....	....	....	....
282	....	245	....	188	7007	....	....	....	....	....	....
32	....	282	....	419	7296	....	....	....	....	....	....
638	14	1629	4030	496	9476	....	....	....	....	....	....
345	6	556	202	382	6978	....	....	....	....	....	....
460	....	....	....	445	7012	....	....	....	....	....	....
3291	1598	4102	393228	2537	50216	8	80	....	....	....	....

No. 12.—Lower Canada—Return of

COUNTY OF

TOWNSHIPS, PARISHES, &c.	Occupiers of Lands.							Lands—Acres.					
	Total.	10 acres and under.	10 to 20.	20 to 50.	50 to 100.	100 to 200.	Upwards of 200.	Amount held in Acres.	Under cultivation.	Under crops.	Under pasture.	Under Gardens and Orchards.	Wood and Wild Lands.
	1	2	3	4	5	6	7	8	9	10	11	12	13
485. L'Ange-Gardien	259	6	3	63	175	11	1	15889	4910	3437	1460	13	10979
486. Marieville	Included in Ste. Marie.							....	....	....	....	......	....
487. St. Césaire	452	24	9	87	277	52	3	31790	24977	16884	7813	280	6813
488. St. Hilaire	233	86	32	20	44	43	8	16364	8717	5251	2816	650	7647
489. St. Jean-Baptiste	253	20	10	15	131	71	6	22301	18820	12765	5600	455	3481
490. Ste. Marie	455	29	11	54	250	98	13	37266	30409	21226	8909	274	6857
491. St. Mathias	134	10	8	12	104	44	6	17071	14248	9797	4366	85	2823
492. St. Paul d'Abbotsford	198	3	5	58	92	36	4	14497	6925	3854	3046	25	7572
Total of Rouville	2034	178	78	309	1073	355	41	155178	109006	73214	34010	1782	46172

COUNTY OF

TOWNSHIPS, PARISHES, &c.	1	2	3	4	5	6	7	8	9	10	11	12	13
493. Saguenay and River Ste. Marguerite	26	......	.....	......	19	3	4	4300	1247	423	824	......	3053
494. Tadousac and Bergeronnes	50	......	.....	17	16	9	8	8890	1547	568	979	......	7343
495. Escoumins, Iberville and Mille Vaches	54	......	.....	6	24	15	9	8951	951	254	696	......	8000
495½ North Shore from Portneuf to Blanc Sablons (*)	......	......	.....	......	......	......	.....	....	....	....	....	......	....
Total of Saguenay	130	......	.....	23	59	27	21	22141	3745	1245	2499	......	18396

(*) Capital invested in Fisheries, $699,535.—Number of Schooners, 22; Fishing Boats, 774.—Gallons of

COUNTY OF

TOWNSHIPS, PARISHES, &c.	1	2	3	4	5	6	7	8	9	10	11	12	13
496. Ely	279	....	2	129	108	35	5	22685	9842	7300	2522	20	12843
497. Granby	395	10	12	137	154	66	16	35253	11281	6376	4635	270	23972
498. Granby, Village	9	2	1	1	4	1	.....	502	179	103	74	2	323
499. Milton	391	25	16	193	126	25	6	25482	9408	6456	2889	63	16074
500. Roxton	407	65	12	108	165	48	9	28537	7698	5619	2031	48	20839
501. Shefford	408	6	5	98	162	107	30	46038	18519	10527	7902	90	27519
502. Stukeley	380	5	....	172	126	56	21	36882	16199	9204	6903	92	20683
Total of Shefford	2269	113	48	838	845	338	87	195379	73126	45585	26956	585	122253

COUNTY OF

TOWNSHIPS, PARISHES, &c.	1	2	3	4	5	6	7	8	9	10	11	12	13
503. Coteau Landing	......	......	.....	......	......	......	.....	....	....	....	....	......	....
504. Cedars, Village	......	......	.....	......	......	......	.....	....	....	....	....	......	....
505. St. Clet	110	3	3	12	73	15	4	8574	7739	5804	1838	97	835
506. St. Ignace	175	2	1	34	91	40	7	15526	11476	6207	5169	100	4050
507. St. Joseph	216	4	3	21	131	50	7	20889	17835	12267	5380	188	3054
508. St. Polycarpe	321	3	12	90	174	31	11	21862	18092	13517	4337	238	3770
509. St. Télesphore	194	4	6	32	115	29	8	16074	8224	5071	3101	52	7850
510. St. Zotique	171	9	9	62	66	20	5	10801	5028	3867	1113	48	5773
Total of Soulanges	1187	25	34	251	650	185	42	93726	68394	46733	20938	723	25332

Agricultural Produce for ●861.

ROUVILLE.

Cash value of Farm in Dollars:	Cash value of Farming Implements in Dollars.	Produce of Gardens and Orchards in Dollars.	Quantity of Land held by Townspeople, not being farmers.	Fall Wheat.		Spring Wheat.		Barley.		Rye.	
				Acres.	Minots.	Acres.	Minots.	Acres.	Minots.	Acres.	Minots.
14	15	16	17	18	19	20	21	22	23	24	25
266210	6489	745	....	....	....	657	8585	107	1868	12	137
....	....	....	....	....	....	....	....	....	....	....	....
1115225	72464	6190	413	....	....	2665	30360	727	15490	73	612
406796	14880	7832	103	....	....	458	5190	325	5496	10	56
567935	27463	5031	245	....	....	988	10023	1529	20802	11	109
1519020	90678	8222	738	....	....	3154	35554	1369	24773	6	122
419692	8765	1928	221	....	....	525	5142	565	11780	2	16
291430	7946	2248	....	....	....	541	6375	64	1068	143	1824
4623308	228685	32196	1720	....	....	8988	101229	4686	81277	257	2876

SAGUENAY.

14	15	16	17	18	19	20	21	22	23	24	25
18160	1574	....	200	....	....	174	1294	51	602	41	288
23240	1522	....	50	....	....	116	579	39	385	228	1357
16910	394	....	....	....	....	26	176	79	435	36	260
....	....	....	....	....	....	....	....	....	....	....	....
58310	3490	....	250	....	....	316	2049	169	1422	305	1905

Oil, 40,838.

SHEFFORD.

14	15	16	17	18	19	20	21	22	23	24	25
230578	10223	1158	21	3	30	177	2784	185	2802	88	1266
417450	14167	6373	112	....	....	519	8194	19	378	5	89
18780	338	....	....	....	....	11	249	....	....	....	....
584126	17252	4802	225	....	....	823	8821	92	1392	56	641
346235	18681	....	35	2	12	224	3204	117	1454	133	1606
1499896	12823	1989	967	....	....	447	12737	39	881	66	1099
509195	32205	5561	382	....	....	249	4852	189	4412	25	472
3606260	105689	19883	1742	5	42	2450	40791	641	11319	373	5173

SOULANGES.

14	15	16	17	18	19	20	21	22	23	24	25
....	....	....	38	....	....	....	....	....	....	....	....
....	....	....	16	....	....	....	....	....	....	....	....
304814	4775	1465	31	....	....	1449	13326	400	7469	....	....
561388	18295	3426	142	....	....	1082	10649	714	11770	....	....
464252	8290	3139	48	....	....	864	8379	1018	15039	25	233
803207	41670	7020	159	....	....	2791	28700	1085	18911	40	293
314000	11098	581	19	....	....	1361	18945	313	5897	83	599
288293	8845	1160	88	1	11	790	7976	221	3842	....	....
2735954	92973	16791	541	1	11	8337	87975	3751	63828	148	1125

No. 12.—Lower Canada—Return of

COUNTY OF

	Peas.		Oats.		Buckwheat.		Indian Corn.		Potatoes.		Turnips.	
	Acres.	Minots.	Acres.	Minots.	Acres.	Minots.	Acres.	Minots.	Acres.	Minots.	Acres.	Minots.
	26	27	28	29	30	31	32	33	34	35	36	37
485.	357	4325	873	18661	127	1976	34	674	184	20374	3	206
486.	......	......	......	......	......	......	......	......	......	......	......	......
487.	1779	27989	14293	83350	114	2113	142	3462	361	44094	1	575
488.	990	10792	1325	19449	110	1628	26	485	72	7915	3	275
489.	1759	20188	4524	54015	133	1768	56	1281	246	20179	......	14
490.	2934	39785	5167	77123	91	1546	38	717	423	49319	......	......
491.	1884	26334	2264	41086	66	1195	14	323	108	12130	1	5
492.	268	3439	866	17396	239	4984	194	2497	239	31137	9	662
	9971	132852	29312	311080	880	15210	504	9439	1633	185148	17	1737

COUNTY OF

493.	76	436	46	407	......	......	......	......	35	2155	......	......
494.	81	461	62	779	1	6	......	......	39	3955	......	......
495.	27	186	37	377	......	......	......	......	47	3831	......	......
495½	......	......	......	......	......	......	......	......	......	......	......	......
	184	1083	145	1563	1	6	......	......	121	9941	......	......

COUNTY OF

496.	97	1071	975	27168	590	13081	12	250	259	33183	36	2915
497.	285	3973	1005	27097	299	7734	302	7705	813	39690	5	970
498.	......	......	27	580	10	144	6	135	135	995	1	10
499.	756	9212	1364	21193	262	3752	62	1725	297	26968	11	870
500.	193	2219	1187	22474	349	5856	55	1999	348	29916	35	3432
501.	103	2195	1023	34648	471	15083	165	5828	345	69109	19	6696
502.	158	3015	1026	36606	732	22525	27	640	399	55026	25	3991
	1592	21685	6607	169766	2713	68175	629	18282	2506	254887	132	18884

COUNTY OF

503.	......	......	......	......	......	......	......	......	......	......	......	......
504.	......	......	......	......	......	......	......	......	......	......	......	......
505.	448	6792	1871	33687	79	714	4	71	31	2493	......	......
506.	500	8149	3268	60442	343	5326	33	692	157	21436	2	500
507.	1450	22209	3608	61441	253	3118	18	226	188	12037	......	......
508.	1252	17406	4162	77584	424	3538	13	211	207	12290	......	......
509.	648	9813	1783	35621	63	612	6	188	152	10302	......	......
510.	233	3468	1161	23643	129	1277	37	541	120	11637	......	......
	4531	67837	15853	292418	1291	14785	111	1929	855	70195	2	500

AGRICULTURAL PRODUCE FOR 1861.

ROUVILLE.—(*Continued.*)

Carrots, Minots.	Mangel Wurzel.		Beans, Minots.	Clover, Timothy and other Grass Seeds, Minots.	Hay, Tons.	Hops, lbs.	Maple Sugar, lbs.	Cider, Gallons.	Wool, lbs.	Fulled Cloth, Yards.	Flannel, Yards.	Flax and Hemp, lbs.	Linen, Yards.
	Acres.	Minots.											
38	39	40	41	42	43	44	45	46	47	48	49	50	51
100	1	96	64	54	696	16	21535	....	2509	1237	4670	1820	1581
....	....	....	....	....	....	....	....	....	....	....	....	....	....
743	2	730	149	276	2932	10	14986	....	14002	6793	8134	7574	6637
2216	3	918	7	28	476	....	23511	26	2994	1500	1745	1063	1548
87	6	163	3	535	2083	....	36323	125	8305	3447	6364	7574	5057
1	10	2096	69	647	4811	1	18365	....	13967	8007	6800	12440	7635
109	8	2529	11	94	1100	....	9215	....	6131	2844	1932	1837	1183
4114	....	....	236	....	839	....	19660	....	2364	1081	1574	1191	730
7370	30	6532	539	1634	12937	27	143595	151	50272	24909	31219	33499	24371

SAGUENAY.—(*Continued.*)

Carrots, Minots.	Mangel Wurzel, Acres.	Mangel Wurzel, Minots.	Beans, Minots.	Clover, Timothy and other Grass Seeds, Minots.	Hay, Tons.	Hops, lbs.	Maple Sugar, lbs.	Cider, Gallons.	Wool, lbs.	Fulled Cloth, Yards.	Flannel, Yards.	Flax and Hemp, lbs.	Linen, Yards.
....	....	....	....	....	63	....	....	....	583	377	202	81	....
....	....	....	....	....	141	....	....	....	937	358	625	....	38
....	....	....	....	....	233	....	300	....	190	123	134	....	....
....	....	....	....	....	10	....	....	....	....	....	....	....	....
....	....	....	....	....	447	....	300	....	1710	858	961	81	38

SHEFFORD.—(*Continued.*)

Carrots, Minots.	Mangel Wurzel, Acres.	Mangel Wurzel, Minots.	Beans, Minots.	Clover, Timothy and other Grass Seeds, Minots.	Hay, Tons.	Hops, lbs.	Maple Sugar, lbs.	Cider, Gallons.	Wool, lbs.	Fulled Cloth, Yards.	Flannel, Yards.	Flax and Hemp, lbs.	Linen, Yards.
74	1	10	30	191	2557	....	52925	....	995	1581	3822	145	879
1445	2	100	215	....	3097	140	36480	420	6543	879	2334	....	198
....	....	....	....	....	44	....	....	....	106	....	10	....	....
1341	8	115	131	48	1838	116	49953	6790	3991	2351	4356	3071	2931
396	10	183	167	89	1272	558	56243	979	4023	3327	2182	473	493
2941	22	1015	255	113	6667	1419	57050	....	9571	1722	5320	313	298
1361	1	39	95	581	5718	30	75129	....	7860	4380	5809	2233	1502
7558	44	1462	893	1022	21193	2263	327780	8189	33089	14240	23833	6235	6301

SOULANGES.—(*Continued.*)

Carrots, Minots.	Mangel Wurzel, Acres.	Mangel Wurzel, Minots.	Beans, Minots.	Clover, Timothy and other Grass Seeds, Minots.	Hay, Tons.	Hops, lbs.	Maple Sugar, lbs.	Cider, Gallons.	Wool, lbs.	Fulled Cloth, Yards.	Flannel, Yards.	Flax and Hemp, lbs.	Linen, Yards.
....	....	....	....	....	....	....	....	....	....	....	....	....	....
....	....	....	....	....	....	....	....	....	....	....	....	....	....
....	....	....	....	140	441	....	2751	....	2888	1627	1835	340	73
1757	6	2296	....	21	687	....	18853	....	3908	2090	2065	1593	453
571	64	3465	120	45	789	96	2483	....	5959	2259	2098	60	430
50	1	198	17	717	1390	....	3049	....	6168	3038	3493	1193	870
10	1	102	....	31	535	....	100	....	3076	1828	1941	100	42
1942	4	373	24	240	540	8	1542	....	1386	752	781	6	12
4330	76	6434	161	1194	4386	104	28778	....	23385	11598	12213	3292	1880

No. 12.—LOWER CANADA—RETURN OF

COUNTY OF

	Live Stock.											
	Bulls, Oxen and Steers.	Milch Cows.	Calves and Heifers.	Horses over 3 years old.	Value of same in Dollars.	Colts and Fillies.	Sheep.	Pigs.	Total value of Live Stock.	Butter, lbs.	Cheese, lbs.	Beef in Barrels of 200 lbs.
	52	53	54	55	56	57	58	59	60	61	62	63
485..	512	436	491	307	18332	113	706	450	34128	15994	....	32
486..	....	....	....	....	....	....	....	....	....	....	....	....
487..	1812	1724	1452	1081	62614	458	3602	1310	165277	68656	220	106
488..	574	545	467	340	19950	132	1058	433	34352	25914	....	82
489..	1169	930	1010	743	41753	336	2614	806	86286	41753	154	149
490..	1150	1750	1653	1876	97290	530	4583	1730	241838	54990	15	168
491..	654	786	673	692	32667	269	2115	688	70834	34286	134	48
492..	426	438	532	272	27347	94	830	332	35344	21796	2206	54
	6297	6609	6278	5311	299953	1927	15508	5749	668059	263389	2729	639

COUNTY OF

	52	53	54	55	56	57	58	59	60	61	62	63
493..	58	46	23	22	1533	6	196	49	4092	1293	....	9
494..	78	89	77	37	2176	8	226	107	6393	1858	....	24
495..	54	74	31	99	7920	6	94	95	11571	2325	....	18
495½	....	75	....	15	....	....	59	33	3570	....	....	....
	190	284	131	173	11629	20	575	284	25626	5476	....	51

COUNTY OF

	52	53	54	55	56	57	58	59	60	61	62	63
496..	258	641	880	242	14751	128	1453	324	58807	52728	830	157
497..	248	1534	920	746	20280	114	1641	423	66698	94700	31000	278
498..	4	19	14	3	240	2	19	3	731	1400	500	....
499..	280	780	622	470	37190	122	1275	473	79634	36024	3175	475
500..	215	543	485	410	34929	74	915	340	60655	43055	730	276
501..	485	1512	2237	623	71246	257	2849	464	132770	123567	4875	1069
502..	482	1148	1247	517	40971	217	2566	467	112763	82417	10292	391
	1972	6177	6405	3011	219607	914	10718	2494	512058	433891	51402	2646

COUNTY OF

	52	53	54	55	56	57	58	59	60	61	62	63
503..	....	50	....	42	....	....	1	58	3856	....	....	....
504..	....	65	....	30	....	....	16	25	2654	....	....	....
505..	462	437	401	344	16855	162	1045	490	32973	10816	....	24
506..	794	792	734	578	25836	219	2030	802	63073	40545	20	200
507..	312	864	580	703	49959	236	1740	965	68702	14932	175	15
508..	632	1091	657	787	43887	340	2108	1290	88860	48615	635	415
509..	467	580	503	420	21792	168	1705	799	43062	24315	10105	116
510..	317	402	349	286	8794	97	505	498	28226	18106	352	85
	2984	4281	3224	3190	167123	1222	9150	4927	331406	157331	11287	855

Agricultural Produce for 1861.

ROUVILLE.—(*Continued.*)

Pork in Barrels of 200 lbs.	Fish. Dried in Quintals.	Fish. Salted and Barrelled.	Fish. Sold Fresh, lbs.	Carriages kept for pleasure.	Value of same in Dollars.	Carriages kept for hire.	Value of same in Dollars.	Minerals. Copper ore mined, Tons.	Minerals. Value.	Minerals. Iron ore mined, Tons.	Minerals. Value.
64	65	66	67	68	69	70	71	72	73	74	75
216	...	...	...	255	3768	...	...	...	...	...	...
...	...	...	...	...	...	...	...	...	...	...	...
1118	...	...	...	1070	29320	75	413	...	...	...	...
380	...	...	...	324	9897	5	103	...	...	...	...
735	...	...	...	714	19286	29	245	...	...	...	...
1135	...	...	...	1465	56162	60	738	...	...	...	...
309	...	...	...	497	12335	21	221	...	...	...	...
288	...	...	...	251	5456	...	...	...	...	...	...
4181	...	...	...	4576	136224	190	1720	...	...	...	...

SAGUENAY.—(*Continued.*)

64	65	66	67	68	69	70	71	72	73	74	75
22	...	125	...	...	...	...	...	...	...	...	...
32	...	13	1562	13	145	...	...	...	...	...	...
20	...	28	136	9	99	...	...	...	...	...	...
...	95536	3528	...	...	...	...	...	...	...	...	...
74	95536	3694	1698	22	244	...	...	...	...	...	...

SHEFFORD.—(*Continued.*)

64	65	66	67	68	69	70	71	72	73	74	75
373	...	...	...	167	3462	3	20	...	...	...	...
643	...	...	...	490	18992	9	750	...	...	...	...
...	...	...	...	4	105	...	...	...	...	...	...
734	...	...	...	481	10953	...	...	...	...	...	...
342	2	194	16	339	16402	...	...	...	...	...	...
640	...	...	...	577	15611	28	940	...	...	...	...
674	...	...	...	594	18450	...	...	...	...	...	...
3406	2	194	16	2652	83975	40	1710	...	...	...	...

SOULANGES.—(*Continued.*)

64	65	66	67	68	69	70	71	72	73	74	75
...	...	...	...	55	2356	67	618	...	...	...	...
...	...	...	...	33	1362	52	490	...	...	...	...
313	...	...	...	241	5324	...	...	...	...	...	...
591	...	...	...	445	10220	151	417	...	...	...	...
442	4	5	...	493	10843	96	720	...	...	...	...
1104	...	...	...	704	19116	...	...	...	...	...	...
451	...	...	...	290	7278	4	32	...	...	...	...
325	...	...	...	228	6871	103	735	...	...	...	...
3226	4	5	...	2489	63370	473	3012	...	...	...	...

No. 12.—Lower Canada—Return of

COUNTY OF

TOWNSHIPS, PARISHES, &c.	Occupiers of Lands.							Lands—Acres.					
	Total.	10 acres and under.	10 to 20.	20 to 50.	50 to 100.	100 to 200.	Upwards of 200.	Amount held in Acres.	Under cultivation.	Under crops.	Under pasture.	Under Gardens and Orchards.	Wood and Wild Lands.
	1	2	3	4	5	6	7	8	9	10	11	12	13
511. La Présentation	334	19	18	58	167	70	2	25083	17582	12310	5272	......	7501
512. St. Barnabé	188	......	3	20	104	60	1	16384	12030	8215	3783	32	4354
513. St. Charles	151	1	2	17	54	60	17	19042	12573	7813	4748	12	6469
514. St. Damase	319	6	15	26	192	77	3	25412	21351	11884	9400	67	4061
515. St. Denis	276	9	13	17	131	96	10	27279	20065	13627	6405	33	7214
516. St. Hyacinthe, City	......	......	......	......	......	......	......	......	......	......	......	......	......
517. St. Hyacinthe	383	21	13	26	215	88	20	34773	29681	18176	11474	31	5092
518. St. Jude	281	28	3	29	126	78	17	27671	12141	6924	5217	......	15530
Total of St. Hyacinthe	1932	84	67	193	989	529	70	175644	125423	78949	46299	175	50221

COUNTY OF

TOWNSHIPS, PARISHES, &c.	1	2	3	4	5	6	7	8	9	10	11	12	13
519. Isle-aux-Noix	1	......	......	......	......	1	....	124	90	59	30	1	34
520. Lacolle	421	11	16	78	156	128	32	40620	25026	14252	10581	193	15594
521. St. Jean, Parish	174	36	9	23	55	42	9	13689	11142	6733	4259	150	2547
522. St. Johns, Town of	......	......	......	......	......	......	......	......	......	......	......	......	......
523. St. Luc	130	4	4	20	54	40	8	13079	10341	6977	3337	27	2738
524. Ste. Marguerite (L'Acadie)	209	8	7	18	66	76	34	25713	22870	15371	7413	86	2843
525. St. Valentin	201	6	9	41	105	30	10	26377	19863	14208	5529	126	6514
Total of St. Johns	1136	65	45	180	436	317	93	119602	89332	57600	31149	583	30270

COUNTY OF

TOWNSHIPS, PARISHES, &c.	1	2	3	4	5	6	7	8	9	10	11	12	13
526. Pointe du Lac	211	7	21	58	78	38	9	16304	8088	5317	2736	35	8216
527. St. Barnabé	266	3	8	60	117	66	12	23402	10150	7387	2670	93	13252
528. St. Boniface	248	5	1	86	115	34	7	22068	3600	3018	509	73	18468
529. St. Etienne	232	2	9	149	55	12	5	15740	4257	3534	720	3	11483
530. St. Sévère	132	2	6	16	65	34	9	12606	7044	4801	2179	64	5562
531. Three Rivers, Parish	214	6	24	68	66	37	13	14862	2495	1910	575	10	12367
532. Yamachiche	323	31	15	51	106	91	29	30961	22159	16192	5774	193	8802
Total of St. Maurice	1626	56	84	488	602	312	84	135943	57793	42159	15163	471	78150

COUNTY OF

TOWNSHIPS, PARISHES, &c.	1	2	3	4	5	6	7	8	9	10	11	12	13
533. 534. Barford & Academies	89	12	38	31	8	......	...	13944	4318	2408	1898	12	9626
535. Barnston	373	9	7	64	114	125	54	47225	22812	12923	9742	147	24413
536. Hatley	317	21	14	64	104	82	32	36177	17714	9822	7783	109	18463
537. Magog	140	2	2	23	41	41	31	19944	6609	3673	2933	3	13335
538. Stanstead and Stanstead Plains	500	10	14	69	168	179	60	68974	39545	21581	17681	283	29429
Total of Stanstead	1419	54	75	251	435	427	177	186264	90998	50407	40037	554	95266

AGRICULTURAL PRODUCE FOR 1861.

ST. HYACINTHE.

Cash value of Farm in Dollars.	Cash value of Farming Implements in Dollars.	Produce of Gardens and Orchards in Dollars.	Quantity of Land held by Townspeople, not being farmers.	Fall Wheat.		Spring Wheat.		Barley.		Rye.	
				Acres.	Minots.	Acres.	Minots.	Acres.	Minots.	Acres.	Minots.
14	15	16	17	18	19	20	21	22	23	24	25
513050	25407	....	13	4	16	1000	8832	1086	19170	26	230
338802	15837	1022	37	....	....	1095	8679	855	12481	22	164
406169	19077	2397	20	....	....	443	5055	935	13086	58	552
680520	28359	2114	56	....	....	2737	25923	1233	19669	1	12
668771	29955	2747	57	....	....	656	5040	937	14790	37	324
....	....	....	72	....	....	....	....	....	....	....	....
796865	37680	1188	135	....	....	1532	12741	1605	22608	13	142
683788	21613	....	89	....	....	899	7776	518	4552	88	626
4087965	177928	9468	479	4	16	8362	74046	7169	106356	245	2050

ST. JOHNS.

3500	....	25	....	....	....	6	85	....	....	....	....
964783	28670	4008	....	....	....	1207	14473	413	8067	5	46
486102	17701	1675	....	....	....	1152	10789	543	11506	1	12
....	....	....	....	....	....	....	....	....	....	....	....
346273	25982	1608	....	....	....	332	3030	437	6933	4	22
807488	40960	3325	....	....	....	1190	12300	843	14747	2	20
813694	28873	1402	....	....	....	1928	18966	377	7294	....	....
3361840	142276	12043	....	....	....	5815	59643	2613	48547	12	100

ST. MAURICE.

194465	9475	452	80	....	....	332	3753	87	1335	594	4792
339569	14105	858	38	....	....	371	3547	122	1625	237	2509
142879	7529	1497	....	1	2	135	1159	122	1654	283	3380
119145	3628	216	582	....	....	130	1130	46	349	747	6111
214630	14573	970	3	....	....	229	2269	93	1057	50	375
191523	4158	377	7	....	....	146	1863	37	785	156	1433
1026887	37899	7027	67	....	....	687	9130	285	4943	128	1318
2229098	91367	11397	777	1	2	2030	22851	792	11748	2195	19918

STANSTEAD.

107378	3352	330	50	....	....	86	1505	68	1518	10	164
581662	17365	2867	255	....	....	620	11116	414	12065	7	146
441108	16928	2277	110	....	....	315	5358	190	5140	34	633
135865	4906	....	6	....	....	105	1873	52	945	8	107
1757590	36947	4545	614	1	25	1135	20817	343	10853	24	390
3073003	79498	10019	1035	1	25	2261	40669	1067	30521	83	1440

No. 12.—Lower Canada—Return of

COUNTY OF

	Peas.		Oats.		Buckwheat.		Indian Corn.		Potatoes.		Turnips.	
	Acres	Minots.	Acres.	Minots.	Acres.	Minots.	Acres.	Minots.	Acres.	Minots.	Acres.	Minots.
	26	27	28	29	30	31	32	33	34	35	36	37
511.	2418	23874	3680	49024	112	1172	30	647	130	15627	....	....
512.	717	6283	4621	42788	151	1429	11	187	116	11082	1	113
513.	1680	17237	2448	34144	124	2073	40	607	336	12356	....	....
514.	2076	22031	3554	50671	10	107	42	1077	158	21188	....	....
515.	4278	41960	4919	61429	184	917	60	1320	221	27578	1	40
516.	....	....	....	....	....	....	....	....	....	....	....	....
517.	2098	21342	5779	73582	569	6170	211	3902	509	29932	2	400
518,	206	2032	2101	49172	347	3516	17	119	342	19082	21	576
	13473	134759	27102	360810	1497	15384	411	7859	1812	137345	25	1129

COUNTY OF

519.	2	51	20	450	....	....	....	....	5	1327	2	600
520.	946	13630	4696	112347	654	11168	197	4553	507	63028	23	3811
521.	943	13173	2498	58726	140	2225	13	362	137	17257	2	388
522.	....	....	....	....	....	....	....	....	....	....	....	....
523.	1811	20477	2207	30018	83	1091	6	48	93	7226	....	....
524.	3267	38193	4656	68942	255	3932	14	425	180	26949	1	50
525.	1204	15286	5446	109964	435	6851	48	881	278	40050	1	220
	8173	100810	19523	380447	1576	25267	278	6269	1200	155837	29	5069

COUNTY OF

526.	190	1843	2098	44068	330	4218	25	366	210	22935	7	293
527.	346	3806	3418	67036	364	5759	3	44	259	31201	21	1574
528.	178	1881	888	17809	190	2737	....	2	272	28544	31	1584
529.	356	2421	1345	21650	346	3825	....	14	357	26855	47	2171
530.	349	3884	3078	47067	284	3333	1	3	109	6026	2	32
531.	83	821	711	17412	90	1370	3	73	86	9524	13	3541
532.	642	9264	8531	182381	422	6481	40	631	171	15276	7	429
	2144	23920	20069	397423	2026	27673	72	1133	1464	140361	128	9624

COUNTY OF

533. 534.	13	311	450	16909	211	6796	9	251	98	18970	11	3148
535.	26	611	2360	96032	556	16655	74	2393	476	91740	25	7179
536.	133	2023	1412	55977	499	14841	177	5223	259	45516	14	4186
537.	7	95	393	11346	108	3016	45	1297	106	19044	7	2442
538.	67	1253	3062	116420	214	5929	446	12244	535	96026	35	15381
	246	4293	7677	296684	1588	47237	751	1408	1474	271296	92	32355

Agricultural Produce for 1861.

ST. HYACINTHE.—(*Continued.*)

Carrots, Minots.	Mangel Wurzel.		Beans, Minots.	Clover, Timothy and other Grass Seeds, Minots.	Hay, Tons.	Hops, lbs.	Maple Sugar, lbs.	Cider, Gallons.	Wool, lbs.	Fulled Cloth, Yards.	Flannel, Yards.	Flax and Hemp, lbs.	Linen, Yards.
	Acres.	Minots.											
38	39	40	41	42	43	44	45	46	47	48	49	50	51
85	2	77	1	337	705	....	10643	....	6337	2468	3103	1956	2788
2	....	....	....	268	398	....	7026	....	4092	2444	2646	2736	2848
....	1	369	....	....	609	....	18054	....	4407	2264	3224	3827	3457
....	....	8	....	189	1559	....	30998	....	9103	3491	6445	8187	6561
....	2	392	....	46	996	....	13241	....	7399	2676	5449	4035	7322
....	....	....	....	....	....	....	....	....	....	....	....	....	....
2317	13	3058	71	66	1718	....	24248	....	8309	3954	4418	3778	4894
16	10	147	2	....	770	....	23600	....	5171	3152	3681	1862	4611
2420	28	4051	74	906	6755	....	128710	....	44818	20449	28966	26381	32481

ST. JOHNS.—(*Continued.*)

966	2	2660	....	....	951	....	....	....	....	....	....	....	....
8098	11	2808	182	....	2700	73	16510	839	9841	2454	2346	1045	527
323	1	365	61	32	815	105	3337	....	4244	1528	2128	1566	1040
....	....	....	....	....	....	....	....	....	....	....	....	....	....
657	....	....	271	53	649	20	467	....	4545	1372	1534	618	580
416	1	365	2	808	1546	14	5813	....	7716	2281	3394	1603	1260
1634	1	308	36	103	1400	158	4092	....	7351	2511	3600	3862	746
12094	16	6506	552	996	8061	370	30219	839	33697	10146	13002	8694	4153

ST. MAURICE.—(*Continued.*)

11	....	2	12	12	1105	....	24368	....	3125	1752	2206	3890	3632
219	....	15	5	2	1125	....	49808	....	3508	2665	3019	9546	7723
....	....	....	....	13	563	....	24053	....	782	466	1074	1486	1911
....	....	....	....	....	339	....	17513	....	702	423	926	4073	1462
....	....	5	1	5	761	....	13895	....	2356	2071	1698	5679	6259
345	1	11	4	....	750	....	2907	....	566	259	466	786	262
786	24	1787	21	157	4833	....	30368	....	8824	3887	5527	9403	12163
1361	25	1820	43	189	9476	....	162912	....	19953	11523	14916	34863	33412

STANSTEAD.—(*Continued.*)

39	....	....	35	72	1084	2100	21450	....	2524	1350	1067	....	....
237	....	20	333	280	5500	12450	133854	1620	13714	793	5517	115	25
437	....	15	451	161	4148	2000	88448	361	12691	886	5722	....	20
595	....	127	172	35	1740	....	28674	9	3719	300	2200	....	....
4366	....	50	828	237	10057	....	200830	....	28856	1384	6269	....	....
5674	....	212	1819	785	22529	16550	473256	1990	61504	4713	20775	115	45

No. 12.—Lower Canada—Return of

COUNTY OF

	Live Stock.											
	Bulls, Oxen and Steers.	Milch Cows.	Calves and Heifers.	Horses over 3 years old.	Value of same in Dollars.	Colts and Fillies.	Sheep.	Pigs.	Total value of Live Stock.	Butter, lbs.	Cheese, lbs.	Beef in Barrels of 200 lbs.
	52	53	54	55	56	57	58	59	60	61	62	63
511..	97	904	832	610	34760	256	2240	713	71793	15125	40	178
512..	11	629	582	398	22515	169	1425	246	47896	8602	....	114
513..	76	657	640	422	25225	151	1376	423	50245	16578	....	180
514..	158	1203	1367	816	48492	343	2959	956	102268	31551	136	219
515..	50	1186	1102	806	38200	336	2606	868	88521	29382	....	260
516..	....	208	....	198	....	....	11	101	18100	....	....	....
517..	186	1468	1235	969	48752	392	3215	1051	105621	29911	438	235
518..	53	742	596	455	29209	179	2069	555	62570	23406	....	....
	631	6997	6354	4674	247153	1826	15961	4913	547014	154555	614	1186

COUNTY OF

	52	53	54	55	56	57	58	59	60	61	62	63
519..	....	....	....	....	....	....	....	....	....	....	....	....
520..	1521	1613	912	1014	55444	355	2781	807	130452	87860	5561	400
521..	82	571	636	450	28921	289	1236	600	28831	19159	93	35
522..	....	192	....	195	....	....	9	112	26902	....	....	....
523..	265	466	496	399	27034	227	1245	488	38323	14552	304	59
524..	996	1002	994	877	49934	432	2130	953	91734	43395	1030	109
525..	409	1028	1141	860	44882	430	2292	1083	93377	28086	220	111
	3273	4872	4179	3795	206215	1733	9698	4043	409709	193052	7208	1014

COUNTY OF

	52	53	54	55	56	57	58	59	60	61	62	63
526..	564	516	564	295	22444	60	1214	535	50412	26059	....	90
527..	618	556	477	316	20457	77	1393	569	43908	26196	....	87
528..	46	161	147	126	8435	8	335	265	14238	13805	....	21
529..	150	248	134	249	11604	22	268	440	21602	9191	....	26
530..	27	340	393	201	12019	66	796	233	26906	23977	....	75
531..	59	210	211	99	5654	23	213	152	13100	9037	....	50
532..	322	1421	1302	641	43551	185	3174	1060	97972	92956	176	340
	1186	3461	3228	1927	124164	441	7393	3254	268138	201221	176	689

COUNTY OF

	52	53	54	55	56	57	58	59	60	61	62	63
533.. 534..	104	209	417	105	7065	76	823	114	25344	16156	1000	70
535..	444	1208	2301	747	51780	401	4014	549	162555	84292	10967	200
536..	367	894	1380	497	36378	255	5059	280	120319	72482	11581	226
537..	224	449	403	175	13110	75	1154	105	42472	29905	410	50
538..	773	1893	3361	1191	81308	651	9200	656	268326	145791	27064	540
	912	4653	7952	2715	189641	1458	20250	1704	619016	348626	51022	1086

AGRICULTURAL PRODUCE FOR 1861.

ST. HYACINTHE.—(*Continued.*)

Pork in Barrels of 200 lbs.	Fish.			Carriages kept for pleasure.	Value of same in Dollars.	Carriages kept for hire.	Value of same in Dollars.	Minerals.			
	Dried in Quintals.	Salted and Barrelled.	Sold Fresh, lbs.					Copper ore mined, Tons.	Value.	Iron ore mined, Tons.	Value.
64	65	66	67	68	69	70	71	72	73	74	75
578	......	......	......	534	8472	......	......	......	......	......	......
331	......	......	......	391	6103	41	334	......	......	......	......
313	......	......	......	516	14094	......	......	......	......	......	......
701	......	......	......	831	19335	102	1122	......	......	......	......
732	......	......	......	1069	18900	88	688	......	......	......	......
......	......	......	......	269	10080	24	340	......	......	......	......
687	......	......	......	818	19252	117	876	......	......	......	......
355	......	......	......	534	9851	2	20	......	......	......	......
3697	......	......	......	4962	106177	374	3380	......	......	......	......

ST. JOHNS.—(*Continued.*)

64	65	66	67	68	69	70	71	72	73	74	75
......	......	......	......	......	......	......	......	......	......	......	......
888	......	......	......	687	17711	......	......	......	......	......	......
462	......	......	......	263	7157	......	......	......	......	......	......
......	......	......	......	165	6723	12	270	......	......	......	......
248	......	......	......	203	5053	......	......	......	......	......	......
827	......	......	......	448	14322	138	1302	......	......	......	......
671	......	......	......	490	15498	11	186	......	......	......	......
3096	......	......	......	2256	66464	161	1758	......	......	......	......

ST. MAURICE.—(*Continued.*)

64	65	66	67	68	69	70	71	72	73	74	75
418	......	......	......	281	4740	......	......	......	......	......	......
451	......	......	......	415	7424	45	290	......	......	......	......
179	......	......	......	130	1742	......	......	......	......	......	......
207	......	......	......	170	2619	......	......	......	......	......	......
367	......	......	......	207	2467	......	......	......	......	......	......
103	......	......	......	105	1988	......	......	......	......	......	......
1102	......	......	......	923	17383	28	221	......	......	......	......
2827	......	......	......	2231	38363	73	511	......	......	......	......

STANSTEAD.—(*Continued.*)

No. 12.—Lower Canada—Return of

COUNTY OF

TOWNSHIPS, PARISHES, &c.	Occupiers of Lands. Total.	10 acres and under.	10 to 20.	20 to 50.	50 to 100.	100 to 200.	Upwards of 200.	Lands—Acres. Amount held in Acres	Under cultivation.	Under crops.	Under pasture.	Under Gardens and Orchards.	Wood and Wild Lands.
	1	2	3	4	5	6	7	8	9	10	11	12	13
539. Begon	88	......	.....	47	24	16	1	7452	1145	616	529	......	6307
540. Denonville	108	......	.....	37	56	12	3	19595	1343	576	767	......	9252
541. Fraserville	18	......	1	......	6	5	6	3216	1667	956	706	5	1549
542. Isle Verte	319	3	16	44	133	98	25	35946	14767	8002	6687	78	21179
543. Notre-Dame du Portage	74	......	1	5	40	22	6	7891	4800	3200	1570	30	3091
544. St. Antoine	144	5	1	14	88	26	10	13392	3534	1291	2194	49	9858
545. St. Arsène	196	9	2	18	98	59	10	18560	11086	6324	4713	49	7474
546. St. Eloi	156	2	5	9	99	32	9	14550	6413	3575	2833	5	8137
547. St. George de Kakouna	145	9	2	14	59	54	7	14610	8968	5992	2946	30	5642
548. St. Modeste & Whitworth	137	1	3	19	78	30	6	11384	3589	1245	2339	5	7795
549. St. Patrice de la Rivière du Loup	108	2	.....	8	46	37	15	14307	6985	4673	2282	30	7322
550. Témiscouata Road	141	1	1	4	43	62	30	24504	3020	1995	1013	12	21484
551. Trois Pistoles	368	21	9	20	188	99	31	43447	18896	9541	9301	54	24551
552. Viger	275	......	1	4	193	68	9	23464	6327	2362	3954	11	17137
Total of Temiscouata	2277	53	42	243	1151	620	168	243318	92540	50348	41834	358	150778

COUNTY OF

TOWNSHIPS, PARISHES, &c.	1	2	3	4	5	6	7	8	9	10	11	12	13
553. Beresford	62	......	.....	8	35	15	4	8200	926	603	320	3	7274
554. Ste. Adèle	242	8	15	92	89	32	6	23497	7355	3808	3517	30	16142
555. Ste. Anne	164	27	13	8	39	55	22	29168	14706	7565	7046	95	14462
556. St. Janvier	163	17	4	17	71	44	10	14701	9005	4478	4514	13	5696
557. St. Jérôme, Village } 558. St. Jérôme, Parish }	603	129	16	99	237	105	17	44369	18894	11417	7394	83	25475
559. St. Sauveur	221	4	4	21	108	73	11	21624	7599	4361	3234	4	14025
560. Ste. Sophie	207	2	1	24	108	58	14	24287	7648	4160	3472	16	16639
561. Ste. Thérèse, Parish	253	53	15	30	60	65	30	22554	15484	10439	4952	93	7070
562. Ste. Thérèse, Village	25	4	2	7	9	1	2	2160	841	631	176	34	1319
563. Terrebonne	132	34	1	7	21	39	30	17368	9070	5447	3574	49	8298
564. Terrebonne, Village	153	132	3	6	2	4	6	9307	1678	807	787	84	7629
Total of Terrebonne	2225	410	74	319	779	491	152	217235	93206	53716	38986	504	124029

COUNTY OF

TOWNSHIPS, PARISHES, &c.	1	2	3	4	5	6	7	8	9	10	11	12	13
565. Lake of Two Mountains	64	6	3	15	24	11	5	5722	2791	1900	869	22	2931
566. St. Augustin	255	21	12	33	118	60	11	21140	16381	11612	4696	73	4759
567. St. Benoit	242	53	11	25	88	55	10	18490	13267	8803	4374	90	5223
568. St. Canut	95	5	1	9	36	37	7	10212	5155	2934	2218	3	5057
569. St. Columban	126	......	.....	......	46	53	27	21395	5637	1757	3879	1	15758
570. St. Eustache, Village	99	74	4	6	7	4	4	15901	5162	4723	434	5	10739
571. St. Eustache, Parish	348	117	13	30	88	91	9	22334	17853	12409	5273	171	4481
572. St. Hermas	170	39	4	8	75	39	5	13562	11191	8094	3080	17	2371
573. St. Joseph du Lac	200	77	21	41	49	8	4	8205	6386	3559	2648	179	1819
574. St. Jérôme	35	7	1	6	16	5	.....	2144	1510	1099	406	5	634
575. St. Placide	160	42	5	26	38	46	3	11144	8029	5435	2463	131	3115
576. Ste. Scholastique, Village	11	......	.....	1	8	2	.....	945	754	443	307	4	191
577. Ste. Scholastique, Parish	444	151	7	27	163	80	16	30462	21729	15188	6422	119	8733
Total of Two Mountains	2249	592	82	227	756	491	101	181656	115845	77956	37069	820	65811

AGRICULTURAL PRODUCE FOR 1861.

TEMISCOUATA.

Cash value of Farm in Dollars.	Cash value of Farming Implements in Dollars.	Produce of Gardens and Orchards in Dollars.	Quantity of Land held by Townspeople, not being farmers.	Fall Wheat.		Spring Wheat.		Barley.		Rye.	
				Acres.	Minots.	Acres.	Minots.	Acres.	Minots.	Acres.	Minots.
14	15	16	17	18	19	20	21	22	23	24	25
16100	532	....	....	....	....	22	104	157	759	112	553
23525	917	....	....	....	....	53	531	257	5200	163	1762
52500	2048	50	....	....	....	56	499	36	574	43	424
429028	17132	2780	....	....	....	509	4185	487	7660	1085	12939
112930	4431	584	....	....	....	267	1641	153	1824	311	1773
64800	2521	371	....	....	....	109	645	184	1073	197	1212
366850	17150	1393	....	....	....	528	4466	355	3330	1239	10366
152016	9125	2333	....	....	....	385	3631	272	4996	972	10447
261376	5683	892	....	....	....	554	5023	264	3746	563	5624
85170	2767	275	....	....	....	63	454	103	634	444	2840
167356	6634	514	....	....	....	470	3481	248	2571	404	3053
70268	3838	371	....	....	....	74	814	315	3025	180	1523
451023	12952	190	....	....	....	861	5782	665	8984	1439	9642
144950	4720	178	....	....	....	38	255	782	4316	665	4838
2397892	90450	9031	....	....	....	3945	31511	4278	49192	8507	66096

TERREBONNE.

14	15	16	17	18	19	20	21	22	23	24	25
23720	1191	44	....	....	....	5	72	149	3907	30	462
130518	7271	1241	....	9	129	71	707	409	7181	165	1770
498541	29976	3076	17	74	533	381	3326	335	4284	62	477
284212	12990	569	....	93	679	252	2005	301	3695	60	515
529669	15413	2685	34	79	573	434	3539	503	5069	176	1334
118212	5828	10	....	6	44	71	803	186	2641	116	952
161336	9065	353	29	1	17	20	248	86	1408	3	42
656126	27698	2290	....	439	4339	190	1823	659	10430	148	1420
124656	4346	800	12	34	369	13	160	59	1332	12	137
348794	11715	1950	....	162	1466	78	771	269	4495	200	1008
312946	1680	2640	28	22	230	12	360	80	949	81	216
3188730	127178	15658	120	919	8379	1527	13814	3036	45391	1053	8333

TWO MOUNTAINS.

14	15	16	17	18	19	20	21	22	23	24	25
102756	3144	160	18	6	45	203	1761	68	823	1	11
738645	49948	5201	30	234	2902	520	6462	748	18104	9	99
365808	17958	2436	23	66	506	756	5501	599	8401	21	113
172743	9807	....	4	18	146	153	1500	106	1574	50	539
44807	3945	12	7	1	15	30	310	6	101	27	291
136301	3705	319	70	41	252	13	135	78	1187	5	16
709190	39622	2821	....	331	3003	413	3568	926	15859	132	1052
547771	15715	1513	29	31	254	666	5314	412	6968	35	385
223320	11265	4529	88	22	158	371	4551	234	3679	103	876
57732	1719	305	....	5	55	62	604	62	808	....	....
403110	29000	3972	35	26	307	497	4372	311	4909	55	470
4790	1580	598	....	12	46	67	448	33	413	2	18
925730	52782	3263	56	53	529	1467	14956	1163	14096	46	418
4432703	240190	25129	360	846	8218	5218	49482	4796	76922	486	4288

No. 12.—Lower Canada—Return of

COUNTY OF

	Peas.		Oats.		Buckwheat.		Indian Corn.		Potatoes.		Turnips.	
	Acres.	Minots.	Acres.	Minots.	Acres.	Minots.	Acres.	Minots.	Acres.	Minots.	Acres.	Minots.
	26	27	28	29	30	31	32	33	34	35	36	37
530.	59	291	44	286	....	....	....	....	6	300	2	202
540.	30	292	21	275	....	....	....	....	6	1550	2	280
541.	29	334	106	4196	....	....	....	....	29	4950	2	550
542.	486	3748	1229	22065	4	63	....	....	405	17832	....	....
543.	116	783	436	8034	2	18	....	....	130	18710	....	....
544.	282	1588	169	1751	....	2	....	....	102	13681	9	226
545.	405	3334	1206	19840	2	59	....	....	400	67941	6	469
546.	395	4446	465	7189	....	....	....	....	214	31115	26	2081
547.	109	1212	921	17595	....	....	....	....	277	47934	....	140
548.	319	2111	217	2280	....	....	....	....	98	13150	....	....
549.	239	1473	599	6335	2	20	....	....	177	31536	3	140
550.	152	1057	212	2714	118	859	....	....	115	8520	28	1263
551.	567	4374	1416	18046	2	31	....	....	414	65623	9	496
552.	402	2379	278	2077	....	....	....	....	110	10777	2	106
	3680	27422	7409	114673	130	1052	....	....	2483	383619	89	5953

COUNTY OF

	Peas. Acres.	Peas. Minots.	Oats. Acres.	Oats. Minots.	Buckwheat. Acres.	Buckwheat. Minots.	Indian Corn. Acres.	Indian Corn. Minots.	Potatoes. Acres.	Potatoes. Minots.	Turnips. Acres.	Turnips. Minots.
553.	14	230	173	4510	94	2163	....	....	748	9450	4	270
554.	113	1323	1223	24661	413	7176	....	....	242	22052	32	1429
555.	1161	11916	3542	45737	338	3304	6	108	851	14473	1	102
556.	475	5153	2530	34253	225	2658	1	10	222	16336	....	....
557. 558. }	488	4073	4803	64051	496	5668	19	314	534	43862	12	835
559.	202	1986	1035	27700	344	4549	....	....	268	23293	....	....
560.	116	1236	2009	30105	92	755	1	8	288	33971	8	652
561.	641	6470	3669	54925	215	4703	36	828	484	44553	7	1840
562.	24	405	177	3799	25	390	1	10	67	5910	3	1450
563.	586	5466	1950	30085	135	1949	18	145	152	13145	7	450
564.	40	423	264	5045	15	240	2	110	20	4106	1	115
	3860	38681	21975	324880	2392	33555	84	1533	3885	231151	75	7143

COUNTY OF

	Peas. Acres.	Peas. Minots.	Oats. Acres.	Oats. Minots.	Buckwheat. Acres.	Buckwheat. Minots.	Indian Corn. Acres.	Indian Corn. Minots.	Potatoes. Acres.	Potatoes. Minots.	Turnips. Acres.	Turnips. Minots.
565.	86	813	427	5705	97	850	87	1249	44	2172	....	....
569.	538	9226	4770	103917	380	7402	29	803	424	45888	....	....
567.	1441	6421	3312	40568	314	2150	32	488	186	12115	....	....
568.	94	1044	1592	26636	218	2669	8	119	175	23893	....	....
569.	17	123	957	13399	168	1663	6	44	264	17290	....	....
570.	74	940	295	4511	35	234	11	300	50	5129	1	25
571.	641	6588	4020	51530	494	6140	93	1454	431	35244	....	20
572.	436	5352	2835	41845	214	2460	25	346	177	14840	....	....
573.	186	2020	1124	17362	185	2918	37	1006	185	14722	....	46
574.	29	401	539	10496	13	211	....	2	11	848	3	48
575.	418	4991	1854	28347	187	1939	45	916	151	11044	....	....
576.	24	214	196	2615	15	171	....	....	7	1100	....	....
577.	822	8611	5372	95642	470	6141	27	576	381	46434	1	30
	4806	46746	27293	442573	2790	35248	400	7303	2486	230219	5	169

AGRICULTURAL PRODUCE FOR 1861.

TEMISCOUATA.—(*Continued.*)

Carrots, Minots.	Mangel Wurzel. Acres.	Mangel Wurzel. Minots.	Beans, Minots.	Clover, Timothy and other Grass Seeds, Minots.	Hay, Tons.	Hops, lbs.	Maple Sugar, lbs.	Cider, Gallons.	Wool, lbs.	Fulled Cloth, Yards.	Flannel, Yards.	Flax and Hemp, lbs.	Linen, Yards.
38	39	40	41	42	43	44	45	46	47	48	49	50	51
....	....	....	....	....	11	....	6300	....	146	129	95	12	13
....	....	....	....	1	45	....	9175	....	164	162	180	13	10
50	....	....	....	....	284	....	250	....	531	370	87	109	197
8	....	....	....	2	2371	....	50427	....	5441	4687	5907	2284	3468
....	....	....	....	....	722	....	10760	....	1720	1705	1305	744	1197
....	....	....	....	....	202	....	12385	....	1169	1048	1716	405	633
....	....	4	12	9	1346	....	8591	....	5378	3868	6054	2352	4652
....	....	....	....	....	646	....	6475	....	3742	3328	5029	226	3215
....	....	....	5	5	1509	....	27510	....	2481	2096	2562	2613	3104
....	....	....	....	....	471	....	8362	....	1805	963	1998	653	715
....	....	....	....	6	1013	....	14021	....	2956	2368	2781	1520	1401
....	....	....	....	....	219	....	24023	....	1225	1040	1574	427	386
....	....	....	....	....	1478	....	54070	....	8482	5313	7185	2503	3432
....	....	....	....	....	222	....	8492	....	1469	1149	2191	508	818
58	....	4	17	23	10539	....	240841	....	36709	28221	38667	14400	23241

TERREBONNE.—(*Continued.*)

Carrots, Minots.	Mangel Wurzel. Acres.	Mangel Wurzel. Minots.	Beans, Minots.	Clover, Timothy and other Grass Seeds, Minots.	Hay, Tons.	Hops, lbs.	Maple Sugar, lbs.	Cider, Gallons.	Wool, lbs.	Fulled Cloth, Yards.	Flannel, Yards.	Flax and Hemp, lbs.	Linen, Yards.
....	....	....	....	6	48	....	7960	....	142	75	120	106	108
6	....	....	3	77	716	....	9932	....	1333	781	708	1512	754
252	4	256	20	459	1258	....	14508	....	5368	2600	3536	2985	3693
24	1	20	....	81	729	1	12093	....	3091	2880	2363	2114	2578
476	....	76	26	81	2127	7	37245	30	7094	4416	3955	4296	3563
....	....	....	....	43	924	....	9048	....	1779	2798	1274	894	936
499	1	130	....	3	1112	9	3673	....	2581	1138	1297	500	619
1362	13	3323	....	81	1193	....	18720	....	5069	2671	2767	2234	2262
221	3	1500	10	31	164	....	640	....	275	125	89	....	110
1063	13	1878	95	62	821	....	3840	....	2805	1253	2029	1090	2123
175	1	50	7	....	248	....	300	....	268	54	63	200	700
4078	36	7233	161	927	9340	17	117959	30	29805	18789	18201	15931	17446

TWO MOUNTAINS.—(*Continued.*)

Carrots, Minots.	Mangel Wurzel. Acres.	Mangel Wurzel. Minots.	Beans, Minots.	Clover, Timothy and other Grass Seeds, Minots.	Hay, Tons.	Hops, lbs.	Maple Sugar, lbs.	Cider, Gallons.	Wool, lbs.	Fulled Cloth, Yards.	Flannel, Yards.	Flax and Hemp, lbs.	Linen, Yards.
221	....	230	90	6	454	....	6987	17	578	101	176	30	60
3069	6	1850	689	379	2679	38	19018	....	6360	3056	3640	5287	3791
1546	7	2201	33	497	1267	....	14445	....	4055	1999	2882	1846	1809
6	....	15	....	10	682	....	11601	....	1898	845	1065	320	1019
9	....	....	....	....	610	....	1155	....	1654	637	910	120	44
30	1	119	5	....	383	....	1000	....	....	....	....	....	....
243	5	2230	20	137	1352	....	28496	....	5201	2601	3603	1643	1229
1427	6	1008	34	269	1303	....	6434	....	5615	2338	3178	2276	1997
470	1	200	2	38	495	....	17730	....	2111	1016	1072	660	149
....	....	....	1	....	197	....	460	....	653	509	310	272	294
....	1	300	....	145	1105	....	5705	....	2839	1684	1510	1076	812
....	....	....	....	46	60	....	830	....	461	319	275	183	119
1176	11	1428	37	290	3041	....	38010	30	8062	5279	3920	4349	4919
8607	38	9580	911	1817	13628	38	152471	47	40087	20414	22541	18062	16242

No. 12.—Lower Canada—Return of

COUNTY OF

	Live Stock.											
	Bulls, Oxen and Steers.	Milch Cows.	Calves and Heifers.	Horses over 3 years old.	Value of same in Dollars.	Colts and Fillies.	Sheep.	Pigs.	Total value of Live Stock.	Butter, lbs.	Cheese, lbs.	Beef in Barrels of 200 lbs.
	52	53	54	55	56	57	58	59	60	61	62	63
539..	4	26	10	15	1142	5	60	33	2445	1220	....	4
540..	21	35	5	25	1369	4	76	47	2586	100	....	....
541..	64	218	79	114	9690	14	218	220	14827	3570	....	8
542..	524	1058	685	516	45795	105	2844	1444	57754	52487	....	194
543..	24	252	200	110	7209	37	578	240	15949	12078	24	112
544..	7	171	162	130	11201	20	425	229	13687	10271	....	143
545..	763	703	587	337	25286	144	1775	678	34651	41896	....	353
546..	23	692	688	313	18972	100	1625	570	19814	34079	....	5
547..	38	439	252	256	12368	74	1044	465	31817	18834	....	165
548..	195	188	174	103	8040	27	554	205	8566	9240	....	101
549..	422	411	355	189	13000	64	1036	391	30464	21502	....	7
550..	11	161	121	125	8403	11	435	335	15900	7239	....	128
551..	649	1124	674	498	37219	129	2858	852	34063	49150	....	364
552..	60	221	150	142	10355	23	532	285	16851	8287	....	102
	2805	5699	4142	2873	210115	757	14060	5994	299374	269953	24	1680

COUNTY OF

	52	53	54	55	56	57	58	59	60	61	62	63
553..	83	73	61	46	1905	5	64	86	3752	2865	....	3
554..	380	451	287	284	12683	31	542	422	18897	25125	....	47
555..	892	825	571	501	37561	186	1650	757	69007	31756	250	126
556..	773	616	482	393	30046	155	1116	441	41856	25668	249	121
557..	....	[illegible]	....	83	....	....	120	60	8647	....	....	....
558..	932	1522	1043	806	33987	296	2299	880	90551	78059	30	301
559..	524	596	502	679	11809	90	835	476	21149	23365	....	....
560..	279	782	465	308	15413	191	666	275	37384	47642	892	188
561..	699	1070	476	591	38035	251	1505	862	47961	48049	400	95
562..	79	207	36	110	3560	79	100	144	16175	17988	....	90
563..	524	602	415	305	26437	136	947	346	41352	23222	410	131
564..	24	53	27	32	3010	36	68	26	3609	3386	125	7
	5189	6989	4365	4138	214446	1456	9912	4775	400340	327125	2350	1109

COUNTY OF

	52	53	54	55	56	57	58	59	60	61	62	63
565..	135	171	169	114	4965	47	186	199	13708	8250	....	30
566..	1100	1005	822	726	39513	315	1646	724	88431	65257	537	162
567..	817	724	802	520	26990	247	1446	728	59820	37196	458	219
568..	498	425	346	217	13485	117	691	309	30752	17481	850	62
569..	161	417	286	157	7102	106	592	313	16030	20709	300	74
570..	19	133	5	130	10400	5	23	83	12983	2885	60	8
571..	1167	991	985	674	42324	381	1593	1098	93542	51827	2061	262
572..	213	714	641	383	41945	226	1292	626	17909	35756	324	204
573..	390	406	184	289	13693	101	768	330	31101	18015	580	96
574..	119	115	102	63	3667	35	251	82	6000	5265	....	15
575..	534	495	402	325	22167	154	806	496	52252	27795	156	83
576..	52	114	48	95	6650	21	133	68	10531	3950	....	11
577..	522	1431	1298	866	78136	488	2493	1073	135763	115725	100	414
	5727	7141	6090	4559	311037	2243	11920	6129	568822	410711	5426	1640

Agricultural Produce for 1861.

TEMISCOUATA.—(*Continued.*)

Pork in Barrels of 200 lbs.	Fish.			Carriages kept for pleasure.	Value of same in Dollars.	Carriages kept for hire.	Value of same in Dollars.	Minerals.			
	Dried in Quintals.	Salted and Barrelled.	Sold Fresh, lbs.					Copper ore mined, Tons.	Value.	Iron ore mined, Tons.	Value.
64	65	66	67	68	69	70	71	72	73	74	75
20	.....	.....	.....	.....	.....	.....	.....	.....	.....	.....	.....
.....	.....	.....	.....	.....	.....	.....	.....	.....	.....	.....	.....
43	.....	110	.....	124	4332	13	400	.....	.....	.....	.....
33	129	1396	527	272	7886	.....	.....	.....	.....	.....	.....
171	.....	18	.....	113	2460	.....	.....	.....	.....	.....	.....
180	.....	.....	.....	116	1260	.....	.....	.....	.....	.....	.....
635	.....	240	.....	443	9070	8	101	.....	.....	.....	.....
204	.....	375	1117	213	5752	.....	.....	.....	.....	.....	.....
543	.....	.....	.....	192	4036	.....	.....	.....	.....	.....	.....
161	.....	82	.....	85	1582	.....	.....	.....	.....	.....	.....
162	.....	86	.....	247	4580	4	17	.....	.....	.....	.....
154	.....	21	.....	96	1570	3	25	.....	.....	.....	.....
643	5	349	637	638	13492	.....	.....	.....	.....	.....	.....
188	.....	18	.....	76	1307	.....	.....	.....	.....	.....	.....
3137	134	2695	2281	2615	57333	28	543	.....	.....	.....	.....

TERREBONNE.—(*Continued.*)

64	65	66	67	68	69	70	71	72	73	74	75
44	.....	.....	.....	9	148	.....	.....	.....	.....	.....	.....
253	.....	.....	.....	59	1741	.....	.....	.....	.....	.....	.....
493	.....	.....	.....	357	10191	5	61	.....	.....	.....	.....
347	.....	.....	.....	165	3726	.....	.....	.....	.....	.....	.....
.....	.....	.....	.....	150	3774	78	823	.....	.....	.....	.....
886	.....	.....	.....	582	8892	2	20	.....	.....	.....	.....
158	.....	.....	.....	58	1116	26	213	.....	.....	.....	.....
269	.....	.....	.....	135	2656	.....	.....	.....	.....	.....	.....
413	.....	.....	.....	243	9839	.....	.....	.....	.....	.....	.....
193	.....	.....	.....	47	2788	20	144	.....	.....	.....	.....
229	.....	.....	.....	245	6494	6	30	.....	.....	.....	.....
30	.....	.....	.....	153	5498	29	567	.....	.....	.....	.....
3315	.....	.....	.....	2203	56863	166	1858	.....	.....	.....	.....

TWO MOUNTAINS.—(*Continued.*)

64	65	66	67	68	69	70	71	72	73	74	75
83	.....	.....	.....	53	1699	.....	.....	.....	.....	.....	.....
549	.....	.....	.....	435	11851	43	453	.....	.....	.....	.....
612	.....	.....	.....	231	6903	.....	.....	.....	.....	.....	.....
221	.....	.....	.....	66	1453	.....	.....	.....	.....	.....	.....
211	.....	.....	.....	20	544	.....	.....	.....	.....	.....	.....
13	.....	.....	.....	72	3309	38	833	.....	.....	.....	.....
841	.....	.....	.....	476	11440	.....	.....	.....	.....	.....	.....
595	.....	.....	.....	303	8727	20	202	.....	.....	.....	.....
204	.....	.....	.....	179	3624	1	10	.....	.....	.....	.....
64	.....	.....	.....	17	530	.....	.....	.....	.....	.....	.....
282	.....	.....	.....	201	6631	1	24	.....	.....	.....	.....
91	.....	.....	.....	201	3753	8	90	.....	.....	.....	.....
1167	.....	.....	.....	616	23777	.....	.....	.....	.....	.....	.....
4933	.....	.....	.....	2870	84241	111	1612	.....	.....	.....	.....

No. 12.—Lower Canada—Return of

COUNTY OF

TOWNSHIPS, PARISHES, &c.	Occupiers of Lands. Total.	10 acres and under.	10 to 20.	20 to 50.	50 to 100.	100 to 200.	Upwards of 200.	Lands—Acres. Amount held in Acres.	Under cultivation.	Under crops.	Under pasture.	Under Gardens and Orchards.	Wood and Wild Lands.
	1	2	3	4	5	6	7	8	9	10	11	12	13
578. Isle Perrot	74	......	1	3	27	37	6	8944	6794	4011	1801	82	2150
579. Newton	123	4	5	50	48	16	.....	9036	4012	2290	1696	26	5024
580. Ste. Marthe	315	7	12	77	163	50	6	21205	11787	8692	3002	93	9418
581. Rigaud	337	3	2	27	174	114	17	37818	23074	13303	9505	266	14741
582. Vaudreuil, Village	......	......	.....	......	......	......	.....	....	....	....	....	......	....
583. Vaudreuil	305	8	10	57	130	78	22	42832	23474	17486	5723	265	19358
Total of Vaudreuil	1154	22	30	214	542	295	51	119835	69141	46682	21727	732	50691

COUNTY OF

TOWNSHIPS, PARISHES, &c.	1	2	3	4	5	6	7	8	9	10	11	12	13
584. Belœil	230	69	3	11	58	77	18	20149	16249	10834	5300	115	3900
585. Contrecœur	237	14	17	40	122	40	4	17308	11681	7526	4082	73	5627
586. St. Antoine	245	62	.....	13	100	63	7	18879	16212	12547	3408	257	2667
587. Ste. Julie	153	1	4	22	81	40	5	13244	9785	5677	3995	113	3459
588. St. Marc	183	59	5	3	32	58	26	17453	13041	8815	4134	92	4412
589. Varennes	285	14	15	22	90	120	24	33201	23[illegible]73	15706	7926	241	9328
590. Verchères	292	53	2	20	60	126	31	30667	17768	14103	3587	78	7899
Total of Verchères	1631	272	46	131	543	524	115	150901	108609	75208	32432	969	37292

COUNTY OF

TOWNSHIPS, PARISHES, &c.	1	2	3	4	5	6	7	8	9	10	11	12	13
592. Dudswell	124	6	1	25	44	37	11	14331	5044	3[illegible]69	1972	3	9287
593. Garthby	46	......	1	33	7	5	.....	3212	913	658	255	......	2299
594. Ham, South	43	......	1	18	14	8	2	4057	1399	940	459	......	2658
595. Ham	98	3	3	2	46	39	5	14533	1244	850	394	......	13289
596. St. Camille	76	......	.....	26	32	10	8	8751	2031	1525	506	......	6720
597. Stratford	67	......	.....	24	30	8	5	6950	1454	1132	316	6	5496
598. Weedon	110	1	.....	37	53	17	2	10044	2803	2061	695	47	7241
599. Wotton	283	1	1	142	93	38	8	23513	7265	5396	1858	11	16248
600. Wolfestown	266	1	.....	67	155	39	4	26156	4414	2873	1530	11	21742
Total of Wolfe	1113	12	7	374	474	201	45	111547	26567	18504	7985	78	84980

COUNTY OF

TOWNSHIPS, PARISHES, &c.	1	2	3	4	5	6	7	8	9	10	11	12	13
601. La Baie	324	18	11	25	70	149	51	41640	2[illegible]311	13134	10937	240	17329
602. Pierreville	335	57	27	72	93	68	18	25131	12031	8420	3558	53	13100
603. St. David	443	11	29	190	159	38	16	30077	12644	9188	3272	184	17433
604. St. François	303	51	24	63	88	58	19	22364	8635	6570	2006	59	13729
605. St. Michel	326	107	5	38	69	75	32	27302	14657	10523	4020	114	12735
606. St. Zéphirin	217	......	1	21	130	54	11	23285	6088	4512	1548	28	17197
Total of Yamaska	1948	244	97	409	609	442	147	169889	78366	52347	25341	678	9[illegible]523

AGRICULTURAL PRODUCE FOR 1861.

VAUDREUIL.

Cash value of Farm in Dollars.	Cash value of Farming Implements in Dollars.	Produce of Gardens and Orchards in Dollars.	Quantity of Land held by Townspeople, not being farmers.	Fall Wheat.		Spring Wheat.		Barley.		Rye.	
				Acres.	Minots.	Acres.	Minots.	Acres.	Minots.	Acres.	Minots.
14	15	16	17	18	19	20	21	22	23	24	25
275340	9683	3211	361	3	50	509	4775	860	10858	50	446
118659	8645	693	200	3	6	646	6076	89	1320	87	636
771494	28110	3567	53	......	......	1804	20731	280	5010	105	2058
815300	46395	6631	210	......	......	2238	22407	509	7945	156	1752
......	......	......	303	......	......	......	......	......	......	......	......
1090140	55600	6952	77	27	98	1671	12126	1835	27441	826	7563
3070993	148433	21054	1204	33	154	6958	66115	3573	52574	1314	12455

VERCHÈRES.

14	15	16	17	18	19	20	21	22	23	24	25
695713	21578	4302	4	......	......	682	6387	1310	22831	2	18
482730	14530	2297	83	......	......	306	3296	440	8649	582	5005
691740	33815	3765	......	......	......	239	1859	961	15398	8	49
337210	11447	1820	195	......	......	558	4887	390	5680	35	280
504931	20857	3286	2	......	......	641	5073	875	13960	32	167
1167284	39607	3682	150	......	......	612	5230	1899	31544	11	122
849310	24047	3508	26	......	......	598	5375	1416	20530	14	235
4728918	165881	22660	469	......	......	3636	33007	7291	118592	684	5876

WOLFE.

14	15	16	17	18	19	20	21	22	23	24	25
108615	3287	5	......	1	12	70	954	20	418	31	483
15605	1000	......	......	1	7	16	138	23	315	48	458
22240	703	......	......	......	......	26	370	15	293	3	46
36849	837	......	......	1	25	95	1850	71	1700	40	858
23140	1625	......	......	1	6	48	479	78	1042	42	458
26160	931	176	......	1	20	73	827	81	1407	21	269
50906	1796	463	......	......	......	57	613	123	2530	......	......
164260	7655	839	29	......	......	119	1482	155	2319	181	2185
77526	2277	322	......	......	......	79	927	195	2732	158	2069
525301	20111	1805	29	5	70	583	7640	761	12756	533	6826

YAMASKA.

14	15	16	17	18	19	20	21	22	23	24	25
791838	34030	5567	49	......	......	1779	21727	157	3071	18	230
361851	12627	2738	4	......	......	843	8608	126	1829	333	3673
531008	15959	1399	267	4	12	1547	14916	206	2594	157	1572
385857	25913	3157	......	......	......	676	7144	52	951	393	4310
471584	11784	1914	1914	......	10	1052	7640	168	2507	416	3496
202980	4854	347	1656	......	......	1147	8865	63	609	28	176
2745118	105167	15122	3890	4	22	7044	68900	772	11501	1345	13457

No. 12.—Lower Canada—Return of

COUNTY OF

	Peas.		Oats.		Buckwheat.		Indian Corn.		Potatoes.		Turnips.	
	Acres.	Minots.	Acres.	Minots.	Acres.	Minots.	Acres.	Minots.	Acres.	Minots.	Acres.	Minots.
	26	27	28	29	30	31	32	33	34	35	36	37
578.	1033	12549	1530	23750	228	2448	15	191	118	9976	1	141
579.	446	4279	887	15543	137	999	18	253	73	5326	....	2
580.	1163	21407	1984	19211	282	2736	67	1274	191	19437	16	2073
581.	1981	27005	4363	90400	347	5651	94	2485	241	25645	1	10
582.	....	....	....	....	....	....	....	....	....	....	....	....
583.	1562	17929	4548	72201	436	3713	117	2731	442	40228	3	975
	6185	83169	13312	221165	1430	15547	311	6934	1065	100612	21	3401

COUNTY OF

	26	27	28	29	30	31	32	33	34	35	36	37
584.	3036	34299	5909	40507	86	783	56	990	146	18264	1	9
585.	784	9987	2967	51196	50	623	57	1048	166	21938	....	....
586.	2051	27072	3901	72069	16	203	77	1008	206	20951	....	3
587.	1253	12372	2460	39395	20	348	10	515	55	10966	....	....
588.	1121	17119	2579	37876	40	406	67	1329	73	14186	1	9
589.	2005	19366	6439	93287	38	453	110	1805	172	22893	....	....
590.	3500	32004	5350	75200	27	390	66	1063	159	20117	....	....
	13750	152219	29605	409530	277	3206	443	7758	997	129365	2	21

COUNTY OF

	26	27	28	29	30	31	32	33	34	35	36	37
592.	17	269	505	15777	409	11228	10	243	91	13417	23	4931
593.	15	83	116	1803	95	1666	....	....	42	4406	3	265
594.	5	92	97	2287	112	2630	....	....	39	4290	15	1476
595.	6	113	112	4410	99	5485	2	10	141	20253	....	....
596.	9	80	170	3053	252	3702	....	....	85	7891	33	2087
597.	8	56	123	2050	80	1216	....	....	61	6365	10	755
598.	49	467	271	5941	382	7201	....	....	110	12648	28	2691
599.	100	1074	772	18526	538	10462	....	....	246	27174	58	4255
600.	33	242	453	7696	466	9873	....	....	253	21732	59	3594
	242	2476	2619	61552	2433	53463	12	253	1068	118176	229	20054

COUNTY OF

	26	27	28	29	30	31	32	33	34	35	36	37
601.	906	11650	5130	111000	414	7081	49	1091	303	39878	....	....
602.	408	3532	3904	70456	505	7667	101	1638	285	37199	2	222
603.	715	7242	2821	44967	434	5682	44	483	319	27780	22	1650
604.	320	4109	2372	44439	409	5213	71	1071	205	26184	2	834
605.	567	5294	3720	58259	509	5698	56	762	247	30344	7	620
606.	722	6133	1414	24423	202	2555	6	94	196	23321	43	508
	3734	37060	19370	353544	2473	33896	327	5139	1555	184700	81	3834

Agricultural Produce for 1861.

VAUDREUIL.—(*Continued.*)

Carrots, Minots.	Mangel Wurzel. Acres.	Mangel Wurzel. Minots.	Beans, Minots.	Clover, Timothy and other Grass Seeds, Minots.	Hay, Tons.	Hops, lbs.	Maple Sugar, lbs.	Cider, Gallons.	Wool, lbs.	Fulled Cloth, Yards.	Flannel, Yards.	Flax and Hemp, lbs.	Linen, Yards.
38	39	40	41	42	43	44	45	46	47	48	49	50	51
15	....	15	1	2	548	10	3875	....	2079	782	985	....	74
....	....	....	....	1	338	....	13307	....	1907	846	1312	170	91
1007	1	254	49	3	981	164	13240	15	4464	2058	3380	872	421
420	1	226	37	3	1894	15	12380	....	7749	4748	5575	900	....
....	....	....	....	....	....	....	....	....	....	....	....	....	....
2350	4	1340	81	20	2203	....	2370	....	5636	1461	2614	90	74
3792	6	1835	168	29	5964	189	45172	15	21835	9895	13866	2032	660

VERCHERES.—(*Continued.*)

Carrots, Minots.	Mangel Wurzel. Acres.	Mangel Wurzel. Minots.	Beans, Minots.	Clover, Timothy and other Grass Seeds, Minots.	Hay, Tons.	Hops, lbs.	Maple Sugar, lbs.	Cider, Gallons.	Wool, lbs.	Fulled Cloth, Yards.	Flannel, Yards.	Flax and Hemp, lbs.	Linen, Yards.
203	10	2159	3	12	1023	....	9256	....	5883	2493	2745	3672	1640
331	2	256	....	2	1863	24	23461	....	5296	2726	3973	4835	3412
7	21	524	....	10	1500	....	7876	....	6925	2579	3706	4014	5157
....	....	88	....	....	429	....	625	....	3173	1636	1697	1219	1246
203	10	2159	3	12	1023	....	9508	....	4432	2385	3409	1935	2944
25	5	2684	31	10	2533	....	23461	....	5296	2726	3973	4835	3412
....	8	2583	....	5	2272	....	15212	....	7939	3544	4337	25549	4162
769	56	10453	37	51	10643	24	89390	....	38944	18089	23840	46059	21973

WOLFE.—(*Continued.*)

Carrots, Minots.	Mangel Wurzel. Acres.	Mangel Wurzel. Minots.	Beans, Minots.	Clover, Timothy and other Grass Seeds, Minots.	Hay, Tons.	Hops, lbs.	Maple Sugar, lbs.	Cider, Gallons.	Wool, lbs.	Fulled Cloth, Yards.	Flannel, Yards.	Flax and Hemp, lbs.	Linen, Yards.
284	1	8	20	18	1038	....	43752	....	2481	873	2432	35	....
7	1	24	1	28	139	....	6805	....	291	163	117	37	8
8	....	....	1	5	271	....	4210	....	479	172	452	68	63
....	....	....	....	....	274	....	4677	....	29	255	250	1416	20
....	....	....	....	11	232	....	8255	....	536	227	423	285	262
2	....	....	....	2	239	....	6337	....	240	92	329	142	85
7	1	4	20	4	467	....	34191	....	1239	873	687	524	476
123	....	....	4	8	1071	....	29675	....	2087	1892	2050	1945	1668
1	3	78	3	4	789	5	23473	....	1107	492	636	935	223
432	6	114	49	80	4520	5	161375	....	8489	5039	7376	5387	2805

YAMASKA.—(*Continued.*)

Carrots, Minots.	Mangel Wurzel. Acres.	Mangel Wurzel. Minots.	Beans, Minots.	Clover, Timothy and other Grass Seeds, Minots.	Hay, Tons.	Hops, lbs.	Maple Sugar, lbs.	Cider, Gallons.	Wool, lbs.	Fulled Cloth, Yards.	Flannel, Yards.	Flax and Hemp, lbs.	Linen, Yards.
....	....	....	....	480	5137	....	48430	....	12727	7233	8487	7833	9685
64	....	....	153	13	2452	52	31508	....	5290	3270	4818	5387	5820
64	4	68	69	37	840	15	20973	....	5355	3947	3999	1583	7153
8	....	....	151	14	1983	5	27840	....	3538	2344	3680	5963	6966
75	5	185	129	18	1437	....	12597	....	4084	3251	2996	6998	7841
17	....	....	4	102	698	....	21222	....	3306	2396	2269	2488	4134
228	9	253	506	664	12547	72	162570	....	34300	22441	26249	30252	41599

No. 12.—LOWER CANADA—RETURN OF

COUNTY OF

	Live Stock.											
	Bulls, Oxen and Steers.	Milch Cows.	Calves and Heifers.	Horses over 3 years old.	Value of same in Dollars.	Colts and Fillies.	Sheep.	Pigs.	Total value of Live Stock.	Butter, lbs.	Cheese, lbs.	Beef in Barrels of 200 lbs.
	52	53	54	55	56	57	58	59	60	61	62	63
578..	419	376	348	280	17829	169	652	463	41593	8759	....	14
579..	323	344	325	234	11040	115	699	427	26820	13139	1786	72
580..	792	799	489	547	31346	201	1274	781	71676	44255	3020	319
581..	28	1397	1228	850	50175	369	2691	1458	128651	116210	450	436
582..	....	76	....	62	....	....	7	46	5535	....	....	....
583..	1277	1342	1346	859	56655	414	1732	1155	121501	73425	3320	266
	2839	4334	3736	2832	167045	1268	7055	4330	398776	255788	8576	1107

COUNTY OF

	52	53	54	55	56	57	58	59	60	61	62	63
584..	893	949	808	605	37114	271	1749	683	82396	27783	605	77
585..	799	802	611	571	28576	260	1829	772	63279	21529	205	160
586..	1239	999	976	643	49710	286	2327	681	94843	35926	194	266
587..	519	550	415	416	32795	194	1174	573	15460	23070	....	103
588..	69	834	713	500	33728	205	1286	523	62959	27384	640	201
589..	799	802	611	571	28576	260	1829	772	63279	21529	205	160
590..	92	1269	992	958	56613	480	3592	1041	94665	30775	....	310
	4110	6205	5126	4354	267112	1956	13786	5045	476881	187996	1849	1277

COUNTY OF

	52	53	54	55	56	57	58	59	60	61	62	63
592..	136	260	380	102	7892	38	668	166	27403	19980	4235	86
593..	19	50	70	30	1447	9	129	96	4295	1889	50	8
594..	34	64	95	28	1685	7	152	43	5973	5185	....	23
595..	147	65	20	55	5208	1	436	87	10573	537	200	....
596..	55	93	148	51	2554	21	236	127	8034	2280	....	18
597..	63	80	95	25	1891	9	93	121	6621	2261	....	1
598..	105	158	232	72	3770	29	396	258	15820	5854	....	44
599..	145	326	458	162	8662	57	792	376	29593	16053	50	26
600..	102	227	233	190	7294	31	428	373	20378	24807	1554	6
	806	1323	1731	715	40403	205	3330	1647	129590	78855	9089	212

COUNTY OF

	52	53	54	55	56	57	58	59	60	61	62	63
601..	1402	1683	1342	860	46687	206	4971	1194	109037	75637	....	408
602..	162	907	916	505	28687	144	2308	932	64833	22248	....	199
603..	1119	992	693	716	37006	183	2351	1157	70108	21480	45	222
604..	851	750	703	451	19645	138	1956	857	17657	18666	....	155
605..	1139	963	1294	597	30941	278	2635	1025	65564	22336	55	205
606..	1217	522	432	300	15568	93	1345	511	32097	16540	....	137
	5920	5818	5380	3429	178534	1012	15566	5676	389386	176907	100	1326

AGRICULTURAL PRODUCE FOR 1861.

VAUDREUIL.—(*Continued.*)

Pork in Barrels of 200 lbs.	Fish.			Carriages kept for pleasure.	Value of same in Dollars.	Carriages kept for hire.	Value of same in Dollars.	Minerals.			
	Dried in Quintals.	Salted and Barrelled.	Sold Fresh, lbs.					Copper ore mined, Tons.	Value.	Iron ore mined, Tons.	Value.
64	65	66	67	68	69	70	71	72	73	74	75
217				170	5246	16	119				
233				122	3188						
932				453	9593						
1262				744	22541						
				89	2974						
863				611	17351	59	406				
3507				2189	60893	75	525				

VERCHÈRES.—(*Continued.*)

64	65	66	67	68	69	70	71	72	73	74	75
408				696	15497	6	40				
682				532	9068	27	117				
678				751	18401						
297				398	5832						
498				541	15006						
682				532	9068	67	351				
952				896	18960	10	105				
4197				4346	91832	110	613				

WOLFE.—(*Continued.*)

64	65	66	67	68	69	70	71	72	73	74	75
175				97	2864						
40				4	96						
45				33	622						
30											
90				7	106						
39				10	176						
135				45	1167						
232				129	2018						
202				95	853						
988				420	7902						

YAMASKA.—(*Continued.*)

No. 12.—Lower Canada—Return of

CITY OF

TOWNSHIPS, PARISHES, &c.	Occupiers of Lands.							Lands—Acres.					
	Total.	10 acres and under.	10 to 20.	20 to 50.	50 to 100.	100 to 200.	Upwards of 200.	Amount held in Acres.	Under cultivation.	Under crops.	Under pasture.	Under Gardens and Orchards.	Wood and Wild Lands.
	1	2	3	4	5	6	7	8	9	10	11	12	13
A. City of Montreal	......	......	......	......	......	......	......	......	......	......	......	......	......

CITY OF

TOWNSHIPS, PARISHES, &c.	1	2	3	4	5	6	7	8	9	10	11	12	13
B. City of Quebec	......	......	......	......	......	......	......	......	......	......	......	......	......

CITY OF

TOWNSHIPS, PARISHES, &c.	1	2	3	4	5	6	7	8	9	10	11	12	13
C. City of Three Rivers	80	4	6	24	28	11	7	7094	5029	3831	1182	16	2065

TOWN OF

TOWNSHIPS, PARISHES, &c.	1	2	3	4	5	6	7	8	9	10	11	12	13
25. Ascott	236	2	3	12	75	130	14	28683	12369	7501	4854	14	16314
26. Orford	116	5	2	7	41	39	22	13631	3579	2585	980	14	10052
27. 28. 29. } Sherbrooke, Town of	20	3	1	1	5	3	7	3252	1959	828	1123	8	1293
Total of Sherbrooke	372	10	6	20	121	172	43	45566	17907	10914	6957	36	27659

AGRICULTURAL PRODUCE FOR 1861.

MONTREAL.

Cash value of Farm in Dollars.	Cash value of Farming Implements in Dollars.	Produce of Gardens and Orchards in Dollars.	Quantity of Land held by Townspeople, not being farmers.	FALL WHEAT.		SPRING WHEAT.		BARLEY.		RYE.	
				Acres.	Minots.	Acres.	Minots.	Acres.	Minots.	Acres.	Minots.
14	15	16	17	18	19	20	21	22	23	24	25
...	...	...	703	...	...	...	...	...	...	...	...

QUEBEC.

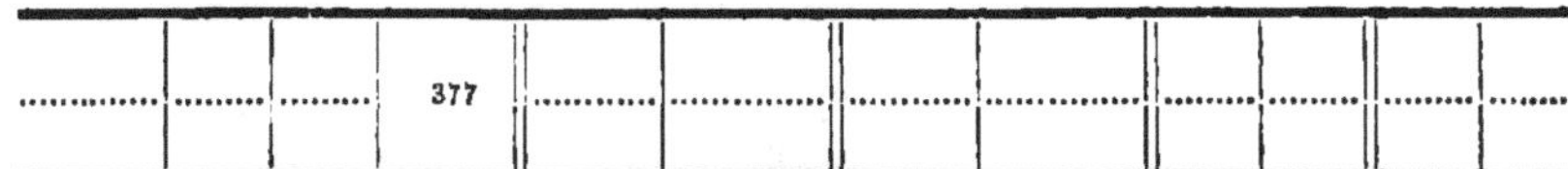

14	15	16	17	18	19	20	21	22	23	24	25
...	...	...	377	...	...	...	...	...	...	...	...

THREE RIVERS.

14	15	16	17	18	19	20	21	22	23	24	25
305452	9279	611	110	...	15	220	3427	59	1308	37	336

SHERBROOKE.

14	15	16	17	18	19	20	21	22	23	24	25
380470	22457	2004	100	1	32	180	3298	129	3081	72	1208
107500	3864	788	...	...	...	27	545	52	1330	5	119
179075	1615	482	280	...	...	9	168	6	140	1	25
667045	27936	3274	380	1	32	216	4011	187	4551	78	1352

No. 12.—Lower Canada—Return of

CITY OF

	Peas.		Oats.		Buckwheat.		Indian Corn.		Potatoes.		Turnips.	
	Acres.	Minots.	Acres.	Minots.	Acres.	Minots.	Acres.	Minots.	Acres.	Minots.	Acres.	Minots.
	26	27	28	29	30	31	32	33	34	35	36	37
A. ..	....	....	....	....	....	....	....	....	....	....	....	....

CITY OF

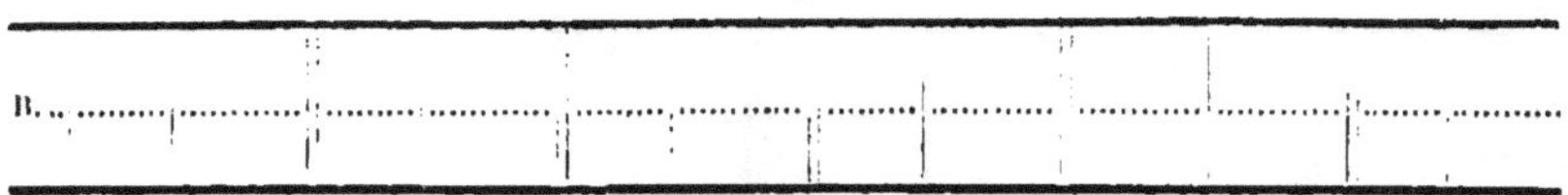

B. ..	....	....	....	....	....	....	....	....	....	....	....	....

CITY OF

C. ..	69	1220	1372	33334	134	2528	8	153	99	12945	15	5381

TOWN OF

25.	32	719	1357	39777	474	11758	85	2736	284	41560	44	11899
26.	10	175	349	10839	182	4886	8	213	132	15652	12	3375
27. 28. 29. }	1	22	157	5320	40	1225	4	135	19	3635	7	2375
	43	916	1863	55936	696	17869	97	3084	435	60847	63	17649

AGRICULTURAL PRODUCE FOR 1861.

MONTREAL.—(*Continued.*)

Carrots, Minots.	Mangel Wurzel. Acres.	Mangel Wurzel. Minots.	Beans, Minots.	Clover, Timothy and other Grass Seeds, Minots.	Hay, Tons.	Hops, lbs.	Maple Sugar, lbs.	Cider, Gallons.	Wool, lbs.	Fulled Cloth, Yards.	Flannel, Yards.	Flax and Hemp, lbs.	Linen, Yards.
38	39	40	41	42	43	44	45	46	47	48	49	50	51
....	....	....	....	....	....	....	....	....	....	....	....	....	....

QUEBEC.—(*Continued.*)

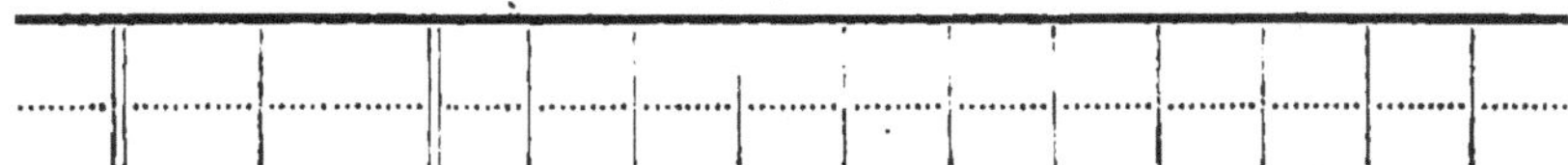

38	39	40	41	42	43	44	45	46	47	48	49	50	51
....	....	....	....	....	....	....	....	....	....	....	....	....	....

THREE RIVERS.—(*Continued.*)

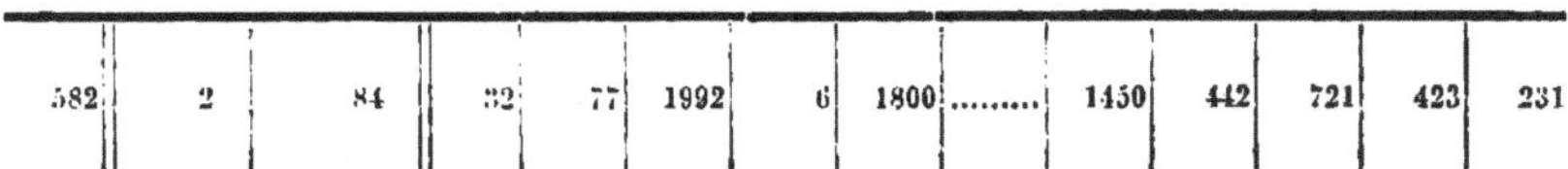

38	39	40	41	42	43	44	45	46	47	48	49	50	51
582	2	84	32	77	1992	6	1800	....	1450	442	721	423	231

SHERBROOKE.—(*Continued.*)

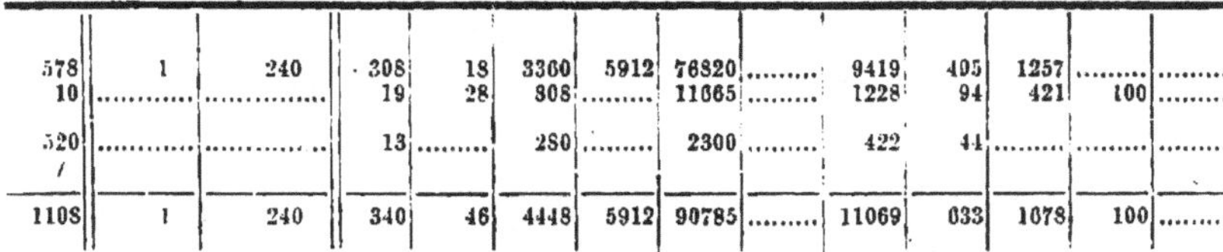

38	39	40	41	42	43	44	45	46	47	48	49	50	51
578	1	240	308	18	3360	5912	76820	....	9419	405	1257	....	....
10	....	....	19	28	808	....	11665	....	1228	94	421	100	....
520	....	....	13	....	280	....	2300	....	422	44	....	....	....
/													
1108	1	240	340	46	4448	5912	90785	....	11069	033	1678	100	....

No. 12.—Lower Canada—Return of

CITY OF

	Live Stock.											
	Bulls, Oxen and Steers.	Milch Cows.	Calves and Heifers.	Horses over 3 years old.	Value of same in Dollars.	Colts and Fillies.	Sheep.	Pigs.	Total value of Live Stock.	Butter, lbs.	Cheese, lbs.	Beef in Barrels of 200 lbs.
	52	53	54	55	56	57	58	59	60	61	62	63
A ...	....	2160	....	2892	....	....	91	2644	302264	....	....	....

CITY OF

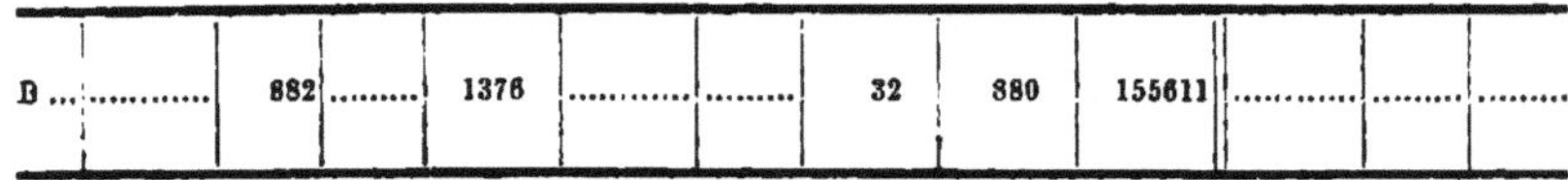

	52	53	54	55	56	57	58	59	60	61	62	63
B ...	....	882	....	1376	....	....	32	880	155611	....	....	....

CITY OF

	52	53	54	55	56	57	58	59	60	61	62	63
C ...	416	533	....	630	10362	24	472	438	57776	19732	300	68

TOWN OF

	52	53	54	55	56	57	58	59	60	61	62	63
25...	249	663	1017	357	22825	115	2208	333	73791	63010	9490	663
26...	89	197	245	124	7872	32	488	119	20756	12056	260	71
27... 28... 29...	28	233	67	200	2850	20	117	57	36917	3550	150	25
	366	1093	1326	681	33547	167	2813	509	131464	78616	9900	759

AGRICULTURAL PRODUCE FOR 1861.

MONTREAL.—(*Continued.*)

Pork in Barrels of 200 lbs.	Fish.			Carriages kept for pleasure.	Value of same in Dollars.	Carriages kept for hire.	Value of same in Dollars.	Minerals.			
	Dried in Quintals.	Salted and Barrelled.	Sold Fresh, lbs.					Copper ore mined, Tons.	Value.	Iron ore mined, Tons.	Value.
64	65	66	67	68	69	70	71	72	73	74	75
...	...	...	...	1432	119965	1248	59776	...	...	...	...

QUEBEC.—(*Continued.*)

64	65	66	67	68	69	70	71	72	73	74	75
...	...	...	...	1015	82010	953	44023	...	...	...	...

THREE RIVERS.—(*Continued.*)

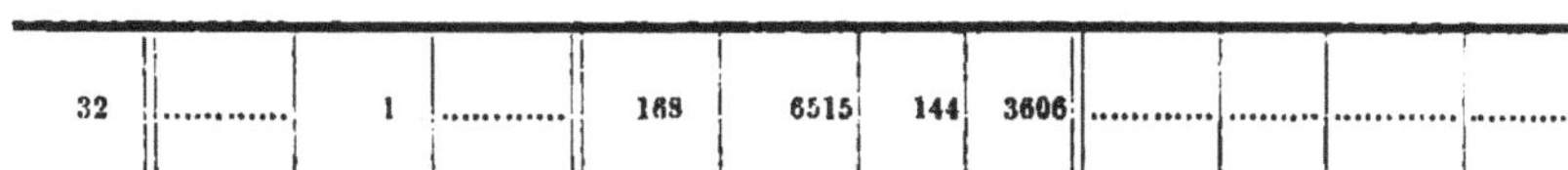

64	65	66	67	68	69	70	71	72	73	74	75
32	...	1	...	168	6515	144	3606	...	...	...	...

SHERBROOKE.—(*Continued.*)

64	65	66	67	68	69	70	71	72	73	74	75
453	...	...	...	343	12932	12	225	...	...	...	...
138	...	...	...	38	1150	...	...	...	...	...	...
30	...	...	...	186	8260	10	300	...	...	...	...
621	...	...	...	567	22342	22	525	...	...	...	...

GENERAL ABSTRACT OF AGRICULTURAL PRODUCE, &c., OF LOWER CANADA FOR 1861.

COUNTIES, CITIES, &c.	Occupiers of Lands.							Lands—Acres.									
	Total.	10 acres and under.	10 to 20.	20 to 50.	50 to 100.	100 to 200.	Upwards of 200.	Amount held in Acres.	Under cultivation.	Under crops.	Under pasture.	Under Gardens and Orchards.	Wood and Wild Lands.	Cash value of Farm in Dollars:	Cash value of Farming Implements in Dollars.	Produce of Gardens and Orchards in Dollars.	Quantity of Land held by Townspeople, not being farmers.
	1	2	3	4	5	6	7	8	9	10	11	12	13	14	15	16	17
1. L'Assomption	1710	173	71	214	548	552	152	169168	117853	65378	51808	607	51315	4469634	188144	25931	5362
2. Argenteuil	1368	14	37	208	703	339	67	179095	69450	32542	36846	71	109636	1218329	94229	2048	627
3. Arthabaska	1843	21	14	743	835	196	34	150374	43613	28023	15380	210	106761	1341671	50688	3044	505
4. Bagot	2310	96	63	628	1168	269	86	192670	76448	51252	24245	951	116231	3513053	154198	20583	13750
5. Beauce	2593	34	20	475	1027	730	301	297479	139617	68243	70811	563	157862	2538301	98905	18849	135
6. Beauharnois	1371	146	42	528	473	160	22	91991	66829	48202	17741	796	25162	3354606	499587	27417	382
7. Bellechasse	1910	61	26	229	868	600	126	184744	93576	47811	44769	996	91168	2676711	152022	22034	283
8. Berthier	2524	284	193	555	766	541	165	210883	117036	80121	30434	481	93847	5461162	164700	23314	16592
9. Bonaventure	1760	158	98	531	595	293	85	158774	33289	19602	13514	173	125485	1124[illegible]	65471	5928	10902
10. Brome	1891	41	57	506	712	417	158	207556	84934	48830	35497	607	122622	2339[illegible]	99140	15054	974
11. Chambly	893	35	30	109	271	341	107	104841	81898	61276	20212	410	22943	3932499	119572	11103	569
12. Champlain	2264	18	55	469	933	594	195	230340	73716	48756	24735	225	165624	2600987	98965	5259	585
13. Charlevoix	2043	259	21	106	694	644	319	285658	103681	47967	54868	846	181977	2241025	126310	23865	176
14. Chateauguay	1979	82	70	702	817	270	38	150865	101420	63678	36869	873	49445	3723733	197091	13803	498
15. Chicoutimi	1045	14	20	246	492	198	75	127609	40415	18424	21782	209	87254	943842	44724	5760	284
16. Compton	1442	12	8	36	452	828	106	180986	67283	40506	26653	124	113702	1682102	72984	4798	303
17. Dorchester	2355	146	26	316	1318	466	83	210874	94348	50945	42828	575	116526	2264741	89218	15642	825
18. Drummond	1669	11	19	687	652	218	82	151184	53429	33505	19760	164	97755	1906281	59963	2820	10522
19. Gaspé and Magdalen Islands	1969	315	266	590	532	223	43	116237	20685	11909	8529	247	95552	866377	37411	10799	....
20. Hochelaga	821	164	59	128	253	162	55	59565	49228	34192	13921	1115	10337	3801310	137308	42522	6317
21. Huntingdon	2145	46	51	532	1026	398	92	209939	95534	47512	47243	779	114405	2744256	147033	12994	563
22. Iberville	1654	124	44	344	808	295	39	126275	86676	63603	22465	608	39590	3488872	183136	13579	1037
23. L'Islet	1361	306	38	91	325	336	205	147120	66372	35538	30411	423	80748	2328265	120139	13311	469
24. Jacques Cartier	748	27	26	82	361	204	28	68238	58461	42112	15497	852	9777	3013498	147538	21266	33
25. Joliette	2349	128	46	500	1047	545	83	203726	107915	63792	43099	124	95811	2990374	128053	6589	338
26. Kamouraska	1832	60	67	238	819	493	155	182327	104503	58152	45525	826	77824	[illegible]4629	144435	26080	616

27. Laprairie	1310	105	64	240	520	298	92	119931	100503	74855	21820	828	19428	4989771	162454	14658	123
28. Laval	907	182	38	102	300	250	35	71510	55449	37329	17817	303	16061	2945897	106510	11066	4804
29. Levis	1389	17	30	124	620	449	149	165130	76061	39552	36089	120	89069	2922562	114893	19984	20892
30. Lotbinière	2013	176	33	252	1318	668	166	250722	107626	57113	49920	593	143096	2656349	101485	13901	107
31. Maskinongé	1689	169	54	318	621	454	73	205356	80293	53194	26471	628	125063	3152250	199858	15487	521
32. Megantic	2455	36	15	637	1296	373	98	259173	86108	51464	34316	328	173065	2000445	84871	6077	699
33. Missisquoi	1904	50	40	508	711	445	150	199144	113714	63090	48800	1824	85430	4564119	139146	31271	3022
34. Montcalm	1826	38	25	350	956	307	90	176323	83466	48902	34517	47	92857	2168372	69588	1367	863
35. Montmagny	1231	135	54	158	382	359	143	134147	65484	39399	25175	910	68663	2396112	103543	17375	369
36. Montmorency	1132	36	39	128	353	340	236	159804	61484	27857	33027	600	98320	1811663	60294	12818	1035
37. Napierville	1622	203	117	451	584	230	37	101982	68081	44570	22823	688	33901	3116232	115985	12711	12358
38. Nicolet	2228	35	34	457	1081	508	113	207293	92057	50088	32875	94	115236	3378060	84395	5737	229
39. Ottawa	3136	255	23	301	1420	900	237	362127	69062	46385	22214	463	293065	2989374	117432	5365	5505
40. Pontiac	1015	27	2	106	940	449	91	212226	54615	40592	13946	77	157611	1191400	71654	483	27
41. Portneuf	2664	59	64	354	1149	800	238	300781	110950	58950	51388	612	189831	3164936	136646	14247	1188
42. Quebec	2056	190	183	392	727	465	99	171014	76733	49317	26643	773	94281	4508536	120608	45553	5701
43. Richelieu	1569	43	43	415	694	319	55	127172	77468	51965	25295	208	19704	3108348	143265	6351	....
44. Richmond	1118	0	16	326	468	242	57	113717	43677	25812	17791	71	70040	1305835	55690	795	2625
45. Rimouski	2567	28	18	168	1294	774	285	299362	103159	63339	38789	1031	196203	2348372	94488	27977	392
46. Rouville	2034	178	78	309	1073	355	41	155178	109006	73214	34010	1782	46172	4623308	228685	32196	1720
47. Saguenay	130	......	......	23	59	27	21	22141	3745	1246	2499	....	18396	58310	3490	....	250
48. Shefford	2269	113	48	838	845	338	87	195879	73126	45585	26956	585	122253	3606200	105689	19883	1742
49. Soulanges	1187	25	34	251	650	185	42	93726	68394	46733	20938	723	25332	2735954	92973	16791	541
50. St. Hyacinthe	1932	84	67	193	989	529	70	175644	125423	78949	16299	175	50221	4097965	177923	9468	479
51. St. Johns	1136	65	45	180	436	317	93	119602	89332	57600	31149	583	30270	3361840	142276	12043	....
52. St. Maurice	1626	56	84	488	602	312	84	135943	57793	42159	15163	471	78150	2229098	91367	11397	777
53. Stanstead	1419	54	75	251	435	427	177	186264	90998	50407	40037	554	95266	3073603	79498	10019	1035
54. Temiscouata	2277	53	42	243	1151	620	108	243318	92540	50348	41834	358	150778	2397892	90450	9931	....
55. Terrebonne	2225	410	74	319	779	491	152	217235	93206	53716	38986	504	124029	3188730	127178	15658	120
56. Two Mountains	2249	592	82	227	756	491	101	181656	115845	77956	37060	820	65811	4432703	240190	25129	360
57. Vaudreuil	1154	22	30	214	542	295	51	119835	69141	46082	21727	732	50694	3070903	148433	21051	1204
58. Verchères	1631	272	46	131	543	524	115	150901	113609	73208	39432	969	37292	1728918	165881	22660	469
59. Wolfe	1113	12	7	374	474	201	45	111547	26567	18504	7985	78	84980	525301	20111	1805	29
60. Yamaska	1948	244	97	409	609	412	147	169689	78366	52347	25341	678	91523	2715118	105167	15122	3890
A. Montreal, City	....	......	......	....	....	....	......	....	....	....	....	....	....	....	....	....	703
B. Quebec, City	....	......	......	....	....	....	......	....	....	....	....	....	....	....	....	....	377
C. Three Rivers, City	80	4	0	24	28	11	7	7094	5029	3831	1182	16	2065	305452	9279	011	110
D. Sherbrooke, Town of	372	10	6	20	121	172	43	45566	17907	10914	6957	36	27659	667045	27936	3274	380
TOTAL	105671	6822	3136	20074	44041	24739	6809	10375418	4804235	2928133	1842685	33417	5571183	171513069	7357202	884659	147293

GENERAL ABSTRACT OF AGRICULTURAL PRODUCE, &c., OF LOWER CANADA FOR 1861.—(*Continued.*)

	Fall Wheat.		Spring Wheat.		Barley.		Rye.		Peas.		Oats.		Buckwheat.		Indian Corn.		Potatoes.	
	Acres.	Minots.	Acres.	Minots.	Acres.	Minots.	Acres.	Minots.	Acres.	Minots.	Acres.	Minots.	Acres.	Minots.	Acres.	Minots.	Acres.	Minots.
	18	19	20	21	22	23	24	25	26	27	28	29	30	31	32	33	34	35
1.....	90	756	2585	22012	4441	77123	1462	13096	7017	72802	34078	486366	1405	15380	206	4270	1929	194162
2.....	30	364	1466	16826	900	13972	315	3757	1209	15872	13815	280975	1209	19753	533	12630	2310	204480
3.....	12	98	3016	43875	1179	15628	1921	24380	1072	9943	7554	201427	1848	41124	36	759	2275	225364
4.....	5	38	9148	100652	2736	49531	422	3839	6019	70494	15482	264511	821	13699	344	4719	1688	165238
5.....	......	......	1022	10668	3406	54356	1240	24899	2452	21886	24560	377487	691	7895	5	72	2292	173319
6.....	98	1323	7354	81209	4326	82591	107	904	9784	164886	10921	227095	1279	9932	234	4505	1140	93932
7.....	1	10	2030	17434	1215	15143	2306	24954	1071	10377	20399	327931	1069	20030	10	173	2915	326770
8.....	29	329	1250	15376	1315	19711	5013	136647	4879	51758	34999	737573	2475	37107	185	3325	1841	230174
9.....	23	291	1132	15161	1701	27986	844	10008	160	1619	5020	121961	25	461	5	107	2751	368535
10.....	2	46	1514	26974	439	12608	288	4645	226	4184	5862	193026	1537	39293	1488	44390	1635	215032
11.....	......	......	1283	13517	4254	75636	3	49	7416	89288	16337	294635	691	7467	175	3733	640	62895
12.....	......	......	3714	42515	1312	18795	1142	10193	2129	25458	20206	432163	2477	36296	112	1491	1704	205017
13.....	......	......	13383	84949	3207	40434	8936	63669	3855	25981	8059	95811	491	6500	1	10	2082	223147
14.....	......	3	7805	94662	4539	82579	24	234	12026	188682	14328	312467	1334	24100	447	9643	2238	150131
15.....	......	......	1049	10912	2806	39922	4721	42471	2940	23707	2804	39316	30	451	4	32	1122	101382
16.....	2	30	1285	21680	1768	48797	347	5074	127	2185	[illegible]149	243851	2244	65767	181	5591	1386	197239
17.....	3	30	2070	47693	1659	21638	264	2989	1756	15516	20967	374031	397	4876	......	41	2241	223665
18.....	1	13	4307	55391	404	6016	606	7319	1327	15665	10647	240573	1777	36480	295	5377	1917	190725
19.....	2	49	699	10498	1127	21740	629	6107	350	2797	1612	40498	......	......	......	......	1701	203284
20.....	19	155	1190	13104	3929	80537	4	12	3345	40309	8389	158060	522	8527	190	4058	2722	325962
21.....	12	149	5734	82725	971	20888	362	5107	8131	44720	10985	270082	857	16469	1225	28466	2352	278242
22.....	......	......	9678	108451	2007	40708	116	1340	8243	80244	20995	257259	1008	16607	236	5192	2385	211070
23.....	......	......	5838	50729	1245	17937	2395	15970	856	6287	8857	136929	11	137	9	261	2199	318776
24....	50	617	1930	20788	5303	95658	17	154	3837	41720	11845	184936	1558	18787	276	5671	2440	231899
25.....	30	243	1286	10422	1956	24182	5124	33506	6014	63503	27592	520255	1367	14336	145	1910	2451	193028
26.....	......	......	11011	102943	4826	59848	4560	31833	2409	21676	11016	234832	301	4657	8	103	2339	356354

27.....	3	20	3320	36489	4583	84640	....	....	14255	171552	20113	362850	1289	22364	253	4497	1073	116885
28.....	794	6311	701	5560	3123	48723	81	872	4103	39360	13636	226955	1725	25016	280	4311	1495	145542
29.....	2	20	855	9496	324	4511	864	8630	1463	14157	18134	325479	361	6091	17	335	1811	208062
30.....	189	1614	3583	39508	1526	21196	1163	12768	2157	21285	27440	481500	1341	20918	38	753	2881	235110
31.....	6	58	3821	36238	873	13305	1092	9176	3476	39313	27489	505400	2459	31940	80	1238	1717	123173
32.....	70	455	2185	28613	2668	47409	2339	33350	1363	14757	11974	268847	2124	44077	21	206	2940	354569
33.....	7	82	3637	61941	921	29521	241	2936	1483	23422	11976	393141	1524	34801	2046	67252	2424	270027
34.....	46	443	1116	12771	1726	28987	396	2753	2618	26491	24646	403051	1660	18640	91	1241	1548	178289
35.....	4	85	3224	29948	655	9004	1195	9870	319	3052	11119	199328	25	259	5	95	1345	176458
36.....	8	63	2782	27658	593	8540	2011	16254	1203	10079	13962	214193	107	1233	14	188	1788	141907
37.....	....	....	6973	77404	2513	47432	1	14	4475	56450	16942	335393	2206	22209	138	2171	2023	153548
38.....	....	....	7413	70114	1140	15594	1124	11665	2967	28132	23834	407936	2602	34829	206	3402	2016	200353
39.....	649	9262	4123	55293	827	9022	732	7397	3330	49026	15803	353065	591	11134	435	12060	2799	298795
40.....	1465	25576	6334	99214	262	5111	301	3667	3515	53672	12612	301523	102	1432	153	3328	2227	303434
41.....	....	....	3794	34914	610	8372	1362	13743	1780	16310	32046	537481	2228	25740	47	773	3396	323629
42.....	1	8	500	7053	301	6950	17	200	359	5061	16437	320657	124	1789	28	545	3542	367554
43.....	....	....	5722	55510	1603	27282	2091	19138	3806	41779	20143	402105	2105	26422	203	3207	1279	154065
44.....	1	21	1215	19665	469	9659	336	6042	222	3473	5801	160145	1269	44675	169	4254	1183	165230
45.....	6	82	7304	53009	6063	64687	7762	58055	5808	41799	5772	71311	12	224	....	....	3294	457371
46.....	....	....	8988	101229	4686	81277	257	2876	9971	132852	29312	311080	880	15210	504	9439	1633	185148
47.....	....	....	316	2049	169	1422	305	1905	184	1083	145	1563	1	6	....	....	121	9941
48.....	5	42	2450	40791	641	11319	373	5173	1592	21685	6607	169766	2713	68175	629	18282	2596	254887
49.....	1	11	8337	87975	3751	63828	148	1125	4531	67837	15853	292418	1291	14785	111	1929	855	70195
50.....	4	16	8362	74046	7169	106356	245	2050	13473	134759	27102	360810	1497	15384	411	7859	1812	137345
51.....	....	....	5815	59643	2613	48547	12	100	8173	100810	19523	380447	1576	25267	278	6269	1200	155837
52.....	1	2	2030	22851	792	11748	2195	19918	2144	23920	20069	397423	2026	27673	72	1133	1464	140361
53.....	1	25	2261	40669	1067	30521	83	1440	246	4293	7677	296684	1588	47237	751	1408	1474	271296
54.....	....	....	3945	31511	4278	49192	8507	66996	3680	27422	7409	114673	130	1052	....	....	2483	383619
55.....	919	8379	1527	13814	3036	45391	1053	8333	3860	38681	21975	324880	2392	33555	84	1533	3885	231151
56.....	846	8218	5218	49482	4796	76922	486	4288	4806	46746	27293	442573	2790	35248	400	7303	2486	230219
57.....	33	154	6958	66115	3573	52574	1314	12455	6185	83169	13312	221165	1430	15547	311	6934	1065	100612
58.....	....	....	3636	33007	7291	118592	684	5876	13750	152219	29605	409530	277	3206	443	7758	997	129365
59.....	5	70	583	7640	761	12756	533	6826	242	2476	2619	61552	2433	53463	12	253	1068	118176
60.....	4	22	7044	68900	772	11561	1345	13457	3734	37960	19370	353544	2473	33896	327	5139	1555	184706
A	....	....	....	....	....	....	....	....	....	....	....	....	....	....	....	....	....	....
B	....	....	....	....	....	....	....	....	....	....	....	....	....	....	....	....	....	....
C	....	15	220	3427	59	1308	37	336	69	1220	1372	33334	134	2528	8	153	99	12945
D	1	32	216	4011	187	4551	78	1352	43	916	1863	55936	696	17869	97	3084	435	60847
	5480	65630	239289	2588724	139442	2281674	83931	844192	234035	2648777	955553	17551296	75605	1250025	15012	334861	118709	12770471

General Abstract of Agricultural Produce, &c., of Lower Canada for 1861.—(*Continued.*)

	Turnips.		Carrots, Minots.	Mangel Wurzel.		Beans, Minots.	Clover, Timothy and other Grass Seeds, Minots.	Hay, Tons.	Hops, lbs.	Maple Sugar, lbs.	Cider, Gallons.	Wool, lbs.	Fulled Cloth, Yards.	Flannel, Yards.	Flax and Hemp, lbs.	Linen, Yards.	Live Stock.				
	Acres.	Minots.		Acres.	Minots.												Bulls, Oxen and Steers.	Milch Cows.	Calves and Heifers.	Horses over 3 years old.	Value of same in Dollars.
	36	37	38	39	40	41	42	43	44	45	46	47	48	49	50	51	52	53	54	55	56
1..	3	921	8080	47	9104	179	1063	11490	16	102390	....	36129	16925	22908	27836	20705	6415	8175	6275	4289	230246
2..	171	20396	29685	17	3735	189	191	10927	125	24299	76	29008	9672	17255	528	462	572	6288	3731	2708	148463
3..	170	21512	160	7	105	42	258	7716	21	198983	54	19423	8848	16640	16399	15842	2159	3126	3968	1489	95216
4..	68	7218	2133	11	1293	133	632	8433	73	187759	1153	38722	21906	26716	19424	26187	2333	5476	4809	3241	233178
5..	137	3238	94	8	645	56	67	24181	6	830041	....	58998	27356	45707	30197	40733	6824	8619	7881	3771	345800
6..	23	2011	7784	31	3303	524	716	4770	591	36518	230	25459	12118	15279	3290	2464	973	4318	3766	3519	199437
7..	30	3837	17	34	3206	295	765	15972	....	242755	....	33280	20803	27556	25417	32156	7626	5755	5518	2370	172274
8..	31	2560	595	126	9235	92	1301	19529	9	202551	50	49781	19640	20316	41220	54735	6507	6149	5875	4327	244262
9..	123	19027	80	1	65	61	133	7992	477	38121	....	24084	23935	14245	2564	5012	2580	3046	1917	1377	107496
10..	124	33814	6658	5	1043	1826	1071	26893	12492	414317	95	44014	4684	23307	1851	608	1826	7201	8361	2165	153501
11..	....	....	4436	18	5522	203	992	13488	....	5200	....	25533	9229	9568	5587	4257	2958	4361	2578	3535	204763
12..	178	19485	953	7	319	87	47	12976	30	237023	....	34793	16424	21931	38516	39733	5636	6206	4468	3531	211435
13..	4	375	10	1	23	64	15	10290	....	98855	....	54578	35017	31519	19704	28807	8402	4905	5075	2525	170333
14..	23	3905	17804	56	12456	316	1081	8258	326	43704	3	44739	15859	16580	8006	3308	384	7079	5785	4780	314484
15..	8	891	254	1	200	18	....	3648	....	174	48	15395	9582	14040	5073	6659	2627	2605	2481	1414	103640
16..	184	34975	1301	....	714	773	1204	15528	4378	392226	....	39619	7098	18997	1007	904	1760	3945	6086	1789	120138
17..	114	4825	97	2	50	91	407	12366	22	148598	....	34209	27823	28147	50999	32392	8083	6703	6365	2320	146998
18..	549	71829	2219	17	238	332	206	7041	802	157926	....	28611	9097	20162	6583	10540	1744	4122	4508	2069	125352
19..	197	17625	96	....	13	18	....	7521	323	19703	....	19129	10223	7016	357	276	1431	2430	1788	1127	79047
20..	22	3668	24470	103	28985	1302	177	4648	73	11111	....	7178	2422	3098	899	1222	2262	4897	1816	3327	22140
21..	103	20008	46131	21	6008	925	463	13672	5536	45748	841	48099	7164	19477	2052	958	388	8060	8652	3956	210872
22..	34	4512	1668	54	4469	224	329	8018	77	46253	....	40083	17830	22430	19602	17026	2797	4901	5292	3562	240334
23..	41	10681	259	4	227	52	13	9857	3	264847	....	30142	18402	23720	11224	13152	622	5053	3289	1970	116797
24..	52	7195	19255	56	19563	245	43	4128	418	20893	5000	16250	5975	7912	2255	548	3567	4437	2711	3089	61037
25..	21	2413	2153	7	404	137	141	11442	427	370929	....	33043	18511	26708	25784	44457	4005	6464	5304	3976	218614
26..	152	21417	592	6	826	31	5	15217	....	95097	....	43263	35144	47089	22769	36085	6462	8016	4972	3548	216947

27..	5	830	1405	16	2747	567	628	70	26	33655	......	27349	14211	13793	10695	4943	1789	5901	4169	5167	331449
28..	12	394	770	28	7760	299	215	4894	......	51807	......	15739	8107	10932	7719	7607	2546	3552	2445	2569	101237
29..	71	12295	905	5	346	408	215	13348	32	50063	15	27699	18806	19854	19238	18180	5380	4091	3596	2118	161451
30..	111	21204	365	16	1076	331	266	12355	27	70850	9	45172	24813	24213	23408	29044	5112	6545	7539	2938	190346
31..	41	3140	926	8	1560	99	997	11551	70	190893	10	32514	15906	24235	37810	64487	2067	4677	5030	2565	194312
32..	428	70105	501	......	97	79	1207	15113	231	272950	......	37796	15422	23557	18229	15518	2261	5417	7049	2183	150727
33..	80	15597	14919	5	1498	2444	833	23879	238	247406	1402	50920	9318	15764	2945	3526	1466	10438	7051	3901	237095
34..	29	2685	1556	4	887	12	4300	10451	......	255222	......	24232	12048	16373	18609	25663	3971	6295	4790	3165	180628
35..	22	4413	104	1	422	60	136	17779	28	130537	......	25685	14265	18438	14024	17373	1146	5404	3347	2011	116169
36..	103	11388	75	9	144	472	47	8638	......	323632	......	22581	12819	12790	17382	10655	4991	4177	4841	1600	98193
37..	19	1404	6698	17	3192	401	18	3822	105	27755	......	29861	13316	13898	24035	9078	2982	4307	3665	3672	199431
38..	40	4950	777	5	332	46	51	18347	10	199542	......	51848	23671	32724	44528	53841	7297	7346	7637	3541	210358
39..	601	68544	17178	35	10056	190	50	18861	23	39048	36	32388	6853	25223	731	196	2529	6087	5136	4780	253089
40..	215	36209	1690	3	637	142	69	10711	325	14241	12	21388	1810	21932	56	55	1312	4106	4792	1955	177940
41..	247	20145	597	26	1346	135	1810	15344	63	211837	8	39565	17903	19951	52288	31132	7879	6712	7157	3129	216635
42..	428	71713	2729	25	1846	563	58	22666	255	13851	......	15930	7757	5546	6897	4604	3533	5919	2804	3193	187719
43..	43	5051	650	7	834	166	913	5653	2	80237	......	35374	19953	22490	26936	32447	780	5267	4773	3354	208697
44..	287	69043	3157	3	231	380	177	11232	87	205801	10	25650	2444	13827	660	1325	1018	3076	4228	1315	86401
45..	126	2103	185	4	621	73	48	8657	63	281877	698	41019	28623	39788	12688	16603	5166	5185	3591	2883	185535
46..	17	1737	7370	30	6532	539	1634	12937	27	143595	151	50272	24909	31219	33499	24371	6297	6009	6278	5311	299953
47..	......	......	......	......	......	......	......	447	......	300	......	1710	858	961	81	38	190	284	131	173	11629
48..	132	18884	7558	44	1462	893	1022	21193	2263	327780	8189	33089	14240	23833	6235	6301	1972	6177	6405	3011	219607
49..	2	500	4330	76	6434	161	1194	4386	104	28778	......	23385	11598	12213	3292	1880	2984	4281	3224	3190	167123
50..	25	1129	2120	28	1051	74	906	6755	......	128710	......	44818	20449	28966	26381	32481	631	6997	6354	4674	247153
51..	29	5069	12094	16	6506	552	996	8061	370	30219	839	33697	10146	13002	8694	4153	3273	4872	4179	3795	206215
52..	128	9624	1361	25	1820	43	189	9476	......	162912	......	19953	11523	14016	34863	33112	1186	3461	3228	1927	124164
53..	92	32335	5674	......	212	1819	785	22529	16550	473256	1990	61504	4713	20775	115	45	912	4653	7952	2715	189641
54..	89	5053	59	......	4	17	23	10539	......	240841	......	36700	28221	38667	14400	23241	2805	5699	4142	2873	210115
55..	75	7143	4078	36	7233	161	927	9340	17	117959	30	29805	18789	18201	15931	17446	5189	6989	4365	4138	214446
56..	5	169	8697	38	9580	911	1817	13628	38	152471	47	40087	20414	22541	18062	16242	5727	7141	6090	4559	311037
57..	21	3401	3792	6	1835	168	29	5964	189	45172	15	21835	9895	13866	2032	660	2839	4331	3736	2832	167045
58..	2	21	769	56	10453	37	51	10643	21	89399	......	38944	18089	23840	46059	21973	4410	6205	5126	4354	267112
59..	229	20054	432	6	114	49	80	4520	5	160375	......	8489	5039	7370	5387	2805	806	1323	1731	715	40403
60..	81	3834	228	9	253	506	661	12547	72	162570	......	34300	22441	26249	30252	41599	5920	5818	5380	3429	178534
A..	......	......	......	......	......	......	......	......	......	......	......	......	......	......	......	......	......	2160	......	2992	......
B..	......	......	......	......	......	......	......	......	......	......	......	......	......	......	......	......	......	882	......	1376	......
C..	15	5381	582	2	84	32	77	1992	6	1800	......	1450	442	721	423	231	416	533	......	630	10362
D..	63	17649	1108	1	240	340	46	4448	5912	90785	......	11069	633	1678	100	......	366	1093	1329	681	33547
	6475	892434	293067	1230	207250	21384	33954	689977	53387	9325147	21011	1967388	897191	1231975	975827	1021443	200991	328370	287611	185097	10878301

General Abstract of Agricultural Produce, &c., of Lower Canada for 1861.—(*Continued.*)

	Live Stock.—(*Continued.*)								Fish.							Minerals.			
	Colts and Fillies.	Sheep.	Pigs.	Total value of Live Stock.	Butter, lbs.	Cheese, lbs.	Beef in Barrels of 200 lbs.	Pork in Barrels of 200 lbs.	Dried in Quintals.	Salted and Barrelled.	Sold Fresh, lbs.	Carriages kept for pleasure.	Value of same in Dollars.	Carriages kept for hire.	Value of same in Dollars.	Copper ore mined, Tons.	Value.	Iron ore mined, Tons.	Value.
	57	58	59	60	61	62	63	64	65	66	67	68	69	70	71	72	73	74	75
1...	2084	11948	5426	505733	368262	1637	1782	4997	....	530	....	2749	74148	105	744	....	....	....	....
2...	986	9123	4370	351161	362078	22825	1421	2832	....	....	....	702	19166	9	330	....	....	....	....
3...	437	7492	3870	278379	156156	1181	255	2122	....	5	....	1263	22425	....	....	....	....	....	....
4...	1381	11652	4781	441730	238409	1504	1590	4020	....	24	....	3512	73306	214	2307	3293	162179	....	....
5...	586	22565	6508	596771	316209	485	533	5175	....	....	....	3409	64757	68	950	....	....	....	....
6...	1652	7189	4246	310176	174258	4701	648	3181	13	505	517	2572	67790	304	10814	....	....	....	....
7...	466	9930	6099	431379	340409	8	829	6130	....	....	....	3171	60328	13	210	....	....	....	....
8...	1387	15854	6563	463124	240877	1592	1435	4162	9	14	393	3057	67061	77	830	....	....	....	....
9...	393	9243	5571	262975	145663	3871	1551	2526	10076	102336	6387	979	24204	1	28	....	....	....	....
10...	1492	12575	1905	544177	664113	99342	1147	2195	....	....	....	2052	62624	2	60	....	....	....	....
11...	1605	7800	4200	473301	219983	4309	236	2124	....	....	....	2813	93822	345	4852	....	....	....	....
12...	501	12488	5879	403166	146315	1276	745	3724	3	50	....	3096	50246	6	284	....	....	17877	5390
13...	784	21472	5189	492428	230495	....	1346	3463	420	1206	1014	3125	59251	....	....	....	....	....	....
14...	2482	13774	4730	633108	246627	24104	804	2823	2	22	20	2431	71568	208	2611	....	....	....	....
15...	251	6063	3305	217674	61777	....	557	1380	....	....	....	892	18837	....	....	....	....	....	....
16...	758	12932	2185	439020	250063	68369	791	2230	....	....	....	1588	48125	5	215	....	....	....	....
17...	436	11999	6724	419482	384055	131	443	4489	....	....	....	2055	37577	....	....	....	....	....	....
18...	621	8616	3407	328881	227813	3751	612	2083	....	11	3	1633	37769	35	837	....	....	....	....
19...	216	8083	4574	176419	103371	1725	708	1423	113699	21782	2783	772	14146	....	....	....	....	....	....
20...	867	2597	3616	363787	200904	8089	344	1755	....	....	....	2425	83414	402	6032	....	....	....	....
21...	1837	15153	4585	601414	485322	17111	1093	2699	....	....	....	2278	68292	....	....	....	....	....	....
22...	1634	12624	4797	420169	249815	1284	705	2752	....	154	360	2734	75770	152	1996	....	....	....	....
23...	318	13776	6747	317396	277626	....	1475	3281	....	221	....	2900	52949	98	433	....	....	....	....
24...	1383	4739	3357	417625	286060	1778	808	2216	....	....	....	1886	53345	319	4138	....	....	....	....
25...	1183	13082	5734	382870	198919	2084	1125	3841	....	....	....	2415	44390	27	972	....	....	....	....
26...	903	19524	8347	508168	392614	36	2298	4741	16	1085	3291	3928	79451	21	202	....	....	....	....

27...	2830	12266	5162	618825	183935	2100	1480	5076	...	11	163	2530	80669	114	895	...	...	...	...
28...	1122	5089	3039	275361	182920	4144	665	2240	...	...	...	1888	47262	238	3130	...	...	...	...
29...	229	9096	5460	415459	307891	872	536	3655	...	...	...	4002	134253	153	6283	...	...	...	...
30...	487	16326	7332	438575	392987	1485	1187	4328	...	...	...	3529	55365	1	5	...	...	...	...
31...	925	11345	4783	399753	221076	665	1544	3184	4	4	805	2779	64719	39	992	...	...	...	...
32...	662	13255	6546	495617	313321	5784	1078	4828	...	...	...	1921	28632	9	11	...	...	...	...
33...	1510	13070	3203	691237	869159	195117	4065	4137	...	...	...	3671	113178	59	1135	...	...	...	...
34...	1264	8995	4076	272795	287209	1586	946	2930	...	...	...	1610	25854	10	80	...	...	...	...
35...	415	6624	4150	339220	382808	99	2624	4658	11937	527	63	2525	56851	9	436	...	...	...	...
36 ..	336	9728	3521	254515	171606	4935	725	1653	...	...	...	682	19111	...	...	...	...	...	...
37...	1631	9462	3911	408554	111442	197	653	2496	...	...	...	2310	61141	255	396[illegible]	...	...	...	...
38...	1007	18571	6116	497377	253409	140	638	4199	...	...	...	3303	76272	6	182	...	...	...	...
39...	1400	11615	6915	633103	296521	6389	1582	3545	...	...	...	588	24357	35	1313	...	...	...	...
40...	839	6715	5900	380676	262212	4597	1400	3990	...	400	460	227	6766	5	66	...	...	...	...
41...	529	14260	6089	555323	286113	160	1141	4042	...	...	...	3841	66116	42	334	...	...	...	...
42...	357	5649	5255	582720	230325	2886	299	3844	...	...	...	2743	94433	129	4958	...	...	...	...
43...	1314	15497	5118	429780	153248	611	552	2539	...	...	...	3435	79574	180	3211	...	...	...	...
44...	444	6637	1578	277441	248294	20190	472	1257	...	...	...	1045	32593	24	1240	...	...	...	...
45...	815	18051	6096	343638	221056	1089	2206	3291	1598	4102	393228	2537	50216	8	80	...	...	...	...
46...	1927	15508	5749	668059	263389	2729	639	4181	...	...	...	4576	136224	190	1720	...	...	...	...
47...	20	575	284	25626	5476	...	51	74	95536	3694	1698	22	244	...	...	...	...	...	...
48...	914	10718	2494	512058	433891	51402	2646	3406	2	194	16	2652	83975	40	1710	...	...	...	...
49...	1222	9150	4927	331406	157331	11287	855	3226	4	5	...	2489	63370	473	3012	...	...	...	...
50...	1826	15961	4913	547014	154565	614	1186	3697	...	...	...	4962	106177	374	3380	...	...	...	...
51...	1733	9693	4043	409709	193052	7208	1044	3096	...	...	...	2256	66464	161	1758	...	...	...	...
52...	441	7393	3254	268138	201221	176	689	2827	...	...	...	2231	38363	73	511	...	...	...	...
53...	1458	20250	1704	619016	348626	51022	1086	3059	...	...	...	5015	90832	11	405	...	...	...	...
54...	757	14060	5994	299374	269953	24	1686	3137	134	2695	2281	2615	57333	28	543	...	...	...	...
55...	1456	9912	4775	400340	327125	2356	1109	3315	...	...	...	2203	56863	166	1858	...	...	...	...
56...	2243	11920	6129	568822	410711	5426	1640	4933	...	...	...	2870	84241	111	1612	...	...	...	...
57...	1268	7055	4330	398776	255788	8576	1107	3507	...	...	...	2189	60893	75	525	...	...	...	...
58...	1956	13786	5045	476881	187996	1849	1277	4197	...	...	...	4346	91832	110	613	...	...	...	...
59...	205	3330	1647	129590	78855	9089	212	988	...	...	...	420	7902	...	...	...	...	...	...
60...	1042	15566	5676	389386	176907	100	1326	4046	...	...	...	3202	54125	7	105	...	...	...	...
A ...	...	91	2644	302264	...	...	...	...	...	...	...	1432	119965	1248	59776	...	...	...	...
B ...	...	32	880	155611	...	...	...	...	...	...	...	1015	82010	953	44023	...	...	...	...
C ...	24	472	438	57776	19732	300	68	32	...	1	...	168	6515	144	3606	...	...	...	...
D ...	167	2813	509	131464	78616	9900	759	621	...	...	...	567	22342	22	525	...	...	...	...
	63418	682829	286400	25781798	15906949	686297	67054	196598	230453	139558	413482	150833	3771795	7913	192867	3293	162179	17877	5390

APPENDIX

TO

CENSUS OF CANADA.

No. 18.

UPPER CANADA.

RETURN OF MILLS, MANUFACTORIES, &c.

No. 13.—Upper Canada—Return of Mills, Manufactories, &c., for 1860–61.

FLOUR AND GRIST MILLS.

COUNTIES, CITIES, &c.	Total Number.	N° giving Return.	Capital Invested. $	N° giving Return.	Raw Material Used. Quantity in Bushels.	Raw Material Used. Kind of Grain.	Raw Material Used. Value. $	N° giving Return.	Motive Power. Steam.	Motive Power. Water.	N° giving Return.	Hands employed.	N° giving Return.	Annual Produce. No. of Barrels.	Annual Produce. Kind. Flour.	Annual Produce. Value. $
1. Brant	11	11	211620	8	380000	......	384750	10	2	8	11	76	10	92000	......	462500
2. Bruce	7	7	59000	5	63400	......	43605	7	1	6	6	17	7	8371	......	38093
3. Carleton	3	3	38000	1	12000	......	12000	3	......	3	2	4	2	2400	......	12800
4. Dundas	9	9	44700	6	82000	......	77000	8	1	7	8	24	8	16805	......	83500
5. Durham	22	20	437100	13	348000	......	315320	22	......	22	19	62	14	98250	......	491250
6. Elgin	15	15	114250	13	118350	......	119000	11	2	9	10	27	11	26032	......	129466
7. Essex	6	6	46300	3	144000	......	133600	5	5	......	5	35	2	......	......	168000
8. Frontenac	5	4	31600	3	65500	......	65500	4	1	3	4	12	2	10000	......	50000
9. Glengary	3	2	49000	2	145000	......	100000	3	......	3	3	21	2	6000	......	42000
10. Grenville	11	10	102250	8	311700	......	256300	11	2	9	11	61	11	54220	......	263050
11. Grey	4	4	1820	1	15000	......	11250	4	......	4	4	20	1	2750	......	15000
12. Haldimand	6	6	67000	4	120000	......	95750	5	......	5	5	11	5	21244	......	109440
13. Halton	9	9	167850	5	118879	......	117700	6	1	5	7	32	4	24600	......	176440
14. Hastings	6	6	45500	2	38000	......	......	5	......	5	5	12	1	5100	......	23600
15. Huron	18	17	66050	5	109200	......	92700	18	4	14	15	42	6	21200	......	102000
16. Kent	8	7	38000	5	45000	......	36563	8	7	1	7	20	5	11175	......	46875
17. Lambton	3	3	6500	3	43600	......	32750	3	2	1	2	5	2	4800	......	20550
18. Lanark	9	8	55700	6	78500	......	33100	9	......	9	9	21	8	10150	......	51250
19. Leeds	10	10	66900	9	190000	......	178650	10	......	10	9	51	6	......	......	213578
20. Lennox and Addington	14	14	128400	9	138100	......	112700	10	......	10	11	41	11	17300	......	89000
21. Lincoln	16	16	527575	9	352421	......	331800	16	3	13	14	112	7	64700	......	222250
22. Middlesex	15	13	70500	3	35000	......	42500	15	3	12	14	36	9	23775	......	110650
23. Norfolk	13	12	96600	8	139000	......	93000	11	......	11	10	25	5	5100	......	45000
24. Northumberland	22	21	336000	16	276500	......	256300	19	1	18	20	43	12	64200	......	281000
25. Ontario	29	29	412700	23	924400	......	892300	27	1	26	28	94	20	172490	......	837200
26. Oxford	31	31	217000	20	333200	......	363550	24	1	23	23	57	18	86316	......	475650
27. Peel	13	12	288000	9	304400	......	317800	12	......	12	10	33	9	60926	......	317143
28. Perth	13	12	149000	9	281200	......	262250	11	6	5	10	32	8	49340	......	277200
29. Peterborough	9	7	143250	6	281000	......	272500	9	1	8	9	37	9	60000	......	315000
30. Prescott	2	2	14000	......	......	......	......	2	......	2	2	3	1	300	......	1600
31. Prince Edward	15	14	52100	9	90000	......	56400	13	1	12	13	34	7	15800	......	79000
32. Renfrew	8	7	44400	6	87400	......	87400	8	......	8	7	18	5	6900	......	34500
33. Russell	4	3	15600	2	15800	......	15800	2	1	1	3	6	3	1200	......	6000

34. Simcoe	13	13	114400	4	59000	.....	56000	10	3	7	8	22	6	19800	.....	91250
35. Stormont	6	5	37000	2	28000	.....	21000	5	.....	5	4	14	2	5180	.....	24900
36. Victoria	3	3	20800	1	5000	.....	5000	3	.....	3	3	10	1	1000	.....	4500
37. Waterloo	24	20	540200	20	894300	.....	992000	19	3	16	17	97	20	179520	.....	940350
38. Welland	13	11	88000	9	116360	.....	93800	12	.....	12	12	38	6	25450	.....	126250
39. Wellington	19	17	398600	11	505400	.....	445000	18	1	17	16	135	12	102060	.....	510050
40. Wentworth	11	11	77900	7	122681	.....	119100	10	4	6	7	17	9	23900	.....	144000
41. York	37	37	691600	31	1046987	.....	1079980	34	3	31	32	122	31	274615	.....	1320733
42. Algoma, District	.....	.....	.....	.....	.....	.....	.....	.....	.....	.....	.....	.....	.....	.....	.....	.....
43. Nipissing, District	.....	.....	.....	.....	.....	.....	.....	.....	.....	.....	.....	.....	.....	.....	.....	.....
TOTAL	494	467	6163565	316	8464278	.....	8051718	442	60	382	415	1579	318	1675469	.....	8765623
A. Hamilton, City	.....	.....	.....	.....	.....	.....	.....	.....	.....	.....	.....	.....	.....	.....	.....	.....
B. Kingston, City	1	.....	.....	1	104000	.....	104000	1	1	.....	1	10	1	24000	.....	125000
C. London, City	2	2	149445	2	120000	.....	106700	9	.....	2	2	34	2	22000	.....	155623
D. Ottawa, City	2	2	106000	.....	.....	.....	.....	2	.....	2	2	7	2	.....	.....	50000
E. Toronto, City	2	.....	.....	.....	.....	.....	.....	.....	.....	.....	.....	.....	.....	.....	.....	.....

No. 13.—Upper Canada—Return of Mills, Manufactories, &c., for 1860-61.—(*Continued.*)

	OATMEAL MILLS.																SAW MILLS.			
					RAW MATERIAL USED.				MOTIVE POWER.						ANNUAL PRODUCE.					
	Total Number.	N° giving Return.	CAPITAL INVESTED. $	N° giving Return.	Quantity of Bushels.	Kind.	Value. $	N° giving Return.	Steam.	Water.	N° giving Return.	Hands employed.	N° giving Return.	No. Barrels.	Kind.	Value. $	Total Number.	N° giving Return.	CAPITAL INVESTED. $	N° giving Return.
1..																	24	20	110700	22
2..																	28	20	91700	11
3..																	17	13	44300	11
4..																	9	9	36700	5
5..	1	1	12000	1	40000		10000	1		1	1	4	1	3300		11550	48	46	114238	31
6..																	38	37	116400	33
7..																	8	8	29900	5
8..																	20	14	86700	13
9..	1	1	9000	1	20000		4000	1		1	1	2	1	1250		2625	11	9	76700	3
10..																	12	12	34200	6
11..																	20	20	43200	6
12..																	29	28	186000	27
13..																	42	42	137250	37
14..																	10	10	33600	4
15..																	33	33	130200	20
16..																	22	22	135910	11
17..																	17	17	162150	11
18..	1	1	10000	1	3000			1		1	1	2	1	210			30	29	133010	29
19..																	13	13	35408	12
20..																	25	25	206200	12
21..																	23	22	60500	14
22..																	15	13	57550	3
23..																	77	75	232975	42
24..																	60	51	181100	48
25..	6	6	10900	2	6000			4		4	3	9	1	1500		13150	45	45	216600	35
26..	1	1	2500	1	7500			1		1	1	1	1	850		3530	51	50	303900	24
27..	1	1	1000							1	1	3	1	220		600	10	9	29300	5
28..																	18	16	62100	11
29..	2	1	2360	2	18000		6900	2	1	1	1	2	2	900		7200	32	24	258550	17
30..																	11	8	36100	8
31..																	10	8	15100	5
32..	1							1		1	1	2	1	50		300	12	10	42800	5
33..	1	1	4000	1	5000		2000	1		1	1	2	1	80		240	19	19	60700	

34..																	51	47	656200	23
35..																	17	16	113050	11
36..																	6	6	20200	4
37..	2	2	14800	2	54000		13500	1		2	2	5	2	5000		20000	35	23	114500	21
38..																	15	13	40000	10
39..	1	1	5000	1	60000		15000	1		1	1	4	1	5000		19000	33	27	129200	22
40..																	58	57	186500	48
41..																	89	81	414510	73
42..																	1	1	8000	1
43..																	2			
	18	16	71500		213500		51400	14	1	15	14	36	13	18360		78195	1151	1048	5180901	739
A..																				
B..																	1	1	8000	
C..																				
D..																	12	8	366000	5
E..																				

No. 13.—Upper Canada—Return of Mills, Manufactories, &c., for 1860–61.—(Continued.)

	SAW MILLS.—(Continued.)												CARDING AND FULLING MILLS.						
	Raw Material Used.				Motive Power.					Annual Produce.					Capital Invested.	Annual Produce.			
	Quantity.	Kind. Logs.	Value. $	Nº giving Return.	Steam.	Water.	Nº giving Return.	Hands employed.	Nº giving Return.	No. of Feet.	Kind. Lumber.	Value. $	Total Number.	Nº giving Return.	$	Wool. Lbs.	$	Nº giving Return.	Hands employed.
1...	60550		13898	21	13	8	22	121	12	13890000		91650							
2...	8270		6370	23	4	19	21	60	16	3861500		33014							
3...	15850		14220	15	2	13	13	40	9	2104000		16140	1	1		4000		1	2
4...	16000		16400	9	2	7	9	36	9	2750000		20750	1	1	15000	5400		1	4
5...	30500		27225	44	7	37	42	109	37	10036000		79203	4	4	22200	115000	9000	4	29
6...	153500		44100	34	8	26	38	166	36	18975000		174140							
7...	8710		9575	7	7		8	33	6	1670000		14900	3	3	5500	26000	5000		
8...	45200		77820	15	1	14	16	296	20	12984000		93480	1	1	8000				
9...	80500		5000	9	1	8	9	28	4	1150000		11180	3	3	14400	26000	10850	3	8
10...	14000		9800	12	4	8	12	45	12	2670000		15770	2	2	10000	43000	11220	2	10
11...	4536		3950	8		8	11	53	2	3290000		27126	1	1	5000	2000		1	1
12...	167650		132985	28	13	15	28	193	26	13375000		102435							
13...	229630		169425	36	16	20	42	202	17	5941000		116000							
14...	4100		3775	8		8	7	12	6	1060000		7560	3	3	14200	13000		3	27
15...	32248		25346	32	10	22	32	89	27	6286950		43942	1	1	1000	22000			
16...	34230		25000	18	12	6	20	173	17	13035000		113520	1	1	1000	5000			
17...	29500		20066	15	8	7	15	63	15	5224000		54920	1	1	1400	4000		1	2
18...	66555		44772	28		28	30	146	25	10090000		69060							
19...	12490		99068	11		11	11	26	10	2921000		10268	3	3	5600	1500			
20...	20050		15890	23		23	21	367	17	6056000		39570	1	1	2000				
21...	22300		12380	10	6	4	13	57	17	5019000		46730							
22...	5800		5500	12	5	7	13	66	15	3218000		38425	8	8	24100	78000		7	30
23...	86250		46850	60	30	39	69	279	54	41115000		290600							
24...	83430		53660	50	3	47	44	119	54	20282000		113220	2	2	1500	1260			
25...	67350		33160	42	6	37	42	143	42	14344000		141400	2	2	[illegible]				
26...	88350		77490	42	16	26	47	293	44	26752000		247533	2	2	6000	1000			
27...	6700		4700	6		6	8	20	5	1410000		7500	2	2	6500	10400		2	3
28...	16550		17008	17	11	6	16	47	15	4875000		36100							
29...	238250		184200	28	7	21	25	526	29	63599000		482190	2	2	2000	56000		2	5
30...	115900		112700	9		9	9	632	4	22620000		180960							
31...	1925		3860	7	1	6	6	11	5	390000		2960	4	3	9500	15600	3675		
32...	7100		4400	12		12	9	30	7	1980000		16990	1	1	400				
33...				19		19	19	223	19	5562500		44500							

34...	120800	.....	136382	44	19	25	41	671	35	207954000	.....	519420	4	1	2000	.....	.....	1	3
35...	6600	.....	5450	17	2	15	15	107	13	10211400	.....	86936	3	.....	.....	.....	.....	.....	.....
36...	5900	.....	3360	6	2	4	6	25	5	2400000	.....	15300	.....	.....	.....	.....	.....	.....	.....
37...	27598	.....	25325	30	7	23	27	66	34	6872000	.....	56302	1	1	2000	.....	.....	1	1
38...	30320	.....	17780	15	6	9	15	53	13	3450000	.....	44200	.....	.....	.....	.....	.....	.....	.....
39...	33180	.....	24380	30	10	20	28	116	21	5619000	.....	46500	1	.....	.....	.....	.....	.....	.....
40...	127500	.....	61050	55	41	14	51	284	51	21843000	.....	167100	3	2	10000	12000	.....	1	10
41...	162173	.....	130660	76	25	51	75	262	81	25826000	.....	211890	1	.....	.....	1400	.....	.....	.....
42...	2500	.....	2500	1	.....	1	1	20	1	1000000	.....	8000	.....	.....	.....	.....	.....	.....	.....
43...	.....	.....	.....	.....	.....	.....	.....	.....	.....	.....	.....	.....	.....	.....	.....	.....	.....	.....	.....
	2190545	.....	1727380	994	305	689	989	6308	885	633711350	.....	3069464	62	52	171600	442560	39745	30	135
A ...	.....	.....	.....	.....	.....	.....	.....	.....	.....	.....	.....	.....	.....	.....	.....	.....	.....	.....	.....
B ...	.....	.....	.....	.....	.....	.....	.....	.....	.....	.....	.....	.....	.....	.....	.....	.....	.....	.....	.....
C ...	.....	.....	.....	.....	.....	.....	.....	.....	.....	.....	.....	.....	.....	.....	.....	.....	.....	.....	.....
D ...	146500	.....	159500	7	.....	7	12	765	12	27749000	.....	492530	.....	.....	.....	.....	.....	.....	.....
E ...	.....	.....	.....	.....	.....	.....	.....	.....	.....	.....	.....	.....	.....	.....	.....	.....	.....	.....	.....

No. 13.—Upper Canada—Return of Mills, Manufactories, &c., for 1860–61.—(*Continued.*)

	WOOLLEN FACTORIES.							DISTILLERIES.							TANNERIES.					
	Total Number.	N° giving Return.	CAPITAL INVESTED. $	ANNUAL PRODUCE. Cloth. Y'ds.	ANNUAL PRODUCE. Value. $	N° giving Return.	Hands employed.	Total Number.	N° giving Return.	CAPITAL INVESTED. $	ANNUAL PRODUCE. Whiskey. Gals.	ANNUAL PRODUCE. Value. $	N° giving Return.	Hands employed.	Total Number.	N° giving Return.	CAPITAL INVESTED. $	ANNUAL PRODUCE. $	N° giving Return.	Hands employed.
1...	1	1	15000	...	...	1	3	1	1	20000	90000	18000	...	...	6	6	43840	104200	5	13
2...	1	1	200	...	200	...	...	...	...	...	...	...	...	...	6	6	11300	8276	4	8
3...	1	1	50000	85000	70000	...	...	...	...	...	...	...	...	...	8	8	7230	11497	5	17
4...	...	...	...	...	...	...	...	...	...	...	...	...	...	...	3	3	2600	4000	2	6
5...	2	2	6000	...	...	...	...	4	4	38055	89000	27000	...	...	11	11	23760	13260	7	20
6...	...	...	...	...	...	...	...	3	3	16000	21000	5700	...	...	1	1	400	...	...	...
7...	...	...	...	...	...	...	...	1	1	12000	...	10000	...	...	4	4	40300	10800	4	24
8...	...	...	...	...	...	...	...	1	1	10000	21000	5000	...	...	3	3	116000	98500	3	45
9...	...	...	...	...	...	...	...	...	...	...	...	...	...	...	11	10	5930	5338	8	11
10...	1	1	46000	80000	...	1	32	3	3	40000	240000	82600	...	...	16	16	63650	103350	5	25
11...	...	...	...	...	...	...	...	...	...	...	...	...	...	...	9	9	17050	13500	3	15
12...	1	...	2000	...	...	1	3	2	2	15000	8400	2100	...	...	4	4	6500	5650	2	4
13...	2	2	14000	2000	...	2	9	...	...	...	...	...	...	...	8	8	100220	154300	8	114
14...	...	...	...	...	...	...	...	2	2	8000	26000	6000	...	...	...	...	...	...	...	...
15...	3	2	6000	3200	...	2	8	...	...	...	...	...	...	...	8	8	63200	39778	6	32
16...	1	1	1600	3954	2649	...	...	5	5	20300	13555	10600	...	...	1	1	1300	950	1	1
17...	...	...	...	...	...	...	...	...	...	...	...	...	...	...	2	2	9000	7000	1	3
18...	3	3	39000	90000	75000	3	63	2	2	11000	3800	1350	...	...	15	15	103100	70600	4	36
19...	1	1	1000	3400	2821	1	6	...	...	...	...	...	...	...	11	9	42500	34200	7	29
20...	5	5	20000	11000	16200	3	25	2	2	13500	12900	4272	...	...	8	8	13300	6480	4	16
21...	6	6	29600	9130	9075	2	6	...	...	...	...	...	...	...	6	6	38200	23060	6	24
22...	...	...	...	...	...	...	...	2	2	13000	17300	5200	...	...	...	...	...	...	...	...
23...	2	1	3000	6500	3375	1	8	3	3	36000	18000	5700	...	...	11	10	35400	34700	3	22
24...	4	4	121400	251700	156800	4	120	1	1	20000	17000	6800	...	...	5	4	19000	8400	4	14
25...	5	2	52300	157500	86000	2	58	2	1	12000	38000	12600	...	...	14	14	79800	84800	8	50
26...	6	6	15600	40200	24017	...	...	1	...	...	...	...	...	...	10	10	62400	68800	7	52
27...	...	...	...	...	...	...	...	...	...	...	...	...	...	...	9	8	25100	52600	4	20
28...	1	1	17000	...	...	1	4	1	1	3000	5480	13070	...	...	5	5	15000	17700	4	16
29...	2	2	3800	12500	...	1	2	...	...	...	...	...	...	...	5	5	12980	8950	3	7
30...	2	1	9500	27000	14650	1	16	...	...	...	...	...	...	...	4	4	10500	4200	2	8
31...	...	...	...	...	...	...	...	...	...	...	...	...	...	...	2	2	900	800	2	3
32...	...	...	...	...	...	...	...	...	...	...	...	...	...	...	5	5	4500	900	3	6
33...	...	...	...	...	...	...	...	...	...	...	...	...	...	...	...	...	...	...	...	...

34...								2							7	7	39400	107960	7	45
35...	1	1	6000		16500	1	14								7	7	19615	11400	4	12
36...															2	2	2100	3430	1	5
37...	16	14	256000	210500	222850	12	136	6	2	28000	332160	84130			11	11	114500	141750	10	37
38...	2	2	15600	36000	24400	2	34								4	4	8050	19000	3	11
39...	5	3	8000	13000	8650	3	15	4	1	20000	126000	41000			9	7	76500	89200	7	56
40...	1	1	1200	9000	5000	1	8	1	1		95000	23750			4	4	28600	20800	4	15
41...	7	6	42400	27475	23900	2	15								9	9	34400	29300	9	33
42...																				
43...																				
	32	70	781900	1079159	762587	47	585	49	38	335855	1174595	365372			264	256	1298125	1409429	170	855
A ...															1	1	8000	10000	1	3
B ...	2	2	14000			2	30	2	2	20800	180000	72000			1	1	5000	12000	1	6
C ...															4	3	31700	49000	3	45
D ...	1	1		5000											1	1		9400	1	3
E ...								2	2	120000	1500000	320000								

No. 13.—Upper Canada—Return of Mills, Manufactories, &c., for 1860–61.—(*Continued.*)

	Foundries.						Breweries.						Axe and Edge Tool Factories.			Cabinet Ware Factories.			Carriage and Waggon Factories.		
	Total Number.	N° giving Return.	Capital Invested. $	Annual Produce. $	N° giving Return.	Hands employed.	Total Number.	N° giving Return.	Capital Invested. $	Annual Produce. $	N° giving Return.	Hands employed.	Total Number.	N° giving Return.	Annual Produce. $	Total Number.	N° giving Return.	Annual Produce. $	Total Number.	N° giving Return.	Annual Produce. $
1..	6	6	114000	212000	4	111	1	1		3600	1	2				2	2	6800	1		
2..	1	1	300	300	1	1	2	1	7000	2500	2	6				3	1	1600			
3..							1	1	4000	8000	1	7							4	1	5500
4..	1	1	6000	8400	1	8													6	4	6600
5..	9	8	163800	53970	6	149	4	4	8640	11480	3	10				10	3	16350	8	5	10356
6..	2	2	24000	2000	2	19													4	3	2060
7..	2	2	6800	6000	1	4	1	1	2700	3000	1	1				1	1	1500	1	1	4500
8..	1						1	1	18000	9300	1	4							2	2	2300
9..	1	1	1500																1	1	1200
10..	6	6	60500	75500	4	62	2	1	48000	41000	2	15									
11..							1	1	3000	8870	1	2				8	4	2400	6	2	2955
12..																3	3	7300	6	6	7400
13..	2	2	23000	12000	2	15	2	2	3600	5250						5	2	2900	4	3	13000
14..																					
15..	1	1	4000	3500	1	10	3	3	5220	5000	1	2				12	4	4300			
16..																6	2	1700	2	2	2000
17..	1	1	6000	12000	1	8	1	1	5000	4700						1	1	3600	1	1	4000
18..	5	5	68000	40000	2	66	1	1	5000	2500	1	4				1	1	1600	3	3	16000
19..	5	5	53300	37000	3	70	1	1	4000	1560	1	4				4	3	6300	3	3	6000
20..	4	4	33100	11100	3	14	2	2	5200	3266	1	3	1	1	2400	3	1	3900	7	4	30700
21..	7	7	24500	32000	7	69	1	1	50000	25000	1	15				9	9	3700	6	5	13200
22..	1	1	8000	3000	1	4															
23..	2	2	2600	1500	2	5	1	1	4400	2000	1	3				1	1	2000	5	3	4400
24..	4	4	16200	18500	4	37	1	1	4000	4200	1	4	1	1	2000	6	3	14000	7	2	14800
25..	1	1	20000	25000	1	12	4	4	8100	13500	2	5	2	1	2000	9	9	38000	9	9	21500
26..	6	6	55800	45300	5	55	2	1	3600	8260	1	4				10	7	24400	2	2	7000
27..	1	1	10000				2	2	4500	5400	2	5	1	1	1000	9	4	7040	9	4	6200
28..	2	2	15000		2	33	1	1	800	2400	1	1									
29..	4	4	44000	53400	4	49	3	3	10400	13600	3	12	1	1	2000	4	4	14700	9	7	33000
30..																			2	2	2900
31..																			5	2	2000
32..							1	1	8000		1	3	1	1	3000	1	1	500	3	1	2400
33..																					

34..	1	1	4000	8000	1	8	2	2	26000	8430	2	8				3	3	1700	2	2	3700
35..	4	4	13600	20950	3	16															
36..							1	1	3500	8400	1	2				2	2	2300	5	5	16200
37..	10	10	221400	114500	7	119	14	11	94450	51070	10	38	1	1	30000	4	4	2600	14	13	39700
38..	3	3	13000	6000	3	10	1	1	20000	15000	1	4				3	2	4500	2	1	600
39..	6	5	67300	36000	3	74	7	5	23400	17100	3	16				5	2	1400	14	9	15650
40..	3	3	106000	98000	3	120	1	1	25000	16000	1	14				1			1	1	400
41..	3	3	6200	18600	2	19	4	3	41000	33800	3	21	1	1	300	5	5	10900	11	11	53000
42..																					
43..																					
	105	102	1191300	955520	79	1167	69	61	446510	334186	50	215	9	8	42700	131	84	192990	165	120	353221
A ..	5	5	289000	81000	5	107	5	4	85000	96168	4	43							5	4	26200
..	3	3	120000	196000	3	145	6	4	506000	80000	4	16	1	1	42000	2	2	3000	3	3	14075
C ..	6	6	129000	139920	6	110	2	2	72000	40400	2	24				2	2	5000	3	3	35400
D ..	1	1	4000		1	14	3	2	30200	19600	2	14	3	2	10244	4	4	15600	6	6	19200
K ..	4	4	47000	62860	4	58	5	5	70400	41759	4	18	2			4	4	213500	3	3	18391

No. 13.—Upper Canada—Return of Mills, Manufactories, &c., for 1860-61.—(*Continued.*)

	Pail Factories.			Comb Factories.			Soap & Candle Factories.			Pot and Pearl Ash Factories.				Rake Factories.			Paper Mills.			Shingle Mills.		
	Total Number.	N° giving Return.	Annual Produce. $	Total Number.	N° giving Return.	Annual Produce. $	Total Number.	N° giving Return.	Annual Produce. $	Total Number.	N° giving Return.	Annual Produce. Barrels.	Annual Produce. Value. $	Total Number.	N° giving Return.	Annual Produce. $	Total Number.	N° giving Return.	Annual Produce. $	Total Number.	N° giving Return.	Annual Produce. $
1..							1	1	4000	1	1	40	1200				1	1	14000	1	1	700
2..										3	3	70	1788							1	1	300
3..										1	1	37	925									
4..										1	1	8	240									
5..							1	1	7200											4	3	6715
6..	2	2	6000																			
7..										9	3	145	4305							1	1	1000
8..										1	1	3	75									
9..	1	1	600							2	2	330	6530									
10..							1	1	1280	6	3	327	15832							3	2	25100
11..										1	1	45	1600									
12..							1	1	2000	2	1	130	3500									
13..										3	2	104	2640				1	1	7000	1	1	3200
14..																	1	1	41000			
15..							1			2	2	37	790									
16..							1	1	400	7	3	102	2681									
17..										1	1	17	255									
18..										1										5	5	13300
19..														1	1	4000				2	2	2160
20..	1	1	2400							1												
21..							2	2	14500	5	2	331	9100							1		
22..							1	1	3000													
23..							1	1	4000											7	4	8300
24..	1	1	2400	1	1	2000	1	1	5000					1	1	500				3	3	6900
25..	1									3	2	108	2224									
26..							1	1	3000	3	2	137	3460	1	1	1000				1	1	1200
27..																						
28..																						
29..										1	1	56	1400							3	3	4000
30..										6	5	220	7000									
31..										1	1	72	1025							1	1	300
32..																						
33..										1	1	160	4000									

31..																			1	1	2000
35..										2	2	500	11500						1	1	1000
36..																					
37..	3	3	7000				1	1	10000	1	1	100	2500								
38..							2	1	10000	2	1	60	1250						1	1	750
39..										3	2	187	5665						1	1	200
40..		•					1			1	1	80	3000				1		3	1	800
41..	1	1	4000	1	1	5000				2	2	66	1900	1	1	1000	1				
42..																					
43..																					
	10	9	22400	2	2	7000	10	13	64380	73	48	3472	96405	4	4	6500	5	3	62000	41	33	77925
A..							5	5	121000	1	1	50	1500									
B..							5	5	46758	3	3	205	5500									
C..							2	2	52000	2	1	40	1200									
D..							2	2	6000													
E..				1			8	4	265580	4	1	80	2000									

No. 13.—Upper Canada—Return of Mills, Manufactories, &c., for 1860-61.—(*Continued.*)

	Fanning Mill Factories.			Nail Factories.			Boot and Shoe Factories.			Brick Yards.				Pottery Factories.			Ship Yards.				
	Total Number.	Nº giving Return.	Annual Produce. $	Total Number.	Nº giving Return.	Annual Produce. $	Total Number.	Nº giving Return.	Annual Produce. $	Total Number.	Nº giving Return.	Annual Produce. Bricks. M.	Annual Produce. Value. $	Total Number.	Nº giving Return.	Annual Produce. $	Total Number.	Nº giving Return.	Nº of Ships built.	Tonnage.	Value. $
1	2	1	7300				1	1	19000	1	1	700000	3200	1	1	4800					
2	1	1	1000				5	4	6550	1	1	200000	800								
3										2	1	300000	2800								
4	1	1	4300																		
5	1	1	5000				5	2	48604	2	2	630000	3240								
6																					
7																	1	1			12000
8	2	1	1200							1	1		600								
9										1	1	150000	900								
10										1	1	300000	1200								
11																					
12																					
13										1											
14																					
15							1	1	3150	1	1	300000	1200	1	1	2000					
16																					
17	1	1	1500				1	1	5850												
18																					
19	1	1	2500	1	1	4000				1	1	160000	6400								
20																					
21														2	1	1300	1	1			50000
22										5	5	1610000	5537								
23										1	1	178000	1380				1				
24							1	1	4600												
25	1	1	2500				8	4	22600	3	2	935000	4220								
26	1	1	2500				1	1	3500	5	5	112000	5615								
27	3	3	7000							1											
28																					
29							7	7	7000	1				1	1	2000					
30																					
31																					
32										1	1	200000	1400								
33																					

34...	1	1	1600				2	2	4800	1											
35...										1	1	500000	2500	1							
36...	1									1	1	200000	1000								
37...	2	2	3250				2	2	5500	4	4	550000	2225	2	2	700					
38...							3														
39...	5	4	11400																		
40...							1	1	2500												
41...										4	4	854000	4656	6	2	2300					
42...																					
43...																					
	23	19	51050	1	1	4000	38	27	133714	40	34	7879000	49073	14	8	13100	3	2			62000
A...				1	1	22500	1	1	50000	3	3	4800000	13800	2	2	4100					
B...																	2	2			10000
C...	1	1	5000																		
D...	1	1	3000							1	1	200000	12000				1	1			2500
E...							7	5	131600								1	1			200

No. 13.—Upper Canada—Return of Mills, Manufactories, &c., for 1860-61.—(*Continued.*)

	Cotton Factories.			Tobacco, Snuff and Cigar Manufactories.						Oil Factories.			Sash, Door and Blind Factories, and Planing Mill.			Match Factories.		
	Total Number.	N° giving Return.	Annual Produce. $	Total Number.	N° giving Return.	Tobacco. Lbs.	Snuff. Lbs.	Cigars. 1000	Annual Produce. $	Total Number.	N° giving Return.	Annual Produce. $	Total Number.	N° giving Return.	Annual Produce. $	Total Number.	N° giving Return.	Annual Produce. $
1													1	1	3000			
2																		
3																		
4																		
5				1	1			200000	6000									
6																2	1	750
7													1	1	3000			
8																		
9																		
10				1	1	1200			600									
11																		
12																1	1	1600
13																		
14													1	1	1200			
15																		
16																		
17																		
18													1	1	4000			
19																		
20																		
21	2	1	16000	1	1			80	280				2	1	1500			
22																		
23																		
24													2					
25													3	3	6600	2	2	3800
26				1	1				2000				1	1	12000			
27																		
28																		
29													3	3	9250			
30																		
31																		
32													1	1	8000			
33																		

34..																		
35..													1					
36..													1	1	3000			
37..				3	3			1900	5800	1	1	2000				1	1	1000
38..				1	1				600				2	2	9000			
39..																		
40..	3	3	31125							1								
41..				1	1			1625	4680				2	2	4000	2	2	2500
42..																		
43..																		
	5	4	47125	9	9	1200		5605	19960	2	1	2000	22	18	64550	8	7	9650
A..				4	3			6918	20376				1	1	3000	1	1	1000
B..													2	2	32000			
C..				1	1	140000			20000				3	3	3200	1	1	400
D..													4	3	13100			
E..				4	4				32200				1	1	17000	1	1	1200

No. 13.—Upper Canada—Return of Mills, Manufactories, &c., for 1860-61.—(*Continued.*)

	Broom Factories.			Cooperages.			Stove Factories.			Marble Factories.			Starch Factories.			Tinware Factories.			Rope Factories.		
	Total Number.	N° giving Return.	Annual Produce. $	Total Number.	N° giving Return.	Annual Produce. $	Total Number.	N° giving Return.	Annual Produce. $	Total Number.	N° giving Return.	Annual Produce. $	Total Number.	N° giving Return.	Annual Produce. $	Total Number.	N° giving Return.	Annual Produce. $	Total Number.	N° giving Return.	Annual Produce. $
1	1	1	12400																		
2																					
3																					
4				3	3	10850															
5																4	4	20080			
6	1	1	1600																		
7																					
8																					
9																					
10													2	2	104000						
11																					
12				1	1	250															
13																2			1		
14																					
15																					
16																					
17																					
18																					
19	1	1	400	2	2	4600										2	1	3750			
20																1	1	3000			
21																					
22																			1	1	19000
23				3	2	9500															
24				2	2	2700										1	1	16500	1	1	1500
25				10	8	10300															
26	1	1	600	5	5	28480										1	1	3000			
27																					
28																					
29				7	7	19900															
30																					
31																					
32																					
33																					

34...	......	......	....	1	1	3500	......	......	....	......	......	....	......	......	....	......	......	....	......	......	....
35...	......	......	....	......	......	....	......	......	....	......	......	....	......	......	....	......	......	....	......	......	....
36...	......	......	....	......	......	....	......	......	....	......	......	....	......	......	....	2	2	4000	......	......	....
37...	1	1	1100	10	10	49740	......	......	....	......	......	....	......	......	....	1	1	9000	......	......	....
38...	......	......	....	......	......	....	......	......	....	......	......	....	......	......	....	......	......	....	......	......	....
39...	1	1	3000	2	1	11000	......	......	....	......	......	....	......	......	....	......	......	....	1	1	900
40...	......	......	....	2	2	3300	......	......	....	......	......	....	......	......	....	......	......	....	......	......	....
41...	1	......	....	6	6	17100	......	......	....	......	......	....	......	......	....	......	......	....	1	1	6000
42...	......	......	....	......	......	....	......	......	....	......	......	....	......	......	....	......	......	....	......	......	....
43...	......	......	....	......	......	....	......	......	....	......	......	....	......	......	....	......	......	....	......	......	....
	7	6	19100	54	50	171220	......	......	....	......	......	....	2	2	104000	14	11	59330	5	4	27400
A ...	2	2	16000	1	1	1900	1	1	5000	1	1	14000	......	......	....	1	1	19650	1	1	9900
B ...	......	......	....	......	......	....	......	......	....	......	......	....	......	......	....	......	......	....	1	1	1400
C ...	......	......	....	1	1	1500	......	......	....	......	......	....	......	......	....	2	1	5750	......	......	....
D ...	......	......	....	2	2	5200	......	......	....	1	......	....	......	......	....	2	2	3200	......	......	....
E ...	1	1	15780	5	1	10440	4	......	....	3	1	15000	1	......	....	2	2	11200	1	......	....

No. 13.—Upper Canada—Return of Mills, Manufactories, &c., for 1860-61.—(*Continued.*)

	Pump Factories.			Agricultural Implement Factories.			Harness Factories.			Hosiery Factories.			Rail Road Car Factories.			Locomotive Works.			Brass Founders.		
	Total Number.	N° giving Return.	Annual Produce. $	Total Number.	N° giving Return.	Annual Produce. $	Total Number.	N° giving Return.	Annual Produce. $	Total Number.	N° giving Return.	Annual Produce. $	Total Number.	N° giving Return.	Annual Produce. $	Total Number.	N° giving Return.	Annual Produce. $	Total Number.	N° giving Return.	Annual Produce. $
1	1	1	1000	2	2	10820	3	3	22500												
2																					
3																					
4							2	2	1900												
5																					
6																					
7																					
8																					
9																					
10																					
11																					
12																					
13																					
14																					
15	3	1	1000																		
16	1	1	3600																		
17																					
18																					
19				3	3	48000	1	1	5000												
20				7	7	9100	2	2	5660												
21										1	1	16000	1	1	200000				1	1	30000
22																					
23																					
24				1			2	1	3000												
25				3	2	105000															
26	1	1	400	2	2	16000															
27	1	1	350	1	1	3000	1	1	2200												
28																					
29	1	1	400	1	1	2630															
30																					
31																					
32							1	1	900												
33																					

34...																			
35...																			
36...	1	1	500	1	1	5000													
37...	2	2	1800	3	3	26100	1	1	2000	1	1	4500							
38...							1	1	1000										
39...	1			2	1	1200													
40...				7	7	64000													
41...	1	1	300	5	5	22600	2	2	8100										
42...																			
43...																			
	14	11	11150	38	35	313450	16	15	52260	2	2	20500	1	1	200000				1	1	30000
A ...				1	1	6500	1	1	12000										2		
B ...				4	4	130000															
C ...	1	1	4600	1	1	80000	1	1	6000												
D ...				2	2	38700													1	1	6000
E ...	1			3			7	5	18800										3	3	3000

No. 13.—Upper Canada—Return of Mills, Manufactories, &c., for 1860-61.—(*Continued.*)

	Ginger Beer and Soda Water Factories.			Shoe Peg and Last Factories.			Flax Mills.			Lime Kilns.			Biscuit Factories.			Wine Factories.			Coal Oil Refineries.		
	Total Number.	N° giving Return.	Annual Produce. $	Total Number.	N° giving Return.	Annual Produce. $	Total Number.	N° giving Return.	Annual Produce. $	Total Number.	N° giving Return.	Annual Produce. $	Total Number.	N° giving Return.	Annual Produce. $	Total Number.	N° giving Return.	Annual Produce. $	Total Number.	N° giving Return.	Annual Produce. $
1																					
2																					
3																					
4																					
5																					
6																					
7																					
8																					
9																					
10																					
11																					
12																					
13																					
14																					
15																					
16																					
17																					
18																					
19																					
20																					
21				1	1	1000															
22																					
23																					
24	1	1	2000																		
25																					
26																					
27				1	1	3600															
28																					
29																					
30																					
31																					
32																					
33																					

34...																		
35...																		
36...																		
37...				1	1	7000	3	3	215000									
38...										1	1	7000						
39...	1	1	2500	1	1	4000	1						1	1	10900			
40...																1		
41...										1	1	4000						
42...																		
43...																		
	2	2	4500	4	4	15600	4	3	215000	2	2	11000	1	1	10900	1		
A ...	1	1	8000													1	1	47500
B ...																		
C ...																		
D ...																		
E ...	2			1	1	4800				1	1	2700	2	2	85600			2

No. 13.—Upper Canada—Return of Mills, Manufactories, &c., for 1860–61.—(*Continued.*)

	Vinegar Factories.			Cider Mills.			Spice Mills.			Basket Factories.			Glue Factories.			Gunpowder Mills.			Plaster Mills.		
	Total Number.	N° giving Return.	Annual Produce. $	Total Number.	N° giving Return.	Annual Produce. $	Total Number.	N° giving Return.	Annual Produce. $	Total Number.	N° giving Return.	Annual Produce. $	Total Number.	N° giving Return.	Annual Produce. $	Total Number.	N° giving Return.	Annual Produce. $	Total Number.	N° giving Return.	Annual Produce. $
1																			2	2	10800
2																					
3																					
4																					
5																					
6																					
7																					
8																					
9																					
10																					
11																					
12																			1	1	6000
13																					
14																					
15																					
16																					
17																					
18																					
19																					
20																					
21																					
22																					
23																					
24																			1	1	1500
25																					
26																					
27																					
28	1	1	1600																		
29																					
30																					
31																			1		
32																					
33																					

34																					
35																					
36																					
37	2	2	600																		
38																					
39	1																				
40	1																				
41				1	1	1600							1	1	5000						
42																					
43																					
	5	3	2400	1	1	1600							1	1	5000				5	4	24300
A	1	1	16000				1	1	20000							1					
B													1	1	1500						
C																					
D																					
E	1	1	700				1			1			1	1	10725						

No. 13.—Upper Canada—Return of Mills, Manufactories, &c., for 1860-61.—(*Continued.*)

	Hat Factories.			Band Box Factories.			Blacking Factories.			Brush Factories.			Looking Glass Factories.			Organ Factories.			Piano Factories.		
	Total Number.	N° giving Return.	Annual Produce. $	Total Number.	N° giving Return.	Annual Produce. $	Total Number.	N° giving Return.	Annual Produce. $	Total Number.	N° giving Return.	Annual Produce. $	Total Number.	N° giving Return.	Annual Produce. $	Total Number.	N° giving Return.	Annual Produce. $	Total Number.	N° giving Return.	Annual Produce. $
1																					
2																					
3																					
4																					
5																					
6																					
7																					
8																					
9																					
10																					
11																					
12																					
13																					
14																					
15																					
16																					
17																					
18																					
19																					
20																					
21																					
22																					
23																					
24																					
25																			1	1	10000
26																					
27																					
28																					
29																					
30																					
31																					
32																					
33																					

34...	...	...	...	...	...	...	...	...	...	...	...	...	...	...	...	...	...	...	...	...	...
35...	...	...	...	...	...	...	...	...	...	...	...	...	...	...	...	...	...	...	...	...	...
36...	...	...	...	...	...	...	...	...	...	...	...	...	...	...	...	...	...	...	...	...	...
37...	...	...	...	...	...	...	...	...	...	...	...	...	...	...	...	...	...	...	...	...	...
38...	...	...	...	...	...	...	...	...	...	...	...	...	...	...	...	...	...	...	...	...	...
39...	...	...	...	...	...	...	...	...	...	...	...	...	...	...	...	...	...	...	...	...	...
40...	...	...	...	...	...	...	...	...	...	...	...	...	...	...	...	...	...	...	...	...	...
41...	...	...	...	...	...	...	...	...	...	...	...	...	...	...	...	...	...	...	...	...	...
42...	...	...	...	...	...	...	...	...	...	...	...	...	...	...	...	...	...	...	...	...	...
43...	...	...	...	...	...	...	...	...	...	...	...	...	...	...	...	...	...	...	...	...	...
	...	...	...	...	...	...	...	...	...	...	...	...	...	...	...	...	...	...	1	1	10000
A...	1	1	10000	1	1	240	...	...	...	...	...	...	...	...	...	...	...	...	2	...	...
B...	...	...	...	...	...	...	...	...	...	...	...	...	...	...	...	...	...	...	...	...	...
C...	1	1	8000	...	...	...	...	...	...	...	...	...	...	...	...	...	...	...	...	...	...
D...	1	1	2000	...	...	...	...	...	...	...	...	...	...	...	...	...	...	...	...	...	...
E...	3	3	24000	1	1	2000	1	...	...	2	2	1550	1	1	10400	1	...	...	1	...	...

No. 13.—Upper Canada—Return of Mills, Manufactories, &c., for 1860-61.—(*Continued.*)

	Melodeon Factories.			Iron Safe Factories.			Straw Bonnet Factories.			Wire Work Factories.			Wood and Ivory Turners.			Scale Factories.			Sewing Machine Factories.		
	Total Number.	N° giving Return.	Annual Produce. $	Total Number.	N° giving Return.	Annual Produce. $	Total Number.	N° giving Return.	Annual Produce. $	Total Number.	N° giving Return.	Annual Produce. $	Total Number.	N° giving Return.	Annual Produce. $	Total Number.	N° giving Return.	Annual Produce. $	Total Number.	N° giving Return.	Annual Produce. $
1																					
2																					
3																					
4																					
5																					
6																					
7																					
8																					
9																					
10																					
11																					
12																					
13																					
14																					
15																					
16																					
17																					
18																					
19																					
20																					
21																					
22																					
23																					
24	1	1	2000																		
25	1	1	6000																		
26																					
27																					
28																					
29																					
30																					
31																					
32																					
33																					

34..																		
35..																		
36..																		
37..																		
38..																		
39..																		
40..																		
41..																		
42..																		
43..																		
	2	2	8000															
A ...															1	1	16000	1	1	36000
B ...																		2	2	2140
C ...	1	1	3750															
D ...																		
E ...				1	1	12000	1	1	6000	1	1	1500	1	1	2700						

N. B.—In the County of Grenville there is a Stave Factory, annual value of business $6000. County of Lincoln, 1 Saw Factory $15,000, and 1 Rectifier $15,000. County of Middlesex, 1 Stave Factory $4000. County of Norfolk, 1 Stave Factory $600, and 1 Soda Factory $900. County of Oxford, 1 Stave Factory $1600, 1 Flax dressing $1000. County of Ontario, 1 Stave Factory $7500, 1 Drug Factory $8000. County of Prescott, 1 Saleratus Factory, $6900. County of Waterloo, Malt Kiln $3200.

In the City of Toronto, 1 Chair Factory, annual value $1700, 2 Boiler Factories $1000, 2 Gunsmiths, 3 Silversmiths.

In the City of Hamilton, 2 Whitesmiths, annual value $7200, 1 Silversmith, 1 Coal Grate Foundry, 1 Cloth Cap Factory.

APPENDIX

TO

CENSUS OF CANADA.

No. 14.

LOWER CANADA.

RETURN OF MILLS, MANUFACTORIES, &c.

No. 14.—Lower Canada—Return of Mills, Manufactories, &c., for 1860–61.

FLOUR AND GRIST MILLS.

COUNTIES, CITIES, &c.	Total Number.	N° giving Return.	CAPITAL INVESTED. $	N° giving Return.	RAW MATERIAL USED. Quantity in Bushels.	Kind of Grain.	Value. $	N° giving Return.	MOTIVE POWER. Steam.	Water.	N° giving Return.	Hands employed.	N° giving Return.	ANNUAL PRODUCE. No. of Barrels.	Kind. Flour.	Value. $
1. L'Assomption	3		24500	1	1800		1100			1		10				
2. Argenteuil																
3. Arthabaska	3	3	5200	3						3	3	5				11700
4. Bagot	7		11200	1	2000					6	6	9	5			3150
5. Beauce	14	12	31600							6			9			6205
6. Beauharnois	3	3	6800	2	34600		29000			2		6				4213
7. Bellechasse	6	6	21200							5	5	12	2			1675
8. Berthier	9	9	27100	3	11900		5700			10	7	14				5780
9. Bonaventure	3			2	5200		3080			3	3	6	3			1300
10. Brome	4	3	12150	1	12000		7800			3	3	4	2			3750
11. Chambly	5		48000	3	31666					4	5	12				15855
12. Champlain	13	13	57470	11	118450		95500			13	12	24	10			39145
13. Charlevoix	17	17	62150	17	70300		58136			17	16	19	15			76061
14. Chateauguay	5	5	58400	1	56000		28000			5	5	16	4			23200
15. Chicoutimi	6	6	8400	1	20000		14000			3	3	5	4			2000
16. Compton	4	4	9400							4		6				3800
17. Dorchester	22	21	41500	6	19236		19160	.21		21	15	20	9			7618
18. Drummond	10	10	25400	4	21500		13400			10	4	6	7			8180
19. Gaspé	9	7	14400	1	600		600			8						
20. Hochelaga	1		12000						1			4				125000
21. Huntingdon	7	6	41500	3	44000		20000			6	5	15	2			8200
22 Iberville	6	6	83000	5	230100		165000		3	3	4	37	2			19880
23. L'Islet	9	9	44200	9	152200		110200			7	7	23	8			166954
24. Jacques Cartier	2	1	20000							1	1	2				6000
25. Joliette	6	6	19400							3	2	6	4			3986
26. Kamouraska	10	9	42900	10	125690		107170			10	8	21				60500
27. Laprairie	3	3	56600	1	11000		8000		1	2	2	7	1			1100
28. Laval	4	4	47600								3	4	2			19150
29. Levis	6	6	16400	2	19800		14000			5	3	9				
30. Lotbinière	13	12	108700	12	128100		61900			11	11	23	9			46340
31. Maskinongé	4	4	24600	2	13600		11480			4	4	5	4			6600
32. Megantic	16	12	23450	8	66050		36590			13	13	17	9			13530
33. Missisquoi	9	9	56100	2	40000		26000			8	6	10	2			8000

34. Montcalm	8	6	20300	3	42400		19060			6	4	10	7			4205
35. Montmagny	10	10	37900	6	20100		12810			9	6	6	6			2710
36. Montmorency	3	3	11600	2	63400		31758			2	3	6	2			2500
37. Napierville	3	3	25000	2	115000		93000		1	2	3	14	2			30100
38. Nicolet	11	10	52600	6	70600		45600			8	9	17	7			22555
39. Ottawa	4	4	48695	1	15000		15000			2	2	4	1			15000
40. Pontiac	3	3	18000	3	33000		31000			3		7	3			35200
41. Portneuf	16	12	45100	6	83100		41360			11	7	17	7			29100
42. Quebec	7	6	190000	3	134000		51400			6	4	16	7			238400
43. Richelieu	3	3	32000						1	2			1			4000
44. Richmond	4	4	21000	3	70000		43900			3	3	7	2			12300
45. Rimouski	12	11	43300	1	3600		2500			7	7	16	11			14316
46. Rouville	12	11	87700	3	51800		48200			11	12	30	10			60400
47. Saguenay	2	2	2000	2	1626		1600			2	2	2				1760
48. Shefford	10	9	58900	2	20000		12000			7	5	9	6			16600
49. Soulanges	3	3	31600	3	115300		74000			3	3	9	3			100000
50. St. Hyacinthe	1	1	19600							1	2					
51. St. Johns	5	5	34400						1	3	4	10	3			4600
52. St. Maurice	9	9	43880	3	154000		72800			7	7	25	8			58300
53. Stanstead	4	2	9000	3	30600		19860			3	3	6	3			35910
54. Temiscouata	16	14	41800	8	71220		63376			13	13	27	12			29443
55. Terrebonne	12	11	75800	4	127236		73166		1	8	7	15	7			101747
56. Two Mountains	12	7	34900	8	149465		96801		1	5	7	17	5			31300
57. Vaudreuil	8	8	125700	5	105200		87530			7	7	20	7			107975
58. Verchères	2	2	9000	1	9000		7950			2	2	5	1			800
59. Wolfe	9	7	12450	5	12460		6230		1	5	7	9	7			15710
60. Yamaska	12	12	38200	1	800		300		1	9	5	12	9			14422
TOTAL	440	384	2117350	195	2732709		1789027	356	12	344	290	673	250	337583		1683930
A. Montreal, City	5	3	252000	4	1000025		936500	5		5	5	69	4	237000		1185000
B. Quebec, City	1			1	57000		68000	1	1		1	9				
C. Three Rivers, City	1	1	19000					1		1			1			1500
D. Sherbrooke, Town	3	1	15000	1	24000		12800	3		3	3	5	1			12300

No. 14.—Lower Canada—Return of Mills, Manufactories, &c., for 1860–61.—(*Continued.*)

	OATMEAL MILLS.																SAW MILLS.			
					RAW MATERIAL USED.				MOTIVE POWER.						ANNUAL PRODUCE.					
	Total Number.	N° giving Return.	CAPITAL INVESTED. $	N° giving Return.	Quantity of Bushels.	Kind.	Value. $	N° giving Return.	Steam.	Water.	N° giving Return.	Hands employed.	N° giving Return.	No. Barrels.	Kind.	Value. $	Total Number.	N° giving Return.	CAPITAL INVESTED. $	N° giving Return.
1..																	7	7	14800	6
2..	2	2	7220	2	9300	Oats.	2640			2	2	6				3024	2	2	2100	2
3..																	9	9	31400	9
4..																	30	10	20750	26
5..																	22	14	3900	
6..																	2	2	5000	
7..																	4	4	13600	
8..																	18	17	9500	6
9..																	7	3	12700	4
10..																	21	19	22550	6
11..																				
12..																	19	18	42140	9
13..																	11	14	11580	14
14..																	5	5	8700	1
15..	1		2400							1		2				300	10	9	17850	5
16..																	11	11	12900	6
17..																	25	25	10105	2
18..																	29	19	27390	16
19..																	6	5	25900	1
20..																	1		6000	
21..																	19	19	31350	17
22..																	8	8	11700	3
23..																	28	27	11250	24
24..																				
25..																	10	10	13300	4
26..																	20	20	24050	18
27..																				
28..																	3	3	8000	
29..																	23	21	307980	17
30..																	26	23	111950	22
31..																	15	12	164150	10
32..																	34	30	24140	30
33..																	34	30	90900	30

34..																	8	7	6550	1
35..																	24	20	8750	7
36..																	30	29	63195	26
37..																	1		14000	
38..																	9		111800	7
39..	1	1	2000		9000	Oats.	2400			1	1	2					19	17	301400	10
40..																	2	2	12000	2
41..																	21	17	19400	11
42..	6	6	45400	6	76480	Oats.	33600		1	4	5	8	1			950	18	14	403000	6
43..																	4	4	24000	
44..																	14	11	217600	6
45..																	18	15	46000	2
46..																	6	1	2000	
47..																	6	6	86500	
48..																	22	22	63600	14
49..																	3	3	24000	
50..																	1		1000	
51..																	4	4	6938	
52..																	15	11	24050	14
53..																	24	23	43400	16
54..																	19	17	44100	14
55..	1	1	2000		15000					1		2				500	26	19	66630	18
56..	1		2000														8	7	17300	7
57..																	7	6	30900	
58..																	3	2	6000	1
59..																	13	11	18200	6
60..																	10	9	16400	4
	12	10	61020	8	109780		38640	10	1	9	8	20	1			4774	797	673	2776248	460
A..																	6	4	161500	4
B..																	1	1	12000	
C..																	2	2	120000	
D..																	4	2	4500	2

No. 14.—Lower Canada—Return of Mills, Manufactories, &c., for 1860-61.—(Continued.)

	SAW MILLS.—(Continued.)												CARDING AND FULLING MILLS.						
	RAW MATERIAL USED.			Nº giving Return.	MOTIVE POWER.		Nº giving Return.	Hands employed.	Nº giving Return.	ANNUAL PRODUCE.			Total Number.	Nº giving Return.	CAPITAL INVESTED.	ANNUAL PRODUCE.		Nº giving Return.	Hands employed.
	Quantity.	Kind. Logs.	Value. $		Steam.	Water.				No. of Feet.	Kind. Lumber.	Value. $			$	Wool. Lbs.	$		
1...	27900		37550	6	1	5	8	62	6	7614000		77200	4		16800		1410	2	5
2...	800		375	2		2		5	2	53000		5900							
3...	64080		26182	9		9	9	86	8	5836000		51000							
4...	66900		79760	20		20			28	10494000		161532	1	1	1600		1500		
5...						6			11			1750	3	3	5500		1250		6
6...	2900		2300			2		2	2	190000		2778							
7...						3	3	3	1			4040	2	1	1400				
8...	7594		4112			17	11	20	5	80050		7420	2	1	5000				5
9...	4760		2680			7	7	30	6	4400400		37610							
10...	6800		3980			19	16	38	15	2305000		23225	2	2	3500				2
11...																			
12...	83700		86209			18	14	175	8	11619000		98625							
13...	16680		7240			14	11	22	14	1694000		12970		1		13510			3
14...	1200		600		1	4	5	23	2	136000		7000							
15...	56000		54380			8	6	196	9			103242							
16...	3700		1108			11	11	15		4160000		9000							
17...	4900		1760			20	15	17	11	2123500		20620	2	2	2800		1800		
18...	23950		10275		2	21	24	188	14	7622000		76460							
19...	300		150		1	2													
20...					1			4				9000	1		26000				
21...	15300		8160			18	16	32	16	2181000		21780	1		1200		400		
22...	25000		17200		1	7	4	29	5	2900000		15890	2	2	5600	22000	6158		
23...	23270		9010			27	25	48	24	2328000		19733	5	4	3439	13000	7632		7
24...																			
25...	4200		1430			9	4	6	6			10420	1	1	800		200		
26...	17350		10630			19	16	32		200075		16430	3	2	4200	18000	9936	2	5
27...																			
28...						2	2	2	2	103000		800	1		5000		2930		
29...	312100		382700			22	18	593	19	53776700		699550	2	1	900	2000	650	1	1
30...	114250		97753			23	23	218	21	21455000		162500	6	4	4000		7900	4	9
31...	54550		40905		1	7	10	292	9	13000020		130380	1		2000		680		
32...	19170		8691			31	29	46	28	1368000		11620	4	3	4000	16000	4300		4
33...	61600		41600		1	30	27	112	23	12213000		70800							

120			8	8	18	3	280000		2350							
2690			17	8	11	5	860000		7133	5	5	4350				
38210			28	27	68	27	13830000		123414	1		600	2000	800		
47080		1	1	1	8		5400000		40000	1	1	3000	23000	4000		2
1850			9	9	165	9	10680000		88406	1	1	1000		400		1
94640		2	11	16	526	15	19520000		136240							
13600			2	2	6		3150000		24200							
4010			13	12	20	11	207000		10263	4	3	2900	13000	12966		
153900		1	15	13	641	11	20820550		452419	6	4	5100		5925		
		1		1	3	2	594000		6300							
4000			12	10	206	10	15270000		191402	2	2		20000	2500		8
8370			7	7	46	11	4386000		32350	3	3	1500		660	1	1
			3	3	8					3	2			1400		
			6	4	252	3	11305000		85600							
66900		4	16	17	54	14	5022000		24505	1	1	6500	10000	4000		
			2		9	2	5000000		32800	2	2	5000		7068		5
2000			1		3				2000							
										1		1200				2
43725			12	11	159	14			134270	4	2	6000				
7012			23	23	43	24	3669000		30985							
17750			16	15	33	15	4741500		43870	2	1	2800		3354		3
17112		1	19	19	47	19	21400000		145179	2	2	4000	12500	800		
16700		1	7	8	24	4			23100	3	3	5400		3700	2	5
			4	4	14	3			1700	1	1	6000	16000	5660		3
650			1	1	2	2			1510	1						
2745			5	5	9	7	464000		5590	1	1	500	1500	600		1
1850			7	7	37	6			7850	1	1		800	300		
1481550	37	20	628	543	4614	513	318619705		3482871	88	63	150589	183310	90869	12	78
139000	6	4	2	6	175	3			162000							
3240	1	1		1	8											
	1	1		1	70	1			20000							
6025	4		4	4	24	4	1820000		16870							

No. 14.—Lower Canada—Return of Mills, Manufactories, &c., for 1860-61.—(*Continued.*)

	WOOLLEN FACTORIES.							DISTILLERIES.							TANNERIES.					
	Total Number.	N° giving Return.	Capital invested. $	Annual produce. Cloth. Y'ds.	Annual produce. Value. $	N° giving Return.	Hands employed.	Total Number.	N° giving Return.	Capital invested. $	Annual produce. Whiskey. Gals.	Annual produce. Value. $	N° giving Return.	Hands employed.	Total Number.	N° giving Return.	Capital invested. $	Annual produce. $	N° giving Return.	Hands employed.
1...															4		1450	1165	4	6
2...																				
3...																				
4...															1	1	1000	4000		
5...															5	5	2800	1880		4
6...	1		5000	8240	5768		6													
7...															2	2	36500			
8...															1		1000	2300		1
9...															2			2300	1	3
10...	1	1	7000	11200	12088										3	3	12000	11500	2	7
11...	1	1	20000	35000	21000										2	2	13200	10708		9
12...	1		2000	5000	3000		2								2	1	700	2200	1	4
13...	3	3	2800	13000	9810	1	2								3	3	4960	7200	2	7
14...	1		1500												2	2	1200	1000	1	2
15...	3				4080										1		400	4000		1
16...	1		1500		3375		3								2	2	3000	3500	1	1
17...															2	2	2800	1400	2	4
18...																				
19...																				
20...															19		96000	87000		38
21...															5	4	15650	28825		16
22...	1			23000	12500										4	4	10700	25400	3	12
23...	2			13030	13100	1	4								6	6	3224	16624		15
24...															1		1200	800		1
25...															4	3	6650	4075		4
26...	1		1600	1800	1530										3	1	1200	8640	1	3
27...								1	1	24000	80000	20000								
28...															1		1000	2060		3
29...	1			7000	6000										2		32300	6200		6
30...	3		4600	14200	11200	2	7								4	4	4900	10512	3	9
31...	2														5		4200	2275	2	6
32...	1		2000	3500	3500		4								4	3	10000	12000	3	7
33...	4	4	16000	21000	15000		4								5	5	26700	19900	4	16

34...	1		400		50		1								1	1	2400	350		2
35...	4	4	3950	4400	4600	1	4								4	2	950	490	2	
36...																				
37...																				
38...	1		1000		385		1								1		3500	700		1
39...															3		2400	2600	2	2
40...															1		536			1
41...															2	2	400	160		1
42...								1			200000	80000								
43...																				
44...	2	1	1000	9100	6700	2	5								3	2	11500	4000	3	14
45...															3	3	1950	1820	2	6
46...															4	4	2500			
47...																				
48...	2	2	8000	23000	12000		13								14	13	189000	186075	6	89
49...	2		6500	19200	14360										4	4	4100	5372		8
50...															4		6076	11088		7
51...															8	7	22900	53300		26
52...															1		1000	1590		1
53...	2	2	17000	15000	10400	2	15								3		5400	3700	2	3
54...															2		5100	8700		7
55...	1	1	2300	27000	17350		3	1	1	8000	23660	9450			8	6	3000	19400	3	5
56...	3	3	20000	30625	22655	2	21								9	7	26450	51000	7	4
57...															5	5	8950	11700	4	5
58...															6	3	2800	6590	5	7
59...															1			400		1
60...															2	1	400	200		
	45	22	124150	284295	210451	11	95	3	2	32000	303600	109450			184	113	596046	646699	66	395
A ...	1	1		72000	10000			2	2	204800	342000	120061			6	5	58000	104000	5	66
B ...															20	19	184036	188678	18	69
C ...															2	2	688	4060	1	2
D ...	1	1	16000	69600	35950	1	24								2	2	26000	63940	2	17

No. 14.—Lower Canada—Return of Mills, Manufactories, &c., for 1860–61.—(*Continued.*)

	FOUNDRIES.						BREWERIES.						AXE AND EDGE TOOL FACTORIES.			CABINET WARE FACTORIES.			CARRIAGE AND WAGGON FACTORIES.		
	Total Number.	N° giving Return.	CAPITAL INVESTED. $	ANNUAL PRODUCE. $	N° giving Return.	Hands employed.	Total Number.	N° giving Return.	CAPITAL INVESTED. $	ANNUAL PRODUCE. $	N° giving Return.	Hands employed.	Total Number.	N° giving Return.	ANNUAL PRODUCE. $	Total Number.	N° giving Return.	ANNUAL PRODUCE. $	Total Number.	N° giving Return.	ANNUAL PRODUCE. $
1..																			2		2634
2..																					
3..	3		9500	4080																	
4..																					
5..																					
6..	1		3000	1200		1													1		7500
7..																					
8..	2	1	2000	10300		10															
9..																					
10..	1		1000	1500		2													2		7500
11..	1		6500	10000		12															
12..																					
13..																			1		225
14..																					
15..																					
16..																2	2	500			
17..																					
18..																					
19..																					
20..																					
21..	2		250	1600		4													1		1800
22..																					
23..																					
24..	2		1700	1800																	
25..	2		10690	20600	2	15													1		
26..																					
27..																					
28..																			4	3	21200
29..																					
30..	2		19000	12400	1	23															
31..																					
32..																					
33..	2	1	7000	2200		2	1		1000	450		2	1	1	5000	1		1000	7	5	41600

34..																					
35..																					
36..																					
37..																					
38..							1		1600	500			1			1	1	600	3	3	2000
39..																					
40..																1		1600	1	1	2000
41..																					
42..	2	2	3200	1200	1	3													1		
43..																					
44..	2	2	4100	2300	2	6										2	2	900	1	1	3000
45..	1		1000	300												1		900			
46..	1	1		2000			2	1	1500	400											
47..																					
48..	1		40000			20	1		1000	1500		2	1		1500	4		3700	4		9100
49..																			2		5200
50..	3		17000																5		10012
51..	1	1	2000				1			1731		5							2		500
52..																					
53..	1		5000	2500		5										1		1000	2		1300
54..	1		8300	2900		9															
55..	1		13000	8300			1									1		800	3	3	4800
56..																			7	7	23200
57..																			3	3	3650
58..																			1		1530
59..																					
60..	1	1	3060	400																	
	33	9	159190	95080	6	112	7	1	5100	4581		9	3		6500	14	4	11000	54	26	148751
A ..	14	9	160550	263500	11	427	5	2	42800	79500	2	39	3	2	26000	4	4	56000	3	3	43500
B ..	8	2	32000	111600	7	114	3	2	112000	51265	2	66				6	1	30300	3	3	18200
C ..	3	1	6000	3200	1	3													3	3	4800
D ..	2	2	13000	10000	2	9	1	1	8000	2800	1	4	1	1	7600	1	1	6000	3	3	5540

No. 14.—Lower Canada—Return of Mills, Manufactories, &c., for 1860-61.—(*Continued.*)

	PAIL FACTORIES.			COMB FACTORIES.			SOAP & CANDLE FACTORIES.			POT AND PEARL ASH FACTORIES.				RAKE FACTORIES.			PAPER MILLS.			SHINGLE MILLS.		
	Total Number.	N° giving Return.	Annual Produce. $	Total Number.	N° giving Return.	Annual Produce. $	Total Number.	N° giving Return.	Annual Produce. $	Total Number.	N° giving Return.	Annual Produce. Barrels.	Annual Produce. Value. $	Total Number.	N° giving Return.	Annual Produce. $	Total Number.	N° giving Return.	Annual Produce. $	Total Number.	N° giving Return.	Annual Produce. $
1										2	1	41	1212									
2																						
3										2		87	2500									
4																				19		16030
5										2	2		925									
6																						
7										1		16	500									
8																						
9																						
10	1	1	3500							2		20	600							1		175
11																						
12										2	1	14	431									
13																						
14																						
15																				17	4	1172
16														1		300						
17										5	5	70	2047									
18										3	2	113	2592									
19																						
20										1		40	1200									
21										1		80	2000									
22																						
23										5		43	1098									
24																						
25	1	1	600							2		154	4700									
26																						
27																						
28																						
29	1									1		30	900									
30										1		7	200									
31																						
32										1		50	1500							2		10200
33														1		700						

34..																						
35..										1		5	125									
36..																						
37..																						
38..	1	1	2400																			
39..										8		143	3600									
40..																						
41..										1	1	12	336				2		89000			
42..	1	1	10000														1		5000	2		8500
43..																						
44..										2		1050	26550									
45..																						
46..										1		10	550									
47..																						
48..	2	1	2240							7	6	718	18810							1		480
49..										6	6	59	2096									
50..																						
51..										1	1	95	2860									
52..																						
53..																						
54..																						
55..										23	22	238	7250									
56..										1	1		400							1	1	350
57..										4	3	22	650									
58..							1	1	1000													
59..										8	8	2625	27503							1		500
60..																						
	7	5	18740				1	1	1000	94	58	5742	113135	2		1000	3		94000	44	5	37407
A ..							5	6	329300	3	1	156	3120				2	2	136000			
B ..							4	3	55196	1	1		4800									
C ..																						
D ..	1	1	3750														1	1	35200			

No. 14.—Lower Canada—Return of Mills, Manufactories, &c., for 1860-61.—(*Continued.*)

	Fanning Mill Factories.			Nail Factories.			Boot and Shoe Factories.			Brick Yards.				Pottery Factories.			Ship Yards.				
												Annual Produce.									
	Total Number.	Nº giving Return.	Annual Produce. $	Total Number.	Nº giving Return.	Annual Produce. $	Total Number.	Nº giving Return.	Annual Produce. $	Total Number.	Nº giving Return.	Bricks. M.	Value. $	Total Number.	Nº giving Return.	Annual Produce. $	Total Number.	Nº giving Return.	Nº of Ships built.	Tonnage.	Value. $
1																					
2																					
3																					
4																					
5																					
6																					
7	1																				
8																					
9																					
10																					
11																					
12																					
13							1		3250								1	1			4350
14										1			4000								
15																	1	2			40000
16							2		19600												
17																					
18																					
19																					
20				1		43000															
21																					
22																					
23																					
24																					
25																					
26																					
27																					
28																					
29																	1				
30										8			13200								
31																					
32																					
33							1		3600	2			6520								

34																					
35																					
36																					
37																					
38																					
39																					
40																					
41														1	1						
42				1		15000								1		4000	1	1			120000
43										3			9150	1		700					
44							1		5800	2			750								
45																					
46																					
47																					
48							4		9200	1			1500								
49																					
50										1			750								
51														1		20000					
52																					
53							3	3	33700												
54																					
55																					
56																					
57														1	1	350					
58																					
59																					
60										3	3		50610								
	1			2		50000	12	3	75150	21	3	21617200	86470	5	2	25050	4	4			164350
A				4	4	242000	6	4	48000	3	3	10400000	46800								
B							9	7	30500								3	2	3	6000	188000
C																					
D										1	1	30000000	120000								

No. 14.—Lower Canada—Return of Mills, Manufactories, &c., for 1860-61.—(*Continued.*)

	COTTON FACTORIES.			TOBACCO, SNUFF AND CIGAR MANUFACTORIES.						OIL FACTORIES.			SASH, DOOR AND BLIND FACTORIES, AND PLANING MILL.			MATCH FACTORIES.		
	Total Number.	N° giving Return.	ANNUAL PRODUCE. $	Total Number.	N° giving Return.	TOBACCO. Lbs.	SNUFF. Lbs.	CIGARS. 1000	ANNUAL PRODUCE. $	Total Number.	N° giving Return.	ANNUAL PRODUCE. $	Total Number.	N° giving Return.	ANNUAL PRODUCE. $	Total Number.	N° giving Return.	ANNUAL PRODUCE. $
1..																		
2..																		
3..																		
4..																		
5..																		
6..																		
7..																		
8..																		
9..																		
10..													3	3	2700			
11..																		
12..																		
13..																		
14..																		
15..																		
16..																		
17..																		
18..																		
19..																		
20..																		
21..																		
22..																		
23..																		
24..																		
25..																		
26..																		
27..																		
28..																		
29..																		
30..										1		1950						
31..																		
32..																		
33..	1		10000										1		12000			

34..	...	...	...	...	...	...	...	...	...	...	...	...	...	...	...	...	...	...
35..	...	...	...	...	...	...	...	...	...	...	...	...	...	...	...	...	...	...
36..	...	...	...	...	...	...	...	...	...	...	...	...	...	...	...	...	...	...
37..	...	...	...	...	...	...	...	...	...	...	...	...	...	...	...	...	...	...
38..	...	...	...	...	...	...	...	...	...	...	...	...	...	...	...	...	...	...
39..	...	...	...	...	...	...	...	...	...	...	...	...	...	...	...	...	...	...
40..	...	...	...	...	...	...	...	...	...	...	...	...	...	...	...	...	...	...
41..	...	...	...	...	...	...	...	...	...	...	...	...	...	...	...	...	...	...
42..	...	...	...	1	...	20000	...	...	5000	1	...	20000	...	...	...	...	...	...
43..	...	...	...	...	...	...	...	...	...	...	...	...	...	...	...	...	...	...
44..	...	...	...	...	...	...	...	...	...	...	...	...	...	...	...	...	...	...
45..	...	...	...	...	...	...	...	...	...	...	...	...	...	...	...	...	...	...
46..	...	...	...	...	...	...	...	...	...	...	...	...	...	...	...	...	...	...
47..	...	...	...	...	...	...	...	...	...	...	...	...	...	...	...	...	...	...
48..	...	...	...	...	...	...	...	...	...	...	...	...	...	...	...	2	...	1600
49..	...	...	...	...	...	...	...	...	...	...	...	...	...	...	...	...	...	...
50..	...	...	...	...	...	...	...	...	...	...	...	...	...	...	...	...	...	...
51..	...	...	...	...	...	...	...	...	...	...	...	...	...	...	...	...	...	...
52..	...	...	...	...	...	...	...	...	...	...	...	...	...	...	...	...	...	...
53..	...	...	...	...	...	...	...	...	...	...	...	...	...	...	...	...	...	...
54..	...	...	...	...	...	...	...	...	...	...	...	...	...	...	...	...	...	...
55..	...	...	...	...	...	...	...	...	...	...	...	...	...	...	...	...	...	...
56..	...	...	...	...	...	...	...	...	...	...	...	...	...	...	...	...	...	...
57..	...	...	...	...	...	...	...	...	...	...	...	...	...	...	...	...	...	...
58..	...	...	...	...	...	...	...	...	...	...	...	...	...	...	...	...	...	...
59..	...	...	...	...	...	...	...	...	...	...	...	...	...	...	...	...	...	...
60..	...	...	...	...	...	...	...	...	...	...	...	...	...	...	...	...	...	...
	1	...	10000	1	...	20000	...	...	5000	2	...	21950	4	3	14700	2	...	1600
A..	2	1	74600	6	6	393600	30000	1500	202500	3	3	87000	1	1	50000	1	1	20000
B..	...	...	...	5	3	310000	1920	...	52900	...	...	...	1	1	110000	...	...	...
C..	...	...	...	1	1	...	11000	...	1650	1	1	1600	...	...	...	...	...	...
D..	...	...	...	...	...	...	...	...	...	...	...	...	1	1	15000	...	...	...

No. 14.—Lower Canada—Return of Mills, Manufactories, &c., for 1860-61.—(*Continued.*)

	Broom Factories.			Cooperages.			Stove Factories.			Marble Factories.			Starch Factories.			Tinware Factories.			Rope Factories.		
	Total Number.	N° giving Return.	Annual Produce. $	Total Number.	N° giving Return.	Annual Produce. $	Total Number.	N° giving Return.	Annual Produce. $	Total Number.	N° giving Return.	Annual Produce. $	Total Number.	N° giving Return.	Annual Produce. $	Total Number.	N° giving Return.	Annual Produce. $	Total Number.	N° giving Return.	Annual Produce. $
1																1		2000			
2																					
3																					
4																					
5																					
6																					
7																					
8																					
9																					
10																					
11																					
12																					
13																					
14																					
15																					
16																					
17																					
18																					
19																					
20																					
21																					
22																					
23																					
24																					
25																					
26																			2	1	2500
27																					
28																					
29																					
30																					
31																					
32																					
33																					

34																					
35																					
36																					
37																					
38																					
39																					
40																					
41																					
42																					
43																					
44																					
45																					
46																					
47																					
48				3		2000										2		800			
49				1		750															
50																					
51																					
52																					
53																					
54				1	1	150															
55				1		550															
56																					
57																					
58																					
59																					
60																					
				6	1	3450										3		2800	2	1	2500
A	1	1	8000	6	6	59850				5	5	39200	1	1	27000				3	3	99000
B				1	1	2000															
C							1	1	25000												
D																					

No. 14.—Lower Canada—Return of Mills, Manufactories, &c., for 1860–61.—(*Continued.*)

	Pump Factories.			Agricultural Implement Factories.			Harness Factories.			Hosiery Factories.			Rail Road Car Factories.			Locomotive Works.			Brass Founders.		
	Total Number.	N° giving Return.	Annual Produce. $	Total Number.	N° giving Return.	Annual Produce. $	Total Number.	N° giving Return.	Annual Produce. $	Total Number.	N° giving Return.	Annual Produce. $	Total Number.	N° giving Return.	Annual Produce. $	Total Number.	N° giving Return.	Annual Produce. $	Total Number.	N° giving Return.	Annual Produce. $
1																					
2																					
3																					
4																					
5																					
6				1		8300															
7																					
8				1		5890															
9																					
10																					
11																					
12																					
13																					
14																					
15																					
16				2		41000															
17																					
18																					
19																					
20																					
21																					
22				1		7000															
23																					
24																					
25																					
26																					
27																					
28																					
29																					
30																					
31																					
32																					
33				2		36000	1	1	3000												

34...																					
35...																					
36...																					
37...																					
38...																					
39...																					
40...							2	2	9600												
41...																					
42...																					
43...																					
44...				1	1	1000	1		6000												
45...																					
46...							1		800												
47...																					
48...							2		2200												
49...							1		2000												
50...																					
51...							4		16000												
52...																					
53...																					
54...																					
55...							4		5900												
56...																					
57...																					
58...																					
59...																					
60...																					
				8	1	99190	16	3	45500												
A ...				3	3	41500							1	1	120000				3	3	141000
B ...				1	1	1600															
C ...	1	1	450	2	2	12280	1	1	3600												
D ...																					

No. 14.—Lower Canada—Return of Mills, Manufactories, &c., for 1860-61.—(*Continued.*)

	GINGER BEER AND SODA WATER FACTORIES.			SHOE PEG AND LAST FACTORIES.			FLAX MILLS.			LIME KILNS.			BISCUIT FACTORIES.			WINE FACTORIES.			COAL OIL REFINERIES.		
	Total Number.	N° giving Return.	ANNUAL PRODUCE. $	Total Number.	N° giving Return.	ANNUAL PRODUCE. $	Total Number.	N° giving Return.	ANNUAL PRODUCE. $	Total Number.	N° giving Return.	ANNUAL PRODUCE. $	Total Number.	N° giving Return.	ANNUAL PRODUCE. $	Total Number.	N° giving Return.	ANNUAL PRODUCE. $	Total Number.	N° giving Return.	ANNUAL PRODUCE. $
1																					
2																					
3																					
4																					
5																					
6																					
7																					
8							1		1500												
9																					
10																					
11																					
12																					
13																					
14																					
15																					
16																					
17																					
18																					
19																					
20										1		3000									
21																					
22																					
23																					
24																					
25																					
26																					
27																					
28										1		870									
29																					
30																					
31																					
32																					
33																					

34...																		
35...																		
36...																		
37...																		
38...																		
39...																		
40...																		
41...																		
42...																		
43...																		
44...																		
45...																		
46...																		
47...																		
48...																		
49...																		
50...																		
51...																		
52...																		
53...				2		1550												
54...																		
55...																		
56...																		
57...																		
58...																		
59...																		
60...																		
				2		1550	1		1500	2		3870						
A ...	1	1	8500	1	1	8000							1	1	70000			
B ...													2	2	32920			
C ...																		
D ...																		

No. 14.—Lower Canada—Return of Mills, Manufactories, &c., for 1860–61.—(*Continued.*)

	Vinegar Factories.			Cider Mills.			Spice Mills.			Basket Factories.			Glue Factories.			Gunpowder Mills.			Plaster Mills.		
	Total Number.	Nº giving Return.	Annual Produce. $	Total Number.	Nº giving Return.	Annual Produce. $	Total Number.	Nº giving Return.	Annual Produce. $	Total Number.	Nº giving Return.	Annual Produce. $	Total Number.	Nº giving Return.	Annual Produce. $	Total Number.	Nº giving Return.	Annual Produce. $	Total Number.	Nº giving Return.	Annual Produce. $
1	...	...	...	...	...	...	...	...	...	...	...	...	...	...	...	...	...	...	...	...	...
2	...	...	...	...	...	...	...	...	...	...	...	...	...	...	...	...	...	...	...	...	...
3	...	...	...	...	...	...	...	...	...	...	...	...	...	...	...	...	...	...	...	...	...
4	...	...	...	...	...	...	...	...	...	...	...	...	...	...	...	...	...	...	...	...	...
5	...	...	...	...	...	...	...	...	...	...	...	...	...	...	...	...	...	...	...	...	...
6	...	...	...	...	...	...	...	...	...	...	...	...	...	...	...	...	...	...	...	...	...
7	...	...	...	...	...	...	...	...	...	...	...	...	...	...	...	...	...	...	...	...	...
8	...	...	...	...	...	...	...	...	...	...	...	...	...	...	...	...	...	...	...	...	...
9	...	...	...	...	...	...	...	...	...	...	...	...	...	...	...	...	...	...	...	...	...
10	...	...	...	...	...	...	...	...	...	...	...	...	...	...	...	...	...	...	...	...	...
11	...	...	...	...	...	...	...	...	...	...	...	...	...	...	...	...	...	...	...	...	...
12	...	...	...	...	...	...	...	...	...	...	...	...	...	...	...	...	...	...	...	...	...
13	...	...	...	...	...	...	...	...	...	...	...	...	...	...	...	...	...	...	...	...	...
14	...	...	...	...	...	...	...	...	...	...	...	...	...	...	...	...	...	...	...	...	...
15	...	...	...	...	...	...	...	...	...	...	...	...	...	...	...	...	...	...	...	...	...
16	...	...	...	...	...	...	...	...	...	...	...	...	...	...	...	...	...	...	...	...	...
17	...	...	...	...	...	...	...	...	...	...	...	...	...	...	...	...	...	...	...	...	...
18	...	...	...	...	...	...	...	...	...	...	...	...	...	...	...	...	...	...	...	...	...
19	...	...	...	...	...	...	...	...	...	...	...	...	...	...	...	...	...	...	...	...	...
20	...	...	...	...	...	...	...	...	...	...	...	...	...	...	...	...	...	...	...	...	...
21	...	...	...	...	...	...	...	...	...	...	...	...	...	...	...	...	...	...	...	...	...
22	...	...	...	...	...	...	...	...	...	...	...	...	...	...	...	...	...	...	...	...	...
23	...	...	...	...	...	...	...	...	...	...	...	...	...	...	...	...	...	...	...	...	...
24	...	...	...	...	...	...	...	...	...	...	...	...	...	...	...	...	...	...	...	...	...
25	...	...	...	...	...	...	...	...	...	...	...	...	...	...	...	...	...	...	...	...	...
26	...	...	...	...	...	...	...	...	...	...	...	...	...	...	...	...	...	...	...	...	...
27	...	...	...	...	...	...	...	...	...	...	...	...	...	...	...	...	...	...	...	...	...
28	...	...	...	...	...	...	...	...	...	...	...	...	...	...	...	...	...	...	...	...	...
29	...	...	...	...	...	...	...	...	...	...	...	...	...	...	...	...	...	...	...	...	...
30	...	...	...	...	...	...	...	...	...	...	...	...	...	...	...	...	...	...	...	...	...
31	...	...	...	...	...	...	...	...	...	...	...	...	...	...	...	...	...	...	...	...	...
32	...	...	...	...	...	...	...	...	...	...	...	...	...	...	...	...	...	...	...	...	...
33	...	...	...	...	...	...	...	...	...	...	...	...	...	...	...	...	...	...	...	...	...

34																					
35																					
36																					
37																					
38																					
39																					
40																					
41																					
42																					
43																					
44																					
45																			1	1	400
46																					
47																					
48																					
49																					
50																					
51																					
52																					
53																					
54																					
55																					
56																					
57																					
58																					
59																					
60																					
																			1	1	400
A																			3	3	24200
B																			1	1	10000
C																					
D																					

No. 14.—Lower Canada—Return of Mills, Manufactories, &c., for 1860–61.—(*Continued.*)

	Hat Factories.			Band Box Factories.			Blacking Factories.			Brush Factories.			Looking Glass Factories.			Organ Factories.			Piano Factories.		
	Total Number.	N° giving Return.	Annual Produce. $	Total Number.	N° giving Return.	Annual Produce. $	Total Number.	N° giving Return.	Annual Produce. $	Total Number.	N° giving Return.	Annual Produce. $	Total Number.	N° giving Return.	Annual Produce. $	Total Number.	N° giving Return.	Annual Produce. $	Total Number.	N° giving Return.	Annual Produce. $
1																					
2																					
3																					
4																					
5																					
6																					
7																					
8																					
9																					
10																					
11																					
12																					
13																					
14																					
15																					
16																					
17																					
18																					
19																					
20																					
21																					
22																					
23																					
24																					
25																					
26																					
27																					
28																					
29																					
30																					
31																					
32																					
33	1	1	3000																		

34...	...	...	...	...	...	...	...	...	...	...	...	...	...	...	...	...	...	...	...	...	...
35...	...	...	...	...	...	...	...	...	...	...	...	...	...	...	...	...	...	...	...	...	...
36...	...	...	...	...	...	...	...	...	...	...	...	...	...	...	...	...	...	...	...	...	...
37...	...	...	...	...	...	...	...	...	...	...	...	...	...	...	...	...	...	...	...	...	...
38...	...	...	...	...	...	...	...	...	...	...	...	...	...	...	...	...	...	...	...	...	...
39...	...	...	...	...	...	...	...	...	...	...	...	...	...	...	...	...	...	...	...	...	...
40...	...	...	...	...	...	...	...	...	...	...	...	...	...	...	...	...	...	...	...	...	...
41...	...	...	...	...	...	...	...	...	...	...	...	...	...	...	...	...	...	...	...	...	...
42...	...	...	...	...	...	...	...	...	...	...	...	...	...	...	...	...	...	...	...	...	...
43...	...	...	...	...	...	...	...	...	...	...	...	...	...	...	...	...	...	...	...	...	...
44...	...	...	...	...	...	...	...	...	...	...	...	...	...	...	...	...	...	...	...	...	...
45...	...	...	...	...	...	...	...	...	...	...	...	...	...	...	...	...	...	...	...	...	...
46...	...	...	...	...	...	...	...	...	...	...	...	...	...	...	...	...	...	...	...	...	...
47...	...	...	...	...	...	...	...	...	...	...	...	...	...	...	...	...	...	...	...	...	...
48...	...	...	...	...	...	...	...	...	...	...	...	...	...	...	...	...	...	...	...	...	...
49...	...	...	...	...	...	...	...	...	...	...	...	...	...	...	...	...	...	...	...	...	...
50...	...	...	...	...	...	...	...	...	...	...	...	...	...	...	...	...	...	...	...	...	...
51...	...	...	...	...	...	...	...	...	...	...	...	...	...	...	...	...	...	...	...	...	...
52...	...	...	...	...	...	...	...	...	...	...	...	...	...	...	...	...	...	...	...	...	...
53...	...	...	...	...	...	...	...	...	...	...	...	...	...	...	...	...	...	...	...	...	...
54...	...	...	...	...	...	...	...	...	...	...	...	...	...	...	...	...	...	...	...	...	...
55...	...	...	...	...	...	...	...	...	...	...	...	...	...	...	...	...	...	...	...	...	...
56...	...	...	...	...	...	...	...	...	...	...	...	...	...	...	...	...	...	...	...	...	...
57...	...	...	...	...	...	...	...	...	...	...	...	...	...	...	...	...	...	...	...	...	...
58...	...	...	...	...	...	...	...	...	...	...	...	...	...	...	...	...	...	...	...	...	...
59...	...	...	...	...	...	...	...	...	...	...	...	...	...	...	...	...	...	...	...	...	...
60...	...	...	...	...	...	...	...	...	...	...	...	...	...	...	...	...	...	...	...	...	...
	1	1	3000	...	...	...	...	...	...	...	...	...	...	...	...	...	...	...	...	...	...
A ...	1	1	25000	1	1	3000	...	...	...	1	1	3200	1	1	25000	...	...	...	2	2	12000
B ...	4	...	...	...	...	...	...	...	...	...	...	...	...	...	...	...	...	...	...	...	...
C ...	...	...	...	...	...	...	...	...	...	...	...	...	...	...	...	...	...	...	...	...	...
D ...	...	...	...	...	...	...	...	...	...	...	...	...	...	...	...	...	...	...	...	...	...

No. 14.—Lower Canada—Return of Mills, Manufactories, &c., for 1860-61.—(*Continued.*)

	Melodeon Factories.			Iron Safe Factories.			Straw Bonnet Factories.			Wire Work Factories.			Wood and Ivory Turners.			Scale Factories.			Sewing Machine Factories.		
	Total Number.	N° giving Return.	Annual Produce. $	Total Number.	N° giving Return.	Annual Produce. $	Total Number.	N° giving Return.	Annual Produce. $	Total Number.	N° giving Return.	Annual Produce. $	Total Number.	N° giving Return.	Annual Produce. $	Total Number.	N° giving Return.	Annual Produce. $	Total Number.	N° giving Return.	Annual Produce. $
1																					
2																					
3																					
4																					
5																					
6																					
7																					
8																					
9																					
10																					
11																					
12																					
13																					
14																					
15																					
16																					
17																					
18																					
19																					
20																					
21																					
22																					
23																					
24																					
25																					
26																					
27																					
28																					
29																					
30																					
31																					
32																					
33	1	1	3000																		

34																								
35																								
36																								
37																								
38																								
39																								
40																								
41																								
42																								
43																								
44																								
45																								
46																								
47																								
48																								
49																								
50																								
51																								
52																								
53																								
54																								
55																								
56																								
57																								
58																								
59																								
60																								
	1	1	3000																					
A																						2	2	11300
B																								
C																								
D																								

N. B.—The City of Montreal also returns 1 Railway Chair and Spike Factory, annual product $35,000; 1 Writing Slate Factory, $13,000; 1 Sugar Refinery, $450,000; 1 Type Founder, $15,500; 1 Lead Pipe Factory, $40,000; 4 India Rubber Factories, $387,000; 2 Stove Factories $36,000; 1 Rectifier, $8,600; 1 Varnish Factory, $40,000; 1 Drug Factory, $85,000; 1 Paint Factory, $1000; 1 Furrier, $30,000; 1 Rolling Mill, $65,000; 1 Boiler Maker, $200,000; 2 Silver Plate Factories.

The City of Quebec also contains 1 Patent Leather Factory, annual product $12,000; 2 Sail Makers, $39,900; 1 Tobacco Pipe Factory; 2 Ship's Block Factories, $6,500; and 1 Boiler Maker, $4000.

APPENDIX

TO

CENSUS OF CANADA.

No. 15.

UPPER CANADA.

Return of Houses, Places of Worship, &c.

No. 15.

UPPER CANADA.

Return of Houses, Places of Worship, &c.

COUNTIES.

1. Brant.
2. Bruce.
3. Carleton.
4. Dundas.
5. Durham.
6. Elgin.
7. Essex.
8. Frontenac.
9. Glengary
10. Grenville.
11. Grey.
12. Haldimand.
13. Halton.
14. Hastings.
15. Huron.
16. Kent.
17. Lambton.
18. Lanark.
19. Leeds.
20. Lennox and Addington.
21. Lincoln.
22. Middlesex.
23. Norfolk.
24. Northumberland.

COUNTIES.—*Continued.*

25. Ontario.
26. Oxford.
27. Peel.
28. Perth.
29. Peterborough.
30. Prescott.
31. Prince Edward.
32. Renfrew.
33. Russell.
34. Simcoe.
35. Stormont.
36. Victoria.
37. Waterloo.
38. Welland.
39. Wellington.
40. Wentworth.
41. York.
42. Algoma, District.
43. Nipissing, District.

A. Hamilton, City.
B. Kingston, City.
C. London, City.
D. Ottawa, City.
E. Toronto, City.

No. 15.—Upper Canada—Return of Houses,

COUNTY OF

TOWNSHIPS, &c.	INHABITED HOUSES.															
	BRICK.				STONE.				FRAME.					
	1 Story.	2 Story.	3 Story.	Total Brick.	1 Story.	2 Story.	3 Story.	Total Stone.	1 Story.	2 Story.	3 Story.	Total Frame.	Total Log Houses.
1. Brantford, Town of	64	94	45	203	......	......	1	1	717	180	6	903	69
2. Brantford	60	32	4	96	14	1	......	15	210	28	1	239	101
3. Burford	29	11	2	42	......	......	1	1	245	27	1	273	198
4. Dumfries, South	19	5	......	24	43	6	......	49	391	23	1	415	120
5. Oakland	8	8	5	21	2	3	......	5	64	20	......	84	67
6. Onondaga	17	2	......	19	......	......	......	......	179	4	......	183	125
7. Paris, Village	20	10	5	35	5	4	1	10	382	51	21	454	17
8. Tuscarora	13	1	......	14	......	......	......	......	85	......	......	85	324
Total of Brant	230	163	61	454	64	14	3	81	2273	333	30	2636	1111

COUNTY OF

TOWNSHIPS, &c.	1 Story.	2 Story.	3 Story.	Total Brick.	1 Story.	2 Story.	3 Story.	Total Stone.	1 Story.	2 Story.	3 Story.	Total Frame.	Total Log Houses.
9. Albermarle	......	......	......	......	......	......	......	......	......	......	......	......	10
10. Amabel	......	......	......	......	......	......	......	......	4	......	......	4	34
11. Arran	1	2	......	3	......	......	......	......	42	25	......	67	347
12. Brant	......	2	......	2	1	2	......	3	57	6	......	63	461
13. Bruce	......	......	......	......	......	......	......	......	16	8	......	24	338
14. Carrick	......	......	......	......	......	......	......	......	5	......	......	5	546
15. Culross	......	......	......	......	1	......	......	1	15	15	......	30	366
16. Elderslie	......	1	......	1	......	......	......	......	37	8	......	45	255
17. Greenock	......	......	......	......	......	......	......	......	26	5	......	31	271
18. Huron	......	......	......	......	......	1	......	1	16	9	......	25	404
19. Kincardine	......	......	......	......	......	......	......	......	31	32	......	63	398
20. Kincardine, Village	......	......	......	......	......	......	......	......	89	74	......	163	1
21. Kinloss	......	......	......	......	......	......	......	......	9	3	......	12	296
22. Saugeen	2	3	......	5	......	......	......	......	43	14	......	57	181
23. Southampton, Village	1	......	......	1	......	......	......	......	52	17	......	69	32
Total of Bruce	4	8	......	12	2	3	......	5	442	216	......	658	3940

COUNTY OF

TOWNSHIPS, &c.	1 Story.	2 Story.	3 Story.	Total Brick.	1 Story.	2 Story.	3 Story.	Total Stone.	1 Story.	2 Story.	3 Story.	Total Frame.	Total Log Houses.
24. Fitzroy	......	......	......	......	11	5	......	16	54	18	......	72	372
25. Gloucester	1	2	......	3	5	15	......	20	53	12	1	66	592
26. Goulbourne	......	......	......	......	14	5	......	19	6	1	......	7	407
27. Gower, North	3	......	......	3	7	1	......	8	81	11	......	92	286
28. Huntley	......	......	......	......	4	2	......	6	6	......	......	6	349
29. Marlborough	1	......	......	1	4	3	1	8	22	......	3	25	214
30. March	......	......	......	......	4	5	1	10	2	......	1	3	197
31. Nepean	......	......	......	......	14	18	4	36	36	9	......	45	539
32. Osgoode	......	......	......	......	7	3	......	10	95	17	......	112	504
33. Richmond, Village	......	......	......	......	1	3	1	5	11	7	......	18	58
34. Torbolton	......	......	......	......	1	3	......	4	3	......	......	3	107
Total of Carleton	5	2	......	7	72	63	7	142	369	75	5	449	3615

PLACES OF WORSHIP, &c., FOR 1860–61.

BRANT.

TOTALS.				PLACES OF WORSHIP.																		
Total N° of Houses.	Families.	Houses Vacant.	Houses building.	Church of England.	Church of Rome.	Church of Scotland.	Free Church of Scotland.	United Presbyterians.	Wesleyan Methodists.	Episcopal Methodists.	New Connection Methodists.	Other Methodists.	Baptists.	Lutherans.	Congregationalists.	Quakers.	Bible Christians.	Christians.	Disciples.	Menonists and Tunkers.	Universalists.	Other Places of Worship.
1176	1183	.....	.....	.....	.....	.....	.....	.....	.....	.....	.....	.....	...	...	...	...	...	...	...	.....	...	.....
541	548	1	.....	.....	.....	.....	.....	.....	.....	.....	.....	.....	...	...	...	...	...	...	...	.....	...	.....
514	615	.....	.....	.....	.....	.....	.....	.....	.....	.....	.....	.....	...	...	...	...	...	...	...	.....	...	.....
608	608	16	1	.....	.....	.....	.....	.....	.....	.....	.....	.....	...	...	...	...	...	...	...	.....	...	.....
177	187	.....	.....	.....	.....	.....	.....	.....	.....	.....	.....	.....	...	...	...	...	...	...	...	.....	...	.....
327	327	.....	.....	.....	.....	.....	.....	.....	.....	.....	.....	.....	...	...	...	...	...	...	...	.....	...	.....
516	523	2	4	.....	.....	.....	.....	.....	.....	.....	.....	.....	...	...	...	...	...	...	...	.....	...	.....
423	427	.....	2	.....	.....	.....	.....	.....	.....	.....	.....	.....	...	...	...	...	...	...	...	.....	...	.....
4282	4418	19	7	6	1	.....	1	.....	7	4	.....	.....	2	...	...	...	...	...	...	.....	...	5

BRUCE.

Total N° of Houses.	Families.	Houses Vacant.	Houses building.	Church of England.	Church of Rome.	Church of Scotland.	Free Church of Scotland.	United Presbyterians.	Wesleyan Methodists.	Episcopal Methodists.	New Connection Methodists.	Other Methodists.	Baptists.	Lutherans.	Congregationalists.	Quakers.	Bible Christians.	Christians.	Disciples.	Menonists and Tunkers.	Universalists.	Other Places of Worship.
10	10	.....	.....	.....	.....	.....	.....	.....	.....	.....	.....	.....	...	...	...	...	...	...	...	.....	...	.....
38	38	.....	.....	.....	.....	.....	.....	.....	.....	.....	.....	.....	...	...	...	...	...	...	...	.....	...	.....
417	428	3	13	.....	.....	.....	.....	.....	.....	.....	.....	.....	...	...	...	...	...	...	...	.....	...	.....
529	539	2	9	.....	.....	.....	.....	.....	.....	.....	.....	.....	...	...	...	...	...	...	...	.....	...	.....
362	369	4	5	.....	.....	.....	.....	.....	.....	.....	.....	.....	...	...	...	...	...	...	...	.....	...	.....
551	559	2	3	.....	.....	.....	.....	.....	.....	.....	.....	.....	...	...	...	...	...	...	...	.....	...	.....
397	403	8	5	.....	.....	.....	.....	.....	.....	.....	.....	.....	...	...	...	...	...	...	...	.....	...	.....
301	292	9	1	.....	.....	.....	.....	.....	.....	.....	.....	.....	...	...	...	...	...	...	...	.....	...	.....
302	305	1	1	.....	.....	.....	.....	.....	.....	.....	.....	.....	...	...	...	...	...	...	...	.....	...	.....
430	432	3	1	.....	.....	.....	.....	.....	.....	.....	.....	.....	...	...	...	...	...	...	...	.....	...	.....
461	463	2	5	.....	.....	.....	.....	.....	.....	.....	.....	.....	...	...	...	...	...	...	...	.....	...	.....
164	171	24	3	.....	.....	.....	.....	.....	.....	.....	.....	.....	...	...	...	...	...	...	...	.....	...	.....
308	309	2	1	.....	.....	.....	.....	.....	.....	.....	.....	.....	...	...	...	...	...	...	...	.....	...	.....
243	243	1	2	.....	.....	.....	.....	.....	.....	.....	.....	.....	...	...	...	...	...	...	...	.....	...	.....
102	104	1	2	.....	.....	.....	.....	.....	.....	.....	.....	.....	...	...	...	...	...	...	...	.....	...	.....
4615	4665	62	51	.....	.....	.....	.....	.....	.....	.....	.....	.....	...	...	...	...	...	...	...	.....	...	.....

CARLETON.

Total N° of Houses.	Families.	Houses Vacant.	Houses building.	Church of England.	Church of Rome.	Church of Scotland.	Free Church of Scotland.	United Presbyterians.	Wesleyan Methodists.	Episcopal Methodists.	New Connection Methodists.	Other Methodists.	Baptists.	Lutherans.	Congregationalists.	Quakers.	Bible Christians.	Christians.	Disciples.	Menonists and Tunkers.	Universalists.	Other Places of Worship.
460	469	1	3	.....	.....	.....	.....	.....	.....	.....	.....	.....	...	...	...	...	...	...	...	.....	...	.....
671	689	1	4	.....	.....	.....	.....	.....	.....	.....	.....	.....	...	...	...	...	...	...	...	.....	...	.....
433	439	.....	2	.....	.....	.....	.....	.....	.....	.....	.....	.....	...	...	...	...	...	...	...	.....	...	.....
389	391	2	1	.....	.....	.....	.....	.....	.....	.....	.....	.....	...	...	...	...	...	...	...	.....	...	.....
361	361	.....	.....	.....	.....	.....	.....	.....	.....	.....	.....	.....	...	...	...	...	...	...	...	.....	...	.....
248	249	.....	.....	.....	.....	.....	.....	.....	.....	.....	.....	.....	...	...	...	...	...	...	...	.....	...	.....
210	210	.....	.....	.....	.....	.....	.....	.....	.....	.....	.....	.....	...	...	...	...	...	...	...	.....	...	.....
620	624	1	2	.....	.....	.....	.....	.....	.....	.....	.....	.....	...	...	...	...	...	...	...	.....	...	.....
626	632	.....	3	.....	.....	.....	.....	.....	.....	.....	.....	.....	...	...	...	...	...	...	...	.....	...	.....
81	89	3	2	.....	.....	.....	.....	.....	.....	.....	.....	.....	...	...	...	...	...	...	...	.....	...	.....
114	117	.....	.....	.....	.....	.....	.....	.....	.....	.....	.....	.....	...	...	...	...	...	...	...	.....	...	.....
4213	4270	8	17	3	2	1	2	1	.....	.....	.....	.....	1	...	...	...	...	...	...	.....	...	.....

No. 15.—Upper Canada—Return of Houses,

COUNTY OF

TOWNSHIPS, &c.	INHABITED HOUSES.													
	BRICK.				STONE.				FRAME.					
	1 Story.	2 Story.	3 Story.	Total Brick.	1 Story.	2 Story.	3 Story.	Total Stone.	1 Story.	2 Story.	3 Story.	Total Frame.	Total Log Houses.
35. Iroquois, Village	1	4	......	5	7	13	......	20	27	3	......	30	26
36. Matilda	9	1	......	10	60	7	......	67	260	4	......	264	362
37. Morrisburgh, Village	8	7	2	17	7	......	......	7	117	5	......	122	3
38. Mountain	2	3	......	5	18	2	......	20	177	4	......	181	335
39. Williamsburgh	22	5	1	28	27	2	......	29	246	7	......	253	284
40. Winchester	2	1	......	3	8	1	......	9	188	4	......	192	343
Total of Dundas	44	21	3	68	127	25	......	152	1015	27	......	1042	1353

COUNTY OF

TOWNSHIPS, &c.	1 Story.	2 Story.	3 Story.	Total Brick.	1 Story.	2 Story.	3 Story.	Total Stone.	1 Story.	2 Story.	3 Story.	Total Frame.	Total Log Houses.
41. Bowmanville	95	85	25	205	......	1	......	1	215	57	3	275	14
42. Cavan	13	5	2	20	14	2	......	16	380	21	2	403	288
43. Cartwright	......	1	......	1	......	......	......	......	182	7	......	189	209
44. Clarke	13	18	2	33	20	4	......	24	573	81	4	658	368
45. Darlington	33	32	14	79	21	8	......	29	629	97	......	726	295
46. Hope	21	27	......	48	8	2	......	10	607	15	......	622	298
47. Manvers	1	1	......	2	2	1	......	3	148	11	......	159	498
48. Newcastle, Village	7	11	......	18	1	......	......	1	133	31	1	165	6
49. Port Hope, Town of	69	76	91	236	2	1	......	3	510	135	4	649	23
Total of Durham	252	256	134	642	68	19	......	87	3377	455	14	3846	1999

COUNTY OF

TOWNSHIPS, &c.	1 Story.	2 Story.	3 Story.	Total Brick.	1 Story.	2 Story.	3 Story.	Total Stone.	1 Story.	2 Story.	3 Story.	Total Frame.	Total Log Houses.
50. Aldborough	1	......	......	1	......	......	......	......	99	3	......	102	208
51. Bayham	15	7	1	23	......	......	......	......	743	31	......	774	90
52. Dorchester	13	4	......	17	......	......	......	......	218	2	......	220	108
53. Dunwich	5	2	......	7	......	......	......	......	164	7	......	171	272
54. Malahide	11	6	1	18	1	......	......	1	525	78	......	603	104
55. Southwold	21	16	......	37	......	......	......	......	330	9	......	339	203
56. St. Thomas, Town of 57. Vienna, Village }	9	37	10	56	......	......	......	......	297	37	......	334	....
58. Yarmouth	43	31	......	74	......	3	......	3	616	86	......	702	349
Total of Elgin	118	103	12	233	1	3	......	4	2992	253	......	3245	1334

COUNTY OF

TOWNSHIPS, &c.	1 Story.	2 Story.	3 Story.	Total Brick.	1 Story.	2 Story.	3 Story.	Total Stone.	1 Story.	2 Story.	3 Story.	Total Frame.	Total Log Houses.
59. Amherstburgh, Town of	3	12	2	17	2	2	......	4	131	50	......	181	96
60. Anderdon	1	2	......	3	......	3	1	4	26	8	......	34	240
61. Colchester	8	2	......	10	3	......	......	3	63	25	......	88	340
62. Gosfield	14	9	......	23	7	1	......	8	164	43	......	207	146
63. Maidstone	......	......	......	......	......	......	......	......	25	4	......	29	252
64. Malden	1	1	......	2	......	2	......	2	30	7	......	37	215
65. Mersea	2	3	......	5	......	......	......	......	79	15	......	94	230
66. Sandwich, East	......	4	......	4	......	......	......	......	163	25	......	188	305
67. Sandwich, West	6	......	......	6	......	......	......	......	114	10	......	124	155

PLACES OF WORSHIP, &c., FOR 1860–61.

DUNDAS.

TOTALS.				PLACES OF WORSHIP.																		
Total N° of Houses.	Families.	Houses vacant.	Houses building.	Church of England.	Church of Rome.	Church of Scotland.	Free Church of Scotland.	United Presbyterians.	Wesleyan Methodists.	Episcopal Methodists.	New Connection Methodists.	Other Methodists.	Baptists.	Lutherans.	Congregationalists.	Quakers.	Bible Christians.	Christians.	Disciples.	Menonists and Tunkers.	Universalists.	Other Places of Worship.
81	103																					
703	703																					
149	149																					
541	547	1																				
594	594	2																				
547	547		1																			
2615	2643	3	1	3	1				6	2			3									5

DURHAM.

Total N° of Houses.	Families.	Houses vacant.	Houses building.	Church of England.	Church of Rome.	Church of Scotland.	Free Church of Scotland.	United Presbyterians.	Wesleyan Methodists.	Episcopal Methodists.	New Connection Methodists.	Other Methodists.	Baptists.	Lutherans.	Congregationalists.	Quakers.	Bible Christians.	Christians.	Disciples.	Menonists and Tunkers.	Universalists.	Other Places of Worship.
495	499	37																				
727	692	33	5																			
399	401	2	2																			
1083	1090	8																				
1129	1129	5	2																			
978	963	12	9																			
662	669	2	2																			
190	196	11																				
911	805	100	6																			
6574	6444	210	26	7	3	3	1		19			13					4					

ELGIN.

Total N° of Houses.	Families.	Houses vacant.	Houses building.	Church of England.	Church of Rome.	Church of Scotland.	Free Church of Scotland.	United Presbyterians.	Wesleyan Methodists.	Episcopal Methodists.	New Connection Methodists.	Other Methodists.	Baptists.	Lutherans.	Congregationalists.	Quakers.	Bible Christians.	Christians.	Disciples.	Menonists and Tunkers.	Universalists.	Other Places of Worship.
311	311																					
887	887	2	1																			
345	315																					
450	450																					
726	724	1	1																			
579	579																					
390	391																					
1128	1128																					
4816	4815	3	2																			

ESSEX.

Total N° of Houses.	Families.	Houses vacant.	Houses building.	Church of England.	Church of Rome.	Church of Scotland.	Free Church of Scotland.	United Presbyterians.	Wesleyan Methodists.	Episcopal Methodists.	New Connection Methodists.	Other Methodists.	Baptists.	Lutherans.	Congregationalists.	Quakers.	Bible Christians.	Christians.	Disciples.	Menonists and Tunkers.	Universalists.	Other Places of Worship.
298	304	4	1																			
281	284	1	3																			
441	443	1	2																			
384	397	2	2																			
281	281																					
256	259		2																			
329	332		2																			
497	513	5	3																			
285	285																					

No. 15.—Upper Canada—Return of Houses,

TOWNSHIPS, &c.	INHABITED HOUSES. Brick. 1 Story.	Brick. 2 Story.	Brick. 3 Story.	Total Brick.	Stone. 1 Story.	Stone. 2 Story.	Stone. 3 Story.	Total Stone.	Frame. 1 Story.	Frame. 2 Story.	Frame. 3 Story.	Total Frame.	Total Log Houses.
COUNTY OF													
68. Sandwich, Town of	6	6	1	13	1	......	......	1	109	33	......	142	2
69. Rochester	1	......	......	1	......	......	......	......	29	13	......	42	236
70. Tilbury, West	5	1	......	6	......	......	......	......	20	2	......	22	179
71. Windsor, Town of	12	32	4	48	......	3	......	3	259	80	2	341	2
Total of Essex	59	72	7	138	13	11	1	25	1212	315	2	1529	2398
COUNTY OF													
72. Barrie and Clarendon	......	......	......	......	......	......	......	......	2	......	......	2	61
73. Bedford	......	......	......	......	2	......	......	2	14	17	......	31	244
74. Hinchinbrooke	......	......	......	......	......	......	......	......	2	......	......	2	128
75. Kennebec	......	......	......	......	......	......	......	......	2	......	......	2	62
76. Kingston	14	20	......	34	92	70	......	162	240	46	......	286	318
77. Loughborough	......	......	......	......	39	14	3	56	116	24	......	140	208
78. Miller and Canonto	......	......	......	......	......	......	......	......	......	......	......	......	2
79. Oldon	......	......	......	......	......	......	......	......	1	......	......	1	78
80. Oso	......	......	......	......	......	......	......	......	......	......	......	......	58
81. Palmerston	......	......	......	......	......	......	......	......	......	......	......	......	20
82. Pittsburgh	2	......	......	2	36	46	......	82	154	24	......	178	441
83. Portland	......	......	......	......	23	......	......	23	116	16	......	132	317
84. Portsmouth, Village	......	8	......	8	10	36	3	49	82	51	......	133	1
85. Storrington	......	2	......	2	32	13	......	45	105	21	......	126	288
86. Wolfe Island	1	2	......	3	10	6	......	16	218	31	......	249	327
Total of Frontenac	17	32	......	49	244	185	6	435	1052	230	......	1282	2553
COUNTY OF													
88. Charlottenburgh	31	5	......	36	29	2	......	31	246	9	......	255	604
89. Kenyon	5	2	......	7	4	......	......	4	10	3	......	13	637
90. Lancaster	15	6	......	21	10	1	......	11	134	8	......	142	462
91. Lochiel	12	4	......	16	22	4	......	26	53	8	......	61	586
Total of Glengary	63	17	......	80	65	7	......	72	443	28	......	471	2289
COUNTY OF													
92. Augusta	3	1	......	4	127	50	......	177	176	18	......	194	533
93. Edwardsburg	6	2	......	8	103	16	......	119	219	6	......	225	500
94. Gower, South	2	2	......	4	26	4	......	30	66	2	......	68	179
95. Kemptville, Village	1	2	......	3	4	9	......	13	110	30	......	140	11
96. Merrickville, Village	......	......	4	4	13	15	1	29	78	14	1	93	13
97. Oxford	7	1	......	8	49	5	......	54	137	8	1	146	478
98. Prescott, Town of	2	11	5	18	122	103	......	225	150	22	......	172	24
99. Wolford	2	2	......	4	30	3	......	33	50	4	......	54	221
Total of Grenville	23	21	9	53	474	205	1	680	986	104	2	1092	1959

PLACES OF WORSHIP, &c., FOR 1860–61.

ESSEX.—(*Continued.*)

TOTALS.				PLACES OF WORSHIP.																		
Total N° of Houses.	Families.	Houses vacant.	Houses building.	Church of England.	Church of Rome.	Church of Scotland.	Free Church of Scotland.	United Presbyterians.	Wesleyan Methodists.	Episcopal Methodists.	New Connection Methodists.	Other Methodists.	Baptists.	Lutherans.	Congregationalists.	Quakers.	Bible Christians.	Christians.	Disciples.	Mennonists and Tunkers.	Universalists.	Other Places of Worship.
158	158	5	1	......	......	......	......	......	......	......	......	......	......	......	......	......	......	......	......	......	......	......
279	281	......	......	......	......	......	......	......	......	......	......	......	......	......	......	......	......	......	......	......	......	......
207	219	3	8	......	......	......	......	......	......	......	......	......	......	......	......	......	......	......	......	......	......	......
394	492	8	2	......	......	......	......	......	......	......	......	......	......	......	......	......	......	......	......	......	......	......
4090	4248	29	26	7	3	......	2	......	9	......	......	1	6	......	1	......	......	......	......	......	......	......

FRONTENAC.

Total N° of Houses.	Families.	Houses vacant.	Houses building.	Church of England.	Church of Rome.	Church of Scotland.	Free Church of Scotland.	United Presbyterians.	Wesleyan Methodists.	Episcopal Methodists.	New Connection Methodists.	Other Methodists.	Baptists.	Lutherans.	Congregationalists.	Quakers.	Bible Christians.	Christians.	Disciples.	Mennonists and Tunkers.	Universalists.	Other Places of Worship.
63	64	2	......	......	......	......	......	......	......	......	......	......	......	......	......	......	......	......	......	......	......	......
277	275	......	......	......	......	......	......	......	......	......	......	......	......	......	......	......	......	......	......	......	......	......
130	102	6	......	......	......	......	......	......	......	......	......	......	......	......	......	......	......	......	......	......	......	......
64	65	......	......	......	......	......	......	......	......	......	......	......	......	......	......	......	......	......	......	......	......	......
800	776	9	5	......	......	......	......	......	......	......	......	......	......	......	......	......	......	......	......	......	......	......
404	417	3	2	......	......	......	......	......	......	......	......	......	......	......	......	......	......	......	......	......	......	......
2	2	......	......	......	......	......	......	......	......	......	......	......	......	......	......	......	......	......	......	......	......	......
79	81	......	......	......	......	......	......	......	......	......	......	......	......	......	......	......	......	......	......	......	......	......
58	58	......	......	......	......	......	......	......	......	......	......	......	......	......	......	......	......	......	......	......	......	......
20	20	......	......	......	......	......	......	......	......	......	......	......	......	......	......	......	......	......	......	......	......	......
703	678	4	1	......	......	......	......	......	......	......	......	......	......	......	......	......	......	......	......	......	......	......
472	489	8	3	......	......	......	......	......	......	......	......	......	......	......	......	......	......	......	......	......	......	......
191	151	22	2	......	......	......	......	......	......	......	......	......	......	......	......	......	......	......	......	......	......	......
461	458	......	6	......	......	......	......	......	......	......	......	......	......	......	......	......	......	......	......	......	......	......
595	599	1	1	......	......	......	......	......	......	......	......	......	......	......	......	......	......	......	......	......	......	......
4319	4235	55	20	......	......	......	......	......	......	......	......	......	......	......	......	......	......	......	......	......	......	......

GLENGARY.

Total N° of Houses.	Families.	Houses vacant.	Houses building.	Church of England.	Church of Rome.	Church of Scotland.	Free Church of Scotland.	United Presbyterians.	Wesleyan Methodists.	Episcopal Methodists.	New Connection Methodists.	Other Methodists.	Baptists.	Lutherans.	Congregationalists.	Quakers.	Bible Christians.	Christians.	Disciples.	Mennonists and Tunkers.	Universalists.	Other Places of Worship.
926	926	......	......	......	......	......	......	......	......	......	......	......	......	......	......	......	......	......	......	......	......	......
661	664	......	......	......	......	......	......	......	......	......	......	......	......	......	......	......	......	......	......	......	......	......
636	636	......	......	......	......	......	......	......	......	......	......	......	......	......	......	......	......	......	......	......	......	......
689	691	......	......	......	......	......	......	......	......	......	......	......	......	......	......	......	......	......	......	......	......	......
2912	2917	......	......	......	......	......	......	......	......	......	......	......	......	......	......	......	......	......	......	......	......	......

GRENVILLE.

No. 15.—Upper Canada—Return of Houses,

COUNTY OF

TOWNSHIPS, &c.	Inhabited Houses. Brick. 1 Story.	2 Story.	3 Story.	Total Brick.	Stone. 1 Story.	2 Story.	3 Story.	Total Stone.	Frame. 1 Story.	2 Story.	3 Story.	Total Frame.	Total Log Houses.
100. Artemesia	1	......	......	1	5	2	2	9	21	4	8	33	378
101. Bentinck	2	6	4	12	6	2	1	9	71	7	2	80	482
102. Collingwood	......	......	......	......	......	......	......	......	36	5	1	42	189
103. Derby	......	......	......	......	......	4	......	4	11	3	......	14	195
104. Egremont	2	3	......	5	......	......	......	......	46	19	......	65	468
105. Euphrasia	......	......	......	......	......	......	......	......	14	......	......	14	233
106. Glenelg	......	......	......	......	4	......	1	5	39	18	......	57	471
107. Holland	......	......	......	......	1	......	......	1	18	7	......	25	325
108. Keppel, Sarawak and Brooke	......	......	......	......	......	......	......	......	13	2	......	15	97
109. Melancthon	......	......	......	......	1	......	......	1	3	......	......	3	236
110. Normanby	......	1	......	1	3	3	......	6	55	15	......	70	466
111. Osprey	......	......	......	......	......	......	......	......	4	5	......	9	342
112. Owen Sound, Town of	5	4	1	10	8	6	2	16	169	63	4	236	69
113. Proton	......	......	......	......	......	......	......	......	......	3	......	3	231
114. Sullivan	......	......	......	......	......	......	......	......	15	1	......	16	277
115. Sydenham	......	......	......	......	5	2	......	7	28	6	......	34	447
116. St. Vincent	8	1	......	9	4	2	......	6	164	23	1	188	268
Total of Grey	18	15	5	38	37	21	6	64	707	181	16	904	5174

COUNTY OF

TOWNSHIPS, &c.	Brick. 1 Story.	2 Story.	3 Story.	Total Brick.	Stone. 1 Story.	2 Story.	3 Story.	Total Stone.	Frame. 1 Story.	2 Story.	3 Story.	Total Frame.	Total Log Houses.
117. Canboro	6	2	......	8	......	......	......	......	90	4	......	94	79
118. Cayuga, North	7	8	1	16	1	8	......	9	196	68	......	264	218
119. Cayuga, South; 120. Dunn; 121. Dunnville, Village	15	13	......	28	5	2	......	7	203	21	1	225	162
122. Moulton and Sherbrooke	24	19	7	50	......	......	......	......	241	59	......	300	163
123. Oneida	6	2	......	8	4	2	......	6	200	3	......	203	248
124. Rainham	5	4	......	9	4	4	......	8	100	10	......	110	87
125. Seneca	16	13	4	33	2	1	......	3	387	81	3	471	277
126. Walpole	18	8	......	26	3	2	......	5	439	26	......	465	254
Total of Haldimand	97	69	12	178	19	19	......	38	1856	272	4	2132	1488

COUNTY OF

TOWNSHIPS, &c.	Brick. 1 Story.	2 Story.	3 Story.	Total Brick.	Stone. 1 Story.	2 Story.	3 Story.	Total Stone.	Frame. 1 Story.	2 Story.	3 Story.	Total Frame.	Total Log Houses.
127. Esquesing	12	45	......	57	6	26	3	35	124	408	......	532	290
128. Georgetown, Village	3	6	......	9	......	......	......	......	72	73	......	145	17
129. Milton, Town of	8	8	1	17	2	11	1	14	23	96	1	120	3
130. Nassagiweya	1	......	......	1	23	18	......	41	82	35	......	117	313
131. Nelson	22	46	......	68	10	16	......	26	260	228	......	488	115
132. Oakville, Village	10	30	5	45	......	......	......	......	71	153	......	224	2
133. Trafalgar	45	52	......	97	9	14	......	23	324	305	......	629	216
Total of Halton	101	187	6	294	50	85	4	139	956	1298	1	2255	956

PLACES OF WORSHIP, &c., FOR 1860–61.

GREY.

TOTALS.				PLACES OF WORSHIP.																		
Total N° of Houses.	Families.	Houses vacant.	Houses building.	Church of England.	Church of Rome.	Church of Scotland.	Free Church of Scotland.	United Presbyterians.	Wesleyan Methodists.	Episcopal Methodists.	New Connection Methodists.	Other Methodists.	Baptists.	Lutherans.	Congregationalists.	Quakers.	Bible Christians.	Christians.	Disciples.	Menonists and Tunkers.	Universalists.	Other Places of Worship.
421	428																					
583	586	2	3																			
231	175																					
213	221																					
538	535		6																			
247	250	1																				
533	529	7																				
351	350																					
112	136		1																			
240	242																					
543	574																					
351	357	3																				
331	364	10	2																			
234	235	1																				
293	298																					
488	493	2	4																			
471	413	6																				
6180	6186	32	16	1	2	4	1	1	2	1		2										1

HALDIMAND.

Total N° of Houses.	Families.	Houses vacant.	Houses building.	Church of England.	Church of Rome.	Church of Scotland.	Free Church of Scotland.	United Presbyterians.	Wesleyan Methodists.	Episcopal Methodists.	New Connection Methodists.	Other Methodists.	Baptists.	Lutherans.	Congregationalists.	Quakers.	Bible Christians.	Christians.	Disciples.	Menonists and Tunkers.	Universalists.	Other Places of Worship.
181	181																					
507	508																					
422	424	1	1																			
513	517		1																			
465	466																					
214	214																					
784	787																					
750	751																					
3836	3848	1	2																			

HALTON.

Total N° of Houses.	Families.	Houses vacant.	Houses building.	Church of England.	Church of Rome.	Church of Scotland.	Free Church of Scotland.	United Presbyterians.	Wesleyan Methodists.	Episcopal Methodists.	New Connection Methodists.	Other Methodists.	Baptists.	Lutherans.	Congregationalists.	Quakers.	Bible Christians.	Christians.	Disciples.	Menonists and Tunkers.	Universalists.	Other Places of Worship.
914	914	10	2																			
171	176	3	1																			
154	154	1																				
472	472	2	3																			
697	699	9	2																			
271	279	3																				
965	974	8	3																			
3644	3668	36	11	8	3	4	7	2	11	3		8	3		3				2			

No. 15.—Upper Canada—Return of Houses,

COUNTY OF

TOWNSHIPS, &c.	INHABITED HOUSES.												
	BRICK.				STONE.				FRAME.				
	1 Story.	2 Story.	3 Story.	Total Brick.	1 Story.	2 Story.	3 Story.	Total Stone.	1 Story.	2 Story.	3 Story.	Total Frame.	Total Log Houses.
134. Belleville, Town of	47	92	18	157	45	49	16	110	544	160	2	706	8
135. Elzevir	......	......	......	......	3	1	......	4	37	4	......	41	136
136. Hastings Road	......	......	......	......	1	......	......	1	21	7	......	28	112
137. Hungerford	1	......	......	1	10	2	......	12	197	10	......	207	404
138. Huntingdon	3	......	......	3	23	3	......	26	138	6	......	144	209
139. Madoc	......	......	......	......	2	1	......	3	151	10	......	161	295
140. Marmora and Lake	......	......	......	......	3	1	......	4	30	3	......	39	165
141. Rawdon 142. Sterling, Village	6	4	......	10	19	3	1	23	248	27	......	275	377
143. Sydney 144. Trenton, Village	23	11	1	35	26	8	......	34	725	65	......	790	181
145. Tudor and Lake	......	......	......	......	2	......	......	2	12	3	......	15	173
146. Tyendinaga	12	1	......	13	21	3	1	25	476	18	......	494	586
147. Thurlow	17	8	1	26	47	10	......	57	430	32	......	462	133
Total of Hastings	109	116	20	245	202	81	18	301	3015	345	2	3362	2899

COUNTY OF

TOWNSHIPS, &c.	Brick 1 Story.	Brick 2 Story.	Brick 3 Story.	Total Brick.	Stone 1 Story.	Stone 2 Story.	Stone 3 Story.	Total Stone.	Frame 1 Story.	Frame 2 Story.	Frame 3 Story.	Total Frame.	Total Log Houses.
148. Ashfield	......	1	......	1	1	......	......	1	45	5	1	51	387
149. Biddulph	22	6	......	28	2	2	......	4	38	7	......	45	458
150. Clinton, Village	6	3	......	9	1	......	......	1	137	25	......	162	9
151. Colborne	6	2	......	8	......	1	1	2	97	7	......	104	199
152. Goderich	34	8	......	42	8	5	......	13	105	5	......	110	411
153. Goderich, Town of	61	35	11	107	......	5	......	5	261	83	1	345	39
154. Grey	......	1	......	1	......	......	......	......	22	4	......	26	368
155. Hay	7	1	......	8	1	1	......	2	48	4	......	52	458
156. Howick	......	......	......	......	......	......	......	......	34	10	......	44	338
157. Hullett	1	2	......	3	1	2	......	3	44	5	......	49	389
158. McGillivray	2	......	......	2	......	......	......	......	27	4	......	31	438
159. McKillop	9	1	......	10	5	2	......	7	41	3	......	44	314
160. Morris	......	......	......	......	......	......	......	......	22	8	......	30	379
161. Stanley and Bayfield	13	9	......	22	2	1	......	3	108	24	......	132	365
162. Stephen	6	5	......	11	......	2	......	2	74	9	......	83	256
163. Tuckersmith	34	13	......	47	7	2	......	9	98	12	......	110	351
164. Turnbury	......	......	......	......	......	......	......	......	17	3	......	20	213
165. Usborne	18	6	......	24	1	1	......	2	57	8	......	65	469
166. Wawanosh*	1	......	......	1	......	1	......	1	44	5	......	49	407
Total of Huron	220	93	11	324	29	25	1	55	1319	231	2	1552	6338

*There are 17 sheets without description of Houses or Families. There are also, in another place, Stories or Families.

COUNTY OF

PLACES OF WORSHIP, &c., FOR 1860–61.

HASTINGS.

TOTALS.				PLACES OF WORSHIP.																		
Total N° of Houses.	Families.	Houses vacant.	Houses building.	Church of England.	Church of Rome.	Church of Scotland.	Free Church of Scotland.	United Presbyterians.	Wesleyan Methodists.	Episcopal Methodists.	New Connection Methodists.	Other Methodists.	Baptists.	Lutherans.	Congregationalists.	Quakers.	Bible Christians.	Christians.	Disciples.	Menonists and Tunkers.	Universalists.	Other Places of Worship.
981	981	32	5	...	...	...	...	...	...	...	...	...	...	...	...	...	...	...	...	...	...	...
181	181	...	...	...	...	...	...	...	...	...	...	...	...	...	...	...	...	...	...	...	...	...
141	142	...	...	...	...	...	...	...	...	...	...	...	...	...	...	...	...	...	...	...	...	...
684	686	...	...	...	...	...	...	...	...	...	...	...	...	...	...	...	...	...	...	...	...	...
442	442	...	1	...	...	...	...	...	...	...	...	...	...	...	...	...	...	...	...	...	...	...
459	461	...	...	...	...	...	...	...	...	...	...	...	...	...	...	...	...	...	...	...	...	...
208	209	...	...	...	...	...	...	...	...	...	...	...	...	...	...	...	...	...	...	...	...	...
685	686	1	1	...	...	...	...	...	...	...	...	...	...	...	...	...	...	...	...	...	...	...
1040	1046	1	1	...	...	...	...	...	...	...	...	...	...	...	...	...	...	...	...	...	...	...
190	191	1	1	...	...	...	...	...	...	...	...	...	...	...	...	...	...	...	...	...	...	...
1118	1108	...	...	...	...	...	...	...	...	...	...	...	...	...	...	...	...	...	...	...	...	...
678	670	...	1	...	...	...	...	...	...	...	...	...	...	...	...	...	...	...	...	...	...	...
6807	6822	35	10	...	...	...	...	...	...	...	...	...	...	...	...	...	...	...	...	...	...	...

HURON.

Total N° of Houses.	Families.	Houses vacant.	Houses building.	Church of England.	Church of Rome.	Church of Scotland.	Free Church of Scotland.	United Presbyterians.	Wesleyan Methodists.	Episcopal Methodists.	New Connection Methodists.	Other Methodists.	Baptists.	Lutherans.	Congregationalists.	Quakers.	Bible Christians.	Christians.	Disciples.	Menonists and Tunkers.	Universalists.	Other Places of Worship.
440	464	...	19	...	...	...	...	...	...	...	...	...	...	...	...	...	...	...	...	...	...	...
535	646	5	...	...	...	...	...	...	...	...	...	...	...	...	...	...	...	...	...	...	...	...
181	174	...	...	...	...	...	...	...	...	...	...	...	...	...	...	...	...	...	...	...	...	...
313	323	2	...	...	...	...	...	...	...	...	...	...	...	...	...	...	...	...	...	...	...	...
576	584	3	5	...	...	...	...	...	...	...	...	...	...	...	...	...	...	...	...	...	...	...
496	521	2	...	...	...	...	...	...	...	...	...	...	...	...	...	...	...	...	...	...	...	...
395	399	2	2	...	...	...	...	...	...	...	...	...	...	...	...	...	...	...	...	...	...	...
520	541	1	...	...	...	...	...	...	...	...	...	...	...	...	...	...	...	...	...	...	...	...
382	371	4	1	...	...	...	...	...	...	...	...	...	...	...	...	...	...	...	...	...	...	...
444	370	3	9	...	...	...	...	...	...	...	...	...	...	...	...	...	...	...	...	...	...	...
471	475	...	...	...	...	...	...	...	...	...	...	...	...	...	...	...	...	...	...	...	...	...
375	378	...	...	...	...	...	...	...	...	...	...	...	...	...	...	...	...	...	...	...	...	...
409	411	...	...	...	...	...	...	...	...	...	...	...	...	...	...	...	...	...	...	...	...	...
522	524	1	1	...	...	...	...	...	...	...	...	...	...	...	...	...	...	...	...	...	...	...
352	443	3	1	...	...	...	...	...	...	...	...	...	...	...	...	...	...	...	...	...	...	...
517	528	6	1	...	...	...	...	...	...	...	...	...	...	...	...	...	...	...	...	...	...	...
233	252	...	1	...	...	...	...	...	...	...	...	...	...	...	...	...	...	...	...	...	...	...
560	549	2	2	...	...	...	...	...	...	...	...	...	...	...	...	...	...	...	...	...	...	...
548	566	6	...	...	...	...	...	...	...	...	...	...	...	...	...	...	...	...	...	...	...	...
8269	8519	40	42	...	3	1	...	1	2	...	1	...	...	...	...	...	...	...	...	...	...	3

10 sheets mentioning the number of Houses and material constituting their structure, but neither the

KENT.

No. 15.—Upper Canada—Return of Houses,

COUNTY OF

TOWNSHIPS, &c.	INHABITED HOUSES.												
	BRICK.				STONE.				FRAME.				
	1 Story.	2 Story.	3 Story.	Total Brick.	1 Story.	2 Story.	3 Story.	Total Stone.	1 Story.	2 Story.	3 Story.	Total Frame.	Total Log Houses.
171. Harwich	16	15	......	31	......	......	......	......	266	40	......	306	383
172. Howard	17	6	1	24	1	......	......	1	350	24	......	374	283
173. Orford	......	1	......	1	......	......	......	......	171	5	......	176	235
174. Raleigh	5	7	......	12	......	......	......	......	155	17	......	172	465
175. Romney	6	......	......	6	......	......	......	......	16	......	......	16	46
176. Tilbury, East	......	......	......	......	......	......	......	......	32	2	......	34	169
177. Zone	......	......	......	......	......	......	......	......	56	10	......	66	122
Total of Kent	120	49	4	173	2	......	......	2	1944	311	3	2258	2754
COUNTY OF													
178. Bosanquet	......	1	......	1	......	......	......	......	182	9	......	191	316
179. Brooke	1	......	......	1	......	......	......	......	16	1	......	17	259
180. Dawn	1	......	......	1	......	......	......	......	17	......	......	17	108
181. Enniskillen	......	......	......	......	......	......	......	......	4	......	......	4	157
182. Euphemia	6	3	......	9	......	......	......	......	112	17	......	129	135
183. Moore	3	2	1	6	......	......	......	......	187	27	1	215	290
184. Plympton	2	1	......	3	......	......	......	......	108	18	......	126	445
185. Sarnia	......	......	......	......	......	......	......	......	4	4	......	8	240
186. Sarnia, Town of	8	25	7	40	1	......	1	2	191	158	2	351	87
187. Sombra, and Indian Reserves	......	......	......	......	......	......	......	......	80	24	......	104	189
188. Warwick *	5	3	......	8	1	......	......	1	107	7	......	114	413
Total of Lambton	26	35	8	69	2	......	1	3	1008	265	3	1276	2639

* Three sheets without description of Houses.

COUNTY OF

TOWNSHIPS, &c.	Brick 1 Story.	Brick 2 Story.	Brick 3 Story.	Total Brick.	Stone 1 Story.	Stone 2 Story.	Stone 3 Story.	Total Stone.	Frame 1 Story.	Frame 2 Story.	Frame 3 Story.	Total Frame.	Total Log Houses.
189. Bathurst	......	......	......	......	36	6	......	42	97	......	......	97	372
190. Beckwith	......	......	......	......	57	7	1	65	65	8	......	73	245
191. Burgess	......	......	......	......	22	1	......	23	26	......	......	26	162
192. Dalhousie	......	1	......	1	2	......	......	2	8	1	......	9	265
193. Darling	......	......	......	......	......	......	......	......	1	......	......	1	125
194. Drummond	......	......	......	......	50	......	......	50	52	2	......	54	284
195. Elmsley	......	......	......	......	21	4	......	25	15	......	......	15	176
196. Lanark	2	1	......	3	22	5	......	27	89	11	......	100	305
197. Lavant	......	......	......	......	......	......	......	......	......	......	......	......	28
198. Montague	3	......	......	3	39	5	......	44	69	2	......	71	416
199. Packenham	......	......	......	......	11	7	......	18	74	5	......	79	280
200. Perth, Town of	6	3	......	9	34	47	2	83	247	29	......	276	23
201. Ramsay	......	......	......	......	50	9	1	60	158	19	......	177	381
202. Sherbrooke, North	......	......	......	......	......	1	......	1	1	......	......	1	56
203. Sherbrooke, South	......	......	......	......	......	......	......	......	5	1	......	6	100
204. Smith's Falls, Village	......	1	1	2	3	7	......	10	129	15	......	144	31
Total of Lanark	11	6	1	18	347	99	4	450	666	93	......	759	3749

PLACES OF WORSHIP, &c., FOR 1860–61.

KENT.—(*Continued.*)

TOTALS.				PLACES OF WORSHIP.																		
Total N° of Houses.	Families.	Houses vacant.	Houses building.	Church of England.	Church of Rome.	Church of Scotland.	Free Church of Scotland.	United Presbyterians.	Wesleyan Methodists.	Episcopal Methodists.	New Connection Methodists.	Other Methodists.	Baptists.	Lutherans.	Congregationalists.	Quakers.	Bible Christians.	Christians.	Disciples.	Menonists and Tunkers.	Universalists.	Other Places of Worship.
720	734	6	5	...	...	...	...	...	...	...	...	...	...	...	...	...	...	...	...	...	...	...
682	675	6	4	...	...	...	...	...	...	...	...	...	...	...	...	...	...	...	...	...	...	...
412	430	10	4	...	...	...	...	...	...	...	...	...	...	...	...	...	...	...	...	...	...	...
649	632	15	3	...	...	...	...	...	...	...	...	...	...	...	...	...	...	...	...	...	...	...
68	77	...	...	...	...	...	...	...	...	...	...	...	...	...	...	...	...	...	...	...	...	...
203	211	4	3	...	...	...	...	...	...	...	...	...	...	...	...	...	...	...	...	...	...	...
188	196	...	...	...	...	...	...	...	...	...	...	...	...	...	...	...	...	...	...	...	...	...
5187	5313	99	43	...	...	...	...	...	...	...	...	...	...	...	...	...	...	...	...	...	...	...

LAMBTON.

Total N° of Houses.	Families.	Houses vacant.	Houses building.	Church of England.	Church of Rome.	Church of Scotland.	Free Church of Scotland.	United Presbyterians.	Wesleyan Methodists.	Episcopal Methodists.	New Connection Methodists.	Other Methodists.	Baptists.	Lutherans.	Congregationalists.	Quakers.	Bible Christians.	Christians.	Disciples.	Menonists and Tunkers.	Universalists.	Other Places of Worship.
508	483	1	...	...	...	...	...	...	...	...	...	...	...	...	...	...	...	...	...	...	...	...
277	289	...	...	...	...	...	...	...	...	...	...	...	...	...	...	...	...	...	...	...	...	...
126	124	1	1	...	...	...	...	...	...	...	...	...	...	...	...	...	...	...	...	...	...	...
161	154	1	3	...	...	...	...	...	...	...	...	...	...	...	...	...	...	...	...	...	...	...
273	344	2	...	...	...	...	...	...	...	...	...	...	...	...	...	...	...	...	...	...	...	...
511	522	...	...	...	...	...	...	...	...	...	...	...	...	...	...	...	...	...	...	...	...	...
574	583	...	...	...	...	...	...	...	...	...	...	...	...	...	...	...	...	...	...	...	...	...
248	290	...	...	...	...	...	...	...	...	...	...	...	...	...	...	...	...	...	...	...	...	...
480	639	2	...	...	...	...	...	...	...	...	...	...	...	...	...	...	...	...	...	...	...	...
293	307	3	1	...	...	...	...	...	...	...	...	...	...	...	...	...	...	...	...	...	...	...
536	544	...	...	...	...	...	...	...	...	...	...	...	...	...	...	...	...	...	...	...	...	...
3987	4279	10	5	4	1	...	1	1	3	2	1	...	3	...	...	...	...	...	...	...	...	2

LANARK.

Total N° of Houses.	Families.	Houses vacant.	Houses building.	Church of England.	Church of Rome.	Church of Scotland.	Free Church of Scotland.	United Presbyterians.	Wesleyan Methodists.	Episcopal Methodists.	New Connection Methodists.	Other Methodists.	Baptists.	Lutherans.	Congregationalists.	Quakers.	Bible Christians.	Christians.	Disciples.	Menonists and Tunkers.	Universalists.	Other Places of Worship.
511	375	5	1	...	...	...	...	...	...	...	...	...	...	...	...	...	...	...	...	...	...	...
383	392	25	7	...	...	...	...	...	...	...	...	...	...	...	...	...	...	...	...	...	...	...
211	322	4	3	...	...	...	...	...	...	...	...	...	...	...	...	...	...	...	...	...	...	...
277	286	4	3	...	...	...	...	...	...	...	...	...	...	...	...	...	...	...	...	...	...	...
126	124	1	5	...	...	...	...	...	...	...	...	...	...	...	...	...	...	...	...	...	...	...
388	403	4	1	...	...	...	...	...	...	...	...	...	...	...	...	...	...	...	...	...	...	...
216	130	6	3	...	...	...	...	...	...	...	...	...	...	...	...	...	...	...	...	...	...	...
435	466	6	3	...	...	...	...	...	...	...	...	...	...	...	...	...	...	...	...	...	...	...
28	28	...	...	...	...	...	...	...	...	...	...	...	...	...	...	...	...	...	...	...	...	...
534	546	15	1	...	...	...	...	...	...	...	...	...	...	...	...	...	...	...	...	...	...	...
377	382	4	5	...	...	...	...	...	...	...	...	...	...	...	...	...	...	...	...	...	...	...
391	444	12	4	...	...	...	...	...	...	...	...	...	...	...	...	...	...	...	...	...	...	...
618	664	4	7	...	...	...	...	...	...	...	...	...	...	...	...	...	...	...	...	...	...	...
58	58	3	3	...	...	...	...	...	...	...	...	...	...	...	...	...	...	...	...	...	...	...
106	117	1	...	...	...	...	...	...	...	...	...	...	...	...	...	...	...	...	...	...	...	...
187	188	16	...	...	...	...	...	...	...	...	...	...	...	...	...	...	...	...	...	...	...	...
4976	4825	110	46	2	2	3	1	2	1	...	...	3	3	...	2	...	...	...	...	...	...	3

No. 15.—Upper Canada—Return of Houses,

COUNTY OF

TOWNSHIPS, &c.	INHABITED HOUSES.												
	BRICK.				STONE.				FRAME.				
	1 Story.	2 Story.	3 Story.	Total Brick.	1 Story.	2 Story.	3 Story.	Total Stone.	1 Story.	2 Story.	3 Story.	Total Frame.	Total Log Houses.
205. Bastard	6	3	......	9	37	......	......	37	242	3	......	245	220
206. Brockville, Town of	9	27	10	46	2	21	13	36	367	50	10	427	5
207. Burgess	......	......	......	......	1	1	......	2	5	4	......	9	48
208. Crosby, North } 209. Crosby, South }	15	2	......	17	44	1	......	45	222	7	......	229	385
210. Elmsley	1	......	......	1	12	1	......	13	20	1	......	21	148
211. Elizabethtown	21	12	......	33	177	40	3	220	339	19	......	358	404
212. Escott	8	1	......	9	14	4	......	18	76	10	......	86	163
213. Kitley	1	......	......	1	36	8	......	44	110	5	......	115	242
214. Lansdowne	12	1	......	13	31	5	......	36	160	2	......	162	289
215. Leeds	4	5	......	9	22	13	......	35	246	14	......	260	292
216. Yonge	12	16	......	28	51	17	......	68	208	45	1	254	226
Total of Leeds	89	67	10	166	427	111	16	554	1995	160	11	2166	2422

COUNTY OF

TOWNSHIPS, &c.	1 Story.	2 Story.	3 Story.	Total Brick.	1 Story.	2 Story.	3 Story.	Total Stone.	1 Story.	2 Story.	3 Story.	Total Frame.	Total Log Houses.
217. Adolphustown	4	1	......	5	......	......	......	......	104	10	......	114	4
218. Amherst Island	......	......	......	......	2	1	......	3	41	11	......	52	140
219. Anglesea	......	......	......	......	......	......	......	......	1	......	......	1	26
220. Camden	2	1	......	3	14	4	......	18	232	18	......	250	378
221. Denbigh and Abinger	......	......	......	......	......	......	......	......	1	......	......	1	36
222. Ernestown	19	5	......	24	50	10	......	60	667	41	......	708	134
223. Fredericksburgh	12	1	......	13	16	......	......	16	365	6	......	371	135
224. Kaladar	......	......	......	......	......	......	......	......	5	......	......	5	50
225. Napanee, Village	6	14	5	25	2	3	......	5	149	54	......	203	6
226. Richmond	6	......	......	6	2	......	......	2	291	5	......	296	225
227. Sheffield	......	......	......	......	......	......	......	......	94	14	......	108	309
Total of Lennox and Addington	49	22	5	76	86	18	......	104	2010	159	......	2169	1443

COUNTY OF

TOWNSHIPS, &c.	1 Story.	2 Story.	3 Story.	Total Brick.	1 Story.	2 Story.	3 Story.	Total Stone.	1 Story.	2 Story.	3 Story.	Total Frame.	Total Log Houses.
228. Caistor	5	2	......	7	......	1	......	1	113	66	......	179	137
229. Clinton	17	33	......	50	1	4	......	5	205	134	......	339	39
230. Gainsborough	11	9	......	20	......	......	......	......	138	133	......	271	179
231. Grantham	11	28	......	39	7	6	......	13	261	209	2	472	119
232. Grimsby	17	10	2	29	4	9	......	13	284	146	......	430	55
233. Louth	6	3	1	10	1	1	......	2	119	68	1	188	141
234. Niagara	5	20	1	26	4	15	1	20	145	134	1	280	49
235. Niagara, Town of	4	19	1	24	1	3	......	4	218	128	......	346	13
236. St. Catherines, Town of	38	91	35	164	1	9	4	14	528	335	5	868	68
Total of Lincoln	114	215	40	369	19	48	5	72	2011	1353	9	3373	800

PLACES OF WORSHIP, &c., FOR 1860–61.

LEEDS.

TOTALS.				PLACES OF WORSHIP.																		
Total N° of Houses.	Families.	Houses vacant.	Houses building.	Church of England.	Church of Rome.	Church of Scotland.	Free Church of Scotland.	United Presbyterians.	Wesleyan Methodists.	Episcopal Methodists.	New Connection Methodists.	Other Methodists.	Baptists.	Lutherans.	Congregationalists.	Quakers.	Bible Christians.	Christians.	Disciples.	Menonists and Tunkers.	Universalists.	Other Places of Worship.
511	512																					
514	514	2	7																			
59	60																					
676	676																					
183	184																					
1015	1015																					
276	276																					
402	402																					
500	499	•1																				
596	596																					
576	576																					
5308	5310	3	7																			

LENNOX AND ADDINGTON.

Total N° of Houses.	Families.	Houses vacant.	Houses building.	Church of England.	Church of Rome.	Church of Scotland.	Free Church of Scotland.	United Presbyterians.	Wesleyan Methodists.	Episcopal Methodists.	New Connection Methodists.	Other Methodists.	Baptists.	Lutherans.	Congregationalists.	Quakers.	Bible Christians.	Christians.	Disciples.	Menonists and Tunkers.	Universalists.	Other Places of Worship.
123	133	1																				
195	206	2																				
27	27																					
649	552	11	9																			
37	36	1																				
926	938	17	3																			
535	553	5																				
55	55	1	1																			
239	295	10																				
529	569	6	1																			
417	438																					
3792	3802	54	14	4	1	1		2	4	3												

LINCOLN.

No. 15.—Upper Canada—Return of Houses,

COUNTY OF

TOWNSHIPS, &c.	INHABITED HOUSES. Brick. 1 Story.	Brick. 2 Story.	Brick. 3 Story.	Total Brick.	Stone. 1 Story.	Stone. 2 Story.	Stone. 3 Story.	Total Stone.	Frame. 1 Story.	Frame. 2 Story.	Frame. 3 Story.	Total Frame.	Total Log Houses.
237. Adelaide	14	9	.....	23	.....	.....	.....	.....	92	4	.....	96	303
238. Carradoc	10	4	1	15	.....	1	.....	1	196	7	.....	203	349
239. Delaware	10	4	1	15	6	.....	.....	6	117	9	.....	126	230
240. Dorchester, North	19	4	.....	23	1	.....	.....	1	273	10	.....	283	309
241. Ekfrid	11	1	.....	12	.....	.....	.....	.....	107	7	.....	114	300
242. Lobo	42	17	1	60	3	1	1	5	148	22	.....	170	335
243. London	89	62	.....	151	21	2	1	24	581	28	.....	609	794
244. Metcalf	11	6	.....	17	.....	.....	.....	.....	43	3	.....	46	208
245. Mosa	16	8	1	25	.....	.....	.....	.....	98	57	.....	155	211
246. Nissouri	12	2	.....	14	9	.....	.....	9	50	7	.....	57	416
247. Strathroy, Village	6	6	4	16	.....	.....	.....	.....	60	23	.....	83	18
248. Williams, East	27	5	.....	32	.....	.....	.....	.....	44	1	.....	45	299
249. Williams, West	.....	.....	.....	.....	13	1	.....	14	40	3	.....	43	308
250. Westminster	107	58	3	168	11	3	.....	14	519	18	1	538	274
Total of Middlesex *	374	186	11	571	64	8	2	74	808	199	1	1008	5814

* On several sheets there is no mention of Houses, Stories or Families.

COUNTY OF

TOWNSHIPS, &c.	Brick. 1 Story.	Brick. 2 Story.	Brick. 3 Story.	Total Brick.	Stone. 1 Story.	Stone. 2 Story.	Stone. 3 Story.	Total Stone.	Frame. 1 Story.	Frame. 2 Story.	Frame. 3 Story.	Total Frame.	Total Log Houses.
251. Charlotteville	7	16	.....	23	.....	.....	.....	.....	183	225	.....	408	82
252. Houghton	1	.....	.....	1	.....	.....	.....	.....	301	4	.....	305	41
253. Middleton	1	3	.....	4	.....	.....	.....	.....	318	20	.....	338	115
254. Simcoe, Town of	12	40	5	57	1	.....	.....	1	105	140	1	246	....
255. Townsend	13	33	.....	46	1	4	.....	5	444	261	.....	705	146
256. Walsingham	3	7	.....	10	.....	.....	.....	.....	330	143	.....	473	214
257. Windham	2	14	.....	16	1	4	.....	5	240	176	.....	416	198
258. Woodhouse and Gore	13	39	2	54	.....	.....	.....	.....	214	294	.....	508	48
Total of Norfolk	52	152	7	211	3	8	.....	11	2135	1263	1	3399	841

COUNTY OF

TOWNSHIPS, &c.	Brick. 1 Story.	Brick. 2 Story.	Brick. 3 Story.	Total Brick.	Stone. 1 Story.	Stone. 2 Story.	Stone. 3 Story.	Total Stone.	Frame. 1 Story.	Frame. 2 Story.	Frame. 3 Story.	Total Frame.	Total Log Houses.
259. Alnwick	.....	2	.....	2	3	.....	.....	3	72	.....	.....	72	147
260. Brighton, Village	7	4	.....	11	1	.....	.....	1	157	22	.....	179	15
261. Brighton	1	1	.....	2	3	.....	.....	3	308	4	.....	312	265
262. Cobourg, Town of	56	64	43	163	3	2	2	7	504	113	4	617	18
263. Colborne, Village	4	3	.....	7	.....	.....	.....	.....	105	13	.....	118	5
264. Cramahe	3	.....	.....	3	1	.....	.....	1	383	3	.....	386	214
265. Haldimand	19	6	.....	25	13	2	.....	15	571	17	.....	588	362
266. Hamilton	34	15	1	50	17	7	.....	24	652	32	1	685	320
267. Monaghan, South	3	6	.....	9	4	1	.....	5	94	1	.....	95	99
268. Murray	6	1	.....	7	9	.....	.....	9	326	10	.....	336	251
269. Percy	4	2	.....	6	2	1	.....	3	217	5	.....	222	327
270. Seymour	.....	.....	.....	.....	24	3	.....	27	155	12	1	168	418
Total of Northumberland	137	104	44	285	80	16	2	98	3544	232	6	3782	2441

PLACES OF WORSHIP, &c., FOR 1860-61.

MIDDLESEX.

TOTALS.				PLACES OF WORSHIP.																		
Total N° of Houses.	Families.	Houses vacant.	Houses building.	Church of England.	Church of Rome.	Church of Scotland.	Free Church of Scotland.	United Presbyterians	Wesleyan Methodists.	Episcopal Methodists.	New Connection Methodists.	Other Methodists.	Baptists.	Lutherans.	Congregationalists.	Quakers.	Bible Christians.	Christians.	Disciples.	Mennonists and Tunkers.	Universalists.	Other Places of Worship.
422	241	5	1																			
568	564	4	6																			
377	366	2																				
616	641	5	6																			
420	407	4	4																			
570	415	7	1																			
1578	1389	14	9																			
271	306	5	2																			
391	410	12	3																			
496	497		1																			
117	110	1	2																			
376	379	1																				
365	342	3																				
994	1074	4	6																			
7467	7161	67	41	4	1	2	4	6	12	4		2	5									

NORFOLK.

Total N° of Houses.	Families.	Houses vacant.	Houses building.	Church of England.	Church of Rome.	Church of Scotland.	Free Church of Scotland.	United Presbyterians	Wesleyan Methodists.	Episcopal Methodists.	New Connection Methodists.	Other Methodists.	Baptists.	Lutherans.	Congregationalists.	Quakers.	Bible Christians.	Christians.	Disciples.	Mennonists and Tunkers.	Universalists.	Other Places of Worship.
513	513																					
347	354																					
457	457		1																			
304	309	1	2																			
902	902																					
697	697																					
635	639	5	9																			
610	610																					
4465	4481	6	12	2	2			2	6		1	4	7		1							

NORTHUMBERLAND.

Total N° of Houses.	Families.	Houses vacant.	Houses building.	Church of England.	Church of Rome.	Church of Scotland.	Free Church of Scotland.	United Presbyterians	Wesleyan Methodists.	Episcopal Methodists.	New Connection Methodists.	Other Methodists.	Baptists.	Lutherans.	Congregationalists.	Quakers.	Bible Christians.	Christians.	Disciples.	Mennonists and Tunkers.	Universalists.	Other Places of Worship.
224	212	17	2																			
206	236	7	6																			
682	627	4	4																			
805	838	52	3																			
130	132	4																				
604	630	12	3																			
990	1044	11	2																			
1079	1118	32	2																			
208	212	2	1																			
598	651	1	3																			
558	578	8	10																			
613	625		10																			
6606	7003	150	46	3	2	1	6		14	4			3		2		2					3

No. 15.—Upper Canada—Return of Houses,

COUNTY OF

TOWNSHIPS, &c.	INHABITED HOUSES.													
	BRICK.				STONE.				FRAME.					
	1 Story.	2 Story.	3 Story.	Total Brick.	1 Story.	2 Story.	3 Story.	Total Stone.	1 Story.	2 Story.	3 Story.	Total Frame.	Total Log Houses.
271. Brock	2	1	......	3	6	......	......	6	234	7	......	241	587
272. Mara	......	......	......	......	......	......	......	......	21	3	......	24	284
273. Oshawa, Village	20	24	8	52	......	......	......	......	255	48	1	304	11
274. Pickering	59	13	......	72	76	7	......	83	705	42	......	747	374
275. Rama	......	......	......	......	......	......	1	1	7	2	......	9	58
276. Reach	9	4	......	13	4	5	......	9	493	80	1	574	246
277. Scott	1	......	......	1	2	......	......	2	120	3	......	123	236
278. Scugog Island	......	1	......	1	1	......	......	1	43	......	......	43	73
279. Thora	1	2	1	4	2	1	......	3	52	15	......	67	183
280. Uxbridge	......	2	......	2	2	3	......	5	315	67	......	382	268
281. Whitby, East	39	9	1	49	21	......	......	21	426	25	......	451	70
282. Whitby, West	26	10	......	36	10	4	......	14	409	18	......	427	104
283. Whitby, Town of	24	47	8	79	2	1	......	3	302	70	......	372	15
Total of Ontario	181	113	18	312	126	21	1	,148	3382	380	2	3764	2509

COUNTY OF

TOWNSHIPS, &c.	Brick 1 Story.	Brick 2 Story.	Brick 3 Story.	Total Brick.	Stone 1 Story.	Stone 2 Story.	Stone 3 Story.	Total Stone.	Frame 1 Story.	Frame 2 Story.	Frame 3 Story.	Total Frame.	Total Log Houses.
284. Blandford	10	13	......	23	3	......	......	3	81	8	......	89	201
285. Blenheim	41	17	......	58	20	14	......	34	546	106	......	652	340
286. Dereham	20	9	......	29	6	2	......	8	557	39	......	596	289
287. Embro, Village	......	2	7	9	......	......	......	......	69	18	......	87	3
288. Ingersoll, Village	26	20	12	58	1	......	......	1	368	48	1	417	2
289. Nissouri, East	11	......	......	11	9	1	......	10	142	7	......	149	311
290. Norwich, North	22	9	......	31	1	......	......	1	407	26	......	433	91
291. Norwich, South	6	6	......	12	......	......	......	......	350	36	......	386	131
292. Oxford, North	17	8	2	27	3	1	......	4	126	10	1	137	126
293. Oxford, East	25	9	......	34	6	2	......	8	219	11	......	230	164
294. Oxford, West	22	9	1	32	6	4	......	10	276	14	2	292	99
295. Woodstock, Town of	41	30	15	86	2	......	......	2	260	47	1	308	20
296. Zorra, East	21	16	......	37	17	4	......	21	218	16	......	234	404
297. Zorra, West	46	10	6	62	15	6	......	21	171	22	......	193	517
Total of Oxford	308	158	43	509	89	34	......	123	3790	408	5	4203	2698

COUNTY OF

TOWNSHIPS, &c.	Brick 1 Story.	Brick 2 Story.	Brick 3 Story.	Total Brick.	Stone 1 Story.	Stone 2 Story.	Stone 3 Story.	Total Stone.	Frame 1 Story.	Frame 2 Story.	Frame 3 Story.	Total Frame.	Total Log Houses.
298. Albion	10	21	......	31	4	7	......	11	137	91	[illegible]	229	594
299. Brampton, Town of	9	14	4	27	......	......	......	......	164	84	2	250	6
300. Caledon	......	3	2	5	15	16	......	31	136	44	1	181	427
301. Chinguacousy	95	54	......	149	19	12	......	31	343	48	3	394	496
302. Streetville, Village	1	20	......	21	......	......	......	......	50	36	......	86	3
303. Toronto	46	62	......	108	34	17	......	51	529	94	3	626	248
304. Toronto Gore	3	15	1	19	......	3	......	3	41	51	......	92	158
Total of Peel	164	180	7	360	72	55	......	127	1400	448	10	1858	1932

PLACES OF WORSHIP, &c., FOR 1860–61.

ONTARIO.

TOTALS.				PLACES OF WORSHIP.																		
Total N° of Houses.	Families.	Houses vacant.	Houses building.	Church of England.	Church of Rome.	Church of Scotland.	Free Church of Scotland.	United Presbyterians.	Wesleyan Methodists.	Episcopal Methodists.	New Connection Methodists.	Other Methodists.	Baptists.	Lutherans.	Congregationalists.	Quakers.	Bible Christians.	Christians.	Disciples.	Menonists and Tunkers.	Universalists.	Other Places of Worship.
857	655	[illegible]	......	......	......	......	......	......	......	......	......	......	...	...	...	...	...	...	...	......	...	......
308	313	6	......	......	......	......	......	......	......	......	......	......	...	...	...	...	...	...	...	......	...	......
367	313	2	......	......	......	......	......	......	......	......	......	......	...	...	...	...	...	...	...	......	...	......
1276	1259	30	6	......	......	......	......	......	......	......	......	......	...	...	...	...	...	...	...	......	...	......
68	66	2	3	......	......	......	......	......	......	......	......	......	...	...	...	...	...	...	...	......	...	......
842	980	15	2	......	......	......	......	......	......	......	......	......	...	...	...	...	...	...	...	......	...	......
362	370	......	1	......	......	......	......	......	......	......	......	......	...	...	...	...	...	...	...	......	...	......
118	118	......	1	......	......	......	......	......	......	......	......	......	...	...	...	...	...	...	...	......	...	......
257	271	22	3	......	......	......	......	......	......	......	......	......	...	...	...	...	...	...	...	......	...	......
657	687	......	......	......	......	......	......	......	......	......	......	......	...	...	...	...	...	...	...	......	...	......
591	516	......	......	......	......	......	......	......	......	......	......	......	...	...	...	...	...	...	...	......	...	......
581	578	4	1	......	......	......	......	......	......	......	......	......	...	...	...	...	...	...	...	......	...	......
469	513	6	1	......	......	......	......	......	......	......	......	......	...	...	...	...	...	...	...	......	...	......
6733	6644	12[illegible]	18	5	4	3	2	5	7	2	......	4	1	...	1	...	1	...	1	......	...	2

OXFORD.

Total N° of Houses.	Families.	Houses vacant.	Houses building.	Church of England.	Church of Rome.	Church of Scotland.	Free Church of Scotland.	United Presbyterians.	Wesleyan Methodists.	Episcopal Methodists.	New Connection Methodists.	Other Methodists.	Baptists.	Lutherans.	Congregationalists.	Quakers.	Bible Christians.	Christians.	Disciples.	Menonists and Tunkers.	Universalists.	Other Places of Worship.
316	330	1	......	......	......	......	......	......	......	......	......	......	...	...	...	...	...	...	...	......	...	......
1034	835	4	3	......	......	......	......	......	......	......	......	......	...	...	...	...	...	...	...	......	...	......
922	797	14	5	......	......	......	......	......	......	......	......	......	...	...	...	...	...	...	...	......	...	......
99	12	4	......	......	......	......	......	......	......	......	......	......	...	...	...	...	...	...	...	......	...	......
478	476	3	......	......	......	......	......	......	......	......	......	......	...	...	...	...	...	...	...	......	...	......
481	592	[illegible]	2	......	......	......	......	......	......	......	......	......	...	...	...	...	...	...	...	......	...	......
556	554	5	1	......	......	......	......	......	......	......	......	......	...	...	...	...	...	...	...	......	...	......
529	530	6	2	......	......	......	......	......	......	......	......	......	...	...	...	...	...	...	...	......	...	......
294	304	2	1	......	......	......	......	......	......	......	......	......	...	...	...	...	...	...	...	......	...	......
436	439	2	......	......	......	......	......	......	......	......	......	......	...	...	...	...	...	...	...	......	...	......
433	424	[illegible]	......	......	......	......	......	......	......	......	......	......	...	...	...	...	...	...	...	......	...	......
416	678	[illegible]	4	......	......	......	......	......	......	......	......	......	...	...	...	...	...	...	...	......	...	......
606	735	1	1	......	......	......	......	......	......	......	......	......	...	...	...	...	...	...	...	......	...	......
793	697	8	5	......	......	......	......	......	......	......	......	......	...	...	...	...	...	...	...	......	...	......
7533	7409	105	24	5	2	1	4	7	16	2	2	4	6	...	...	...	...	...	...	......	...	......

PEEL.

Total N° of Houses.	Families.	Houses vacant.	Houses building.	Church of England.	Church of Rome.	Church of Scotland.	Free Church of Scotland.	United Presbyterians.	Wesleyan Methodists.	Episcopal Methodists.	New Connection Methodists.	Other Methodists.	Baptists.	Lutherans.	Congregationalists.	Quakers.	Bible Christians.	Christians.	Disciples.	Menonists and Tunkers.	Universalists.	Other Places of Worship.
865	879	32	22	......	......	......	......	......	......	......	......	......	...	...	...	...	...	...	...	......	...	......
283	291	6	2	......	......	......	......	......	......	......	......	......	...	...	...	...	...	...	...	......	...	......
644	649	3	3	......	......	......	......	......	......	......	......	......	...	...	...	...	...	...	...	......	...	......
1070	1076	9	6	......	......	......	......	......	......	......	......	......	...	...	...	...	...	...	...	......	...	......
110	117	3	2	......	......	......	......	......	......	......	......	......	...	...	...	...	...	...	...	......	...	......
1033	1039	29	7	......	......	......	......	......	......	......	......	......	...	...	...	...	...	...	...	......	...	......
272	272	8	1	......	......	......	......	......	......	......	......	......	...	...	...	...	...	...	...	......	...	......
4277	4323	90	43	5	4	......	2	5	12	4	7	6	2	...	2	...	...	...	...	......	...	......

No. 15.—Upper Canada—Return of Houses,

COUNTY OF

TOWNSHIPS, &c.	INHABITED HOUSES.												
	BRICK.			Total Brick.	STONE.			Total Stone.	FRAME.			Total Frame.	Total Log Houses.
	1 Story.	2 Story.	3 Story.		1 Story.	2 Story.	3 Story.		1 Story.	2 Story.	3 Story.		
305. Blanchard	7	1	......	8	16	......	......	16	59	17	......	76	486
306. Downie	3	5	......	8	22	4	......	26	60	10	......	70	475
307. Easthope, North	16	5	......	21	37	8	......	45	52	12	......	64	235
308. Easthope, South	19	11	......	30	3	8	......	11	43	22	......	65	265
309. Ellice	10	7	......	17	......	2	......	2	29	8	......	37	367
310. Elma	......	......	......	......	......	......	......	......	46	10	......	56	326
311. Fullarton	2	1	......	3	10	5	......	15	32	3	......	35	416
312. Hibbert	......	2	......	2	......	1	......	1	20	7	......	27	451
313. Logan	......	......	......	......	......	......	......	......	17	1	......	18	352
314. Mitchell, Village	5	2	3	10	......	......	......	......	82	33	......	115	39
315. Mornington	......	......	......	......	......	......	......	......	31	22	......	53	438
316. St. Mary's, Village	5	7	1	13	38	25	4	67	176	37	......	213	157
317. Stratford, Town of	29	51	9	89	2	1	......	3	177	114	......	291	91
318. Wallace	......	......	......	......	......	......	......	......	19	12	......	31	393
Total of Perth	96	92	13	201	128	54	4	186	843	308	......	1151	4490

COUNTY OF

TOWNSHIPS, &c.	Brick 1 Story.	Brick 2 Story.	Brick 3 Story.	Total Brick.	Stone 1 Story.	Stone 2 Story.	Stone 3 Story.	Total Stone.	Frame 1 Story.	Frame 2 Story.	Frame 3 Story.	Total Frame.	Total Log Houses.
319. Ashburnham	......	1	1	2	3	......	......	3	107	21	......	128	30
320. Asphodel	9	4	......	13	4	5	1	10	156	22	......	178	235
321. Belmont and Methune	......	......	......	......	......	......	......	......	23	......	......	23	91
322. Douro	......	......	......	......	4	......	......	4	76	9	......	85	379
323. Dummer	......	1	......	1	10	2	......	12	42	9	......	51	226
324. Ennismore	......	......	......	......	2	......	......	2	......	......	......	......	131
325. Galway	......	......	......	......	......	......	......	......	......	......	......	......	74
326. Harvey	......	......	......	......	......	......	......	......	......	......	......	......	17
327. Minden, Stanhope and Dysart	......	......	......	......	......	......	......	......	3	......	......	3	41
328. Monaghan, North	5	4	2	11	4	1	......	5	74	9	......	83	119
329. Otonabee	9	3	......	12	24	5	......	29	171	17	1	189	408
330. Peterborough, Town of	22	26	20	68	6	10	2	18	417	113	9	539	30
331. Smith	11	6	......	17	22	8	1	31	152	16	......	168	308
332. Snowden	......	......	......	......	......	......	......	......	......	......	......	......	38
Total of Peterborough	56	45	23	124	79	31	4	114	1221	216	10	1447	2127

COUNTY OF

TOWNSHIPS, &c.	Brick 1 Story.	Brick 2 Story.	Brick 3 Story.	Total Brick.	Stone 1 Story.	Stone 2 Story.	Stone 3 Story.	Total Stone.	Frame 1 Story.	Frame 2 Story.	Frame 3 Story.	Total Frame.	Total Log Houses.
333. Alfred	......	......	......	......	......	2	......	2	......	......	......	......	157
334. Caledonia	2	1	......	3	6	......	......	6	10	1	......	11	126
335. Hawkesbury, East	3	5	......	8	7	12	......	19	15	6	......	21	561
336. Hawkesbury, West	14	5	1	20	13	6	......	19	47	4	......	51	227
337. Hawkesbury, Village	3	6	......	9	8	2	3	13	150	1	......	151	30
338. Longueuil	2	......	......	2	13	5	......	18	41	8	......	49	226
339. Plantagenet, North	......	......	......	......	1	1	......	2	11	......	......	11	354
340. Plantagenet, South	......	......	......	......	......	......	......	......	1	......	......	1	177
Total of Prescott	24	17	1	42	48	28	3	79	275	20	......	295	1858

PLACES OF WORSHIP, &c., FOR 1860–61.

PERTH.

TOTALS.				PLACES OF WORSHIP.																		
Total N° of Houses.	Families.	Houses vacant.	Houses building.	Church of England.	Church of Rome.	Church of Scotland.	Free Church of Scotland.	United Presbyterians.	Wesleyan Methodists.	Episcopal Methodists.	New Connection Methodists.	Other Methodists.	Baptists.	Lutherans.	Congregationalists.	Quakers.	Bible Christians.	Christians.	Disciples.	Menonists and Tunkers.	Universalists.	Other Places of Worship.
586	611	......	......	......	......	......	......	......	......	......	......	......	...	...	...	...	...	...	...	......	...	......
579	489	6	......	......	......	......	......	......	......	......	......	......	...	...	...	...	...	...	...	......	...	......
365	474	7	4	......	......	......	......	......	......	......	......	......	...	...	...	...	...	...	...	......	...	......
371	382	......	1	......	......	......	......	......	......	......	......	......	...	...	...	...	...	...	...	......	...	......
423	402	......	1	......	......	......	......	......	......	......	......	......	...	...	...	...	...	...	...	......	...	......
382	142	3	26	......	......	......	......	......	......	......	......	......	...	...	...	...	...	...	...	......	...	......
469	482	3	4	......	......	......	......	......	......	......	......	......	...	...	...	...	...	...	...	......	...	......
481	462	2	......	......	......	......	......	......	......	......	......	......	...	...	...	...	...	...	...	......	...	......
370	333	......	......	......	......	......	......	......	......	......	......	......	...	...	...	...	...	...	...	......	...	......
164	173	......	4	......	......	......	......	......	......	......	......	......	...	...	...	...	...	...	...	......	...	......
491	499	5	5	......	......	......	......	......	......	......	......	......	...	...	...	...	...	...	...	......	...	......
450	432	7	2	......	......	......	......	......	......	......	......	......	...	...	...	...	...	...	...	......	...	......
474	491	33	4	......	......	......	......	......	......	......	......	......	...	...	...	...	...	...	...	......	...	......
429	435	1	3	......	......	......	......	......	......	......	......	......	...	...	...	...	...	...	...	......	...	......
6034	5810	67	54	1	2	1	1	......	4	1	....	1	1	...	1	...	1	...	...	......	...	......

PETERBOROUGH.

Total N° of Houses.	Families.	Houses vacant.	Houses building.	Church of England.	Church of Rome.	Church of Scotland.	Free Church of Scotland.	United Presbyterians.	Wesleyan Methodists.	Episcopal Methodists.	New Connection Methodists.	Other Methodists.	Baptists.	Lutherans.	Congregationalists.	Quakers.	Bible Christians.	Christians.	Disciples.	Menonists and Tunkers.	Universalists.	Other Places of Worship.
163	174	......	1	......	......	......	......	......	......	......	......	......	...	...	...	...	...	...	...	......	...	......
436	412	12	15	......	......	......	......	......	......	......	......	......	...	...	...	...	...	...	...	......	...	......
114	91	......	......	......	......	......	......	......	......	......	......	......	...	...	...	...	...	...	...	......	...	......
468	412	......	4	......	......	......	......	......	......	......	......	......	...	...	...	...	...	...	...	......	...	......
290	289	2	2	......	......	......	......	......	......	......	......	......	...	...	...	...	...	...	...	......	...	......
133	138	2	......	......	......	......	......	......	......	......	......	......	...	...	...	...	...	...	...	......	...	......
74	80	......	......	......	......	......	......	......	......	......	......	......	...	...	...	...	...	...	...	......	...	......
17	17	......	......	......	......	......	......	......	......	......	......	......	...	...	...	...	...	...	...	......	...	......
44	47	......	......	......	......	......	......	......	......	......	......	......	...	...	...	...	...	...	...	......	...	......
218	210	9	1	......	......	......	......	......	......	......	......	......	...	...	...	...	...	...	...	......	...	......
638	624	7	1	......	......	......	......	......	......	......	......	......	...	...	...	...	...	...	...	......	...	......
655	622	40	16	......	......	......	......	......	......	......	......	......	...	...	...	...	...	...	...	......	...	......
524	553	7	14	......	......	......	......	......	......	......	......	......	...	...	...	...	...	...	...	......	...	......
38	38	......	......	......	......	......	......	......	......	......	......	......	...	...	...	...	...	...	...	......	...	......
3812	3707	79	54	2	4	3	1	......	3	......	....	......	1	...	...	...	1	...	...	......	...	......

PRESCOTT.

No. 15.—Upper Canada—Return of Houses,

COUNTY OF

TOWNSHIPS, &c.	INHABITED HOUSES. Brick. 1 Story.	Brick. 2 Story.	Brick. 3 Story.	Total Brick.	Stone. 1 Story.	Stone. 2 Story.	Stone. 3 Story.	Total Stone.	Frame. 1 Story.	Frame. 2 Story.	Frame. 3 Story.	Total Frame.	Total Log Houses.
341. Ameliasburgh	4	5	1	10	12	13	......	25	227	156	2	385	139
342. Athol	3	2	......	5	1	1	......	2	89	102	......	191	83
343. Hallowell	9	11	1	21	5	5	......	10	116	277	......	393	98
344. Hillier	5	6	......	11	7	3	......	10	257	117	......	374	61
345. Marysburgh	6	......	......	6	10	3	......	13	308	66	......	374	178
346. Picton, Town of	19	55	5	79	10	13	2	25	93	107	3	203	2
347. Sophiasburgh	3	3	......	6	6	4	......	10	134	209	1	344	72
Total of Prince Edward	49	82	7	138	51	42	2	95	1224	1034	6	2264	633

COUNTY OF

TOWNSHIPS, &c.	Brick. 1 Story.	Brick. 2 Story.	Brick. 3 Story.	Total Brick.	Stone. 1 Story.	Stone. 2 Story.	Stone. 3 Story.	Total Stone.	Frame. 1 Story.	Frame. 2 Story.	Frame. 3 Story.	Total Frame.	Total Log Houses.
348. Admaston	......	......	......	......	......	......	......	......	......	......	......	......	269
349. Alice	......	......	......	......	......	......	......	......	......	......	......	......	46
350. Algona	......	......	......	......	......	......	......	......	......	......	......	......	64
351. Arnprior	......	......	......	......	......	1	......	1	37	7	......	44	38
352. Bagot and Brougham	......	......	......	......	......	......	......	......	......	2	......	2	221
353. Blithfield	......	......	......	......	......	......	......	......	......	......	......	......	14
354. Bromley	......	......	......	......	......	......	......	......	18	......	1	19	145
355. Brudenell, Raglan and Radcliffe	......	......	......	......	......	......	......	......	......	......	......	......	112
356. Grattan	......	......	......	......	1	......	......	1	11	2	......	13	153
357. Horton	......	......	......	......	6	2	......	8	10	......	......	10	149
358. McNab	......	......	......	......	1	2	......	3	18	1	......	19	265
359. Pembroke	1	......	......	1	......	1	......	1	10	3	......	13	58
360. Pembroke, Village	......	3	1	4	1	1	......	2	29	11	......	40	37
361. Pettawawa, Buchanan and McKay	......	......	......	......	......	......	......	......	4	......	......	4	33
362. Renfrew, Village	......	......	......	......	5	1	1	7	44	7	1	52	97
363. Rolph and Wylie	......	......	......	......	......	......	......	......	......	......	......	......	28
364. Ross	......	......	......	......	......	......	......	......	9	......	......	9	181
365. Sebastopol and Griffith	......	......	......	......	......	......	......	......	......	......	......	......	91
366. Stafford	......	......	......	......	......	......	......	......	1	2	......	3	80
367. Westmeath	......	......	......	......	1	1	......	2	38	1	......	39	223
368. Wilberforce	......	......	......	......	1	......	......	1	1	5	......	6	175
Total of Renfrew	1	3	1	5	16	9	1	26	230	41	2	273	2479

COUNTY OF

PLACES OF WORSHIP, &c., FOR 1860–61.

PRINCE EDWARD.

TOTALS.				PLACES OF WORSHIP.																		
Total Nº of Houses.	Families.	Houses vacant.	Houses building.	Church of England.	Church of Rome.	Church of Scotland.	Free Church of Scotland.	United Presbyterians.	Wesleyan Methodists.	Episcopal Methodists.	New Connection Methodists.	Other Methodists.	Baptists.	Lutherans.	Congregationalists.	Quakers.	Bible Christians.	Christians.	Disciples.	Menonists and Tunkers.	Universalists.	Other Places of Worship.
559	561	...	...	...	...	...	...	...	...	...	...	...	...	...	...	...	...	...	...	...	...	...
281	289	1	4	...	...	...	...	...	...	...	...	...	...	...	...	...	...	...	...	...	...	...
522	522	...	3	...	...	...	...	...	...	...	...	...	...	...	...	...	...	...	...	...	...	...
456	469	2	1	...	...	...	...	...	...	...	...	...	...	...	...	...	...	...	...	...	...	...
571	587	8	3	...	...	...	...	...	...	...	...	...	...	...	...	...	...	...	...	...	...	...
309	317	4	5	...	...	...	...	...	...	...	...	...	...	...	...	...	...	...	...	...	...	...
432	447	2	1	...	...	...	...	...	...	...	...	...	...	...	...	...	...	...	...	...	...	...
3130	3192	17	17	5	2	2	...	...	9	6	...	4	...	...	...	2	...	...	1	...	1	...

RENFREW.

Total Nº of Houses.	Families.	Houses vacant.	Houses building.	Church of England.	Church of Rome.	Church of Scotland.	Free Church of Scotland.	United Presbyterians.	Wesleyan Methodists.	Episcopal Methodists.	New Connection Methodists.	Other Methodists.	Baptists.	Lutherans.	Congregationalists.	Quakers.	Bible Christians.	Christians.	Disciples.	Menonists and Tunkers.	Universalists.	Other Places of Worship.
269	4	...	...	...	...	...	...	...	...	...	...	...	...	...	...	...	...	...	...	...	...	...
46	...	...	...	...	...	...	...	...	...	...	...	...	...	...	...	...	...	...	...	...	...	...
64	10	...	...	...	...	...	...	...	...	...	...	...	...	...	...	...	...	...	...	...	...	...
83	73	...	...	...	...	...	...	...	...	...	...	...	...	...	...	...	...	...	...	...	...	...
223	234	3	1	...	...	...	...	...	...	...	...	...	...	...	...	...	...	...	...	...	...	...
14	9	...	...	...	...	...	...	...	...	...	...	...	...	...	...	...	...	...	...	...	...	...
164	147	8	5	...	...	...	...	...	...	...	...	...	...	...	...	...	...	...	...	...	...	...
112	90	5	5	...	...	...	...	...	...	...	...	...	...	...	...	...	...	...	...	...	...	...
167	161	...	...	...	...	...	...	...	...	...	...	...	...	...	...	...	...	...	...	...	...	...
167	178	3	...	...	...	...	...	...	...	...	...	...	...	...	...	...	...	...	...	...	...	...
287	288	...	...	...	...	...	...	...	...	...	...	...	...	...	...	...	...	...	...	...	...	...
73	36	...	...	...	...	...	...	...	...	...	...	...	...	...	...	...	...	...	...	...	...	...
83	76	3	...	...	...	...	...	...	...	...	...	...	...	...	...	...	...	...	...	...	...	...
37	43	...	...	...	...	...	...	...	...	...	...	...	...	...	...	...	...	...	...	...	...	...
156	110	...	...	...	...	...	...	...	...	...	...	...	...	...	...	...	...	...	...	...	...	...
28	24	...	...	...	...	...	...	...	...	...	...	...	...	...	...	...	...	...	...	...	...	...
190	148	1	1	...	...	...	...	...	...	...	...	...	...	...	...	...	...	...	...	...	...	...
91	89	2	...	...	...	...	...	...	...	...	...	...	...	...	...	...	...	...	...	...	...	...
83	77	...	...	...	...	...	...	...	...	...	...	...	...	...	...	...	...	...	...	...	...	...
264	269	2	...	...	...	...	...	...	...	...	...	...	...	...	...	...	...	...	...	...	...	...
182	187	...	...	...	...	...	...	...	...	...	...	...	...	...	...	...	...	...	...	...	...	...
2783	2253	27	12	1	...	...	3	...	...	...	...	...	...	...	...	...	...	...	...	...	...	...

RUSSELL.

Total Nº of Houses.	Families.	Houses vacant.	Houses building.	Church of England.	Church of Rome.	Church of Scotland.	Free Church of Scotland.	United Presbyterians.	Wesleyan Methodists.	Episcopal Methodists.	New Connection Methodists.	Other Methodists.	Baptists.	Lutherans.	Congregationalists.	Quakers.	Bible Christians.	Christians.	Disciples.	Menonists and Tunkers.	Universalists.	Other Places of Worship.
85	85	...	...	...	...	...	...	...	...	...	...	...	...	...	...	...	...	...	...	...	...	...
239	239	...	...	...	...	...	...	...	...	...	...	...	...	...	...	...	...	...	...	...	...	...
337	337	...	...	...	...	...	...	...	...	...	...	...	...	...	...	...	...	...	...	...	...	...
261	261	...	...	...	...	...	...	...	...	...	...	...	...	...	...	...	...	...	...	...	...	...
922	922	...	...	1	1	...	3	...	2	...	...	...	1	...	...	...	...	...	...	...	...	...

No. 15.—Upper Canada—Return of Houses,

COUNTY OF

TOWNSHIPS, &c.	INHABITED HOUSES. Brick. 1 Story.	2 Story.	3 Story.	Total Brick.	Stone. 1 Story.	2 Story.	3 Story.	Total Stone.	Frame. 1 Story.	2 Story.	3 Story.	Total Frame.	Total Log Houses.
373. Adjala	.....	.....	.....	.....	.....	1	.....	1	72	18	.....	90	382
374. Barrie, Town of	4	7	1	12	.....	1	.....	1	167	101	.....	268	50
375. Bradford, Village	.....	4	.....	4	.....	.....	.....	.....	68	67	.....	135	1
376. Collingwood, Town of	.....	4	.....	4	.....	.....	.....	.....	132	83	3	218	20
377. Essa	4	3	.....	7	.....	.....	.....	.....	71	16	.....	87	357
378. Flos	.....	.....	.....	.....	.....	.....	.....	.....	32	.....	.....	32	103
379. Gwillimbury, West	36	18	.....	54	3	2	1	6	155	24	.....	179	287
380. Innisfil	4	4	.....	8	2	1	.....	3	194	25	.....	219	504
381. Medonte	.....	4	.....	4	.....	.....	.....	.....	9	5	.....	14	208
382. Mono	2	3	.....	5	17	13	.....	30	42	16	.....	58	497
383. Morrison and Muskoka	.....	.....	.....	.....	1	1	.....	2	1	.....	.....	1	73
384. Mulmer	.....	.....	.....	.....	2	1	.....	3	12	5	.....	17	266
385. Nottawasaga	.....	.....	.....	.....	.....	2	.....	2	112	21	2	135	438
386. Orillia and Matchedash	5	3	.....	8	1	1	.....	2	71	29	1	101	108
387. Oro	1	1	.....	2	.....	1	.....	1	73	13	.....	86	387
388. Sunnidale	.....	.....	.....	.....	.....	.....	.....	.....	35	6	.....	41	104
389. Tay and Tiny	4	1	.....	5	.....	.....	.....	.....	39	4	.....	43	235
390. Tecumseth	17	16	.....	33	2	2	.....	4	141	23	.....	164	477
391. Tossorontio	.....	4	.....	4	.....	.....	.....	.....	19	2	3	24	136
393. Vespra	1	.....	.....	1	.....	.....	.....	.....	36	5	.....	41	139
Total of Simcoe	78	72	1	151	28	26	1	55	1481	463	9	1953	4781

COUNTY OF

TOWNSHIPS, &c.	Brick. 1 Story.	2 Story.	3 Story.	Total Brick.	Stone. 1 Story.	2 Story.	3 Story.	Total Stone.	Frame. 1 Story.	2 Story.	3 Story.	Total Frame.	Total Log Houses.
394. Cornwall, Town of	5	46	5	56	.....	3	.....	3	61	140	2	203	18
395. Cornwall	29	19	.....	48	18	19	.....	37	231	76	.....	307	396
396. Finch	2	.....	.....	2	4	.....	.....	4	75	3	.....	78	235
397. Osnabruck	45	39	5	89	9	8	.....	17	328	110	2	440	267
398. Roxborough	1	.....	.....	1	.....	1	.....	1	38	2	.....	40	407
Total of Stormont	82	104	10	196	31	31	.....	62	733	331	4	1068	1323

COUNTY OF

TOWNSHIPS, &c.	Brick. 1 Story.	2 Story.	3 Story.	Total Brick.	Stone. 1 Story.	2 Story.	3 Story.	Total Stone.	Frame. 1 Story.	2 Story.	3 Story.	Total Frame.	Total Log Houses.
399. Anson	.....	.....	.....	.....	.....	.....	.....	.....	2	.....	.....	2	19
400. Bexley	.....	.....	.....	.....	.....	.....	.....	.....	2	.....	.....	2	15
401. Cardon	.....	.....	.....	.....	.....	.....	.....	.....	.....	.....	.....	.....	108
402. Dalton	.....	.....	.....	.....	.....	.....	.....	.....	.....	.....	.....	.....	15
403. Digby	.....	.....	.....	.....	.....	.....	.....	.....	.....	.....	.....	.....	9
404. Eldon	1	.....	1	2	.....	1	.....	1	28	2	.....	30	294
405. Emily	2	1	1	4	7	4	.....	11	66	26	.....	92	461
406. Fenelon	1	.....	.....	1	.....	.....	.....	.....	49	18	.....	67	248
407. Hindon	.....	.....	.....	.....	.....	.....	.....	.....	.....	.....	.....	.....	1
408. Laxton	.....	.....	.....	.....	.....	.....	.....	.....	.....	.....	.....	.....	73
409. Lindsay, Town of	2	6	8	16	.....	2	.....	2	127	93	.....	220	62
410. Lutterworth	.....	.....	.....	.....	.....	.....	.....	.....	.....	.....	.....	.....	29
411. Macauley and Draper	.....	.....	.....	.....	.....	.....	.....	.....	.....	.....	.....	.....	2
412. Mariposa	.....	2	.....	2	8	2	.....	10	187	5	.....	192	593
413. Ops	2	1	.....	3	7	3	.....	10	44	17	.....	61	374
414. Somerville	.....	.....	.....	.....	.....	.....	.....	.....	2	.....	.....	2	63
415. Verulam	.....	.....	.....	.....	3	.....	.....	3	18	2	.....	20	159
Total of Victoria	8	10	10	28	25	12	.....	37	525	163	.....	688	2524

Places of Worship, &c., for 1860-61.

SIMCOE.

Total N° of Houses.	Families.	Houses vacant.	Houses building.	Church of England.	Church of Rome.	Church of Scotland.	Free Church of Scotland.	United Presbyterians.	Wesleyan Methodists.	Episcopal Methodists.	New Connection Methodists.	Other Methodists.	Baptists.	Lutherans.	Congregationalists.	Quakers.	Bible Christians.	Christians.	Disciples.	Menonists and Tunkers.	Universalists.	Other Places of Worship.
TOTALS.				PLACES OF WORSHIP.																		
473	451	5	5	...	...	...	...	...	...	...	...	...	...	...	...	...	...	...	...	...	...	...
331	352	18	2	...	...	...	...	...	...	...	...	...	...	...	...	...	...	...	...	...	...	...
140	134	17	...	...	...	...	...	...	...	...	...	...	...	...	...	...	...	...	...	...	...	...
251	212	6	2	...	...	...	...	...	...	...	...	...	...	...	...	...	...	...	...	...	...	...
451	428	...	1	...	...	...	...	...	...	...	...	...	...	...	...	...	...	...	...	...	...	...
135	142	...	...	...	...	...	...	...	...	...	...	...	...	...	...	...	...	...	...	...	...	...
526	548	10	2	...	...	...	...	...	...	...	...	...	...	...	...	...	...	...	...	...	...	...
734	736	1	...	...	...	...	...	...	...	...	...	...	...	...	...	...	...	...	...	...	...	...
226	231	10	1	...	...	...	...	...	...	...	...	...	...	...	...	...	...	...	...	...	...	...
590	590	9	3	...	...	...	...	...	...	...	...	...	...	...	...	...	...	...	...	...	...	...
76	79	...	...	...	...	...	...	...	...	...	...	...	...	...	...	...	...	...	...	...	...	...
286	302	1	...	...	...	...	...	...	...	...	...	...	...	...	...	...	...	...	...	...	...	...
575	589	5	1	...	...	...	...	...	...	...	...	...	...	...	...	...	...	...	...	...	...	...
219	213	3	1	...	...	...	...	...	...	...	...	...	...	...	...	...	...	...	...	...	...	...
476	504	1	2	...	...	...	...	...	...	...	...	...	...	...	...	...	...	...	...	...	...	...
145	140	4	...	...	...	...	...	...	...	...	...	...	...	...	...	...	...	...	...	...	...	...
283	292	1	...	...	...	...	...	...	...	...	...	...	...	...	...	...	...	...	...	...	...	...
678	712	9	1	...	...	...	...	...	...	...	...	...	...	...	...	...	...	...	...	...	...	...
164	147	...	...	...	...	...	...	...	...	...	...	...	...	...	...	...	...	...	...	...	...	...
181	185	...	...	...	...	...	...	...	...	...	...	...	...	...	...	...	...	...	...	...	...	...
6940	6987	100	21	6	5	3	1	2	9	...	...	6	1	...	1	1	...	...	...	...	...	...

STORMONT.

Total N° of Houses.	Families.	Houses vacant.	Houses building.	Church of England.	Church of Rome.	Church of Scotland.	Free Church of Scotland.	United Presbyterians.	Wesleyan Methodists.	Episcopal Methodists.	New Connection Methodists.	Other Methodists.	Baptists.	Lutherans.	Congregationalists.	Quakers.	Bible Christians.	Christians.	Disciples.	Menonists and Tunkers.	Universalists.	Other Places of Worship.
280	289	22	3	...	...	...	...	...	...	...	...	...	...	...	...	...	...	...	...	...	...	...
788	791	6	2	...	...	...	...	...	...	...	...	...	...	...	...	...	...	...	...	...	...	...
319	319	...	...	...	...	...	...	...	...	...	...	...	...	...	...	...	...	...	...	...	...	...
813	831	10	1	...	...	...	...	...	...	...	...	...	...	...	...	...	...	...	...	...	...	...
449	457	6	...	...	...	...	...	...	...	...	...	...	...	...	...	...	...	...	...	...	...	...
2649	2687	44	6	4	3	4	4	...	4	2	...	...	1	...	1	...	...	...	...	...	...	...

VICTORIA.

Total N° of Houses.	Families.	Houses vacant.	Houses building.	Church of England.	Church of Rome.	Church of Scotland.	Free Church of Scotland.	United Presbyterians.	Wesleyan Methodists.	Episcopal Methodists.	New Connection Methodists.	Other Methodists.	Baptists.	Lutherans.	Congregationalists.	Quakers.	Bible Christians.	Christians.	Disciples.	Menonists and Tunkers.	Universalists.	Other Places of Worship.
20	20	1	2	...	...	...	...	...	...	...	...	...	...	...	...	...	...	...	...	...	...	...
17	17	...	...	...	...	...	...	...	...	...	...	...	...	...	...	...	...	...	...	...	...	...
108	75	...	...	...	...	...	...	...	...	...	...	...	...	...	...	...	...	...	...	...	...	...
15	12	...	...	...	...	...	...	...	...	...	...	...	...	...	...	...	...	...	...	...	...	...
9	9	...	...	...	...	...	...	...	...	...	...	...	...	...	...	...	...	...	...	...	...	...
327	321	...	1	...	...	...	...	...	...	...	...	...	...	...	...	...	...	...	...	...	...	...
568	459	7	11	...	...	...	...	...	...	...	...	...	...	...	...	...	...	...	...	...	...	...
316	297	1	...	...	...	...	...	...	...	...	...	...	...	...	...	...	...	...	...	...	...	...
1	...	...	...	...	...	...	...	...	...	...	...	...	...	...	...	...	...	...	...	...	...	...
73	73	...	...	...	...	...	...	...	...	...	...	...	...	...	...	...	...	...	...	...	...	...
300	329	10	3	...	...	...	...	...	...	...	...	...	...	...	...	...	...	...	...	...	...	...
29	30	...	...	...	...	...	...	...	...	...	...	...	...	...	...	...	...	...	...	...	...	...
2	2	...	...	...	...	...	...	...	...	...	...	...	...	...	...	...	...	...	...	...	...	...
797	761	12	2	...	...	...	...	...	...	...	...	...	...	...	...	...	...	...	...	...	...	...
448	460	9	5	...	...	...	...	...	...	...	...	...	...	...	...	...	...	...	...	...	...	...
65	67	1	...	...	...	...	...	...	...	...	...	...	...	...	...	...	...	...	...	...	...	...
182	191	1	2	...	...	...	...	...	...	...	...	...	...	...	...	...	...	...	...	...	...	...
3277	3117	42	26	2	2	...	...	...	1	...	...	1	1	...	...	...	1	...	...	...	...	...

No. 15.—Upper Canada—Return of Houses,

COUNTY OF [Waterloo]

TOWNSHIPS, &c.	INHABITED HOUSES.													
	BRICK.			Total Brick.	STONE.			Total Stone.	FRAME.			Total Frame.	Total Log Houses.
	1 Story.	2 Story.	3 Story.		1 Story.	2 Story.	3 Story.		1 Story.	2 Story.	3 Story.		
416. Berlin, Village	37	42	6	85	......	......	......	......	135	80	2	217	18
417. Dumfries, North	14	10	2	26	63	42	3	108	237	138	5	380	178
418. Galt, Town of	1	3	......	4	46	58	13	117	286	94	1	381	10
419. Hamburg, Village	22	10	2	34	......	......	......	......	59	25	......	84	31
420. Hespeler, Village	1	......	......	1	5	9	......	14	28	20	......	48	41
421. Preston, Village	10	14	......	24	10	25	2	37	71	70	2	143	27
422. Waterloo, Village	25	46	13	84	1	......	......	1	51	52	1	104	9
423. Waterloo, North	27	39	......	66	6	15	......	21	56	93	......	149	109
424. Waterloo, South	13	52	1	66	21	51	......	72	109	179	......	288	474
425. Wellesley	10	34	......	44	4	15	......	19	97	68	......	165	709
426. Wilmot	21	41	1	63	17	51	4	72	170	190	1	361	295
427. Woolwich	28	79	4	111	19	30	3	52	87	80	......	167	512
Total of Waterloo	209	370	29	608	192	296	25	513	1386	1089	12	2487	2413

COUNTY OF [Welland]

TOWNSHIPS, &c.	Brick 1 Story.	Brick 2 Story.	Brick 3 Story.	Total Brick.	Stone 1 Story.	Stone 2 Story.	Stone 3 Story.	Total Stone.	Frame 1 Story.	Frame 2 Story.	Frame 3 Story.	Total Frame.	Total Log Houses.
428. Bertie	9	3	......	12	2	1	......	3	257	22	......	279	135
429. Chippawa, Village	3	18	1	22	......	1	......	1	94	83	......	177	1
430. Clifton, Village	3	17	7	27	3	2	4	9	104	39	2	145	......
431. Crowland	20	......	......	20	1	......	......	1	157	7	......	164	48
432. Fort Erie, Village	1	3	......	4	1	......	......	1	90	12	......	102	10
433. Humberstone	8	2	......	10	1	......	3	4	277	27	1	305	180
434. Pelham	20	6	......	26	2	......	......	2	335	23	......	358	72
435. Stamford	34	15	......	49	5	4	......	9	381	57	......	438	21
436. Thorald	31	10	1	42	8	5	......	13	186	45	1	232	58
437. Thorald, Village	5	15	2	22	9	6	......	15	161	58	......	219	14
438. Wainfleet	12	2	......	14	1	2	......	3	182	10	......	192	132
439. Welland, Village	5	2	......	7	1	......	1	2	102	9	......	111	......
440. Willoughby	......	......	......	......	1	1	......	2	152	5	......	157	95
Total of Welland	151	93	11	255	35	22	8	65	2478	397	4	2879	766

COUNTY OF [Wellington]

TOWNSHIPS, &c.	Brick 1 Story.	Brick 2 Story.	Brick 3 Story.	Total Brick.	Stone 1 Story.	Stone 2 Story.	Stone 3 Story.	Total Stone.	Frame 1 Story.	Frame 2 Story.	Frame 3 Story.	Total Frame.	Total Log Houses.
441. Amaranth	1	......	......	1	......	1	......	1	5	1	......	6	189
442. Arthur	4	......	......	4	......	......	......	......	71	8	......	79	372
443. Elora	15	9	......	24	10	10	1	21	66	3	......	69	40
444. Eramosa	4	3	......	7	47	21	......	68	122	9	......	131	308
445. Erin	5	3	......	8	8	2	......	10	214	53	......	267	488
446. Fergus	14	3	1	18	48	34	2	84	68	2	......	70	17
447. Garafraxa	3	6	......	9	6	8	3	17	71	34	1	106	572
448. Guelph	4	9	......	13	34	31	......	65	61	49	......	110	300
449. Guelph, Town of	21	23	3	47	62	136	49	247	335	141	4	480	69
450. Luther	......	......	......	......	......	......	......	......	2	......	......	2	132
451. Maryborough	1	......	......	1	......	......	1	1	68	12	2	82	335
452. Minto	......	......	......	......	......	......	......	......	33	5	......	38	326
453. Nichol	24	11	......	35	41	13	......	54	83	5	......	88	211
454. Peel	2	1	......	3	1	......	......	1	96	12	......	108	631
455. Pilkington	9	1	......	10	8	5	......	13	48	1	......	49	271
456. Puslinch	1	1	......	2	39	17	3	59	115	24	1	140	525
Total of Wellington	108	70	4	182	304	278	59	641	1488	329	8	1825	4786

PLACES OF WORSHIP, &c., FOR 1860–61.

WATERLOO.

TOTALS.				PLACES OF WORSHIP.																		
Total N° of Houses.	Families.	Houses vacant.	Houses building.	Church of England.	Church of Rome.	Church of Scotland.	Free Church of Scotland.	United Presbyterians.	Wesleyan Metho-lists.	Episcopal Methodists.	New Connection Methodists.	Other Methodists.	Baptists.	Lutherans.	Congregationalists.	Quakers.	Bible Christians.	Christians.	Disciples.	Menonists and Tunkers.	Universalists.	Other Places of Worship.
320	321	2	1	...	...	...	...	...	...	...	...	...	...	...	...	...	...	...	...	...	...	...
692	697	4	6	...	...	...	...	...	...	...	...	...	...	...	...	...	...	...	...	...	...	...
512	539	6	3	...	...	...	...	...	...	...	...	...	...	...	...	...	...	...	...	...	...	...
149	151	2	1	...	...	...	...	...	...	...	...	...	...	...	...	...	...	...	...	...	...	...
104	104	...	...	...	...	...	...	...	...	...	...	...	...	...	...	...	...	...	...	...	...	...
231	231	...	...	...	...	...	...	...	...	...	...	...	...	...	...	...	...	...	...	...	...	...
198	199	...	...	...	...	...	...	...	...	...	...	...	...	...	...	...	...	...	...	...	...	...
345	345	...	...	...	...	...	...	...	...	...	...	...	...	...	...	...	...	...	...	...	...	...
900	900	...	...	...	...	...	...	...	...	...	...	...	...	...	...	...	...	...	...	...	...	...
937	950	8	3	...	...	...	...	...	...	...	...	...	...	...	...	...	...	...	...	...	...	...
791	848	9	6	...	...	...	...	...	...	...	...	...	...	...	...	...	...	...	...	...	...	...
842	867	4	7	...	...	...	...	...	...	...	...	...	...	...	...	...	...	...	...	...	...	...
6021	6152	35	27	5	9	2	3	5	9	...	...	18	5	9	...	...	...	...	...	...	...	...

WELLAND.

Total N° of Houses.	Families.	Houses vacant.	Houses building.	Church of England.	Church of Rome.	Church of Scotland.	Free Church of Scotland.	United Presbyterians.	Wesleyan Metho-lists.	Episcopal Methodists.	New Connection Methodists.	Other Methodists.	Baptists.	Lutherans.	Congregationalists.	Quakers.	Bible Christians.	Christians.	Disciples.	Menonists and Tunkers.	Universalists.	Other Places of Worship.
429	447	2	1	...	...	...	...	...	...	...	...	...	...	...	...	...	...	...	...	...	...	...
201	196	16	1	...	...	...	...	...	...	...	...	...	...	...	...	...	...	...	...	...	...	...
181	264	...	...	...	...	...	...	...	...	...	...	...	...	...	...	...	...	...	...	...	...	...
233	234	4	...	...	...	...	...	...	...	...	...	...	...	...	...	...	...	...	...	...	...	...
117	131	...	...	...	...	...	...	...	...	...	...	...	...	...	...	...	...	...	...	...	...	...
490	541	5	3	...	...	...	...	...	...	...	...	...	...	...	...	...	...	...	...	...	...	...
458	450	17	1	...	...	...	...	...	...	...	...	...	...	...	...	...	...	...	...	...	...	...
517	552	11	1	...	...	...	...	...	...	...	...	...	...	...	...	...	...	...	...	...	...	...
345	502	...	...	...	...	...	...	...	...	...	...	...	...	...	...	...	...	...	...	...	...	...
270	270	...	...	...	...	...	...	...	...	...	...	...	...	...	...	...	...	...	...	...	...	...
341	314	3	1	...	...	...	...	...	...	...	...	...	...	...	...	...	...	...	...	...	...	...
120	130	...	...	...	...	...	...	...	...	...	...	...	...	...	...	...	...	...	...	...	...	...
254	249	9	...	...	...	...	...	...	...	...	...	...	...	...	...	...	...	...	...	...	...	...
3965	4281	67	8	4	5	1	1	...	5	6	...	...	1	2	...	...	...	...	1	1	...	1

WELLINGTON.

Total N° of Houses.	Families.	Houses vacant.	Houses building.	Church of England.	Church of Rome.	Church of Scotland.	Free Church of Scotland.	United Presbyterians.	Wesleyan Metho-lists.	Episcopal Methodists.	New Connection Methodists.	Other Methodists.	Baptists.	Lutherans.	Congregationalists.	Quakers.	Bible Christians.	Christians.	Disciples.	Menonists and Tunkers.	Universalists.	Other Places of Worship.
197	197	...	...	...	...	...	...	...	...	...	...	...	...	...	...	...	...	...	...	...	...	...
455	468	10	3	...	...	...	...	...	...	...	...	...	...	...	...	...	...	...	...	...	...	...
154	147	...	...	...	...	...	...	...	...	...	...	...	...	...	...	...	...	...	...	...	...	...
514	520	8	...	...	...	...	...	...	...	...	...	...	...	...	...	...	...	...	...	...	...	...
773	632	20	17	...	...	...	...	...	...	...	...	...	...	...	...	...	...	...	...	...	...	...
169	223	4	...	...	...	...	...	...	...	...	...	...	...	...	...	...	...	...	...	...	...	...
704	569	...	...	...	...	...	...	...	...	...	...	...	...	...	...	...	...	...	...	...	...	...
488	444	...	2	...	...	...	...	...	...	...	...	...	...	...	...	...	...	...	...	...	...	...
843	798	17	...	...	...	...	...	...	...	...	...	...	...	...	...	...	...	...	...	...	...	...
134	134	...	...	...	...	...	...	...	...	...	...	...	...	...	...	...	...	...	...	...	...	...
419	173	1	1	...	...	...	...	...	...	...	...	...	...	...	...	...	...	...	...	...	...	...
364	379	...	7	...	...	...	...	...	...	...	...	...	...	...	...	...	...	...	...	...	...	...
338	404	...	...	...	...	...	...	...	...	...	...	...	...	...	...	...	...	...	...	...	...	...
743	698	6	1	...	...	...	...	...	...	...	...	...	...	...	...	...	...	...	...	...	...	...
343	360	2	2	...	...	...	...	...	...	...	...	...	...	...	...	...	...	...	...	...	...	...
726	739	16	...	...	...	...	...	...	...	...	...	...	...	...	...	...	...	...	...	...	...	...
7434	6894	84	33	4	3	1	1	...	1	1	...	...	...	...	...	...	...	...	...	...	...	...

No. 15.—Upper Canada—Return of Houses,

COUNTY OF

TOWNSHIPS, &c.	INHABITED HOUSES.												
	BRICK.				STONE.				FRAME.				
	1 Story.	2 Story.	3 Story.	Total Brick.	1 Story.	2 Story.	3 Story.	Total Stone.	1 Story.	2 Story.	3 Story.	Total Frame.	Total Log Houses.
457. Ancaster	27	32	......	59	15	24	2	41	268	283	3	554	174
458. Barton	24	6	1	31	17	18	3	38	306	66	2	374	33
459. Binbrook	5	2	......	7	......	......	......	......	138	57	......	195	131
460. Beverley	8	16	......	24	23	21	1	45	368	141	......	509	455
461. Dundas, Town of	38	61	7	106	16	18	......	34	166	180	......	346	17
462. Flamboro, East	8	10	......	18	22	15	1	38	158	127	2	287	166
463. Flamboro, West	11	7	1	19	14	10	1	25	230	133	......	363	251
464. Glanford	8	14	......	22	6	1	......	7	123	122	......	245	88
465. Saltfleet	11	8	1	20	3	4	......	7	179	179	1	359	80
Total of Wentworth	140	156	10	306	116	111	8	235	1936	1288	8	3232	1395

COUNTY OF

TOWNSHIPS, &c.	Brick 1 Story.	Brick 2 Story.	Brick 3 Story.	Total Brick.	Stone 1 Story.	Stone 2 Story.	Stone 3 Story.	Total Stone.	Frame 1 Story.	Frame 2 Story.	Frame 3 Story.	Total Frame.	Total Log Houses.
466. Etobicoke	10	29	1	40	12	13	2	27	306	41	......	347	107
467. Georgina	1	2	......	3	1	1	......	2	58	12	......	70	169
468. Gwillimbury, East	......	19	......	19	......	2	......	2	186	225	......	411	207
469. Gwillimbury, North	1	......	......	1	2	1	......	3	76	5	......	81	227
470. Holland Landing, Village	1	12	1	14	......	1	......	1	80	26	......	106	9
471. King	45	23	......	68	16	6	......	22	499	29	......	528	680
472. Markham	156	45	......	201	35	9	......	44	955	85	......	1040	219
473. Scarborough	46	53	3	102	16	14	......	33	465	31	......	496	199
474. Vaughan	49	24	......	73	15	4	......	19	602	57	......	659	542
475. Whitchurch	31	30	1	62	9	3	......	12	713	42	......	755	302
476. York	125	78	4	207	5	6	3	14	974	97	......	1071	418
477. Yorkville, Town of	27	42	12	81	......	......	......	......	122	32	......	154	19
Total of York	492	357	22	871	111	60	5	176	5036	682	......	5718	3098

DISTRICT OF

TOWNSHIPS, &c.	Brick 1 Story.	Brick 2 Story.	Brick 3 Story.	Total Brick.	Stone 1 Story.	Stone 2 Story.	Stone 3 Story.	Total Stone.	Frame 1 Story.	Frame 2 Story.	Frame 3 Story.	Total Frame.	Total Log Houses.
478. Algoma, District 479. Sault Ste. Marie, Village	......	......	......	......	1	3	......	4	27	29	......	56	489

DISTRICT OF

TOWNSHIPS, &c.	Brick 1 Story.	Brick 2 Story.	Brick 3 Story.	Total Brick.	Stone 1 Story.	Stone 2 Story.	Stone 3 Story.	Total Stone.	Frame 1 Story.	Frame 2 Story.	Frame 3 Story.	Total Frame.	Total Log Houses.
480. Nipissing	......	......	......	......	......	......	......	......	......	......	......	......	132

PLACES OF WORSHIP, &c., FOR 1860–61.

WENTWORTH.

TOTALS.				PLACES OF WORSHIP.																		
Total N° of Houses.	Families.	Houses vacant.	Houses building.	Church of England.	Church of Rome.	Church of Scotland.	Free Church of Scotland.	United Presbyterians.	Wesleyan Methodists.	Episcopal Methodists.	New Connection Methodists.	Other Methodists.	Baptists.	Lutherans.	Congregationalists.	Quakers.	Bible Christians.	Christians.	Disciples.	Menonists and Tunkers.	Universalists.	Other Places of Worship.
828	837	14	3	...	...	...	...	...	...	...	...	...	...	...	...	...	...	...	...	...	...	...
476	476	3	2	...	...	...	...	...	...	...	...	...	...	...	...	...	...	...	...	...	...	...
333	333	4	2	...	...	...	...	...	...	...	...	...	...	...	...	...	...	...	...	...	...	...
1033	1039	8	2	...	...	...	...	...	...	...	...	...	...	...	...	...	...	...	...	...	...	...
503	517	10	4	...	...	...	...	...	...	...	...	...	...	...	...	...	...	...	...	...	...	...
509	513	1	1	...	...	...	...	...	...	...	...	...	...	...	...	...	...	...	...	...	...	...
658	658	...	...	...	...	...	...	...	...	...	...	...	...	...	...	...	...	...	...	...	...	...
362	364	...	...	...	...	...	...	...	...	...	...	...	...	...	...	...	...	...	...	...	...	...
466	466	4	2	...	...	...	...	...	...	...	...	...	...	...	...	...	...	...	...	...	...	...
5168	5203	44	16	9	3	6	7	4	19	7	1	9	6	...	...	...	...	...	...	...	...	...

YORK.

Total N° of Houses.	Families.	Houses vacant.	Houses building.	Church of England.	Church of Rome.	Church of Scotland.	Free Church of Scotland.	United Presbyterians.	Wesleyan Methodists.	Episcopal Methodists.	New Connection Methodists.	Other Methodists.	Baptists.	Lutherans.	Congregationalists.	Quakers.	Bible Christians.	Christians.	Disciples.	Menonists and Tunkers.	Universalists.	Other Places of Worship.
521	533	24	...	...	...	...	...	...	...	...	...	...	...	...	...	...	...	...	...	...	...	...
244	241	1	1	...	...	...	...	...	...	...	...	...	...	...	...	...	...	...	...	...	...	...
639	619	3	1	...	...	...	...	...	...	...	...	...	...	...	...	...	...	...	...	...	...	...
312	319	1	...	...	...	...	...	...	...	...	...	...	...	...	...	...	...	...	...	...	...	...
220	134	17	...	...	...	...	...	...	...	...	...	...	...	...	...	...	...	...	...	...	...	...
1298	1290	29	6	...	...	...	...	...	...	...	...	...	...	...	...	...	...	...	...	...	...	...
1504	1560	52	5	...	...	...	...	...	...	...	...	...	...	...	...	...	...	...	...	...	...	...
830	862	18	4	...	...	...	...	...	...	...	...	...	...	...	...	...	...	...	...	...	...	...
1293	1358	28	4	...	...	...	...	...	...	...	...	...	...	...	...	...	...	...	...	...	...	...
1131	1068	43	9	...	...	...	...	...	...	...	...	...	...	...	...	...	...	...	...	...	...	...
1710	1733	124	26	...	...	...	...	...	...	...	...	...	...	...	...	...	...	...	...	...	...	...
254	227	3	1	...	...	...	...	...	...	...	...	...	...	...	...	...	...	...	...	...	...	...
9863	9944	343	57	9	3	4	4	...	5	...	...	4	...	1	2	...	2	1	...	3	...	...

ALGOMA.

Total N° of Houses.	Families.	Houses vacant.	Houses building.	Church of England.	Church of Rome.	Church of Scotland.	Free Church of Scotland.	United Presbyterians.	Wesleyan Methodists.	Episcopal Methodists.	New Connection Methodists.	Other Methodists.	Baptists.	Lutherans.	Congregationalists.	Quakers.	Bible Christians.	Christians.	Disciples.	Menonists and Tunkers.	Universalists.	Other Places of Worship.
549	549	...	...	...	...	...	...	...	...	...	...	...	...	...	...	...	...	...	...	...	...	...

NIPISSING.

Total N° of Houses.	Families.	Houses vacant.	Houses building.	Church of England.	Church of Rome.	Church of Scotland.	Free Church of Scotland.	United Presbyterians.	Wesleyan Methodists.	Episcopal Methodists.	New Connection Methodists.	Other Methodists.	Baptists.	Lutherans.	Congregationalists.	Quakers.	Bible Christians.	Christians.	Disciples.	Menonists and Tunkers.	Universalists.	Other Places of Worship.
132	128	...	...	...	...	...	...	...	...	...	...	...	...	...	...	...	...	...	...	...	...	...

No. 15.—Upper Canada—Return of Houses,

CITY OF

WARDS, &c.	INHABITED HOUSES.													
	BRICK.				STONE.				FRAME.					
	1 Story.	2 Story.	3 Story.	Total Brick.	1 Story.	2 Story.	3 Story.	Total Stone.	1 Story.	2 Story.	3 Story.	Total Frame.	Total Log Houses.
1. St. Andrew's Ward	27	90	25	142	9	21	25	55	240	163	2	405	....
2. St. George's Ward	48	75	32	155	14	65	46	125	191	97	2	290	....
3. St. Lawrence Ward	49	76	35	160	16	28	9	53	447	152	2	601	....
4. St. Mary's Ward	70	88	56	214	13	32	10	55	335	191	3	529	....
5. St. Patrick's Ward	44	46	28	118	8	19	7	34	202	132	1	335	....
Total of Hamilton	238	375	176	789	60	165	97	322	1415	735	10	2160	....
CITY OF													
6. Cataraqui Ward	6	17	......	23	19	33	39	91	120	99	13	232	....
7. Frontenac Ward	3	9	3	15	18	37	10	65	190	113	3	306	....
8. Ontario Ward	......	33	8	41	1	47	29	77	98	66	1	165	....
9. Rideau Ward	9	28	5	42	7	30	2	39	178	128	1	307	....
10. St. Lawrence Ward	5	16	8	29	13	37	26	76	32	26	......	58	....
11. Sydenham Ward	8	42	5	55	15	74	11	100	101	55	1	157	....
12. Victoria Ward	6	17	4	27	9	17	2	28	164	77	1	242	....
13. Asylum, Nunnery, &c.	......	......	......	......	......	2	4	6	1	......	......	1	....
Total of Kingston	37	162	33	232	82	277	123	482	884	564	20	1468	....
CITY OF													
14. Ward No. 1	31	42	48	121	2	2	2	6	151	54	6	211	....
15. Ward No. 2	29	63	43	135	......	......	1	1	149	33	5	187	....
16. Ward No. 3	54	47	30	131	......	......	......	......	286	84	2	372	....
17. Ward No. 4	10	17	20	47	......	1	......	1	47	22	......	69	....
18. Ward No. 5	44	25	12	81	......	......	......	......	230	28	......	258	....
19. Ward No. 6	22	16	3	41	......	......	......	......	116	9	......	125	....
20. Ward No. 7	31	7	1	39	......	......	1	1	146	18	......	164	....
Total of London	221	217	157	695	2	3	4	9	1125	248	13	1386	....
CITY OF													
21. By Ward	......	4	11	15	......	3	5	8	492	69	1	562	....
22. Ottawa Ward	1	......	......	1	......	2	3	5	427	51	1	479	....
23. St. George's Ward	......	10	2	12	8	6	16	30	198	129	10	337	....
24. Victoria Ward	1	......	......	1	17	33	14	64	179	70	2	251	....
25. Wellington Ward	5	2	7	14	12	38	23	73	161	86	5	252	....
Total of Ottawa	7	16	20	43	37	82	61	180	1457	405	19	1881	....
CITY OF													
27. St. Andrew's Ward	39	120	71	230	1	......	1	2	317	454	17	788	....
28. St. David's Ward	27	139	54	220	3	2	......	5	741	551	20	1312	....
29. St. George's Ward	23	102	406	531	......	1	6	7	298	244	11	553	....
30. St. Jame's Ward	26	283	172	481	1	1	1	3	307	581	18	906	....
31. St. John's Ward	22	82	37	141	3	......	6	9	800	590	12	1402	....
32. St. Lawrence Ward	8	52	300	360	......	......	6	6	180	128	4	312	....
33. St. Patrick's Ward	7	55	18	80	3	......	......	3	706	274	2	982	....
34. Religious, Collegiate, and other Public Institutions	2	2	8	12	2	......	......	2	8	2	1	11	....
Total of Toronto	154	835	1066	2055	13	4	20	37	3357	2824	85	6266	....

PLACES OF WORSHIP, &c., FOR 1860–61.

TOTALS.				PLACES OF WORSHIP.																		
Total N° of Houses.	Families.	Houses vacant.	Houses building.	Church of England.	Church of Rome.	Church of Scotland.	Free Church of Scotland.	United Presbyterians.	Wesleyan Methodists.	Episcopal Methodists.	New Connection Methodists.	Other Methodists.	Baptists.	Lutherans.	Congregationalists.	Quakers.	Bible Christians.	Christians.	Disciples.	Menonists and Tunkers.	Universalists.	Other Places of Worship.
HAMILTON.																						
602	519																					
570	567	2																				
814	798	5	3																			
798	848	5																				
487	600	79	8																			
3271	3332	91	11						1													
KINGSTON.																						
346	559	3																				
386	381																					
283	216	3																				
388	413	3																				
163	190	3																				
312	299	4																				
297	304	2																				
7	2																					
2182	2364	18		2	1	1	1		2	1			1		2							
LONDON.																						
338	328	2																				
323	350	1																				
503	504																					
117	116	2	1																			
330	328	2																				
166	173	1																				
204	206	2																				
2090	2005	10	1	2	1	1			1	1			1		1							
OTTAWA.																						
585	706																					
485	579																					
379	426																					
316	368																					
339	385	4																				
2104	2464	4		2	3	1	1		1	1			1		1							
TORONTO.																						
1120	1118		2																			
1537	1436	3																				
1091	1034	13																				
1390	1407	1																				
1552	1633																					
678	681	5																				
1065	1161																					
25	9		1																			
8438	8479	22	3	5	3	1	1	1	1													

GENERAL ABSTRACT OF RETURN OF HOUSES,

COUNTIES, &c.	INHABITED HOUSES.												
	BRICK.				STONE.				FRAME.				
	1 Story.	2 Story.	3 Story.	Total Brick.	1 Story.	2 Story.	3 Story.	Total Stone.	1 Story.	2 Story.	3 Story.	Total Frame.	Total Log Houses.
1. Brant	230	163	61	454	64	14	3	81	2273	333	30	2636	1111
2. Bruce	4	8	......	12	2	3	......	5	442	216	......	658	3940
3. Carleton	5	2	......	7	72	63	7	142	360	75	5	449	3615
4. Dundas	44	21	3	68	127	25	......	152	1015	27	......	1042	1353
5. Durham	252	256	134	642	68	19	......	87	3377	455	14	3846	1999
6. Elgin	118	103	12	233	1	3	......	4	2992	253	......	3245	1334
7. Essex	59	72	7	138	13	11	1	25	1212	315	2	1529	2398
8. Frontenac	17	32	......	49	244	185	6	435	1052	230	......	1282	2553
9. Glengary	63	17	......	80	65	7	......	72	443	28	......	471	2289
10. Grenville	23	21	9	53	474	205	1	680	980	104	2	1092	1959
11. Grey	18	15	5	38	37	21	6	64	707	181	16	904	5174
12. Haldimand	97	69	12	178	19	19	......	38	1856	272	4	2132	1488
13. Halton	101	187	6	294	50	85	4	139	956	1298	1	2255	956
14. Hastings	109	116	20	245	202	81	18	301	3015	345	2	3362	2899
15. Huron	220	93	11	324	29	25	1	55	1319	231	2	1552	6338
16. Kent	120	49	4	173	2	......	......	2	1944	311	3	2258	2754
17. Lambton	26	35	8	69	2	......	1	3	1008	265	3	1276	2839
18. Lanark	11	6	1	18	347	99	4	450	666	93	.....	759	3749
19. Leeds	89	67	10	166	427	111	16	554	1995	160	11	2166	2422
20. Lennox and Addington	49	22	5	76	86	18	......	104	2010	159	......	2169	1443
21. Lincoln	114	215	40	369	19	48	5	72	2011	1353	9	3373	800
22. Middlesex	374	186	11	571	64	8	2	74	808	199	1	1008	5814
23. Norfolk	52	152	7	211	3	8	......	11	2135	1263	1	3399	844
24. Northumberland	137	104	44	285	80	16	2	98	3544	232	6	3782	2441
25. Ontario	181	113	18	312	126	21	1	148	3382	380	2	3764	2509
26. Oxford	308	158	43	509	89	34	......	123	3790	408	5	4203	2698
27. Peel	164	189	7	360	72	55	......	127	1400	448	10	1858	1932
28. Perth	96	92	13	201	128	54	4	186	843	308	......	1151	4490
29. Peterborough	56	45	23	124	79	31	4	114	1221	216	10	1447	2127
30. Prescott	24	17	1	42	48	28	3	79	275	20	......	295	1858
31. Prince Edward	49	82	7	138	51	42	2	95	1224	1034	6	2264	633
32. Renfrew	1	3	1	5	16	9	1	26	230	41	2	273	2479
33. Russell	......	......	......	......	6	7	......	13	57	38	......	95	814
34. Simcoe	78	72	1	151	28	26	1	55	1481	463	9	1953	4781
35. Stormont	82	104	10	196	31	31	......	62	733	331	4	1068	1323
36. Victoria	8	10	10	28	25	12	......	37	525	163	......	688	2524
37. Waterloo	209	370	29	608	192	296	25	513	1386	1089	12	2487	2413
38. Welland	151	93	11	255	35	22	8	65	2478	397	4	2879	766
39. Wellington	108	70	4	182	304	278	59	641	1488	329	3	1825	4786
40. Wentworth	140	156	10	306	116	111	8	235	1936	1288	8	3232	1395
41. York	492	357	22	871	111	60	5	176	5036	682	......	5718	3098
42. Algoma, District	......	......	......	......	1	3	......	4	27	29	......	56	489
43. Nipissing, District	......	......	......	......	......	......	......	......	....	....	......	....	132
TOTAL	4479	3942	620	9041	3955	2194	198	6347	65647	16062	192	81901	103565
CITIES.													
A. Hamilton	238	375	176	789	60	165	97	322	1415	735	10	2160	....
B. Kingston	37	162	33	232	82	277	123	482	884	564	20	1468	....
C. London	221	217	157	695	2	3	4	9	1125	248	13	1386	....
D. Ottawa	7	16	20	43	37	82	61	180	1457	405	19	1881	....
E. Toronto	154	835	1066	2055	13	4	20	37	3357	2824	85	6266	....

PLACES OF WORSHIP, &c., UPPER CANADA, 1860-61.

TOTALS.				PLACES OF WORSHIP.																		
Total N° of Houses.	Families.	Houses vacant.	Houses building.	Church of England.	Church of Rome.	Church of Scotland.	Free Church of Scotland.	United Presbyterians	Wesleyan Methodists.	Episcopal Methodists.	New Connection Methodists.	Other Methodists.	Baptists.	Lutherans.	Congregationalists.	Quakers.	Bible Christians.	Christians.	Disciples.	Menonists and Tunkers.	Universalists.	Other Places of Worship.
4262	4418	19	7	6	1		1		7	4			2									5
4615	4665	62	51																			
4213	4270	8	17	3	2	1	2	1	2				1									
2615	2643	3	1	3	1				6	2			3									5
6574	6444	210	26	7	3	3	1		19			13					4					
4816	4815	3	2																			
4090	4248	29	26	7	3		2		9			1	6		1							
4319	4235	55	20																			
2912	2917																					
3784	3800	14	2																			
6180	6186	32	16	1	2	4	1	1	2	1		2										
3836	3846	1	2																			
3644	3668	36	11	8	3	4	7	2	11	3		8	3		3				2			
6807	6822	35	10																			
8269	6519	40	42		2	1		1	2		1											
5187	5313	99	43																			
3987	4279	10	5	4	1	3	1	1	3	2	1	1	3									
4976	4825	110	46	2	2	3	1	2	1			3	3		2							
5308	5310	3	7																			
3702	3802	54	14	4	1	1		2	4	3												
4614	4677	29	14	4	3	3	3		7	2		2	3									
7467	7161	67	41	4	1	2	4	6	12	4		2	5									
4465	4481	6	12	2	2	2			6		1	4	7		1							
6606	7003	150	46	3	2	1	6		14	4			3		2		2					
6733	6644	125	18	5	4	3	2	5	7	2		4	1		1		1		1			
7533	7409	105	24	5	2	1	4	7	16	2	2	4	6									
4277	4323	90	43	5	4		2	5	12	4	7	6	2		2							
6034	5810	67	54	1	2	1	1		4	1		1	1		1		1					
3812	3707	79	54		4	3	1		3				1				1					
2274	2316	4	3	2	4	4	1		4				1		2							
3130	3192	17	17	5	2	2			9	6		4				2			1		1	
2783	2253	27	12			1	3															
922	922			1	1		3		2				1									
6940	6987	100	21	6	5	3	1	2	9			6	1		1	1						
2649	2687	44	6	4	3	4	4		4	2			1		1							
3277	3117	42	26	2	2				1			1	1				1					
6021	6152	35	27	5	9	2	3	5	9			18	5	9								
3965	4281	67	8	4	5	1		1	5	6			1	2					1	1		
7434	6894	84	33	4	3	1	1		1			1										
5168	5203	44	16	9	3	6	7	4	19	7	1	9	6									
9863	9944	343	57	9	3	4	4		5			4		1	2		2	1		3		
549	549																					
132	128																					
200854	198867	2348	880	125	85	64	66	45	215	55	13	94	67	12	19	3	12	1	5	4	1	10
3271	3332	91	11						1													
2182	2364	18		2	1		1		2	1			1		2							
2090	2005	10	1	2	1	1	1		1	1			1		1							
2104	2461	4		2	3	1			1	1			1		1							
8438	8479	22	3	5	3	1	1	1	1													

APPENDIX

TO

CENSUS OF CANADA.

No. 16.

LOWER CANADA.

Return of Houses, Places of Worship, &c.

No. 16.

LOWER CANADA.

Return of Houses, Places of Worship, &c.

COUNTIES.

1. L'Assomption.
2. Argenteuil.
3. Arthabáska.
4. Bagot.
5. Beauce.
6. Beauharnois.
7. Bellechasse.
8. Berthier.
9. Bonaventure.
10. Brome.
11. Chambly.
12. Champlain.
13. Charlevoix.
14. Chateauguay.
15. Chicoutimi.
16. Compton.
17. Dorchester.
18. Drummond.
19. Gaspé.
20. Hochelaga.
21. Huntingdon.
22. Iberville.
23. L'Islet.
24. Jacques Cartier.
25. Joliette.
26. Kamouraska.
27. Laprairie.
28. Laval.
29. Levis.
30. Lotbinière.
31. Maskinongé.
32. Megantic.

COUNTIES.—*Continued.*

33. Missisquoi.
34. Montcalm.
35. Montmagny.
36. Montmorency.
37. Napierville.
38. Nicolet.
39. Ottawa.
40. Pontiac.
41. Portneuf.
42. Quebec.
43. Richelieu.
44. Richmond.
45. Rimouski.
46. Rouville.
47. Saguenay.
48. Shefford.
49. Soulanges.
50. St. Hyacinthe.
51. St. Johns.
52. St. Maurice.
53. Stanstead.
54. Temiscouata.
55. Terrebonne.
56. Two Mountains.
57. Vaudreuil.
58. Verchères.
59. Wolfe.
60. Yamaska.

A. Montreal, City.
B. Quebec, City.
C. Three Rivers, City.
D. Sherbrooke, Town of.

No. 16.—Lower Canada—Return of Houses,

COUNTY OF

TOWNSHIPS, PARISHES, &c.	INHABITED HOUSES.												
	BRICK.				STONE.				FRAME.				
	1 Story.	2 Story.	3 Story.	Total Brick.	1 Story.	2 Story.	3 Story.	Total Stone.	1 Story.	2 Story.	3 Story.	Total Frame.	Total Log Houses.
1. L'Assomption, Village	3	3	......	6	9	9	3	21	69	7	......	76	....
2. L'Assomption, Parish	......	2	......	2	36	......	......	36	207	......	......	207	....
3. L'Assomption, College	......	......	......	......	......	......	......	......	......	......	......	......	....
4. L'Epiphanie	11	1	......	12	34	12	......	46	171	3	......	174	....
5. Lachenaie	......	......	......	......	30	2	......	32	86	3	......	89	....
6. Repentigny	1	......	......	1	24	......	......	24	88	......	......	88	....
7. St. Henri de Mascouche	......	......	......	......	23	5	......	28	347	5	......	352	....
8. St. Lin	1	2	......	3	19	4	2	25	457	3	1	461	....
9. St. Roch	......	......	......	......	......	......	......	......	352	47	3	402	....
10. St. Paul l'Ermite	......	......	......	......	30	......	......	30	84	3	......	87	....
11. St. Sulpice	5	......	......	5	22	......	......	22	120	......	......	120	....
Total of L'Assomption	21	8	......	29	236	32	5	273	1981	71	4	2056	....

COUNTY OF

TOWNSHIPS, PARISHES, &c.	1 Story.	2 Story.	3 Story.	Total Brick.	1 Story.	2 Story.	3 Story.	Total Stone.	1 Story.	2 Story.	3 Story.	Total Frame.	Total Log Houses.
12. Arundel	......	......	......	......	......	......	......	......	......	......	......	....	6
13. Chatham	23	5	......	28	19	1	......	20	36	2	......	38	463
14. De Salaberry	......	......	......	......	......	......	......	......	......	......	......	....	....
15. Grenville	......	......	......	......	5	3	......	8	7	2	......	9	325
16. Gore	......	......	......	......	......	......	......	......	8	......	......	8	114
17. Harrington	......	......	......	......	......	......	......	......	......	......	......	....	53
18. Morin	......	......	......	......	......	......	......	......	......	......	......	....	75
19. Montcalm	......	......	......	......	......	......	......	......	......	......	......	....	3
20. St. Jérusalem	20	6	......	26	16	2	......	18	80	3	......	83	135
21. St. Andrews	19	17	......	36	10	6	......	16	98	12	......	110	232
22. St. Jérôme	......	......	......	......	......	......	......	......	2	......	......	2	91
23. Wentworth	......	......	......	......	......	......	......	......	......	......	......	....	62
Total of Argenteuil	62	28	......	90	50	12	......	62	231	19	......	250	1559

COUNTY OF

TOWNSHIPS, PARISHES, &c.	1 Story.	2 Story.	3 Story.	Total Brick.	1 Story.	2 Story.	3 Story.	Total Stone.	1 Story.	2 Story.	3 Story.	Total Frame.	Total Log Houses.
24. Arthabaska	2	......	1	3	......	......	......	......	268	10	......	278	12
25. Arthabaskaville	3	1	......	4	......	......	......	......	65	3	......	68	1
26. Aston	......	......	......	......	......	......	......	......	54	......	......	54	....
27. Blandford	......	......	......	......	......	......	......	......	36	1	......	37	....
28. Bulstrode	......	......	......	......	......	......	......	......	44	......	......	44	....
29. Chester, East	......	......	......	......	......	......	......	......	156	......	......	156	....
30. Chester, West	......	......	......	......	......	......	......	......	339	......	......	339	....
31. Horton	......	......	......	......	......	......	......	......	30	......	......	30	....
32. Maddington	......	......	......	......	......	......	......	......	8	......	......	8	....
33. Stanfold	1	......	......	1	......	......	......	......	272	7	......	279	....
34. Tingwick	......	......	......	......	......	......	......	......	30	......	......	30	262
35. Warwick	......	......	......	......	......	......	......	......	29	1	......	30	156
Total of Arthabaska	6	1	1	8	......	......	......	......	1341	22	......	1353	431

PLACES OF WORSHIP, &c., FOR 1860–61.

L'ASSOMPTION.

TOTALS.				PLACES OF WORSHIP.																
Total N° of Houses.	Families.	Houses Vacant.	Houses building.	Church of Rome.	Church of England.	Church of Scotland.	Free Church of Scotland.	United Presbyterians.	Wesleyan Methodists.	Episcopal Methodists.	New Connection Methodists.	Other Methodists.	Baptists.	Congregationalists.	Second Adventists.	Jewish.	Unitarians.	Other Places of Worship.
103	303	5	......	......	......	......	....	......	......	......	....	......	......	......	......	......	......	....
245	300	16	......	......	......	......	....	......	......	......	....	......	......	......	......	......	......	....
....	....	......	......	......	......	......	....	......	......	......	....	......	......	......	......	......	......	....
232	273	4	......	......	......	......	....	......	......	......	....	......	......	......	......	......	......	....
121	152	5	1	......	......	......	....	......	......	......	....	......	......	......	......	......	......	....
113	129	5	......	......	......	......	....	......	......	......	....	......	......	......	......	......	......	....
380	405	13	......	......	......	......	....	......	......	......	....	......	......	......	......	......	......	....
489	539	32	3	......	......	......	....	......	......	......	....	......	......	......	......	......	......	....
402	426	14	3	......	......	......	....	......	......	......	....	......	......	......	......	......	......	....
126	156	......	......	......	......	......	....	......	......	......	....	......	......	......	......	......	......	....
147	153	2	1	......	......	......	....	......	......	......	....	......	......	......	......	......	......	....
2358	2836	96	8	6	......	......	....	......	......	......	....	......	......	......	......	......	......	....

ARGENTEUIL.

Total N° of Houses.	Families.	Houses Vacant.	Houses building.	Church of Rome.	Church of England.	Church of Scotland.	Free Church of Scotland.	United Presbyterians.	Wesleyan Methodists.	Episcopal Methodists.	New Connection Methodists.	Other Methodists.	Baptists.	Congregationalists.	Second Adventists.	Jewish.	Unitarians.	Other Places of Worship.
6	6	......	......	......	......	......	....	......	......	......	....	......	......	......	......	......	......	....
549	575	10	1	......	......	......	....	......	......	......	....	......	......	......	......	......	......	....
....	....	......	......	......	......	......	....	......	......	......	....	......	......	......	......	......	......	....
342	360	3	......	......	......	......	....	......	......	......	....	......	......	......	......	......	......	....
122	117	......	......	......	......	......	....	......	......	......	....	......	......	......	......	......	......	....
53	53	......	......	......	......	......	....	......	......	......	....	......	......	......	......	......	......	....
75	92	1	......	......	......	......	....	......	......	......	....	......	......	......	......	......	......	....
3	3	......	......	......	......	......	....	......	......	......	....	......	......	......	......	......	......	....
262	266	26	1	......	......	......	....	......	......	......	....	......	......	......	......	......	......	....
394	407	1	......	......	......	......	....	......	......	......	....	......	......	......	......	......	......	....
93	93	2	......	......	......	......	....	......	......	......	....	......	......	......	......	......	......	....
62	62	......	......	......	......	......	....	......	......	......	....	......	......	......	......	......	......	....
1961	2032	43	2	3	......	1	1	1	2	1	....	......	......	......	......	......	......	....

ARTHABASKA.

Total N° of Houses.	Families.	Houses Vacant.	Houses building.	Church of Rome.	Church of England.	Church of Scotland.	Free Church of Scotland.	United Presbyterians.	Wesleyan Methodists.	Episcopal Methodists.	New Connection Methodists.	Other Methodists.	Baptists.	Congregationalists.	Second Adventists.	Jewish.	Unitarians.	Other Places of Worship.
293	353	4	8	......	......	......	....	......	......	......	....	......	......	......	......	......	......	....
73	94	......	1	......	......	......	....	......	......	......	....	......	......	......	......	......	......	....
54	65	2	1	......	......	......	....	......	......	......	....	......	......	......	......	......	......	....
37	42	1	......	......	......	......	....	......	......	......	....	......	......	......	......	......	......	....
44	57	2	......	......	......	......	....	......	......	......	....	......	......	......	......	......	......	....
156	160	2	3	......	......	......	....	......	......	......	....	......	......	......	......	......	......	....
339	380	5	15	......	......	......	....	......	......	......	....	......	......	......	......	......	......	....
30	35	......	1	......	......	......	....	......	......	......	....	......	......	......	......	......	......	....
8	8	......	......	......	......	......	....	......	......	......	....	......	......	......	......	......	......	....
260	319	3	1	......	......	......	....	......	......	......	....	......	......	......	......	......	......	....
292	297	1	......	......	......	......	....	......	......	......	....	......	......	......	......	......	......	....
166	199	5	4	......	......	......	....	......	......	......	....	......	......	......	......	......	......	....
1802	2009	25	34	6	......	......	....	......	......	......	....	......	......	......	......	......	......	....

No. 16.—Lower Canada—Return of Houses,

COUNTY OF

TOWNSHIPS, PARISHES, &c.	INHABITED HOUSES.													
	BRICK.				STONE.				FRAME.					
	1 Story.	2 Story.	3 Story.	Total Brick.	1 Story.	2 Story.	3 Story.	Total Stone.	1 Story.	2 Story.	3 Story.	Total Frame.	Total Log Houses.
36. Acton	...	3	...	3	...	...	...	...	288	4	...	292	...
37. St. Dominique	3	...	...	3	3	...	...	3	333	...	...	334	...
38. Ste. Hélène	...	...	...	...	1	...	...	1	151	...	...	151	...
39. St. Hugues	9	1	...	10	...	...	...	...	382	...	...	382	...
40. St. Liboire	...	...	...	...	...	...	...	...	100	...	...	100	...
41. St. Pie	8	2	1	11	14	1	1	16	669	3	...	672	...
42. Ste. Rosalie	9	...	...	9	5	...	...	5	276	...	...	276	...
43. St. Simon	10	...	...	10	1	...	...	1	263	...	...	263	...
44. Upton	1	...	...	1	...	...	...	...	125	...	...	125	...
Total of Bagot	40	6	1	47	24	1	1	26	2588	7	...	2595	...

COUNTY OF

TOWNSHIPS, PARISHES, &c.	Brick 1 Story.	Brick 2 Story.	Brick 3 Story.	Total Brick.	Stone 1 Story.	Stone 2 Story.	Stone 3 Story.	Total Stone.	Frame 1 Story.	Frame 2 Story.	Frame 3 Story.	Total Frame.	Total Log Houses.
45. Adstock	...	...	...	...	...	...	...	...	...	...	...	...	8
46. Aylmer	...	...	...	...	...	...	...	...	127	...	...	127	...
47. Dorset	...	...	...	...	...	...	...	...	...	...	...	...	1
48. Forsyth	...	...	...	...	...	...	...	...	97	1	...	98	...
49. Gayhurst	...	...	...	...	...	...	...	...	17	...	...	17	...
50. Jersey	...	...	...	...	...	...	...	...	...	...	...	...	26
51. Lambton	...	...	...	...	...	...	...	...	100	1	...	101	...
52. Linière	...	...	...	...	...	...	...	...	4	1	...	5	53
53. Marlow	...	...	...	...	...	...	...	...	...	...	...	...	6
54. Price	...	...	...	...	...	...	...	...	...	...	...	...	8
55. Shenley	...	...	...	...	...	...	...	...	38	...	...	38	...
56. St. Elzéar	...	...	...	...	1	...	...	1	332	...	...	332	...
57. St. Frédéric	1	...	...	1	...	...	...	...	138	1	...	139	...
58. St. François	...	...	...	...	5	12	...	17	449	2	...	451	...
59. St. George	...	...	...	...	...	1	...	1	252	6	...	258	...
60. St. Joseph	...	...	...	...	...	13	...	13	403	5	...	408	...
61. Ste. Marie de la Beauce	...	...	...	...	3	8	...	11	430	6	...	436	...
62. Tring	...	...	...	...	...	...	...	...	246	1	...	247	...
Total of Beauce	1	...	...	1	9	34	...	43	2633	24	...	2657	102

COUNTY OF

TOWNSHIPS, PARISHES, &c.	Brick 1 Story.	Brick 2 Story.	Brick 3 Story.	Total Brick.	Stone 1 Story.	Stone 2 Story.	Stone 3 Story.	Total Stone.	Frame 1 Story.	Frame 2 Story.	Frame 3 Story.	Total Frame.	Total Log Houses.
63. Beauharnois	3	...	...	3	8	5	2	15	114	13	...	127	...
64. Ste. Cécile	...	2	...	2	11	5	...	16	317	5	...	322	...
65. St. Clément	1	1	...	2	49	4	...	53	418	2	...	420	...
66. St. Louis de Gonzague	7	...	...	7	4	...	...	4	635	4	...	639	...
67. St. Stanislas de Kotska	...	...	...	...	1	...	...	1	158	1	...	159	...
68. St. Timothée	1	...	...	1	25	2	1	28	373	5	...	378	...
Total of Beauharnois	12	3	...	15	98	16	3	117	2015	30	...	2045	...

PLACES OF WORSHIP, &c., FOR 1860–61.

BAGOT.

TOTALS.				PLACES OF WORSHIP.														
Total N° of Houses.	Families.	Houses vacant.	Houses building.	Church of Rome.	Church of England.	Church of Scotland.	Free Church of Scotland.	United Presbyterians.	Wesleyan Methodists.	Episcopal Methodists.	New Connection Methodists.	Other Methodists.	Baptists.	Congregationalists.	Second Adventists.	Jewish.	Unitarians.	Other Places of Worship.
295	331	11	2	...	...	...	...	...	...	...	...	...	...	...	...	...	...	...
340	375	...	...	...	...	...	...	...	...	...	...	...	...	...	...	...	...	...
152	164	...	...	...	...	...	...	...	...	...	...	...	...	...	...	...	...	...
392	413	19	2	...	...	...	...	...	...	...	...	...	...	...	...	...	...	...
100	112	3	1	...	...	...	...	...	...	...	...	...	...	...	...	...	...	...
699	719	7	...	...	...	...	...	...	...	...	...	...	...	...	...	...	...	...
290	341	6	...	...	...	...	...	...	...	...	...	...	...	...	...	...	...	...
274	305	11	6	...	...	...	...	...	...	...	...	...	...	...	...	...	...	...
126	143	...	...	...	...	...	...	...	...	...	...	...	...	...	...	...	...	...
2668	2903	57	11	9	3	...	...	...	...	1	...	...	...	...	...	...	...	...

BEAUCE.

Total N° of Houses.	Families.	Houses vacant.	Houses building.	Church of Rome.	Church of England.	Church of Scotland.	Free Church of Scotland.	United Presbyterians.	Wesleyan Methodists.	Episcopal Methodists.	New Connection Methodists.	Other Methodists.	Baptists.	Congregationalists.	Second Adventists.	Jewish.	Unitarians.	Other Places of Worship.
8	9	...	...	...	...	...	...	...	...	...	...	...	...	...	...	...	...	...
127	144	...	...	...	...	...	...	...	...	...	...	...	...	...	...	...	...	...
1	1	...	...	...	...	...	...	...	...	...	...	...	...	...	...	...	...	...
98	119	...	...	...	...	...	...	...	...	...	...	...	...	...	...	...	...	...
17	20	...	...	...	...	...	...	...	...	...	...	...	...	...	...	...	...	...
26	26	...	...	...	...	...	...	...	...	...	...	...	...	...	...	...	...	...
101	119	...	1	...	...	...	...	...	...	...	...	...	...	...	...	...	...	...
58	59	3	4	...	...	...	...	...	...	...	...	...	...	...	...	...	...	...
6	6	...	...	...	...	...	...	...	...	...	...	...	...	...	...	...	...	...
8	9	...	1	...	...	...	...	...	...	...	...	...	...	...	...	...	...	...
38	41	...	...	...	...	...	...	...	...	...	...	...	...	...	...	...	...	...
333	361	3	3	...	...	...	...	...	...	...	...	...	...	...	...	...	...	...
140	165	9	4	...	...	...	...	...	...	...	...	...	...	...	...	...	...	...
468	536	17	5	...	...	...	...	...	...	...	...	...	...	...	...	...	...	...
259	276	3	2	...	...	...	...	...	...	...	...	...	...	...	...	...	...	...
421	428	14	1	...	...	...	...	...	...	...	...	...	...	...	...	...	...	...
447	398	14	2	...	...	...	...	...	...	...	...	...	...	...	...	...	...	...
247	240	...	4	...	...	...	...	...	...	...	...	...	...	...	...	...	...	...
2803	2957	63	27	4	...	...	...	...	...	...	...	...	...	...	...	...	...	...

BEAUHARNOIS.

Total N° of Houses.	Families.	Houses vacant.	Houses building.	Church of Rome.	Church of England.	Church of Scotland.	Free Church of Scotland.	United Presbyterians.	Wesleyan Methodists.	Episcopal Methodists.	New Connection Methodists.	Other Methodists.	Baptists.	Congregationalists.	Second Adventists.	Jewish.	Unitarians.	Other Places of Worship.
145	146	...	...	...	...	...	...	...	...	...	...	...	...	...	...	...	...	...
340	379	9	...	...	...	...	...	...	...	...	...	...	...	...	...	...	...	...
475	510	23	12	...	...	...	...	...	...	...	...	...	...	...	...	...	...	...
650	700	22	5	...	...	...	...	...	...	...	...	...	...	...	...	...	...	...
160	176	6	...	...	...	...	...	...	...	...	...	...	...	...	...	...	...	...
407	443	26	1	...	...	...	...	...	...	...	...	...	...	...	...	...	...	...
2177	2354	86	18	7	2	...	...	1	...	...	...	...	...	...	...	...	...	...

No. 16.—Lower Canada—Return of Houses,

COUNTY OF

TOWNSHIPS, PARISHES, &c.	Brick. 1 Story.	Brick. 2 Story.	Brick. 3 Story.	Total Brick.	Stone. 1 Story.	Stone. 2 Story.	Stone. 3 Story.	Total Stone.	Frame. 1 Story.	Frame. 2 Story.	Frame. 3 Story.	Total Frame.	Total Log Houses.
	INHABITED HOUSES.												
69. Armagh	.....	.....	.....	.....	.....	.....	.....	.....	114	.....	.....	114	.....
70. Beaumont	.....	.....	.....	.....	22	2	.....	24	143	6	1	150	.....
71. Buckland	.....	.....	.....	.....	.....	.....	.....	.....	246	.....	.....	246	.....
72. St. Charles	.....	.....	.....	.....	7	.....	.....	7	278	4	.....	282	.....
73. St. Gervais	.....	.....	.....	.....	2	.....	.....	2	374	1	.....	375	.....
74. St. Lazare	.....	.....	.....	.....	.....	.....	.....	.....	343	3	.....	346	.....
75. St. Michel	1	.....	.....	1	11	2	.....	13	281	12	.....	293	.....
76. St. Raphaël	.....	.....	.....	.....	.....	.....	.....	.....	371	3	.....	374	.....
77. St. Valier	.....	.....	.....	.....	.....	.....	.....	.....	207	.....	.....	207	.....
Total of Bellechasse	1	.....	.....	1	42	4	.....	46	2357	29	1	2387	.....

COUNTY OF

TOWNSHIPS, PARISHES, &c.	Brick. 1 Story.	Brick. 2 Story.	Brick. 3 Story.	Total Brick.	Stone. 1 Story.	Stone. 2 Story.	Stone. 3 Story.	Total Stone.	Frame. 1 Story.	Frame. 2 Story.	Frame. 3 Story.	Total Frame.	Total Log Houses.
78. Berthier, Parish	5	3	.....	8	5	.....	.....	5	330	7	.....	337	.....
79. Berthier, Village and Convent	4	3	.....	7	1	1	.....	2	176	21	.....	194	.....
80. Brandon	.....	.....	.....	.....	.....	.....	.....	.....	83	.....	.....	83	.....
81. Isle du Pads	7	.....	.....	7	.....	1	.....	1	159	.....	.....	159	.....
82. Lanoraie	11	1	1	13	7	.....	.....	7	275	3	.....	278	.....
83. Lavaltrie	1	.....	.....	1	11	.....	.....	11	189	1	.....	190	.....
84. St. Barthélemi	5	1	.....	6	1	3	.....	4	293	.....	.....	293	.....
85. St. Cuthbert	5	2	.....	7	3	1	.....	4	383	3	.....	386	.....
86. St. Gabriel	1	.....	.....	1	.....	.....	.....	.....	482	8	1	491	.....
87. St. Norbert	.....	.....	.....	.....	.....	1	.....	1	150	51	.....	201	.....
Total of Berthier	39	10	1	50	28	7	.....	35	2517	94	1	2612	.....

COUNTY OF

TOWNSHIPS, PARISHES, &c.	Brick. 1 Story.	Brick. 2 Story.	Brick. 3 Story.	Total Brick.	Stone. 1 Story.	Stone. 2 Story.	Stone. 3 Story.	Total Stone.	Frame. 1 Story.	Frame. 2 Story.	Frame. 3 Story.	Total Frame.	Total Log Houses.
88. Carleton	.....	.....	.....	.....	.....	.....	.....	.....	75	.....	.....	75	45
89. Cox	.....	.....	1	1	.....	2	.....	2	231	8	.....	239	48
90. Daniel (Port)	.....	.....	.....	.....	.....	.....	.....	.....	134	1	.....	135	12
91. Hamilton	.....	.....	.....	.....	.....	.....	.....	.....	182	2	.....	184	.....
92. Hope	.....	.....	.....	.....	.....	.....	.....	.....	95	.....	.....	95	36
93. Mann	.....	.....	.....	.....	.....	.....	.....	.....	7	1	.....	8	116
94. Maria	.....	.....	.....	.....	.....	.....	.....	.....	155	.....	.....	155	93
95. Matapédiac	.....	.....	.....	.....	.....	.....	.....	.....	6	.....	.....	6	27
96. New Richmond	.....	.....	.....	.....	.....	.....	.....	.....	78	20	.....	98	134
97. Nouvelle and Shoolbreds	.....	.....	.....	.....	.....	.....	.....	.....	7	1	.....	8	221
98. Ristigouche	.....	.....	.....	.....	.....	.....	.....	.....	8	.....	.....	8	66
Total of Bonaventure	.....	.....	1	1	.....	2	.....	2	978	33	.....	1011	798

COUNTY OF

TOWNSHIPS, PARISHES, &c.	Brick. 1 Story.	Brick. 2 Story.	Brick. 3 Story.	Total Brick.	Stone. 1 Story.	Stone. 2 Story.	Stone. 3 Story.	Total Stone.	Frame. 1 Story.	Frame. 2 Story.	Frame. 3 Story.	Total Frame.	Total Log Houses.
99. Bolton	.....	.....	.....	.....	4	.....	.....	4	208	4	.....	212	178
100. Brome	14	2	.....	16	15	1	.....	16	239	2	.....	241	215
101. Farnham	13	3	.....	16	3	.....	.....	3	193	2	.....	195	89
102. Potton	3	1	.....	4	2	.....	.....	2	219	.....	.....	219	115
103. Sutton	3	.....	.....	3	7	.....	.....	7	224	1	.....	225	196
Total of Brome	33	6	.....	39	31	1	.....	32	1083	9	.....	1092	793

PLACES OF WORSHIP, &c., FOR 1860-61.

BELLECHASSE.

Total N° of Houses.	Families.	Houses vacant.	Houses building.	Church of Rome.	Church of England.	Church of Scotland.	Free Church of Scotland.	United Presbyterians.	Wesleyan Methodists.	Episcopal Methodists.	New Connection Methodists.	Other Methodists.	Baptists.	Congregationalists.	Second Adventists.	Jewish.	Unitarians.	Other Places of Worship.
TOTALS.				PLACES OF WORSHIP.														
114	131	6	3															
174	206	1	...															
246	276	5	10															
289	304	14	1															
377	433	20	4															
346	378	21	18															
307	349	9	1															
374	427	1	3															
207	235	5	...															
2434	2739	82	40	6														

BERTHIER.

Total N° of Houses.	Families.	Houses vacant.	Houses building.	Church of Rome.	Church of England.	Church of Scotland.	Free Church of Scotland.	United Presbyterians.	Wesleyan Methodists.	Episcopal Methodists.	New Connection Methodists.	Other Methodists.	Baptists.	Congregationalists.	Second Adventists.	Jewish.	Unitarians.	Other Places of Worship.
350	415	16	9															
203	275	6	2															
83	87	2	1															
167	194	12	1															
298	332	6	1															
202	210	2	1															
303	332	3	...															
397	491	6	2															
492	560	6	5															
202	219	7	...															
2697	3115	66	22	6	1													

BONAVENTURE.

Total N° of Houses.	Families.	Houses vacant.	Houses building.	Church of Rome.	Church of England.	Church of Scotland.	Free Church of Scotland.	United Presbyterians.	Wesleyan Methodists.	Episcopal Methodists.	New Connection Methodists.	Other Methodists.	Baptists.	Congregationalists.	Second Adventists.	Jewish.	Unitarians.	Other Places of Worship.
120	129	...	1															
290	333	1	21															
147	156	19	6															
184	203	7	14															
131	163	...	...															
124	146	...	...															
248	273	9	13															
33	38	...	...															
232	233	5	12															
229	235	...	6															
74	75	8	5															
1812	1981	49	78	5	1		1											

BROME.

Total N° of Houses.	Families.	Houses vacant.	Houses building.	Church of Rome.	Church of England.	Church of Scotland.	Free Church of Scotland.	United Presbyterians.	Wesleyan Methodists.	Episcopal Methodists.	New Connection Methodists.	Other Methodists.	Baptists.	Congregationalists.	Second Adventists.	Jewish.	Unitarians.	Other Places of Worship.
394	432	7	2															
488	528	14	9															
303	324	5	1															
340	349	8	7															
431	569	15	6															
1956	2202	49	25	2				1										

No. 16.—Lower Canada—Return of Houses,

COUNTY OF

TOWNSHIPS, PARISHES, &c.	INHABITED HOUSES.												
	BRICK.				STONE.				FRAME.				
	1 Story.	2 Story.	3 Story.	Total Brick.	1 Story.	2 Story.	3 Story.	Total Stone.	1 Story.	2 Story.	3 Story.	Total Frame.	Total Log Houses.
104. Boucherville, Parish	5	......	......	5	34	......	......	34	195	1	......	196	....
105. Boucherville, Village	6	......	......	6	10	2	......	12	108	......	......	108	....
106. Chambly, Parish	3	1	......	4	13	1	......	14	209	8	......	217	....
107. Chambly, Village	5	4	1	10	5	10	......	15	74	8	......	82	....
108. Longueuil, Parish	1	10	......	11	54	7	......	61	74	......	......	74	....
109. Longueuil, Village	15	8	......	23	8	5	3	16	298	7	......	305	....
110. St. Bruno	3	......	......	3	6	5	1	12	233	5	4	242	....
111. St. Hubert	4	......	......	4	22	6	......	28	136	......	......	136	....
112. St. Lambert	7	5	......	12	24	4	......	28	21	6	1	28	....
Total of Chambly	49	28	1	78	176	40	4	220	1354	29	5	1388	....

COUNTY OF

TOWNSHIPS, PARISHES, &c.	Brick 1 Story.	Brick 2 Story.	Brick 3 Story.	Total Brick.	Stone 1 Story.	Stone 2 Story.	Stone 3 Story.	Total Stone.	Frame 1 Story.	Frame 2 Story.	Frame 3 Story.	Total Frame.	Total Log Houses.
113. Batiscan	2	......	......	2	5	1	......	6	109	......	......	109	....
114. Cap de la Magdeleine	......	......	......	......	1	2	......	3	131	......	......	131	....
115. Champlain	4	......	......	4	1	1	......	2	262	1	......	263	....
116. Mont Carmel	......	......	......	......	......	......	......	......	67	......	......	67	....
117. Ste. Anne	......	......	......	......	20	5	......	25	314	28	......	342	....
118. Ste. Flore	......	......	......	......	......	......	......	......	56	......	......	56	....
119. Ste. Geneviève de Batiscan	......	......	......	......	5	2	......	7	423	7	......	430	....
120. St. Maurice	6	1	......	7	1	2	1	4	426	5	......	431	....
121. St. Narcisse	......	......	......	......	......	......	......	......	139	......	......	139	....
122. St. Prosper	......	......	......	......	7	1	......	8	119	......	......	119	....
123. St. Stanislas	......	......	......	......	......	3	......	3	309	......	......	309	....
124. St. Tite and Chantiers	......	......	......	......	......	......	......	......	151	......	......	151	65
Total of Champlain	12	1	......	13	40	17	1	58	2506	41	......	2547	65

COUNTY OF

TOWNSHIPS, PARISHES, &c.	Brick 1 Story.	Brick 2 Story.	Brick 3 Story.	Total Brick.	Stone 1 Story.	Stone 2 Story.	Stone 3 Story.	Total Stone.	Frame 1 Story.	Frame 2 Story.	Frame 3 Story.	Total Frame.	Total Log Houses.
125. Baie St. Paul	......	......	......	......	1	1	2	4	485	2	......	487	....
126. Callières	......	......	......	......	......	......	......	......	37	......	......	37	....
127. De Sales	......	......	......	......	......	......	......	......	59	......	......	59	....
128. Eboulements	......	......	......	......	13	4	......	17	300	1	......	301	....
129. Isle-aux-Coudres	......	......	......	......	15	1	......	16	58	3	......	61	....
130. Petite Rivière St. François-Xavier	......	......	......	......	1	......	......	1	97	......	......	97	....
131. Ste. Agnes	......	......	......	......	......	......	......	......	178	......	......	178	....
132. Settrington	......	......	......	......	......	......	......	......	77	......	......	77	....
133. St. Etienne, (Murray Bay)	......	......	......	......	......	1	......	1	350	7	1	358	....
134. St. Fidèle	......	......	......	......	......	......	......	......	117	1	......	118	....
135. St. Irénée	......	......	......	......	......	......	......	......	117	3	......	120	....
136. St. Urbain	......	......	......	......	......	......	......	......	108	......	......	108	....
Total of Charlevoix	......	......	......	......	30	7	2	39	1983	17	1	2001	....

PLACES OF WORSHIP, &c., FOR 1860–61.

CHAMBLY.

TOTALS.				PLACES OF WORSHIP.														
Total Nº of Houses.	Families.	Houses vacant.	Houses building.	Church of Rome.	Church of England.	Church of Scotland.	Free Church of Scotland.	United Presbyterians.	Wesleyan Methodists.	Episcopal Methodists.	New Connection Methodists.	Other Methodists.	Baptists.	Congregationalists.	Second Adventists.	Jewish.	Unitarians.	Other Places of Worship.
235	230	6	......	......	......	......	......	......	......	......	......	......	......	......	......	......	......	......
126	182	2	......	......	......	......	......	......	......	......	......	......	......	......	......	......	......	......
235	168	10	......	......	......	......	......	......	......	......	......	......	......	......	......	......	......	......
107	210	9	......	......	......	......	......	......	......	......	......	......	......	......	......	......	......	......
146	143	17	......	......	......	......	......	......	......	......	......	......	......	......	......	......	......	......
344	514	2	......	......	......	......	......	......	......	......	......	......	......	......	......	......	......	......
257	184	13	......	......	......	......	......	......	......	......	......	......	......	......	......	......	......	......
168	172	9	......	......	......	......	......	......	......	......	......	......	......	......	......	......	......	......
68	86	5	2	......	......	......	......	......	......	......	......	......	......	......	......	......	......	......
1686	1889	73	2	6	......	......	......	......	......	1	......	......	......	......	......	......	......	......

CHAMPLAIN.

Total Nº of Houses.	Families.	Houses vacant.	Houses building.	Church of Rome.	Church of England.	Church of Scotland.	Free Church of Scotland.	United Presbyterians.	Wesleyan Methodists.	Episcopal Methodists.	New Connection Methodists.	Other Methodists.	Baptists.	Congregationalists.	Second Adventists.	Jewish.	Unitarians.	Other Places of Worship.
117	147	2	6	......	......	......	......	......	......	......	......	......	......	......	......	......	......	......
134	154	7	2	......	......	......	......	......	......	......	......	......	......	......	......	......	......	......
209	326	8	2	......	......	......	......	......	......	......	......	......	......	......	......	......	......	......
67	76	3	4	......	......	......	......	......	......	......	......	......	......	......	......	......	......	......
307	437	22	5	......	......	......	......	......	......	......	......	......	......	......	......	......	......	......
56	58	3	6	......	......	......	......	......	......	......	......	......	......	......	......	......	......	......
437	547	39	10	......	......	......	......	......	......	......	......	......	......	......	......	......	......	......
442	517	19	27	......	......	......	......	......	......	......	......	......	......	......	......	......	......	......
139	151	11	1	......	......	......	......	......	......	......	......	......	......	......	......	......	......	......
127	151	6	1	......	......	......	......	......	......	......	......	......	......	......	......	......	......	......
312	357	12	8	......	......	......	......	......	......	......	......	......	......	......	......	......	......	......
210	245	......	......	......	......	......	......	......	......	......	......	......	......	......	......	......	......	......
2683	3166	132	72	9	......	......	......	......	......	......	......	......	......	......	......	......	......	......

CHARLEVOIX.

Total Nº of Houses.	Families.	Houses vacant.	Houses building.	Church of Rome.	Church of England.	Church of Scotland.	Free Church of Scotland.	United Presbyterians.	Wesleyan Methodists.	Episcopal Methodists.	New Connection Methodists.	Other Methodists.	Baptists.	Congregationalists.	Second Adventists.	Jewish.	Unitarians.	Other Places of Worship.
491	592	32	5	......	......	......	......	......	......	......	......	......	......	......	......	......	......	......
37	42	......	......	......	......	......	......	......	......	......	......	......	......	......	......	......	......	......
59	69	......	6	......	......	......	......	......	......	......	......	......	......	......	......	......	......	......
318	323	39	4	......	......	......	......	......	......	......	......	......	......	......	......	......	......	......
77	108	4	......	......	......	......	......	......	......	......	......	......	......	......	......	......	......	......
98	104	11	2	......	......	......	......	......	......	......	......	......	......	......	......	......	......	......
178	232	5	2	......	......	......	......	......	......	......	......	......	......	......	......	......	......	......
77	95	1	1	......	......	......	......	......	......	......	......	......	......	......	......	......	......	......
359	419	8	5	......	......	......	......	......	......	......	......	......	......	......	......	......	......	......
118	154	5	2	......	......	......	......	......	......	......	......	......	......	......	......	......	......	......
120	139	1	2	......	......	......	......	......	......	......	......	......	......	......	......	......	......	......
108	139	3	2	......	......	......	......	......	......	......	......	......	......	......	......	......	......	......
2040	2416	109	31	9	......	......	......	......	......	......	......	......	......	......	......	......	......	......

No. 16.—Lower Canada—Return of Houses,

COUNTY OF

TOWNSHIPS, PARISHES, &c.	INHABITED HOUSES.												
	BRICK.				STONE.				FRAME.				
	1 Story.	2 Story.	3 Story.	Total Brick.	1 Story.	2 Story.	3 Story.	Total Stone.	1 Story.	2 Story.	3 Story.	Total Frame.	Total Log Houses.
137. St. Antoine	1			1	1			1	147			147	
138. St. Jean Chrysostôme	16	3		19	41			41	375	6		381	233
139. St. Joachim de Chateauguay					47	7		54	246	3		249	
140. St. Malachie	21	6		27	11	5		16	82	4		86	269
141. Ste. Martine	5			5	19	4	1	24	304			304	103
142. Ste. Philomène					21	9		30	195	1		196	
143. St. Urbain Premier	6			6	11			11	249			249	
Total of Chateauguay	49	9		58	151	25	1	177	1598	14		1612	605

COUNTY OF

TOWNSHIPS, PARISHES, &c.	Brick 1 Story.	Brick 2 Story.	Brick 3 Story.	Total Brick.	Stone 1 Story.	Stone 2 Story.	Stone 3 Story.	Total Stone.	Frame 1 Story.	Frame 2 Story.	Frame 3 Story.	Total Frame.	Total Log Houses.
144. Bagot	1			1					423	2		425	
145. Bourgette													
146. Caron									13			13	
147. Charlevoix									4			4	7
148. Chicoutimi									398			398	
149. Delisle													
150. Harvey									23			23	
151. Jonquière									56			56	
152. Kinogami													
153. Labarre									37	1		38	
154. Laterrière									95	2		97	
155. Mésy									26			26	
156. Metabetchouan									8			8	
157. Plessis									1			1	
158. Roberval									9	1		10	16
159. Simard									24			24	
160. Signaï									2			2	
161. St. Jean									42			42	
162. Tableau									2			2	
163. Taché									1			1	
164. The Indian Reserves									2			2	
165. Tremblay									71	1		72	
Total of Chicoutimi	1			1					1237	7		1244	23

COUNTY OF

TOWNSHIPS, PARISHES, &c.	Brick 1 Story.	Brick 2 Story.	Brick 3 Story.	Total Brick.	Stone 1 Story.	Stone 2 Story.	Stone 3 Story.	Total Stone.	Frame 1 Story.	Frame 2 Story.	Frame 3 Story.	Total Frame.	Total Log Houses.
166. Bury									48	1		49	100
167. Clifton									33			33	53
168. Compton						1		1	373	19		392	106
169. Eaton	3	1		4					239	8		247	85
170. Hampden													15
171. Hereford									38	1		39	28
172. Lingwick									15	1		16	67
173. Marston													13
174. Newport and Auckland	1			1					43	1		44	26
175. Westbury									20			20	35
176. Winslow									7	1		8	230
177. Whitton													44
Total of Compton	4	1		5		1		1	816	32		848	802

PLACES OF WORSHIP, &c., FOR 1860–61.

CHATEAUGUAY.

TOTALS.				PLACES OF WORSHIP.														
Total N° of Houses.	Families.	Houses vacant.	Houses building.	Church of Rome.	Church of England.	Church of Scotland.	Free Church of Scotland.	United Presbyterians.	Wesleyan Methodists.	Episcopal Methodists.	New Connection Methodists.	Other Methodists.	Baptists.	Congregationalists.	Second Adventists.	Jewish.	Unitarians.	Other Places of Worship.
149	168	3	2															
674	821	2	......															
303	347	......	......															
398	451	41	8															
436	548	17	......															
226	256	14	......															
266	300	13	2															
2452	2891	90	12	6	......	1	1	1	1	......	......	......	......	......	......	......	......	......

CHICOUTIMI.

Total N° of Houses.	Families.	Houses vacant.	Houses building.	Church of Rome.	Church of England.	Church of Scotland.	Free Church of Scotland.	United Presbyterians.	Wesleyan Methodists.	Episcopal Methodists.	New Connection Methodists.	Other Methodists.	Baptists.	Congregationalists.	Second Adventists.	Jewish.	Unitarians.	Other Places of Worship.
426	449	21	7															
......	......	......	......															
13	14	2	1															
11	13	......	......															
398	489	9	7															
......	......	......	......															
23	32	......	......															
56	66	2	2															
......	......	......	......															
38	51	2	1															
97	120	1	1															
26	32	......	......															
8	8	1	......															
1	1	......	......															
26	31	......	......															
24	31	......	1															
2	2	......	1															
42	58	......	......															
2	2	......	......															
1	1	......	......															
2	2	......	......															
72	90	1	......															
1268	1492	39	21	3	......	......	......	......	......	......	......	......	......	......	......	......	......	......

COMPTON.

Total N° of Houses.	Families.	Houses vacant.	Houses building.	Church of Rome.	Church of England.	Church of Scotland.	Free Church of Scotland.	United Presbyterians.	Wesleyan Methodists.	Episcopal Methodists.	New Connection Methodists.	Other Methodists.	Baptists.	Congregationalists.	Second Adventists.	Jewish.	Unitarians.	Other Places of Worship.
149	147	......	......															
86	85	2	4															
499	537	13	2															
336	346	6	1															
15	15	......	......															
67	69	1	......															
83	81	......	......															
13	13	......	......															
71	74	......	1															
55	54	2	2															
238	255	1	9															
44	42	......	......															
1656	1718	25	19	4	......	......	......	......	1	......	......	......	......	......	......	......	......	......

No. 16.—Lower Canada—Return of Houses,

COUNTY OF

TOWNSHIPS, PARISHES, &c.	INHABITED HOUSES. Brick. 1 Story.	Brick. 2 Story.	Brick. 3 Story.	Total Brick.	Stone. 1 Story.	Stone. 2 Story.	Stone. 3 Story.	Total Stone.	Frame. 1 Story.	Frame. 2 Story.	Frame. 3 Story.	Total Frame.	Total Log Houses.
178. Buckland	......	......	......	......	......	......	......	......	21	......	......	21	41
179. Cranbourne	......	......	......	......	......	......	......	......	......	......	1	1	67
180. Frampton	......	......	......	......	1	......	1	2	144	4	......	148	255
181. St. Anselme	......	......	......	......	1	......	......	1	355	2	1	358	......
182. St. Bernard	......	......	......	......	......	3	......	3	261	3	......	264	......
183. Ste. Claire	......	......	......	......	......	2	1	3	340	2	......	351	......
184. Ste. Hénédine	......	......	......	......	......	......	......	......	162	2	......	164	......
185. St. Isidore	......	......	......	......	1	......	......	1	374	5	......	379	......
186. Ste. Marguerite	......	......	......	......	......	......	......	......	256	2	......	258	......
187. Standon	......	......	......	......	......	......	......	......	26	......	......	26	30
188. Ware	......	......	......	......	......	......	......	......	2	......	......	2	2
Total of Dorchester	......	......	......	......	3	5	2	10	1950	20	2	1972	393

COUNTY OF

TOWNSHIPS, PARISHES, &c.	Brick. 1 Story.	Brick. 2 Story.	Brick. 3 Story.	Total Brick.	Stone. 1 Story.	Stone. 2 Story.	Stone. 3 Story.	Total Stone.	Frame. 1 Story.	Frame. 2 Story.	Frame. 3 Story.	Total Frame.	Total Log Houses.
189. Durham	1	......	......	1	......	......	......	......	158	2	......	160	290
190. Grantham	......	......	......	......	......	......	1	1	306	2	......	308	12
191. Kingsey	4	1	......	5	......	......	1	1	140	3	......	143	189
192. Simpson	......	......	......	......	......	......	......	......	32	......	......	32	......
193. Upton	......	......	......	......	......	......	......	......	332	1	......	333	......
194. Wendover	......	......	......	......	2	......	......	2	45	......	......	45	......
195. Wickham	......	......	......	......	......	......	......	......	118	......	......	118	1
Total of Drummond	5	1	......	6	2	......	2	4	1131	8	......	1139	492

COUNTY OF

TOWNSHIPS, PARISHES, &c.	Brick. 1 Story.	Brick. 2 Story.	Brick. 3 Story.	Total Brick.	Stone. 1 Story.	Stone. 2 Story.	Stone. 3 Story.	Total Stone.	Frame. 1 Story.	Frame. 2 Story.	Frame. 3 Story.	Total Frame.	Total Log Houses.
196. Cap Chat	......	......	......	......	......	......	......	......	52	1	1	54	......
197. Cap Rosier	......	......	......	......	......	......	......	......	176	......	......	176	......
198. Douglas	......	......	......	......	......	......	......	......	121	......	......	121	38
199. Fox	......	......	......	......	......	......	......	......	72	1	......	73	......
200. Gaspé Bay, North	......	......	......	......	......	......	......	......	40	1	......	41	25
201. Gaspé Bay, South	......	......	......	......	1	1	......	2	43	9	......	52	23
202. Grand River	......	......	......	......	......	......	......	......	106	......	......	106	......
203. Grande Vallée des Monts, St. Anne de l'Etang, and Sydenham, North	......	......	......	......	......	......	......	......	48	......	......	48	......
204. Malbaie	......	......	......	......	......	......	......	......	58	......	......	58	140
205. Mont Louis	......	......	......	......	......	......	......	......	29	......	......	29	......
206. Newport	......	......	......	......	......	......	......	......	50	......	......	50	2
207. Pabos	......	......	......	......	......	......	......	......	93	......	......	93	6
208. Percé	......	......	......	......	......	1	......	1	305	2	......	307	118
209. Ste. Anne	......	......	......	......	......	......	......	......	121	1	......	122	......
210. Sydenham, South	......	......	......	......	......	......	......	......	8	......	......	8	4
211. York	......	......	......	......	......	......	......	......	21	2	......	23	4
Magdalen Islands	......	......	......	......	......	......	......	......	370	1	......	371	1
Total of Gaspé	......	......	......	......	1	2	......	3	1713	18	1	1732	361

PLACES OF WORSHIP, &c., FOR 1860–61.

DORCHESTER.

TOTALS.				PLACES OF WORSHIP.														
Total N° of Houses.	Families.	Houses vacant.	Houses building.	Church of Rome.	Church of England.	Church of Scotland.	Free Church of Scotland.	United Presbyterians.	Wesleyan Methodists.	Episcopal Methodists.	New Connection Methodists.	Other Methodists.	Baptists.	Congregationalists.	Second Adventists.	Jewish.	Unitarians.	Other Places of Worship.
62	70	...	4	...	...	...	...	...	...	...	...	...	...	...	...	...	...	...
68	68	...	6	...	...	...	...	...	...	...	...	...	...	...	...	...	...	...
403	419	21	5	...	...	...	...	...	...	...	...	...	...	...	...	...	...	...
359	378	18	4	...	...	...	...	...	...	...	...	...	...	...	...	...	...	...
267	301	7	...	...	...	...	...	...	...	...	...	...	...	...	...	...	...	...
354	377	21	7	...	...	...	...	...	...	...	...	...	...	...	...	...	...	...
164	200	3	1	...	...	...	...	...	...	...	...	...	...	...	...	...	...	...
380	402	12	3	...	...	...	...	...	...	...	...	...	...	...	...	...	...	...
258	258	5	1	...	...	...	...	...	...	...	...	...	...	...	...	...	...	...
56	62	...	2	...	...	...	...	...	...	...	...	...	...	...	...	...	...	...
4	4	2	...	...	...	...	...	...	...	...	...	...	...	...	...	...	...	...
2375	2539	89	33	7	2	...	...	...	...	1	...	...	...	...	...	...	...	...

DRUMMOND.

Total N° of Houses.	Families.	Houses vacant.	Houses building.	Church of Rome.	Church of England.	Church of Scotland.	Free Church of Scotland.	United Presbyterians.	Wesleyan Methodists.	Episcopal Methodists.	New Connection Methodists.	Other Methodists.	Baptists.	Congregationalists.	Second Adventists.	Jewish.	Unitarians.	Other Places of Worship.
451	477	3	3	...	...	...	...	...	...	...	...	...	...	...	...	...	...	...
321	359	15	14	...	...	...	...	...	...	...	...	...	...	...	...	...	...	...
338	462	2	2	...	...	...	...	...	...	...	...	...	...	...	...	...	...	...
32	36	...	...	...	...	...	...	...	...	...	...	...	...	...	...	...	...	...
333	359	4	1	...	...	...	...	...	...	...	...	...	...	...	...	...	...	...
47	61	1	...	...	...	...	...	...	...	...	...	...	...	...	...	...	...	...
119	127	...	...	...	...	...	...	...	...	...	...	...	...	...	...	...	...	...
1641	1881	25	20	3	4	...	...	...	2	...	...	...	...	...	...	...	...	4

GASPÉ.

Total N° of Houses.	Families.	Houses vacant.	Houses building.	Church of Rome.	Church of England.	Church of Scotland.	Free Church of Scotland.	United Presbyterians.	Wesleyan Methodists.	Episcopal Methodists.	New Connection Methodists.	Other Methodists.	Baptists.	Congregationalists.	Second Adventists.	Jewish.	Unitarians.	Other Places of Worship.
54	62	2	3	...	...	...	...	...	...	...	...	...	...	...	...	...	...	...
176	157	28	18	...	...	...	...	...	...	...	...	...	...	...	...	...	...	...
159	166	1	16	...	...	...	...	...	...	...	...	...	...	...	...	...	...	...
73	81	14	23	...	...	...	...	...	...	...	...	...	...	...	...	...	...	...
66	71	5	8	...	...	...	...	...	...	...	...	...	...	...	...	...	...	...
77	89	1	...	...	...	...	...	...	...	...	...	...	...	...	...	...	...	...
106	140	9	16	...	...	...	...	...	...	...	...	...	...	...	...	...	...	...
48	50	...	2	...	...	...	...	...	...	...	...	...	...	...	...	...	...	...
198	174	16	10	...	...	...	...	...	...	...	...	...	...	...	...	...	...	...
29	31	...	1	...	...	...	...	...	...	...	...	...	...	...	...	...	...	...
52	58	...	3	...	...	...	...	...	...	...	...	...	...	...	...	...	...	...
99	127	...	2	...	...	...	...	...	...	...	...	...	...	...	...	...	...	...
426	437	16	15	...	...	...	...	...	...	...	...	...	...	...	...	...	...	...
122	142	4	8	...	...	...	...	...	...	...	...	...	...	...	...	...	...	...
12	13	...	...	...	...	...	...	...	...	...	...	...	...	...	...	...	...	...
27	33	...	1	...	...	...	...	...	...	...	...	...	...	...	...	...	...	...
372	415	1	10	...	...	...	...	...	...	...	...	...	...	...	...	...	...	...
2096	2246	97	136	15	4	...	...	...	...	3	...	...	...	...	...	...	...	...

No. 16.—Lower Canada—Return of Houses,

COUNTY OF

TOWNSHIPS, PARISHES, &c.	INHABITED HOUSES.													
	BRICK.				STONE.				FRAME.					
	1 Story.	2 Story.	3 Story.	Total Brick.	1 Story.	2 Story.	3 Story.	Total Stone.	1 Story.	2 Story.	3 Story.	Total Frame.	Total Log Houses.
212. Longue Pointe	2	......	......	2	35	2	......	37	96	7	......	103	....
213. Montreal, Parish	29	16	2	47	129	47	4	180	607	37	1	645	....
214. Côte St. Louis, Village	......	1	......	1	46	5	......	51	170	4	......	174	....
215. St. Jean-Baptiste	7	3	1	11	19	9	......	28	241	31	......	272	....
216. Pointe-aux-Trembles	......	......	1	1	18	8	1	27	127	5	......	132	....
217. Rivière des Prairies	......	......	......	......	44	3	......	47	112	1	......	113	....
218. Sault au Récollet	......	......	......	......	106	6	4	116	223	3	......	226	....
Total of Hochelaga	38	20	4	62	397	80	9	486	1576	88	1	1665	....

COUNTY OF

TOWNSHIPS, PARISHES, &c.	Brick 1 Story.	Brick 2 Story.	Brick 3 Story.	Total Brick.	Stone 1 Story.	Stone 2 Story.	Stone 3 Story.	Total Stone.	Frame 1 Story.	Frame 2 Story.	Frame 3 Story.	Total Frame.	Total Log Houses.
219. Elgin	1	......	......	1	31	1	......	32	58	......	......	58	86
220. Franklin	8	......	......	8	11	2	......	13	71	1	......	72	120
221. Hemmingford	18	2	1	21	40	10	......	50	93	2	......	95	458
222. Hinchinbrooke	3	......	......	3	20	5	1	26	105	3	......	108	261
223. Huntingdon, Village, and Godmanchester	9	2	......	11	24	6	......	30	137	2	......	139	234
224. St. Anicet	2	......	......	2	1	......	......	1	235	1	......	236	160
225. St. Régis and Dundee	5	......	......	5	6	......	......	6	73	......	......	73	141
Total of Huntingdon	46	4	1	51	133	24	1	158	772	9	......	781	1460

COUNTY OF

TOWNSHIPS, PARISHES, &c.	Brick 1 Story.	Brick 2 Story.	Brick 3 Story.	Total Brick.	Stone 1 Story.	Stone 2 Story.	Stone 3 Story.	Total Stone.	Frame 1 Story.	Frame 2 Story.	Frame 3 Story.	Total Frame.	Total Log Houses.
226. Iberville	18	5	......	23	2	3	......	5	182	4	......	186	....
227. St. Alexandre	......	......	......	......	......	......	......	......	438	......	......	438	....
228. St. Athanase	7	......	......	7	5	......	......	5	130	......	......	130	16
229. Ste. Brigitte	8	......	......	8	1	......	......	1	130	......	......	130	144
230. St. George de Henryville	34	3	......	37	14	4	......	18	389	14	1	404	226
231. St. Grégoire	3	......	......	3	12	......	......	12	344	2	......	346	....
Total of Iberville	70	8	......	78	34	7	......	41	1613	20	1	1634	386

COUNTY OF

TOWNSHIPS, PARISHES, &c.	Brick 1 Story.	Brick 2 Story.	Brick 3 Story.	Total Brick.	Stone 1 Story.	Stone 2 Story.	Stone 3 Story.	Total Stone.	Frame 1 Story.	Frame 2 Story.	Frame 3 Story.	Total Frame.	Total Log Houses.
232. Ashford	......	......	......	......	......	......	......	......	166	1	......	167	....
233. L'Islet	1	......	......	1	1	......	......	1	516	14	......	530	....
234. St. Aubert and Fournier*	......	......	......	......	......	......	......	......	181	......	1	182	....
235. St. Cyrille	......	......	1	1	......	......	......	......	92	......	......	92	....
236. St. Jean	......	......	......	......	2	2	......	4	381	7	......	388	....
237. St. Roch	1	......	......	1	10	......	......	10	257	1	......	258	....
Total of L'Islet	2	......	1	3	13	2	......	15	1593	23	1	1617	....

* 1 sheet torn.

PLACES OF WORSHIP, &c., FOR 1860–61.

HOCHELAGA.

TOTALS.				PLACES OF WORSHIP.														
Total N° of Houses.	Families.	Houses vacant.	Houses building.	Church of Rome.	Church of England.	Church of Scotland.	Free Church of Scotland.	United Presbyterians.	Wesleyan Methodists.	Episcopal Methodists.	New Connection Methodists.	Other Methodists.	Baptists.	Congregationalists.	Second Adventists.	Jewish.	Unitarians.	Other Places of Worship.
142	142	1																
878	1113	35	2															
226	261	4																
310	470	15	19															
160	193	3																
160	193	1																
342	397	12	4															
2213	2769	71	25	9	2													

HUNTINGDON.

Total N° of Houses.	Families.	Houses vacant.	Houses building.	Church of Rome.	Church of England.	Church of Scotland.	Free Church of Scotland.	United Presbyterians.	Wesleyan Methodists.	Episcopal Methodists.	New Connection Methodists.	Other Methodists.	Baptists.	Congregationalists.	Second Adventists.	Jewish.	Unitarians.	Other Places of Worship.
177	185		1															
213	216	1																
624	646	32	7															
398	406	12	2															
414	423	8																
399	443	12	13															
225	244	1	3															
2450	2563	66	26	4	4	3		1				1						1

IBERVILLE.

Total N° of Houses.	Families.	Houses vacant.	Houses building.	Church of Rome.	Church of England.	Church of Scotland.	Free Church of Scotland.	United Presbyterians.	Wesleyan Methodists.	Episcopal Methodists.	New Connection Methodists.	Other Methodists.	Baptists.	Congregationalists.	Second Adventists.	Jewish.	Unitarians.	Other Places of Worship.
214	274	12																
438	464	7																
158	171	16	1															
283	298	7	3															
685	751	9	6															
361	401	1																
2139	2359	52	10	8	1					1								

L'ISLET.

Total N° of Houses.	Families.	Houses vacant.	Houses building.	Church of Rome.	Church of England.	Church of Scotland.	Free Church of Scotland.	United Presbyterians.	Wesleyan Methodists.	Episcopal Methodists.	New Connection Methodists.	Other Methodists.	Baptists.	Congregationalists.	Second Adventists.	Jewish.	Unitarians.	Other Places of Worship.
167	217																	
532	662	9	6															
182	224	3																
93	104	1	2															
392	476	22	2															
269	342	2																
1635	2025	37	10	6														

No. 16.—Lower Canada—Return of Houses,

COUNTY OF

TOWNSHIPS, PARISHES, &c.	INHABITED HOUSES.													
	BRICK.				STONE.				FRAME.					
	1 Story.	2 Story.	3 Story.	Total Brick.	1 Story.	2 Story.	3 Story.	Total Stone.	1 Story.	2 Story.	3 Story.	Total Frame.	Total Log Houses.
238. Lachine, Parish	1	......	......	1	44	12	3	59	84	7	......	91	......
239. Lachine, Village	2	2	......	4	4	16	......	20	108	30	......	138	......
240. La Pointe Claire	......	......	......	......	51	5	......	56	172	......	......	172	......
241. Ste. Anne	1	......	......	1	30	1	......	31	122	1	......	123	......
242. Ste. Geneviève, Parish	......	......	......	......	21	......	......	21	154	......	......	154	......
243. Ste. Geneviève, Village	......	......	......	......	9	2	......	11	107	1	......	108	......
244. St. Laurent	2	......	......	2	84	12	2	98	266	5	......	271	......
245. St. Raphaël and Isle Bizard	......	......	......	......	10	2	......	12	119	......	......	119	......
Total of Jacques Cartier	6	2	......	8	253	50	5	308	1132	44	......	1176	......

COUNTY OF

TOWNSHIPS, PARISHES, &c.	Brick 1 Story.	Brick 2 Story.	Brick 3 Story.	Total Brick.	Stone 1 Story.	Stone 2 Story.	Stone 3 Story.	Total Stone.	Frame 1 Story.	Frame 2 Story.	Frame 3 Story.	Total Frame.	Total Log Houses.
246. Cathcart	......	......	......	......	......	......	......	......	132	......	......	132	......
247. Joliette	......	......	......	......	......	......	......	......	10	......	......	10	79
248. Joliette, College	......	......	......	......	......	......	......	......	......	......	......	......	......
249. Joliette, Convent	......	......	......	......	......	......	......	......	......	......	......	......	......
250. Kildare	......	......	......	......	......	......	......	......	9	......	......	9	80
251. St. Ambroise	......	......	......	......	1	......	......	1	297	2	......	299	1
252. St. Charles Borromée	3	1	......	4	5	1	1	7	485	20	......	505	......
253. Ste. Elizabeth	2	1	......	3	7	......	......	7	411	2	......	413	......
254. Ste. Elizabeth, Convent	......	......	......	......	......	......	......	......	......	......	......	......	......
255. St. Félix	......	1	......	1	......	......	......	......	281	2	......	283	......
256. St. Jean de Matha	......	......	......	......	......	......	......	......	208	......	......	208	......
257. Ste. Mélanie	......	......	......	......	......	......	......	......	328	2	......	330	......
258. St. Paul	2	......	......	2	29	1	......	30	234	4	......	238	......
259. St. Thomas	5	......	......	5	......	......	......	......	250	1	......	251	......
Total of Joliette	12	3	......	15	42	2	1	45	2645	33	......	2678	160

COUNTY OF

TOWNSHIPS, PARISHES, &c.	Brick 1 Story.	Brick 2 Story.	Brick 3 Story.	Total Brick.	Stone 1 Story.	Stone 2 Story.	Stone 3 Story.	Total Stone.	Frame 1 Story.	Frame 2 Story.	Frame 3 Story.	Total Frame.	Total Log Houses.
260. Ixworth	......	......	......	......	......	......	......	......	218	......	......	218	......
261. Kamouraska, Village	......	......	......	......	......	......	1	1	87	7	......	94	......
262. Mont Carmel	......	......	......	......	......	......	......	......	83	......	......	83	......
263. Rivière Ouelle	......	......	......	......	3	......	......	3	210	5	......	215	......
264. St. Alexandre	......	......	......	......	......	......	......	......	246	2	......	248	......
265. St. André	......	......	......	......	......	......	......	......	201	1	......	202	......
266. Ste. Anne	1	......	......	1	1	1	......	2	404	6	......	410	......
267. St. Denis	......	......	......	......	1	......	......	1	238	4	......	242	......
268. Ste. Hélène	......	......	......	......	......	......	......	......	160	2	......	162	......
269. St. Louis	......	......	......	......	......	......	......	......	117	3	......	120	......
270. St. Pacôme	......	......	......	......	......	......	......	......	157	1	......	158	......
271. St. Paschal	......	......	......	......	......	......	......	......	211	1	1	213	......
272. Woodbridge	......	......	......	......	......	......	......	......	81	1	......	82	......
Total of Kamouraska	1	......	......	1	5	1	1	7	2413	33	1	2447	......

PLACES OF WORSHIP, &c., FOR 1860-61.

JACQUES CARTIER.

TOTALS.				PLACES OF WORSHIP.																
Total N° of Houses.	Families.	Houses vacant.	Houses building.	Church of Rome.	Church of England.	Church of Scotland.	Free Church of Scotland.	United Presbyterians.	Wesleyan Methodists.	Episcopal Methodists.	New Connection Methodists.	Other Methodists.	Baptists.	Congregationalists.	Second Adventists.	Jewish.	Unitarians.	Other Places of Worship.
151	155	2	...	...	...	...	...	...	...	...	...	...	...	...	...	...	...	...
162	201	...	...	...	...	...	...	...	...	...	...	...	...	...	...	...	...	...
228	247	25	2	...	...	...	...	...	...	...	...	...	...	...	...	...	...	...
155	164	3	1	...	...	...	...	...	...	...	...	...	...	...	...	...	...	...
175	227	...	...	...	...	...	...	...	...	...	...	...	...	...	...	...	...	...
119	120	...	...	...	...	...	...	...	...	...	...	...	...	...	...	...	...	...
371	441	14	1	...	...	...	...	...	...	...	...	...	...	...	...	...	...	...
131	163	...	...	...	...	...	...	...	...	...	...	...	...	...	...	...	...	...
1492	1718	44	4	5	1	...	...	1	...	...	...	...	...	...	...	...	...	...

JOLIETTE.

Total N° of Houses.	Families.	Houses vacant.	Houses building.	Church of Rome.	Church of England.	Church of Scotland.	Free Church of Scotland.	United Presbyterians.	Wesleyan Methodists.	Episcopal Methodists.	New Connection Methodists.	Other Methodists.	Baptists.	Congregationalists.	Second Adventists.	Jewish.	Unitarians.	Other Places of Worship.
132	143	...	...	...	...	...	...	...	...	...	...	...	...	...	...	...	...	...
89	95	13	...	...	...	...	...	...	...	...	...	...	...	...	...	...	...	...
...	...	...	...	...	...	...	...	...	...	...	...	...	...	...	...	...	...	...
...	...	...	...	...	...	...	...	...	...	...	...	...	...	...	...	...	...	...
89	90	9	...	...	...	...	...	...	...	...	...	...	...	...	...	...	...	...
301	312	5	1	...	...	...	...	...	...	...	...	...	...	...	...	...	...	...
516	616	14	1	...	...	...	...	...	...	...	...	...	...	...	...	...	...	...
423	510	29	4	...	...	...	...	...	...	...	...	...	...	...	...	...	...	...
...	...	...	...	...	...	...	...	...	...	...	...	...	...	...	...	...	...	...
284	302	20	4	...	...	...	...	...	...	...	...	...	...	...	...	...	...	...
208	211	5	3	...	...	...	...	...	...	...	...	...	...	...	...	...	...	...
330	382	11	...	...	...	...	...	...	...	...	...	...	...	...	...	...	...	...
270	314	17	1	...	...	...	...	...	...	...	...	...	...	...	...	...	...	...
256	271	...	...	...	...	...	...	...	...	...	...	...	...	...	...	...	...	...
2898	3246	123	14	5	...	...	...	...	...	...	...	...	...	...	...	...	...	...

KAMOURASKA.

Total N° of Houses.	Families.	Houses vacant.	Houses building.	Church of Rome.	Church of England.	Church of Scotland.	Free Church of Scotland.	United Presbyterians.	Wesleyan Methodists.	Episcopal Methodists.	New Connection Methodists.	Other Methodists.	Baptists.	Congregationalists.	Second Adventists.	Jewish.	Unitarians.	Other Places of Worship.
218	223	...	2	...	...	...	...	...	...	...	...	...	...	...	...	...	...	...
95	121	1	1	...	...	...	...	...	...	...	...	...	...	...	...	...	...	...
83	90	...	1	...	...	...	...	...	...	...	...	...	...	...	...	...	...	...
218	258	8	...	...	...	...	...	...	...	...	...	...	...	...	...	...	...	...
248	251	19	1	...	...	...	...	...	...	...	...	...	...	...	...	...	...	...
202	263	7	5	...	...	...	...	...	...	...	...	...	...	...	...	...	...	...
413	495	5	2	...	...	...	...	...	...	...	...	...	...	...	...	...	...	...
243	261	3	1	...	...	...	...	...	...	...	...	...	...	...	...	...	...	...
162	184	2	...	...	...	...	...	...	...	...	...	...	...	...	...	...	...	...
120	169	4	...	...	...	...	...	...	...	...	...	...	...	...	...	...	...	...
158	175	3	2	...	...	...	...	...	...	...	...	...	...	...	...	...	...	...
213	256	14	1	...	...	...	...	...	...	...	...	...	...	...	...	...	...	...
82	88	5	1	...	...	...	...	...	...	...	...	...	...	...	...	...	...	...
2455	2835	71	17	9	...	...	...	...	...	...	...	...	...	...	...	...	...	...

No. 16.—Lower Canada—Return of Houses,

COUNTY OF

TOWNSHIPS, PARISHES, &c.	INHABITED HOUSES.												
	BRICK.				STONE.				FRAME.				
	1 Story.	2 Story.	3 Story.	Total Brick.	1 Story.	2 Story.	3 Story.	Total Stone.	1 Story.	2 Story.	3 Story.	Total Frame.	Total Log Houses.
273. Laprairie, Village	6	13	......	19	14	15	5	34	153	32	......	185	....
274. Laprairie, Parish	6	......	......	6	33	2	......	35	245	....	......	245	....
275. St. Constant	2	1	......	3	12	5	......	17	281	3	......	284	....
276. St. Isidore	2	......	......	2	6	6	......	12	247	1	......	248	....
277. St. Jacques le Mineur	4	......	......	4	15	1	......	16	298	....	......	298	....
278. St. Philippe	3	......	......	3	1	6	......	7	263	2	......	265	....
279. Sault St. Louis	......	......	......	......	52	8	......	60	144	....	......	144	65
Total of Laprairie	23	14	......	37	133	43	5	181	1631	38	......	1669	65

COUNTY OF

TOWNSHIPS, PARISHES, &c.	Brick 1 Story.	Brick 2 Story.	Brick 3 Story.	Total Brick.	Stone 1 Story.	Stone 2 Story.	Stone 3 Story.	Total Stone.	Frame 1 Story.	Frame 2 Story.	Frame 3 Story.	Total Frame.	Total Log Houses.
280. St. François de Sales	......	......	......	......	31	3	......	34	102	1	......	103	....
281. St. Martin	2	......	......	2	74	18	2	94	471	15	5	491	....
282. Ste. Rose, Parish and Village	2	......	......	2	70	23	1	94	293	20	1	314	....
283. St. Vincent de Paul	......	......	......	......	102	20	4	126	187	10	1	198	....
284. St. Vincent de Paul, Convent	......	......	......	......	......	......	......	......	....	....	......	....	....
285. St. Vincent de Paul, College	......	......	......	......	......	......	......	......	....	....	......	....	....
Total of Laval	4	......	......	4	277	64	7	348	1053	46	7	1106	....

COUNTY OF

TOWNSHIPS, PARISHES, &c.	Brick 1 Story.	Brick 2 Story.	Brick 3 Story.	Total Brick.	Stone 1 Story.	Stone 2 Story.	Stone 3 Story.	Total Stone.	Frame 1 Story.	Frame 2 Story.	Frame 3 Story.	Total Frame.	Total Log Houses.
286. Notre Dame de la Victoire	3	10	3	16	15	7	......	22	656	124	7	787	....
287. St. Joseph de la Pointe Lévis	......	3	......	3	8	2	1	11	293	28	3	324	....
288. St. Etienne de Lauzon	......	......	......	......	1	......	......	1	118	....	......	118	....
289. St. Henri	......	......	......	......	......	......	......	......	351	4	......	355	....
290. St. Jean Chrysostôme	......	......	......	......	5	2	......	7	349	6	3	358	....
291. St. Lambert	......	......	......	......	......	......	......	......	258	6	......	264	....
292. St. Nicholas	......	......	......	......	10	......	......	10	305	5	2	312	....
293. St. Romuald d'Etchemin	1	3	......	4	1	3	......	4	294	12	......	306	....
Total of Lévis	4	16	3	23	40	14	1	55	2624	185	15	2824	....

COUNTY OF

TOWNSHIPS, PARISHES, &c.	Brick 1 Story.	Brick 2 Story.	Brick 3 Story.	Total Brick.	Stone 1 Story.	Stone 2 Story.	Stone 3 Story.	Total Stone.	Frame 1 Story.	Frame 2 Story.	Frame 3 Story.	Total Frame.	Total Log Houses.
294. Lotbinière	1	1	......	2	6	4	1	11	478	5	......	483	....
295. Ste. Agathe	......	......	......	......	......	......	......	......	147	....	......	147	69
296. St. Antoine	......	......	......	......	3	1	......	4	262	1	1	264	....
297. St. Apollinaire	......	......	......	......	......	......	......	......	229	....	......	229	....
298. Ste. Croix and Convent	......	......	......	......	3	2	......	5	106	1	......	107	....
299. St. Flavien	......	......	......	......	......	......	......	......	157	2	......	159	....
300. St. Giles	......	......	......	......	......	......	......	......	162	1	......	163	....
301. St. Jean Deschaillons	2	1	......	3	3	2	......	5	306	1	......	307	....
302. St. Sylvestre	......	......	......	......	......	......	......	......	202	....	......	202	343
Total of Lotbinière	3	2	......	5	15	9	1	25	2049	11	1	2061	412

PLACES OF WORSHIP, &c., FOR 1860–61.

LAPRAIRIE.

TOTALS.				PLACES OF WORSHIP.														
Total N° of Houses.	Families.	Houses Vacant.	Houses building.	Church of Rome.	Church of England.	Church of Scotland.	Free Church of Scotland.	United Presbyterians.	Wesleyan Methodists.	Episcopal Methodists.	New Connection Methodists.	Other Methodists.	Baptists.	Congregationalists.	Second Adventists.	Jewish.	Unitarians.	Other Places of Worship.
238	401	1	...															
286	327	...	...															
304	355	9	1															
262	328	20	1															
318	375	2	...															
275	333	6	...															
269	321	19	1															
1952	2440	57	3	4	1	...	...	...	1	...	...	...	...	...	...	...	...	...

LAVAL.

Total N° of Houses.	Families.	Houses Vacant.	Houses building.	Church of Rome.	Church of England.	Church of Scotland.	Free Church of Scotland.	United Presbyterians.	Wesleyan Methodists.	Episcopal Methodists.	New Connection Methodists.	Other Methodists.	Baptists.	Congregationalists.	Second Adventists.	Jewish.	Unitarians.	Other Places of Worship.
137	163	7	...															
587	660	14	1															
410	463	9	...															
324	402	10	...															
...	...	...	...															
...	...	...	...															
1458	1688	40	1	4	...	...	...	...	...	...	...	...	...	...	...	...	...	...

LÉVIS.

Total N° of Houses.	Families.	Houses Vacant.	Houses building.	Church of Rome.	Church of England.	Church of Scotland.	Free Church of Scotland.	United Presbyterians.	Wesleyan Methodists.	Episcopal Methodists.	New Connection Methodists.	Other Methodists.	Baptists.	Congregationalists.	Second Adventists.	Jewish.	Unitarians.	Other Places of Worship.
825	1003	57	13															
338	448	9	3															
119	128	3	...															
355	349	38	5															
365	305	11	7															
264	264	29	5															
322	380	21	4															
314	358	9	7															
2902	3235	177	44	6	...	...	...	...	...	...	...	...	...	...	...	...	...	...

LOTBINIÈRE.

Total N° of Houses.	Families.	Houses Vacant.	Houses building.	Church of Rome.	Church of England.	Church of Scotland.	Free Church of Scotland.	United Presbyterians.	Wesleyan Methodists.	Episcopal Methodists.	New Connection Methodists.	Other Methodists.	Baptists.	Congregationalists.	Second Adventists.	Jewish.	Unitarians.	Other Places of Worship.
496	542	47	6															
216	228	2	8															
268	289	14	3															
229	252	5	2															
112	122	22	5															
159	176	4	9															
163	176	2	4															
315	367	14	3															
545	560	5	1															
2503	2712	115	41	7	2	...	...	1	1	...	...	...	...	...	...	...	...	...

No. 16.—Lower Canada—Return of Houses,

COUNTY OF

TOWNSHIPS, PARISHES, &c.	INHABITED HOUSES.												
	BRICK.				STONE.				FRAME.				
	1 Story.	2 Story.	3 Story.	Total Brick.	1 Story.	2 Story.	3 Story.	Total Stone.	1 Story.	2 Story.	3 Story.	Total Frame.	Total Log Houses.
303. Hunterstown									58	4		62	
304. Maskinongé					3			3	415			415	
305. Rivière du Loup	6			6	2	4		6	260	3		263	
306. St. Didace									146			146	
307. St. Justin									222			222	
308. St. Léon					2			2	305			305	
309. St. Paulin									110	29		139	
310. Ste. Ursule					2			2	295	5		300	
Total of Maskinongé	6			6	9	4		13	1811	41		1852	

COUNTY OF

TOWNSHIPS, PARISHES, &c.	1 Story.	2 Story.	3 Story.	Total Brick.	1 Story.	2 Story.	3 Story.	Total Stone.	1 Story.	2 Story.	3 Story.	Total Frame.	Total Log Houses.
311. Broughton									119			119	140
312. Halifax, North									342			342	
313. Halifax, South									397			397	1
314. Inverness					1			1	38	5	1	44	295
315. Ireland					1			1	23	2		25	131
316. Leeds						4		4	23	3		26	349
317. Nelson									113			113	105
318. Somerset, North						1		1	219			219	
319. Somerset, South, and Augmentation									326	1		327	
320. Thetford													48
Total of Megantic					2	5		7	1600	11	1	1612	1069

COUNTY OF

TOWNSHIPS, PARISHES, &c.	1 Story.	2 Story.	3 Story.	Total Brick.	1 Story.	2 Story.	3 Story.	Total Stone.	1 Story.	2 Story.	3 Story.	Total Frame.	Total Log Houses.
321. Dunham	52	18		70	48	5		53	362	31		393	186
322. Farnham	2	1		3	3			3	206	5		211	127
323. Notre Dame des Anges	1			1	1			1	3			3	103
324. Philipsburgh, Village	2	3		5		1		1	40	13		53	1
325. St. Armand, West	13	6		19	4	5		9	235	19		254	32
326. St. Armand, East	13	20		33	11	5		16	166	16		182	41
327. St. George de Clarenceville	35	11		46	5	1		6	98	11		109	102
328. Stanbridge	72	18		90	13	9		22	448	19		467	338
329. St. Thomas	24	3		27	5	1		6	55	6		61	32
Total of Missisquoi	214	80		294	90	27		117	1613	120		1733	1262

COUNTY OF

TOWNSHIPS, PARISHES, &c.	1 Story.	2 Story.	3 Story.	Total Brick.	1 Story.	2 Story.	3 Story.	Total Stone.	1 Story.	2 Story.	3 Story.	Total Frame.	Total Log Houses.
330. Chertsey									135			135	
332. Kilkenny									263	1		264	
333. Rawdon						1		1	256	5		261	7
334. St. Alexis	1	1		2	14			14	188			188	
335. St. Esprit	2			2	28	1		29	231	5		236	

PLACES OF WORSHIP, &c., FOR 1860–61.

MASKINONGÉ.

TOTALS.				PLACES OF WORSHIP.														
Total N° of Houses.	Families.	Houses vacant.	Houses building.	Church of Rome.	Church of England.	Church of Scotland.	Free Church of Scotland.	United Presbyterians.	Wesleyan Methodists.	Episcopal Methodists.	New Connection Methodists.	Other Methodists.	Baptists.	Congregationalists.	Second Adventists.	Jewish.	Unitarians.	Other Places of Worship.
62	78	1																
418	496	5	2															
275	322	5	2															
146	168	8	4															
222	256	2	2															
307	354	6																
139	147	3																
302	345	6	2															
1871	2166	36	12	7														

MEGANTIC.

Total N° of Houses.	Families.	Houses vacant.	Houses building.	Church of Rome.	Church of England.	Church of Scotland.	Free Church of Scotland.	United Presbyterians.	Wesleyan Methodists.	Episcopal Methodists.	New Connection Methodists.	Other Methodists.	Baptists.	Congregationalists.	Second Adventists.	Jewish.	Unitarians.	Other Places of Worship.
259	283	1	4															
342	381		6															
398	363	3	5															
340	361	10	1															
157	163	5	2															
379	399	8	6															
218	228	6	1															
220	231	1																
327	340	8	4															
48	48	1																
2688	2797	43	29	5	1			1	2	2			1	1				

MISSISQUOI.

Total N° of Houses.	Families.	Houses vacant.	Houses building.	Church of Rome.	Church of England.	Church of Scotland.	Free Church of Scotland.	United Presbyterians.	Wesleyan Methodists.	Episcopal Methodists.	New Connection Methodists.	Other Methodists.	Baptists.	Congregationalists.	Second Adventists.	Jewish.	Unitarians.	Other Places of Worship.
702	748	50	10															
344	387	13	10															
108	117		19															
60	64																	
314	332	11	1															
272	314	22	2															
263	283	10	1															
817	974	16	4															
126	140	10																
3406	3359	132	47	3	3				3	4				1				

MONTCALM.

Total N° of Houses.	Families.	Houses vacant.	Houses building.	Church of Rome.	Church of England.	Church of Scotland.	Free Church of Scotland.	United Presbyterians.	Wesleyan Methodists.	Episcopal Methodists.	New Connection Methodists.	Other Methodists.	Baptists.	Congregationalists.	Second Adventists.	Jewish.	Unitarians.	Other Places of Worship.
135	139	2	3															
264	270	17	1															
269	266	6																
204	232	7	1															
267	311	1	1															

No. 16.—Lower Canada—Return of Houses,

COUNTY OF

TOWNSHIPS, PARISHES, &c.	INHABITED HOUSES.												
	BRICK.				STONE.				FRAME.				
	1 Story.	2 Story.	3 Story.	Total Brick.	1 Story.	2 Story.	3 Story.	Total Stone.	1 Story.	2 Story.	3 Story.	Total Frame.	Total Log Houses.
336. St. Jacques	......	......	......	......	20	6	......	26	428	2	......	430	....
337. Ste. Julienne	......	......	......	......	......	1	......	1	170	6	......	176	19
338. St. Liguori	5	......	......	5	......	3	......	3	218	......	......	218	....
339. Wexford	......	......	......	......	......	......	......	......	79	......	......	79	26
Total of Montcalm	8	1	......	9	62	12	......	74	1868	19	......	1887	52

COUNTY OF

TOWNSHIPS, PARISHES, &c.	Brick 1 Story.	Brick 2 Story.	Brick 3 Story.	Total Brick.	Stone 1 Story.	Stone 2 Story.	Stone 3 Story.	Total Stone.	Frame 1 Story.	Frame 2 Story.	Frame 3 Story.	Total Frame.	Total Log Houses.
340. Berthier	......	......	......	......	6	2	......	8	171	6	......	177	....
341. Grosse Isle	......	......	......	......	......	......	......	......	4	......	......	4	....
342. Isle aux Grues	......	......	......	......	......	......	......	......	63	......	......	63	....
343. Isle aux Oies	......	......	......	......	......	......	......	......	11	......	......	11	....
344. Isle aux Canots	......	......	......	......	......	......	......	......	1	......	......	1	....
345. Isle Ste Marguerite	......	......	......	......	......	......	......	......	1	......	......	1	....
346. Montmagny, Village	1	......	......	1	4	3	......	7	207	18	......	225	....
347. Montmini	......	......	......	......	......	......	......	......	104	......	......	104	....
348. St. François	......	......	......	......	......	......	......	......	254	7	......	261	....
349. St. Ignace	......	......	......	......	3	......	......	3	422	4	......	426	....
350. St. Pierre	......	......	......	......	......	1	......	1	185	1	......	186	....
351. St. Thomas	......	......	......	......	5	......	......	5	399	2	......	401	....
Total of Montmagny	1	......	......	1	18	6	......	24	1822	38	......	1861	....

COUNTY OF

TOWNSHIPS, PARISHES, &c.	Brick 1 Story.	Brick 2 Story.	Brick 3 Story.	Total Brick.	Stone 1 Story.	Stone 2 Story.	Stone 3 Story.	Total Stone.	Frame 1 Story.	Frame 2 Story.	Frame 3 Story.	Total Frame.	Total Log Houses.
352. Ange Gardien	3	......	......	3	64	4	......	68	67	2	......	69	....
353. Château Richer	......	1	......	1	90	9	......	99	90	4	......	94	....
354. Laval	......	......	......	......	......	......	......	......	113	......	......	113	....
355. Ste. Anne	......	......	......	......	72	......	......	72	94	5	......	99	....
356. Ste. Famille	......	......	......	......	50	1	......	51	44	......	......	44	....
357. St. Féréol	......	......	......	......	28	1	......	29	111	......	......	111	....
358. St. François	......	......	......	......	61	......	......	61	12	......	......	12	....
359. St. Jean	......	......	......	......	69	1	2	72	137	1	......	138	....
360. St. Joachim	......	......	......	......	59	......	1	60	133	2	......	135	....
361. St. Laurent	......	......	......	......	48	......	......	48	73	......	......	73	....
362. St. Pierre	1	......	......	1	36	1	......	37	87	......	......	87	....
Total of Montmorency	4	1	......	5	577	17	3	597	961	14	......	975	....

COUNTY OF

TOWNSHIPS, PARISHES, &c.	Brick 1 Story.	Brick 2 Story.	Brick 3 Story.	Total Brick.	Stone 1 Story.	Stone 2 Story.	Stone 3 Story.	Total Stone.	Frame 1 Story.	Frame 2 Story.	Frame 3 Story.	Total Frame.	Total Log Houses.
363. St. Cyprien and Convent	11	2	......	13	14	8	......	22	572	3	......	575	....
364. St. Edouard	......	......	......	......	......	......	1	1	320	1	......	321	....
365. St. Michel	1	1	......	2	10	3	......	13	206	......	......	206	....
366. St. Rémi	4	......	......	4	10	5	1	16	462	2	......	464	....
367. Sherrington	1	......	......	1	3	2	......	5	50	1	......	51	235
Total of Napierville	17	3	......	20	37	18	2	57	1610	7	......	1617	235

PLACES OF WORSHIP, &c., FOR 1860–61.

MONTCALM.—(*Continued.*)

TOTALS.				PLACES OF WORSHIP.																
Total N° of Houses.	Families.	Houses vacant.	Houses building.	Church of Rome.	Church of England.	Church of Scotland.	Free Church of Scotland.	United Presbyterians.	Wesleyan Methodists.	Episcopal Methodists.	New Connection Methodists.	Other Methodists.	Baptists.	Congregationalists.	Second Adventists.	Jewish.	Unitarians.	Other Places of Worship.		
456	532	18	1	...	...	...	...	...	...	...	...	...	...	...	...	...	...	...		
196	206	18	7	...	...	...	...	...	...	...	...	...	...	...	...	...	...	...		
226	257	11	1	...	...	...	...	...	...	...	...	...	...	...	...	...	...	...		
105	94	7	2	...	...	...	...	...	...	...	...	...	...	...	...	...	...	...		
2022	2307	87	17	7	2	...	...	...	1	...	...	...	...	...	...	...	...	...		

MONTMAGNY.

Total N° of Houses.	Families.	Houses vacant.	Houses building.	Church of Rome.	Church of England.	Church of Scotland.	Free Church of Scotland.	United Presbyterians.	Wesleyan Methodists.	Episcopal Methodists.	New Connection Methodists.	Other Methodists.	Baptists.	Congregationalists.	Second Adventists.	Jewish.	Unitarians.	Other Places of Worship.
185	211	7	...	...	...	...	...	...	...	...	...	...	...	...	...	...	...	...
4	4	...	...	...	...	...	...	...	...	...	...	...	...	...	...	...	...	...
63	72	3	...	...	...	...	...	...	...	...	...	...	...	...	...	...	...	...
11	12	...	...	...	...	...	...	...	...	...	...	...	...	...	...	...	...	...
1	1	...	...	...	...	...	...	...	...	...	...	...	...	...	...	...	...	...
1	1	...	...	...	...	...	...	...	...	...	...	...	...	...	...	...	...	...
233	253	5	5	...	...	...	...	...	...	...	...	...	...	...	...	...	...	...
104	104	1	1	...	...	...	...	...	...	...	...	...	...	...	...	...	...	...
261	301	4	1	...	...	...	...	...	...	...	...	...	...	...	...	...	...	...
429	470	7	6	...	...	...	...	...	...	...	...	...	...	...	...	...	...	...
187	226	1	1	...	...	...	...	...	...	...	...	...	...	...	...	...	...	...
406	437	8	2	...	...	...	...	...	...	...	...	...	...	...	...	...	...	...
1885	2090	36	16	6	...	...	...	...	...	...	...	...	...	...	...	...	...	...

MONTMORENCY.

Total N° of Houses.	Families.	Houses vacant.	Houses building.	Church of Rome.	Church of England.	Church of Scotland.	Free Church of Scotland.	United Presbyterians.	Wesleyan Methodists.	Episcopal Methodists.	New Connection Methodists.	Other Methodists.	Baptists.	Congregationalists.	Second Adventists.	Jewish.	Unitarians.	Other Places of Worship.
140	157	2	2	...	...	...	...	...	...	...	...	...	...	...	...	...	...	...
194	206	5	...	...	...	...	...	...	...	...	...	...	...	...	...	...	...	...
113	106	7	...	...	...	...	...	...	...	...	...	...	...	...	...	...	...	...
171	185	...	...	...	...	...	...	...	...	...	...	...	...	...	...	...	...	...
95	115	...	...	...	...	...	...	...	...	...	...	...	...	...	...	...	...	...
140	149	3	...	...	...	...	...	...	...	...	...	...	...	...	...	...	...	...
73	100	5	...	...	...	...	...	...	...	...	...	...	...	...	...	...	...	...
210	227	2	...	...	...	...	...	...	...	...	...	...	...	...	...	...	...	...
195	211	5	6	...	...	...	...	...	...	...	...	...	...	...	...	...	...	...
121	154	4	2	...	...	...	...	...	...	...	...	...	...	...	...	...	...	...
125	151	5	1	...	...	...	...	...	...	...	...	...	...	...	...	...	...	...
1577	1761	38	11	11	...	...	...	...	...	...	...	...	...	...	...	...	...	...

NAPIERVILLE.

Total N° of Houses.	Families.	Houses vacant.	Houses building.	Church of Rome.	Church of England.	Church of Scotland.	Free Church of Scotland.	United Presbyterians.	Wesleyan Methodists.	Episcopal Methodists.	New Connection Methodists.	Other Methodists.	Baptists.	Congregationalists.	Second Adventists.	Jewish.	Unitarians.	Other Places of Worship.
610	779	19	1	...	...	...	...	...	...	...	...	...	...	...	...	...	...	...
322	357	12	1	...	...	...	...	...	...	...	...	...	...	...	...	...	...	...
221	348	17	...	...	...	...	...	...	...	...	...	...	...	...	...	...	...	...
484	508	6	1	...	...	...	...	...	...	...	...	...	...	...	...	...	...	...
292	311	5	1	...	...	...	...	...	...	...	...	...	...	...	...	...	...	...
1929	2303	59	4	4	1	...	...	...	...	...	...	...	...	...	...	...	...	...

No. 16.—Lower Canada—Return of Houses,

COUNTY OF

TOWNSHIPS, PARISHES, &c.	INHABITED HOUSES.												
	BRICK.				STONE.				FRAME.				
	1 Story.	2 Story.	3 Story.	Total Brick.	1 Story.	2 Story.	3 Story.	Total Stone.	1 Story.	2 Story.	3 Story.	Total Frame.	Total Log Houses.
368. Bécancour	2	......	......	2	7	......	......	7	454	......	......	454	......
369. Blandford	......	......	......	......	......	......	......	......	28	......	......	28	......
370. Gentilly	4	1	......	5	5	......	......	5	359	1	......	360	......
371. Nicolet and Seminary	15	......	......	15	36	1	......	37	325	......	......	325	......
372. St. Célestin	......	......	......	......	......	......	......	......	......	......	......	......	......
373. Ste. Gertrude	......	......	......	......	......	......	......	......	208	......	......	208	......
374. St. Grégoire	10	1	......	11	11	1	......	12	401	1	......	402	......
375. Ste. Monique	......	......	......	......	1	......	......	1	456	......	......	456	......
376. St. Pierre	4	......	......	4	1	......	......	1	347	1	......	348	......
Total of Nicolet	35	2	......	37	61	2	......	63	2578	3	......	2581	......

COUNTY OF

TOWNSHIPS, PARISHES, &c.	Brick 1 Story.	Brick 2 Story.	Brick 3 Story.	Total Brick.	Stone 1 Story.	Stone 2 Story.	Stone 3 Story.	Total Stone.	Frame 1 Story.	Frame 2 Story.	Frame 3 Story.	Total Frame.	Total Log Houses.
377. Addington	......	......	......	......	......	......	......	......	......	......	......	......	7
378. Aumond	......	......	......	......	......	......	......	......	......	......	......	......	7
379. Aylmer, Village	......	......	......	......	7	13	......	20	54	9	1	64	117
380. Aylwin	......	......	......	......	......	......	......	......	......	......	......	......	51
381. Bidwell	......	......	......	......	......	......	......	......	......	......	......	......	1
382. Bigelow	......	......	......	......	......	......	......	......	......	......	......	......	6
383. Blake	......	......	......	......	......	......	......	......	......	......	......	......	3
384. Bowman	......	......	......	......	......	......	......	......	......	......	......	......	7
385. Bouchette	......	......	......	......	......	......	......	......	......	......	......	......	20
386. Bouthillier	......	......	......	......	......	......	......	......	......	......	......	......	1
387. Buckingham, Village	......	......	......	......	......	......	......	......	115	2	......	117	45
388. Buckingham	......	......	......	......	......	......	......	......	1	......	......	1	303
389. Cameron	......	......	......	......	......	......	......	......	......	......	......	......	31
390. Denholm	......	......	......	......	......	......	......	......	4	......	......	4	22
391. Derry, East and West	......	......	......	......	......	......	......	......	......	1	......	1	16
392. Dudley	......	......	......	......	......	......	......	......	......	......	......	......	3
393. Eardley	......	......	......	......	......	......	......	......	26	1	......	27	107
394. Egan	......	......	......	......	......	......	......	......	......	......	......	......	27
395. Hartwell	......	......	......	......	......	......	......	......	44	......	......	44	......
396. Hincks	......	......	......	......	......	......	......	......	......	......	......	......	7
397. Hull	......	......	......	......	23	13	2	38	164	10	......	174	272
398. Killaly and Sicotte	......	......	......	......	......	......	......	......	......	......	......	......	1
399. Kiamica	......	......	......	......	......	......	......	......	......	......	......	......	43
400. Kensington	......	......	......	......	......	......	......	......	......	......	......	......	21
401. Lochaber	......	......	......	......	......	1	......	1	38	4	......	42	238
402. Low	......	......	......	......	......	......	......	......	15	......	......	15	98
403. Maniwaky and McGill	......	......	......	......	......	......	......	......	......	......	......	......	25
404. Masham	......	......	......	......	......	......	......	......	13	......	......	13	245
405. Northfield	......	......	......	......	......	......	......	......	......	......	......	......	37
406. Petite Nation	1	......	......	1	......	......	......	......	196	7	......	203	138
407. Portland	......	......	......	......	......	......	......	......	......	......	......	......	49
408. Preston	......	......	......	......	......	......	......	......	1	......	......	1	......
409. Rippon	......	......	......	......	......	......	......	......	29	1	......	30	65
410. Suffolk, Wells and Villeneuve	......	......	......	......	......	......	......	......	......	......	......	......	17
411. Ste. Angélique	1	......	......	1	1	1	......	2	224	4	......	228	......
412. Templeton	3	......	......	3	1	......	......	1	171	5	......	176	175
413. Wabasse and Wright	......	......	......	......	......	......	......	......	......	......	......	......	63
414. Wakefield	......	......	......	......	......	......	......	......	14	5	......	19	122
Total of Ottawa	5	......	......	5	32	28	2	62	1109	49	1	1159	2390

PLACES OF WORSHIP, &c., FOR 1860-61.

NICOLET.

TOTALS.				PLACES OF WORSHIP.															
Total N° of Houses.	Families.	Houses vacant.	Houses building.	Church of Rome.	Church of England.	Church of Scotland.	Free Church of Scotland.	United Presbytorians.	Wesleyan Methodists.	Episcopal Methodists.	New Connection Methodists.	Other Methodists.	Baptists.	Congregationalists.	Second Adventists.	Jewish.	Unitarians.	Other Places of Worship.
463	526	26	1	…	…	…	…	…	…	…	…	…	…	…	…	…	…	…
28	29	…	…	…	…	…	…	…	…	…	…	…	…	…	…	…	…	…
370	381	7	…	…	…	…	…	…	…	…	…	…	…	…	…	…	…	…
377	451	1	1	…	…	…	…	…	…	…	…	…	…	…	…	…	…	…
…	…	…	…	…	…	…	…	…	…	…	…	…	…	…	…	…	…	…
208	217	1	…	…	…	…	…	…	…	…	…	…	…	…	…	…	…	…
425	430	8	…	…	…	…	…	…	…	…	…	…	…	…	…	…	…	…
457	475	3	…	…	…	…	…	…	…	…	…	…	…	…	…	…	…	…
353	411	16	2	…	…	…	…	…	…	…	…	…	…	…	…	…	…	…
2681	2920	62	4	7	1	…	…	1	…	…	…	…	…	…	…	…	…	…

OTTAWA.

Total N° of Houses.	Families.	Houses vacant.	Houses building.	Church of Rome.	Church of England.	Church of Scotland.	Free Church of Scotland.	United Presbytorians.	Wesleyan Methodists.	Episcopal Methodists.	New Connection Methodists.	Other Methodists.	Baptists.	Congregationalists.	Second Adventists.	Jewish.	Unitarians.	Other Places of Worship.
7	6	…	…	…	…	…	…	…	…	…	…	…	…	…	…	…	…	…
7	5	…	…	…	…	…	…	…	…	…	…	…	…	…	…	…	…	…
200	231	6	…	…	…	…	…	…	…	…	…	…	…	…	…	…	…	…
51	52	…	…	…	…	…	…	…	…	…	…	…	…	…	…	…	…	…
1	1	…	…	…	…	…	…	…	…	…	…	…	…	…	…	…	…	…
6	6	…	…	…	…	…	…	…	…	…	…	…	…	…	…	…	…	…
3	4	…	…	…	…	…	…	…	…	…	…	…	…	…	…	…	…	…
7	7	…	…	…	…	…	…	…	…	…	…	…	…	…	…	…	…	…
20	22	…	…	…	…	…	…	…	…	…	…	…	…	…	…	…	…	…
1	1	…	…	…	…	…	…	…	…	…	…	…	…	…	…	…	…	…
162	193	…	…	…	…	…	…	…	…	…	…	…	…	…	…	…	…	…
304	306	…	…	…	…	…	…	…	…	…	…	…	…	…	…	…	…	…
31	37	…	…	…	…	…	…	…	…	…	…	…	…	…	…	…	…	…
26	25	2	1	…	…	…	…	…	…	…	…	…	…	…	…	…	…	…
17	16	…	…	…	…	…	…	…	…	…	…	…	…	…	…	…	…	…
3	4	…	…	…	…	…	…	…	…	…	…	…	…	…	…	…	…	…
134	153	…	3	…	…	…	…	…	…	…	…	…	…	…	…	…	…	…
27	…	…	…	…	…	…	…	…	…	…	…	…	…	…	…	…	…	…
44	47	1	…	…	…	…	…	…	…	…	…	…	…	…	…	…	…	…
7	1	…	…	…	…	…	…	…	…	…	…	…	…	…	…	…	…	…
484	479	…	…	…	…	…	…	…	…	…	…	…	…	…	…	…	…	…
1	…	…	…	…	…	…	…	…	…	…	…	…	…	…	…	…	…	…
43	…	…	…	…	…	…	…	…	…	…	…	…	…	…	…	…	…	…
21	14	…	…	…	…	…	…	…	…	…	…	…	…	…	…	…	…	…
281	291	5	3	…	…	…	…	…	…	…	…	…	…	…	…	…	…	…
113	120	8	6	…	…	…	…	…	…	…	…	…	…	…	…	…	…	…
25	6	…	…	…	…	…	…	…	…	…	…	…	…	…	…	…	…	…
258	269	3	1	…	…	…	…	…	…	…	…	…	…	…	…	…	…	…
37	…	…	…	…	…	…	…	…	…	…	…	…	…	…	…	…	…	…
342	374	4	2	…	…	…	…	…	…	…	…	…	…	…	…	…	…	…
49	27	1	…	…	…	…	…	…	…	…	…	…	…	…	…	…	…	…
1	1	…	…	…	…	…	…	…	…	…	…	…	…	…	…	…	…	…
95	107	…	2	…	…	…	…	…	…	…	…	…	…	…	…	…	…	…
17	17	…	…	…	…	…	…	…	…	…	…	…	…	…	…	…	…	…
231	274	20	10	…	…	…	…	…	…	…	…	…	…	…	…	…	…	…
355	263	9	1	…	…	…	…	…	…	…	…	…	…	…	…	…	…	…
63	66	…	…	…	…	…	…	…	…	…	…	…	…	…	…	…	…	…
141	144	…	…	…	…	…	…	…	…	…	…	…	…	…	…	…	…	…
3616	3569	59	29	…	…	…	…	1	…	1	…	…	…	…	…	…	…	…

No. 16.—Lower Canada—Return of Houses,

COUNTY OF

TOWNSHIPS, PARISHES, &c.	INHABITED HOUSES.													
	BRICK.				STONE.				FRAME.					
	1 Story.	2 Story.	3 Story.	Total Brick.	1 Story.	2 Story.	3 Story.	Total Stone.	1 Story.	2 Story.	3 Story.	Total Frame.	Total Log Houses.
415. Aberdeen										1		1	10
416. Aldfield													27
417. Allumettes									2	2		4	95
418. Bristol					2			2	13			13	251
419. Clarendon			1	1					3	4		7	326
420. Chichester									3			3	83
421. Isle du Calumet									2	3	1	6	142
422. Leslie													21
423. Litchfield	1			1	1	2		3	73	5		78	166
424. Mansfield													63
425. Onslow									30			30	182
426. Pontefract													
427. Portage du Fort													
428. Sheen										1		1	53
429. Thorne													64
430. Waltham									3			3	57
Total of Pontiac	1		1	2	3	2		5	129	16	1	146	1540

COUNTY OF

TOWNSHIPS, PARISHES, &c.	Brick 1 Story.	Brick 2 Story.	Brick 3 Story.	Total Brick.	Stone 1 Story.	Stone 2 Story.	Stone 3 Story.	Total Stone.	Frame 1 Story.	Frame 2 Story.	Frame 3 Story.	Total Frame.	Total Log Houses.
431. Cap Santé	17	2	1	20					442	7		449	
432. Deschambault					39	1		40	265	5	1	271	
433. Ecureuils									67			67	
434. Grondines	2			2	34			34	152			152	
435. Pointe-aux-Trembles					67	3	1	71	211	3		214	
436. St. Alban					1			1	187			187	
437. St. Augustin	1			1	11			11	229	1		230	
438. St. Bazile					4			4	310			310	
439. St. Casimir									240			240	
440. Ste. Catherine					1			1	220			220	63
441. St. Raymond									448			448	
Total of Portneuf	20	2	1	23	157	4	1	162	2771	16	1	2788	63

COUNTY OF

TOWNSHIPS, PARISHES, &c.	Brick 1 Story.	Brick 2 Story.	Brick 3 Story.	Total Brick.	Stone 1 Story.	Stone 2 Story.	Stone 3 Story.	Total Stone.	Frame 1 Story.	Frame 2 Story.	Frame 3 Story.	Total Frame.	Total Log Houses.
442. Ancienne Lorette	1			1		2		2	314	3		317	3
443. Beauport					256	17	1	274	180	2		191	
444. Charlesbourg					24	1		25	423	7		430	
445. General Hospital							1	1					
446. Lunatic Asylum							1	1					
447. Notre Dame de Québec	3	10		13	1	16	5	22	98	53	1	152	
448. St. Ambroise					2			2	440	6		446	
449. St. Colomb	1	7		8	6	7	1	14	320	54	3	377	
450. St. Dunstan					1			1	2	4		6	86
451. St. Edmond									21	1		22	83
452. Ste. Foy	2	1		3	4	1	1	6	61	12		73	
453. St. Gabriel									86			86	49
454. St. Roch	17	4		21	23	4		27	962	11		973	
Total of Quebec	24	22		46	317	48	10	375	2916	153	4	3073	221

PLACES OF WORSHIP, &c., FOR 1860–61.

PONTIAC.

TOTALS.				PLACES OF WORSHIP.														
Total N° of Houses.	Families.	Houses vacant.	Houses building.	Church of Rome.	Church of England.	Church of Scotland.	Free Church of Scotland.	United Presbyterians.	Wesleyan Methodists.	Episcopal Methodists.	New Connection Methodists.	Other Methodists.	Baptists.	Congregationalists.	Second Adventists.	Jewish.	Unitarians.	Other Places of Worship.
11	14	......	1	......	......	......	......	......	......	......	......	......	......	......	......	......	......	......
27	27	......	......	......	......	......	......	......	......	......	......	......	......	......	......	......	......	......
99	104	......	......	......	......	......	......	......	......	......	......	......	......	......	......	......	......	......
266	267	13	1	......	......	......	......	......	......	......	......	......	......	......	......	......	......	......
331	349	4	4	......	......	......	......	......	......	......	......	......	......	......	......	......	......	......
86	87	3	......	......	......	......	......	......	......	......	......	......	......	......	......	......	......	......
148	157	......	1	......	......	......	......	......	......	......	......	......	......	......	......	......	......	......
21	22	3	2	......	......	......	......	......	......	......	......	......	......	......	......	......	......	......
248	263	......	......	......	......	......	......	......	......	......	......	......	......	......	......	......	......	......
63	64	......	......	......	......	......	......	......	......	......	......	......	......	......	......	......	......	......
212	227	3	......	......	......	......	......	......	......	......	......	......	......	......	......	......	......	......
......	......	......	......	......	......	......	......	......	......	......	......	......	......	......	......	......	......	......
......	......	......	......	......	......	......	......	......	......	......	......	......	......	......	......	......	......	......
54	54	......	......	......	......	......	......	......	......	......	......	......	......	......	......	......	......	......
64	65	......	1	......	......	......	......	......	......	......	......	......	......	......	......	......	......	......
60	60	3	......	......	......	......	......	......	......	......	......	......	......	......	......	......	......	......
1693	1760	29	10	5	1	......	......	1	1	......	......	......	......	......	......	......	......	......

PORTNEUF.

Total N° of Houses.	Families.	Houses vacant.	Houses building.	Church of Rome.	Church of England.	Church of Scotland.	Free Church of Scotland.	United Presbyterians.	Wesleyan Methodists.	Episcopal Methodists.	New Connection Methodists.	Other Methodists.	Baptists.	Congregationalists.	Second Adventists.	Jewish.	Unitarians.	Other Places of Worship.
469	505	27	6	......	......	......	......	......	......	......	......	......	......	......	......	......	......	......
311	329	17	5	......	......	......	......	......	......	......	......	......	......	......	......	......	......	......
67	66	......	......	......	......	......	......	......	......	......	......	......	......	......	......	......	......	......
188	215	5	2	......	......	......	......	......	......	......	......	......	......	......	......	......	......	......
285	339	18	......	......	......	......	......	......	......	......	......	......	......	......	......	......	......	......
188	207	4	5	......	......	......	......	......	......	......	......	......	......	......	......	......	......	......
242	272	15	2	......	......	......	......	......	......	......	......	......	......	......	......	......	......	......
314	335	5	6	......	......	......	......	......	......	......	......	......	......	......	......	......	......	......
240	269	13	16	......	......	......	......	......	......	......	......	......	......	......	......	......	......	......
284	284	......	5	......	......	......	......	......	......	......	......	......	......	......	......	......	......	......
448	503	11	8	......	......	......	......	......	......	......	......	......	......	......	......	......	......	......
3036	3324	115	55	10	......	......	......	......	......	......	......	......	......	......	......	......	......	......

QUEBEC.

Total N° of Houses.	Families.	Houses vacant.	Houses building.	Church of Rome.	Church of England.	Church of Scotland.	Free Church of Scotland.	United Presbyterians.	Wesleyan Methodists.	Episcopal Methodists.	New Connection Methodists.	Other Methodists.	Baptists.	Congregationalists.	Second Adventists.	Jewish.	Unitarians.	Other Places of Worship.
323	385	17	1	......	......	......	......	......	......	......	......	......	......	......	......	......	......	......
465	541	13	5	......	......	......	......	......	......	......	......	......	......	......	......	......	......	......
455	512	8	......	......	......	......	......	......	......	......	......	......	......	......	......	......	......	......
1	......	......	......	......	......	......	......	......	......	......	......	......	......	......	......	......	......	......
1	......	......	......	......	......	......	......	......	......	......	......	......	......	......	......	......	......	......
167	198	4	1	......	......	......	......	......	......	......	......	......	......	......	......	......	......	......
448	490	2	7	......	......	......	......	......	......	......	......	......	......	......	......	......	......	......
399	505	4	......	......	......	......	......	......	......	......	......	......	......	......	......	......	......	......
93	111	7	6	......	......	......	......	......	......	......	......	......	......	......	......	......	......	......
105	108	10	......	......	......	......	......	......	......	......	......	......	......	......	......	......	......	......
82	109	16	1	......	......	......	......	......	......	......	......	......	......	......	......	......	......	......
135	137	7	44	......	......	......	......	......	......	......	......	......	......	......	......	......	......	......
1021	1190	8	11	......	......	......	......	......	......	......	......	......	......	......	......	......	......	......
3715	4286	96	76	6	1	......	......	......	......	......	......	......	......	......	......	......	......	......

No. 16.—Lower Canada—Return of Houses,

COUNTY OF

TOWNSHIPS, PARISHES, &c.	INHABITED HOUSES.												
	BRICK.				STONE.				FRAME.				
	1 Story.	2 Story.	3 Story.	Total Brick.	1 Story.	2 Story.	3 Story.	Total Stone.	1 Story.	2 Story.	3 Story.	Total Frame.	Total Log Houses.
455. St. Aimé	10	2	......	12	......	......	......	......	427	......	......	427	......
456. St. Marcel	2	......	......	2	2	......	......	2	159	1	......	160	......
457. St. Ours, Village	2	1	......	3	4	......	......	4	86	2	......	88	......
458. St. Ours, Parish	15	1	......	16	3	......	......	3	222	1	......	223	......
459. St. Robert	5	1	......	6	......	......	......	......	188	......	......	188	......
460. St. Roch	3	......	......	3	......	1	......	1	127	1	......	128	......
461. Sorel, Parish	11	4	......	15	......	......	......	......	401	5	......	406	......
462. Sorel, Town, College and Convent	55	44	4	103	......	1	......	1	491	25	......	516	......
463. Ste. Victoire	3	......	......	3	......	......	......	......	208	......	......	208	......
Total of Richelieu	106	53	4	163	9	2	......	11	2309	35	......	2344	......

COUNTY OF

TOWNSHIPS, PARISHES, &c.	Brick 1 Story.	Brick 2 Story.	Brick 3 Story.	Total Brick.	Stone 1 Story.	Stone 2 Story.	Stone 3 Story.	Total Stone.	Frame 1 Story.	Frame 2 Story.	Frame 3 Story.	Total Frame.	Total Log Houses.
464. Brompton and Gore	......	......	......	......	......	......	......	......	82	14	1	97	101
465. Cleveland	6	4	......	10	2	1	......	3	136	17	1	154	109
466. Danville, Village, Academy and College of St. Francis	......	1	......	1	......	......	......	......	54	9	......	63	......
467. Melbourne	2	......	......	2	......	......	......	......	178	4	......	182	49
468. Melbourne, Village	1	3	......	4	......	......	......	......	34	5	......	39	......
469. Shipton	7	1	......	8	......	1	......	1	334	6	......	340	154
470. Stoke	......	......	......	......	......	......	......	......	5	......	......	5	17
471. Windsor	......	1	......	1	......	......	......	......	167	......	......	167	20
Total of Richmond	16	10	......	26	2	2	......	4	090	55	2	1047	450

COUNTY OF

TOWNSHIPS, PARISHES, &c.	Brick 1 Story.	Brick 2 Story.	Brick 3 Story.	Total Brick.	Stone 1 Story.	Stone 2 Story.	Stone 3 Story.	Total Stone.	Frame 1 Story.	Frame 2 Story.	Frame 3 Story.	Total Frame.	Total Log Houses.
472. Bic	......	......	......	......	......	......	......	......	304	......	......	304	......
473. MacNider	......	......	......	......	......	......	......	......	174	......	......	174	......
474. Macpés*	......	......	......	......	......	......	......	......	......	......	......	......	......
475. Matane, Township	......	......	......	......	......	......	......	......	89	......	......	89	......
476. Matane, Parish	......	......	......	......	......	......	......	......	172	......	......	172	......
477. Métis	......	......	......	......	1	......	......	1	207	......	......	207	......
478. St. Anaclet	......	......	......	......	......	......	......	......	114	......	......	114	......
479. St. Denis and Augmentation	......	......	......	......	......	......	......	......	69	......	......	69	......
480. St. Fabien	......	......	......	......	......	......	......	......	183	......	......	183	......
481. Ste. Flavie	......	......	......	......	......	......	......	......	301	......	......	301	......
482. St. Germain	......	......	......	......	......	......	......	......	444	1	......	445	......
483. Ste. Luce	......	......	......	......	......	......	......	......	272	......	......	272	......
484. St. Simon	......	......	......	......	......	......	......	......	251	......	......	251	......
Total of Rimouski	......	......	......	......	1	......	......	1	2580	1	......	2581	......

* 6 sheets torn.

COUNTY OF

PLACES OF WORSHIP, &c., FOR 1860-61.

RICHELIEU.

TOTALS.				PLACES OF WORSHIP.														
Total N° of Houses.	Families.	Houses vacant.	Houses building.	Church of Rome.	Church of England.	Church of Scotland.	Free Church of Scotland.	United Presbyterians.	Wesleyan Methodists.	Episcopal Methodists.	New Connection Methodists.	Other Methodists.	Baptists.	Congregationalists.	Second Adventists.	Jewish.	Unitarians.	Other Places of Worship.
439	570	5	3															
164	168	4	2															
95	109	4																
242	290	19																
194	204	1																
132	151	3	2															
421	566	7	2															
620	839	11	2															
211	254																	
2518	3151	54	11	6														

RICHMOND.

Total N° of Houses.	Families.	Houses vacant.	Houses building.	Church of Rome.	Church of England.	Church of Scotland.	Free Church of Scotland.	United Presbyterians.	Wesleyan Methodists.	Episcopal Methodists.	New Connection Methodists.	Other Methodists.	Baptists.	Congregationalists.	Second Adventists.	Jewish.	Unitarians.	Other Places of Worship.
198	212	1																
276	310	1	3															
64	74	1	1															
233	245	2	1															
43	48																	
503	536	13	8															
22	16	1																
188	203	5	1															
1527	1644	24	14	1	3	1	1							1	1			

RIMOUSKI.

Total N° of Houses.	Families.	Houses vacant.	Houses building.	Church of Rome.	Church of England.	Church of Scotland.	Free Church of Scotland.	United Presbyterians.	Wesleyan Methodists.	Episcopal Methodists.	New Connection Methodists.	Other Methodists.	Baptists.	Congregationalists.	Second Adventists.	Jewish.	Unitarians.	Other Places of Worship.
304	355	3	4															
174	214																	
....	....																	
89	89	1																
172	214	4																
208	229	2	6															
114	129	7	1															
69	87																	
183	216	18	3															
301	345																	
445	513	15	14															
272	328	12	8															
251	255	9	4															
2582	2974	71	40	15														

ROUVILLE.

No. 16.—Lower Canada—Return of Houses,

COUNTY OF

TOWNSHIPS, PARISHES, &c.	INHABITED HOUSES.												
	BRICK.				STONE.				FRAME.				
	1 Story.	2 Story.	3 Story.	Total Brick.	1 Story.	2 Story.	3 Story.	Total Stone.	1 Story.	2 Story.	3 Story.	Total Frame.	Total Log Houses.
489. St. Jean-Baptiste	3	1	......	4	8	......	......	8	269	......	......	269	......
490. Ste. Marie	5	......	......	5	29	3	......	32	521	2	......	523	......
491. St. Mathias	6	4	......	10	10	5	1	16	238	......	......	238	......
492. St. Paul d'Abbotsford	4	......	......	4	5	2	......	7	243	1	......	244	......
Total of Rouville	53	14	2	69	76	20	1	97	2474	13	1	2488	......

COUNTY OF

TOWNSHIPS, PARISHES, &c.	Brick 1 Story.	Brick 2 Story.	Brick 3 Story.	Total Brick.	Stone 1 Story.	Stone 2 Story.	Stone 3 Story.	Total Stone.	Frame 1 Story.	Frame 2 Story.	Frame 3 Story.	Total Frame.	Total Log Houses.
493. Saguenay and Rivière Ste. Marguerite	......	......	......	......	......	......	......	......	37	......	......	37	......
494. Tadousac and Bergeronnes	......	......	......	......	......	......	......	......	68	......	......	68	......
495. Escoumins, Iberville and Mille Vaches	......	......	......	......	......	......	......	......	45	......	......	45	......
Sault au Cochon, Islets Jérémie and Bersimis	......	......	......	......	......	......	......	......	16	......	......	16	......
River Moisie and other places	......	......	......	......	......	......	......	......	54	1	......	55	......
Gibraltar Cove, and other places	......	......	......	......	......	......	......	......	35	......	......	35	......
River St. Jean and other places	......	......	......	......	......	......	......	......	57	......	......	57	......
Bay of Kegasca and other places	......	......	......	......	......	......	......	......	126	......	......	126	......
Island of Anticosti	......	......	......	......	......	2	......	2	2	......	......	2	......
Shelldrake and other places	......	......	......	......	......	......	......	......	30	......	......	30	66
Total of Saguenay	......	......	......	......	......	2	......	2	470	1	......	471	66

COUNTY OF

TOWNSHIPS, PARISHES, &c.	Brick 1 Story.	Brick 2 Story.	Brick 3 Story.	Total Brick.	Stone 1 Story.	Stone 2 Story.	Stone 3 Story.	Total Stone.	Frame 1 Story.	Frame 2 Story.	Frame 3 Story.	Total Frame.	Total Log Houses.
496. Ely	......	......	......	......	1	......	......	1	298	......	......	298	......
497. Granby	12	......	......	12	2	......	......	2	189	1	......	190	191
498. Granby, Village	12	1	......	13	1	......	......	1	64	......	......	64	33
499. Milton	4	......	......	4	3	1	......	4	404	......	......	404	......
500. Roxton	6	1	......	7	......	......	......	......	262	4	......	266	172
501. Shefford	33	3	......	36	6	......	......	6	253	8	......	261	211
502. Stukeley	3	2	......	5	2	......	......	2	429	3	......	432	......
Total of Shefford	70	7	......	77	15	1	......	16	1899	16	......	1915	607

COUNTY OF

TOWNSHIPS, PARISHES, &c.	Brick 1 Story.	Brick 2 Story.	Brick 3 Story.	Total Brick.	Stone 1 Story.	Stone 2 Story.	Stone 3 Story.	Total Stone.	Frame 1 Story.	Frame 2 Story.	Frame 3 Story.	Total Frame.	Total Log Houses.
503. Coteau Landing	4	2	......	6	2	2	......	4	70	6	......	76	......
504. Les Cèdres	......	2	......	2	2	3	1	6	30	1	......	31	......
505. St. Clet	7	......	......	7	1	......	......	1	156	1	......	157	......
506. St. Ignace	1	......	......	1	7	......	......	7	303	1	......	304	......
507. St. Joseph and Convent	1	......	......	1	4	3	......	7	293	2	......	295	......
508. St. Polycarpe	......	......	......	......	......	......	......	......	402	3	1	406	......
509. St. Télesphore	5	......	......	5	4	......	......	4	186	1	......	187	......
510. St. Zotique	7	......	......	7	1	1	......	2	250	1	......	251	......
Total of Soulanges	25	4	......	29	21	9	1	31	1690	16	1	1707	......

PLACES OF WORSHIP, &c., FOR 1860–61.

ROUVILLE.—(*Continued.*)

TOTALS.				PLACES OF WORSHIP.														
Total N° of Houses.	Families.	Houses vacant.	Houses building.	Church of Rome.	Church of England.	Church of Scotland.	Free Church of Scotland.	United Presbyterians.	Wesleyan Methodists.	Episcopal Methodists.	New Connection Methodists.	Other Methodists.	Baptists.	Congregationalists.	Second Adventists.	Jewish.	Unitarians.	Other Places of Worship.
281	325	...	...	...	...	...	...	...	...	...	...	...	...	...	...	...	...	...
560	673	17	1	...	...	...	...	...	...	...	...	...	...	...	...	...	...	...
264	303	7	...	...	...	...	...	...	...	...	...	...	...	...	...	...	...	...
255	280	2	2	...	...	...	...	...	...	...	...	...	...	...	...	...	...	...
2654	3025	32	5	3	...	...	...	...	...	...	...	...	...	...	...	...	...	...

SAGUENAY.

Total N° of Houses.	Families.	Houses vacant.	Houses building.	Church of Rome.	Church of England.	Church of Scotland.	Free Church of Scotland.	United Presbyterians.	Wesleyan Methodists.	Episcopal Methodists.	New Connection Methodists.	Other Methodists.	Baptists.	Congregationalists.	Second Adventists.	Jewish.	Unitarians.	Other Places of Worship.
37	34	6	...	...	...	...	...	...	...	...	...	...	...	...	...	...	...	...
68	71	15	3	...	...	...	...	...	...	...	...	...	...	...	...	...	...	...
45	53	...	3	...	...	...	...	...	...	...	...	...	...	...	...	...	...	...
16	22	10	...	...	...	...	...	...	...	...	...	...	...	...	...	...	...	...
55	55	...	...	...	...	...	...	...	...	...	...	...	...	...	...	...	...	...
35	45	...	6	...	...	...	...	...	...	...	...	...	...	...	...	...	...	...
57	57	1	...	...	...	...	...	...	...	...	...	...	...	...	...	...	...	...
126	129	...	...	...	...	...	...	...	...	...	...	...	...	...	...	...	...	...
4	4	...	...	...	...	...	...	...	...	...	...	...	...	...	...	...	...	...
96	102	...	5	...	...	...	...	...	...	...	...	...	...	...	...	...	...	...
539	572	32	17	1	...	...	...	...	...	...	...	...	...	...	...	...	...	...

SHEFFORD.

Total N° of Houses.	Families.	Houses vacant.	Houses building.	Church of Rome.	Church of England.	Church of Scotland.	Free Church of Scotland.	United Presbyterians.	Wesleyan Methodists.	Episcopal Methodists.	New Connection Methodists.	Other Methodists.	Baptists.	Congregationalists.	Second Adventists.	Jewish.	Unitarians.	Other Places of Worship.
299	299	...	...	...	...	...	...	...	...	...	...	...	...	...	...	...	...	...
395	399	2	...	...	...	...	...	...	...	...	...	...	...	...	...	...	...	...
111	119	...	...	...	...	...	...	...	...	...	...	...	...	...	...	...	...	...
412	457	5	4	...	...	...	...	...	...	...	...	...	...	...	...	...	...	...
445	559	8	21	...	...	...	...	...	...	...	...	...	...	...	...	...	...	...
514	547	1	3	...	...	...	...	...	...	...	...	...	...	...	...	...	...	...
439	451	1	1	...	...	...	...	...	...	...	...	...	...	...	...	...	...	...
2615	2831	17	29	4	3	...	...	...	2	2	...	...	...	1	...	...	...	...

SOULANGES.

Total N° of Houses.	Families.	Houses vacant.	Houses building.	Church of Rome.	Church of England.	Church of Scotland.	Free Church of Scotland.	United Presbyterians.	Wesleyan Methodists.	Episcopal Methodists.	New Connection Methodists.	Other Methodists.	Baptists.	Congregationalists.	Second Adventists.	Jewish.	Unitarians.	Other Places of Worship.
86	85	6	...	...	...	...	...	...	...	...	...	...	...	...	...	...	...	...
39	60	...	...	...	...	...	...	...	...	...	...	...	...	...	...	...	...	...
165	181	...	...	...	...	...	...	...	...	...	...	...	...	...	...	...	...	...
312	333	21	5	...	...	...	...	...	...	...	...	...	...	...	...	...	...	...
303	325	2	...	...	...	...	...	...	...	...	...	...	...	...	...	...	...	...
406	507	18	7	...	...	...	...	...	...	...	...	...	...	...	...	...	...	...
196	223	1	...	...	...	...	...	...	...	...	...	...	...	...	...	...	...	...
260	279	11	4	...	...	...	...	...	...	...	...	...	...	...	...	...	...	...
1767	1993	59	16	6	1	...	...	...	...	...	...	...	...	...	...	...	...	...

No. 16.—Lower Canada—Return of Houses,

COUNTY OF

TOWNSHIPS, PARISHES, &c.	INHABITED HOUSES.													
	BRICK.				STONE.				FRAME.					
	1 Story.	2 Story.	3 Story.	Total Brick.	1 Story.	2 Story.	3 Story.	Total Stone.	1 Story.	2 Story.	3 Story.	Total Frame.	Total Log Houses.
511. La Présentation	16			16	6			6	245	1		246	
512. St. Barnabé	13			13					189			189	
513. St. Charles	2			2	11			11	177			177	
514. St. Damase	17			17	11			11	363			363	
515. St. Denis and Convent	1			1	3			3	313			313	
516. St. Hyacinthe, Seminary and Convent	48	15	7	70	2			2	382	1		383	
517. St. Hyacinthe, Parish	29	1		30	13			13	519			519	
518. St. Jude									263			263	
Total of St. Hyacinthe	126	16	7	149	46			46	2451	2		2453	

COUNTY OF

TOWNSHIPS, PARISHES, &c.	Brick 1 Story.	Brick 2 Story.	Brick 3 Story.	Total Brick.	Stone 1 Story.	Stone 2 Story.	Stone 3 Story.	Total Stone.	Frame 1 Story.	Frame 2 Story.	Frame 3 Story.	Total Frame.	Total Log Houses.
519. Isle-aux-Noix (Prison)						3		3	6			6	
520. Lacolle	26	1		27	48	2		50	429	6		435	65
521. St. Johns, Parish	4			4	20			20	156			156	
522. St. Johns, Town of	28	39	6	73	4	5	1	10	334	22		356	
523. St. Luc					7			7	126	2		128	
524. Ste. Marguerite (L'Acadie)	5	1		6	27	4		31	284			284	
525. St. Valentin	25			25	12	2	1	15	445			445	
Total of St. Johns	88	41	6	135	118	16	2	136	1780	30		1810	65

COUNTY OF

TOWNSHIPS, PARISHES, &c.	Brick 1 Story.	Brick 2 Story.	Brick 3 Story.	Total Brick.	Stone 1 Story.	Stone 2 Story.	Stone 3 Story.	Total Stone.	Frame 1 Story.	Frame 2 Story.	Frame 3 Story.	Total Frame.	Total Log Houses.
526. Pointe du Lac					1	1		2	247			247	
527. St. Barnabé	3			3					241			241	
528. St. Boniface									148			148	
529. St. Etienne									331			331	
530. St. Sévère									123			123	
531. Three Rivers, Parish		1		1					85			85	
532. Yamachiche	7	3		10	1	1		2	381	2		383	
Total of St. Maurice	10	4		14	2	2		4	1556	2		1558	

COUNTY OF

TOWNSHIPS, PARISHES, &c.	Brick 1 Story.	Brick 2 Story.	Brick 3 Story.	Total Brick.	Stone 1 Story.	Stone 2 Story.	Stone 3 Story.	Total Stone.	Frame 1 Story.	Frame 2 Story.	Frame 3 Story.	Total Frame.	Total Log Houses.
533. Academies	1			1									
534. Barford									76			76	31
535. Barnston	2	1		3	2			2	495	20	1	516	81
536. Hatley	2			2					296	15		311	97
537. Magog	1	2		3	2			2	106	12		118	36
538. Plains of Stanstead	5	4		9		1		1	587	38	1	626	50
Total of Stanstead	11	7		18	4	1		5	1560	85	2	1647	295

PLACES OF WORSHIP, &c., FOR 1860-61.

ST. HYACINTHE.

TOTALS.				PLACES OF WORSHIP.														
Total N° of Houses.	Families.	Houses vacant.	Houses building.	Church of Rome.	Church of England.	Church of Scotland.	Free Church of Scotland.	United Presbyterians	Wesleyan Methodists.	Episcopal Methodists.	New Connection Methodists.	Other Methodists.	Baptists.	Congregationalists.	Second Adventists.	Jewish.	Unitarians.	Other Places of Worship.
268	272	12	1	...	...	...	...	...	...	...	...	...	...	...	...	...	...	...
202	219	24	7	...	...	...	...	...	...	...	...	...	...	...	...	...	...	...
190	216	1	...	...	...	...	...	...	...	...	...	...	...	...	...	...	...	...
391	409	14	...	...	...	...	...	...	...	...	...	...	...	...	...	...	...	...
317	374	11	2	...	...	...	...	...	...	...	...	...	...	...	...	...	...	...
459	598	5	3	...	...	...	...	...	...	...	...	...	...	...	...	...	...	...
562	602	37	2	...	...	...	...	...	...	...	...	...	...	...	...	...	...	...
263	275	8	...	...	...	...	...	...	...	...	...	...	...	...	...	...	...	...
2648	2965	112	15	4	...	...	...	...	...	...	...	...	...	...	...	...	...	...

ST. JOHNS.

Total N° of Houses.	Families.	Houses vacant.	Houses building.	Church of Rome.	Church of England.	Church of Scotland.	Free Church of Scotland.	United Presbyterians	Wesleyan Methodists.	Episcopal Methodists.	New Connection Methodists.	Other Methodists.	Baptists.	Congregationalists.	Second Adventists.	Jewish.	Unitarians.	Other Places of Worship.
9	9	...	...	...	...	...	...	...	...	...	...	...	...	...	...	...	...	...
577	619	13	6	...	...	...	...	...	...	...	...	...	...	...	...	...	...	...
180	204	3	...	...	...	...	...	...	...	...	...	...	...	...	...	...	...	...
439	523	4	...	...	...	...	...	...	...	...	...	...	...	...	...	...	...	...
135	154	4	...	...	...	...	...	...	...	...	...	...	...	...	...	...	...	...
321	361	19	...	...	...	...	...	...	...	...	...	...	...	...	...	...	...	...
485	498	8	...	...	...	...	...	...	...	...	...	...	...	...	...	...	...	...
2146	2368	51	6	4	1	...	...	...	2	1	...	...	...	...	...	...	...	...

ST. MAURICE.

Total N° of Houses.	Families.	Houses vacant.	Houses building.	Church of Rome.	Church of England.	Church of Scotland.	Free Church of Scotland.	United Presbyterians	Wesleyan Methodists.	Episcopal Methodists.	New Connection Methodists.	Other Methodists.	Baptists.	Congregationalists.	Second Adventists.	Jewish.	Unitarians.	Other Places of Worship.
249	266	11	10	...	...	...	...	...	...	...	...	...	...	...	...	...	...	...
244	260	5	22	...	...	...	...	...	...	...	...	...	...	...	...	...	...	...
148	159	3	52	...	...	...	...	...	...	...	...	...	...	...	...	...	...	...
331	363	13	11	...	...	...	...	...	...	...	...	...	...	...	...	...	...	...
123	144	3	1	...	...	...	...	...	...	...	...	...	...	...	...	...	...	...
86	96	3	...	...	...	...	...	...	...	...	...	...	...	...	...	...	...	...
395	454	21	5	...	...	...	...	...	...	...	...	...	...	...	...	...	...	...
1576	1742	59	101	4	...	...	...	...	...	...	...	...	...	...	...	...	...	...

STANSTEAD.

Total N° of Houses.	Families.	Houses vacant.	Houses building.	Church of Rome.	Church of England.	Church of Scotland.	Free Church of Scotland.	United Presbyterians	Wesleyan Methodists.	Episcopal Methodists.	New Connection Methodists.	Other Methodists.	Baptists.	Congregationalists.	Second Adventists.	Jewish.	Unitarians.	Other Places of Worship.
1	1	...	...	...	...	...	...	...	...	...	...	...	...	...	...	...	...	...
107	138	...	...	...	...	...	...	...	...	...	...	...	...	...	...	...	...	...
602	688	9	2	...	...	...	...	...	...	...	...	...	...	...	...	...	...	...
410	419	10	3	...	...	...	...	...	...	...	...	...	...	...	...	...	...	...
159	180	5	2	...	...	...	...	...	...	...	...	...	...	...	...	...	...	...
686	737	17	...	...	...	...	...	...	...	...	...	...	...	...	...	...	...	...
1965	2163	41	7	4	...	...	...	1	1	1	...	...	...	...	...	...	...	...

No. 16.—Lower Canada—Return of Houses,

COUNTY OF

TOWNSHIPS, PARISHES, &c.	INHABITED HOUSES. Brick. 1 Story.	Brick. 2 Story.	Brick. 3 Story.	Total Brick.	Stone. 1 Story.	Stone. 2 Story.	Stone. 3 Story.	Total Stone.	Frame. 1 Story.	Frame. 2 Story.	Frame. 3 Story.	Total Frame.	Total Log Houses.
539. Begon									28			28	
540. Denonville									19			19	
541. Fraserville									133	19		152	
542. Isle Verte									398	10		408	
543. Notre-Dame du Portage									77	3		80	
544. St. Antoine									129	1		130	
545. St. Arsène						1		1	218	4		222	
546. St. Eloi									159	2		161	
547. St. George de Kakouna									209	2		211	
548. St. Modeste and Whitworth									88	5		93	
549. St. Patrice de la Rivière du Loup						1		1	134	1		135	
550. Temiscouata Road									120	1	1	122	
551. Trois Pistoles					1			1	364	27	2	393	
552. Viger									136			136	
Total of Temiscouata					1	2		3	2212	75	3	2290	

COUNTY OF

TOWNSHIPS, PARISHES, &c.	Brick. 1 Story.	Brick. 2 Story.	Brick. 3 Story.	Total Brick.	Stone. 1 Story.	Stone. 2 Story.	Stone. 3 Story.	Total Stone.	Frame. 1 Story.	Frame. 2 Story.	Frame. 3 Story.	Total Frame.	Total Log Houses.
553. Beresford									59			59	
554. Ste. Adèle									260			260	
555. Ste. Anne					8			8	92			92	
556. St. Janvier	2			2	5			5	222			222	
557. St. Jérôme, Village					3			3	107			107	
558. St. Jérôme, Parish					2			2	459			459	
559. St. Sauveur									105			105	192
560. Ste. Sophie	1			1					127			127	147
561. Ste. Thérèse, Parish	4			4	5			5	76			76	
562. Ste. Thérèse de Blainville, Village and College	7			7	68		1	69	271			271	
563. Terrebonne, Parish					34			34	130			130	
564. Terrebonne, Village, and College Masson					29			29	157			157	
Total of Terrebonne	14			14	154		1	155	2065			2065	339

COUNTY OF

TOWNSHIPS, PARISHES, &c.	Brick. 1 Story.	Brick. 2 Story.	Brick. 3 Story.	Total Brick.	Stone. 1 Story.	Stone. 2 Story.	Stone. 3 Story.	Total Stone.	Frame. 1 Story.	Frame. 2 Story.	Frame. 3 Story.	Total Frame.	Total Log Houses.
565. Lake of Two Mountains					4			4	37			37	
566. St. Augustin	4			4	22	5		27	285	3		288	
567. St. Benoit	1	1		2	9			9	265			265	
568. St. Canut	1			1	4	4		8	73			73	33
569. St. Columban									44			44	98
570. St. Eustache, Village	2			2	10	5		15	116	2		118	
571. St. Eustache, Parish	3			3	48	4		52	276	1		277	
572. St. Hermas	3	1		4	5			5	[illegible]	2		198	
573. St. Joseph du Lac					9	2		11	176	1	1	178	
574. St. Jérôme									33			33	
575. St. Placide					7	1		8	171			171	
576. Ste. Scholastique, Village and Convent	5			5	2	1		3	99	1		100	
577. Ste. Scholastique, Parish	1			1	16	1		17	422	2		424	
Total of Two Mountains	20	2		22	136	23		159	2203	12	1	2216	131

PLACES OF WORSHIP, &c., FOR 1860-61.

TEMISCOUATA.

TOTALS.				PLACES OF WORSHIP.																	
Total N° of Houses.	Families.	Houses Vacant.	Houses building.	Church of Rome.	Church of England.	Church of Scotland.	Free Church of Scotland.	United Presbyterians.	Wesleyan Methodists.	Episcopal Methodists.	New Connection Methodists.	Other Methodists.	Baptists.	Congregationalists.	Second Adventists.	Jewish.	Unitarians.	Other Places of Worship.
28	37		3															
19	26																	
152	195	13	5															
408	517	7	2															
80	103	4	1															
130	139	4	2															
223	253	9	5															
161	198	8	3															
211	253	23	5															
93	104	7																
136	161	12																
122	150	3	2															
394	485	12	11															
136	133	9	3															
2293	2754	111	42	7	1													

TERREBONNE.

Total N° of Houses.	Families.	Houses Vacant.	Houses building.	Church of Rome.	Church of England.	Church of Scotland.	Free Church of Scotland.	United Presbyterians.	Wesleyan Methodists.	Episcopal Methodists.	New Connection Methodists.	Other Methodists.	Baptists.	Congregationalists.	Second Adventists.	Jewish.	Unitarians.	Other Places of Worship.
59	69																	
260	281	2	1															
100	147	1																
229	258																	
110	128																	
461	497	4	1															
297	327	5																
275	272	8																
85	82																	
347	304	10	2															
164	145	5																
186	180	6	1															
2573	2690	41	5	4					1									

TWO MOUNTAINS.

Total N° of Houses.	Families.	Houses Vacant.	Houses building.	Church of Rome.	Church of England.	Church of Scotland.	Free Church of Scotland.	United Presbyterians.	Wesleyan Methodists.	Episcopal Methodists.	New Connection Methodists.	Other Methodists.	Baptists.	Congregationalists.	Second Adventists.	Jewish.	Unitarians.	Other Places of Worship.
41	53	1																
319	398	5	1															
276	298	7																
115	127																	
142	151		1															
135	171	2																
332	366	9	2															
207	227	5																
189	213	1	4															
33	35																	
179	199	8																
108	114	3	1															
442	497																	
2528	2849	41	9	5	1			2										

No. 16.—Lower Canada—Return of Houses,

COUNTY OF

TOWNSHIPS, PARISHES, &c.	INHABITED HOUSES.													
	BRICK.				STONE.				FRAME.					
	1 Story.	2 Story.	3 Story.	Total Brick.	1 Story.	2 Story.	3 Story.	Total Stone.	1 Story.	2 Story.	3 Story.	Total Frame.	Total Log Houses.
578. Isle Perrot	......	......	......	......	25	2	......	27	94	......	......	94	......
579. Newton	1	1	......	2	2	......	......	2	5	1	......	6	143
580. Ste. Marthe	1	......	......	1	......	......	......	......	367	......	......	367	......
581. Rigaud	5	2	......	7	6	3	2	11	515	1	......	516	......
582. Vaudreuil, Village	......	......	......	......	3	4	......	7	62	3	......	65	......
583. Vaudreuil, Parish	5	......	......	5	25	2	1	28	414	3	......	417	3
Total of Vaudreuil	12	3	......	15	61	11	3	75	1457	8	......	1465	146

COUNTY OF

TOWNSHIPS, PARISHES, &c.	Brick 1 Story.	Brick 2 Story.	Brick 3 Story.	Total Brick.	Stone 1 Story.	Stone 2 Story.	Stone 3 Story.	Total Stone.	Frame 1 Story.	Frame 2 Story.	Frame 3 Story.	Total Frame.	Total Log Houses.
584. Belœil	15	......	......	15	46	......	......	46	211	......	......	211	......
585. Contrecœur	2	......	......	2	15	......	......	15	255	......	......	255	......
586. St. Antoine	11	......	......	11	28	......	......	28	207	......	......	207	......
587. Ste. Julie	......	......	......	......	2	......	......	2	200	......	......	200	......
588. St. Marc	5	......	......	5	30	......	......	30	160	......	......	160	......
589. Varennes	5	......	......	5	115	......	......	115	300	......	......	300	......
590. Verchères	5	......	......	5	85	......	......	85	323	......	......	323	......
591. Institutions	......	......	4	4	......	......	......	......	......	......	......	......	......
Total of Verchères	43	......	4	47	321	......	......	321	1656	......	......	1656	......

COUNTY OF

TOWNSHIPS, PARISHES, &c.	Brick 1 Story.	Brick 2 Story.	Brick 3 Story.	Total Brick.	Stone 1 Story.	Stone 2 Story.	Stone 3 Story.	Total Stone.	Frame 1 Story.	Frame 2 Story.	Frame 3 Story.	Total Frame.	Total Log Houses.
592. Dudswell	......	......	......	......	......	......	......	......	35	3	......	38	24
593. Garthby	......	......	......	......	......	......	......	......	32	......	......	32	......
594. Ham, South	......	......	......	......	......	......	......	......	5	......	......	5	32
595. Ham	......	......	......	......	......	......	......	......	83	......	......	83	4
596. St. Camille	......	......	......	......	......	......	......	......	69	......	......	69	......
597. Stratford	......	......	......	......	......	......	......	......	52	......	......	52	......
598. Weedon	......	......	......	......	......	......	......	......	113	......	......	113	......
599. Wotton	......	......	......	......	......	......	......	......	136	2	......	138	......
600. Wolfestown	......	......	......	......	......	......	......	......	......	......	......	......	106
Total of Wolfe	......	......	......	......	......	......	......	......	525	5	......	530	166

COUNTY OF

TOWNSHIPS, PARISHES, &c.	Brick 1 Story.	Brick 2 Story.	Brick 3 Story.	Total Brick.	Stone 1 Story.	Stone 2 Story.	Stone 3 Story.	Total Stone.	Frame 1 Story.	Frame 2 Story.	Frame 3 Story.	Total Frame.	Total Log Houses.
601. La Baie	1	16	......	17	3	10	......	13	133	241	......	374	......
602. Pierreville	11	......	......	11	4	......	......	4	396	1	......	397	......
603. St. David	3	......	......	3	3	......	......	3	534	1	......	535	......
604. St. François	11	......	......	11	4	......	......	4	277	......	......	277	......
605. St. Michel	33	2	......	35	2	1	......	3	287	......	......	287	......
606. St. Zéphirin	......	2	......	2	......	......	......	......	26	216	1	243	......
Total of Yamaska	59	20	......	79	16	11	......	27	1653	459	1	2113	......

PLACES OF WORSHIP, &c., FOR 1860–61.

VAUDREUIL.

TOTALS.				PLACES OF WORSHIP.														
Total N° of Houses.	Families.	Houses vacant.	Houses building.	Church of Rome.	Church of England.	Church of Scotland.	Free Church of Scotland.	United Presbyterians.	Wesleyan Methodists.	Episcopal Methodists.	New Connection Methodists.	Other Methodists.	Baptists.	Congregationalists.	Second Adventists.	Jewish.	Unitarians.	Other Places of Worship.
121	144	1	2	...	...	...	...	...	...	...	...	...	...	...	...	...	...	...
153	167	2	...	...	...	...	...	...	...	...	...	...	...	...	...	...	...	...
368	397	16	1	...	...	...	...	...	...	...	...	...	...	...	...	...	...	...
534	646	12	1	...	...	...	...	...	...	...	...	...	...	...	...	...	...	...
72	81	5	...	...	...	...	...	...	...	...	...	...	...	...	...	...	...	...
453	534	11	1	...	...	...	...	...	...	...	...	...	...	...	...	...	...	...
1701	1969	47	5	5	...	...	...	...	...	...	...	...	...	...	...	...	...	...

VERCHÈRES.

Total N° of Houses.	Families.	Houses vacant.	Houses building.	Church of Rome.	Church of England.	Church of Scotland.	Free Church of Scotland.	United Presbyterians.	Wesleyan Methodists.	Episcopal Methodists.	New Connection Methodists.	Other Methodists.	Baptists.	Congregationalists.	Second Adventists.	Jewish.	Unitarians.	Other Places of Worship.
272	311	...	...	...	...	...	...	...	...	...	...	...	...	...	...	...	...	...
272	312	9	3	...	...	...	...	...	...	...	...	...	...	...	...	...	...	...
246	280	4	...	...	...	...	...	...	...	...	...	...	...	...	...	...	...	...
202	239	15	...	...	...	...	...	...	...	...	...	...	...	...	...	...	...	...
195	250	3	2	...	...	...	...	...	...	...	...	...	...	...	...	...	...	...
420	554	18	1	...	...	...	...	...	...	...	...	...	...	...	...	...	...	...
413	528	11	...	...	...	...	...	...	...	...	...	...	...	...	...	...	...	...
4	4	...	...	...	...	...	...	...	...	...	...	...	...	...	...	...	...	...
2024	2478	60	6	4	...	...	...	...	...	...	...	...	...	...	...	...	...	...

WOLFE.

Total N° of Houses.	Families.	Houses vacant.	Houses building.	Church of Rome.	Church of England.	Church of Scotland.	Free Church of Scotland.	United Presbyterians.	Wesleyan Methodists.	Episcopal Methodists.	New Connection Methodists.	Other Methodists.	Baptists.	Congregationalists.	Second Adventists.	Jewish.	Unitarians.	Other Places of Worship.
62	69	...	...	...	...	...	...	...	...	...	...	...	...	...	...	...	...	...
32	33	...	1	...	...	...	...	...	...	...	...	...	...	...	...	...	...	...
37	43	...	1	...	...	...	...	...	...	...	...	...	...	...	...	...	...	...
87	92	1	4	...	...	...	...	...	...	...	...	...	...	...	...	...	...	...
69	85	...	...	...	...	...	...	...	...	...	...	...	...	...	...	...	...	...
52	62	3	4	...	...	...	...	...	...	...	...	...	...	...	...	...	...	...
113	119	...	...	...	...	...	...	...	...	...	...	...	...	...	...	...	...	...
138	140	...	1	...	...	...	...	...	...	...	...	...	...	...	...	...	...	...
106	113	2	4	...	...	...	...	...	...	...	...	...	...	...	...	...	...	...
696	756	6	15	3	...	...	...	...	...	...	...	...	...	...	...	...	...	...

YAMASKA.

Total N° of Houses.	Families.	Houses vacant.	Houses building.	Church of Rome.	Church of England.	Church of Scotland.	Free Church of Scotland.	United Presbyterians.	Wesleyan Methodists.	Episcopal Methodists.	New Connection Methodists.	Other Methodists.	Baptists.	Congregationalists.	Second Adventists.	Jewish.	Unitarians.	Other Places of Worship.
404	445	3	...	...	...	...	...	...	...	...	...	...	...	...	...	...	...	...
412	494	13	3	...	...	...	...	...	...	...	...	...	...	...	...	...	...	...
541	637	16	...	...	...	...	...	...	...	...	...	...	...	...	...	...	...	...
292	335	11	3	...	...	...	...	...	...	...	...	...	...	...	...	...	...	...
325	385	31	...	...	...	...	...	...	...	...	...	...	...	...	...	...	...	...
245	261	...	...	...	...	...	...	...	...	...	...	...	...	...	...	...	...	...
2219	2557	74	6	7	...	...	...	...	...	...	...	...	...	...	...	...	...	...

No. 16.—Lower Canada—Return of Houses,

CITY OF

TOWNSHIPS, PARISHES, &c.	INHABITED HOUSES.												
	BRICK.			Total Brick.	STONE.			Total Stone.	FRAME.			Total Frame.	Total Log Houses.
	1 Story.	2 Story.	3 Story.		1 Story.	2 Story.	3 Story.		1 Story.	2 Story.	3 Story.		
1. Centre Ward	4	16	7	27	16	70	220	306	....	2	1	3	....
2. East Ward	10	23	9	42	19	95	169	169	13	14	......	27	....
3. St. Ann's Ward	174	1193	68	1435	24	106	84	214	659	530	8	1197	....
4. St. Antoine Ward	173	593	111	877	35	296	198	529	873	526	9	1408	....
5. St. Jame's Ward	90	296	91	477	50	184	45	279	782	369	8	1159	....
6. St. Lawrence Ward	78	457	86	621	31	212	48	291	622	266	10	898	....
7. St. Lewis' Ward	264	889	138	1291	104	205	45	354	255	202	8	465	....
8. St. Mary's Ward	149	274	17	440	29	84	14	127	608	227	6	841	....
9. West Ward	47	54	40	141	30	144	280	454	26	16	......	42	....
10. Religious Institutions	2	1	2	5	3	4	15	22	3	1	......	4	....
Total of Montreal	991	3796	569	5356	341	1400	1004	2745	3841	2153	50	6044	....

CITY OF

11. Champlain Ward	6	89	38	133	22	194	117	333	94	323	25	442	....
12. Jacques Cartier Ward	101	241	31	373	53	149	19	221	802	209	8	1019	....
13. Montcalm Ward	57	194	25	276	24	126	23	173	637	164	16	817	....
14. Palace Ward	2	12	6	20	55	145	157	357	18	2	......	20	....
15. St. John's Ward	77	212	57	346	42	184	33	259	454	204	......	658	....
16. St. Lewis' Ward	......	8	29	37	42	182	178	402	2	1	......	3	....
17. St. Peter's Ward	2	43	47	92	6	111	359	476	13	10	1	24	....
18. St. Roch's Ward	44	90	49	183	15	79	7	101	1283	220	1	1504	....
Total of Quebec	289	889	282	1460	259	1170	893	2322	3303	1133	51	4487	....

CITY OF

C. City of Three Rivers	70	45	18	133	16	36	6	58	624	6	15	645	....

TOWN OF

D. Town of Sherbrooke	8	27	4	39	......	3	......	3	469	115	4	588	156

PLACES OF WORSHIP, &c., FOR 1860–61.

MONTREAL.

TOTALS.				PLACES OF WORSHIP.															
Total N° of Houses.	Families.	Houses vacant.	Houses building.	Church of Rome.	Church of England.	Church of Scotland.	Free Church of Scotland.	United Presbyterians.	Wesleyan Methodists.	Episcopal Methodists.	New Connection Methodists.	Other Methodists.	Baptists.	Congregationalists.	Second Adventists.	Jewish.	Unitarians.	Other Places of Worship.
336	184	11	...	...	...	...	...	...	...	...	...	...	...	...	...	...	...	...
238	307	1	...	...	...	...	...	...	...	...	...	...	...	...	...	...	...	...
2846	3419	91	4	...	...	...	...	...	...	...	...	...	...	...	...	...	...	...
2814	2948	18	...	...	...	...	...	...	...	...	...	...	...	...	...	...	...	...
1915	3854	4	6	...	...	...	...	...	...	...	...	...	...	...	...	...	...	...
1810	2429	16	...	...	...	...	...	...	...	...	...	...	...	...	...	...	...	...
2110	2235	6	6	...	...	...	...	...	...	...	...	...	...	...	...	...	...	...
1408	1657	1	2	...	...	...	...	...	...	...	...	...	...	...	...	...	...	...
637	512	1	1	...	...	...	...	...	...	...	...	...	...	...	...	...	...	...
31	25	...	...	...	...	...	...	...	...	...	...	...	...	...	...	...	...	...
14145	17570	149	19	11	5	2	3	5	3	...	2	...	1	1	...	1	1	...

QUEBEC.

Total N° of Houses.	Families.	Houses vacant.	Houses building.	Church of Rome.	Church of England.	Church of Scotland.	Free Church of Scotland.	United Presbyterians.	Wesleyan Methodists.	Episcopal Methodists.	New Connection Methodists.	Other Methodists.	Baptists.	Congregationalists.	Second Adventists.	Jewish.	Unitarians.	Other Places of Worship.
908	2377	12	...	...	...	...	...	...	...	...	...	...	...	...	...	...	...	...
1613	2680	...	...	...	...	...	...	...	...	...	...	...	...	...	...	...	...	...
1266	2475	3	2	...	...	...	...	...	...	...	...	...	...	...	...	...	...	...
397	650	...	...	...	...	...	...	...	...	...	...	...	...	...	...	...	...	...
1263	1922	5	1	...	...	...	...	...	...	...	...	...	...	...	...	...	...	...
442	654	...	1	...	...	...	...	...	...	...	...	...	...	...	...	...	...	...
592	1839	3	...	...	...	...	...	...	...	...	...	...	...	...	...	...	...	...
1788	3480	10	5	...	...	...	...	...	...	...	...	...	...	...	...	...	...	...
8269	16077	33	9	8	2	...	2	...	2	...	...	...	...	...	...	...	...	...

THREE RIVERS.

Total N° of Houses.	Families.	Houses vacant.	Houses building.	Church of Rome.	Church of England.	Church of Scotland.	Free Church of Scotland.	United Presbyterians.	Wesleyan Methodists.	Episcopal Methodists.	New Connection Methodists.	Other Methodists.	Baptists.	Congregationalists.	Second Adventists.	Jewish.	Unitarians.	Other Places of Worship.
836	991	30	11	...	1	...	...	...	...	...	...	...	...	...	...	...	...	...

SHERBROOKE.

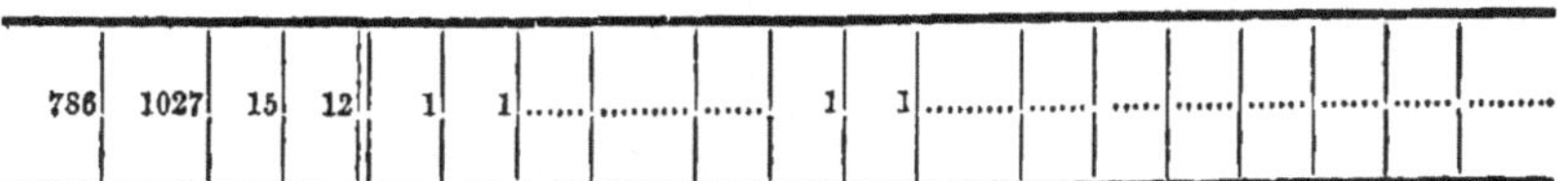

Total N° of Houses.	Families.	Houses vacant.	Houses building.	Church of Rome.	Church of England.	Church of Scotland.	Free Church of Scotland.	United Presbyterians.	Wesleyan Methodists.	Episcopal Methodists.	New Connection Methodists.	Other Methodists.	Baptists.	Congregationalists.	Second Adventists.	Jewish.	Unitarians.	Other Places of Worship.
786	1027	15	12	1	1	...	...	...	1	1	...	...	...	...	...	...	...	...

GENERAL ABSTRACT OF RETURN OF HOUSES, PLACES OF WORSHIP, &c., LOWER CANADA, 1860–61.

COUNTIES.	INHABITED HOUSES. Brick. 1 Story.	2 Story.	3 Story.	Total Brick.	Stone. 1 Story.	2 Story.	3 Story.	Total Stone.	Frame. 1 Story.	2 Story.	3 Story.	Total Frame.	Total Log Houses.	TOTALS. Total Nº of Houses.	Families.	Houses vacant.	Houses building.
1. L'Assomption	21	8	...	29	236	32	5	273	1981	71	4	2056	...	2358	2836	96	8
2. Argenteuil	62	28	...	90	50	12	...	62	231	19	...	250	1559	1961	2032	43	2
3. Arthabaska	6	1	1	8	...	...	...	...	1341	22	...	1363	431	1802	2009	25	34
4. Bagot	40	6	1	47	24	1	1	26	2588	7	...	2595	...	2668	2903	57	11
5. Beauce	1	...	...	1	9	34	...	43	2033	24	...	2057	102	2803	2957	63	27
6. Beauharnois	12	3	...	15	98	16	3	117	2015	30	...	2045	...	2177	2354	86	18
7. Bellechasse	1	...	...	1	42	4	...	46	2357	29	1	2387	...	2434	2739	82	40
8. Berthier	39	10	1	50	28	7	...	35	2517	94	1	2612	...	2697	3115	66	22
9. Bonaventure	...	...	1	1	...	2	...	2	978	33	...	1011	798	1812	1981	49	78
10. Brome	33	6	...	39	31	1	...	32	1083	9	...	1092	793	1956	2202	49	25
11. Chambly	49	28	1	78	176	40	4	220	1354	29	5	1388	...	1686	1889	73	2
12. Champlain	12	1	...	13	40	17	1	58	2506	41	...	2547	65	2683	3166	132	72
13. Charlevoix	...	...	...	...	30	7	2	39	1983	17	1	2001	...	2040	2416	109	31
14. Chicoutimi	1	...	...	1	...	...	...	...	1237	7	...	1244	23	1268	1492	39	21
15. Chateauguay	49	9	...	58	151	25	1	177	1598	14	...	1612	605	2452	2891	90	12
16. Compton	4	1	...	5	...	1	...	1	816	32	...	848	802	1656	1718	25	19
17. Dorchester	...	...	...	...	3	5	2	10	1950	20	2	1972	393	2375	2539	89	33
18. Drummond	5	1	...	6	2	...	2	4	1131	8	...	1139	492	1641	1881	25	20
19. Gaspé	...	...	...	...	1	2	...	3	1713	18	1	1732	361	2096	2246	97	136
20. Hochelaga	38	20	4	62	397	80	9	486	1576	88	1	1665	...	2213	2769	71	25
21. Huntingdon	46	4	1	51	133	24	1	158	772	9	...	781	1460	2450	2563	66	26
22. Iberville	70	8	...	78	34	7	...	41	1613	20	1	1634	386	2239	2359	52	10
23. L'Islet	2	...	1	3	13	2	...	15	1593	23	1	1617	...	1635	2025	37	10
24. Jacques Cartier	6	2	...	8	253	50	5	308	1132	44	...	1176	...	1492	1718	44	4
25. Joliette	12	3	...	15	42	2	1	45	2645	33	...	2678	160	2898	3246	123	14
26. Kamouraska	1	...	...	1	5	1	1	7	2413	33	1	2447	...	2455	2835	71	17
27. Laprairie	23	14	...	37	133	43	5	181	1631	38	...	1669	65	1952	2440	57	3

COUNTIES.	PLACES OF WORSHIP. Church of Rome.	Church of England.	Church of Scotland.	Free Church of Scotland.	United Presbyterians.	Wesleyan Methodists.	Episcopal Methodists.	New Connection Methodists.	Other Methodists.	Baptists.	Congregationalists.	Second Adventists.	Jewish.	Unitarians.	Other Places of Worship.
1. L'Assomption	6	...	...	...	...	...	...	...	...	...	...	...	...	...	...
2. Argenteuil	3	...	1	1	1	2	1	...	...	...	...	...	...	...	...
3. Arthabaska	6	...	...	...	...	...	...	...	...	...	...	...	...	...	...
4. Bagot	9	3	...	...	...	...	1	...	...	...	...	...	...	...	...
5. Beauce	4	...	...	...	...	...	...	...	...	...	...	...	...	...	...
6. Beauharnois	7	2	...	...	1	...	...	...	...	...	...	...	...	...	...
7. Bellechasse	6	...	...	...	...	...	...	...	...	...	...	...	...	...	...
8. Berthier	6	1	...	...	...	...	...	...	...	...	...	...	...	...	...
9. Bonaventure	5	1	...	1	...	...	...	...	...	...	...	...	...	...	...
10. Brome	2	...	...	...	1	...	...	...	...	...	...	...	...	...	...
11. Chambly	6	...	...	...	...	...	1	...	...	...	...	...	...	...	...
12. Champlain	9	...	...	...	...	...	...	...	...	...	...	...	...	...	...
13. Charlevoix	9	...	...	...	...	...	...	...	...	...	...	...	...	...	...
14. Chicoutimi	6	...	1	1	1	1	...	...	...	...	...	...	...	...	...
15. Chateauguay	3	...	...	...	...	...	...	...	...	...	...	...	...	...	...
16. Compton	4	...	...	...	...	1	...	...	...	...	...	...	...	...	...
17. Dorchester	7	2	...	...	...	...	1	...	...	...	...	...	...	...	...
18. Drummond	3	4	...	...	...	2	...	...	...	...	...	...	...	...	4
19. Gaspé	15	4	...	...	...	...	3	...	...	...	...	...	...	...	...
20. Hochelaga	9	2	...	...	...	...	...	...	...	...	...	...	...	...	...
21. Huntingdon	4	4	3	...	1	...	...	...	1	...	...	...	...	...	1
22. Iberville	8	1	...	...	...	...	1	...	...	...	...	...	...	...	...
23. L'Islet	6	...	...	...	...	...	...	...	...	...	...	...	...	...	...
24. Jacques Cartier	5	1	...	...	1	...	...	...	...	...	...	...	...	...	...
25. Joliette	5	...	...	...	...	...	...	...	...	...	...	...	...	...	...
26. Kamouraska	9	...	...	...	...	...	...	...	...	...	...	...	...	...	...
27. Laprairie	4	1	...	...	...	1	...	...	...	...	...	...	...	...	...

28. Laval	4	......	.....	4	277	64	7	348	1053	46	7	1106	......	1458	1688	40	1	4	...	...	......	...	...	...	......	...	...	...	...	...	...	......
29. Lévis	4	16	3	23	40	14	1	55	2624	185	15	2824	......	2902	3235	177	44	6	...	...	......	...	...	...	......	...	...	...	...	...	...	......
30. Lotbinière	3	2	.....	5	15	9	1	25	2049	11	1	2061	412	2503	2712	115	41	7	2	...	......	1	1	...	......	...	...	...	...	...	...	......
31. Maskinongé	6	......	.....	6	9	4	......	13	1811	41	...	1852	......	1371	2166	36	12	7	...	...	......	...	...	...	......	...	...	...	...	...	...	......
32. Megantic	......	......	.....	......	2	5	......	7	1600	11	1	1612	1069	2688	2797	43	29	5	1	...	......	1	2	2	......	...	1	1	...	...	...	......
33. Missisquoi	214	80	.....	294	90	27	......	117	1613	120	...	1733	1262	3406	3359	132	47	3	3	...	......	...	3	4	......	...	...	1	...	...	...	......
34. Montcalm	8	1	.....	9	62	12	......	74	1868	19	...	1837	52	2022	2307	87	17	7	2	...	......	...	1	...	......	...	...	...	...	...	...	......
35. Montmorency	4	1	.....	5	577	17	3	597	961	14	...	975	......	1577	1761	38	11	11	...	...	......	...	...	...	......	...	...	...	...	...	...	......
36. Montmagny	1	......	.....	1	18	6	......	24	1822	38	...	1860	......	1885	2090	36	16	6	...	...	......	...	...	...	......	...	...	...	...	...	...	......
37. Napierville	17	3	.....	20	37	18	2	57	1610	7	...	1617	235	1929	2303	59	4	4	1	...	......	...	...	...	......	...	...	...	...	...	...	......
38. Nicolet	35	2	.....	37	31	2	......	63	2578	3	...	2581	......	2691	2920	62	4	7	1	...	......	1	...	...	......	...	...	...	...	...	...	......
39. Ottawa	5	......	.....	5	32	28	2	62	1109	49	1	1159	2390	3616	3569	59	29	......	...	...	......	1	...	1	......	...	...	...	...	...	...	......
40. Pontiac	1	......	1	2	3	2	......	5	129	16	1	146	1540	1693	1760	29	10	5	1	...	......	1	1	...	......	...	...	...	...	...	...	......
41. Portneuf	20	2	1	23	157	4	1	162	2771	16	1	2788	63	3036	3324	115	55	10	...	...	......	...	...	...	......	...	...	...	...	...	...	......
42. Quebec	24	22	.....	46	317	43	10	375	2916	153	4	3073	221	3715	4286	96	76	6	1	...	......	...	...	...	......	...	...	...	...	...	...	......
43. Richelieu	106	53	4	163	9	2	......	11	2309	35	...	2344	......	2518	3161	54	11	6	...	...	......	...	...	...	......	...	...	...	...	...	...	......
44. Richmond	16	10	.....	26	2	2	......	4	990	55	2	1047	450	1527	1644	24	14	1	3	1	1	...	...	...	......	...	...	1	1	...	...	......
45. Rimouski	......	......	.....	......	1	......	......	1	2580	1	...	2581	......	2582	2974	71	40	15	...	...	......	...	...	...	......	...	...	...	...	...	...	......
46. Rouville	53	14	2	69	76	20	1	97	2474	13	1	2488	......	2654	3025	32	5	3	...	...	......	...	...	...	......	...	...	...	...	...	...	......
47. Saguenay	......	......	.....	......	......	2	......	2	470	1	...	471	66	539	572	32	17	1	...	...	......	...	...	...	......	...	...	...	...	...	...	......
48. Shefford	70	7	.....	77	15	1	......	16	1899	16	...	1915	607	2615	2931	17	29	4	3	...	......	...	2	2	......	...	...	1	...	...	...	......
49. Soulanges	25	4	.....	29	21	9	1	31	1690	16	1	1707	......	1767	1993	59	16	6	1	...	......	...	...	...	......	...	...	...	...	...	...	......
50. St. Hyacinthe	126	16	7	149	46	......	......	46	2451	2	...	2453	......	2648	2965	112	15	4	...	...	......	...	...	...	......	...	...	...	...	...	...	......
51. St. Johns	88	41	6	135	118	16	2	136	1780	30	...	1810	65	2146	2368	51	6	4	1	...	......	...	2	1	......	...	...	...	...	...	...	......
52. St. Maurice	10	4	.....	14	2	2	......	4	1556	2	...	1568	......	1576	1742	59	101	4	...	...	......	...	...	...	......	...	...	...	...	...	...	......
53. Stanstead	11	7	.....	18	4	1	......	5	1560	85	2	1647	295	1965	2163	41	7	4	...	...	......	1	1	1	......	...	...	...	...	...	...	......
54. Temiscouata	......	......	.....	......	1	2	......	3	2212	75	3	2290	......	2293	2754	111	42	7	1	...	......	...	...	...	......	...	...	...	...	...	...	......
55. Terrebonne	14	......	.....	14	154	......	1	155	2065	......	...	2065	339	2573	3690	41	5	4	...	...	......	...	1	...	......	...	...	...	...	...	...	......
56. Two Mountains	20	2	.....	22	136	23	......	159	2203	12	1	2216	131	2528	2849	41	9	5	1	...	......	2	...	...	......	...	...	...	...	...	...	......
57. Vaudreuil	12	3	.....	15	61	11	3	75	1457	8	...	1465	146	1701	1969	47	5	5	...	...	......	...	...	...	......	...	...	...	...	...	...	......
58. Verchères	43	......	4	47	321	......	......	321	1656	......	...	1656	......	2024	2478	60	6	4	...	...	......	...	...	...	......	...	...	...	...	...	...	......
59. Wolfe	......	......	.....	......	......	......	......	......	525	5	...	530	166	696	756	6	15	3	...	...	......	...	...	...	......	...	...	...	...	...	...	......
60. Yamaska	59	20	.....	79	16	11	......	27	1653	459	1	2113	......	2219	2557	74	6	7	...	...	......	...	...	...	......	...	...	...	...	...	...	......
TOTAL	1532	463	39	2034	4611	777	78	5466	103431	2356	61	105848	18004	131362	148079	3872	1465	341	48	6	4	14	21	19	......	1	1	4	1	...	...	5
A. City of Montreal	991	3796	569	5356	341	1400	1004	2745	3841	2153	50	6044	......	14145	17570	149	19	11	5	2	3	5	3	...	2	...	1	1	...	1	1	......
B. City of Quebec	289	889	282	1460	259	1170	893	2322	3303	1133	51	4487	......	8269	16077	33	9	8	2	...	2	...	2	...	......	...	...	...	...	...	...	......
C. City of Three Rivers	70	45	18	133	16	36	6	58	624	6	15	645	... .	836	991	30	11	......	1	...	......	...	...	...	......	...	...	...	...	...	...	......
D. Town of Sherbrooke	8	27	4	39	......	3	......	3	469	115	4	588	156	786	1027	15	12	1	1	...	......	...	1	1	......	...	...	...	...	...	...	......

www.ingramcontent.com/pod-product-compliance
Lightning Source LLC
Chambersburg PA
CBHW030913270326
41929CB00008B/687

* 9 7 8 3 3 3 7 1 8 9 1 2 9 *